全国司法鉴定教育培训系列教材（第二版）

司法部公共法律服务管理局
司 法 鉴 定 科 学 研 究 院　组织编写

法医毒物
司法鉴定实务

主　编：向　平
副主编：贠克明　廖林川　姜　宴
主　审：刘　伟

科 学 出 版 社
北　京

内 容 简 介

本书是“全国司法鉴定教育培训系列教材(第二版)”之一。本书共有十六章,全面阐述法医毒物鉴定的各方面,包括第一章法医毒物司法鉴定概论,法医毒物鉴定的基本概念、发展情况及面临问题;第二章介绍法医毒物司法鉴定程序,包括鉴定受理、实施与鉴定文书;第三章介绍法医毒物司法鉴定方法,包括生物检材类型、采集与处理、应用价值和鉴定技术方法;第四章介绍法医毒物司法鉴定质量控制,包括质量控制的技术要求、实施内容及评价指标;第五章至第十六章按照《法医类司法鉴定执业分类规定》中法医毒物鉴定项目,分述了各类毒(药)物的基本性质、体内过程、分析方法、鉴定要点和案例评析。强化所需掌握的各类毒(药)物基础理论知识,推介目前实践中常用、现行有效的技术标准、技术方法,基于编者实践经验总结鉴定要点,并通过案例评析以提高分析和解决实际问题的能力。

本书力求理论联系实践,适用于法医毒物等相关专业司法鉴定人培训学习的基本教材和鉴定实践的参考工具书,可供临床毒物、运动医学、环境科学、食品安全等检验检测人员参考。

图书在版编目(CIP)数据

法医毒物司法鉴定实务 / 向平主编. -- 北京 : 科学出版社, 2025. 7. -- (全国司法鉴定教育培训系列教材 : 第二版). -- ISBN 978-7-03-082457-8

Ⅰ. D919.4

中国国家版本馆 CIP 数据核字第 20259PW561 号

责任编辑：谭宏宇 / 责任校对：周思梦
责任印制：黄晓鸣 / 封面设计：殷 靓

科学出版社 出版
北京东黄城根北街 16 号
邮政编码：100717
http：//www.sciencep.com

南京展望文化发展有限公司排版
上海锦佳印刷有限公司印刷
科学出版社发行 各地新华书店经销

*

2025 年 7 月第 一 版 开本：787×1092 1/16
2025 年 7 月第一次印刷 印张：22 1/4
字数：570 000

定价：155.00 元

(如有印装质量问题,我社负责调换)

全国司法鉴定教育培训系列教材(第二版)
编审委员会

法医毒物司法鉴定实务

《法医毒物司法鉴定实务》
编写委员会

主　编

向　平

副主编

贠克明　廖林川　姜　宴

主　审

刘　伟

编　委

（以姓氏笔画为序）

文　迪　河北医科大学

向　平　司法鉴定科学研究院

贠克明　山西医科大学

严　慧　司法鉴定科学研究院

李褒曼　中国医科大学

杨　娅　苏州大学

吴何坚　司法鉴定科学研究院

孟　梁　福建警察学院

施　妍　司法鉴定科学研究院

姜　宴　复旦大学

梁　晨　上海市公安局物证鉴定中心

廖林川　四川大学

法医毒物司法鉴定实务

丛书序

党的二十届三中全会擘画了以全面深化改革推进中国式现代化强国建设、民族复兴伟业的宏伟蓝图，高度评价了新时代以来全面深化改革的成功实践和伟大成就。在习近平新时代中国特色社会主义思想的科学引领下，法治中国建设迈出了坚实步伐，“努力让人民群众在每一个司法案件中感受到公平正义”向每一位法律工作者提出了时代命题。

司法鉴定制度是司法制度的重要组成部分，是解决诉讼涉及的专门性问题、帮助司法机关查明案件事实的司法保障制度，对于维护社会公平正义、全面推进依法治国具有重要意义。主动适应新时代、新形势发展需求，深化司法鉴定管理体制改革、培育高素质人才队伍，是充分发挥司法鉴定职能作用，不断推进司法鉴定工作高质量发展的重要举措。

教育培训是建设高素质人才队伍的先导性、基础性、战略性工程。教材作为教育培训中重要的知识载体，要解决培养什么人、怎样培养人和为谁培养人这一根本问题。党的十八大以来，党中央对教材建设作出一系列重要指示，明确提出教材建设是国家事权，是国家意志和社会主义核心价值观的集中体现，具有特殊重要的育人作用。在推进中国特色社会主义伟大事业和党的建设新的伟大工程中具有不可替代的重要地位。

为切实贯彻党的教育方针、培育和践行社会主义核心价值观，提高司法鉴定教育培训工作规范化、科学化、专业化水平，司法部公共法律服务管理局会同司法鉴定科学研究院，组织编撰了“全国司法鉴定教育培训系列教材（第二版）”。该系列教材立足我国司法鉴定工作实际，结合国内外司法鉴定发展新趋势，注重新知识、新技能、新方法，内容系统全面、结构科学合理、理论与实践结合紧密，汇聚了行业知名专家与权威学者的智慧和经验，体现了新时代中国司法鉴定最新理论和实践成果。

在当前深化司法鉴定管理体制改革的关键阶段，系列教材的付梓出版将进一步筑牢司法鉴定人才队伍建设的根基，持续提升鉴定人队伍政治素质、职业道德、法律素养和专业能力水平，为推动我国司法鉴定事业高质量发展奠定坚实基础。

衷心感谢所有为本系列教材出版倾注心血、不懈努力的专家、学者和编辑，同时也向为司法鉴定行业蓬勃发展做出杰出贡献的全体司法鉴定人致以崇高的敬意。我们坚信,在党中央的坚强领导下,本系列教材将助力广大读者学以致用、知行合一,积极响应服务法治社会的号召,为推动司法公正、维护社会稳定贡献智慧与力量!

全国司法鉴定教育培训系列教材(第二版)

编审委员会

2025年2月

前　言

法医毒物鉴定是指鉴定人运用法医毒物学的科学技术或者专门知识，对体内外药毒物、毒品及其代谢物进行定性、定量分析，并提供鉴定意见的活动。法医毒物鉴定涵盖法医毒物分析和法医毒理学两个学科。2011 年，在司法鉴定教育培训系列教材编委会的指导下，沈敏研究员主持编写《法医毒物司法鉴定实务》。该书既有可操作性，又具有一定的专业深度，成为司法、公安、检察系统司法鉴定机构法医毒物鉴定人培训学习的基本教材和鉴定实践的参考工具书。

近十年来，随着分析技术的飞速发展，法医毒物学专业，无论是仪器设备、案件类型，还是生物检材类型，都有了模式的改变，质的飞跃。相关的技术标准初步形成，标准质量持续提升，应用范围不断扩大，标准化意识普遍提高。同时，通过执业监管、认证认可、水平测试和质量评估等工作，法医毒物实验室仪器设备和鉴定人能力有了显著提高。为了更好地将新理论、新技术及最新研究成果应用于法医毒物鉴定实践，严格执行司法鉴定相关行业标准、规范、指南等，与时俱进地对《法医毒物司法鉴定实务》进行适当的修订和增补。

本书保持了第一版的基本框架和内容，继续按照法医毒物鉴定人岗位培训教材的定位，力求体现：① 职业性。以职业为导向，培育毒物鉴定人的职业素质和执业能力。② 实务性。以鉴定实务为核心，满足实践性和适用性的要求。③ 先进性。以科学性为准则，反映鉴定新技术、新方法以及发展趋势。在修订时，针对当前鉴定中存在的突出问题，强调了司法鉴定质量控制和案例评析，合并了体内代谢与体内分布、检材处理与分析方法，增加新出现的除草剂、医用合成药物以及新精神活性物质等毒药物种类、生物检材的鉴定价值和发展简史等内容，删除了附录内容。

本书共分十六章。前四章属法医毒物鉴定的基本概述，包括基本知识、执业规范、鉴定程序、鉴定方法、质量控制、发展简史、发展现状及面临问题。第五章至第十六章分述了各类毒药物的基本性质、体内过程、分析方法、鉴定要点和案例评析。其中，“分析方法”中推介目前实践中常用、现行有效的技术标准、技术方法；“鉴定要点”中包含了编者的实践经验，并通过“案例评析”以提高学员分析和解决实际问题的能力。力求实现本书既有可操作性，又具有一定的专业深度。

虽尽努力,但限于编者的学识水平,书中难免存在问题和错误,敬请读者批评和指正。

本书章节分工如下:

第一章、第十章:向　平

第二章、第十二章:贠克明

第三章、第十四章:廖林川

第四章、第五章:姜　宴

第六章:施　妍

第七章:文　迪

第八章:杨　娅

第九章:梁　晨

第十一章:孟　梁

第十三章:严　慧

第十五章:吴何坚

第十六章:李褒曼

向　平

2025 年 3 月

目 录

法医毒物司法鉴定实务

第一章　法医毒物司法鉴定概论

·本章重点内容与学习要求·

理解毒物的相对含义、典型中毒症状和毒物在体内的过程；明确法医毒物鉴定的主要任务和特点；了解法医毒物学的发展简史、发展动态、面临问题与发展方向及正确理解、评价和运用毒物分析结果的重要性。

第一节　毒物概述

一、毒物及其分类

1. 毒物与毒品

毒物（poison）是指在一定条件下，以较小剂量进入机体后，通过化学或物理化学作用，引起机体功能性或器质性损害，甚至导致死亡的化学物质。毒物与非毒物之间并无绝对的界限，毒物概念包括以下要素[1]：① 剂量。任何物质当服用达到一定剂量时都可能对人体产生危害，如食盐是人体的必需物质，但若食用过量，则会导致人体电解质紊乱而引起死亡。“The dose makes the poison”（剂量决定毒性）已成为毒物概念的要则。② 外源性。毒物是通过各种途径进入机体发挥毒作用的，机体在代谢过程中产生的内源性有毒物质，如酸中毒、尿毒症的致毒源不属毒物的范畴。③ 作用方式。毒物是通过化学或物理化学作用导致机体组织细胞代谢、功能和（或）形态结构损害的化学物质，如CO与血红蛋白通过化学结合形成牢固的碳氧血红蛋白而致机体缺氧。由此可见，毒物的概念是相对的和有条件的。尤其是药物和毒物没有明确的界限，当物质的作用对象、使用方式、使用剂量不同时，可具有不同的性质，因此，又常称“毒药物”。

我国所称的“毒品”属于法学范畴的概念。依照《中华人民共和国刑法》（以下简称《刑法》）第357条规定：“毒品是指鸦片、海洛因、甲基苯丙胺（冰毒）、吗啡、大麻、可卡因，以及国家规定管制的其他能够使人形成瘾癖的麻醉药品和精神药品”，即毒品是依照国家和国际有关禁毒法律、法规而实行严格管制的精神活性物质。国际上常采用滥用药物（drug abuse）的概念，滥用药物包含非法和合法两大类，非法滥用药物（illegal drug）即为我国的“毒品”。随着新精神活性物质的不断增多，又采用滥用物质以统称。新中国成立后的不同时期，随着国内外麻醉和精神（麻精）药品种类和物质滥用形势的不断变化，我国麻精药品管制的政策和制度在传承中不断调整改革，进而跟进调整我国精神活性物质管制品种目录，以适应当时药品监管形势和禁毒斗争形势的需要。至2023年6月，我国已列管456种麻醉品和精神物质，其中包括122

种麻醉药品、160种精神药品、174种非药用类麻醉药品和精神药品，除此之外，还整类列管芬太尼类物质和合成大麻素类物质。

2. 毒物分类

毒物可根据理化性质、毒理作用或其他原则进行分类。

（1）根据毒物的理化性质分类　包括：① 挥发性毒物。指常温下挥发性较强或沸点较低的毒物，如醇类、氰化物、酚类、水合氯醛、有机磷及有机氯农药等。② 非挥发性毒物。指常温下不易挥发的毒物，分酸性、碱性及两性毒物三类，如巴比妥类、生物碱类、吗啡等。③ 金属毒物。如砷、汞、铊、铬、铅等。④ 水溶性毒物。如强酸、强碱、亚硝酸盐等。⑤ 气体毒物。如一氧化碳、硫化氢、一氧化二氮（笑气）等。

（2）根据毒物的毒理作用分类　包括：① 腐蚀性毒物。指以局部腐蚀作用为主要毒作用的毒物，如强酸、强碱、酚类、硝酸银、铜盐等。② 实质性毒物。又称毁坏性毒物，指引起实质性器官（肝、肾、心、脑等）较明显病理形态学损害的毒物，如金属毒物、除草剂、磷化锌等。③ 酶抑制毒物。指主要抑制特异酶系统活性的毒物，如有机磷、氰化物、二硫化碳、五氯酚钠等。④ 血液毒物。指主要引起血液变化的毒物，如一氧化碳、亚硝酸盐、硫化氢、硝基苯、某些蛇毒等。⑤ 神经毒物。指引起中枢神经系统功能障碍的毒物，主要分为两大类，一类为抑制中枢神经系统的药物如醇类、麻醉药品、安眠镇静类等，另一类为兴奋中枢神经系统的药物如士的宁、烟碱、国家规定管制的各类精神活性物质等。

（3）综合分类　根据毒物的理化性质和用途进行综合分类，目前司法鉴定执业分类和认证认可中均采用此种分类进行评价和管理，见表1-1。

表1-1　毒物的综合分类

种类	毒　物
气体毒物	一氧化碳、硫化氢、一氧化二氮、液化石油气、氦气等惰性气体等
挥发性毒物	乙醇、甲醇、氰化物、苯及其同系物等
合成药毒物	苯二氮卓类、吩噻嗪类、巴比妥类等安眠镇静药，抗抑郁药、抗精神病药、局部麻醉药、抗生素、甾体激素等
天然药毒物	乌头、士的宁、马钱子、钩吻、莨菪烷类等生物碱，斑蝥素、河鲀毒素、蟾蜍毒素等
毒品	阿片类、苯丙胺类、大麻类、可卡因、氯胺酮等麻醉药品、精神药品，新精神活性物质
易制毒化学品	1-苯基-2-丙酮、麻黄碱、羟亚胺、γ-丁内酯、苯乙酸、甲苯等
杀虫剂	有机磷类、氨基甲酸酯类、拟除虫菊酯类等
除草剂	百草枯、敌草快、草甘膦等
杀鼠剂	毒鼠强、氟乙酰胺、氟乙酸、磷化锌、抗凝血类等
金属毒物	砷、汞、铊、铬、铅等
水溶性无机毒物	亚硝酸盐、强酸、强碱等

上述分类方法中以综合分类法应用最为广泛，在法医学中毒鉴定领域，各分类方法的应用价值为：当根据中毒症状和病理变化分析时，宜采用按毒理作用分类；在实施毒物鉴定时，宜采用依据毒物理化性质分类和综合分类相结合的方式进行检材处理和定性筛选。

二、中毒及中毒症状

1. 中毒

中毒(poisoning)是指生物体受到毒物的作用而引起功能性或器质性改变后导致的疾病状态或死亡。因中毒导致的死亡称为中毒死。中毒按其发生、发展的过程可分为急性、亚急性和慢性中毒。一次接触大剂量的毒物,短时间内出现严重中毒症状的为急性中毒,其特点是发病急、病情重、症状明显、经治疗转归快。急性中毒多见于他杀、自杀和灾害性事故,是法医毒物鉴定的重点。多次或长期接触小剂量毒物,使机体长时间遭受机能损害,逐渐产生中毒症状的为慢性中毒,特点是症状不明显、病程长、难痊愈。慢性中毒多见于环境污染、职业中毒以及毒品滥用。介于两者之间的,为亚急性中毒。由于慢性中毒与自然疾病较难鉴别,也有犯罪分子用此类方式投毒,因此在法医学鉴定中应予以注意。

毒物能使机体发生中毒症状的最小剂量称为中毒量,毒物能致机体中毒死亡的最小剂量称为致死量[2]。中毒量、致死量通常是基于动物实验而得出的统计数据,由于实验种属、给药途径的不同,因而不能简单地用动物实验的中毒量或致死量判断或推算个体是否是死于中毒。随着新型、低毒的毒物不断出现,导致的人体中毒或死亡的案例较少,因此,相关的中毒量和致死量的资料也缺乏。

法医鉴定实践中,判断某种毒物是否引起中毒、损害行为能力或者中毒死,通常依据血液浓度。引起中毒反应的血中最低浓度称为该毒物的中毒血浓度,引起中毒死亡的血中最低浓度称为该毒物的致死血浓度。对于临床药物,进入机体、吸收入血后的量称为血药浓度,通过大量的临床研究,可获得药物的血药浓度治疗范围,包括上限浓度和下限浓度。低于下限浓度很可能治疗无效,而高于上限浓度则耐受性降低或疗效不太可能进一步提高。当然,血药浓度治疗范围仅为参考范围,存在着个体间差异、合并用药、饮食、躯体疾病等因素影响。在无法获取血液检材的案件中,其他组织器官中毒物的浓度同样具有重要的价值,同时也有其局限性。

实验室在进行法医毒物鉴定时,除了需要筛选、确认是否有毒物、何种毒物,定量分析十分必要。凡是怀疑中毒、损害行为能力或者中毒死的案例,都应尽可能进行毒物的定量分析,从而更加科学地进行分析结果的解释。

2. 中毒症状

由于毒物的性质不同,其作用于机体后出现的症状也不同。症状通常可表现于全身各系统,如消化系统的恶心、呕吐、腹泻等;呼吸系统的呼吸困难、气急等;神经系统的头晕、头痛、全身无力、运动失调、抽搐等。这些特征症状可为临床中毒诊断提供有价值的信息,同时也为毒物鉴定提供方向。但必须指出的是,不同的毒物可出现类似的中毒症状,某些疾病也可具有与中毒相似的症状,因此在研究中毒现象时应结合案情进行综合分析评判。表 1-2 列举了根据特征中毒症状提示可能毒物的信息。

表 1-2 毒物及主要中毒症状

中毒症状		可能毒物
特殊颜面	颜面樱红	氰化物、一氧化碳等
	颜面潮红	阿托品、河鲀毒素等
	颜面青紫	亚硝酸盐、硝基苯、苯胺等

续 表

中毒症状		可能毒物
特殊气味	杏仁味	氰化物、硝基苯等
	消毒水味	苯酚、来苏儿等
	蒜臭味	有机磷、磷化氢等
血液系统	凝血功能障碍	敌鼠钠、溴敌隆、溴鼠灵等抗凝血杀鼠剂等
心血管系统	心律失常、心源性休克	乌头、氟乙酰胺、夹竹桃和心血管系统药物等
呼吸系统	呼吸加快	莨菪烷类生物碱、咖啡因、甲醇、刺激性气体等
	呼吸减慢	阿片类、一氧化碳、安眠镇静药、乙醇等
	肺水肿	刺激性气体、安妥、有机磷、百草枯等
视觉系统	瞳孔散大	阿托品、莨菪烷类生物碱、乌头碱、氰化物、乙醇等
	瞳孔缩小	有机磷、氨基甲酸酯类、阿片类、氯丙嗪等
	视力障碍	甲醇、钩吻、阿托品等
消化泌尿系统	恶心、呕吐、腹痛、腹泻	强酸、强碱、金属盐类、有机磷类、有机氯、河鲀毒素、磷化锌、多种有毒动植物等
	少尿或无尿	汞、四氯化碳、磷化锌、砷化氢、蛇毒、斑蝥素和其他金属盐类毒物
神经系统	昏迷	安眠镇静药、麻醉药、一氧化碳、硫化氢、氰化物、乙醇、有机磷、某些毒品等
	抽搐	氟乙酰胺、毒鼠强、有机磷、异烟肼、士的宁、马钱子碱、局部麻醉剂等
	瘫痪	钡盐、一氧化碳、乌头碱、河鲀毒素、蛇毒等
快速死亡		氰化物、有机磷类、高浓度一氧化碳或硫化氢等

三、影响毒物作用的因素

毒物对生物体的毒性作用,不仅取决于毒物本身,而且与生物体的状态及毒物进入生物体的途径有关。同一中毒事件中不同个体中毒表现常有所不同,中毒症状也轻重不一,其原因在于有许多因素影响毒物的作用。影响毒物作用的因素可以分为两大类。

1. 毒物本身的因素

(1) 毒物的理化性质　　其决定毒物被机体吸收的量和速度,从而影响毒性作用的强弱和速度。毒物呈固态、液态或气态,气态毒物进入呼吸道后很易透过肺泡膜,迅速弥散入血液循环中,故挥发性或气态毒物毒性作用发生快且强。例如,吸入较大量汞蒸气后,可迅速发生中毒或死亡;而金属汞因不溶于胃肠液,口服后随粪便排出,一般不致中毒。液态毒物有水溶性和脂溶性之分,易透过皮肤和黏膜吸收的,其毒性作用发生快而重。固态毒物因溶解性不同,其毒性作用发生的快慢和强弱差异较大。溶解性愈高,毒作用发生愈快愈显著。酸性、碱性或脂溶性溶液的环境,可影响毒物的溶解性。

(2) 进入体内的毒物量　　毒物毒作用的强弱通常与其入体的剂量呈正相关,即存在剂量-效应关系。剂量-效应关系是指毒物作用于机体时的剂量与所引起的生物学效应的强度或发生频率之间的关系。一般进入体内的毒物剂量越大,毒物毒作用就越强,中毒症状也会越重。但鉴定实践中应注意,毒物剂量应是进入机体血循环的吸收量而非口服量,口服毒物后中毒者可因呕吐而排出部分毒物。

(3) 毒物的相互作用　两种或两种以上毒物同时或先后作用于机体,并相互影响其对机体的毒作用,称为毒物的相互作用。毒物的相互作用可分为联合作用和拮抗作用。

联合作用包括:① 独立作用:指两种或两种以上的毒物同时或先后作用于机体,由于其各自毒作用的受体、部位、靶器官等不同,且所引起的生物学效应也互不干扰,从而表现为各毒物的各自毒效应。② 相加作用:指两种毒物联合作用时的毒作用为各单一毒物毒性的总和。这类毒物的化学结构多较为近似,或属同系物,或毒作用相似,或作用于同一系统、器官。如同时给予两种有机磷农药,其对胆碱酯酶的抑制呈相加作用。另丙烯腈与乙腈、氰化氢与丙烯腈等,也常表现为相加作用。③ 协同作用:指当同时接触两种有类似毒性效应的毒物时,其毒作用超过两者分别作用之和。如同时接触四氯化碳和乙醇时,由于两者均为作用于肝脏的毒物,其对肝脏的损害远远高于两种毒物分别给予的总和。④ 增毒作用:指一种化合物本身并无某种毒性效应,但当其与另一化合物同时给予时,可使另一化合物的毒性增强。如异丙醇本身并无肝毒性效应,但若同时给予四氯化碳,会使四氯化碳的肝毒性大大增强。

拮抗作用是指两种毒物作用于机体时,一种毒物干扰另一种毒物的毒性,使其毒性减弱,或者两种毒物彼此干扰使对方的毒性作用减弱,所产生的毒性效应低于各毒物单独毒性效应的总和。如酸与碱,阿托品与吗啡、毛果芸香碱、有机磷,抑制与兴奋脑脊髓功能毒物之间等,都有明显的拮抗作用。

法医学鉴定实践中,联合(混合)中毒的案例时有发生,其法医学意义在于进入体内单独一种毒物的剂量虽未达到中毒致死量,但两种有联合作用的毒物同时或先后进入机体时则能引起中毒或死亡,实践中应注意通过毒物的系统分析进行排查。

2. 机体的因素

(1) 个体状况　毒物产生毒性作用的程度与接受个体的身体状况有关。通常儿童和老人由于其生理特点,往往较年轻人易于中毒,且中毒程度和后果也相对较重。但也有例外的情况,如儿童对阿托品的耐受量就较成人大。妇女在妊娠、哺乳或月经期时对毒物较敏感,反应也更强烈。有基础性疾病的人抵抗力下降,尤其是心、肝、肾有疾病时,则因毒物的代谢和排泄受阻,更容易发生中毒且后果严重。

毒物的毒性效应存在很大的个体差异,其中与个体的遗传因素关系最为密切。国际法医毒物学领域认识到个体差异在毒物鉴定结果解释中的重要性,已关注并开展 CYP 基因多态性与毒物效应多样性之间的关系研究[1]。目前认为,个体差异的 15%~30%是由基因因素决定的,根据 CYP 450 酶的基因多态性可将人群分为四种类型:弱代谢者、中等代谢者、强代谢者和超强代谢者。国际上已将该成果应用于鉴定实践,以科学解释毒物摄入量、毒物代谢、个体遗传因素与中毒或死亡结果的关系。

(2) 习惯性或耐受性　长期使用同样的毒物,机体对该毒物的反应逐渐减弱,可以习惯或成瘾,并能耐受常人的中毒剂量,甚至超过致死剂量的毒物。如经常饮酒者可饮入超过一般人的中毒致死量的酒精,而不发生醉酒或中毒死亡。如吗啡通常口服 0.1~0.25 g 即可死亡,但吗啡成瘾者一次能服用 1 g 以上而无严重后果。又如精神病患者对安眠镇静药有极大的耐受力,即使给予极量的几倍甚至十几倍,也不至引起严重中毒。

（3）过敏性　与习惯性相反，指有的人因为遗传因素或免疫反应的缘故，接受治疗量的药（毒）物后，出现不同于常人的中毒反应。过敏性分为遗传因素所致过敏，称为特异质，以及由于接触某种药物致敏后，再次用药所致的过敏，称为变态反应。对某种毒药物过敏者，低于中毒量的该毒药物进入机体内也能引起反应，甚至发生死亡。如青霉素过敏，蜂蜇伤后迅速死亡者，主要是过敏反应的结果。

综上所述，可以看出影响毒物作用的因素是多方面的，在研究中毒案件时，必须全面加以考虑，正确理解中毒过程的发生、发展及结果。

四、毒物的体内过程

毒物进入机体后，要经过在机体内吸收、分布、代谢和排泄四个过程。了解毒物在体内的过程和中毒的发生、发展及结果，对于正确取材、毒物分析以及结果评价是非常重要的。

1. 毒物的吸收

毒物的吸收是指毒物通过与机体的接触而经皮肤、黏膜、消化道、呼吸道等途径进入血液循环的过程。毒物通过各种途径吸收，进入机体后发挥其毒作用。对于临床药物，药物的吸收速度可以通过血药浓度-时间曲线来反映，吸收速度快的药物往往达峰时间短且峰浓度高；吸收速度慢的药物则正好与之相反。C_{max}和T_{max}是反映药物吸收速度的两个最直观的指标和参数，因而常常被用于评价药物的吸收速度。对于疼痛治疗等急性疾病的麻醉剂，一般能够快速吸收，迅速地到达体循环而发挥药效。

毒物进入机体的主要途径有消化道、呼吸道、皮肤黏膜等，注射也是入体途径之一。意外和自杀多系消化道摄入，职业性中毒主要以呼吸道吸入和皮肤接触多见。毒物入体的途径不同，其吸收的速度和量也不同，由此而导致其中毒快慢和程度差异。一般来讲，毒物由静脉注射直接进入血液循环，不存在吸收过程，机体的毒性反应出现最快，影响程度也可能最严重。其他途径进入机体的吸收速率由快到慢依次为：吸入、腹腔内注射、皮下注射、肌内注射、口服以及体表接触。气体或挥发性毒物经吸入途径可直接在肺上皮细胞或气管黏膜吸收，吸收快，毒性作用快。

毒物入体的途径不同，还可以影响毒物作用的性质，如苦杏仁苷从静脉进入机体基本没有毒性，而口服则可能经胃酸分解释放出氢氰酸而引起中毒死亡。此外，毒物的吸收还与毒物的性质、机体的状态、胃内容物以及充盈状况、首过效应、药物相互作用等因素有关。了解毒物吸收途径的特点，对解释中毒发生与否、发作时间快慢、推断毒物入体的时间、毒物鉴定检材的选择及判断中毒性质等，都有密切关系。

2. 毒物的分布

分布是指毒物吸收入体后，随血液循环进入全身各器官组织的过程，分布主要取决于生理因素和毒物的理化性质，如组织血流速率、生理性屏障存在、毒物与组织的亲和力、毒物的脂溶性以及毒物血浆蛋白结合率等，并非完全均匀。

毒物从血液向组织分布受血流灌注速度影响，首先分布于血流高度灌注的组织，通常在吸收后的最初几分钟内，即到达心脏、肝脏、肾脏和大脑等组织中，然后分布到肌肉、皮肤或脂肪等血流灌注速度慢的组织。毒物在体内的分布具有明显的选择性，主要分布于一定的组织器官[3]。肝脏、肾脏具有与外源性化合物结合的能力，从而成为贮存的主要场所。脂肪组织也是体内的贮存库，如 DDT 等氯化烃类农药的靶器官虽是中枢神经系统和肝脏，但主要蓄积在脂肪。

毒物的血浆蛋白结合率影响其体内分布。物质进入血液后，一部分呈游离的分子状态，另一部分则与血浆蛋白呈可逆的结合状态。只有游离型物质才能从血液透过生物膜进入组织发挥药理作用，结合型物质则无药理活性。结合型与游离型物质处于动态平衡状态，当游离型物质进入组织，代谢与排泄后，部分结合型物质又可从结合部位分开以弥补游离型物质。例如，香豆素类、茚满二酮类等抗凝血类杀鼠药为血浆蛋白结合药物，其分布仅限于血浆和细胞外液，而乙醇易溶于水，则可迅速透过生物膜，平均分布在全身含水组织器官中。

药物在体内分布及结合情况常用表观分布容积（apparent volume of distribution，V_d）表示，V_d 是当药物在体内达动态平衡后，体内药量与血药浓度之比值。V_d 是基于药物亲脂性、pK_a 以及与血浆蛋白、组织等结合的推算值，单位为 L/kg，并不代表有生理意义的真正容积。V_d 可以反映药物分布的广泛程度或与组织中大分子的结合程度，V_d 越小，药物排泄越快，在体内存留时间越短；V_d 越大，药物排泄越慢，在体内存留时间越长。例如，乙醇的 V_d 为 0.43~0.59 L/kg，主要分布在全身的水中；大多数精神活性物质是亲脂性的，如 PCP 的 V_d 为 5.5~7.5 L/kg，易于分布在大脑等脂肪组织；三环类抗抑郁药具有非常高的 V_d，如多塞平的 V_d 为 9~33 L/kg，这些药物主要集中分布至肝脏中。

消除半衰期（elimination half-life，$t_{1/2}$）是指服药后，血药浓度降低一半所需要的时间。了解药物的消除半衰期非常重要，可指导服药。在本专业领域，还可帮助确定检出时限。消除半衰期长的药物在体内消除慢，存留时间长。

机体中有些组织可以使毒物在血液和组织器官间的转运受到阻碍，且对毒物的通透性具有屏障作用，主要有血脑屏障、胎盘屏障、血眼屏障等[3]。脑是血流量较大的器官，但药物在脑组织中的浓度一般较低，这是由血脑屏障所致。毒物较难穿透血脑屏障，只有脂溶性强、分子量较小的毒物可以通过血脑屏障进入脑脊液。以硫喷妥和戊巴比妥两个巴比妥类药物为例，在巴比妥母环结构上，仅有硫喷妥的 C ═S 键和戊巴比妥的 C ═O 键差别，但却导致两种药物的亲脂性不同，硫喷妥比戊巴比妥的脂溶性更强，更快地分布到大脑，因此，硫喷妥被用作麻醉剂，而戊巴比妥被用作镇静催眠药物。

胎盘屏障是胎盘绒毛与子宫血窦间的屏障，几乎所有毒物都能穿透胎盘屏障进入胚胎循环，仅仅是通过的程度和快慢不同，非极性的毒物容易透过胎盘进入胎儿。有一些胎儿中毒案例中，是母亲接触毒物，进而通过母乳喂养所致。血眼屏障是指循环血液与眼球内组织液之间的屏障。脂溶性毒物和分子量小于 100 的水溶性毒物易于通过。玻璃体液受环境因素影响小、污染机会少[4]，且玻璃体液中乙醇浓度与血液乙醇浓度有很好的相关性，在腐败尸体的乙醇鉴定案件中，已逐渐成为常规检材。

掌握毒物在体内分布的特点有利于法医毒物鉴定时检材选择、由各组织中浓度推断毒物进入机体的量和时间等分析结果评价。

3. 毒物的代谢

毒物进入机体后，经细胞和组织内酶的作用，会发生氧化、还原、水解或结合等生物转化，这一过程也称毒物在体内的代谢，代谢生成的产物，称为代谢物。毒物在体内的代谢主要经历两个步骤，第一步为Ⅰ相代谢，包括氧化、还原或水解；第二步称Ⅱ相代谢，为Ⅰ相代谢物与体内一些内源性物质如葡萄糖醛酸、硫酸等形成结合物。催化Ⅰ相代谢反应的酶主要为肝微粒体中的细胞色素 P450 酶，肝脏是毒物在体内生物转化的重要场所和主要部位；催化Ⅱ相代谢反应的酶有很多，其中主要是葡萄糖醛酸转移酶、磺基转移酶等。

毒物的体内代谢过程各不相同，有的仅经历第一步或第二步，有的则有多种代谢过程，也有的不经过生物转化而直接被排出体外。几种代谢方式中,氧化是最为常见的,如乙醇在乙醇脱氢酶和乙醛脱氢酶作用下氧化成水和 CO_2,金属汞可在红细胞内氧化成一价和二价汞离子。带有硝基和羰基的毒物易发生还原反应,如亚硝酸盐中的 NO_2^-被还原成 NH_4^+,五价砷还原成三价砷等。具有酯键或酰胺键的毒物在酯酶等的作用下发生水解,如有机磷农药 1605 水解后生成对硝基酚,氟乙酰胺水解为氟乙酸。而有些毒物的羧基、羟基与体内葡萄糖醛酸等结合成相应的酯、醚及酰胺等化合物,如吗啡大部分在肝微粒体内与葡萄糖醛酸结合成吗啡-葡萄糖醛苷,砷或汞离子与酶蛋白分子上的巯基结合等。大多数毒物经过生物转化后,毒性随之降低,也有的经过代谢后毒性反而增强。毒物的体内代谢是决定其毒作用强弱和持续时间的重要因素。

掌握毒物在体内的代谢,可帮助确定分析目标物,有助于推断毒物进入机体的时间。某些毒物进入体内后迅速代谢,毒物分析不能检出毒物原形,或仅能检出其代谢物。如果代谢物以结合型为主,在分析前必须增加特殊前处理。毒物特征代谢物可作为其原体进入体内的证据。

4. 毒物的排泄

毒物及其代谢物从体内通过排泄排出体外,主要排泄途径是肾脏排泄和胆汁排泄,其他组织器官如肺、皮肤也参与某些物质的排泄。毒物排泄的速度和程度与毒物溶解度、挥发性、组织中蓄积程度、排泄器官的功能状态等有关系。

肾脏是最重要的排泄器官,毒物在体内的大部分代谢产物通过肾脏由尿液排出体外,也有以原形通过肾脏清除。不少毒物随尿液排入肾小管后,由于水分的重吸收,使尿液内毒物的浓度高于其在血浆内的浓度,因而导致有的毒物被动扩散再吸收入血液。大多数毒物经肾排泄较快,少数毒物经肾排泄较慢(如重金属类),可能发生蓄积中毒。

胆汁排泄是毒物的另一个重要排泄途径。胆汁排泄是毒物原形的次要排泄途径,却是多数毒物的代谢物,尤其是结合型代谢物的主要排泄途径。部分毒物(如吗啡、铅等)很大一部分可经胆汁排入肠道,随粪便排出。肺可排出气体和挥发性毒物,如一氧化碳、乙醇、有机磷农药等。

毒物也可自唾液及汗液排泄[3],毒物主要通过被动扩散的方式由血液向唾液转运,游离的脂溶性毒物以原形在血液和唾液间形成转运平衡,毒物在唾液中的浓度与血液中的游离毒物浓度相似,与血浆蛋白结合的毒物和非脂溶性毒物则不能进入唾液。

掌握毒物的排泄,可了解不同生物检材的检测时限,确定在法医毒物鉴定时提取合适的检材用于毒物分析,以及对分析结果评价。

五、毒物死后再分布及死后产生

死后再分布(postmortem redistribution)是指毒物在尸体内浓度的改变过程,特别是指心血中毒物浓度的变化。由于死亡和尸检时间的间隔,毒物从浓度高、富集器官或组织逐渐释放扩散到邻近组织,导致周围组织毒物浓度升高,毒物鉴定所测得的毒物浓度往往并不能真实地反映死亡当时血液或组织内毒物的浓度。大量研究和实践发现,多种毒物在尸体内可以发生死后再分布。如地高辛、吗啡、乌头碱、地西泮、氯氮平、氯氮草、地芬尼多、毒鼠强、3,4-亚甲二氧基甲基苯丙胺、氯胺酮、利多卡因、布比卡因、普罗帕酮和异烟肼等均存在死后再分布的现象,即死后所测得的毒物浓度明显高于生前的摄入量或死亡当时的血液浓度,且随死后时间的增加,毒物浓度不断增高。毒物死后再分布的机制及影响因素比较复杂,目前认为可能与毒物的顺浓度梯度扩散、死后血液流动、毒物生前吸收的分布不均、死后弥散、毒物的降解与破坏、组织 pH 的改变以及微生物的作用等因素有关。

死后再分布现象的存在并不否认心血在中毒鉴定中的作用。超大剂量毒物中毒死亡的案例死后再分布的影响不至于改变中毒结论的评定。但对于摄入量与致死量接近的案例或怀疑用药过量而致死的案例应特别注意死后再分布的影响。因此,中毒的法医学鉴定应同时采集外周血、玻璃体液及其他组织等多种检材,进行全面分析和综合评定,以消除死后再分布的影响。

毒物死后产生是指由于腐败引起的碳水化合物和蛋白质的分解,在尸体和保存检材中产生醇类、硫化氢或氰化物等非生前服用毒物的现象,称为毒物死后产生。其主要机制为碳水化合物和蛋白质的分解。主要受尸体和检材保存(埋藏)时间、方式、地点、温度、死亡原因和微生物种类等因素的影响。在醇类、硫化氢和氰化物中毒法医学鉴定中应注意区分是生前服毒还是死后产生。

第二节 法医毒物鉴定

一、法医毒物鉴定的任务

法医毒物鉴定是指鉴定人运用法医毒物学的科学技术或者专门知识,对体内外毒药物、毒品及其代谢物进行定性、定量分析,并提供鉴定意见的活动。法医毒物鉴定涵盖法医毒物分析和法医毒理学两个学科。法医毒物分析是以分析化学为基础,对各类案(事)件中可能涉及毒物进行分离、分析、鉴定等研究的学科;法医毒理学是以毒理学为基础,研究毒物的理化性质、进入机体后的整个毒物代谢动力学过程、对机体的毒作用、毒物含量、毒物与案(事)件的关系等,法医毒物学中的法医毒理学研究焦点不是对中毒或中毒死亡方式进行法医学鉴定,而是为其提供客观准确的数据,即法医毒物分析的结果评价[5]。法医毒物学经过几个世纪的发展,现在已经成为一种多学科和高度专业化的技术。法医毒物鉴定任务主要涉及以下三个方面。

1. 法医中毒鉴定

法医中毒鉴定是通过对生物检材的定性定量分析来确定是否存在毒物以及评价毒物中毒程度或对死亡的影响程度。法医中毒鉴定是法医毒物鉴定的最基本内容。

法医中毒鉴定任务包括:① 判定有无毒物。通过系统的未知物筛选分析来发现毒物或排除毒物。② 确定中毒物质。通过毒物及代谢物的定性分析鉴别、确认毒物的种类。③ 估计中毒程度。通过毒物定量分析确定毒物的浓度,从而估计毒物毒性效应的程度。④ 推断中毒性质。通过中毒者体内毒物分布、毒物原体及代谢物状况等综合分析,为推断毒物进入机体的途径以及中毒性质提供信息。法医毒物学者的任务不是确定死因,但除了毒物分析,需要在刑事调查或随后的法庭诉讼过程中进行分析结果解释。

2. 体内滥用物质鉴定

体内滥用物质鉴定是通过对涉案者体内滥用物质的定性定量分析,判明其是否滥用、滥用程度和滥用史,以及评价对其行为能力影响的程度。

体内滥用物质鉴定任务包括:① 摄毒鉴定。通过体内毒品及其代谢物分析,判断其是否摄取海洛因、吗啡、苯丙胺类、大麻等违禁毒品和新精神活性物质及其摄毒史。② 行为能力判定。通过血液、尿液、毛发中乙醇和精神活性物质及其代谢物的分析，为执法部门提供其是否违规驾驶或对驾车、驾机等涉公共安全职业行为能力损害的证据。③ 药物辅助犯罪鉴定。通过对受害人体液、毛发中中枢神经系统抑制剂、兴奋剂和致幻剂的鉴定，为麻醉抢劫、性犯罪等案件的侦破和审理提供证据。

3. 毒品鉴定

通过对可疑物品所含成分的定性、定量分析，确定所疑物品是否为国家管制的麻醉药品和精神药品等毒品或新精神活性物质，为涉毒案件的处置提供科学证据。

法医毒物鉴定涉及的案（事）件有：死因不明而可能涉毒的；中毒死亡必须证明的；毒物辅助抢劫、强奸、施暴的；摄毒或毒品犯罪的；酒精、精神活性物质滥用后交通肇事的；工作场所违反药物使用规定；有毒物质所致的灾害性事件如煤气泄漏、安全事故、食品污染等。2021 年 3 月起施行的《中华人民共和国刑法修正案》中增加了“妨害兴奋剂管理罪”，故法医毒物鉴定所涉范围将随发展和要求而不断拓展。

二、法医毒物鉴定的特点

由于每个涉毒案（事）件的性质、对象及其发生、发展和结果都各不相同，因而法医毒物鉴定不同于指定目标物和规定方法的其他行业或领域的固定模式，具有以下基本特点[1]。

1. 分析目标物的不定性

毒物鉴定目的的不一性、分析目标物的不定性以及毒物种类的广泛性导致了法医毒物鉴定的复杂性。法医毒物鉴定通常有以下几种情况：① 探查性。探查性的毒物鉴定的委托要求表现为未知物筛选分析或常规毒物分析。这类涉毒案（事）件通常事实真相尚不明朗、怀疑案（事）件与毒物有关，或造成中毒的毒物不明，引发的原因待查。由于此类工作分析目标物不明以及毒物范围难以确定，鉴定时必须系统分析，对可能涉及的毒物进行分离和鉴别，并根据需要进行必要的浓度测定，以免造成漏检。实践中，法医毒物鉴定大部分属于探查性或研究性的工作。② 验证性。验证性的毒物鉴定指案（事）件清楚、检验目标物明确，对指定的毒物进行定性鉴别。如分析可疑吸毒者的尿液以证实是否吸毒；检验送检的材料中是否有指定名称的毒物等。此类验证性工作有时也可能带有探查性质或在鉴定过程中转化为探查性质。

2. 检验材料的复杂性

毒物鉴定检验材料又称检材，是指提供鉴定所用的原始材料。法医毒物鉴定检材的复杂性表现在以下几个方面：① 多样性。毒物分析检材种类多样，可能是现场收集的可疑物品，包括药品、毒饵、可疑容器、呕吐物等，也可能是取自活体的体液、呕吐物、排泄物和毛发，或尸体的血液、尿液、肝组织、肾组织、脑脊液、腐泥等。检材的多样性包括检材种类的多样性和检材组成的多样性。② 一次性。检材的一次性是指检验材料一旦用尽，不可复得，即不可复取或不能得到完全相同组成的检材。③ 有限性。通常情况下，检材数量因受具体情况和条件限制而无法多得。要保证分析结果的可靠性和准确性，须存留一定数量的检材以供复核和验证。

3. 鉴定方法的综合性

毒物鉴定中分析目标物的不确定性和分析检材的复杂性，决定了鉴定方法的综合性，需根据分析的目的和检材的特性选择合适的鉴定方法。而案情调查、现场勘察、尸检发现等信息及提取检材对于鉴定方向判断和鉴定方法选择起着重要作用。法医毒物鉴定通常要求从大量检材中分离出微量甚至痕量的毒物及其代谢物，并对其进行定性鉴别或定量测定。由于案（事）

件不同或案情明确程度不同，且毒物的种类很多，不可能将固定的鉴定方法用于各不同的情况，需根据具体情况拟订分析方案，并要求所用的鉴定方法具有一定程度的应变性，使之能适应于不同的分析目的和在检验过程中根据情况而变动分析方法的可能性。此外，在分析目标物不确定的情况下，不能采用仅针对某一种毒物的鉴定方法，而应使用适用范围广、灵敏度高的系统筛选方法，以快速、可靠地发现和确认毒物或者排除筛选范围内的毒物。

4. 鉴定工作的严谨性

毒物鉴定的分析结果或鉴定结论是证明客观事实的科学证据，涉及公民的合法权益和司法公正，因此，鉴定人对分析结果和鉴定结论负有法律责任。鉴定人必须具有高度负责的态度，以公正的行为、严谨的作风、规范的程序、科学的方法、严密的科学论证，作出客观、准确的结论。

综上可见，法医毒物鉴定的复杂性、综合性和不确定性，要求法医毒物鉴定人具有毒物与中毒相关的学科知识背景，坚实的专业技术基础和分析问题解决问题的能力，并熟悉中毒事件处理的工作程序和法律知识等。在鉴定实践中，要注重与委托方的专业沟通，了解案情，明确对适用检材、包装及送检等要求，严格按照鉴定程序，采用准确可靠的方法，为侦察提供线索，为定案提供证据。同时，结合鉴定实践中的难点，利用先进技术，持续不断研究，不断提高法医毒物鉴定能力。

第三节　法医毒物学的发展简史

我国法医毒物学有着悠久的历史，早在秦汉的《律书》，后晋的《疑狱集》，隋代的《诸病源候论》等古代文献中就有毒物和中毒概念的论述以及鉴别毒物的简单检验方法[6]。到南宋，著名法医学家宋慈所著的《洗冤集录》中，较系统地介绍了砒霜、胡蔓草（钩吻）、毒蕈、鼠莽草（雷公藤）等多种毒物中毒，并强调鉴定中要注意将中毒死与自然疾病猝死相鉴别[2]。

法医毒物学的发展伴随着时代变迁而不断变化，这里仅简单介绍20世纪以后近现代法医毒物学的发展历史。

（1）20世纪上半叶　　我国现代法医学由林几教授初创。1932年8月成立的司法行政部法医研究所，林几教授为第一任所长，形成了以法医病理学为主，并有法医毒物学、法医血清学、法医临床学、法医精神病学等各学科的现代法医研究机构[7]。法医毒物学研究室设有化验室、天平室、储药间、毒物检验处。主要涉及的检案类型有：毒品检验；麻醉药品化验勘验；尸体验毒；毒质检验；烟瘾检验。林几教授在中毒方面的鉴定实践中，认为“吾华为农业国，农药便于使用”[7]，故将农药中毒检测作为重点。此外，针对当时禁烟禁毒，开展对毒品的研究，并编译如《吗啡定量化验法》等外国法医毒物学资料，林几教授本人在《法医月刊》上发表如《氰化钾中毒实验之说明》《检验烟犯之意见》等多篇论文。

法医研究所除了承办检案，同时培养法医专业人才。黄鸣驹教授为我国近代毒物分析化学奠基人和开拓者[8]，他编著的《毒物分析化学》（1932年）一书，系统地介绍了各种常见毒物的分离、提取和化学分析方法。以后余小宋根据中外学者的中毒学专著和法医鉴定实践，编成《毒物学》，对无机毒物、有毒气体、有毒生物碱等中毒的理化性质、毒理、致死量、尸解所见等作了较为系统的论述。

抗战爆发，法医研究所被日军炮火炸毁，司法鉴定工作基本处于停滞状态。抗战胜利至新中国成立，除中央大学医学院建有法医毒物化学检验室外，全国没有专门的法医毒物检验机构，涉及司法案件的毒化工作绝大部分委托药检机构或学校的药学系、化学系检验。

（2）20 世纪 50 年代　中华人民共和国成立后，我国法医学事业有了迅速的发展，地市以上的公安及司法机关建立了法医鉴定机构。

1951 年，司法部成立了法医研究所。1952～1956 年，司法部法医研究所开办了三期法医专业训练班，共计培养法医专业人才近 400 人，1956～1959 年研究所又开办了新中国第一期司法鉴定刑事技术研究生班，毕业研究生 23 人，这些法医分配到全国各地公、检、法机关从事法医工作，多数成为了该地区法医工作的开创者、奠基人，构成了新中国培养的第一代法医的主体力量。

大部分医学院校及部分政法院校陆续开设了法医学课程，出版了多种有关法医毒物学的著作。如徐英含的《法医毒物学》（1955 年），黄鸣驹的《毒物分析化学》再版（1957 年），胡炳蔚、刘明俊的《常见中毒的法医学鉴定》（1964 年）和公安部第三局的《常见毒物检验》（1966 年）。当时对中毒尸体内脏提取要求：整个胃和全部胃内容物，三分之一肝脏、肾脏一只、血液 100～200 mL 等。毒物分为五大类，即挥发性毒物、不挥发性有机毒物、金属毒物、水溶性毒物和农药。预实验包括检材的颜色、气味、酸碱性和灼烧试验等，经过预实验得到毒物线索后，采用斯奥氏（Stas-Otto）法从检材中提取分离，检测采用点滴反应、显微结晶、色层分析等，有条件情况下，可运用光谱、气体色谱等仪器分析。"文化大革命"开始后，法医毒物鉴定发展处于停滞状态。

（3）20 世纪 70 年代　1972 年 12 月，国务院批准公安部在北京成立公安部 126 研究所（1996 年更名为公安部物证鉴定中心），法医人员陆续归队，法医、刑事技术等各项工作逐渐开展起来。当时法医毒物专业以中毒死亡案件分析为主，主要的分析仪器包括红外、紫外、气相和薄层色谱等。1976 年，《刑事技术》创刊，第 1 期的首篇文章为《薄层层析法检验毒物的试验研究》，这是由 126 研究所组织的薄层层析法研究小组试验研究成果，包括 1059、1605、3911、乐果等有机磷农药；巴比妥类、安眠酮、氯丙嗪等安眠镇静类药物；氯喹等生物碱共 37 种毒物，试验了许多显色剂、展开剂，并且示范采用目测法、小方格测面积法的定量方法。也有非常特色的中毒案例，如用麻醉剂氯胺酮对其妻注射致死的案例，采用薄层色谱法定性定量分析生物检材中氯胺酮；南昌市一起投毒案中，采用普鲁士蓝反应检验出微量氰化物；磷化锌口服途径中毒案例中，胃内容物采用颜色反应分别鉴定磷和锌。

1978 年，在《刑事技术》的第 3 期中《中毒案件技术检验基本知识》一文中，对法医毒物专业进行了全面概括的基础理论介绍，法医毒物专业的任务"就是运用毒理学、毒物分析化学原理和方法，迅速弄清毒物性质，判明中毒原因，为侦破案件提供线索和证据，及时、准确作出检验结论"，随后从毒物种类及常见品种，毒物的吸收、分布和排泄，中毒症状，中毒情况调查，中毒检材采取、包装及送检要求等五个方面详细介绍。在当时，老一代法医毒物工作者对本专业有着非常深刻的理解，法医毒物鉴定不单单是毒物分析，"为了更有力地说明中毒原因，了解各脏器中的毒物分布情况是十分重要的""中毒采取是否合适，直接关系到毒物化验的结果""送检同时应提供下列材料：1. 中毒发现经过、中毒症状；2. 抢救病历、法医解剖有关材料；3. 本地区有哪些有毒物质；嫌疑人身份、职业及可能获得的毒物；需要复核检验的，应附原检验记录及报告，并至少保留有三分之一的原始检材供复核用"。这些专业知识至今依然适用，希望专业人员，在追求毒物分析检测能力的同时，能够牢记这些专业理念。

（4）20 世纪 80 年代　1983 年司法部司法鉴定科学技术研究所（2017 年更名为司法鉴

定科学研究院，简称“司鉴院”）复所，法医毒物专业履行其主要职能[9]，在科学研究、司法鉴定、行业技术指导等方面逐渐强化、深入。复所初期，在仅有紫外分光光度计和薄层扫描仪以及以杀虫剂、杀鼠剂为常见毒物的背景下，研究院开展了分光光度法定量检测碳氧血红蛋白和敌敌畏、氨基甲酸酯类、毒鼠磷、敌鼠和灭鼠灵等的薄层扫描检验研究，并同步展开致死量等毒理学研究。1985 年，《法医学杂志》创刊，在第一期上，胡炳蔚介绍《吗啡的免疫测定》，明确指出“毒物免疫测定作为筛选试验是其突出的优点”，当时我国还未开展毒物免疫测定。

这一时期，中毒死亡案件中，毒物种类从氰化物、磷化锌，逐渐转变成有机磷农药居多。同时，随着我国对外开放政策的实行，毒品开始在国内出现。《刑事技术》杂志中，陆续介绍检验方法，如《鸦片中吗啡、那可丁、罂粟碱、可待因的分离与紫外分光光度法的测定》（1981 年第 5 期）、《毒品大麻的检验》（1984 年第 3 期）、《常见麻醉药品的快速检验法》（1985 年第 2 期）、《可卡因及安非他明类麻醉药物的检验》（1985 年第 5 期）等，提高了对麻醉药品的鉴定技术。液相色谱仪和气质联用仪开始应用于研究和鉴定实践。1986 年，《中国法医学杂志》创刊，在第一期上有法医毒物的许多研究，如《GC、GC/MS 检验 1605 代谢产物氨基 1605》《血、尿中常见吩噻嗪类药物的高效液相色谱分析》《一些常见药物在 ODS 柱上的分离》等，可以看出，当时已经开始关注体内代谢产物。

进入 20 世纪 80 年代以后，相关教育、培训、组织等工作非常突出，为我国的法医毒物专业发展打下良好基础。徐婉等老师对常见毒物的检验做了系统研究，提出了一些较好的提取净化方法和分析检验方法，检材用量由几十克减少到 2～5 克，并出版《常见毒物微量分析》（1982 年）。刘耀院士根据在美国进修学习的新技术，编写《现代毒物分析新技术》（1987 年），介绍当时国外时兴的法医毒物分析新技术，包括从体液和组织中提取微量药物的新技术，现代仪器在法医毒物分析中的应用，衍生物的气相色谱分析，代谢物的分析，以及一些分析监控参数，如内标在毒物分析中的应用等，并且附录中提供了常见药物的治疗量、中毒量和致死量。

公安部物证鉴定中心在北京昌平建有一个培训基地，从 1985 年起中心开始举办新技术培训班，此后历年办班不断，这样，全国的法医毒物鉴定工作逐渐推广、普及、卓有成效地开展。1985 年 10 月，公、检、法、司、卫生、教育等各系统的法医及毒物分析工作者在洛阳市召开了中国法医学会第一次会议，成立了中国法医学会。

1983 年 10 月，教育部联合公安部、司法部、卫生部、最高人民法院和最高人民检察院在太原晋祠召开了“全国高等法医学专业教育座谈会”，即“晋祠会议”提出了加强法医学科建设，编写专业教材等重要措施。这次会议后，我国法医学教育事业开始了较大的发展。1988 年，江焘主编的《法医毒物分析》和黄光照主编的《法医毒理学》教材由人民卫生出版社出版。事实上，这两门课程在鉴定实践中是不可分割的。

（5）20 世纪 90 年代　20 世纪 90 年代以后，随着改革开放、科学技术是第一生产力重要理论的提出，科研团队逐渐形成，针对本专业的难点问题进行系统研究，包括血液中乙醇分析、毒药物的系统筛选、毛发中毒品分析、法医毒物动力学研究以及质量管理等。

20 世纪 90 年代的急性中毒死亡案件中，毒物种类由有机磷农药转变，毒鼠强、氟乙酰胺等成为中毒高峰。专业学者积极应对，不断分享案例处置经验和研究成果。1998 年 3 月，国务院办公厅发出通知，要求各地封住制售剧毒急性鼠药源头，明确查禁氟乙酰胺、毒鼠强、氟乙酸钠等剧毒杀鼠剂。另一方面，以三唑仑为主的麻醉抢劫案逐渐增多。

20 世纪 80 年代起，海洛因、大麻等毒品开始在全球范围内被广泛滥用，且世界毒品犯罪活动日益猖獗。进入90年代后，苯丙胺类兴奋剂又异军突起。为了改变这种局面，严厉打击毒品犯罪，快速简便、价格低廉的免疫筛选分析开始应用于尿液中的毒品分析。我国还研制出常见毒品的胶体金标记单克隆抗体快筛检测板，普遍推广应用，不需专门的人员培训，能够满足基层公安机关的现场检测需求。

（6）21世纪00年代 2000年司法部颁布了《司法鉴定机构登记管理办法》《司法鉴定人管理办法》，面向社会服务的司法鉴定机构的设立有了完整的法律依据。2004年5月，《车辆驾驶人员血液、呼气酒精含量阈值与检验》标准出台，酒精检测鉴定需求激增，开展血液中乙醇鉴定项目的实验室迅速增加。鉴定机构的迅速增多需要不断增强规范建设，司法鉴定领域的认证认可逐步开展。2006年起，司鉴院获国家能力验证计划提供者认可证书，开展能力验证项目。

围绕血液中乙醇的研究系统、全面开展，如血液中乙醇的保存稳定性、测定不确定度评估、血液中乙醇含量检测结果的影响因素及质量控制方法、血液中乙醇浓度与道路交通事故关系、血液中乙醇浓度与神经行为能力的关系、血液中乙醇消除速度与浓度推算关系、血液中乙醇浓度的回推算等。这一时期，呼气式酒精含量检测仪作为路边筛查酒驾的有效手段，在全国普及。

进入21世纪，随着液相色谱-质谱联用设备进入本专业实验室，分析检测灵敏度大大提高，适用范围逐渐扩大。法医毒物实验室的日常工作，从单纯的中毒死亡案件分析，逐渐发展到为酒驾、毒驾、吸毒、药物辅助犯罪等多类型案件提供法庭证据。

（7）21世纪10年代至今 2012年4月，司法部、国家认监委联合下发《关于全面推进司法鉴定机构认证认可工作的通知》（司发通〔2012〕114号），全面推进司法鉴定机构依法通过资质认定或实验室认可。至2020年4月，累计通过CNAS认可的司法鉴定机构624家（证书有效的444家），其中司法系统274家（证书有效的259家），公安系统294家（证书有效的147家），检察院系统57家（证书有效的38家）。

这一时期，最突出的为尿液、毛发的摄毒鉴定在全国普遍开展，由此，法医毒物鉴定的实验室设备、鉴定项目、鉴定人员能力等迅速增长。2010年11月19日，公安部、卫生部联合制定《吸毒成瘾认定办法》，在《吸毒检测程序规定》第六条指出，“检测样本为采集的被检测人员的尿液、血液、唾液或者毛发等生物样本”。2017年4月1日起施行的新版《吸毒成瘾认定办法》第七条中，明确将人体毛发样品检测出毒品成分增补为认定吸毒成瘾的科学依据。2018年10月31日，公安部制定了《涉毒人员毛发样本检测规范》，规定了毛发样本的提取、保存、送检和检测等具体要求，并规定了毛发检测中12种毒品及代谢物的含量阈值，进一步规范了涉毒人员毛发样本的检测工作。

针对鉴定实践中的需求的科学研究从未停步。一是毒物检测范围扩展。除草剂类、琥珀胆碱、抗凝血类杀鼠药及有毒生物碱等毒物中毒案件增多，但借助液相色谱-质谱联用技术，可形成简便快速、灵敏度高的检测方法。同样地，磷化氢、硫化氢、氰化氢等气体也建立了GC-MS检测方法。这些方法均形成标准或技术规范，应用于实际案件中。二是适用案件类型扩大。法医毒物从单纯的中毒死亡案件分析，逐渐发展到为吸毒、酒驾、毒驾、药物辅助犯罪等多类型案件提供法庭证据。司鉴院法医毒物团队围绕毛发分析不断深入，研究毒（药）物在毛干中的分布和时间过程、剂量和浓度的关系等机制问题，在此基础上，将头发分段分析应用于药物辅助犯罪案件中。三是新精神活性物质鉴识。新精神活性物质在全球蔓延迅速，已成为全球关注且急需解决的社会性问题。2015年，我国的新精神活性物质滥用问题首次出现在国家禁毒委员会办公室的《毒品形势报告》中。2019 年和 2021 年，我国分别将芬太尼类物质和合成大麻素类物质整类列管。四是司法鉴定/法庭科学领域的标准化、能力验证等技术和应用都得到长足发展。自 2011 年至 2020 年，全国刑事技术标准化技术委员会发布 86 项毒物分析专业标准。2011 年开始，司法部司法鉴定管理局发布司法部颁司法鉴定技术规范。2020 年起，开始发布司法行政行业标准。这些标准、技术规范的实施解决了应用亟需的问题。

进入 21 世纪后，专业上国际交流逐渐增多。开设法医毒物学专业的高等院校和司法、公安系统的鉴定机构在国家自然科学基金和科技部重大专项的资助下，取得了一批有影响力的研究成果。我国学者发表法医毒物学 SCIE 论文数量从 1998 年的 1 篇至 2017 年发文高峰 39 篇，1998~2018 年发表的 SCIE 收录法医毒物学文献，共 242 篇。研究主题包括毛发中毒物分析及评价、新精神活性物质的鉴定、有毒动植物成分分析、毒品来源追溯、光学对映体分析、有毒气体与挥发性毒物鉴定、组学方法研究等。

参加国际会议是另一主要的专业技术交流方式，近年来，来自科研、教学和公安等领域的法医毒物学者，活跃在国际法医毒物学家协会（The International Association of Forensic Toxicologists, TIAFT）、国际法庭科学大会（The International Association of Forensic Sciences, IAFS）等国际会议上，引起了国际同行的广泛关注和客观认同。国际法医毒物学者的交流，增进了互相了解，很好地展示我国法医毒物学者的研究成果，促进专业人才培养。同时，又开阔视野，及时掌握本专业的国际前沿技术，了解专业发展动态，以缩短与国际法医毒物研究先进水平的差距。

综上所述，经过几十年持续不断地进步，法医毒物学得到迅速发展。随着分析技术的进步，大致经过颜色反应、色谱、气相色谱-质谱、色谱-质谱四个阶段。毒物分析范围得以拓宽，分析灵敏度不断提高，生物检材不断拓展，质量控制和标准化体系日趋完善。随着时代发展变化，法医毒物的鉴定案件类型由单一的中毒死亡案件发展到酒驾、毒驾、吸毒、药物辅助犯罪等多种案件类型。研究热点除了围绕毒品、毒物的分离、鉴定和定量检测研究外，法医毒物学者也着眼于毒物鉴定实践中常见的法医毒理学问题的研究，如乙醇中毒毒理学、毒品滥用后中毒毒理学、药物死后分布与再分布、非常规检材如毛发和玻璃体液的分析、定量分析的不确定度等。同时，也面临着新精神活性物质、中国人群法医毒物数据积累、实验室规范建设等挑战。

第四节 法医毒物鉴定的发展现状和面临问题

一、法医毒物鉴定的发展现状

法医毒物鉴定的工作宗旨是利用现代科学技术对体内外毒药物进行鉴别和评判，是服务侦查、服务诉讼、服务社会。法医毒物鉴定的本质决定了它依赖于自然科学及技术的发展，也内在地要求它要吸收自然科学最新成果，转移转化为实际应用的技术[10]。因此，科技创新始终是支撑法医毒物鉴定技术不断发展的重要的、长期的、基础性的工作。同时，鉴定技术创新工作的立足点和着眼点都在于满足实战应用需求。

近十年来，我国法医毒物学科发展迅速，高校法医学科的开设和发展，新的研究团队不断涌现，尤其是国家自然科学基金和科技部重大专项的资助，促进了高水平研究成果的产出以及中国法医毒物学在国际舞台上学术地位的提升。研究热点主要集中在毒品和精神活性物质的检测方法、镇静催眠药的体内代谢和死后再分布、农药的快速检测方法、检测方法的完善和标准化，百草枯、乌头碱、GHB 等热点毒物的检测方法开发等。鉴定实践中，法医毒物鉴定的对象种类、适用检材、技术方法、应用领域均发生了极大的变化，在证据科学领域发挥越来越重要的作用。本书也是在原《法医毒物司法鉴定实务》的基础上，对相关内容进行补充。

1. 检测目标物种类、数量快速增加

随着全球化学物质以每年上千种的速度增加，毒物的种类也日益扩增。除了已经成为常规检测项目的乙醇、安眠镇静药、杀虫剂、传统毒品、杀鼠剂等种类外，新精神活性物质、新型除草剂等检测目标物种类、数量快速增加。

新精神活性物质是不法分子为逃避打击而对管制毒品进行化学结构修饰得到的毒品类似物，具有与管制毒品相似或更强的兴奋、致幻、麻醉等效果，已成为继传统毒品、合成毒品后全球流行的第三代毒品。联合国毒品和犯罪问题办公室（United Nations Office on Drugs and Crime, UNODC）对新精神活性物质进行分类，并不断修订，至 2023 年 5 月，分为 15 大类：合成大麻素类（synthetic cannabinoids）、合成卡西酮类（synthetic cathinones）、苯乙胺类（phenethylamines）、色胺类（tryptamines）、氨基茚满类（aminoindanes）、哌嗪类（piperazines）、苯环利啶类（phencyclidine-type substances）、植物类（plant-based substances）、苯二氮卓类（benzodiazepines）、芬太尼类（fentanyl analogues）、麦角酰胺类（lysergamides）、苯甲嗪类（phenmetramines）、哌甲酯类（piperazines）、其他类（other substances）。新精神活性物质的不断涌现，给世界毒品管控、打击毒品犯罪带来困难，给法医学毒品检验和鉴定带来了新的挑战。

新精神活性物质的新品种、新类型每年都在不断增加，实验室需要不断扩大检测目标物范围。2019 年 5 月 1 日我国正式将芬太尼类物质整类纳入列管，这是我国首次以“类”的形式对麻醉品和精神药品进行列管，2021 年 7 月 1 日，又将合成大麻素类物质整类纳入列管。这对法医毒物鉴定人员的技术能力、分析检测设备提出了新的挑战。首先，对于未知样品，需要确认其中物质的化学结构，明确是否为列管范围内物质，特别对于整类列管物质，需要明确是否属于结构类似物。其次，需要了解新精神活性物质在人体的代谢处置过程及其时相性变化规律，明确不同生物检材中的检测目标物。然后，根据需求，建立生物检材的分析方法并进行验证。在此研究基础上，将所建立的方法应用于实际样品，并不断地积累数据与经验。

近年来，国外的“减肥药”通过代购、互联网等多种非法途径流入我国，经检测发现这些减肥药中含有我国管制的精神药物成分，如安非拉酮属我国管制的第一类精神药物，芬特明、苯甲曲秦、芬氟拉明皆属我国管制的第二类精神药物。这类减肥药中的其他成分虽未被列入管制药品目录，但也存在严重的安全问题，如西布曲明能增加患心血管疾病的风险，而且有研究表明其可能会引发精神病；氟西汀会导致脱发、性功能障碍等不良反应的出现。因此，及时建立生物检材中“减肥药”中食欲抑制剂及添加剂等成分的分析方法，为涉事案（事）件的侦查和审理提供线索和证据[11]。

中毒案件涉及的毒物范围更为宽广，大部分有机磷农药、安眠镇静类药物和毒鼠强等均可包含在常见毒药物筛选系统中监测，但是，抗凝血鼠药、氟乙酰胺、氰化氢、硫化氢、磷化氢、金属毒物、有毒生物碱、河鲀毒素、除草剂等毒物物理化学性质特殊，均需要针对性建立方法。特别是除草剂，目前被广泛应用于稻谷、水果、蔬菜等种植业中，易于获得，中毒案（事）件非常多。百草枯对人毒性极大，且无特效药，口服中毒死亡率可达 90%以上，是人类急性中毒死亡率最高的除草剂。2016 年 7 月 1 日，百草枯水剂停止在国内销售和使用。但是，仍存在一些残存的百草枯农药或者标称“敌草快”而混有百草枯的农药，因此，实验室需要同时分析百草枯和敌草快。紧接着又有“后百草枯时代”除草剂，如草甘膦、草铵膦、苯氧羧酸类除草剂、磺酰脲类除草剂等。

我国法医毒物工作者也积极应对，不断研发各种生物基质中新精神活性物质的筛选分析方法，如203种毒品[12]、37种合成卡西酮类及其代谢物[13]、16种色胺类及其代谢物[14]、25种芬太尼类似物[15]、239种合成大麻素及其代谢物[16]等。同时，针对新出现的毒物，不断优化建立方法，如生物体液中草甘膦、草铵膦及代谢物[17]，血液中10种常见除草剂[18]，扑草净等20种除草剂[19]，等等。在这些研究基础上，陆续形成标准和技术规范，应用于鉴定实践中。

2. 新发现物质的代谢物鉴识

毒物代谢物因其对确认摄入的原体物质、延长检出时限、提供摄毒信息的极大应用价值也与原体一同纳入分析鉴定的范畴。随着检测目标物种类、数量快速增加，基于质谱分析的代谢物鉴识成为研究热点，我国的专业研究人员在此领域进行深入研究，取得许多研究成果，积累了丰富经验。

人体主要通过将外源性物质转化为水溶性更大的代谢物排泄出体外，代谢主要在肝脏中进行，因为肝脏内血流量丰富且含有大部分代谢酶，特别是细胞色素P450家族。同时，代谢也发生在消化道、肺、肾、肠和心脏等其他部位。代谢模型的建立为全面评估化合物在人体内的代谢、寻找特征生物标志物提供了有效的研究手段[20]。目前，常见的体内外代谢模型包括人肝细胞、人肝微粒体模型、大鼠体内模型、斑马鱼模型等。肝细胞是从生物体内分离出来的活细胞，包含完整的Ⅰ相和Ⅱ相药物代谢酶、代谢所需的辅因子、摄取和外排药物的转运蛋白以及药物结合蛋白，通过该体外模型可以得到丰富的代谢产物数据。人肝微粒体(human liver microsomes, HLMs)指的是肝组织经匀浆离心，除去细胞核和线粒体后，离心、沉淀得到的内质网囊泡碎片，药物直接接触HLMs中的代谢酶，不需要穿过细胞膜，就像在真正肝细胞中代谢一样，结果表明药物在HLMs中的生物转化率比人体内的更高，也比原生肝细胞高。该体外模型常被用来预测新出现精神活性物质在人体内的代谢情况。啮齿类动物是最常用的研究工具，通常在确定的时间段内收集鼠的尿液，以检测不同时期的排泄物。斑马鱼基因与人类基因有一定的相似性，基因同源性高达87%，并且早期胚胎发育与人类极为相似，是一种可预测代谢物的脊椎动物模型，包含的Ⅰ相代谢酶细胞色素P450和Ⅱ相代谢酶尿苷二磷酸葡萄糖转移酶和磺基转移酶对于研究外源性物质的体内代谢情况至关重要。

质谱分析技术能够得到未知化合物的分子量和子离子信息，准确性好、灵敏度高、适用范围广，是目前鉴定代谢产物结构的主要方法。特别是高分辨质谱，具有高质量分辨率和精确分子量的功能，可提供详细、高质量的质谱信息，由此得到化合物的元素组成以及进行痕量成分在复杂基质中的鉴定。

随着新精神活性物质的不断出现，基于质谱技术并结合体内、体外代谢模型[21]，已经开展对新出现的合成大麻素类、卡西酮类、色胺类、苯二氮卓类等不同种类的Ⅰ相代谢物和Ⅱ相代谢物鉴定，绘制代谢途径，并且，结合真实尿液的代谢产物挖掘，明确特征代谢物。

3. 生物检材广泛应用

随着主要研究中毒死亡的传统法医毒物学的发展以及科技手段的进步，毒物分析所用生物检材除常规的胃内容物、血液、尿液外，头发、指甲、唾液、玻璃体液、胆汁、组织等也显示出重要的价值并得到了广泛的应用。

不同的检材可提供不同的信息，多种生物检材的毒物分析结果往往可解决单一检材分析不能解决的复杂问题。血液中毒物浓度可以有效地反映毒物作用强度、对行为能力的影响程度或中毒程度。同时采集心血和外周血,有利于中毒或死亡结果的解释。尿液中药物原体和代谢物浓度较高,药物原体及代谢物浓度以及浓度比对于摄药时间、摄药量、摄药方式的判断具有一定的参考价值。头发具有毒物稳定、检出时限长、能反映摄毒史或用药史的特征,其提供的独特信息在某些情况下成为提供证据的唯一手段。同时,高度灵敏的分析技术为单次摄药的毛发分析提供了可能性,使毛发分析在单次摄药的摄毒案件、性犯罪案件、临床医学、兴奋剂检测等领域具有广阔的应用前景。唾液中毒物浓度与血液毒物浓度存在一定的相关性,作为一种简便的、无损害的方式用于酒后(药后)驾车的现场监测。玻璃体液受环境因素影响小、污染机会少,且玻璃体液中乙醇浓度与血液乙醇浓度有很好的相关性,在死亡案件中可作为补充检材。

干生物基质点属于 21 世纪的新型生物检材,是通过将微量液体(如血液、尿液和唾液等)收集于卡纸上并干燥后形成的样本采集和储存形式[22]。与常规采样方法相比,使用干生物基质点的优势在于它需要的样品体积小,方便采集,并能简化样品前处理;卡纸载体运输和储存较血液、尿液、唾液所需的防漏容器占用更少的空间,可简单地将卡纸置于信封中并通过常规邮件发送至实验室,而且卡纸不需要额外的预防措施来应对可能的生物危害风险;此外,干生物基质点可以稳定药物,这可能有助于在室温下长期保存样品。干血点(dried blood spot, DBS)的研究最为广泛。运用 DBS 微样技术及分离能力强、灵敏度高的 LC - MS/MS 技术已可进行农药、抗抑郁药物、滥用物质、新精神活性物质和兴奋剂等分析,亦实现了 DBS 中 425 种毒药物的筛选分析[23],在法医毒物学领域有很好的应用前景。

4. 样品前处理技术

各类案(事)件中检材的多样性和特殊性决定了样品前处理是法医毒物鉴定中至关重要环节。中毒死亡案件中,生物检材中毒物浓度相对较高,但涉及的种类、数量庞大。许多特殊案件中可能为腐败检材、已埋葬腐败尸体及尸周棺木与泥土等。各类行为能力损害的案件中涉及生物检材多样,如血液、唾液、毛发等,其中精神活性物质痕量。随着液质等分析仪器灵敏度的提高,大多数案件中毒(药)物分析采用沉淀蛋白等简单处理后即可上样。但是,复杂生物基质、特殊毒(药)物情况下仍需要针对性进行样品前处理技术研发、方法优化。公安部物证鉴定中心研发的 QuEChERS 样品前处理方法、司法鉴定科学研究院研发的毛发"湿磨法"等均在鉴定实践中发挥非常大的作用。

QuEChERS 将液液萃取与基质分散固相萃取相结合,通过选用合适的固相萃取吸附剂,随同样品分散到萃取液中,吸附干扰物,保留目标物,以实现快速(quick)、简单(easy)、廉价(cheap)、高效(effective)、稳定(rugged)和安全(safe)的净化作用,能有效降低基质效应的影响,适用于复杂基质样品的提取。将 QuEChERS 与超高效液相色谱-串联质谱法相结合[24],应用于腐败血液中钩吻素子、钩吻素甲和钩吻素己等 3 种钩吻生物碱、秋水仙碱等 4 种食源性有毒生物碱、4 种乌头类生物碱、24 种农药等分析,与传统的液液提取等前处理方法相比,QuEChERS 方法操作简便、可明显降低基质效应对测定的影响,操作简便、成本低廉,可适用于新鲜及腐败全血基质中痕量毒(药)物的测定。

毛发已成为法医毒物实验室的常规检材,在吸毒、药物辅助犯罪等案(事)件中广泛使用。外源性物质进入毛发后,包埋在毛发的角蛋白中,需先使其释放、呈游离状态再行提取。如何使固化于毛发中的目标物释放最大化,同时又不破坏目标物在毛发中的原始状态,一直是毛发分析的重要技术研发内容。毛发前处理经过剪碎、浸泡等长达 10 h 以上方法,逐渐发展到快速、完全的碎度处理方法。碎度处理方法是用研磨机将毛发磨碎成粉末状,充分增大毛发的表面积,使结合在毛发中的目标物尽可能得到释放。其中也经历了从"干磨法"到"湿磨法",从进口到国产化的自主创新。"干磨法"即将毛发在低温(液氮温度,-196℃)状态下研磨成粉末,然后,加入甲醇或流动相等提取液超声、浸提。"干磨法"需要购置进口设备,而且要常年保证液氮的供应。为改变这种状况,司法鉴定科学研究院与国内仪器公司合作,经过不断改良、改造,形成配有冷却装置的研磨仪。在此基础上,不断优化研磨珠材料及材料粒度,最终形成目前广泛使用的"湿磨法"[25]。"湿磨法"是在研磨前加入甲醇或流动相等提取液,一直维持在5℃以下低温状态研磨,选取的研磨珠充分粉碎毛发,这样,既可保证目标物的充分释放、同时提取,而且实验室又无需负担液氮供应,既经济又高效。

5. 快速筛查技术

快速筛查是本专业非常重要的技术手段,既能满足实战需求,又可很快获得初步结果。传统的快速筛查多采用化学反应或者免疫法。如吸毒鉴定,对于传统毒品,有尿液免疫胶体金试剂盒,近几年,在此基础上又出现了毛发毒品快筛设备,均具有反应灵敏、特异性高、取样方便、操作简单、价格低廉等优点,非常适合于大规模初筛。但是,随着检测目标物种类、数量快速增加,特别是新精神活性物质不断涌现,针对性的酶免疫技术研发无法跟上变异速度,传统快筛手段已无法满足需求。目前,除了将涵盖目标物范围宽广的液质筛选用作快筛方法,光谱法和原位电离质谱法等技术均开始应用于快筛。

拉曼光谱作为一种物质指纹识别光谱,具有检测快速、无需制样、灵敏度高、非接触测量等优点,手持拉曼光谱仪集成了激光器、光学采集系统、分光系统、光谱仪及信号采集与数据分析系统等模块,可实现物质拉曼光谱的快速检测,并对物质成分进行识别。目前已有产品化的手持拉曼光谱仪[26],可用于一线查缉站点快速检测,测试结果只能作为定性初筛使用。便携式红外光谱仪也可用于现场快速检验,具有无需样品前处理、测试速度快、检测成本低、绿色环保等优点,采用特征吸收峰法可对301种新精神活性物质进行快速定性分析[27],已形成行业标准。

原位质谱(ambient ionization mass spectrometry, AIMS)是一类以大气压电离技术为基础,无需或仅需简单样品前处理,且在常温常压下仅需少量样品即可对样品中复杂待测物直接分析的质谱技术。随着新精神活性物质出现的数量和种类不断增加,样品形态层出不穷,针对新精神活性物质的快速筛查与鉴定方法越来越受到重视,AIMS技术在这些方面具有得天独厚的优势。与色谱-质谱分析技术相比,具有操作简便快速快筛的优势。实时直接分析(direct analysis in real time, DART)作为一种典型的AIMS,与高分辨质谱连接,已经在毒(药)物的快筛上发挥作用,类似如片剂、膏状、纸型剂、液体、植物叶子等样品,无需进行任何前处理,运用建立的筛查数据库,即可快速准确地鉴别出体外检材中的毒品、新精神活性物质等。纸喷雾电离技术是另一典型的AIMS,将固体或液体样品加载在纤维素和半纤维素组成的纸基质表面,然后采用高压电驱动的形式使溶剂将复杂样品中的化合物溶解、迁移和电离,进而在纸的尖端发生电喷雾,最终通过质谱进行实时在线检测。强极性农药引发的投毒、误服、自杀等中毒案(事)件时有发生,体内分析一直是本专业的难点。采用微管纸喷雾技术串联四极杆质谱仪可快速筛查血液中敌草快、百草枯、草甘膦、草铵膦和氯化琥珀胆碱5种强极性毒物[28],操作简便,快捷高效,可在1 min内得到结果,显著提高了检测的时效性。

6. 污水中毒品分析

污水中毒品监测已成为当前禁毒领域"黑科技",该项技术能够提供更加准确、持续、真实的毒品消耗量信息,更加经济、快速,实时监测毒情,早期预警,以避免传统方法的时间滞后性、数据局限性等缺陷。2020 年起，国家禁毒委员会办公室（以下简称国家禁毒办）已将城市生活污水监测结果全面应用于对“全国禁毒示范城市”创建工作成效的重要评估内容之一，由此，污水中毒品分析在许多有着毒品相关检测工作的实验室开展。

污水基质复杂，其中的目标物痕量，通常，污水中毒品浓度在 ng/L 水平，因此，除了采样点的选择、样品的代表性、可靠性以及推算模型的准确度以外，污水中毒品的准确测定是关键，对实验室技术能力要求非常高。一般采用固相萃取对污水样品进行浓缩、纯化，然后采用液相色谱-质谱法分析。利用污水所能监测目标物范围逐渐扩大，除了常见传统毒品，目前还可进行卡西酮类、苯乙胺类、哌嗪类、合成大麻素类等多种新精神活性物质的筛选分析。

根据现有的污水中毒品监测数据，世界各地区流行的毒品具有明显差别。欧洲流行的毒品主要为可卡因，其次是苯丙胺类物质；而美国则是甲基苯丙胺较高，其次为可卡因；大洋洲可卡因和苯丙胺类物质较为常见，大麻的消费在逐渐增长；亚洲常见的毒品为甲基苯丙胺，但明显低于欧美国家的消耗量；南美洲的消费主体为可卡因；非洲依据南非现有研究结果来看，甲基苯丙胺和可卡因较为常见，并分别与美国和欧洲的消耗量相当；而大麻在全球各大洲都存在消费较高的国家，其中欧美国家一直存在且消费情况稳定；亚洲和南美洲国家中有土耳其和哥斯达黎加报告大麻的消费情况，而氯胺酮主要在亚洲流行。新精神活性物质中合成卡西酮类常被检测到，近几年合成阿片类消费也有所增加。因此，污水中毒品分析的有效实施可对同一国家不同地区、不同国家之间的跨国研究及同一区域的毒品使用流行趋势进行比较，可更加客观真实地反映毒品消费情况，提高监测效能，从而客观评估毒品滥用形势，精准排查高危人群。至今，全国各地利用污水监测结果连续破获多起重大涉毒违法犯罪案件。

7. 毒品及新精神活性物质标准品的研制

鉴定实践中，特别是随着新精神活性物质的不断涌现，本专业面临的非常大的难题，就是标准品缺失。上海市刑事科学技术研究院对毒品标准品合成中的关键技术开展深入研究，从化学结构上对目前禁毒法管控的未有标准品的毒品及新精神活性物质进行分类，选取同一结构分类中有代表性的化合物开展合成研究。结合最新的有机反应和合成进展技术，通过计算机辅助合成设计策略和化学信息学等方法，开展毒品标准品化合物的合成路线设计，从多条设计方案中优选步骤短、原料易得的路线开展进一步的克级合成。2018 年 5 月，在公安部禁毒局主持下召开了标准品发放仪式，向全国 31 个省、自治区、直辖市的缉（禁）毒部门分发了 100 种（共 5 300 份）项目研制的毒品及新精神活性物质标准品（对照品），实现了毒品标准品研发的国产化，弥补了现有毒品标准品依赖进口，且获取审批时间长、供应不稳定、数量有限、剂型单一等问题，降低了毒品检验部门的检测成本，缩短了获取周期，能为快速、准确侦办涉毒案件、打击毒品犯罪提供重要的物质保障。

8. 标准化建设

标准化是推动司法鉴定高质量发展的重要工作。我国法庭科学标准研制最早可以追溯到 20 世纪 80 年代在毒物分析领域开展的质量控制研究。三十余年来，法庭科学标准体系初步形成，标准质量持续提升，应用范围不断扩大。目前，主要为全国刑事技术标准化技术委员会（SAC/TC 179，以下简称刑标委）、全国道路交通管理标准化技术委员会（SAC/TC 576）和司法部归口的法庭科学/司法鉴定领域国家标准和行业标准，法医毒物是现行、在研标准数量最多的专业。

标准主要包括基础、技术、管理三大类，基础类标准是指具有全局性和基础性的标准，即司法鉴定行业普遍使用并为制定其他标准提供基础和指导的标准；包括但不限于术语及定义、执业分类、标准体系和标准化指南等。管理标准主要是指司法鉴定行业管理的共性标准，可作为制定专业管理标准的依据，技术标准主要包括方法标准和产品标准。目前我国法医毒物标准以技术标准为主。近几年也陆续发布专业基础标准或技术规范如《法医毒物有机质谱定性分析通则》(SF/T 0180－2024)、《法庭科学 毒物检验方法确认规范》(GA/T 1649－2019)和《法医毒物分析方法验证通则》(SF/T 0063－2020)等。

我国标准主要划分为国家标准、行业标准、地方标准和团体标准四级，其中行业标准占比约90%。国家标准分为强制性标准和推荐性标准，本专业涉及的强制性标准之一为《车辆驾驶人员血液、呼气酒精含量阈值与检验》(GB 19522－2024)。疑似毒品的相关标准多为国家推荐性标准GB/T。2018年我国加大法庭科学/司法鉴定标准制定、发布的力度，当年12月28日，《尿液中Δ^9-四氢大麻酸的测定 液相色谱-串联质谱法》等11项标准获批，成为国家标准(GB/T)正式发布。其他生物检材的检测技术标准多是GA/T、SF/T等行业标准，这些技术标准不仅是前处理、仪器操作的推荐，也是对特定生物检材、特定目标物的分析方法灵敏度的建议，有利于保证实验室间数据结果的可靠性、可比性。

9. 法医毒理学数据积累

完整的法医毒物鉴定应当包括检材收集、毒物分析和结果解释三个环节。获得毒物分析结果并不意味完成了法医毒物鉴定，毒物分析的结果解释才是法医毒物鉴定的最终目的和价值体现。法医毒物鉴定的结果解释依赖于科学研究和实际案例等法医毒理学数据积累，我国在这方面起步较晚，但目前正在逐步完善。

2004年5月，国家标准《车辆驾驶人员血液、呼气酒精含量阈值与检验》(GB 19522－2004)发布，把血液中乙醇检测结果作为认定是否酒后驾驶或醉酒驾驶依据的同时，血液中乙醇测定及结果研究逐渐全方位、系统开展起来。一方面对血液中乙醇含量的影响因素如检测方法、血液采集方法、采集时间、体内再分布、血液保存、尸体腐败、丙酮干扰、质量控制、不确定度等进行研究，另一方面研究饮酒量与血液中乙醇浓度关系、道路交通事故与驾驶员血中乙醇含量关系、血中乙醇质量浓度与神经行为能力的关系、中国人群乙醇消除速率与Widmark因子、血液中乙醇浓度回推算、酒后死亡尸检的法医学分析等。随着仪器分析灵敏度提高、案件鉴定需求增加，乙醇的体内代谢生物标志物如乙基葡萄糖醛酸苷、乙基硫酸酯等研究成为热点，并且已经应用于鉴定实践。

我国的法医毒物学者越来越注重实际案例阳性结果的数据积累，以地芬尼多为例。地芬尼多是一种非吩噻嗪类抗眩晕和止吐药，因其抗眩晕效果好、副作用少和安全性高，在我国临床上得到了广泛的应用。2008年《刑事技术》杂志上发表的《地芬尼多中毒死亡1例分析》、2010年《法医学杂志》上发表的《口服地芬尼多中毒致死1例》、2011年《中国法医学杂志》上发表的《地芬尼多中毒鉴定1例》、2013年《药物分析杂志》上发表的《LC－MS/MS法测定人血浆中地芬尼多的含量及其在案件中的应用》均报道了中毒案例中血液中地芬尼多的浓度结果。特别是近几年，因地芬尼多服用过量导致的意外中毒或自杀案(事)件逐年增多。基于受理的中毒案例，在已有文献基础上，2019年《中国法医学杂志》上发表的《大剂量地芬尼多中毒死亡法医学鉴定1例》，2021年《刑事技术》杂志上发表的《地芬尼多中毒死亡1例及文献分析》、《中国全科医学杂志》上发表的《盐酸地芬尼多急性中毒的临床特征研究》、《山东化工》杂志上发表的《口服盐酸地芬尼多中毒死亡14例分析》、*Journal of Analytical Toxicology*杂志上发表的"Application of a Validated UPLC－MS－MS Method for the Determination of Diphenidol in Biological Samples in 15 Authentic Lethal Cases"，2022年《法医学杂志》上发表的《服用盐酸地芬尼多片中毒死亡4例》和《口服地芬尼多片中毒死亡9例》等，更是针对多个案例进行统计分析、讨论和文献分析。在此基础上，大大丰富了地芬尼多中毒的数据积累，为其后相关案件的结果评价提供基础数据。

二、法医毒物鉴定发展面临的问题

随着分析技术不断更新，法医毒物分析的内容和范围也越来越广，从单一的中毒死亡案件类型，逐渐发展到吸毒、酒驾、毒驾、药物辅助犯罪等多种类型案件，鉴定能力大大提高。2012年以后，按照《关于全面推进司法鉴定机构认证认可工作的通知》（司发通〔2012〕114号）要求，司法鉴定机构依法通过认定或认可工作全面推进，持续提高司法鉴定的科学性、权威性和可靠性。但是，在发展与完善过程中，仍然面临诸多挑战。

1. 鉴定实践需求

毒药物种类广、数量多，与欧美国家相比，我们面临的挑战更大。欧美的毒物分析主要针对滥用药物、临床药物，而我们每天遇到的毒物五花八门，像河鲀毒素、有毒生物碱、抗凝血类杀鼠药、除草剂、有毒挥发性气体、复旦大学投毒案中使用的二甲基亚硝胺等有毒化学品等。这些毒药物的物理化学性质各不相同，任何一个样品前处理方法、色谱和质谱条件都无法涵盖所有的毒物，如何为执法部门提供准确、可靠的鉴定结果和相关信息，是法医毒物鉴定实践中面临的重大挑战。

目前不断涌现的新精神活性物质对法医毒物学者也是挑战。新精神活性物质鉴定属于完全未知目标物鉴定[29]，即结构未知、名称未知、性质未知、体内代谢和分布未知，且可能没有任何文献数据信息，如何探寻和鉴别？其鉴定难点主要在于以下5个方面：① 新精神活性物质品种多、变异快，根据"标签名称"无法确定其所含活性成分，且相同"标签名称"的检材所含成分和含量可能千差万别，现行方法远跟不上新精神活性物质的更新速度；② 缺乏未知物分析的技术平台，气相色谱-串联质谱和液相色谱-串联质谱筛选技术本质上属于设定范围内的目标物筛选，故目标物一旦超越人们的认知范围，极易造成漏检或无法提供可靠的涉（摄）毒证据；③ 体内新精神活性物质鉴定的复杂性。体液、组织、毛发等生物样品基质复杂，新精神活性物质可在体内代谢转化，其原形在体内浓度低甚至无法检出；④ 这种快速转变形势下，也难以发展如传统毒品的酶免疫快筛技术；⑤ 大多数新精神活性物质的毒性作用机制、体内生物转化和生物标志物尚不清楚，相关中毒数据极为有限，难以评价中毒死亡原因或者行为能力影响程度。

故目前在鉴定实践中对新出现毒（药）物的发现、识别、确认、评价方面存在技术手段不足、认定能力不强、支撑数据缺乏等突出问题，难以应对疑难、复杂案件，难以满足诉讼对证据的要求。因此，构建以高分辨质谱为主要技术平台的未知物鉴定技术体系，探寻具有科学属性、丰富信息和高证据价值的生物基质，提升对新精神活性物质的发现、识别和确认能力，是法医毒物学领域亟待解决的关键问题。

2. 法医毒物结果解释

法医毒物分析结果的解释是法医毒物学的重要组成部分，获得毒物分析结果并不意味完成了法医毒物鉴定，毒物分析的结果解释和利用才是法医毒物鉴定的最终目的和价值体现。法医毒物鉴定的结果解释是一综合分析判断的过程，取决于法医毒物鉴定人自身的知识水平、专业经验和判断能力。不同的案件类型所要关注及要解决的问题不尽相同。

摄毒鉴定的检测样本以尿液、头发等检材为主，一般分为免疫筛查和色谱-质谱确认两个步骤，免疫分析结果阳性的需经色谱-质谱方法进一步确认。由于尿液中滥用物质留存及检测时限仅为4~5天，当尿检阳性者在受处罚过程中提出否认摄毒或质疑尿检结果的可靠性时，重新留取尿液检验已无法提供有力的证据。而头发分析检测时限长，可依据其头发长度，验证其数月内滥用物质的情况，为尿液分析结果提供确证证据。由于毛发具有不同的生长周期、头发生长速度存在个体差异以及毛发采集、分段等误差，这些因素可以导致药物在毛干上扩散，头发分段分析不可能精确地确定滥用时间。如《涉毒人员毛发样本检测规范》所述，"发根端3厘米以内的头发样本检测结果为阳性的，表明被检测人员在毛发样本提取之日前6个月以内摄入过毒品"。同样，基于药物进入毛发与毛发颜色、药物的物理化学性质相关；种族差异；药物代谢存在个体差异；毒品的纯度、剂量等未知；卫生习惯差异等因素，头发分析可以反映同一个体的毒品滥用量的相对变化，但无法通过头发毒品浓度推断滥用量，同时不能进行不同个体间吸毒程度比较。应清楚毛发分析的结果作为证据存在一定的局限性。

道路交通事故的法医毒物鉴定主要针对精神活性物质，结果解释的核心问题之一是生物检材中毒物浓度对行为能力的损害作用程度或者是否超过法规阈值。若是路边随机筛查的案件，采集的唾液，通常仅检测法律规定的几类管制药物。实验室分析的检材包括血液、唾液和尿液等，可根据法规、委托方的要求选定目标物。若是交通肇事案件，采集的血液，一般需要扩大筛查范围，并进行定量分析，以便于评价驾车能力损伤。不同于酒驾，已经有充足的资料依据，毒驾中药物种类多，将血液中浓度与行为能力影响关联的研究少，而且存在药代、药理作用等较大的个体差异。许多中枢神经兴奋剂在低剂量即可影响某些方面的行为能力，再加上常常多种药物联合应用，如何依据零容忍法规，从血液中检出的某一管制药物推断损伤程度，结果解释还是要非常慎重。目前，国际上通用的均是首先进行现场实验，经过培训的警务人员观察驾车者的集中注意力、平衡和协调功能，也可以要求其完成一些指定动作，如眼球水平凝视时震颤；步行回转试验；单腿直立试验等，这些实验是评定驾车能力损伤的重要依据。精神活性物质影响下的驾车问题在我国尚属新形势下新问题，无论是法规还是具体实施都正在不断完善中。

药物辅助犯罪案件中所涉药物种类繁多，除了酒精，主要有中枢神经抑制剂、兴奋剂、致幻剂等精神活性物质，具有单次用药、剂量小、作用强、体内含量低、代谢速度快等特点，尽早留取血液和尿液样品，可以更精准地进行结果解释。血液中阳性结果说明其在近期用药，一般在48 h内。血液中浓度可辅助说明案发时药物的作用强度，结合该药物的药代动力学参数解释受害人当时的症状、能力受损状况。尿液中阳性结果说明受害人在采样前的1~5天内曾用药，但其中浓度无法与剂量、药物作用等相关联。头发分段分析在药物辅助犯罪案件中可发挥独特作用。根据头发约为1 cm/月（0.7~1.4 cm/月）的生长速度，考虑头发生长速度差异、采集头发、分段剪取的误差等，可在案发后第4~5周贴头皮采集头发样本，然后从根部起按2 cm分段分析。但是，实际案例的采样时间往往不受实验室控制，对这些案例，贴头皮采集头发样本后同样进行分段分析，最高浓度出现在案发时对应的2 cm段头发中。由于药物的物理化学性质、头发颜色等诸多因素影响药物进入毛发，以及样品前处理过程的不同，头发段中的浓度不能用于解释服用剂量和行为能力受损程度。相对于中毒死亡案件的筛选分析，药物辅助犯罪案件对分析技术要求更高，实际案件鉴定时应明确分析的目标物范围和灵敏度。

死后法医毒物分析结果解释的核心问题之一是生物检材中毒物浓度的真实性以及毒物对中毒或死亡的作用程度。生物检材中毒物浓度将受到以下因素的影响：① 检材采集。合理的采集检材是正确进行结果解释的前提。如外周血受降解、腐败和死后再分布等因素影响小，其定量结果可以较准确地反映死亡时的毒物浓度，心血则由于距离胃部近而表现出较高的毒物浓度。影响两者浓度的因素主要包括药物的种类、分布体积、浓度、蛋白结合率、pK值和死亡与解剖的时间间隔等。② 稳定性。分析结果仅反映检测时检材中毒物浓度，结果解释时应考虑目标物在检材中的稳定性。如降解、挥发引起毒物浓度下降，死后生成造成毒物浓度升高等。③ 死后再分布。死后再分布是死后毒药物在尸体内沿着浓度梯度的运动，死后再分布与毒物的物理化学性质有关，也与部位有关。此外，在使用文献资料中毒量、致死量解释判断时，还需要考虑毒物的相互作用、个体差异、耐受性等因素。

建立在长期研究、数据积累基础上的综合分析评判才能达到科学、严谨、有效的要求。探寻阈值、标志物、特征代谢物以及开展代谢动力学、基因组学研究等是解决复杂问题的重要途径。随着学科的交叉融合以及鉴定实践的需求，国际上越来越注重毒物鉴定结果的解释和评判。要提升法医毒物鉴定水平，法医毒物学者不能仅关注分析技术的进步，还要注重资料的积累、数据库的建立以及结果评价能力的提升。基于法医毒物学鉴定实践，尽快建立中国人群中毒数据库，最终实现更快速和便捷地获取所需的法医毒物数据资源。

3. 规范建设

多年来，通过执业监管、认证认可、水平测试和质量评估等工作，法医毒物实验室仪器设备和鉴定人能力有了显著提高，但在实验室规范建设上，尤其在管理理念、专业素养、质量控制等方面仍然有待提升。

我国毒物鉴定实验室主要分布于公安、科研机构和高校，近几年也有部分医院和其他主体机构增设了毒物鉴定专业类别。至2021年底，全国经司法行政机关登记管理的从事法医毒物鉴定的实验室有530家。目前各系统的毒物鉴定实验室层次、水平参差不齐，科研机构的实验室和公安系统的省级实验室基础设施条件较好，仪器装备配置较高，鉴定能力范围较宽，专业化水平较高；高校系统的机构专业队伍层次较高，科研力量较强，但仪器装备水平尚有欠缺，规范运作尚有差距；而医院等其他主体机构的相当部分实验室仪器装备配置较低、能力范围较为狭窄（往往仅以血液酒精检测为其执业项目），“小、微”机构占比偏大的情况没有实质性改观，专业化素养存在缺陷。因此，我国毒物鉴定实验室的装备水平、人员素质、技术能力离规范执业、保障质量尚有差距。推进高资质、高水平鉴定机构建设，加强机构规范化建设，整合“小、微”机构，推进机构做大做强、做精做优，才能不断完善发展格局，推动司法鉴定行业高质量发展。

认证认可有效促进了机构的规范化建设[30]。2012年4月，司法部、国家认监委联合下发《关于全面推进司法鉴定机构认证认可工作的通知》（司法通〔2012〕114号），全面推进司法鉴定机构依法通过资质认定或认可。认证认可的过程，促进机构强化了硬件，为鉴定活动提供满足要求的环境条件和仪器装备；促进机构强化了队伍建设，保障必要的人力资源，通过培训、监督和考核，确保人员的鉴定能力持续满足鉴定活动的需要；促进机构强化了能力建设，制约了“分包”现象以及专业判断和检验活动相分离的状况，推动建立专业实验室，提高司法鉴定的科技含量；促进机构强化了管理建设，通过建立管理制度、内部审核和管理评审，为持续改进、持续发展提供机制保障。认证认可推动鉴定机构进入自我改进、自我完善的良性轨道。

标准化在司法鉴定行业发展中起着支撑和引领作用，特别在我国司法鉴定实践中，由于我国鉴定机构数量庞大，细致规划标准体系和制定具体标准方法有助于提高过程和结果的一致性。标准化工作已在法医毒物专业开展逾30年，标准体系初步形成，标准质量持续提升，应用范围不断扩大，标准化意识普遍提高。目前实验室所采用的标准主要是刑标委和司法部归口的司法鉴定领域国家标准和行业标准。至2020年，仅法医毒物专业，现行、废止标准，正在编制（在研）的标准和终止、合并的计划项目共285项[31]，涉及范围广泛，以满足法医毒物鉴定实践需求为导向,以保障鉴定过程规范和结果可靠为目标。需要关注的是,目前的标准多为具体检测方法的技术标准,而缺乏基础标准和管理标准,与司法鉴定的实践要求还有很大差距。法医毒物专业的特殊性,如何解决新的毒药物不断出现与对应标准方法滞后的难题,迫切需要对标准体系进行更深层次的研究和改进,最大限度提高标准应用整体效能,以更加科学有效的标准体系来指导标准制修订工作。

随着分析技术的飞速发展,法医毒物学专业,无论是仪器设备、案件类型,还是生物检材类型,都有了模式改变,质的飞跃。法医毒物学作为应用性学科,会在鉴定实践中不断发现新问题,如当前急需解决的新出现毒药物、新精神活性物质的药代学与药效学数据、新型生物检材的评价数据、中国人群的中毒数据等。需要不断科研创新,构建快速简便、准确高效的未知物鉴定技术体系,探寻具有科学属性、丰富信息和高证据价值的生物基质,提升对未知物的发现、识别和确认能力,阐明新出现毒药物的时相性变化规律和生物标志物,积累中国人群案例数据信息,提升毒物的精准鉴识与结果评价能力。

· 本章思考题 ·

1. 如何理解毒物的概念是相对的?
2. 中毒症状在法医毒物鉴定中有何意义?
3. 法医毒物鉴定的任务和特点对鉴定人的要求有哪些?
4. 法医毒物鉴定的发展方向和注意问题是什么?

参考文献

[1] 沈敏,向平,刘伟. 法医毒物鉴定理论与实践. 北京: 科学出版社,2022.
[2] 刘良,张国华,李利华,等. 法医毒理学. 北京: 人民卫生出版社,2016.
[3] 贠克明. 法医毒物动力学. 北京: 人民卫生出版社,2014.
[4] 沈敏. 法医毒物鉴定的发展及其问题分析. 中国司法鉴定,2012(5): 66-70.
[5] Barrylevine. 法医毒理学原理. 北京: 群众出版社,2015.
[6] 黄光照,胡炳蔚. 法医毒理学. 北京: 人民卫生出版社,1988.
[7] 黄瑞亭. 中国近现代法医学发展史. 福州: 福建教育出版社,1997.
[8] 中国近代毒物分析化学奠基人和开拓者——黄鸣驹同志逝世. 中国法医学杂志,1991(1): 1.
[9] 沈敏,刘伟,向平. 传承与创新视角下法医毒物学发展的实践与思考——以司法鉴定科学研究院法医毒物化学专业为例. 中国司法鉴定,2020(3): 49-58.
[10] 孟庆振,刘慧念,彭斯璐,等. 刑事技术科研创新工作体系建设探索. 刑事技术,2019, 44(5): 6.
[11] 刘鑫. 新精神活性物质检验鉴定面临的挑战和对策. 中国法医学杂志,2021, 36(1): 5-9.
[12] 张玉荣,张盛梁,汪蔡. 液相色谱-串联质谱法筛查鉴定203种毒品. 中国司法鉴定,2020(2): 25-36.
[13] Wang Y, Shi Y, Yu Y, et al. Screening of synthetic cathinones and metabolites in dried blood spots by UPLC-MS-MS[J]. J Anal Toxicol, 2021, 45(7): 633-643.

[14] Shi Y, Wang R, Yuan S, et al. UHPLC - MS/MS method for simultaneously detecting 16 tryptamines and their metabolites in human hair and applications to real forensics cases[J]. J Chromatogr B Analyt Technol Biomed Life Sci, 2020, 1159: 122392.

[15] Nan Q, He J W, Ping X, et al. Investigation of fragmentation pathways of fentanyl analogues and novel synthetic opioids by electron ionization high-resolution mass spectrometry and electrospray ionization high-resolution tandem mass spectrometry[J]. Journal of the American Society for Mass Spectrometry, 2020, 31(2): 277 - 291.

[16] Shi Y, Liu M, Li X, et al. Simultaneous screening of 239 synthetic cannabinoids and metabolites in blood and urine samples using liquid chromatography-high resolution mass spectrometry[J]. Journal of Chromatography A, 2022, 1663: 462743.

[17] 张云峰,赵森,常靖,等. 非衍生化高效液相色谱-串联质谱法快速检测生物体液中草甘膦、草铵膦及代谢物[J]. 分析测试学报,2021, 40(4): 571 - 576.

[18] 杨杨,张晓光,于峰,等. 血液中常见除草剂的 UPLC - HRMS 分析[J]. 法医学杂志,2018, 34(6): 590 - 594.

[19] Luo R, Shen B, Xiang P, et al. Determination of twenty herbicides in blood by ultrapressure liquid chromatography-tandem mass spectrometry[J]. Forensic Sci Int, 2021, 327: 110910.

[20] 李乐,赵君博,严慧,等. 合成大麻素类新精神活性物质的代谢物鉴定研究进展[J]. 法医学杂志,2021, 37(4): 459 - 469.

[21] 张桄滕,何洪源,黄家栋,等. 基于质谱分析的新精神活性物质代谢研究进展[J]. 分析测试学报,2023, 42(2): 233 - 240.

[22] 郭彩霞,严慧,刘伟,等. 干生物基质点微样技术及其在法医毒物学中的应用[J]. 中国司法鉴定,2021(1): 29 - 38.

[23] Guo C, Yan H, Liu W, et al. Liquid chromatography with tandem mass spectrometric method for determination of 425 drugs and poisons in dried blood spots and application to forensic cases[J]. Forensic Toxicology, 2023, 41(2): 241 - 248.

[24] 钟世豪,任昕昕,王鑫宇,等. QuEChERS 提取-超高效液相色谱-串联质谱法测定腐败人血中3 种钩吻生物碱[J]. 理化检验: 化学分册,2019, 55(7): 755 - 761.

[25] Hu J, Chen H, Liu W, et al. Pulverization is a crucial step-A comparative study of different pretreatments in hair drug testing[J]. J Anal Toxicol, 2023, 47(4): 346 - 352.

[26] 李彬,王守山,张旻南,等. 用于新型精神活性物质检测的手持拉曼光谱仪[J]. 红外与激光工程,2020(S01): 20200101.

[27] 刘翠梅,韩煜,贾薇,等. 红外光谱用于新精神活性物质快速定性分析[J]. 光谱学与光谱分析,2020, 40(12): 3925 - 3929.

[28] 张云峰,董林沛,赵森,等. 微管纸喷雾质谱法快速筛查血液中 5 种强极性毒物[J]. 分析测试学报,2022, 41(4): 652 - 658.

[29] 沈敏. 新精神活性物质的应对与挑战[J]. 法医学杂志,2021, 37(4): 453 - 458.

[30] 沈敏. 我国司法鉴定认证认可制度的构建和实践[J]. 中国司法鉴定,2020(5): 8 - 16.

[31] 翟晚枫,张宁,花锋,等. 我国法庭科学标准的现状与问题研究[J]. 刑事技术,2020, 45(4): 341 - 347.

第二章 法医毒物司法鉴定程序

· 本章重点内容与学习要求 ·

掌握法医毒物鉴定的委托和受理程序，熟悉如何制定和实施法医毒物鉴定方案，理解检材处理、毒物分析的基本原则与记录的重要性，了解法医毒物鉴定过程及运用的方法，熟悉和掌握鉴定文书的格式、内容和要求以及鉴定资料归档工作。

司法鉴定程序是指司法鉴定机构和司法鉴定人进行司法鉴定活动的方式、步骤以及相关规则的总称。2016 年 5 月 1 日起施行的《司法鉴定程序通则》(司法部令第 132 号)是司法鉴定机构和司法鉴定人从事各类司法鉴定业务活动必须遵守的基本行为准则。司法鉴定机构和司法鉴定人进行法医毒物鉴定活动，应当遵守法律法规、规章、认证认可和专业要求，遵守职业道德和执业纪律，尊重科学，遵守技术操作规范。毒物鉴定程序主要包括鉴定的受理、鉴定实施及鉴定意见的出具等环节。

按照《法医类司法鉴定执业分类规定》，法医毒物鉴定是指鉴定人运用法医毒物学的科学技术或者专门知识，对体内外药毒物、毒品及代谢物进行定性、定量分析，并提供鉴定意见的活动。法医毒物鉴定包括气体毒物鉴定、挥发性毒物鉴定、合成药毒物鉴定、天然药毒物鉴定、毒品鉴定易制毒化学品鉴定、杀虫剂鉴定、除草剂鉴定、杀鼠剂鉴定、金属毒物类鉴定、水溶性无机毒物类鉴定，以及与毒物相关的其他法医毒物鉴定等。

第一节 鉴 定 受 理

一、鉴定的委托

法医毒物鉴定的委托，是指鉴定的委托主体向鉴定的实施主体提出的进行法医毒物鉴定的要求。

1. 委托的主体

法医毒物鉴定专门机构接受司法机关、行政机关、企事业单位、社会团体和个人的委托。不同案件类型、不同诉讼阶段决定了委托鉴定主体的不同。诉讼案件的法医毒物鉴定根据诉讼的不同阶段(如侦查、起诉、审判阶段)分别接受侦查机关、检察机关、审判机关的委托，非诉讼案件的法医毒物鉴定接受行政机关、企事业单位、社会团体和个人的委托。

2. 委托的要求

法医毒物鉴定的委托，委托人应当出具鉴定委托书，提供委托人的身份证明，提供委托鉴定事项所需的鉴定材料。

鉴定委托书(或介绍信、聘请书)的内容应包括：① 拟委托的司法鉴定机构名称；② 委托鉴定的事项和用途；③ 鉴定要求；④ 委托人的名称或者姓名，并加盖公章。

委托人身份证明，是指能够证明委托人身份的有效证件，如工作证、身份证、警官证、检察官证、法官证等。

委托人委托鉴定的，应当向司法鉴定机构提供真实、完整、充分的鉴定材料，并对鉴定材料的真实性、合法性负责。司法鉴定机构应当核对并记录鉴定材料的名称、种类、数量、性状、保存状况、收到时间等。鉴定材料包括生物检材和非生物检材，鉴定资料是指存在于各种载体上与鉴定事项有关的记录。

委托人在鉴定委托时不得要求或者暗示司法鉴定机构和司法鉴定人按其意图或者特定目的提供鉴定意见。委托鉴定事项属于重新鉴定的，应当在委托书中注明。

3. 委托的手续

凡提出法医毒物鉴定委托的司法机关(或行政机关、企事业单位、社会团体和个人)应当填写鉴定机构提供的《司法鉴定委托书》。委托书内容包括：委托方和司法鉴定机构的基本情况、案情摘要、鉴定事项、鉴定要求、鉴定材料的目录、数量及处置权、双方的权利和义务、鉴定费用、争议解决的方式、特别约定等内容。

二、鉴定的受理

法医毒物鉴定的受理，是指法医毒物鉴定机构或法医毒物鉴定人通过对法医毒物鉴定委托事项、鉴定材料等的审查，对属于本鉴定机构业务范围、鉴定用途合法且提供的鉴定材料能够满足鉴定需要的委托予以受理，同意予以鉴定的行为。

1. 合同评审

(1) 合同评审要求　正确理解委托方的鉴定要求，了解既往相关的被检验或鉴定的情况(需要时，可要求委托方提供相关的书面资料、记录或证明等)，审核本鉴定机构或鉴定人的技术能力、仪器设备等资源能否满足委托方的要求。

具有下列情形之一的鉴定委托，司法鉴定机构不得受理：① 委托鉴定事项超出本机构司法鉴定业务范围的；② 发现鉴定材料不真实、不完整、不充分或者取得方式不合法的；③ 鉴定用途不合法或者违背社会公德的；④ 鉴定要求不符合司法鉴定执业规则或者相关鉴定技术规范的；⑤ 鉴定要求超出本机构技术条件或者鉴定能力的；⑥ 委托人就同一鉴定事项同时委托其他司法鉴定机构进行鉴定的；⑦ 其他不符合法律、法规、规章规定的情形。

司法鉴定机构决定不予受理鉴定委托的，应当向委托人说明理由，退还鉴定材料。

(2) 合同评审程序　① 具有法医毒物鉴定人资格的鉴定人负责本专业鉴定能力表范围内常规鉴定合同的评审，包括：一是对常规或简单鉴定业务的评审；二是对委托方的固定要求的鉴定业务的评审。② 在合同评审过程中，鉴定人要与委托方充分沟通，妥善解决委托方的要求与合同条款之间的差异，合同每项内容应得到双方的确认。③ 鉴定人与委托方签署《司法鉴定委托书》后，办理鉴定受理登记手续。

司法鉴定委托书应当载明委托人名称、司法鉴定机构名称、委托鉴定事项、是否属于重新鉴定、鉴定用途、与鉴定有关的基本案情、鉴定材料的提供和退还、鉴定风险，以及双方商定的鉴定时限、鉴定费用及收取方式、双方权利义务等其他需要载明的事项。

(3) 合同修改、变更　合同履行期间，需修改或变更合同条款的，应按原程序重新进行评审，并将确认的修改信息及时通知所有受到合同条款变更影响的部门和人员，以便按照变更后的合同条款的要求开展工作。

(4) 合同评审记录　鉴定机构或鉴定人保存所有鉴定合同评审记录,包括任何更改的合同评审记录以及与委托方就鉴定要求和工作结果进行讨论的记录。

2. 鉴定材料的接收、标识与流转

(1) 检材的接收　接收检材或鉴定资料时,应与委托方共同检查、记录其性状、数量和包装,必要时可以以拍照、扫描等方式留档。若有异常情况,应及时向委托方说明并予以记录。

(2) 检材的标识　检材由接收者按标识规则进行标识。唯一性识别标识应始终伴随检材在鉴定机构内流转,确保检材在实际鉴定工作中,或在记录及其他文件中提及时不会被混淆。

(3) 检材的流转　检材在机构流转过程中应保证其完好状态和证据链完整。因鉴定需要耗尽或者可能损坏检材的,应告知委托方并取得书面同意。应约定鉴定材料退还、处置方式。

3. 毒物鉴定受理的要点

(1) 充分了解案情　鉴定人要与委托方充分沟通,了解案情包括案(事)件发生经过,检验对象的健康状况、中毒症状或尸体解剖征象,既往鉴定情况等;明晰鉴定要求,包括正确理解委托需求,与委托方探讨案(事)件可能涉及的毒物范围,鉴定目的及送交检验材料的证据意义等。

(2) 明确鉴定要求　不同案件类型、不同鉴定要求所需采用的技术方法、目标物范围和结果报告阈值可能有所不同。合同评审时明确案件类型和鉴定要求是非常重要的。若不区分处理,则会浪费资源、出现证据效力不强或漏失关键证据等状况。常见的鉴定类型包括:① 法医中毒鉴定。通过对尸体或活体生物检材的系统未知物筛选来发现或排除毒物,通过定量分析来估计中毒程度。② 摄毒鉴定。通过对吸毒嫌疑人体液、毛发中毒品的鉴定来判断其是否摄毒或有摄毒史。③ 酒驾毒驾鉴定。通过对交通执法中所涉血液乙醇测定或精神活性物质筛查判断其是否违规驾车。④ 药物辅助犯罪(麻醉抢劫、性犯罪等)认定。通过对受害人体液、毛发中毒药物鉴定提供犯罪证据。⑤ 毒品鉴定。通过对可疑物品的定性、定量分析,为涉毒案件处置提供证据。此外,还包括医疗纠纷所涉药物的鉴定、兴奋剂检测、环境污染监测等。

(3) 核查鉴定材料是否符合鉴定要求　毒物鉴定所需的检材在数量上须满足分析、再分析和定量的需要,且能留有足够的复核样。为满足不同鉴定、检验项目的需要,表 2-1 列出了各鉴定项目的最佳检材及最低检材量。鉴定所需检材和资料不完整且委托方无法补充的,但按照相关法律、法规要求必须进行检验的,应在合同和报告中予以注明。检验结果中应明确注明: 结果仅供参考。

表 2-1　法医毒物鉴定所需检材数量

检 验 方 向	最佳检材(不低于 mL/g)	可用检材(不低于 mL/g)
乙醇	血液(4)	尿液、肝、脑、玻璃体液等(4)
甲醇	血液(4)	尿液、肝、胃内容物(4)
一氧化碳	血液(5)	
镇静安眠药	血液、胃内容物、尿液(10)	肝、脑等(10)

续 表

检 验 方 向	最佳检材(不低于 mL/g)	可用检材(不低于 mL/g)
有机磷农药	血液、胃内容物(10)	肝脏或其他组织(20)
杀鼠药	血液、胃内容物、饲料(20)	肝脏(20)
气体毒物	血液(10)	肺组织或肝脏(10)、现场气体(100)
毒品	尿液、血液(10)	毛发、肝脏(20)
常见毒物	血液、胃内容物(20)	尿液、肝脏(20)
有毒生物碱	血液、药酒(20)	胃内容物、尿液、肝脏(20)
药物辅助犯罪涉及的精神活性物质	喝剩饮料和受害人尿液(10)	血液(10)
其他	协商取样	

检材应逐件分别用洁净材料或器皿严密装盛,注明名称、来源、数量、采取日期与地点、采取人等。无论是体内检材还是体外检材,都应独立封装,以防在运输过程中损坏、泄漏、污染。不同时间采集的同一部位检材,也不能混合。涉及气体毒物和易挥发物质检测的检材应根据其易挥发性、检测方法等特殊要求分别采集、封存及运输。

第二节 鉴 定 实 施

鉴定的实施是司法鉴定机构和司法鉴定人按照委托要求,对受理的检材进行鉴定,并最终形成鉴定文书的相互关联的一组活动。鉴定实施是鉴定程序的核心环节,实施状况如何直接影响鉴定工作的整体水平。

一、制订方案

选择正确的鉴定方案是实施公正、科学鉴定的有效保证。

(1) *采用检测方法* 鉴定应当依下列顺序遵守和采用该专业领域的技术标准、技术规范和技术方法:国家标准、行业标准和技术规范、该专业领域多数专家认可的技术方法等。鉴定机构应使用经过确认和验证、现行有效的鉴定方法,受控的标准方法,并定期跟踪方法的时效性。

由于现行的标准方法均为具体的技术方法标准,鉴定机构在采标时,下列情况时,允许方法偏离:① 通过对试验条件适当放宽,对操作步骤适当简化等,以缩短鉴定时间,且这种偏离已被确认满足鉴定要求;② 对某一步骤采用新的鉴定技术,能在保证鉴定结果准确度的情况下,提高效率,或是能提高原方法的灵敏度和准确度;③ 由于鉴定机构条件(如设备不同型号)的限制,无法严格按标准方法中所述的要求进行鉴定,不得不作偏离时,需在检测过程中同时使用标准物质或参考物质进行对照,以消除条件变化带来的影响。方法偏离应经确认,编制作业指导书,经审核、批准后方可使用。

(2) *管理鉴定材料* 司法鉴定人有权了解进行鉴定所需要的案件材料,可以查阅复制相关资料,必要时可以询问诉讼当事人、证人。

经委托人同意，司法鉴定机构可以派员到现场提取鉴定材料。现场提取鉴定材料应当由不少于 2 名司法鉴定机构的工作人员进行，其中至少 1 名应为该鉴定事项的司法鉴定人。现场提取鉴定材料时，应当有委托人指派或者委托的人员在场见证并在提取记录上签名。

司法鉴定机构应当建立鉴定材料管理制度，严格监控鉴定材料的接收、保管、使用和退还。司法鉴定机构和司法鉴定人在鉴定过程中应当严格依照技术规范保管和使用鉴定材料，因严重不负责任造成鉴定材料损毁、遗失的，应当依法承担责任。

(3) *确定检验方向*　在了解和分析案(事)件的全部情节后，应观察检材的外观性状，审辨检材中是否有可能提示与毒物相关的迹象，如检材形状、色泽、气味、酸碱性等是否不正常或有可疑的夹杂物等，提出相应的检验方向。在此过程中，还应根据案(事)件的情况和检材中的发现，与送检者作进一步的讨论和了解现场勘验、案情调查、地域性特点等信息；现场物品如剩余的食物、饮料、农药空瓶、呕吐物等，均可帮助快速锁定目标物；系统筛选分析是法医毒物实验室的基础项目，也是一个实验室鉴定能力的体现，应不断扩大筛选的毒(药)物范围，持续更新；当前，气体毒物中毒增多，必要时应先计划好检测步骤；许多毒(药)物在生物检材中不稳定，应尽快分析；对需要进一步侦查取证的，应提出补充材料或要求再搜集可能被遗漏的检材。

(4) *确定目标物范围*　制订分析方案时，应依据鉴定委托要求，同时根据案件情况、中毒症状、检材种类，以及实验室技术条件确定检验方向和目标物范围。考虑所有可能涉及的毒物，并用科学有效的分析方法和技术手段加以确认或排除，这是拟订方案的基本思路。① 对于可能要排除的毒物，必须有充分可靠的事实和科学依据，不能单凭某些偶然现象或疑点加以排除，更不能凭个人经验或主观想象随意地加以排除。如氰化钠中毒死亡，一般发生在毒物进入体内后的较短时间内，案情中若是投毒数天后死亡，而自中毒到死亡期间确实证明绝无再次接触毒物的可能时，才能排除氰化物；根据侦查提供的信息，充分证实某些毒物绝不可能与本次事件有关时，也可排除。但有一些情形还不能作为排除毒物的必要条件，如因尸体瞳孔散大而就此排除吗啡；现场发现农药而仅据此排除其他毒物的可能性；某些凶杀案虽已经法医鉴定外伤是致死原因，若案情有涉及使用毒物的疑点时，也不能因已鉴定死因而排除毒物等。② 根据事件情节、中毒症状和检验条件，有时须考虑到同时含有两种或两种以上毒物的可能性，以及测定毒物或代谢物含量的必要性；对所有疑及的毒物，应分别根据其性状、在活体与尸体中的分布和变化，考虑检测的可能性；对于技术条件不具备而难以检验的任务，应及时说明并提出处理意见。

二、检材处理

用严格的过程处置检材是检验工作的特殊内容之一，必须认真负责地进行。鉴定机构应制定检材管理程序，规范检材的接收、登记、传递、保管、处置、安全和保密等工作。在整个检材传递和处理过程中，应保证检材的完整性、特性的原始性、保密性、安全性，确保不被污染、破坏、篡改、转移及变性，保护鉴定机构和委托方的利益。鉴定人对委托方提供的检材不准私自留用，未经授权不得作商业化处置，不得自行处置或作其他用途。

具体步骤包括以下几个方面。

(1) *分别标识*　对接收的每一件检材必须进行：① 记录其重量、体积和包装，或记录其估计量并作适当描述。如浸染于衣物上的痕迹或附着于器壁的物质之类，则可用后一种方法记录。② 将检材按原状分为检测样和复核样，并分别加标签编号。复核样应妥善封装、冷藏或冷冻保存，作为复验、审核的物证材料。复核样品量一般不得少于送验检材量的 1/3。如果条件不允许保留检材时，应事先声明并征得委托方的同意。每件检材都应有唯一性标识。

（2）分别取样　对送检的不同检材应分别取样，即便是品种相同而来源或采集地点不同的检材，一般也不能采用混合后均匀取样的方法。如非同一时间采集的尿液、非同一部位或地点采集的相同可疑物等，由于其中的毒物含量有差异，不能视为相同检材加以混合。需要混合分析的，所取检材应充分混匀。

（3）计量使用检材　检材应依据分析目的有计划地合理取用，取样数量应满足鉴定用量、必要时的复查、确证或留样的需要。在取样过程中，应避免外来杂质的混入，防止因挥发、分解、环境污染等因素使其特性或量值改变，并使用合适的洁净容器盛装。

取样情况应详细记录。检测过程中应尽可能减少检材消耗，以备重复检测/检验或者复查。每次进行定性检验或定量测定时，检材也应定量取用并记录使用数量。对剩余的和暂时未用的检材须严密、妥善保存。这是因为法医毒物分析工作具有不确定性，可能会随检验过程而改变原订方案。

（4）检材处理　生物检材须经提取、净化、浓缩等处理，以使毒药物从复杂基质中分离、富集出来。液液提取是应用最为广泛的手段，对于大批量的血液、尿液样品，或者一些水溶性的毒药物目标物，目前，基于 LC－MS 的高灵敏度，多采用乙腈沉淀蛋白方法快速、高效完成。检材处理过程中，应包括阴性和阳性的质量控制样品，进行平行检测。

三、毒物分析

用适当的方法分析检材是检验工作的基本内容。所以，执行毒物检验工作，不但应有熟练可靠的知识技能，更须有严密的科学思维。

（1）分析方法　法医毒物分析一般包括筛选、确认和定量分析。筛选分析通常采用尿液、血液、胃内容物等毒药物浓度可能较高的检材进行，如果有现场发现的食物、药片、呕吐物、针筒等检材，也可以首先分析以明确目标。如果出现阳性结果或者发现可疑的色谱峰，则需要重新取样，通过质谱分析确认。必要时，需要对血液中毒（药）物成分进行定量分析。通常使用的分析仪器见表 2－2。

表 2－2　筛选方法和确认方法所采用的分析仪器

筛选方法	确认方法
免疫分析	GC－MS
GC－NPD，GC－ECD，GC－FPD	GC－MS/MS
LC－UV	LC－MS
GC－MS	LC－MS/MS
LC－MS	

毒物鉴定应按委托要求选择分析方案。根据委托要求，结合检材性状、毒物性质和实验条件，拟订切实可行的鉴定方案，其中包括鉴定方法、鉴定步骤和鉴定进度等。

（2）分析结果　毒物分析结果是判定中毒事件与相关事件是否成立的依据，也可能成为作出新判断的依据。对检验结果的判定过程为：根据检验事实，通过客观分析，对检验结果作出科学判断。不允许根据推理延伸或主观臆测判断检验结果。分析过程中，应用与检材相同基质的空白样品和添加一定浓度毒(药)物的质控样,以控制分析结果的质量。如果质控样的分析结果为阴性,那么可能分析方法存在问题,应及时查找原因,重新检验。免疫分析结果阳性者必须经质谱分析进一步确认。经过筛选分析,结果阳性的需要采用原理不同的分析方法进行确认,一般采用能够提供结果信息的质谱确认,依据已发布的专业领域有机质谱定性通则,包括特征碎片离子、离子丰度和保留时间等定性确认。确认分析时,不能仅采用第一次前处理的样品提取液分析,而需要再次提取检材,或者提取不同种类的检材进行确认。

(3) 分析记录　记录是阐明所取得的鉴定/检验结果或提供所完成的鉴定活动的证据的一种文件。鉴定人在鉴定过程中应实时、客观、准确、完整地进行记录,以提供鉴定活动的客观证据并使鉴定结果具有可追溯性。

鉴定人应当对鉴定过程进行实时记录并签名,按要求在受控技术记录表格上作记录,详细记录案件编号、检测/检验对象、取材部位、数量、鉴定时间、鉴定方法、检测/检验条件(使用设备与条件、关键试剂等)、观察结果、分析数据、计算和取得的数据以及所有参与检测/检验的鉴定人和技术支持人员等信息。记录可以载于任何一种媒体上,包括笔记、录音、录像、图片等。

记录应实时、客观、准确。为保证记录的原始性、真实性、准确性和完整性,应及时、如实记录鉴定过程及结果;用语规范,字迹清晰可辨;记录内容修改规范,被改与改后内容清晰,修改人员标识和修改时间记录完整;原始记录及计算结果应经校对、复核或审核。

应详细记录检材的接收、分样、取样、转移、余样处理等过程及检材的存放位置、温度等条件,以及剩余检材是否返还委托方,检材的处理状况,以保持检材证据链的完整性。

按规定要求保存记录,并注意保密,以防破坏、丢失、泄密。

四、注意事项

由于法医毒物分析工作的特殊性,在鉴定实施中,还须注意以下几个方面的问题。

1) 筛选分析通常可同时分析一类或多种类毒(药)物,应注意涵盖尽可能大的毒(药)物范围。同时,也必须清醒地认识到毒物分析检测能力的有限性,不可能分析所有的毒(药)物。

2) 检材的定性鉴别与定量检测相结合。应用适当的定性分析方法,鉴别检材中有无毒物,是何类或何种毒物,逐步缩小范围,明确检验方向;在此基础上,选择适当的定量分析方法,测定检材中毒(药)物的含量,最后得出综合的分析结果和鉴定结论。

3) 实验室所建立的分析方法在实施前必须进行验证,以保证其准确性和可靠性。分析过程中应有质控样品进行实时监控,对于日常鉴定项目,可制作控制图。鉴定机构应建立测量不确定度评定程序,根据需要进行不确定度评定。

4) 严格规范检验过程。法医毒物分析工作应在严格的操作规范下进行,以防止任何毒物被遗漏的可能性。对检验过程中出现的任何异常现象,均应认真对待、仔细分析、反复验证,必要时应审查、修改、完善实验方案。对检验过程中所有的废弃物(废渣、废液等)不能随意处理,应分别保存,以备复查。直到最后得出确切结果后,才能清理。

5) 不符合工作处置。鉴定机构应针对鉴定过程中出现的异常情况或者不符合工作制定处置程序。当检测/检验过程中出现异常情况时,应判断问题的严重程度,按照一定的程序,采取及时正确的处置措施,并详细记录。① 判断异常情况可能引发的后果,便于采取相应措施;② 对于一般性,不影响检测/检验结果的问题,鉴定人员应及时予以排除;③ 当问题可能影响鉴定意见的准确性时,应当立即暂停检测/检验工作,查找问题原因,制定相应处置措施,待验证问题排除后，方可恢复检测/检验工作；④ 当问题对鉴定意见的准确性产生了不可逆的影响时，应当立即停止检测/检验工作，查找问题原因，制定相应处置措施，验证问题排除后，若可行，重新进行检测/检验，否则终止检测/检验，并协商委托方解决后续问题。

6）严守程序，严防干预。严格遵守《司法鉴定程序通则》及各级主管部门发布的相关法律法规及程序；依据《领导干部干预司法活动、插手具体案件处理的记录、通报和责任追究规定》《司法机关内部人员过问案件的记录和责任追究规定》《关于进一步规范司法人员与当事人、律师、特殊关系人、中介组织接触交往行为的若干规定》等相关规定严防干预。

第三节　鉴 定 文 书

法医毒物学鉴定文书的类型主要为司法鉴定意见书。法医毒物司法鉴定意见书是经过分析，结合分析判断作出的专业性结论。

一、鉴定文书的格式

司法鉴定机构和司法鉴定人应当按照统一规定的文本格式制作司法鉴定意见书，司法部发布的《司法部关于印发司法鉴定文书格式的通知》中，规定了司法鉴定文书格式。法医毒物鉴定文书应按照规定的格式、要求编写，其内容应包含案号、基本情况、基本案情、资料摘要、鉴定过程、分析说明、鉴定意见、鉴定人签名、附件等要素，可以根据不同专业的特点、实际情况等作合理增减。

司法鉴定意见书应使用A4纸，文内字体为四号仿宋，两端对齐，段首空两格，行间距一般为1.5倍。法医毒物鉴定意见书的末尾应由鉴定人签名，并由鉴定人所在鉴定机构加盖司法鉴定机构的司法鉴定专用章，各页之间加盖司法鉴定专用章红印，作为骑缝章。

二、鉴定文书的要求

（1）基本情况　其内容应包含委托人（单位）、受理日期、委托事项、鉴定对象、鉴定材料等要素。

（2）基本案情　一般情况下，应对受理案件的案情有基本描述，以与检验内容有一定的连贯性。

（3）鉴定过程　应当客观、翔实、有条理地描述鉴定活动发生的过程，包括人员、时间、地点、内容、方法，鉴定材料的选取、使用，采用的技术标准、技术规范或者技术方法，检查、检验、检测所使用的仪器设备、方法和主要结果等。

（4）分析说明　应当详细阐明鉴定人根据有关科学理论知识，通过对鉴定材料，检查、检验、检测结果，鉴定标准，专家意见等进行鉴别、判断、综合分析、逻辑推理，得出鉴定意见的过程。要求有良好的科学性、逻辑性。

（5）鉴定意见　报告检验结果应术语规范，使用法定计量单位。“检出”表示检出某种物质；“未检出”表示未检出某种物质，表明某种物质的浓度在所用方法的检出限以下。必要时，根据鉴定结果，在分析说明的基础上，准确地作出有科学依据的结论。

（6）鉴定文书补正　司法鉴定意见书出具后，发现有下列情形之一的，司法鉴定机构可以进行补正：① 图像、谱图、表格不清晰的；② 签名、盖章或者编号不符合制作要求的；③ 文字表达有瑕疵或者错别字，但不影响司法鉴定意见的。补正应当在原司法鉴定意见书上进行，由至少 1 名司法鉴定人在补正处签名。必要时，可以出具补正书。对司法鉴定意见书进行补正，不得改变司法鉴定意见的原意。

（7）鉴定文书更改　鉴定机构应规定鉴定文书更改控制程序。对于更改内容涉及原鉴定结果的，应对原检材/样本进行复检。鉴定文书更改后应重新签发鉴定文书，并收回原鉴定文书。无法收回原鉴定文书时，应签发原鉴定文书的补充件，并注明类似“对编号××××鉴定文书的更改补充”说明。当有必要发布全新的鉴定文书时，应注以唯一性标识，并注明所替代的原件。鉴定文书的更改，应做好记录。

三、鉴定文书的审核与签发

司法鉴定人完成鉴定后，司法鉴定机构应当指定具有相应资质的人员对鉴定程序和鉴定意见进行复核；对于涉及复杂、疑难、特殊技术问题或者重新鉴定的鉴定事项，可以组织 3 名以上的专家进行复核。鉴定文书必须经过审核方可发布，审核包括：技术审核和程序审核。

技术审核由复核人（授权签字人）负责。审核内容主要包括：① 制定的鉴定方案是否合理，使用的鉴定方法是否适宜；② 鉴定过程是否符合相关的技术方法和作业指导书的要求；③ 各类鉴定原始记录、数据和结果报告的准确性、一致性和完整性；④ 鉴定意见表述是否准确；⑤ 鉴定结论是否回答鉴定要求。复核人完成复核后，应当提出复核意见并签名，存入鉴定档案。

程序审核由鉴定机构管理层的行政签发人负责对鉴定过程是否符合相关的鉴定机构政策和程序的要求进行审核。技术审核人和程序审核人都不应是被审的鉴定记录和鉴定文书的编制者。

四、鉴定文书的发送

司法鉴定机构应当按照有关规定或者与委托人约定的方式向委托人发送司法鉴定意见书，如送检人或委托方指派人员持相关证明领取或可追溯的邮寄方式发往委托方，并做好相应记录。对电子版本报告的传送应制定相应的程序确定传送的安全。

五、鉴定资料的归档

档案资料作为一种存储信息的载体，真实地记录着分析检测活动的始末和发展轨迹。做好档案资料管理，可以及时发现和解决问题，以便于鉴定机构内部自查以及委托机关的复查、复检。根据《司法鉴定程序通则》第四十二条之规定，司法鉴定机构应当按照规定将司法鉴定意见书以及有关资料整理立卷、归档保管。

归档的技术资料包括：委托方的介绍信、鉴定委托书、送检原始资料、检材保护链文件、检测原始记录、图表、鉴定意见书底稿、鉴定意见书副本等。司法鉴定机构应该建立档案管理制度，保存每例鉴定的记录和文件档案。鉴定档案包括纸质档案和电子档案，档案以“一案一档”的方式装订成册，定期移交档案管理员，办理归档手续。

（1）鉴定档案包括的内容　① 卷宗封面、目录；② 委托书或介绍信；③ 鉴定受理登记表和鉴定受理附加评审记录；④ 检材/样本的复印件或照片（如有）；⑤ 原始鉴定记录；⑥ 鉴定意见书底稿；⑦ 鉴定文书审批表；⑧ 鉴定意见书副本；⑨ 其他与鉴定有关的所有材料；⑩ 备考表（以识别出档案内容的变动情况）。

（2）鉴定档案的保存　纸质鉴定档案应单独存放在符合文件储存、可防止其他无关人员取阅的环境内，如文件盒、加锁文件柜，避免记录丢失或损坏。纸质记录应与其他文书、文件以及书刊实施分类保存，注意防霉、防虫蛀；电子档案存放于硬盘、软盘、光盘等介质中，定期更新。应建立计算机与电子数据保护程序，防止未经授权的侵入或修改，同时应防潮、防磁、防静电。

（3）鉴定档案的借阅　由于鉴定、复检、科研、培训等工作需要，鉴定人员可以借阅或复印本人参与的鉴定档案，需填写相关档案借阅申请表，报质量负责人批准。鉴定人员不得跨越专业借阅或借阅与本人鉴定工作无关的档案资料。

委托单位因工作需要派员查阅、复制相关鉴定档案时，查阅人应持有公函并填写相关申请表，报鉴定机构最高管理者批准后，由文件管理员安排。

（4）档案的保存期　鉴定档案一般情况下应永久保存，特殊案卷按照特定规定保存。对有保存期限的档案，到期后由司法鉴定机构最高管理者批准后销毁。

六、出庭作证

委托人对鉴定过程、鉴定意见提出询问的，司法鉴定机构和司法鉴定人应当给予解释或者说明。

经人民法院依法通知，司法鉴定人应当出庭作证，回答与鉴定事项有关的问题。司法鉴定机构接到出庭通知后，应当及时与人民法院确认司法鉴定人出庭的时间、地点、人数、费用、要求等。司法鉴定机构应当支持司法鉴定人出庭作证，为司法鉴定人依法出庭提供必要条件。司法鉴定人出庭作证，应当举止文明，遵守法庭纪律。

· 本章思考题 ·

1. 接收法医毒物鉴定的材料应关注什么？
2. 法医毒物分析中，检材处理有哪些基本要求？
3. 不同检验方法对检验结果有影响吗？为什么？
4. 鉴定档案应包括哪些内容？

第三章　法医毒物司法鉴定方法

· 本章重点内容与学习要求 ·

本章重点介绍法医毒物司法鉴定所涉及的检材的类型及应用价值、采集、处理以及主要技术方法。通过本章学习,掌握生物检材的特点及应用价值、采集规则,熟悉检材处理的基本原理、原则和方法。了解免疫分析、理化分析及仪器分析各种分析方法的特点和适用性。

法医毒物司法鉴定会涉及检材的采集、检材的处理以及鉴定方法。体内检材和体外检材有各自的特点,无论是采集、保存,还是在进行检材处理与分析测定时,均需要根据毒药物的性质、不同检材的特点和鉴定需求制定简便快速、准确高效和科学合理的鉴定方法。仪器分析技术的发展,为复杂基质中微量或痕量毒物鉴定提供了强大的技术平台支撑。

第一节　生物检材类型与应用价值

在法医毒物鉴定工作中,用作鉴定的检验材料通常被称作检材,检材是至关重要的原始物证。检验材料大致分为体外检材和体内检材[1]。体外检材涉及的范围很宽,种类繁多,绝大多数是案件侦查中获得的或现场搜集到的各种可疑物,包括药片、药粉、中药残渣、毒品、食物、盛装容器、呕吐物等。体内检材主要指取自生物活体或尸体的材料,主要包括血液、尿液、内脏器官、毛发、各种体液、尸体腐泥等。而生物检材,广义地讲,泛指有生命的动植物的组成全部及部分残留于刑事案件中的痕迹物证。

检测时限是法医毒物分析的重要参数,是指一个人的生物检材中毒(药)物检测呈阳性距其接触毒药物的时间间隔。特定生物检材的检测时限可作为其接触毒(药)物的时间依据。检测时限受许多因素影响,包括分析方法的灵敏度与特异性、剂量、使用频次、代谢和排泄个体差异等。毒物进入生物体后,其作用的靶器官、毒理机制和药代动力学过程不同,因而不同的生物检材中存在状况不同、检测时限不同,可提供不同的摄毒信息。

法医毒物鉴定人通常不参与样品的采集,但是,了解案情是非常必要的,必须对中毒经过、中毒症状、毒物可能来源、是否医院抢救过等进行细致沟通。根据毒物性质、案情、案件类型以及鉴定需求选取适用的检材,检材选取是否合适直接关系到毒物分析结果的证据价值。

1. 血液

血液是毒物鉴定最为基本、最为重要的检材,其结果可提供毒物进入体内的直接证据,可有效反映毒物的作用强度、对行为能力的影响程度或中毒程度[2]。血液的检测时限一般在1 h~1 d,反映近期接触毒药物信息。

法医毒物鉴定一般采用全血。中毒死亡案例中，外周血受降解、腐败和死后再分布等因素影响小，其定量分析结果可以较准确地反映死亡时毒(药)物的血液浓度。心血检材易于采集且充足，但由于心脏距离胃部近，心血中药物浓度往往高于股静脉处的血药浓度。

中毒死亡案例中，目前在国际上已有千余种毒(药)物的治疗浓度和中毒浓度参考资料，这些资料大部分为中毒、死亡案例的实际数据或其统计数据，仅具参考价值。很多致死量是基于服毒(药)物量很大的数据，在特定案件结果解释时不能简单地依据已有的文献资料，应考虑年龄、性别、身体状况、是否患有疾病、用药途径、急性与慢性中毒、中毒后存活的时间、采样时间、多种药物交叉作用、耐受性等因素综合分析。

近年来，影响驾车能力的滥用物质在血液中的阈值浓度、血液中滥用物质浓度与行为能力或中毒的关系等均是国际上研究的热点。

2. 尿液

体内的毒(药)物消除主要通过尿液排泄，尿液中毒(药)物以原体、结合物或代谢物的形式存在，检测时限在6 h~5 d。尿液检材因目标物及代谢物浓度高、可检测时限长、采集相对容易，而成为摄毒案件、药物辅助犯罪、死后毒物案件等的常用检材。

因尿液检材中有较高的毒(药)物原体和代谢物浓度，故尿液分析时除检出目标物原体外，一般要求同时检出代谢物。尿液中毒(药)物原体及代谢物浓度以及浓度比对于摄药时间、摄药量、摄药方式的判断具有一定的参考价值，但同时要考虑尿液的酸碱性对尿液中毒(药)物原体及代谢物量的影响。应注意尿液与血液中目标物的浓度不具相关性，尿液中毒(药)物浓度无法反映其中毒程度和对行为能力的影响程度。

3. 头发、指甲

依据头发长度可反映几天甚至几年的接触史。头发因具有非创伤性、易采集保存、目标物稳定、检测时限长、反映长程信息等优势而在摄毒认定以及死后毒物学领域有重要的证据价值[3]。头发分析的应用特点包括：① 尿检阳性时，头发分析可区分单次摄药还是长期摄药；② 头发分析可提供长程信息，反映摄药频度和摄药史；③ 头发中目标物原体稳定存在的特点有助于外源性目标物的确认；④ 头发样品的可变性较小，可进行多次采样；⑤ 其他生物检材发生证据安全问题时，头发分析可提供辅助证据。在死后毒物学领域，头发分析还可追溯死者的生前摄药历史。头发分析可提供独特信息的特点使其可作为其他生物检材的重要补充，有时甚至成为提供证据的唯一手段。人体其他部位的毛发，如腋毛、阴毛、男性胡须等所反映的时间信息不如头发清晰。

毒(药)物进入头发的量与其物理化学性质有关，研究表明头发中碱性化合物较酸性化合物有更高的浓度，原体较代谢物有更高的浓度。毒(药)物进入头发主要与头发中黑色素结合，因而黑色毛发人群者头发中目标物浓度高于浅色毛发人群者。但需要指出的是头发中的毒(药)物除经血循环进入头发外，也可能经汗腺、皮脂腺等分泌进入毛干形成内污染，或暴露于滥用物质环境中形成外污染。因此，头发的去污处理、质量控制和结果解释尤为重要。此外，通过头发分段分析判断摄药史时必须考虑到头发的生长速率有一定变化范围，以及可能存在的目标物在毛干中的纵向扩散等因素。

头发分析由于受头发颜色、毒物的理化性质、种族差异、个体差异、生活习惯等因素影响，尚存在一定的局限性：① 头发分段分析尚不能精确确定摄毒(药)时间，由于毛发不同的生长周期、头发生长速度的个体差异以及毛发采集、分段时产生误差，这些因素可以导致药物在毛干上扩散。② 头发分析可以反映同一个体的毒品滥用量的相对变化，但无法通过头发毒品浓度推断滥用量，同时不宜进行不同个体间吸毒程度比较。

指甲和头发同属人体富角蛋白检材，具有与头发相似的“易采集、易保存、目标物稳定、检出时限长、能反映长程摄毒信息”的特征，可在其他检材发生证据疑问时提供辅助证明，尤其适用于无头发情形（脱发、剃发）。有些投毒犯罪嫌疑人或疑似自杀者的指甲中可能残留有毒物粉末，某些重金属可以沉积在指甲角蛋白上，因此指甲亦是重要的检验材料。

4. 唾液

唾液，又称为口腔液，由唾液（唾液腺分泌）、口腔黏膜渗出液和龈沟液组成。唾液中药物浓度与血液药物浓度存在一定的相关性，与血液类似，唾液中以药物原体为主，检测时限在1 h~1 d。利用唾液作为检材已成为一种简便的、无损害的、便于监测并能反映血药浓度的方法。其优点是唾液的采取可不受地点、时间的限制，易被检验者接受，且许多用于尿液、血液分析的方法几乎可直接用于唾液的药物浓度测定；而不足是人们对药物及代谢物从血液中进入唾液的机理及唾液中药代动力学尚不清晰，结果解释相对较为困难。

唾液检材在道路交通安全路边筛查检测中发挥着重要作用且日趋成熟，我国于2017年颁布实施了《车辆驾驶人员体内毒品含量阈值与检验》，规定了常见毒品的血液、唾液浓度阈值，为毒驾的认定和评价提供了参考依据。

5. 肝脏等组织

肝脏等组织是死后毒物学的主要检材。毒物中毒致死尸体或摄毒尸体在解剖后应采取的检材主要有肝、肾、肺、脑等组织。其中肝脏、肾脏是毒物代谢和排泄的主要器官，故其集储了高浓度的毒物，通常浓度较血液高百倍左右，比血液检测时限长。在某些情况下，选取组织检材较体液更有价值。

窒息性气体中毒、挥发性溶剂滥用可选取肺组织作为检材；脑组织含有丰富的类脂质，可用于脂溶性毒物的检测，例如，氯代烃、可卡因等高脂溶性的物质在脑组织中会有更多的分布。

6. 胆汁

胆汁是毒物及其代谢物的重要排泄、消除途径，胆汁因同时具有亲水和亲脂的双重性质而成为毒物及其结合型代谢物分布的主要器官。其具有毒物浓度高、存在代谢物、检测时限长、受再分布影响小等特性，是死后毒物学领域有价值检材。法医毒物鉴定实践中，通常采用血液和尿液检材来证明近期毒物的摄入情况，判断是否摄毒、中毒以及确定死因。然而当中毒延缓死亡或毒物半衰期短时，以及血液检材不可获得或可靠性存疑时，血液毒物分析结果往往不具有证明力，此时采用毒物和代谢物浓度高、检测时限长、定性认定能力强的胆汁具有优势和潜力。

7. 玻璃体液

玻璃体液无色、透明、呈胶状，为99%的水和少量的盐类及黏蛋白。玻璃体液因具有相对隔绝的解剖特征、受尸体腐败和内外部污染影响小、较少发生死后再分布、毒药物浓度相对稳定，其应用价值在乙醇检测中得到充分体现，由于尸体腐败、乙醇死后生成、乙醇死后扩散、交通和航空遇难污染以及血液检材缺失等因素，使血液乙醇检测结果解释和应用遭受极大的挑战，而玻璃体液则可最大程度消除上述因素影响。

8. 胃内容物

胃内容物对近期摄入毒药物的检测十分有用，也是毒物入体途径的重要证据之一。经胃肠道途径入体的毒（药）物可能以毫克甚至克的量级存在，大多呈原形状态，易于毒物检测、确认，而不是如血液和尿液中浓度在微克或纳克量级。

胃内容物中可能含有残余的药片、粉末、晶体等，这些未溶解物浓度很高，非常具有分析价值。遇到无胃内容物的情况，胃壁黏膜若残留有毒物仍可被检出，因此应取胃壁组织进行分析，有时胃壁组织黏膜上甚至还残留有保存着毒(药)物原有形态的物质，更应重视注意观察并单独挑取供分析。全胃内容物收集还可用于估计摄入毒物总量。

对于活体的法医毒物分析，通常可采用的生物检材为血液、尿液、唾液和毛发等，对于死后的法医毒物分析，则可获得更多的生物检材，但常用的为血液、尿液、胃内容物等。特殊案件，如果无法获得常用或首选的样品，或者当特定的样品可补充从其他检材中无法提供的数据时，则可以选择不常用或很少使用的检材进行分析。现场勘验发现的可疑剩余食物、饮料、药物或呕吐物、排泄物、注射器、剩余注射液或其他容器等均是有用检材，可在迅速确认毒物、查明死因和侦察工作中发挥关键作用。

第二节 生物检材的采集

生物检材的采集是法医毒物鉴定中的一个十分重要的环节。检材的采集需根据生物检材的特点及应用价值、案情、检验目的等进行。对于死后案件，可参照《法医学 中毒尸体检验规范》(GA/T 167-2019)实施；对于涉毒案件活体而言，根据鉴定要求可采集血液、尿液、唾液、毛发等，毛发检材依据《涉毒人员毛发样本检测规范》(公禁毒〔2018〕938 号)；对于道路交通执法中人体血液的提取、保存，可参照公共安全行业标准《道路交通执法人体血液采集技术规范》(GA/T 1556—2019)执行。

采集的检材原则上应与案件的发生直接相关，应保证真实可靠，绝不允许混淆错乱、掺假更换。采集检材，必须要考虑有足够的数量供分析检测，特别是那些毒物代谢较快或中毒量较低的毒物，由于毒物或其代谢物含量一般较低，而毒物鉴定通常又要经过提取、分离以及纯化、富集等步骤才能进行检测，因此耗材量较大，若采集量不足则可能不易检出，更不可能保留部分检材以留作复检。再者，有时由于没有明确的检验方向，需要对多种甚至多类毒物进行筛查和进一步鉴定，就更需要在检材数量上予以保证。

与过去相比，随着分析技术的发展，现代仪器分析方法的不断运用，分析灵敏度的极大提高，所需检材量已有了明显的减少。

第三节 检 材 处 理

检材处理，又称检材分离净化或检材提取分离，即对检材中的待鉴定物质进行提取、分离、富集、衍生化等处理，使其达到分析方法的要求。检材处理是毒物分析工作中的必要和重要步骤。由于检材处理常需要经过多个步骤且还会使用溶剂和器具等，所以容易引入误差，因此，妥善地进行检材处理对于保证分析结果的准确性非常重要。

一、检材的保存与送检

1. 检材的保存

采集的检材要尽快进行密封，以保证其中的毒物不受损失，尤其是怀疑其中含有易挥发的物质时。若将检材长时间露置于空气中，会导致其中某些气体毒物、易挥发或者易被氧化分解的毒物含量降低，甚至无法检出，不能反映出真实情况，例如：乙醇是一种挥发性毒物，若含有该物质的血液露置较长时间，则可使其中的乙醇含量降低；同时长期暴露于空气中，还可能发生氧化、降解等化学变化，加上微生物滋生引起检材腐败都会影响最终检测结果。

采集的检材必须使用合适的容器放置，防止污染，并贴上明确的标识，冷藏保存。

2. 送检

检验人员接收检材的时候必须明确有关的责任关系，完备委托书等送检手续，登记案件编号、送检日期、送检单位、送检人、简要案情、检材情况（种类、数量、包装、新鲜程度等）并对检材进行审核和签收。

二、检材的前处理

1. 检材处理原则

检材处理的过程是一个可能会造成待鉴定毒物损失的步骤，同时还会引入杂质。因此为了能尽量减少待鉴定毒物损失，消除杂质干扰，富集毒物，提高检测灵敏度，主要应根据检材的类型、待鉴定毒物的性质、分析仪器对样品的要求等方面情况，选择合适的检材处理方法，以求得到可靠的分析结果。

大多数体内检材都含有各种内源性杂质，包括大量蛋白质、脂肪等，因此，检材处理的方法相对体外检材更为复杂，步骤也较多。例如：血液中含有大量蛋白质，需要进行去蛋白处理，如果遇到血浆蛋白结合率高的毒物，还应选用合适的方法将毒物从结合物中释放出来；尿液中虽然含蛋白质极微，但存在各种毒物缀合物，在测定或提取分离之前需要将毒物水解释放出来。除此以外，尿液中还含有许多水溶性杂质，成分复杂，需充分净化后再检测。

（1）*待鉴定毒物的性质*　合理进行检材处理应重视待鉴定物的性质，包括化学结构、理化性质、稳定性、存在形式、浓度范围等，根据不同的性质，选择适当的处理方法。例如，如果待鉴定物是结构简单的小分子化合物如氰化物等，因其容易挥发，应考虑选用分离挥发性毒物的常用方法；如果是巴比妥、生物碱等非挥发物质，则考虑用分离非挥发性毒物的方法。对于酸性药物巴比妥，考虑在酸性条件下进行提取，而生物碱在碱性条件下提取，但对于有些在不适宜的 pH 条件下会有分解可能的化合物，就需要控制提取条件。一般情况下各类毒物常用的分离方法见表 3－1。

表 3－1　各类毒物常用分离方法举例

待测毒物	分离方法
小分子挥发性毒物	蒸馏法、扩散法、顶空法
金属毒物	有机质破坏法
水溶性无机毒物	透析法、水浸法
合成毒（药）物、天然毒（药）物、农药、毒品	液-液萃取法、固相萃取法、固相微萃取法等

毒物进入生物体后，经过体内过程有时不以原形药物的形式存在，因此在检材处理时，也应考虑其代谢物的性质。

具体工作中遇到的检材中，毒物的种类和含量通常都是未知的，对检材处理的要求需要采用多种分离方法。

(2) 分析仪器对样品的要求　　不同的仪器设备对样品的净化程度和浓度要求各不相同。因此要根据待鉴定物选用合适的仪器,必要时,还需要对检材进行衍生化等处理。

(3) 综合应用处理方法　　利用各种毒物性质,结合检材特点和分析方法要求进行分离净化的具体方法很多。有时单用一种方法就可达到较好的分离作用;而在大多数情况下,需将多种方法综合使用或反复使用,实现分离、净化及富集。

2. 检材处理方法

(1) 预处理

预处理是检材处理的第一步,主要是对检材进行均匀化、调整酸碱性、去蛋白、水解结合物等处理,并非所有的检材都需要经过这些预处理,可根据不同的检材以及待鉴定物性质进行选择。

1) 检材均匀化　　主要针对的是固体、半固体检材或黏稠检材,这些检材需要制成均匀分散状态才能适用。例如:药材、药片等固体检材,需磨成粉末;组织、器官等体内检材需制成匀浆;黏稠样品可用超声波匀化处理。

2) 调整酸碱性　　对于含有的具酸碱性药毒物的检材,在进行提取前,常常需要调整酸碱性,使待鉴定物呈游离或非游离状态,从而尽可能溶解于所选择的提取溶剂中。调节酸碱性时通常根据待鉴定毒物的 pK_a 值来选择。从理论上来说,对于酸性毒物,抑制解离最适宜的 pH 是低于该毒物 pK_a 值 1~2;对于碱性毒物,抑制解离最适宜的 pH 是高于该毒物 pK_a 值 1~2;对于具酸、碱两性的毒物也可找到一最佳 pH 条件。考虑 pH 和 pK_a 关系的同时,还应考虑毒物本身在该 pH 环境中的稳定性、有无分解的可能。为了保持溶液 pH 的稳定,提取时可考虑选用缓冲溶液。

3) 去蛋白　　去蛋白处理是体内检材常采取的预处理方法,不仅可以将与蛋白质结合的毒物分离出来,还可预防测定过程中由于蛋白质存在出现的发泡、浑浊、沉淀现象,减少乳化形成,同时起到保护仪器的作用。以下是几种去除蛋白质的常用方法: ① 有机溶剂沉淀法: 一些极性较大的有机溶剂能与水混溶,使蛋白质脱水凝聚形成沉淀。常用的有机溶剂有: 乙腈、甲醇、乙醇、四氢呋喃等,通常适用于检材中含有高极性毒物时的去蛋白处理。② 等电沉淀法: 当 pH 低于蛋白质的等电点时,蛋白质以阳离子形式存在,此时加入酸性沉淀剂就能与蛋白质生成不溶盐而沉淀。常用的酸性沉淀剂有 10%三氯醋酸溶液、6%高氯酸溶液、5%偏磷酸溶液等。适用于在所选酸性环境中稳定的检材。③ 盐析法: 一些无机盐亲水性强于蛋白质,能使蛋白质胶体脱水并中和其电荷,使蛋白质失去胶体性质而沉淀下来。如: 硫酸铵、硫酸钠和氯化钠等,其中以硫酸铵最为常用。在实际的毒物分析工作中,可以将盐析法与有机溶剂沉淀法结合使用,效果更好。④ 酶解法: 遇到一些酸不稳定或与蛋白结合牢固的毒物,可选用酶解法。条件温和,通常在 pH7~11 的范围内使用,但也较为昂贵。

进行去蛋白处理时,在考虑选择恰当沉淀剂的同时,还要考虑合适的用量,保证既能获得较高的沉淀效率,又不使检材中的毒物浓度被稀释。

4) 水解结合物　　一些毒物进入生物体经过Ⅱ相代谢反应后,常与内源性物质葡萄糖醛酸或硫酸形成结合物,这些结合物极性大,且在生理 pH 条件下呈电离状态,不易提取分离。通常需要作水解处理,使结合物中的毒物或其代谢物游离出来,增加脂溶性,才能使用有机溶剂将其萃取分离出来。常用方法有: ① 酸碱水解法。在检材中加入酸或碱溶液加热即可。酸水解法水解时间短、水解完全,但不适用于不耐酸、不耐热的毒物。碱水解的 pH 通常大于 13,条件剧烈,仅适用于大麻等个别物质。② 酶水解法。对于以上方法不适用的毒物,可用酶水解法，常用的酶是葡萄糖醛酸苷酶、硫酸酯酶或两者的混合物。酶水解法条件温和，一般不会引起待鉴定物的分解，专属性强，但酶试剂较贵，水解所需时间较长，还会带入黏液蛋白等杂质，甚至可能导致色谱柱堵塞，使用时需要注意。

（2）待鉴定物的萃取、分离与富集

体液、组织等检材中的毒物必须经过萃取分离后才能测定，加上体内检材中的毒物浓度普遍偏低，常采用提取分离、富集后再测定的方法。因此待鉴定物的分离与富集，是大多数体内检材检测前需要采取的重要步骤。

1）待鉴定物的萃取、分离

a）液-液萃取（liquid-liquid extraction，LLE）法　根据相似相溶原理，物质在不同极性溶剂中溶解度不同，即当两种互不相溶的溶剂混合时，由于物质在此两种溶剂中分配系数不同，就能从一种溶剂转移至另一种溶剂中。常用的试剂为水和与水不混溶的有机溶剂。适用于血液、尿液等检材。

优缺点：方法简单、经济适用，无需特殊设备；可以选择性将待鉴定物从大量内源性杂质中分离出来；采用专用仪器，可以同时进行多个样品的萃取。但萃取步骤复杂，速度较慢；可能产生乳化现象，导致萃取回收率不高；不适用于易挥发、分解的毒物；可能富集萃取溶剂中的杂质，且萃取溶剂多有毒，易燃，易污染环境。

注意事项：尽量使用毒性小的溶剂；可加入适量无机盐，或者加大萃取溶剂体积，以减少乳化；萃取后的有机提取液中多少仍含有水分，可以加入少量无水硫酸钠等干燥剂吸收；避免选择能与毒物发生反应的溶剂。

b）固相萃取（solid phase extraction，SPE）法　SPE 基本原理是以固定材料为固定相，利用待检毒物与杂质在柱中固定相和洗脱液之间吸附或分配差异，或各种组分分子大小的不同进行分离。

分类：根据固定相填充种类的不同可分为正相、反相以及离子交换固相萃取等。① 正相固相萃取：采用极性固定相和中等至非极性的洗脱液，固相柱多为极性基团键合硅胶，适合极性毒物的分离。② 反相固相萃取：采用非极性固定相和中等至极性的洗脱液，固相柱多为非极性基团键合硅胶，适合非极性毒物的分离。③ 离子交换固相萃取：根据填料及用途的不同，分为阳离子交换柱和阴离子交换柱。阳离子交换柱填料通常为脂肪族磺酸基键合硅胶，在一定 pH 条件下带负电荷，能够吸附样品中带正电荷的物质；阴离子交换柱填料通常是脂肪族季铵盐键合硅胶，所带电荷及作用与阳离子交换柱相反。离子交换固相萃取适用于带有电荷毒物的分离。

基本步骤：① 固定相的活化，制造一个易于保留待鉴定物又能除去杂质的固相环境；② 上样，将待鉴定物加入固相柱，并使样品溶液通过固定相；③ 淋洗，洗脱不需要的杂质；④ 洗脱待鉴定物。

优缺点：不会出现乳化现象，萃取回收率高、很少引入外源性杂质、操作简单，处理样品速度较快、条件温和，适于处理易挥发及热不稳定的毒物。但商品固相小柱一般是一次性的，很难再生恢复，试验费用较高。

注意事项：要根据分离对象的特点筛选适合的固定相及洗脱条件；洗脱过程可通过减压抽吸或加压方式提高效率；为避免固相柱堵塞，样品溶液需要沉淀离心除去蛋白质后再上样。

c）固相微萃取（solid phase micro extraction，SPME）法　固相微萃取法是在固相萃取基础上发展起来的新技术。基本原理是将特殊材料制成的萃取头放入检材或置于检材上部空间，对待鉴定物进行选择性吸附，然后将其插到气相或液相色谱接口，用热解吸附或流动相将待鉴定物洗脱下来进样分析。无需有机溶剂，集提取、富集、进样为一体，操作简单，快捷。但萃取头的使用次数有限，使用到一定程度后需要更换。

d）液相微萃取（liquid phase micro extraction，LPME）法　液相微萃取法又称为溶剂微萃取法，是一种结合了 LLE 和 SPME 优点的新型水样处理技术。基本原理是将提取溶剂与进样系统相连，检材中待鉴定物经过样品、提取溶剂、接收相进入色谱系统，实现了采集、萃取与浓缩等功能于一体，适用于痕量毒物检测。

优缺点：需要的有机溶剂量少，一般仅为几到几十微升，污染少；与 HPLC 兼容性好，可以实现自动化；通过调节萃取用溶剂的极性或者酸碱性，可实现选择性萃取，可减少基质干扰；灵敏度高，操作简单，检测效率高，成本低。但会出现溶剂峰，有时可能掩盖被测物质的色谱峰。

e）其他方法　随着科技的发展进步，在原有萃取分离的方法基础上还衍生出了加压液相萃取、分散液-液微萃取、超声波辅助萃取、填充吸附剂微萃取、中空纤维液相微萃取等新型前处理技术，并向着新材料应用、自动化、高通量的方向发展。可根据待检测物的性质更准确地选择合适的检材前处理方法。

2）待鉴定物的富集　通常经过萃取的样品，虽然被测组分得到了纯化，但往往因为萃取溶剂体积较大，导致萃取液中毒物浓度太小，引入仪器的被测组分量达不到检测灵敏度要求，因此还需要对萃取液进行富集。最简单的富集方法是在末次萃取时加入尽量少的溶剂，直接将萃取液吸出进样即可，但此法有一定的局限性，受被测组分溶解度限制。另外一种更广泛的方法是挥去萃取溶剂法，将萃取液置于尖底试管中，直接通入气流吹干，一般可将试管置于水浴中加热，以加快挥发速度。溶剂挥干后，待鉴定物留在试管中，用小体积适当的溶剂将其溶解后即可进样分析。

注意事项：挥去溶剂时应避免直接加热，否则可能引起被测组分的分解或挥发损失；对于易氧化的待鉴定物，可通入氮气流挥去溶剂；对于易挥发的待鉴定物，可降低水浴温度，或在通气前加入少量沸点较高的溶剂，使待鉴定物溶于其中，避免挥发损失；对于热不稳定的待鉴定物，可采取真空减压的方式挥去溶剂。

第四节　毒物鉴定技术方法

根据分析目的的明确程度、检材性状、毒物性质、含量高低、检验要求、可用的仪器设备和方法、方法的应变性等制定检验方案。检验方案包括取哪些检材、取多少检材、如何分离提取、如何预试和筛选、用何种方法定性和定量等。

常用的方法有化学法、免疫分析法和仪器分析法。仪器分析法包括光谱分析法、色谱分析法、质谱分析法等。与经典分析方法相比，仪器分析法具有检测灵敏度高、选择性强、重现性佳以及检材用量少、可以一次同时测定多种成分等特点，加上在微量或痕量分析方面显示出的优越性，使其非常适用于分析对象复杂多样的毒物分析工作。但是仪器分析法也有局限性，如：仪器昂贵，需要定时保养维修；仪器的使用需要配备专业素质的人员；可因使用方法不当以及仪器失准等原因得出错误结果。

一、免疫分析

1. 原理

以标记毒物与非标记毒物竞争结合特异性抗体原理为基础检测毒物的一种分析方法，以可以与待测毒物特异性结合的抗体作为分析试剂。

2. 常用方法

根据标记物以及检测方式的不同，免疫分析法可分为放射免疫分析法（radiology immunoassay, RIA）、酶联免疫分析法（enzyme-linked immunosorbent assay, ELISA）以及荧光偏振免疫分析法（fluorescent polarization immunoassay, FPIA）、胶体金免疫层析法（gold immunochromatographic assay, GICA）等。

（1）放射免疫标记技术　根据抗原抗体特异性结合的原理，利用放射性核素标记毒药物的免疫分析法，常用的同位素有^{3}H、^{14}C、^{125}I等，根据射线的多少定性或定量测定待检标本中抗体或抗原的量，适合复杂样品中痕量物质的分析。

（2）酶联免疫标记技术　指酶标记抗原或酶标记抗体进行的抗原抗体反应，然后通过酶与底物产生颜色反应，用于定量测定。该法较放射免疫法方便，目前在毒物分析中运用比较广泛，已经用于吗啡、苯二氮卓类、巴比妥类、苯丙胺类、可卡因类、三环类、PCP 类、大麻类等多种毒药物的筛选。

（3）荧光偏振免疫分析法　采用荧光物质标记毒药物，其原理与 ELISA 相似，克服了放射免疫法存在辐射伤害和环境污染的缺点。常用的荧光物质有荧光素及其异硫氰酸盐等。荧光标记药毒物与抗体结合后，有的荧光减灭或熄灭，有的荧光增强，通过测定前后荧光强度的改变从而判断抗原或抗体的存在、定位和分布情况或检测含量，达到分析目的。该法具有灵敏度高、无辐射伤害、无环境污染及容易实现自动化分析等优点。

（4）胶体金免疫层析法　以胶体金作为示踪标记物，主要利用了金颗粒具有高电子密度的特性，在金标蛋白结合处，在显微镜下可见黑褐色颗粒，当这些标记物在相应的配体处大量聚集时，肉眼可见红色或粉红色斑点。其结果可直接观察判断，具有价格低廉、操作简便，不受时间和地点的限制，是目前常用的体内毒品筛选方法。

3. 方法特点

免疫分析法具有操作简便，检测省时，灵敏度高，选择性强，耗材少，检材不需要特殊处理等优点，可以快速检测出血液、尿液等生物检材中的毒物，但目前常用的是一些商品化专用试剂盒，且试剂都有一定的时效。同时，需要注意的是，采用免疫分析法时，结构相近的化合物或同类化合物之间可能产生交叉反应，而造成假阳性的结果，因此，此类分析方法一般常用作快速、筛查试验，不能作为确证方法。

二、光谱分析

1. 原理

当毒物吸收辐射能（或热能）后，内部发生量子化的能级跃迁[4]。记录由能级跃迁所发生的发射、吸收或散射辐射强度随波长的变化所得的图谱称为光谱。利用毒物对电磁辐射的吸收或发射所获得的光谱建立分析方法，通过核对待鉴定物质和对照品的光谱图进行定性。

2. 常用方法

常用的有紫外分光光度法（ultraviolet spectrophotometry, UV）、原子吸收分光光度法

(atomic absorption spectrophotometry, AAS)、荧光分光光度法(fluorospectrophotometry)、电感耦合等离子体原子发射光谱(inductively coupled plasma-atomic emission spectroscopy, ICP-AES)、磁共振波谱法(nuclear magnetic resonance spectroscopy, NMR)等。

(1) *紫外-可见分光光度法* 当物质分子吸收一定波长的光能,分子外层电子或分子轨道电子由基态跃迁到激发态,产生的吸收光谱一般在紫外-可见光区,称为紫外-可见光谱,是一种分子吸收光谱,吸收波长在200~800 nm范围内。利用物质的紫外-可见吸收光谱特性而建立的分析方法称为紫外-可见分光光度法。紫外-可见吸收光谱常用于研究不饱和有机化合物,特别是具有共轭体系的有机化合物。许多毒物是含有芳环或不饱和共轭结构的有机分子,大都有紫外吸收,如巴比妥类、苯二氮卓类及吩噻嗪类药物、茚二酮类和香豆素类抗凝血杀鼠药等。

紫外-可见分光光度法操作简便、仪器普及,应用范围广。由于许多毒物有较强的紫外吸收,灵敏度较高,只经过一定的分离提取步骤,使杂质的干扰减弱,就可从中得到有关毒物的信息。经过色谱方法分离得到的组分较纯净,因此紫外光谱常配合色谱分离应用。但紫外光谱是一种带状光谱,波长范围较窄。结构完全相同的化合物应有完全相同的吸收光谱,但吸收光谱相同的化合物却不一定是同一个化合物。有一些毒性或来源迥然不同的药物在分子结构中具有共同的吸收基团,表现出类似的紫外光谱。

(2) *原子吸收分光光度法* 基于从光源辐射出具有待测元素特征谱线的光,通过试样蒸气时被待测元素基态原子所吸收,由辐射谱线被减弱的程度来测定待测元素含量的方法。广泛用于金属元素测定。例如,当钠原子吸收了波长为589 nm的光能后,外层电子即从基态跃迁到激发态。当它以光的形式释放能量回到基态时,便产生发射光谱线,其波长同样为589 nm。

原子吸收分光光度法具有灵敏度高和选择性强的特点,适用于微量或痕量金属毒物,如砷、汞、钡、铊等元素的定量分析。根据Lambert-Beer定律,进行定量分析的基本关系式为$A=KC$,式中:A为吸光度,K在一定的实验条件下为常数,C为待测元素的浓度。可见待测元素的吸光度与其浓度成正比。以此为基础,实验中常用标准曲线法和标准加入法。

(3) *红外分光光度法* 红外光谱是由物质分子的振动和转动能级跃迁所产生的吸收光谱。红外分光光度法一般使用波长范围2.5~25 μm,即波数范围4 000~400 cm^{-1}的中红外光区。不同的毒物分子因其化学结构不同,而具有不同的振动和转动形式及能级,产生具有特征性的红外光谱图。分子中不同官能团产生的吸收谱带,其波长位置就成为鉴定分子中官能团特征的依据,其吸收强度则是定量检测的依据。

红外分光光度法是一种专属性强、应用广泛(固体、液体和气体样品)的鉴别方法,已成为物质鉴定和分析物质化学结构的有效手段。

(4) *荧光分光光度法* 根据物质的荧光谱线位置及其强度进行物质鉴定和含量测定的方法。当物质受到光照射时,除吸收某种波长的光之外还会发射出比原来所吸收的波长更长的光,这种现象称为光致发光,最常见的光致发光现象是荧光和磷光。

由于不同的物质其组成与结构不同,所吸收的紫外-可见光波长和发射光的波长也不同,同一种物质应具有相同的激发光谱和荧光光谱,将未知物的激发光谱和荧光光谱图的形状、位置与标准物质的光谱图进行比较,即可对其进行定性分析。如果该物质的浓度不同,它所发射的荧光强度就不同,测量物质的荧光强度可对其进行定量测定。荧光分析法的特点是灵敏度高、选择性好、样品用量少和操作简便。

(5) *电感耦合等离子体原子发射光谱法* 以高频电感耦合等离子体为激发光源的原子

发射光谱法，是原子发射光谱法的一种。原子发射光谱法激发用的光源主要有直流(交流)电弧、电火花、电感耦合等离子体和激光等。电感耦合等离子体原子发射光谱分析技术，既具有原子发射光谱法的多元素同时测定优点，又具很宽的线性范围，可对主、次、痕量元素成分同时测定，适用于固、液、气态样品的直接分析，具有多元素、多谱线同时测定的特点。ICP - AES 应用于生物材料分析方面的实例较多，如尿样中镉、镍、铜的测定，血液中铝的测定，肝脏中硒的测定及骨质中硼、磷、硫的测定等。生物材料分析时应避免样品在采集和制备过程中受到污染，若样品量太少或待测元素含量太低，往往采用超声雾化、电热蒸发、离子交换、溶剂萃取等方法辅助。

(6) *磁共振波谱法*　一定波长的电磁波照射静磁场中一定数量样品的原子核时，可引起磁性原子核自旋能级的跃迁，产生磁共振信号，记录其共振跃迁信号位置和强度，称为磁共振波谱法。磁共振波谱法是将磁共振现象应用于测定分子结构的一种谱学技术。磁共振波谱的研究主要集中在氢谱和碳谱两类原子核的波谱。

磁共振波谱法是利用化学位移、积分和耦合常数等信息对物质的化学组成和结构进行分析的方法，在化学、药物等领域有着重要的应用，具有准确、快速、无需标准物质，可直接进行未知结构鉴定与定量分析等特点。正如同红外光谱一样，磁共振波谱也可以提供分子中化学官能团的数目和种类，但除此之外，它还可以提供许多红外光谱无法提供的信息，是分析分子内各官能团如何连接的确切结构的强有力的工具，特别适用于一般分析方法难以区分的同系物的鉴别。磁共振法特别适合于结构变异迅速的新精神活性物质的快速分析确证鉴定。对于同类新精神活性物质，其相同结构的磁共振波谱信号分布基本一致，可以建立分子指纹图谱的磁共振波谱数据库，实现对结构未知的缴获物进行快速结构预警和筛查鉴别。而对于新精神活性物质中存在的许多同分异构体，可能仅依靠色谱分离、质谱特征碎片离子及丰度比等无法区分，这时也可借助磁共振波谱法进行鉴别。

三、色谱分析

1. 原理

色谱是利用毒物的溶解性、吸附性等特性的物理化学分离方法。其分离原理是根据混合物的各组分在互不相溶的两相(称为固定相和流动相)作用的差异(分配、吸附、离子交换等)，利用保留时间或保留指数定性。

2. 常用方法

薄层色谱法(thin layer chromatography, TLC)、气相色谱法(gas chromatography, GC)、高效液相色谱法(high performance liquid chromatography, HPLC)、毛细管电泳法(capillary electrophoresis, CE)、超临界流体色谱法(supercritical fluid chromatography, SFC)等。

(1) *薄层色谱法*　将固定相铺于平板上，以不同的溶剂作流动相，靠吸附剂中的毛细现象，沿着一定方向移动，由于不同组分在两相间分配特性或吸附作用的差异，而得以分离的色谱方法。组分斑点在薄层板中的位置及其光密度扫描图特征是其定性分析的依据，组分斑点的面积或吸收光强度则是其定量测定的依据。薄层色谱法广泛应用于各种天然和合成有机药毒物以及农药的分离和鉴定，可判断两个化合物是否相同，同时可用于确定混合物中含有的组分数。薄层色谱法具有方法简单，操作简便，分离效果好，时间较短，一块板上可同时分离许多样品的特点，但有些有机药毒物在空气中已发生氧化、分解等，使结果易产生误差，故现在实际使用较少。

(2) *气相色谱法*　以气体为流动相的色谱法，适用于分离、分析有一定挥发性和热稳定性的化合物，但对于难挥发、热稳定性差和极性过大的毒物难以分析。气相色谱法具有分析速度快、灵敏度高、应用范围广的优点，但用作定性指标的保留时间缺乏专属性，一般要求有已知纯物质或文献保留指数作对照，或 GC – MS 联用等进行鉴别。气相色谱法主要适用于脂溶性易挥发毒物的分析，在毒药物分析中的应用很广泛，可用于毒药物的定性分析和含量测定、治疗药物的监测和毒物代谢研究等。供毒物分析的检材一般比较复杂，需经过分离富集处理，以除去大量杂质同时富集被测组分，并制备成适当浓度的供试溶液，然后进行气相色谱分析。常用的前处理技术有衍生化法、顶空法、吸附管法等。

(3) *高效液相色谱法* 利用了经典液相柱色谱法原理，引入了气相色谱的理论，并采用高压输液泵、高效分离柱、高灵敏度检测器与计算机控制系统等装置，因而具备分离效能高、分析速度快、检测灵敏度高、流动相选择范围宽、从流出组分中制取纯品方便和应用广泛等特点。与气相色谱法比较，HPLC 法不受被测样品挥发性和热稳定性的限制，适用于大部分有机毒物的分析检测。基于 1.7 μm 硅胶杂化小颗粒固定相技术的超高效液相色谱（ultra performance liquid chromatography, UPLC）仪器的研制，进一步大大提高了液相色谱的分离能力和分析速度。其主要缺点为仪器设备费用昂贵，操作要求严格。

(4) *毛细管电泳法* 毛细管电泳仪以毛细管为分离通道、以高压直流电场为驱动力，依据样品中各组分之间的淌度（溶质在给定缓冲溶液中和单位电场强度下单位时间内移动的距离）和（或）分配系数的不同而进行分离。毛细管区带电泳法（capillary zone electrophoresis, CZE）是在毛细管中填充缓冲溶液，在电场作用下利用组分电泳淌度的差异进行分离的方法。两种组分被分离的条件是带有不同的电荷或通过缓冲溶液移动引起不同的摩擦力，一般组分离子的摩擦力取决于离子的大小、形状、迁移时介质的黏度等因素，显然中性组分不能被分离。毛细管区带电泳可用于分析多种体液样本如血清或血浆、尿液、脑脊液及唾液中的毒品和药物（如吗啡、苯丙胺类等）的检测。一般采用磷酸盐、醋酸盐或硼酸盐缓冲液，影响因素包括缓冲液浓度、pH、电压、温度、改性剂（乙腈、甲醇等）。

(5) *超临界流体色谱法* 超临界流体色谱法是以超临界流体作为流动相的一种色谱方法，其原理与液相色谱的原理类似，本质上是以超临界流体作为流动相，以固体吸附剂（如硅胶）或键合在载体（或毛细管壁）上的有机高分子聚合物作固定相的正相色谱。超临界流体的扩散系数和黏度接近于气相色谱中的气体，因此溶质的传质阻力小，大大缩短分离时间。另外，其密度与液相色谱中的流动相类似，这样就便于在较低温度下分离和分析热不稳定性、相对分子质量大的物质。超临界流体色谱法是一种绿色环保高效的分离技术，适于分离分析难挥发和热稳定性差的物质。

(6) *离子交换色谱法* 离子交换色谱是以离子交换树脂为固定相，当流动相带着被分离组分经过固定相时，组分离子与固定相因亲和力不同而发生可逆性交换从而分离阴离子和阳离子的液相色谱。离子交换色谱法已经是发展较为成熟的一种色谱分离技术，被广泛应用于水、环境、土壤中的元素和离子测定，以及医药行业中药物含量测定，农产品中有机农药残留量测定以及石油化工行业中，具有应用广泛、操作简单、条件温和、灵活性强，流动相价格适宜、易于处理，对试剂纯度要求相对较低等优势。通过与其他色谱、波谱、电化学技术联用，提高检测灵敏度，可用于亚硝酸根离子、铵离子等无机阴阳离子的测定。

四、质谱分析

1. 原理

质谱法（mass spectrometry, MS）是用电场和磁场将运动的离子（带电荷的原子、分子或分子碎片，包括分子离子、同位素离子、碎片离子、重排离子、多电荷离子、亚稳离子、负离子和离子-分子相互作用产生的离子）按它们的质荷比分离后进行检测的方法。分析这些离子可获得化合物的分子量、化学结构、裂解规律和由单分子分解形成的某些离子间存在的某种相互关系等信息。不同质谱法之间的区别主要在于离子源和质量分析器的不同，即样品蒸发、电离方式和离子的分离技术的选择。

20 世纪 80 年代以来，质谱技术获得迅猛发展。相比于其他分析技术，质谱法有着明显的优点：样品用量少而灵敏度远远超过其他方法；快速；能同时提供分析样品的相对分子质量信息和结构信息，对推测结构至关重要；既能定性分析又能定量分析；能与气相色谱、液相色谱等其他分离、分析手段相互兼容。质谱法对于生物复杂体系中微量或痕量毒药物的分析具有极高的灵敏度，发挥着重要作用。

2. 分类

(1) *有机质谱法* 是利用多种离子化技术，将有机化合物（原子或分子）转化为离子，并通过电磁场将这些离子按空间位置、时间先后等顺序实现不同质荷比分离，检测其强度以进行定性、定量分析。质谱仪主要是由进样系统、离子源、质量分析器、检测器和计算机数据处理系统组成。

离子源是质谱仪中最为重要的组成部分，是将被分析物的原子或分子电离为带电离子，并对离子进行加速使其进入质量分析器的装置。化合物分子在离子源中电离成带电离子，不同的电离方式可得到不同的质谱图。有机质谱常见的离子源包括电子轰击离子源、化学电离离子源、快原子轰击离子源、电喷雾离子源、基质辅助激光解吸离子源等，各有其特点。待测样品分子的挥发性、极性、热稳定性及电离的难易程度千差万别，需要根据样品的具体性质及所要达到的分析目的选择合适的离子源。

质量分析器位于离子源和检测器之间，依据不同方式将离子源中生成的样品离子按质荷比的大小分开，将相同的质荷比离子聚焦在一起，组成质谱。质谱仪器的主要指标包括质量范围、分辨率和灵敏度。按质量分析器不同，质谱可分为四极杆质谱、离子阱质谱、磁质谱、飞行时间质谱、静电场轨道阱质谱、傅里叶变换-离子回旋共振质谱等类型。上述后 4 种为高分辨质谱，高分辨质谱的分辨率≥10 000，可进行准确定性和完全未知毒药物筛查。

质谱与分离性能优异的色谱联用，可一次性实现生物复杂体系中微量或痕量毒药物的分离、鉴定，色谱-质谱联用法是当前法医毒物分析的主导检测技术手段。

(2) *无机质谱法* 是对无机化合物进行定性定量分析的质谱方法，是一种灵敏、准确的单元素或多元素痕量分析方法。早期使用火花源质谱仪器为主，目前成功地把电感耦合等离子体（ICP）电离源与质谱结合起来，使质谱法更广泛地用于无机物的分析。

电感耦合等离子体质谱（inductively coupled plasma mass spectrometry, ICP-MS）是以等离子体为离子源的一种新型无机元素分析技术，可进行同位素、单元素、多元素以及有机物中金属元素的形态分析，具有动态线性范围宽、干扰少等优势，可同时进行多元素测定和同位素分析，灵敏度、准确度、精密度均优于原子吸收光谱法等传统元素分析法，可以测量溶液中含量在 ppb（$\times10^{-9}$）或 ppb 以下的微量元素，在法医毒物分析中常用于毛发、骨骼、脏器和体液等样品中金属毒物（如砷、汞、铅、钡等）的检测。

五、联用技术

1. 原理

联用技术是将色谱仪与质谱等定性、结构分析仪器通过适当接口相结合，借助计算机数字化处理,进行联用分析的技术[5]。色谱法可以将复杂混合物中的每个组分分离,具有分离速度快、样品和试剂用量少等特点,但由于受检测器的限制,对分离所得化合物的定性鉴别、确定结构能力有限。而质谱技术能提供精确相对分子质量、结构信息,并具有灵敏度高以及专属性强等特点,但其均对试样纯度有较高的要求,不适合混合物的直接分析。将色谱法和质谱法或光谱法两谱联用,不仅可充分发挥各自的优点,而且还可弥补相互的不足,为复杂生物基质中毒药物的定性定量分析提供强有力的技术支持。

法医毒物鉴定中所涉及的分析对象和检验材料具有多样性和复杂性,目前主要手段为各种集分离和测定于一体的联用分析技术,如气相色谱-质谱联用(GC－MS)、液相色谱-质谱联用(LC－MS)、液相色谱-紫外光谱联用(HPLC－UV)等,不仅可以准确分析物质的组成和含量,而且还广泛地用于研究和解决各种复杂体系的基础科学问题。

2. 常用方法

(1) 气相色谱-质谱联用　是将气相色谱柱流出的各组分通过接口进入质谱仪进行检测的联用技术,气相色谱仪相当于分离和进样的装置,质谱仪相当于检测器。GC－MS 灵敏度高,适合于分子量低于 1 000 的小分子化合物分析,尤其适合于挥发性成分的分析。

GC－MS 中,电离方式主要包括电子轰击电离(electron impact ionization,EI)和化学电离(chemical ionization,CI)。最普及、常规的 EI 模式是将一定能量的电子直接作用于样品分子,样品分子受电子束轰击失去一个电子形成分子离子,分子离子的化学键进一步断裂,形成各种质荷比的碎片离子。EI 模式属于"硬电离",可得到较多的碎片离子,给出丰富的结构信息,同时,一般均采用 70 eV 能量,这样确保所得质谱图在不同仪器之间是可重复的,因此有着非常成熟完善并及时更新的质谱数据库。CI 模式是利用样品蒸气分子与反应气体的离子相互反应而使样品分子离子化,需要甲烷等反应气。CI 模式属于"软电离",即使对于不稳定的有机化合物,也可得到相对丰度较大的分子离子峰,但其碎片离子较少,可提供的有关结构信息少。

GC－MS 技术有两种扫描方式:全扫描(full scan)和选择离子监测(selected ion monitoring,SIM)。全扫描是质量分析器在给定的时间范围内对给定质荷比范围内的离子进行无间断地扫描,获得样品中每一个组分(或在某一特定时刻)的全部质谱。该质谱图可以提供未知物的分子量和结构信息,可以进行库检索。SIM 仅对选定的一个或一组离子进行检测,其最大优点是排除其他离子的干扰,使检测灵敏度大大提高,通常采用 SIM 方式比全扫描方式灵敏度提高 2~3 个数量级。但由于 SIM 只能检测有限的几个离子,不能得到完整的质谱图,因此 SIM 用于检测已知或目标化合物,不能用于未知物定性分析。

GC－MS 中色谱分离主要采用毛细管柱。根据毒药物的物理化学性质,主要通过优化选择固定液、内径、膜厚、进样口温度、升温程序、气流速度、分流模式、汽化温度等参数以达到有效分离、分析。质谱条件主要是优化灵敏度,比如定量离子选择、调整电压、调谐等。

GC－MS 具有气相色谱的高效分离能力和质谱的高灵敏度、高特异性的特点,特别适合于小分子、易挥发、热稳定化合物的分析。通过 MS 获得丰富的结构信息,弥补单一色谱仪器对未知化合物的鉴别能力,定性数据更加可靠。但是,GC－MS 不适合高沸点和热不稳定的化合物,根据具体情况需要对样品先进行水解或者衍生化处理,适用化合物范围受限。

(2) 液相色谱-三重四极质谱联用　是将液相色谱仪和三重四极质谱仪串联成一个整机使用的检测技术。LC－MS 联用仪器主要包括液相色谱、接口和质谱仪三部分。20 世纪 90 年代,LC－MS 的接口技术突破,LC－MS 从而迅速发展。LC 可以直接分离不挥发性化合物、极性化合物和大分子化合物;MS 灵敏度高,样品用量少,分析速度快,可得到更多的化合物的结构信息。尤其是与多级质谱的联用,将液相色谱的高分离效能和质谱的高灵敏度及较强的结构解析能力有机地融合,开辟了复杂样品分离和检测的新领域,目前 LC - MS 已广泛应用于法医毒物分析领域。

LC - MS 中,大气压离子化接口是当前应用最广泛的接口技术,它是一种常压电离技术,不需要真空,减少了许多设备,使用方便。大气压离子化接口的电离操作模式主要包括电喷雾电离(electrospray ionization, ESI)和大气压化学电离(atmospheric pressure chemical ionization, APCI)。ESI 和 APCI 模式中样品的离子化均是在大气压下的离子化室内完成,离子化效率高,稳定性好,灵敏度高。

ESI 是一种软电离方式,被分析的样品溶液从毛细管流出时在电场作用下形成高度荷电的雾状小液滴;在向质量分析器移动的过程中,液滴因溶剂的挥发逐渐缩小,其表面上的电荷密度不断增大。当电荷之间的排斥力足以克服表面张力时,液滴发生裂分,经过这样反复的溶剂挥发—液滴裂分过程,最后产生单个多电荷离子。加到喷嘴上的电压可正可负,通过极性调节,可得到正离子或负离子质谱。ESI 容易形成多电荷离子而不是碎片离子,使质荷比(m/z)降低到多数质量分析仪器都可以检测的范围,因而应用范围广,既可分析大分子也可分析小分子。

APCI 源的结构与 ESI 源大致相同,区别在于 APCI 源喷嘴的下游放置一个针状放电电极。色谱柱后流出物经过喷雾探针中心的毛细管流入,被其外部雾化气套管的氮气流(雾化气)雾化,形成气溶胶,并在毛细管出口前被加热管剧烈加热气化。在加热管端口用电晕放电针进行电晕尖端放电,使溶剂分子电离,形成溶剂离子。溶剂离子再与组分的气态分子反应,生成组分的准分子离子。APCI 主要产生的是单电荷离子,所以主要用来分析中等极性、分子量一般小于 1 000 的化合物,得到的质谱主要是准分子离子,很少有碎片离子。有些分析物由于结构和极性方面的原因,用 ESI 不能产生足够强的离子,可以采用 APCI 方式增加离子产率,一般认为 APCI 是 ESI 的补充手段。

LC - MS 中常用的三重四极串联质谱由两台四极杆质谱经碰撞室串联而成,即 LC - MS/MS。扫描方式包括多反应监测、子离子扫描、前体离子扫描和中性丢失扫描等,应用较多的为多反应监测(multiple reaction monitoring, MRM)[6]。MRM 模式中,首先样品分子在第一级质谱裂解成各种离子,选定前体离子,将前体离子导入碰撞室中进一步裂解成碎片离子,选定的碎片离子进入第二级质谱中进行质量分析。MRM 模式可对复杂混合物中的痕量组分进行快速鉴别和定量分析,且由于它监测分子化合物特定且直接相关的离子,故其选择性更高,同时由于对特定离子的扫描次数更多,灵敏度也更高,其峰面积或峰高用于目标化合物的定量分析。

LC - MS/MS 联用的优点是分析范围广,适于分析强极性、热不稳定性、非挥发性及大分子化合物,解决了有机物中约 80%不能使用 GC 及 GC - MS 的难题;可同时分析毒药物原体及代谢物,并可直接分析结合型代谢物;样品前处理简便、快速、不需衍生化;可分析水性样品而简化样品处理或进行在线样品处理;可直接给出从原体至代谢物的药物代谢图;方法检测灵敏度高。缺点是价格昂贵,缺乏广谱液相柱。且由于 LC - MS/MS 电离的特殊性,不同仪器产生的质谱图存在差异,目前缺少通用谱库。

(3) 色谱-高分辨质谱联用技术　是将色谱仪和高分辨质谱仪串联成一个整机使用的检测技术,目前,高分辨质谱与色谱相联分别形成液相色谱-高分辨质谱法(LC - HRMS)或气相色谱-高分辨质谱法(GC - HRMS),尤其是 LC - HRMS 凭借色谱强大的适用范围和分离功能,及高分辨质谱超高的质量分辨率和精确分子质量测定功能,不仅提高了未知化合物的结构确认、多组分样品的准确性,而且能消除杂质干扰,对未充分分离组分峰能够实现强有力的鉴别,在法医毒物鉴定领域具有潜在的应用优势。

质量分析器是 HRMS 质谱仪的核心部件,各商品化的 HRMS 所采用的质量分析器技术不同,包括离子漂移管、傅里叶变换分析器和轨道阱等。这些质量分析器各有其特点:

1) 飞行时间质谱仪(time of flight mass spectrometer,TOF - MS) TOF - MS 是利用不同 m/z 大小的离子从正交飞行管飞向离子检测器的时间不同来进行分离。垂直加速、反射器和延迟提取技术使 TOF 仪器具有诸多优势:8 000~30 000 的分辨率、2~5 ppm(10^{-6})的质量精度(内标锁定质量校正)、大于 10 Hz 的高光谱采集速率以及大于 3 数量级的动态范围。TOF 的主要缺点是分辨率随着分子量增加而降低,质量越大,飞行时间差越小,分辨率越低。

2) 傅里叶变换-离子回旋共振质谱(Fourier transform ion cyclotron resonance mass spectrometry, FTICR - MS) FTICR - MS 是离子在磁场中依据 m/z 值大小的不同,按照圆轨道移动。FTICR - MS 提供了 1 ppm 的非凡的高质量精度(外标法校正)和大于 100 000 的高质量分辨能力。尽管 FTICR - MS 具有超高的分辨率,但是它要求强磁场、大面积的工作环境和长时间的优化和扫描,这些缺点限制了 FTICR 的发展应用。

3) 静电场轨道阱质谱(Orbitrap - MS) Orbitrap - MS 的质量分析器为轨道阱,轨道阱的中心电极由两个电极组成:外部的桶状曲面电极和内部的纺锤状的电极,中央粗、两端细。静电场处于这些电极中间,使得中轴电极附近的离子能够呈放射状地被捕获。每一个堆积的离子快速形成一个薄的旋转环,沿着中轴电极(z 轴)振荡,在外电极的两端来回运动。振荡在外电极产生的离子电流,依据不同的 m/z 形成不同的振荡频率,得到一个总的信号,然后经过快速傅里叶变换为不同的 m/z。与 FTICR 类似,Orbitrap - MS 的特点是拥有约 30 000~100 000 的高分辨率(极个别为 200 000)、1~5 ppm 的质量精度(外标校正)和约 5 000 的动态范围。Q Exactive 是 Orbitrap 与四极杆串联的又一新型高分辨质谱,具有分辨率更高、质量稳定性更好、复杂基质中分析的灵敏度更高、速度快、前处理简化等优势。

法医毒物鉴定常用的方法有很多,都是依据毒物不同特性而进行检测。各种方法由于所依据的原理不同,能解决的问题不同,操作方法不同,适应的场合不同,在实际检验工作中可以产生不同的效用。在法医毒物分析工作中,分析目标物的不确定性以及毒物种类的广泛性导致了法医毒物鉴定的复杂性,基于色谱的高效分离能力和质谱的高灵敏度、高特异性的定性能力而使色谱-质谱串联分析成为常规鉴定技术。未来,持续不断研发将会不断提高鉴定分析方法的准确性、特异性、灵敏度、筛查能力、高通量以及智能化水平。

· 本章思考题 ·

1. 常用生物检材有哪些?各有哪些应用价值?
2. 检材处理包括哪些步骤?
3. 常用的分析方法有哪些?各有哪些优缺点?在鉴定工作中如何正确选用?

参考文献

[1] 廖林川,王玉瑾,刘俊亭. 法医毒物分析. 第五版. 北京:人民卫生出版社,2016.

[2] DRUMMER O H. Forensic toxicology//Luch A. Molecular, clinical and environmental toxicology: volume 2: clinical toxicology. Basel, Boston, Berlin: Birkhäuser Verlag, 2010: 579 - 603.
[3] 沈敏,刘伟,向平. 传承与创新视角下法医毒物学发展的实践与思考——以司法鉴定科学研究院法医毒物化学专业为例. 中国司法鉴定,2020(3): 49 - 58.
[4] 于治国. 药物分析(第3版). 北京: 人民卫生出版社,2013.
[5] 沈敏,向平,刘伟. 法医毒物鉴定理论与实践. 北京: 科学出版社,2022.
[6] 向平,沈敏,卓先义. 液相色谱—质谱联用技术在药物和毒物分析中的应用. 上海: 上海科学技术出版社,2009.

第四章　法医毒物司法鉴定质量控制

· 本章重点内容与学习要求 ·

本章全面介绍法医毒物实验室质量控制的技术要求、实施内容及评价指标。通过学习，鉴定人员重点掌握法医毒物鉴定过程中检材处理、样品制备、仪器检测等环节所涉及的质量控制要求和实施内容，以及定性定量分析的质量控制及结果评判；技术管理相关负责人熟悉并能有计划进行鉴定结果的内部和外部质量控制及效果评价，从而确保法医毒物实验室在司法鉴定活动中充分有效地实施质量控制，获得可靠的鉴定结果。

法医毒物定性定量分析结果具有诉讼关键证据性质，常直接影响案件属性和严重程度的判定，因而进行严格的质量控制，确保鉴定结果准确有效是贯穿法医毒物司法鉴定全过程的生命线。目前，我国法医毒物实验室开展司法鉴定活动，是在法律法规、司法领域检验检测机构资质认定、检测和校准实验室能力认可等相关体系文件框架内开展，实验室必须遵照相关规定、准则、指南等规范性文件的要求，仔细分析识别法医毒物鉴定全过程所有环节的风险点，明确相关职责和工作内容，充分实施质量控制，从而获得可靠的鉴定结果。

第一节　法医毒物实验室质量控制的通用技术要求

从事司法鉴定的机构必须按照国家市场监督管理总局、司法部等行业主管部门颁布的规章要求，经司法行政管理部门审核批准并取得《司法鉴定许可证》，在执业范围内开展司法鉴定活动。我国《检验检测机构资质认定管理办法》《司法鉴定机构登记管理办法》《司法鉴定人登记管理办法》《司法鉴定程序通则》《检验检测机构资质认定能力评价 司法鉴定机构要求》[1]《司法鉴定/法庭科学机构能力认可准则》[2]《司法鉴定/法庭科学机构能力认可准则在法医毒物分析和毒品鉴定领域的应用说明》[3]等规范性文件规定了司法鉴定机构和鉴定人从事法医毒物鉴定活动，向社会提供具有证明作用的数据和结果的最低刚性要求。法医毒物实验室所在鉴定机构应具备完善的组织结构和运行管理体系，确保鉴定活动的公正性、保密性和独立性。鉴定机构应配备管理运行和实施鉴定活动所必需的人员、设施、设备、系统和服务支持。本节结合毒物学检测的专业特点及行业规范[4]，并参考国际同领域的法医毒物学检测的指南性文件，就法医毒物鉴定实验室在人员培训与管理、环境与设施、设备与标准品等技术方面的通用要求进行阐述。

一、人员培训与管理

1. 人员资质要求

法医毒物鉴定实验室人员的教育背景、业务素质和技术能力是质量保证的首要条件。实验室鉴定人员一般分为鉴定人和鉴定助理。鉴定人在具备相应的资质基础上，经单位推荐、司法行政管理部门审核批准并取得《司法鉴定人执业证》后，方可开展鉴定工作。按照CNAS司法鉴定/法庭科学机构能力认可的要求，鉴定人应具有化学或相关专业专科以上学历，或者具有10年（含）以上化学检测工作经历。资深的鉴定人经机构推荐，由鉴定机构管理层任命，并经资质认定或认可评审考核合格后成为授权签字人，负责授权范围内鉴定文书技术性审核和签发。授权签字人应具有化学及相关专业本科以上学历，应取得中级及以上技术职称后在本鉴定专业连续从业3年（含）以上。鉴定助理包括技术辅助和管理辅助岗位，应满足相应专业资质要求。

在技术管理方面，法医毒物实验室一般设有专业负责人、质量监督员、仪器设备管理员、标准物质管理员、样品保管员等岗位。专业负责人全面负责实验室管理和技术运作。质量监督员应由资深鉴定人兼任，应具备法医毒物专业中级及以上技术职称，并熟悉本专业的鉴定方法、程序、目的和结果评价。此外，法医毒物实验室应有能正确评定、报告和应用检测结果的测量不确定度的鉴定人。

2. 培训与考核要求

所有鉴定人员均应接受相应的岗前培训，然后经考核合格被授予相应岗位职责与权限。岗前培训包括司法鉴定职业规定、鉴定流程、鉴定方法、关键仪器设备操作、实验室安全防护与救助等内容。当鉴定岗位发生变化或离开岗位时间超过1年，均应重新进行岗前培训。

实验室应关注人员的能力、培训、监督以及与同行的技术交流。在执业过程中，所有鉴定人员都应保持持续的与鉴定工作相关的技术培训，包括新行业规定的学习、鉴定方法的更新、关键设备的变化等，定期进行技术考核，从而保持与鉴定工作相符的技术能力。质量监督员应根据业务范围及人员变动情况，制定年度质量监督计划。尤其是对于工作时间短（例如在3年内的鉴定人员）加强监督，定期进行技能考核，确保鉴定人员的工作符合要求。评价记录和授权记录存入人员档案。

二、环境与设施

1. 空间及区域隔离

环境设施条件是毒物鉴定实验室质量控制的重要要素，需要配置空间充裕、布局合理的实验场所，其中样品提取室和仪器室是最主要的区域。此外，根据司法鉴定对样品流转及保存的要求，还需相对独立的样品保存、标准品保存等空间。若实验室规模较大，开展项目较多，为避免分析物浓度相差较大的样品之间（例如体外固体物质和体内生物检材）的交叉污染，样品提取室和仪器室在条件允许的情况下也需进一步分隔；若实验室面积有限，在同一个实验室进行分析时，应注意体外样品分析与生物样品分析的措施（如使用单独的玻璃器皿和分析仪器）。

2. 设施与环境控制

法医毒物实验室应建立并有效实施实验室管理制度，保持良好的内务环境。由于涉及有毒物质，且司法鉴定有保密要求，所有人进入实验区域必须得到相应授权。实验室基本设施的配备必须满足样品前处理、仪器正常运行、样品及标准品保存及环境监控等要求。例如配备通风橱、不间断电源、带锁冰箱、温湿度计、除湿/加湿机等。此外，应满足相关生物安全、安全作业、环境保护的国家法律法规和技术规范的要求，配备相应的安全防护设施以及安全处置废弃物设施，包括个人防护装备、烟雾报警器、洗眼装置及紧急喷淋装置、灭火器材等，并定期核查确保功能有效。生物、化学等有害废弃物的处置应遵照相关要求妥善处理并保留相关记录。当新增检测项目时，应根据需要对实验活动区域进行适当调整，添置所需的环境监控设备。

三、设备与标准品

1. 仪器设备的配置

现代仪器分析法是法医毒物司法鉴定的主要技术方法，因而仪器设备是量值溯源和毒物鉴定结果可靠性的基础。实验室应根据开展项目的要求配置相应的仪器，包括样品前处理设备（分析天平、移液器、离心机、旋涡混合器、低温研磨仪等）、紫外/可见分光光度仪、气相/液相色谱-质谱联用仪等。表 4－1 列出了法医毒物实验室的基本仪器配置和针对十大类项目的必备和选配仪器[5]。

表 4－1　法医毒物鉴定执业项目分类装备配置要求（毒物毒品鉴定）

序号	项目	仪器配置	单位	配置要求	备注
00		基本设备			
		分析天平（0.1 mg）	台	必备	
		旋涡混合器	台	必备	
		离心机	台	必备	
		移液器	套	必备	
		玻璃器皿	套	必备	
		恒温水浴锅	台	必备	
		烘箱	台	必备	
		通风柜	个	必备	
		冰箱	台	必备	
		低温冰箱	台	选配	
		制纯水设备	台	选配	
		分析天平（0.01 mg）	台	选配	
01	气体毒物类	紫外/可见分光光度仪	台	必备（CO）	包括 CO、液化石油气、硫化氢等参数
		气相色谱-质谱联用仪	台	必备	
		气相色谱仪或顶空气相色谱仪	台	选配	
		气体采样装置	个	选配	
02	挥发性毒物类	挥发性毒物标准物质或对照品		必备	包括醇类、氰化物、苯类衍生物等参数
		气相色谱仪或顶空气相色谱仪	台	必备	
		气相色谱-质谱联用仪	台	必备（非醇类检测）	
03	合成药毒物类	合成药毒物标准物质或对照品		必备	包括苯二氮卓类、吩噻嗪类、巴比妥类等安眠镇静药物、抗精神病药物、抗抑郁药、临床麻醉药等参数
		气相色谱-质谱联用仪（可替代气相色谱仪）	台	必备（二选一）	
		液相色谱-质谱联用仪（可替代液相色谱仪）	台		
		气相色谱仪（NPD、ECD 检测器）	台	选配	
		高效液相色谱仪	台	选配	

续 表

序号	项目	仪器配置	单位	配置要求	备注
04	天然药毒物类	有毒植物、动物毒素标准物质或对照品 液相色谱-质谱联用仪(可替代液相色谱仪) 气相色谱-质谱联用仪 高效液相色谱仪	 台 台 台	必备 必备 选配 选配	包括乌头、马钱子、莨菪生物碱、钩吻、夹竹桃、河鲀、斑蝥、蛇毒、蟾蜍、蜂毒等参数
05	毒品和易制毒化学品类	毒品/易制毒化学品标准物质或对照品 气相色谱-质谱联用仪(可替代气相色谱仪) 液相色谱-质谱联用仪(可替代液相色谱仪) 气相色谱仪 高效液相色谱仪 傅里叶变换红外光谱仪 X 射线衍射仪	 台 台 台 台 台 台	必备 必备 (二选一) 定量必备 (二选一) 选配 选配	
06	杀虫剂类	杀虫剂标准物质或对照品 气相色谱-质谱联用仪(可替代气相色谱仪) 液相色谱-质谱联用仪(可替代液相色谱仪) 气相色谱仪(NPD 检测器、ECD 检测器、FPD 检测器) 高效液相色谱仪	 台 台 台 台	必备 必备 (二选一) 必备 选配	包括有机磷类、氨基甲酸酯类、拟除虫菊酯类等参数
07	除草剂类	除草剂标准物质或对照品 气相色谱-质谱联用仪 液相色谱-质谱联用仪	 台 台	必备 必备 必备	包括百草枯、敌草快、草甘膦等参数
08	杀鼠药类	杀鼠药标准物质或对照品 气相色谱-质谱联用仪(可替代气相色谱仪) 液相色谱-质谱联用仪(可替代液相色谱仪) 气相色谱仪(NPD 检测器) 高效液相色谱仪	 台 台 台 台	必备 必备 (二选一) 选配 选配	包括氟乙酰胺、氟乙酸、毒鼠强、磷化锌、抗凝血类杀鼠药等参数
09	金属毒物类	金属毒物标准物质 样品消解设备 电感耦合等离子体质谱仪 电感耦合等离子体光谱仪 原子吸收分光光度计	 台 台 台 台	必备 必备 必备 (三选一)	包括砷、汞、钡、铊、铅、铬、镁等参数
10	水溶性无机毒物类	无机毒物标准物质或对照品 紫外/可见分光光度计 离子色谱仪 电感耦合等离子体质谱仪 电感耦合等离子体光谱仪 原子吸收分光光度计	 台 台 台 台 台	必备 必备 选配	包括亚硝酸盐、强酸、强碱等参数

注：毒品毒物鉴定对象种类：体外检材、尿液、血液、毛发、唾液、胃内容物、组织器官、呕吐物、排泄物等。

2. 仪器设备的使用

实验室应有安全处置、存放、使用和维护仪器设备的规程，建立仪器档案和仪器使用记录。大型仪器由专人负责维护保养，相关信息也应记录并保存。

仪器设备在投入使用或重新投入使用前，鉴定机构应验证其符合规定的要求。对鉴定结果有效性有影响的仪器设备进行核查时，应对核查要求文件化，核查要求应至少包括核查的方式、核查周期和符合性的判断指标。若仪器设备的测量准确度对鉴定结果的有效性会产生影响，例如天平、移液器等，应采用对该仪器设备进行校准的方式进行核查，以确保测量结果的计量溯源性。收到校准报告后，应进行符合性确认。当校准和标准物质数据中包含参考值或修正因子时，实验室应确保该参考值和修正因子得到适当的更新和应用，以满足规定的要求。需要校准或具有规定有效期限的所有设备，应使用标签、编码或其他方式标识，确保设备使用人能够迅速识别校准状态或有效期限。

实验室应基于风险管理判断仪器设备是否需要期间核查并制定期间核查方案[6]。需考虑的因素包括：

1）检测/校准方法的要求；

2）设备的稳定性；

3）设备的使用寿命和运行状况；

4）设备的校准周期；

5）设备历次校准的结果及变化趋势；

6）质量控制结果；

7）设备的使用范围（或参数）、使用频率和使用环境；

8）设备的维护保养情况；

9）是否具备实施期间核查的资源或配置期间核查资源的成本；

10）测量结果的用途及风险大小。

其间核查包括定期核查和不定期核查，定期核查一般在两次校准期间进行，而不定期核查具有一定的针对性和灵活性，适用的情况主要包括：

1）检测/校准方法对核查有明确要求的设备，如每次试验前需对设备进行核查；

2）用于非常重要场合的设备，如具有较高准确度、较高测量可靠性要求或风险较大的测量所用的设备，使用前进行核查；

3）离开固定场所去客户现场进行试验的设备，使用前进行核查；

4）脱离控制返回机构的设备，应及时核查；

5）因错误操作、过载、运行中突然断电、死机等非预期使用情况的设备，应及时核查；

6）使用的环境条件（温湿度、振动等）发生较大变化的大型仪器或高精密度设备，应及时核查；

7）发生碰撞、跌落、电压冲击等意外情况的设备，应及时核查；

8）使用前或使用中对其性能产生怀疑的设备，应及时核查。其间核查采用的方法及标准应具有良好的稳定性和重复性，只有其性能稳定，核查结果的判定和据此做出的决定才可靠。

当仪器设备曾经过载或误操作，或导出可疑结果，或已显示有缺陷或超出规定要求时，应停止使用，并对这些设备予以隔离以防误用，或加贴标签或标记以清晰表明该设备已停用，直至经过验证表明能正常工作。

3. 标准物质

标准物质及对照品是开展法医毒物定性定量的必备条件。单纯依靠数据谱库检索或免疫法检测存在巨大风险,也是不被专业领域认可的确认方式。有证标准物质是测量结果可溯源到国际单位制(SI)的途径之一,因此实验室应尽可能使用有证标准物质。在标准物质和试剂的储存和使用过程中,实验室应特别关注特定要求(包括其毒性、对温湿度和光的稳定性、与其他化学试剂的反应、储存环境和安全等),定期采用适当的技术手段对标准物质或对照品进行核查,如果在期间核查中发现标准物质已经发生分解、产生异构体、浓度降低等特性变化,应立即停止使用,并追溯对之前鉴定结果的影响。

四、方法的选择与应用

1. 方法的选择

由于司法鉴定结果具有证据性质,若在方法选择及应用过程中存在瑕疵,即使最终结果正确,也容易在法庭质证过程中受到质疑。执行国家标准、行业标准或技术规范是毒物鉴定结果可靠性的重要保证。根据资质认定和实验室认可的要求,法医毒物实验室选择鉴定方法的排序原则为:

1)国家标准;

2)行业标准和技术规范;

3)该专业领域多数专家认可的技术方法。

2. 方法的验证

新标准或新方法使用前必须进行方法学验证,即采用一系列实验考察标准或方法的有效性和可靠性,证明具有正确使用该方法得到可靠结果的能力。使用经过验证的方法获得的鉴定结果不仅是结果解释可靠性的基础,而且在有争议的情况下也很难被质疑。实验室应可根据分析方法的用途,按照《法医毒物分析方法验证通则》(SF/T 0063—2020)选择合适而充分的指标进行验证[7,8]。

(1)*定性分析的方法验证要求*　对于定性分析方法,最重要的验证性能指标是选择性和检出限。应利用不同来源的空白样品,观察色谱出峰情况,检查在目标物和内标物出现的区域是否存在基质干扰。如存在干扰,可采取优化仪器条件、优化前处理方法、改变色谱条件等措施来消除干扰。检出限可采用信噪比法或校准曲线法进行计算,并在实际鉴定中当结果为阴性(以“未检出”表述)时加以备注。对于一些会进行批量样品检测的项目参数,还需要考察延迟效应。应在高浓度的样品或者校准曲线最高浓度点样品后紧接着分析空白样,并通过空白样来评价延迟效应。若存在延迟效应,应优化分析方法。若延迟效应不可消除,则应规定控制延迟效应的措施并文件化,例如,在高浓度测试样后加一个空白样,且后续测试样中的信号响应高于空白样的信号响应 10 倍以上,否则后续测试样需要重新提取再检测。

(2)*定量分析的方法验证要求*　定量方法的验证要求更高,除了上述的定性分析指标外,还应包括准确度、精密度、定量限、线性范围、提取回收率等。准确度和精密度可同时进行考察,应采用质量控制样品(简称“质控样”)进行评估。配制校准曲线与质控样的标准溶液应分别称重或稀释,如有可能,则使用不同来源的标准物质。准确度通常采用偏倚表示,即为测定平均值和参考值的差值与参考值的百分比,应控制在±15%之内,定量限处则在±20%之内。精密度应采用偏差或相对标准偏差(RSD)表示,包括日内精密度和日间精密度。生物样品定量分析方法的 RSD 应控制在 15%以内，在定量限处 RSD 应小于 20%。定量限也可采用信噪比法或校准曲线法进行计算，并根据测试样的预期浓度或含量范围验证校准曲线的线性范围。此外，应采用低和高两个浓度的质控样进行回收率的考察。

在方法验证过程中，若发现被引用方法描述不够详尽、可能影响鉴定结果时，应将详细操作步骤编写成作业指导书，经审核批准后作为标准方法的补充。实验室完成方法验证后，应及时组织人员培训，确保鉴定人员掌握新项目方法要求，必要时进行相关技术考核，确保新方法能在实验室日常鉴定业务中被正确运用，得到可靠的鉴定结果。

实验室应对标准方法进行持续跟踪，确保使用最新有效版本。如果已验证的方法被修改，则应证明修改后方法的适用性。对于修改后的标准，实验室内部应进行技术评估，可以视情况进行部分验证；但若关键技术参数条件等发生变化，有可能影响鉴定结果质量时，应重新进行全面的方法验证。以上为引入方法的验证要求，若鉴定机构自行研制方法，则验证指标还应包括稀释可靠性、稳定性，以及基质效应（适用于 LC－MS 分析，可与回收率的考察同时进行）等。

3. 方法的应用

在司法实践中，法医毒物鉴定具有探查的特性，常常面临复杂的案情，缺乏相关线索，而所能获得的生物检材数量往往具有比较有限且一次性的特点，因而根据已知的案件调查信息，采用合适的技术方法并按照合理的顺序对相关检材进行分析鉴定工作，对保证工作质量、达到鉴定目的至关重要。

法医毒物鉴定所涉及的检材和目标物范围非常广泛。体外检材一般为与案发现场密切相关的可疑物，成分含量高，其检测结果往往能为体内检材的分析提示重要方向；而体内检材取样量少、目标物浓度低，且内源性物质、代谢物以及个体差异等多种因素可能影响测定结果。因此，一般可先采用操作相对简便且灵敏度满足要求的检测方法分析体外检材，在此基础上再用复杂灵敏的技术方法分析体内检材。实验室所采用的技术方法应当在合同评审中予以明确并达成一致。

（1）*已知方向目标物检测的方法应用*　当委托要求比较明确，为指定的某一种或某一类的几种目标化合物检测时，例如，血液中碳氧血红蛋白饱和度的测定、血液中乙醇的定性定量分析、生物检材中阿片类（吗啡、O^6－单乙酰吗啡和可待因）的检测、苯丙胺类（甲基苯丙胺、苯丙胺、3,4－亚甲二氧基甲基苯丙胺、3,4－亚甲二氧基苯丙胺）的检测、氯胺酮的检测等，一般优先采用该种（类）毒物专属的定性定量方法，而不是使用涵盖不同种类毒物的大范围筛选方法。

需要注意的是，当委托要求的目标物可以用免疫方法进行预实验时，例如尿中毒品的检测，必须关注免疫检测法的特点与局限性。免疫法具有灵敏度高、选择性强、操作简便、检材无需特殊处理等特点，但免疫分析法的灵敏度及可靠性很大程度上取决于目标物抗体的制备和与其结构有关物质的交叉反应。因此，用免疫分析法进行某种或某类毒药物分析的阳性结果不能作为法庭证据，只能作为初步实验，应由第二种独立的、至少具有同等灵敏度的其他验证方法来确认。同时，还必须关注免疫试剂盒的灵敏度。与色谱-质谱联用法不同，免疫法对不同化合物的检测灵敏度相差较大。有时尽管相关分析物可以用第二种验证方法检测到高于相关规定所设定的阈值，但作为初步筛选的免疫法却可能达不到阈值要求，从而出现假阴性结果。因此，实验室若采用免疫法作为初步实验方法时，当真实样品含量为色谱方法鉴定所能达到的法规阈值时，应在免疫法初筛中也能显示阳性结果。

(2) *未知方向目标物检测的方法应用*　　在司法鉴定实践中，法医毒物鉴定面临更多的是检测目标方向不明确的情况，尤其是“无名”死亡案件，公安机关通过现场探查未发现有毒气源、疑似有毒物品等线索时，实验室只能在现有能力范围内进行筛选分析。实验室应和委托方充分沟通，在委托协议中明确所能筛选的毒药物范围，出具鉴定意见书时也应以附件形式给出目标物范围和相应的检出限。

实验室进行未知目标物方向的筛选分析鉴定时，应根据委托方提供的案情，周密设计检测方案，合理使用检材有序开展鉴定活动。对于大多数有机毒药物的筛选分析，通常采用免疫法、色谱法、色谱-质谱联用法(如 $GC-MS^n$，$LC-MS^n$)进行。筛选分析常常选用毒物含量较高的生物检材或现场发现的可疑检材进行，当筛选分析出现阳性结果时应进一步采用与初检不同化学原理的第二种方法进行确证。确证方法的选用取决于案件类型、分析范围、目标物性质和可采用的技术方法，原则上要求确证方法比筛选方法更为专一和灵敏，尤其是对于目标物含量极低的体内检材，通常推荐采用色谱-质谱联用技术。

色谱-质谱联用技术应用是筛选及确证最常用的可靠分析技术。气相色谱-质谱联用法采用 70 eV 电子轰击源，可以通过标准谱库检索得到化合物信息，但应用范围有限，仅适用于易挥发且热稳定的小分子物质；而液相色谱-串联质谱仪 ESI 或者 APCI 源，无标准谱库，但检测的目标物范围及灵敏度均高于气相色谱-质谱联用仪。对于可能含有极低浓度毒药物的案件，例如涉嫌药物辅助犯罪、毒驾案件的相关体内检材检测、毛发中毒品检测等，若使用气相色谱-质谱联用方法筛选有可能漏检。因此，在检材量及实验室仪器条件允许的情况下，采用气相色谱-质谱联用、液相色谱-串联质谱等多个筛选方法同时检测，可以起到相互补充和印证的效果。

对于体内检材，要注意采用方法中检材适用范围和检出限，血液、尿液和组织常常各不相同。若超范围参照使用，要注意适用性。一般来说，在尿液分析中应包括Ⅰ相代谢物，因为尿液中的原形药物通常以非常低的浓度存在。若实验室仪器条件有限，仅采用气相色谱-质谱联用方法进行筛选时，在提取尿液前应进行酶解或酸水解以裂解Ⅱ相结合物，扩大检测时间窗。实验室应定期利用质控样品(适当浓度的毒药物混合物)检查分析系统的性能(灵敏度、保留时间的重现性、质量准确度)，以排除假阴性结果。

随着现代毒物分析技术的不断发展，常用的分析方法都同时具有定性和定量的功能。经过确证实验锁定目标物后，可根据检案需要进一步进行定量分析。目前生物基质中毒药物定量分析应用最广的为色谱技术或色谱-质谱联用技术，其灵敏度、特异性、准确性可以满足要求并保证结果准确、可靠。内标法能够在一定程度上消除操作条件等的变化所引起的误差，因而在条件具备的情况下应尽量采用内标法进行定量分析。定量分析时同样应该注意干扰的排除以保证结果的准确，可以通过阳性对照或者质控图来分析评价检测结果的可靠性。

第二节　鉴定过程的质量控制与实施

一、检材及其处理

1. 检材采集和运输

除毛发检测外，一般情况下司法鉴定领域的法医毒物实验室不参加检材的采集工作。然而，由于法医毒物鉴定结果与检材采取密切相关，为保证鉴定质量，实验室应以适当的方式将必要检材类型、数量、存储条件、运输条件及特别注意事项通知委托方。

对于活体取材，要注意采用合适的消毒措施，避免对检测造成污染和干扰。例如，涉及疑似酒驾鉴定的血液采集，务必避免使用含有乙醇的消毒棉球。对处于临床抢救中的病人采集血液，应注意抗凝。对于毛发检材的采集，采集部位首选人体头顶后部的头发。采集时应使用医用剪刀或者剃须刀紧贴被提取人员皮肤表面剪取足量毛发，随后固定标识根部，用铝箔纸包裹后装入纸质信封后封装。信封上填写样本名称、样本编号、提取日期和提取人等信息。毛发颜色、长度，烫发，染色等信息均应被详细记录。毛发样本应存放在干燥、黑暗、温度适中的室内环境中，避免阳光直射。

若检材为尸检材料，其采集要比活体取材复杂和具有挑战性。尸检时应尽可能取材全面且足量，包括各种组织、体液等。在某些情况下（如严重腐败、失血、严重烧伤等），必须采集替代标本（如肌肉组织）。若需采集毛发，应在尸检开始时先采集毛发。对于气体毒物，用注射器采集腔体中的气体应尽量在解剖前进行，并立刻注入专用气体样品袋密封；体液、组织样品采集后也应迅速放入顶空瓶密封。在死亡前存活数小时或数天的中毒案件，应尽可能从临床实验室中获得多余的体液。在不明物质中毒的案件中，收集毒品用具、饮料、残留药片、普通家用化学品容器和其他潜在体外证据，可提供有价值的信息。一般情况下，尸体检材不应添加防腐剂，但血液中乙醇含量检测的样品可考虑适当添加1%~5%的氟化钠。

体外、体内检材的包装务必严格分离，分别用合适的容器包装（洁净，尺寸适当，容易标记等）。及时贴上标签，标签信息包括检材采集日期和时间、样本的类型、编号等，并在委托书中对应注明。运输检材时，应包装在防震和密封的容器中，不受热和光照射，必要时应备有低温措施（例如干冰、冰袋等），从而最大程度降低对鉴定质量的影响。

2. 检材的接收、保存与处置

检材的接收应由委托方和实验室双方当面完成。实验室专人对照委托受理协议填写的内容，对检材实物进行逐一核对、清点、拍照或录像，注意检查所送检材的完整性和鉴定适用性，详细记录样品的数量和特征。在接收和返回毒品检材/样本时，实验室应详细记录交接毒品的重量，并经委托方和受理方双方签字确认。样品在实验室所获得的内部代码应具有唯一性，确保在实验室不被混淆。

实验室收到检材后应立即进行必要的分装并正确标识，妥善保存。实验室应有措施保证存放区域不会引起检材/样本的丢失、变质和污染。对于毒品类检材的保管应满足相关法律法规的要求。进入检测流程的样品应在所有阶段保持清晰的内部标识，样品流转单应能清楚地显示哪些人参与了检测过程及参与哪个阶段。检测完成后，剩余检材应和其他分样一起，共同妥善保存在符合要求的条件下（除毛发常温保存外，其他一般为冷冻保存），直至达到规定时限。

到期检材由实验室按照委托书约定进行处置。由于体液、注射器等物质具有潜在传染性，在处理过程中应注意防护，并按相关规定由有资质的单位进行处置，同时做好处置交接记录。

二、样品的制备

1. 溶液的配制与保存

样品的制备过程会涉及各种试剂，溶液的配制及保存也是影响鉴定质量的重要环节。实验室配制的所有试剂（包括纯水）均应加贴标签，标签应根据适用情况标识成分、浓度、溶剂（除水外）、制备日期和有效期等必要信息。标准溶液的配制应保留逐级稀释记录。标准溶液、稀释后的工作液应按照方法或作业指导书的要求冷藏或冷冻保存。

2. 内标的选择

添加内标是色谱法定性定量分析的有效的质量控制手段。作为内标的物质应是在实际样品中不存在,同时具有与分析物相似的物理化学性质的纯化合物。内标在样品提取前加入,浓度应足够但不宜太高。若分析物需要进行衍生化,应选择能形成相似衍生物的内标。在筛选分析和已知目标物的定性定量分析中,内标的作用和选择各有侧重。

(1) 定性分析中内标的选择　在较大范围的毒药物定性筛选分析中,内标的选择要注意兼顾多种性质的毒药物,可同时使用多个内标进行质量控制。例如,可同时选用一个弱酸性化合物(如烯丙异丙巴比妥)和一个弱碱性化合物(如 SKF_{525A})作为双内标,监控样品提取及衍生化过程的有效性;也可在色谱洗脱全过程的不同时间段分别选取不同内标,监控不同色谱性质物质的流出。在气相色谱-质谱联用法中,当样品中含有的物质(杂质)有和内标相同的碎片离子对内标峰造成干扰时(谱库检索显示匹配度不高),采用多内标监控非常有利于综合比较和判断。

(2) 定量分析中内标的选择　在定量分析中,相对于外标法而言,内标法对提取等过程的应变力更强,结果更为准确。若采用色谱-质谱联用法检测,可采用稳定同位素标记物作为内标,例如氘代内标(至少 3 个原子以上氘代),具有非同位素内标不可比肩的优越性。氘代内标具有与相关分析物非常相似的物理化学特征。使用氘代内标时应注意所购商品氘代的完全性,应该保证氘代内标不含分子中未氘化的部分,否则会导致结果的偏差。为了避免错误的结果,不应选择氘代内标质谱中存在的离子作为分析物目标离子,反之亦然。

3. 提取和衍生化

(1) 检材的前处理　不同的生物检材因性状不同,对应的前处理过程也略有差异。对于体液,一般可摇匀后直接取样(或离心取上清液)用有机溶剂提取;对于组织则需要匀浆;而对于毛发则需要分段(必要时)、清洗及粉碎,从而消除潜在的毒药物外部污染,使毒药物从基质中释放。需要注意的是,在组织匀浆、毛发粉碎过程中,应避免产热造成目标物的分解。低温匀浆和冷冻研磨分别是目前组织样品及毛发样品的主要处理方法。必要时可采用酸水解法、碱消化法、酶消解法等促进毒药物的游离释放。

(2) 检材的提取　体外检材一般所含待测目标物的浓度比较高,可用有机溶剂例如甲醇或乙腈等超声提取,微孔滤膜过滤后直接进样仪器检测。而体内检材一般目标物含量很低,需要通过液-液萃取(LLE)或固相萃取(SPE)以及蛋白沉淀等方法进行提取。需注意的是试剂、样品容器等是否会干扰信号,并尽可能消除生物基质(内源性物质、腐败产物和分解产物)造成的相关干扰信号,减少对目标分析物信号的干扰(如造成离子抑制/增强、形成加合物等)。同时,也应注意一些目标物,例如大麻酚类物质,在提取过程中容易被容器吸附,必要时应使用硅烷化处理过的器具。此外,条件允许的话,体外检材和体内检材的前处理应在不同的实验空间进行,且仪器检测过程中有相应质控措施,避免体外检材对体内检材检测的影响,出现假阳性。

(3) 衍生化　为了改善分析效果提高分析性能,可对提取及浓缩后的样品进行衍生化。一些化合物用气相色谱-质谱联用方法检测,经硅烷化、酰化等衍生化后可显著提高灵敏度。此外,确证分析若采用与初检相同的气相色谱方法,但通过衍生化改变被检物的性质和保留时间,一般可以确认。需要注意的是,衍生化会引入额外的试剂及产物,有可能干扰检测结果,甚至导致假阳性,需加强辨识,认定依据必须充分。液相色谱-质谱通常不需要衍生化步骤,从而简化了样品制备过程。

三、仪器检测

检材经过提取、净化及浓缩等前处理过程,成为适合仪器分析的状态。色谱法、色谱-质谱联用法是法医毒物司法鉴定中最主要的仪器分析技术,此外,可见分光光度法仍为血液中碳氧血红蛋白饱和度的主要检测方法。实验室应安排专人管理相关仪器设备并进行维护,定期核查,确保仪器正常运行。

1. 色谱分离

对混合物尤其是从生物检材基质中鉴定目标分析物,首先需要应用色谱技术进行分离分析。常用的色谱法是气相色谱法和液相色谱法。气相色谱分析和液相色谱分析的色谱分离需分别使用合适的毛细管柱或液相色谱柱。气相色谱分离可采用等温或程序升温,高效液相色谱分离可采用等度或梯度流动相洗脱。色谱条件的优化应着重于高色谱分辨率和低信号宽度且无拖尾,目标分析物的色谱峰应与其他物质和基质成分的色谱峰分离。

采用色谱法分析目标物,定性分析的指标是将该未知物质的所有信号的保留时间(Rt)及峰形(对称性及峰宽等)与用同一分析流程分析的参比溶液(添加标准物质的基质样品或标准品溶液)进行比较,气相色谱保留时间的相对误差应不超过±2%,液相色谱保留时间的相对误差应不超过±2.5%。峰形的改变(出现肩峰或拖尾等)必须是可以用基质组分共洗脱、过载等解释并能被证明的。若与色谱联用的是质谱以外的检测器,对某些目标物如乙醇则需要采用至少两个不同的色谱系统进行确证。例如,确证分析若采用与初检相同的气相色谱方法,可采用两根不同涂层的毛细管色谱柱。

实验室应定期核查维护气相色谱仪和高效液相色谱仪的性能。对于未知目标物筛选分析,建议使用含有不同色谱行为的标准物质混合物溶液检查色谱分离情况,观察记录标准物质的保留时间、峰面积及峰形,从而及时发现定位误差来源及信号强度的变化;对于已知目标物分析,可以用质控样本进行功能核查。

2. 质谱检测

除金属毒物的检测外,法医毒物司法鉴定常用的是有机质谱分析技术,单级质谱、串联质谱、多级质谱及高分辨质谱均有应用。根据检测需求,可采用质谱技术的全扫描、选择离子、多反应监测等不同模式。为确保质谱分析的质量,需定期检查和调整质谱仪参数,包括定期调谐、定期检查并在必要时校准质量轴,设置所需的质谱分辨率和控制质谱灵敏度等。

质谱分析有多种电离技术,电子轰击电离(EI)是气相色谱-质谱(GC-MS)中最常用的用于生物样品中小分子化合物鉴定的电离技术。对于特殊研究,也可选择使用负离子或正离子化学电离(NICI 或 PICI)。液相色谱-质谱(LC-MS)最常见的电离类型是电喷雾电离(ESI)和大气压化学电离(APCI)。当使用 LC-MS 技术时,应特别注意基质效应可能引起分析物信号抑制或增强,稳定同位素标记内标可能是消除基质效应的唯一方法。质谱参数的设定应根据分析物的电离性和稳定性(极性、电离能、裂解度)进行调整。电离过程应可重复形成足够数量的、具选择性和一定强度的特征离子。加合物(如 NH_4^+、Na^+)或多重带电离子可被作为分子离子的替代物用于分析。

质谱检测识别按照《法医毒物有机质谱定性分析通则》(SF/Z JD0107019—2018),需要满足的要求与质谱类型及检测模式有关。其中,最基本的要求为所选取的特征碎片离子色谱峰的信噪比(S/N)均应≥3∶1,所选特征碎片离子的丰度比是鉴别的重要标准。案件样品与相同基质添加样品中对应目标物比较,相对离子丰度比的相对误差应在表 4-2 所示的允许范围内。

表 4－2 不同质谱技术定性分析时相对离子丰度比的最大允许相对误差

相对离子丰度比(基峰%)	最大允许相对误差	
	GC－EI－MS	GC－CI－MS, GC－MS^n, LC－MS, LC－MS^n
≥50%	10%	20%
21%~50%	15%	25%
10%~20%	20%	30%
≤10%	50%	50%

对于单级质谱,采用全扫描或选择离子监测模式时,一般每个目标物的识别需要有三个特征碎片离子,且相对丰度比均应≥5%(相对于最强特征碎片离子)。如果不能满足该条件,则需要进行额外的分析确认(包括保留指数、衍生化再分析、寻找代谢物或者采用另一种离子化技术分析等)。当案件样品与相同基质添加样品中对应目标物比较,单个特征碎片离子相对离子丰度比的相对误差超出表 4－2 所示的允许范围,应重复分析或查找说明原因。如果两个特征碎片离子丰度比都不符合要求,则不能确认存在与基质添加样品中相同的目标物,必要时应检查分析方法的有效性。对于串联质谱分析,采用多反应监测模式分析时,母离子质量分辨应小于或等于 1 Da,至少监测 1 个母离子和 2 个子离子,或者监测 2 个母离子和各自对应的 1 个子离子;若无法获得子离子,则需要衍生化再分析或者采用另一种离子化技术分析;中性丢失和母离子扫描模式可以用于增加信息,但不能用于确证。采用多级质谱(三级以上)分析时,应至少监测 MS^n 的 1 个母离子和 MS^n的 1 个子离子。对于高分辨质谱的单级质谱、多级质谱,采用全扫描或部分扫描采集模式分析,案件样品的质谱图中应包含至少 2 个子离子,并且与相同基质添加样品中对应目标物子离子的质量精度至少在 5×10^{-6}以内。

若实验室设置程序使用计算机辅助数据库搜索,应安排有经验的鉴定人复核搜索结果是否可信。

四、定性及定量分析的质量控制及结果评判

1. 定性分析

(1) 阳性、阴性对照实验　阳性、阴性对照实验是定性分析质量控制的重要手段。与案件检材按照相同方法同步制备空白样品和标准添加样品,并与案件样品不间断地上机进行仪器检测。阳性对照验证该方法在该检验条件下是否有效,阴性对照验证检验过程中是否仅待检物能产生阳性结果。空白样品可以用空白基质制备,但若能在样品制备前添加内标,则更有利于质量控制及结果评判。标准添加样品中添加目标物的数目可视目标物范围、各类目标物的代表性、各目标物的检出限等因素而定,添加浓度应位于方法的检出限(LOD)水平。在阳性、阴性对照实验结果正常的情况下,可以检出或未检出某类或某种毒物的表达方式给出分析结论,当给出未检出某类或某种毒物的结论时应同时给出方法的检出限。

在进行批量鉴定分析过程中,还应特别注意是否存在残留。当残留可能会影响到分析结果时,需要进行残留评估,必要时应对样品进行重新分析或重新进样。

(2) 阳性结果确证分析的质控要求　毒药物筛选分析结果呈阳性时必须用与初检不同化学原理的第二种方法确证。确证方法的选用取决于案件类型、分析范围、目标物性质和技术方法,原则上要求确证方法比筛选方法更为专一和灵敏,通常推荐采用色谱-质谱联用技术作

为确证分析的方法。若定量分析使用的方法与初筛方法不同,也可作为确证方法。一般不能用未经确证的初筛结果出具报告。

确证分析中需要排除污染的存在,可以通过监测基质空白,试剂空白和溶剂空白中化合物和内标的存在来判断。如果起始的基质空白和高浓度样品后的空白都出现化合物峰,则存在来自基质或样品制备中的污染,应对实验前处理中使用的移液器、试剂耗材、人员操作或通过更换不同批次的空白基质进行排查。如果化合物峰出现在试剂或者溶剂中,则污染可能来自实验使用的溶剂,更换同品牌不同批次或不同厂商的实验试剂排查。

此外,确证分析中还常包括重新提取检材分析或用同案的不同检材提取物分析,以排除提取过程污染及错误取样的问题。若同案或同一个体涉及多种检材,检测的阳性结果应在多种检材中得到证实,但由于药毒物在体内的分布与药毒物的组织亲和力有关,所以分析目标物不是必须在所有检材中都呈阳性结果。

(3) *定性分析结果评判的质控要求*　定性分析结果的评判中,需注意灵敏度与阈值(cut-off 值)的关系,不可混淆使用。方法的 LOD 一般要低于相关规范规定的阈值,以避免假阴性结果的发生。当方法的灵敏度与相关规范规定的阈值相同时,必须考察 LOD 附近的精密度,且遇到案件样品与 LOD 添加样品检测信号强度持平时,建议另取案件检材和空白检材重新制备案件样品和 LOD 添加样品再次检测进行确认,避免因 LOD 添加样品检测误差而导致的假阳性。

2. 定量分析

(1) *校准样品和校准曲线*　校准样品由空白基质添加一定浓度的标准物质制备。应使用至少 5 个涵盖相关浓度范围的校准样品制作校准曲线,空白对照样品不应包括在校准曲线的计算中。为了验证校准样品的准确性,可使用校准曲线对每个校准样品进行回顾性计算,由此得到的浓度与标示值的偏差应不超过±15%或±20%(LOQ 处),舍去偏差较大的校准样品,75%的校准样(至少 5 个)应在限值范围内。应定期使用校准样核查校准曲线,推荐使用一个空白样、三个校准样来考察校准曲线的特性,并通过质控样品来考察校准曲线的稳定性。校准样的浓度范围应能覆盖检材中被测物的浓度。

(2) *质量控制(quality control)样品和质控图*　质量控制样品用于监测并记录整个测量系列的测量质量,包括偏差和精度。

1) 内部质量控制样品,指在基质中加入已知浓度的分析物。质量控制样品的制备类似于校准样品的制备,但质量控制样品必须独立于校准样品进行制备,最好一次制备比较大的量(取决于分析物的稳定性),并在分装后冷冻或冷藏。应通过测量 6 份样品来考察整体的均匀性。6 个测量值的平均值对于加标目标值的偏差应不超过±15%或±20%(LOQ,定量限处),变异系数 RSD 也应≤15%(LOQ 处为 20%)。如果可能,制备的质量控制样品也应通过外部参考物质进行检测。实验室必须确定冷冻质量控制样品的储存时间和/或可用性并加以说明。

2) 外部质量控制样品,即为已知浓度、稳定性和置信区间的经认证的标准物质,如有,应定期检测。

质量控制样品应至少在高低两个浓度水平下制备。检测时应至少使用一次接近最低校准样的质量控制样品,例如在序列的开始时检测,以测试设备的灵敏度。为了识别在测量期间的恶化,可以在序列结束时再次测量质量控制样品。用于重复检测的质量控制样品应是同批次相同的,但建议将质控样品分装入单独的自动进样瓶,以避免重复进样对瓶中目标物浓度的影响。在更高的校准区域(最高校准样的 75%左右)也至少还有一个质量控制样品,也应至少测量一次。在每20个真实样品后，应测量另一个质量控制样品（高、低交替进行）。质量控制样品可以包含相互不干扰的几种分析物，且质量控制样品的分析物浓度不应与校准样浓度相同。质量控制样品检测结果偏差应小于20%（在接近LOQ时，可允许偏差25%~30%）。控制样检测结果必须在预定偏差内，否则便失去控制，鉴定结果无效。

实验室在进行影响系统的维护工作后，如更换色谱柱、清洗源或完全调整后，在使用存储的校准曲线之前，鉴定人员应检查质量控制样品是否在可接受范围内。实验室还可定期分析已知定量控制样，建立质量控制图。在日常分析中，通过质控样品检测结果是否在质控图所允许的范围内来判断测量系统是否处于控制状态，并且可通过总体点分布和连续点的趋势变化，及时发现系统可能会脱离控制的端倪。

（3）*定量分析的质控要求*　定量分析应进行2份以上平行样分析，相对偏差满足标准规定要求（通常允许20%）。必要时进行测量不确定度评定。分析过程的控制还需要关注以下要点：

1）成批分析检材样品时，每批样品应有一定的校准和控制样，其数量取决于样品多少和分析性质。若分析样品为非常规检材（如腐败组织、玻璃体液等），校准样应用与检材相同或相似的基质制备。

2）校准样的浓度范围应能覆盖检材中被测物的浓度。若检材浓度高于最高校准样浓度，检材应稀释或重新取样提取，否则应报告为浓度高于最高校准样的浓度；如检材浓度低于最低校准样浓度，应添加浓度更低的校准样或加大检材体积提取（前提是方法不受基质影响）；无需准确定量时，也可直接报告被测物浓度低于最低校准样的浓度。

3）工作线性至少由三个不同浓度的校准样组成，有时化合物的浓度与响应之间并不存在线性关系，也可能需要使用二次方程式或其他数学模型。对多点校准，其相关系数应大于0.99。有些特殊情况下最低可接受相关系数为0.98。除非控制样接近定量上限或下限，否则不提倡单点校正。

4）当检材浓度明显高于最高校准浓度，实验室应预防分析物的延迟效应影响下一个样品。至少需要对分析物进行充分稀释，并在色谱分析中使用溶剂空白证明没有延迟效应。检材浓度很低时也应确认不是前一个高浓度样品的延迟效应。

5）当检材较为独特（如腐败和防腐），较难获得相似的基质来制备可靠的校准样和控制样时，可采用标准加入法，即在检材中添加已知量的目标物，通过比较添加检材和检材的信号进行定量。添加的浓度应大致与预期的最高样品浓度相匹配。如果样本量足够，则应加入几种不同浓度的目标物。样品中目标物的原始浓度可以用线性回归法推导出来。应用标准添加法的先决条件是目标物在整个浓度范围内的线性响应，以及样品材料的均匀性。

五、记录

法医毒物鉴定过程记录包括检材/样本的接收与前处理、质量控制、筛选过程、定性定量分析和结果计算等内容。实验室应按照技术方法和鉴定要求，规定出每一类型检测/检验项目的原始数据的采集、处理、记录、储存、检索的方式和格式。用计算机或自动化设备进行数据的采集、处理、记录、储存、检索时，应建立和执行计算机数据控制程序，保证在数据的采集、转换、输入、传出、储存等过程中数据完整，并建立安全防范措施防止非法访问、越权使用和随意修改。

检测结果、数据应在产生的当时予以记录，及时发现异常情况；数据转移、结果计算、数字修约等过程的记录务必清晰、充分、翔实，其中包括计算公式和导入数据，相对应的图谱应打印并按顺序附后，确保检测结果可追溯复现。鉴定结果数值的有效位数应与鉴定方法中的规定相符，并使用法定计量单位。数字修约按照 GB/T 8170—2008《数值修约规则与极限数值的表示和判定》的要求进行，采集后的原始数值应当进行适当的修约或截尾，遵循先运算后修约的运算原则。

六、测量不确定度评定

测量不确定度是定量分析方法的一个重要参数。当鉴定结果处于规定指标临界值附近时，测量不确定度对判断结果符合性会产生影响。检测实验室应有能力对每一项有数值要求的测量结果进行测量不确定度评估，当需要时向委托方提供这些测量结果的不确定度。测量不确定度评定的程序、方法，以及测量不确定度的表示和使用应符合 GB/T 27418—2017《测量不确定度评定和表示》。

评定测量不确定度时，应根据所选标准方法和仪器原理的不同，建立测量数学模型，确定被测量与各影响分量之间的关系。找出影响不确定度的各个因素，确认重要的不确定度分量，采用适当的分析方法评定各不确定度分量（包括 A 类标准不确定度和 B 类标准不确定度），计算合成不确定度。在没有特殊要求的情况下，取扩展因子 $k=2$（对应的置信概率为 $P=95\%$），计算扩展不确定度。扩展不确定度的数值应不超过两位有效数字，并且应满足：① 最终报告的测量结果的末位应与扩展不确定度的末位对齐；② 应根据通用的规则进行数值修约。测量结果一般以“‘$y \pm U$’+（y 和 U 的单位）”表述。

实验室应对所采用的非标准方法、实验室自己设计和研制的方法、超出预定使用范围的标准方法以及其他修改的标准方法进行确认，其中应包括对测量不确定度的评估。对于广泛公认的检测方法，如果该方法规定了测量不确定度主要来源的极限值和计算结果的表示形式时，实验室只要按照该检测方法的要求操作，并出具测量结果报告，即被认为符合本要求。

七、结果报告

毒物鉴定结果报告以“司法鉴定意见书”的形式发出，内容一般包括标题、编号、委托日期、委托人、委托事项、检验对象、送检材料、基本案情、鉴定过程、分析说明（适用时）、鉴定意见、附件等，其中鉴定过程应包括检验内容、所用方法及其客观所见。通常毒物鉴定报告仅阐明对所委托对象进行检验的定性定量客观结果，当法庭或委托方有特殊要求时，也出具建立在检验结果基础上的、包含鉴定人专业判断的鉴定意见。当定性结果为阴性时，若为已知目标物检测，在鉴定报告正文中提供检出限数值；若为多种毒物筛选分析，可在鉴定报告附件中提供检出限数值一览表。对于定量检测，结果计算及数字修约的表述遵照相关规范。鉴定报告由鉴定人制作，授权签字人（复核人）审核。审核内容主要包括：

1）制定的鉴定方案是否合理，使用的鉴定方法是否适宜；

2）鉴定过程是否符合相关的技术方法和作业指导书的要求；

3）各类鉴定原始记录、数据和结果报告的准确性、一致性和完整性；

4）鉴定意见表述是否准确等。毒物鉴定意见书发出后，实验室应将所有相关记录归档并保存，内容应包括（但不限于）：与客户沟通的所有记录、委托受理协议、检材/样本的状态描述和流转记录（接受、内部传递、返还或其他处置）、鉴定过程记录、鉴定结果/数据及图谱、鉴定意见书副本等。

第三节 鉴定结果的质量控制与效果评价

法医毒物实验室应建立和实施监控鉴定结果的质量控制程序,目的是从所得数据和/或结果中发现因不易察觉的原因导致鉴定结果偏离(无论是随机错误还是系统错误)及其发展趋势,及时采取适当的补救措施,确保鉴定结果的有效性。一般由专业技术负责人根据开展检测项目范围和参数、方法要求、技术风险、人员能力等策划质量控制活动,确定质量控制的具体方式、实施频次(常规或定期)和控制要求。质量控制计划一般按年度制定和实施,分内部和外部两种方式。

一、内部质量控制

内部质量控制活动是法医毒物实验室实施质量控制的主要方式。实验室应对内部质量控制活动的实施内容、方式、责任人等应做出明确的规定。

实验室制定内部质量监控方案时应考虑的因素包括:

1）检测结果的用途和业务量;

2）检测方法本身的稳定性与复杂性,及对鉴定人员经验的依赖程度;

3）是否为新采用的方法或变更的方法;

4）鉴定人员的能力和经验、人员数量及变动情况等。

实验室可以采取多种适用的质量监控手段,包括鉴定过程中的日常质量控制和按计划进行的定期质量控制活动。制定内部质量控制活动计划时,应同时给出结果评价依据。

1. 日常内部质量控制

(1) *使用标准物质*　　规范标准物质的使用,包括目标分析物及用作内标的标准物质。尽可能使用有证标准物质,做好标准物质的购置及验收、贮存及使用登记,定期核查,保证量值溯源准确无误。在日常检测中,逐级稀释、精准配制标准溶液,标识清楚,避免在保存及使用过程中降解、污染,确保用于定性确证阳性添加及定量制备校准曲线所涉及的所有浓度标准溶液含量准确。

(2) *使用质量控制样品*　　在日常分析中充分使用质控样品进行质量控制。若质量控制样品为外购商品,实验室应跟踪定期评价供应商资质,做好验收及贮存;若质量控制样品为实验室内部配制,应考察质控样品制备流程,确保同一量值的质控样品均一稳定。对于委托频率高的项目,例如血液中乙醇含量分析,建议制作质控图,监控变化趋势。

质控图是建立在实验数据分布接近于正态分布假设之上的,把分析数据用图的形式表现出来,以测定值为纵坐标,测定值的次序或时间为横坐标,测定值的均值为中心线,分别以 0.05 和 0.01 概率水平的置信界限为上、下警告限和上、下控制限,以证实技术系统是否处于统计控制状态,及时发现误差的特殊变化。画一张质控图,必须用同一标准方法在同一质控样品上至少得到 20 个测定结果,且这 20 个测定结果不是在同一天得到的,应是日积月累得到的。控制图在使用过程中,随着质控样品测定次数的增加,在适当的时候(通常与先前建立质控图的测定次数差不多时),连同以前的和现在的测定数据再重新确定控制线,重新画出新的质控图,以此类推地进行下去。在得到质控图后,于日常分析中把质控样品与未知样品在同样条件下检测,用以判断测量系统是否处于统计控制状态。此外,还应密切关注总体点分布和连续点的趋势变化,及时发现和寻找脱离控制的原因。例如,若连续 7 个值单向增加或下降,说明测量系统出现问题,应查找原因并采取必要纠正。

(3) 检测设备的功能性核查　在日常实际样品检测前,通过仪器自检程序或质控样品检测,进行仪器设备的功能性核查,确认状态正常后再开始实际样品检测。设备的例行维护也是质量控制的重要组成部分,应记录所有常规和非常规维护内容,包括更换气相色谱仪上的隔垫等,并及时通过质控样品的检测判断仪器状态,这样有利于发现异常迅速排除一些故障原因,保证实际检测的顺利进行。

(4) 使用相同或不同方法进行重复检测/检验　在保证必需的协议约定的留样前提下,当检测结果存疑时,使用相同方法重新提取检材检测,可以排除错误取样及提取过程污染等问题;而使用不同方法对同一检材重复检测,例如用不同类型仪器检测,则可以排除仪器操作方面的异常,同时也能取长补短,最大程度发挥不同检测方法优势,避免漏检。

(5) 同一案件不同检材检测结果之间的相关性分析　在日常法医毒物学检测中,同一案件中多个检测结果相关性分析也是质量控制的重要手段。例如,同一案件的体外检材和体内检材的检测结果、同一个体不同组织及体液的同一目标物检测结果、体内检材目标物原体与代谢产物检测结果等,通过对这些检测结果之间的相关性分析,逻辑推断、互为印证,证实检测结果的可靠性。

(6) 双鉴定人制及结果报告的审核　司法鉴定实行双鉴定人制,第一鉴定人是合同评审、样品提取、检测、数据转移及结果计算、鉴定报告制作等过程的主要操作人员,第二鉴定人参与鉴定操作,并对所有图谱、计算及文字进行核对。授权签字人根据委托协议对所有图谱、计算结果及报告进行审核并决定是否可以发出。

2. 定期内部质量控制

(1) 仪器设备的期间核查　按计划进行仪器设备的校准及功能核查,记录相关信息,并及时根据校准结果调整数据处理校正因子。通过定期计算质控样品检测结果的变异系数来监测性能是一种有效的监控手段,例如对于色谱分析,变异系数大于 15%表示精度相对较差,需要进一步研究分析性能,包括排除故障或进一步优化检测参数。

(2) 不同仪器检测结果比对　若实验室采用不同型号设备、多台相同设备检测同一项目,可定期利用质控样品进行不同仪器检测结果间的比对,及时发现仪器设备的偏离。

(3) 不同方法检测结果比对　若实验室使用不同鉴定方法对于同一项目(或参数)出具数据,可定期进行不同方法检测结果比对,监控不同方法之间的一致性。

(4) 实验室内人员检测比对　实验室内不同鉴定人员分别对同一样品进行平行检测,并对检测结果进行分析比对。在检测方法复杂程度及人员分工等条件允许的情况下,尽可能进行鉴定全过程的人员比对;若根据实际情况采用分组比对的方式,应注意各次比对人员的交叉,避免出现能力盲区。

(5) 留存检材再次检测　法医毒物实验室留存的实际检材是非常宝贵的样品。在留存检材超过委托协议规定的保存期后,且当在协议中注明由实验室代为处置并可用作科研等活动的前提条件下,实验室可利用留存检材进行再次检测,并与初次检测的结果进行比对,在充分考虑冻存对检材稳定性影响的基础上,综合判断实验室检测质量是否存在失控迹象。

(6) 盲样测试　盲样测试是监控实验室日常检测的准确度和精密度水平最客观的方式。规模较大的法医毒物实验室可由质量管理部门组织盲样测试活动,负责盲样制备及编号分发、结果收集及统计等过程,从而杜绝样品信息的泄露,使测试结果真实可靠。规模较小的实验室,可以通过参加外部盲样测试活动进行。

3. 内部质量控制结果评价与利用

实验室应采用包括统计技术在内的方法对内部质量控制活动的数据进行分析,并应用于对鉴定活动的控制,适合时包括应用于对鉴定活动的改进。当发现内部质量控制活动数据的分析结果超出预先确定的判据时,应采取适当措施防止报告不正确的鉴定结果。

对于实验室内不同鉴定人员检测结果、仪器间检测结果、留样再测结果之间的比对,一般应根据检测方法、目标物性质、检材基质特性等因素,综合考虑确定可接受的切合实际的百分比偏差,例如±20%。根据误差的大小采取适当的纠正措施,例如核对转录的数据及计算、核查仪器状态、质控结果等。对于更严重的问题,纠正措施可能需要重复分析,甚至重新验证检测方法。所有纠正措施都应详细记录。

二、外部质量控制

外部质量控制是通过与外部同类实验室的协同测试来完成鉴定结果的监测和质量评价。外部协同检测补充了实验室内部质量控制的不足,保证了对法医毒物鉴定定性和定量结果准确性的客观监督。外部质量控制主要包括能力验证和实验室间比对等方式。能力验证是指利用实验室间比对,按照预先制定的准则评价参加者的能力。实验室间比对是指按照预先规定的条件,由两个或多个实验室对相同或类似的物品进行测量或检测的组织、实施和评价[9]。实验室制定外部质量控制计划除应考虑内部质量控制计划所需考虑的因素外,还应考虑:① 内部质量监控结果;② 实验室间比对(包含能力验证)的可获得性。

1. 参加能力验证

能力验证是实验室重要的外部质量评价活动,参加能力验证计划是申请 CNAS 认可或已获准 CNAS 认可的实验室所必须执行的要求。对于日常工作中开展频次不高的鉴定项目,参加能力验证活动是保持和证明检测能力的最有效途径。CNAS 对法医毒物鉴定领域参加能力验证计划的频次要求是每年一次。

实验室应分析自身的能力验证需求,制定参加能力验证的工作计划并实施,同时根据人员、方法、场所和设备等变动情况,定期审查和调整参加能力验证的工作计划。实验室应选择满足 GB/T 27043 要求的能力验证提供者实施的能力验证计划。当同一子领域存在多个可获得的能力验证时,建议在持续参加同一能力验证项目的基础上,参加涉及不同检测参数和方法的能力验证。若实验室新开展的项目,没有可获得的能力验证计划,可以向有资质的能力验证提供者申请测量审核。测量审核是能力验证计划的一种,有时也称为“一对一”的能力验证计划。

当合格评定机构在参加能力验证中结果为不满意时,应立即分析原因采取相应的纠正措施,并验证措施的有效性。纠正措施有效性的验证方式可为再次参加能力验证活动。若实验室使用同一设备或方法对不同认可项目出具数据,在能力验证中出现不满意结果时,其纠正措施应当考虑到所有与该设备或方法相关的项目。能力测试材料应保留,直到完成任何纠正措施且收到满意报告为止。

2. 参加能力验证以外的实验室间比对

如果实验室开展的鉴定项目无可获得的能力验证计划或测量审核,可自行通过实验室间比对进行外部质量控制。一般应选择 3 家以上有较高能力资质的实验室进行结果比对。应保证用于比对实验的检材/样本的均匀性和稳定性,并且采用合适的统计方法对比对结果进行分析,确认结果的一致性。

3. 外部质量控制结果评价与利用

在参加能力验证计划结果出现不满意时,法医毒物实验室必须采取适当和及时的纠正措施。对于定性分析,假阳性错误是最严重的,必须彻底查找错误的可能原因,包括人、机、料、法、环各个方面,以及鉴定过程各个环节,调查是否存在污染、结果判断是否符合规定的要求等等。假阴性结果可以理解为未能检测到实验室声明能够检测到的物质,或该方法本应检测到的物质,需要核查仪器状态、空白添加实验加标浓度是否过高等,所有纠正措施都应详细记录。对于定量分析,若结果满意,实验室也应关注本实验室参加能力验证计划结果的 z 比分数(由能力验证的指定值和能力评定标准差计算的实验室偏倚的标准化度量),进一步提高质量控制改进空间[10]。

能力验证计划、留样再测或人员比对等方式是评价鉴定人员能力保持的有效手段,在一个认可周期内应覆盖鉴定人及技辅人员被授权的全部项目。实验室应告知鉴定人员质量控制和能力测试结果,根据需要进行个性化的持续培训。评价记录和授权记录存入人员档案。

· 本章思考题 ·

1. 简述法医毒物实验室选择鉴定方法的原则及验证要求。
2. 简述定性分析质量控制的主要手段和结果评判要点。
3. 简述内部质量控制主要包括哪些方面,如何进行相应的效果评价及利用?

参考文献

[1] RB/T 219-2017,检验检测机构资质认定能力评价 司法鉴定机构要求.

[2] CNAS-CL08: 2018,司法鉴定/法庭科学机构能力认可准则.

[3] CNAS-CL08-A007: 2018,司法鉴定/法庭科学机构能力认可准则在法医毒物分析和毒品鉴定领域的应用说明.

[4] CNAS-GL024: 2018,司法鉴定法庭科学鉴定过程的质量控制指南.

[5] CNAS-AL14: 2019,司法鉴定/法庭科学机构认可仪器配置要求.

[6] CNAS-GL042: 2019,测量设备期间核查的方法指南.

[7] SF/T 0063-2020,法医毒物分析方法验证通则.

[8] SWGTOX. Standard Practices for Method Validation in Forensic Toxicology. Journal of Analytical Toxicology, 2013, 37: 452-474.

[9] GB/T 27043,合格评定能力验证的通用要求(ISO/IEC 17043, IDT).

[10] CNAS-GL02: 2014,能力验证结果的统计处理和能力评价指南.

第五章　气体毒物鉴定

· 本章重点内容与学习要求 ·

气体毒物是法医学鉴定中一类常见毒物，因其易扩散的特性常常引起群体意外中毒事件，也易被利用作为自杀、他杀的手段。气体毒物的理化性质比较特殊，因而在相关案件的鉴定中对检材的提取和保存要求较为严格，所用的分离鉴定手段也与非挥发性毒物有较大区别。学习本章要求重点掌握一氧化碳、硫化氢、液化石油气、氦气等惰性气体、一氧化二氮等常见气体毒物的特性、分析测定常用方法及结果评判要点。

气体毒物（gas poison）是指在常温常压下呈气态的毒物，也称有毒气体。气体毒物经呼吸道进入机体后，可妨碍氧的供给、摄取、运输和利用，导致呼吸功能障碍甚至死亡。根据毒理机制的不同，气体毒物又大致分为三类：① 影响氧的供给。如氮气、氦气、天然气、液化石油气等气体，使空气中的氧含量明显降低，导致机体缺氧窒息。② 影响血液摄取或运输氧的功能。如一氧化碳、一氧化氮等气体，可妨碍血红蛋白对氧的化学性结合，或妨碍血红蛋白向组织细胞释放所携带的氧。③ 影响氧的利用（组织细胞性缺氧）。如硫化氢、氰化氢等气体，作用于呼吸酶，使生物氧化过程发生障碍，造成细胞内“窒息”。气体毒物在工业生产和日常生活环境中广泛存在，由于使用不当或防护疏忽大意常容易发生有毒气体中毒的意外事件，也有犯罪分子利用气体毒物的特性进行犯罪活动。此外，因滥用液化石油气等烃类物质、一氧化二氮（“笑气”）造成意外死亡的案件也多有报道。

气体毒物理化性质特殊，多数无色无味，在环境中不易被察觉，中毒具有发生突然、进展迅速、后果严重的特点。气体毒物中毒症状及尸体征象往往缺乏特异性，当尸体发现延迟或现场被破坏后，气体消散，而尸检一般仅见肺组织、肝组织、脑组织等器官淤血水肿，从而容易导致送检时仅委托常见毒药物筛查，结果阴性后再进一步增加气体毒物检测项目，但已丧失了环境和生物检材的检测条件。因此，疑似气体毒物中毒相关案件的案情调查和现场勘察尤为重要，通过查找有毒气体来源，发现线索从而提示检测目标物方向。此外，在气体毒物中毒鉴定中生物检材的提取、保存起着至关重要的作用，因而对尸体检材提取方案与保存亦有特殊要求，以免丧失检材代表性和检测条件导致漏检。

本章根据国内外技术发展现状，结合气体毒物的特点，选取有代表性的常见气体毒物一氧化碳、硫化氢、液化石油气、氦气等惰性气体、“笑气”进行介绍，并针对性提出检材提取和分析鉴定策略。

第一节　一 氧 化 碳

一、概述

一氧化碳（carbon monoxide, CO）为无色、无味气体，分子量为 28.01，略轻于空气，微溶于水,易燃、易爆,与空气混合的爆炸极限为12.5%~74.2%。当含碳物质不完全燃烧时即能产生一氧化碳,在采矿、冶金、化工生产过程中及汽车、家用煤气灶或煤炉、燃气热水器的使用过程中均有一定量存在。当环境密闭或通风条件不够时,上述场所产生的一氧化碳可很快聚集达到较高浓度,容易引起因吸入一氧化碳而致中毒甚至死亡的意外事件。虽然近年来随着燃气热水器的安全性技术改进,家庭意外一氧化碳中毒案(事)件数量大幅下降,但因通风不畅导致不完全燃烧及个体或群体燃烧木炭自杀等一氧化碳中毒事件仍时有发生。

一氧化碳经呼吸道进入机体,入血后能迅速与血红蛋白结合,生成碳氧血红蛋白(carboxyhemoglobin, COHb)。由于一氧化碳与血红蛋白间的亲和力约为氧气与血红蛋白间的亲和力的250~300倍,因而一氧化碳入血可导致血红蛋白与氧气的结合量急剧减少,抑制了血红蛋白运输氧气的能力,引起机体组织缺氧。一氧化碳中毒可出现急性、迟发性和慢性中毒症状。在封闭区域吸入含CO的空气会发生急性中毒,而慢性中毒则在工业生产及餐饮行业工作人员中更为常见。一氧化碳中毒以脑缺氧的症状与体征为主,包括头痛、头晕、恶心、呕吐、胸闷气短,视觉障碍、精神烦躁、意识障碍等。急性一氧化碳中毒症状发展很快,可以从恶心和呕吐迅速发展到失去意识、深度昏迷甚至呼吸麻痹而死亡。

一氧化碳中毒的严重程度与空气中一氧化碳的浓度、接触时间、接触者自身状况等因素有关,一般以血液中碳氧血红蛋白饱和度(COHb saturation),即血液中COHb占血红蛋白总量的百分比,作为一氧化碳中毒的法医学鉴定或临床检查判断的指标。一般血液中COHb饱和度在吸烟者中大于10%和在非吸烟者中大于5%时,会出现中毒临床症状。血液中COHb饱和度越高中毒越严重,不同COHb饱和度对应的临床症状主要为:10%~20%,前额感觉紧张,轻微头痛;20%~30%,头痛,颞区有脉搏感;30%~40%,严重头痛,全身乏力,头晕,视力受损,呕吐;40%~50%,换气过度,昏迷伴抽搐,潮式呼吸;>50%,昏迷伴惊厥,心功能障碍,甚至导致死亡[1,2]。

CO中毒快速死亡者,因血液中含大量的COHb而使血液、尸斑呈樱桃红色。不仅如此,体内组织器官,尤其是胸大肌等也呈樱桃红色。皮肤黏膜及浆膜可见点状出血,各器官病变与一般窒息死亡者相同,脑、心、肺、肾等器官内血管扩张淤血,由于血管壁通透性增加而有较多的浆液渗出,引起组织水肿,伴广泛灶性出血。迁延数天后死亡(或经急救处理后死亡),CO已基本排出体外,尸斑等即无樱桃红色等特征,并以中枢神经系统和心肌病变最为严重。

二、体内过程

正常情况下,人体内血红素分解代谢可产生少量内源性一氧化碳。外源性一氧化碳入血后约有90%与血红蛋白结合生成COHb,经血液循环到达全身各处。一氧化碳在体内不蓄积。停止吸入一氧化碳后,COHb逐渐解离,约98.5%以一氧化碳原形经呼吸道呼出,约1%在体内氧化成二氧化碳。增加吸入气体中的氧分压可加速COHb的解离,因此现场急救时应迅速使患者脱离现场移至空气新鲜处抢救,吸氧及高压氧疗法对于促进神志恢复、预防及治疗迟发性脑病都具有较好疗效。

三、分析方法

对于疑似CO中毒者,血液是测定COHb饱和度的首选检材,一般尸体抽取心血,中毒抢救者则抽取外周静脉血。盛放血液的容器应大小适中,密闭冷藏,及时送检。检材血液无需特殊提取步骤,仅根据检测方法做相应的简单前处理即可。特殊情况下若无法抽取血液,可取胸部肌肉组织作为检材。遇失火现场中炭化尸体,则可取骨髓作为检材。由于腐败过程中血红蛋白和肌红蛋白的分解可产生 CO,采样胸腔和腹腔中的血性液体需要特别慎重。

血液中 CO 的检测方法有很多文献报道,包括各种简便易行的半定量方法及灵敏准确的仪器定量方法。从原理上大致可分为化学反应法、分光光度法等。化学反应法主要包括加热法、氢氧化钠法,快速、简单,无需特殊仪器设备,适合基层现场或紧急情况下初步筛选。分光光度法操作简便,仪器价格相对较低,是目前国内外法医毒物学实验室广泛采用的方法。

在一氧化碳中毒者血液中血红蛋白主要以三种形式存在,包括血红蛋白(hemoglobin, Hb)、氧合血红蛋白(oxygenated hemoglobin, O_2Hb)及 COHb。这些不同形式的血红蛋白在可见光区均有两个吸收带。第一吸收带在 420 nm 附近,三种血红蛋白的吸收峰均为单峰,吸收峰形状相似,是摩尔吸收系数达 105 的强吸收带,其中 COHb 的吸收峰最强。第二吸收带在 500~600 nm 的波长区域内,COHb 和 O_2Hb 的吸收峰都是双峰,COHb 的两个最大吸收波长分别在 538 nm 和 569 nm 附近,O_2Hb 的两个最大吸收峰波长分别在 540 nm 和 576 nm 附近;Hb 是单吸收峰,最大吸收波长为 555 nm;吸收系数约为第一吸收带的十分之一。分光光度法测定血液中 COHb 饱和度即是利用 COHb 对可见光的特征吸收而进行的,根据吸收波长的选择分为单波长法和双波长法。定量方式则又分为利用含经验常数的经验公式法、校准曲线法(利用空白血液按比例稀释 COHb 饱和血液绘制),以及对检血分别通空气及 CO 气体制备饱和度为 0%及 100%的血液作为自身对照的测定方法。以下对采用自身对照进行定量的单波长、双波长和还原双波长法进行介绍[3,4]。

1. 单波长法

单波长法是利用 COHb 在 420 nm 附近的特征吸收进行检测。分别对检血稀释液通 CO 气体和 O_2 气体(或空气)制备 COHb 饱和度为 100%和 0 的自身对照样品进行检测计算。单波长法操作简便,对仪器条件要求低。需注意的是,稀释过程中容易造成 COHb 的解离,使 COHb 饱和度偏低。因而,此方法若用于临床检查检验,在较低饱和度的情况下可能影响判断,但对于法医学鉴定的结果判断一般不会造成明显影响。另外,血液腐败对单波长法检测干扰很大,容易导致假阳性结果,不适于腐败血液的 COHb 饱和度检测。

参考方法:吸取检材血液 30 μL,用新沸放冷的蒸馏水稀释至 30 mL,摇匀,等分为三。一份通入 CO 气体 5 min 达 COHb 饱和(COHb 饱和度为 100%),一份通入空气 12 min 除去 CO(COHb 饱和度为 0),另一份直接测定。以新沸放冷的蒸馏水为参比,分别测定上述溶液在波长 419 nm 处的吸光度值 A_{100}、A_0 和 A_x,代入公式求得检材血液的 COHb%。检材血液的 COHb%按下式计算:

$$\text{COHb\%} = \frac{A_x - A_0}{A_{100} - A_0} \times 100\%$$

检材血应同时平行测定两份。两份检材的双样相对相差若不超过 20%时,结果按两份检材的平均值计算,否则需要重新测定。

2. 双波长法

双波长法是利用空白血液(COHb 饱和度为 0,血红蛋白以 O_2Hb 形式存在)和 COHb 饱和血液(COHb 饱和度为 100%,血红蛋白以 COHb 形式存在)进行光谱扫描,在 O_2Hb 吸收峰上选择两个等吸收点,且这两个波长处 COHb 的吸光度值之差(ΔA)较大,则 ΔA 仅与 COHb 含量相关。在 500~600 nm 的波长区域内,COHb 和 O_2Hb 的吸收峰都是双峰。对空白血液和 COHb 饱和血液进行光谱扫描,空白血液在 530 nm、569 nm 和 583 nm 吸光度值相等,而 COHb

饱和血液在 530 nm 和 569 nm 的吸光度值均与 583 nm 处的吸光度值相差较大(其中 569 nm 为最大吸收波长之一,与 583 nm 处吸光度值的差值也最大),因此可组成 530 nm 和 583 nm、569 nm 和 583 nm 两对等吸收点进行双波长检测,从而消除干扰,减少误差(图 5-1)。此外,由于第二吸收带的吸收系数约为第一吸收带的十分之一,故检血稀释 100 倍后检测。

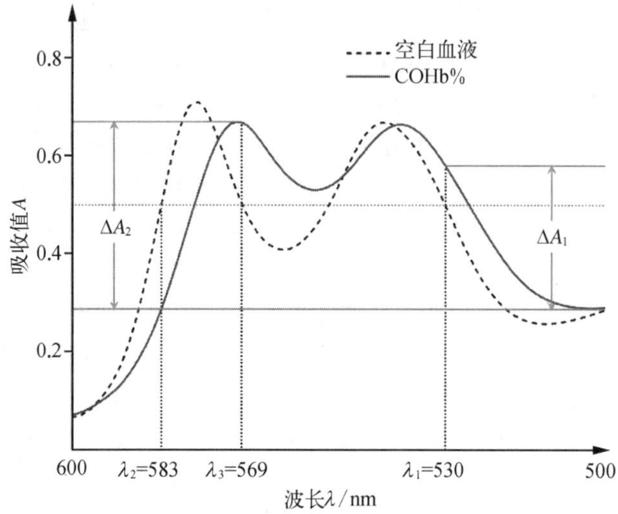

图 5-1 双波长法检测血液中 COHb 饱和度

空白血液在 530 nm、569 nm 和 583 nm 吸光度值相等,COHb 饱和血液在 530 nm 和 569 nm 的吸光度值均与 583 nm 处的吸光度值相差较大,分别组成 530 nm 和 583 nm、569 nm 和 583 nm 两对等吸收点。

参考方法(《血液中碳氧血红蛋白饱和度的测定 分光光度法》SF/T 0173-2024):

首先以氨水稀释液(取 0.05 mL 的 25%氨水加水稀释至 100 mL)稀释正常人血(来源于健康的不吸烟者)及 COHb 饱和血液,以氨水稀释液为参比,分别进行 500~600 nm 全扫描,确定 λ_1,λ_2 和 λ_3。以设定 $\lambda_1=530$ nm,$\lambda_2=583$ nm,$\lambda_3=569$ nm 为例。吸取 0.1 mL 检材血液样品,置于 10 mL 试管中,加入 10 mL 氨水稀释液,摇匀。以氨水稀释液为参比,测其在 λ_1,λ_2 和 λ_3 的吸光度值并记录,用于计算 ΔA_1 和 ΔA_2,$\Delta A_1=A\lambda_1-A\lambda_2$,$\Delta A_2=A\lambda_3-A\lambda_2$。然后,将此剩余检材溶液通 CO 气体约 15 min 至饱和,气泡以 1~2 个/秒为宜,同法测定其在 λ_1,λ_2 和 λ_3的吸光度值并记录,用于计算 $\Delta A_1'$和 $\Delta A_2'$,$\Delta A_1'=A\lambda_1'-A\lambda_2'$,$\Delta A_2'=A\lambda_3'-A\lambda_2'$。检材血液的 COHb 饱和度 $C(\%)$ 按下式计算:

$$C(\%)=(C_1'+C_2')/2\times100,(\text{式中}:C_1'=\Delta A_1/\Delta A_1';C_2'=\Delta A_2/\Delta A_2')$$

检材血液应同时平行测定两份。两份检材的双样相对相差若不超过 20%时,结果按两份检材的平均值计算,否则需要重新测定。

3. 还原双波长法

还原双波长法是利用连二亚硫酸钠($Na_2S_2O_4$)的还原特性。在 500~600 nm 的波长区域内,COHb 和 O_2Hb 的吸收峰都是双峰,Hb 的吸收峰为单峰;高铁血红蛋白(methemoglobin,MetHb)也有吸收,为单峰。CO 中毒者血液稀释后加入连二亚硫酸钠,O_2Hb 和 MetHb 都被还原为 Hb,而 COHb 不被还原。因此,正常血液稀释后加连二亚硫酸钠,吸收光谱图由 O_2Hb 的双峰变为 Hb 的单峰;COHb 饱和血液稀释后加连二亚硫酸钠,吸收光谱图保持双峰不变;CO

中毒者血液稀释后加连二亚硫酸钠，COHb 饱和度越大，吸收光谱形状越接近 COHb 饱和血液的双峰吸收光谱，反之则越接近 Hb 的单峰吸收光谱。利用吸收光谱的形状变化可对检材血液的 COHb 饱和度进行粗略估计。检材血液稀释后用连二亚硫酸钠进行还原，然后再利用双波长法检测 COHb 饱和度(图 5－2)，可以得到比较准确的检测结果。

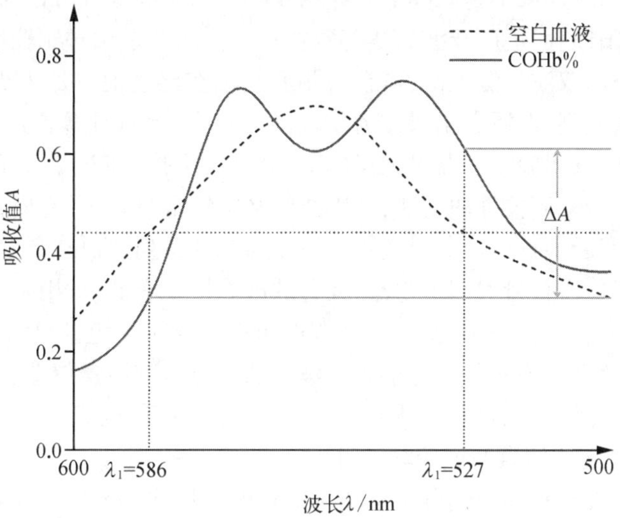

图 5－2　还原双波长法检测血液中 COHb 饱和度

注：经连二亚硫酸钠还原后，空白血液吸收光谱呈单峰，在 527 nm 和 586 nm 的吸光度值相等；COHb 饱和血液吸收光谱仍保持双峰，在 527 nm 和 586 nm 的吸光度值相差较大；527 nm 和 586 nm 组成等吸收点进行双波长检测。

参考方法：吸取 0.1 mL 检材血液样品置 10 mL 试管中，加入 10 mL 氨水稀释液，摇匀后分成 2 份。设 $\lambda_1 = 527$ nm，$\lambda_2 = 586$ nm。一份以氨水稀释液为参比，在比色池中加入连二亚硫酸钠约 20 mg，摇匀后分别测定在 λ_1，λ_2 的吸光度值，用于计算 $A_{还原}$，$\Delta A_{还原} = A\lambda_1 - A\lambda_2$，另一份样品溶液通 CO 气体约 15 min 至饱和，气泡以 1～2 个/秒为宜，同上法加入连二亚硫酸钠约 20 mg，摇匀后分别测定在 λ_1，λ_2 的吸光度值，用于计算 $\Delta A_{还原}'$，$\Delta A_{还原}' = A\lambda_1' - A\lambda_2'$。检材血液的 COHb 饱和度 $C(\%) = \Delta A_{还原} / \Delta A_{还原}' \times 100$。

检材血液应同时平行测定两份。两份检材的双样相对相差若不超过 20%时，结果按两份检材的平均值计算，否则需要重新测定。

四、鉴定要点

1. 检材的提取与保存

对于疑似 CO 中毒的案件，及时采集血液进行 COHb 饱和度检测十分重要。死亡案件主要采集心血；而送医抢救者则采取外周血，采集过程中务必注意抗凝，凝血对分光光度法检测影响很大。血液应装满盛装容器并密封，避免与空气接触。检材应避光、低温保存。在强光、高温作用下，CO 可从 COHb 中解离、释放出来，而且加速血液的腐败。一般在检测期间，检材于 4℃条件下保存；之后，若需要长期保存，则必须冷冻储存。

2. 检测方法的选择与评价

对于一氧化碳中毒的鉴定，化学反应法一般仅用于初步筛选试验，大多数实验室都采用分光光度法进行 COHb 饱和度的测定。对于分光光度法，一般法医学毒物分析专业实验室多采用紫外/可见分光光度仪进行检测，而临床医院检验室多倾向于使用更加方便快捷且对操作人员能力要求低的血气分析仪进行检测。

单波长法、双波长法和还原双波长法均是检测 COHb 饱和度的常用方法。研究表明[3]，对于新鲜血液，还原双波长法与双波长法检测结果相近，单波长法检测结果较前两者略低；用三种方法分别进行平行样检测，平行样间的差异均较小。当血液腐败时，单波长法所得数据跳跃幅度大，并易出现假阳性，而还原双波长法与双波长法检测结果相对比较稳定、相近，平行样间的差异仍较小。若采用双波长法检测，可在检测后直接在比色池中加入少量连二亚硫酸钠继续进行还原双波长法检测，以后者结果作为质控。此外，从定量计算方法来说，利用经验常数计算的方法受样品性状、实验室仪器等因素的影响较大，实验室需验证其适用性并只能在相对固定的条件下使用。若采用校准曲线法，校准曲线必须经常更新，且需要先测定血液中血红蛋白的浓度，以保证稀释后检材血液的血红蛋白浓度与标准系列的血红蛋白浓度一致，否则会产生较大误差。而采用检血自身对照测定法，稀释的准确性要求低，适用于实际检案。需注意的是，在法医毒物实验室鉴定工作中，由于大多数毒药物主要采用色谱-质谱联用技术进行定性定量，分光光度仪的使用频率较低，因此，用双波长法检测时需注意仪器状态，必要时取正常健康人血稀释后进行可见光扫描检测，确认所选波长处的吸光度值相等，必要时对波长进行微调。

3. COHb 饱和度检测结果的评价与解释

在法医学鉴定中大致有如下划分：当 COHb 饱和度大于 50%时，可导致重度中毒，通常与死亡相符；当 COHb 饱和度在 10%~50%时，提示可能吸入了一定量的 CO，可引起轻度或中度中毒，若在失火现场则提示可能死者至少在起火时还活着；当 COHb 饱和度小于 10%时，若在失火现场则提示可能死者在起火时已死亡或者非常迅速地死亡。老人或婴儿可在较低的 COHb 饱和度(如 30%)的情况下死亡。其他诸多因素，如心血管疾病、呼吸系统疾病，以及与乙醇、安眠药等合并用药均可加速中毒速度，导致死亡发生时 COHb 饱和度较低。

在临床医学领域，当 COHb 饱和度小于 10%但大于正常人值时，往往也有一定的临床意义。正常人体内由于含铁血红蛋白的分解也可产生少量的 CO，一般健康成人 COHb 饱和度小于 1.5%；婴儿 COHb 饱和度小于 1%；但吸烟者往往要高于非吸烟者，可高达 10%。研究表明，有冠状动脉硬化等心血管疾病的人，当 COHb 饱和度达 5%~10%时，可导致病情恶化，出现心肌梗死和心绞痛的时间提前，对运动的耐受力明显减低。根据世界卫生组织在 2000 年发布的空气质量指南，即使 COHb 体积分数为 2%~4%也可导致运动耐力下降，并可出现类似心肌缺血的症状。据报道，当 COHb 体积分数高于 6%时，运动时可发生室性早搏。

4. 综合因素评判

结果评判时应根据实际情况综合考虑。如果病人被送至医院，经过吸氧、高压氧舱等抢救措施治疗后再抽血送检，此时检测所得 COHb 饱和度数据已不能反映中毒发生时的情况。许多案件较为复杂，溺死、尸体腐败或者检材已经长时间存放，在检材条件差的情况下以 COHb 饱和度推断中毒应十分谨慎。死后可能产生 COHb，腐败过程中 Hb 和肌红蛋白可分解产生 COHb，腐烂血液含有硫化血红蛋白(sulfhemoglobin，Sulf-Hb)，在此情况下对于在胸腔和腹腔内提取的血性液体，采用分光光度法无法区分死后产生的 COHb、Sulf-Hb 等，可能造成 COHb 饱和度假性升高。文献报道了 7 例无火灾或 CO 暴露的死者胸腔内血性液体中 COHb 饱和度在 2.3%~44.1%，而心脏血液中 COHb 饱和度仅为 0.3%~6.0%[5]。另外，高温或接触氧化性毒药物可促进 MetHb 的生成。因此，当检材血液异常时，尤其是 COHb 饱和度检测结果处于中低浓度时，应结合案情综合分析。

五、案例评析

案例一

一名23岁女性司机驾驶一辆四门轿车，在凌晨撞上了一所房子。她一边开车，一边跟妈妈打电话。电话中她提到她的车出了问题。碰撞造成车辆轻微损坏，安全气囊没有打开。执法部门和紧急医疗服务人员赶到现场将她救出并送往医院。经临床及实验室检查，她受了轻微的非致命性创伤，COHb饱和度为44.9%，血液乙醇浓度为104 mg/100 mL，神经学评估显示为缺氧脑损伤。住院5天后由于预后不良，她的家人放弃治疗[6]。

【尸体解剖】 尸检显示面部、胸部和背部有轻微擦伤，左臂有挫伤。没有内伤。脑部有弥漫性水肿，海马体切片显示缺氧神经元损伤、急性脑桥出血。

【相关勘查】 一名机械师对涉事车辆进行了评估，发现排气总管上的螺栓损坏及排气夹缺失，消声器顶部生锈及在消声器正上方的后备箱也有大面积生锈，车辆的底盘有几处生锈，这些缺陷导致废气进入车厢。

【毒物分析及评析】 汽车怠速时发动机排放废气中一氧化碳浓度一般约为5%。当汽车正常或加速行驶时，汽油燃烧比较完全，且废气排入大气中，随空气流通一氧化碳含量被不断稀释，故在行驶中的密闭汽车内一般不会引起人员中毒；而当汽车停放在车库等密闭/空气不流通的场所，特别是同时启用空调时，有限空间内的一氧化碳浓度不断升高，一氧化碳可通过车厢缝隙或汽车的排气、换气装置进入车厢内，引起车厢内人员中毒。汽车在行驶过程中因排放废气造成驾车/乘车人急性一氧化碳中毒的案件是比较罕见的。本案例中，车辆底盘、后备箱多处锈蚀及排气管损坏造成车辆行驶过程中产生的废气进入车厢，直接导致司机一氧化碳中毒。另外，死者生前被送医抢救时，血液中同时检出乙醇浓度为104 mg/100 mL，与一氧化碳协同作用，引起司机严重中毒并引发驾车事故，最终导致其死亡。本案例也再次提示，对于气体毒物中毒，彻底的现场调查寻找气源和重现过程非常重要。

案例二

某日下午5时一名36岁男子被发现死于家中。现场勘验门锁完好，室内无搏斗痕迹，煤气灶上炖有肉汤，室内有煤气味[7]。

【尸体解剖】 尸体剖验见背部尸斑暗红色。头面部深樱桃红色，角膜高度浑浊，两肺均有淤血性水肿，胰头明显淤血水肿，脑水肿明显，脑实质略有自溶。胃内容物充盈，见深咖啡色液体和面食样物质。胃黏膜光滑，无溃疡。其余未见异常。

【毒物分析及评析】 取心血及胃内容物送检。心血经双波长法检测，测得血液中COHb饱和度为85%。血液及胃内容物分别在酸、碱性条件下用乙醚提取，浓缩后经气相色谱/质谱联用法分析，均检出地西泮的特征色谱峰和特征碎片离子。用外标法定量，血液和胃内容物中地西泮质量浓度分别为0.34 μg/mL和20 μg/mL。

血液中COHb饱和度达50%即可致人死亡，本案中死者血液中COHb饱和度高达85%，可能与环境中一氧化碳浓度较高及人在睡眠状态中吸收时间较长有关。血液中地西泮质量浓度为0.34 μg/mL，未达中毒血浓度，但可导致昏睡。案发时间为白天，且现场煤气灶上炖有肉汤，血液及胃内容物中均检出地西泮提示异常。根据此线索展开调查，最终查明，死者与其妻关系不和，死亡前夜回家很晚，夫妻吵了架。第二天，其妻在早点中加入地西泮，使其吃后感觉困觉上床睡觉。之后,其妻伪装在煤气灶上炖煮肉汤,打开煤气开关后离家,致其在睡眠中吸入大量煤气而死亡。

一氧化碳中毒致死者的尸体征象特征性强,根据血液中 COHb 饱和度检测结果,结合案发现场煤气源情况,死亡原因比较容易认定。但是,由于一氧化碳无色无味,容易被犯罪分子利用并结合其他手段作案。因此,对于疑似一氧化碳中毒的案件,除进行血液中 COHb 饱和度检测外,还需进行全面系统的解剖及毒物筛查分析,及时发现如上述案件中出现的各种异常信息,避免错案发生。

第二节 硫化氢

一、概述

硫化氢(hydrogen sulfide, H_2S)是一种无色、具有臭鸡蛋味的刺激性气体,分子量为34.08,比空气重,溶于水和醇,其水溶液为弱酸性,以非离子型和离子型两种形式存在。硫化氢在工业生产场地及生活环境中广泛存在。含硫的化工生产均可产生硫化氢,如石油开采与炼制、采矿、冶金、酿造工业、工业废弃物处理等,通风不良会加剧硫化氢的大量积聚。硫化氢毒性很大,相关中毒事件位于职业性中毒事件前列。职业性硫化氢中毒多由于生产设备损坏、输送管道和阀门漏气、违反规程操作等原因而引起硫化氢溢出;或由于含硫化氢的废气、废液排放不当及在疏通下水道过程中等意外接触所致。

硫化氢是细胞色素氧化酶的抑制剂,在体内可与细胞色素氧化酶中的 Fe^{3+} 结合,抑制细胞中电子传递和氧的利用,引起细胞内窒息。H_2S 中毒症状与人体吸入浓度和接触时间密切相关,以中枢神经系统、眼、呼吸系统损害为主。空气中低浓度的 H_2S 可引起呼吸道及眼黏膜的局部刺激作用。浓度升高则全身性作用增强,主要表现为中枢神经系统症状和窒息症状。当浓度达 1 000~2 000 ppm 时可发生"电击样"中毒,可直接刺激颈动脉窦和主动脉区的化学感受器,致反射性呼吸抑制,在数秒钟内突然昏迷、呼吸骤停,继而心脏骤停,发生闪电型死亡。临床症状具体包括: ① 刺激反应: 眼及上呼吸道黏膜出现轻度刺激症状,短时间内可以恢复。② 轻度中毒: 出现头痛、头昏、乏力、恶心、眼痛、畏光、眼结膜充血、咽干、咳嗽等症状,肺部可有干性啰音。③ 中度中毒: 出现胸闷、心悸等症状,视力模糊、眼结膜水肿及角膜糜烂,肺部有干、湿性啰音,呈现化学性支气管炎和肺炎征象,神志出现轻度意识障碍。④ 重度中毒: 神志昏迷,出现肺水肿和脑水肿,呼吸循环衰竭,少数患者有心律不齐、心肌酶谱和心电图异常等心肌损害征象,并有出现心肌梗死的报道。吸入很高浓度的 H_2S,患者可呈"电击样"中毒,呼吸、心搏骤停。⑤ 慢性症状: 长期接触 H_2S,可引起眼及呼吸道慢性炎症,严重者可致角膜糜烂或引发点状角膜炎,甚至导致视力障碍。全身影响可出现神经衰弱综合征及自主神经功能紊乱。

硫化氢中毒死者尸检所见: 因 H_2S 与血红蛋白结合成硫化血红蛋白,故尸斑呈紫绿色或暗绿色,颜面、腹部、胸部皮肤也呈暗绿色,颜色酷似腐败尸绿,应注意区别。眼结膜充血,喉头黏膜充血、水肿、点片状出血,肺泡内有大量渗出物和炎细胞渗出,也可出现间质性肺炎或出血性肺炎,脑水肿。电击式死亡者尸检所见为窒息死亡征象。

二、体内过程

硫化氢主要经呼吸道吸收,吸收速度很快。硫化氢在体内大部分经氧化代谢形成硫代硫酸盐和硫酸盐而解毒，少部分可经甲基化代谢而形成毒性较低的甲硫醇和甲硫醚，但高浓度甲硫醇对中枢神经系统有麻醉作用。体内硫化氢经代谢转化后，大部分以硫酸盐或硫酸乙酯的形式在 24 h 内经尿排出，部分经粪便排出，少部分以原形经肺呼出，在体内无蓄积。血中存在的很少量的硫化血红蛋白是由内源性的硫化物代谢而来，而非急性硫化氢中毒造成的结果。在法医学鉴定和临床诊断中，血液、尿液等生物检材中硫离子浓度及其主要代谢产物硫代硫酸盐的浓度常被作为硫化氢中毒的判定依据。

硫化氢经呼吸道吸入后，主要分布在血液及脑、肝、肺、肾等组织中。表 5－1、表 5－2 中为 17 例硫化氢中毒致死者体液中硫离子和硫代硫酸盐含量[8]。

表 5－1　17 例硫化氢中毒致死者体液中硫离子含量　单位：μg/mL(μmol/mL)

编号	血液	尿液	脑脊液	胸腔积液
1	0.22(0.007)	–a)	–	–
2	4.07(0.127)	0.28(0.009)	0.10(0.003)	–
3	0.76(0.024)	0.01(0.000)	0.02(0.001)	–
4	5.63(0.176)	0.05(0.002)	–	–
5	0.20(0.006)	0.51(0.016)	–	–
6	30.90(0.966)	0.16(0.005)	0.44(0.014)	–
7	2.35(0.074)	1.28(0.040)	1.59(0.050)	–
8	1.33(0.042)	–	0.84(0.026)	–
9	0.17(0.005)	–	0.14(0.004)	–
10	3.24(0.101)	–	0.16(0.005)	–
11	–	–	–	2.00(0.063)
12	–	–	–	8.59(0.269)
13	10.20(0.319)	0.17(0.005)	–	–
14	31.84(0.995)	0.04(0.001)	–	–
15	0.44(0.014)	0.12(0.004)	0.31(0.010)	–
16	0.37(0.012)	–	0.05(0.002)	–
17	0.11(0.003)	0.02(0.001)	0.02(0.001)	–

a)“–”表示未检测。

表 5－2　17 例硫化氢中毒致死者体液中硫代硫酸根离子含量　单位：μmol/mL

编号	血液	尿液	脑脊液	胸腔积液
1	–a)	–	–	–
2	0.094	0.016	0.055	–
3	0.014	NDb)	0.004	–
4	0.103	0.004	–	–

续 表

编号	血液	尿液	脑脊液	胸腔积液
5	0.027	2.669	-	-
6	0.648	0.056	0.314	-
7	0.360	ND	0.270	-
8	ND	-	0.010	-
9	0.020	-	0.015	-
10	0.100	-	0.110	-
11	-	-	-	0.140
12	-	-	-	0.019
13	0.040	0.065	-	-
14	0.349	ND	-	-
15	0.018	0.363	0.013	-
16	0.014	-	0.012	-
17	0.035	0.042	0.023	-

a) “-”表示未检测;b) “ND”表示未检出。

三、分析方法

生物检材中硫离子测定可采用化学显色法、气相色谱法、气相色谱-质谱联用法、液相色谱法、离子色谱法等。分析方法按照原理可分为两大类,一类为在酸性条件下测定非离子型的 H_2S,另一类为碱性条件下分析离子型的硫离子。由于硫代硫酸盐是 H_2S 气体在体内的主要代谢产物,且在健康者血液和尿液中含量很低,所以硫代硫酸盐浓度的检测结果可作为硫化氢中毒的参考依据。此外,由于硫化氢在体内可很快代谢为硫代硫酸盐和硫酸盐,轻、中度中毒者血液和尿液中的硫离子浓度很低难以检测,故尿液中硫代硫酸盐的检测成为临床 H_2S 中毒的相关诊断依据。生物检材中硫代硫酸盐的检测可衍生化后采用 GC-MS 检测。

检材处理依据分析方法的不同而异。以下主要介绍用于 GC-MS 分析体液中硫离子和硫代硫酸根离子的五氟苄基溴(pentafluorobenzyl bromide, PFBBr)衍生化[9]或酸化等方法的检材处理方法。

1. 硫离子衍生化法[9]

(1) 样品前处理　取血液 0.2 mL,置于已加入 0.8 mL 的十四烷基二甲基苄基氯化铵(tetradecyl dimethyl benzyl ammonium chloride, TDMBA)试剂、0.5 mL 的 PFBBr 二甲苯溶液和 2.0 mL 内标的 10 mL 玻璃试管中,涡旋 1 min,再加入 0.1 g 的磷酸二氢钾,涡旋 10 s,接着离心 10 min,取上清液于进样瓶中,取 0.2 μL 进样 GC-MS。

该法所用水为当天将氮气通入去离子水中 15 min 以上制备得的无氧水。配制溶液有:饱和 $Na_2B_4O_7$ 水溶液、硫离子储备液(40 μg/mL)、TDMBA(5 μmol/mL)、PFBBr 二甲苯溶液(20 μmol/mL)、1,3,5-三溴苯(TBB,内标)乙酸乙酯溶液(0.1 μmol/L)。空白血液取自于近期未服用任何药品的健康志愿者。

（2）色谱条件　色谱柱：HP－5MS 柱（30 m×0.25 mm，0.25 μm）；升温程序：初温 100℃，保持 1.5 min 后以 40℃/min 升温至 280℃，保持 5 min；载气：高纯氦气；恒流：1.0 mL/min；汽化室温度：280℃；进样量：0.2 μL；分流比：20∶1。

（3）质谱条件　离子源：EI，70 eV；离子源温度：230℃；四极杆温度：150℃；接口温度：280℃。硫离子衍生化后的双五氟苄基硫醚［bis（pentafluorobenzyl）sulfide，$C_6F_5CH_2SCH_2C_6F_5$］的特征碎片离子为 m/z＝161、181、394，保留时间为 5.4 min；内标 TBB 特征碎片离子为 m/z＝235、314，保留时间为 4.8 min。定量时采用选择离子监测模式（SIM），硫离子和内标的定量碎片离子分别为 m/z＝394、314。

2. 硫代硫酸根离子衍生化法

（1）样品前处理　取血液 0.2 mL，置于已加入 0.5 mL 的 PFBBr 丙酮溶液、0.05 mL 的 L－抗坏血酸溶液和 0.05 mL 的 5%NaCl 溶液的 10 mL 玻璃试管中，涡旋 1 min，再加入 2 mL 碘溶液、0.5 mL 内标，涡旋 30 s，静置 1 h，离心 15 min 后，取上清液 1 μL 进样。

该法所用水为当天将氮气通入去离子水中 15 min 以上制备得无氧水。配制溶液有：PFBBr 的丙酮溶液（20 μmol/mL）、L－抗坏血酸溶液（200 mmoL/mL）、NaCl 溶液（5%）、碘溶液（25 mmoL/mL）、TBB（内标）乙酸乙酯溶液（0.1 μmol/L）。空白血液取自于近期未服用任何药品的健康志愿者。

（2）色谱条件　色谱柱：DB－5MS 柱（30 m×0.25 mm，0.25 μm）；升温程序：初温 100℃，保持 1.5 min 后以 40℃/min 升温至 280℃，保持 1 min；载气：高纯氦气，恒流：1.0 mL/min；汽化室温度：220℃；进样量：1 μL；分流比：10∶1。

（3）质谱条件　离子源：EI，70 eV；离子源温度：230℃，四极杆温度：150℃，接口温度：280℃。硫代硫酸根离子衍生化后的双五氟苄基双硫醚［bis（pentafluorobenzyl）disulfide，$C_6F_5CH_2SSCH_2C_6F_5$］的特征碎片离子为 m/z＝181、213、426，保留时间为 6.0 min；内标 TBB 特征碎片离子分别为 m/z＝235、314，保留时间为 4.8 min。定量时采用选择离子监测模式（SIM），硫代硫酸根离子和内标的定量碎片离子分别为 m/z＝426、314。

3. 酸化后顶空 GC－MS 分析方法

（1）样品前处理　取血液样品 0.5 mL 置于 10 mL 顶空进样瓶中，加入 0.5 mL 蒸馏水，再加入 200 μL 磷酸，立即加盖密封，混匀。将顶空进样瓶置于 45℃恒温水浴锅内。

（2）顶空条件　将顶空进样瓶置于 45℃恒温水浴锅或者自动加热箱内，加热 10 min 后，吸取加热后瓶内液面上气体 0.4 mL。

（3）色谱条件　色谱柱：GS－GASPRO 柱（30 m×0.32 mm）；升温程序：初温 40℃，保持 1 min，以 30℃/min 升温至 180℃，保持 2 min。载气：氦气，流速：2 mL/min；进样口温度：150℃。

（4）质谱条件　离子源：EI，70 eV；离子源温度：230℃；传输线温度：230℃；采集方式：选择离子监测（SIM）扫描，H_2S 四极杆温度的特征碎片离子分别为 m/z＝32、33、34、35、36，保留时间为 2.96 min。

四、鉴定要点

1. 法医学鉴定要点

硫化氢急性中毒的征象一般包括发生突然昏倒和呼吸抑制，事发现场及受害人身上有难闻的臭鸡蛋气味，尸斑呈暗绿色，尸体解剖见肺水肿及内脏颜色变污绿色等。上述征象不一定在每个案例中均出现，需结合体液中硫化物及硫代硫酸盐的检测结果综合判定。事发现场空气中 H_2S 浓度的测定结果可以作为判断参考依据。

硫化氢急性中毒发生快，体内含量低，检验 H_2S 必须提取新鲜检材。按照《法医学中毒尸体检验规范》(GA/T 167－2019)中挥发性毒物的检材提取的建议方法提取检材，以肺组织为首选，其次可取心血、脑脊液及其他组织。若硫化氢入体时间较长，则尿液也可作为检材。硫化氢易从组织中释出，且组织腐败可产生一定量的硫化氢，故生物检材要密闭冷藏并及时送检，且检测时应同步进行空白对照实验。在事故现场，空气中的硫化氢可用多孔玻板吸收管或采气袋采集。

2. 硫化氢鉴定方法

硫化铅试验、硝酸银试验等化学显色反应操作简单，以前广泛用于生物检材中硫化氢的初步定性检验，及结合目视比色法或分光光度法用于生物检材中硫化氢的半定量检测，目前大多已被 GC－MS 法取代。由于存在内源性 H_2S，血液中硫离子需要定量结果。

GC－MS 法检测硫离子的原理为硫离子在碱性基质中发生烷基化反应，生成双五氟苄基硫醚转移至有机相后经 GC－MS 检测。烷基化试剂 PFBBr 配制于二甲苯溶液，TDMBA 为相转移催化剂，配制于碱性四硼酸钠溶液。烷基化反应和萃取过程同时进行，生成的硫衍生物转移于二甲苯和乙酸乙酯的有机相中，离心后直接用 GC－MS 分析，简便、快速。

由于血液中蛋白质分解即有硫化氢产生，故烷基化反应中每一步骤的时间必须严格控制[10]。① 水溶液中溶解的氧可分解硫化氢，因此配制试剂所用的蒸馏水应先通氮气脱氧，制备无氧水。也可将蒸馏水煮沸 10 min，冷却至室温后使用。② 血液中的含硫化合物如半胱氨酸、谷胱甘肽等在碱性条件下可分解生成硫离子，因此样品处理过程的顺序上，应先在试管中加入 TDMBA、PFBBr 衍生化试剂和内标溶液，后再加入血液，混旋仅 1 min 进行衍生化反应。③ 为抑制血液基质中硫离子的生成，在衍生化反应 1 min 后即加入磷酸二氢钾，使溶液呈酸性以淬灭反应。这样离心后的有机相在室温下稳定，可进行 GC－MS 分析。

酸化后顶空 GC－MS 法操作简便快速，但对操作人员的技术要求较高，由于血液中硫化物遇酸释放迅速，加入磷酸后应迅速压盖封瓶，并且需要控制水浴加热时间。中毒现场提取的毒源液体，可无需加酸，直接取上层气体进行 GC－MS 法分析。加酸或不加酸处理，其检出硫化氢在检测结果的报告中表述不同。

3. 硫化氢中毒的结果评价

由于存在内源性硫离子，以及检材腐败和死后生成等问题，硫化氢中毒的结果评价是法医毒物学鉴定的难点问题。内源性硫离子浓度含量很低，文献报道正常人血液中硫离子质量浓度一般低于 0.05 μg/mL[7]。检材冷藏或冷冻保存可抑制硫化氢的死后生成。吸入高浓度硫化氢气体后急性死亡者血液中硫离子浓度升高程度差异很大，据文献报道为 0.11～31.84 μg/mL 水平。不同入体途径中毒者硫离子浓度水平不同。口服中毒如服用含硫的清洁用品等中毒者，血液中硫离子浓度可高于呼吸道中毒者 20 倍以上，在 30～131 μg/mL。尽管影响因素很多，血液中硫离子浓度仍是推断硫化氢中毒的主要指标。同时，现场勘验、事发现场环境气体监测等是非常重要的参考依据。

硫代硫酸根离子为硫化氢的体内代谢物，在中毒判定上有一定的价值。正常人群血液和尿液中虽含有硫代硫酸根离子，但浓度较低。在中毒死亡案例中，血液中硫代硫酸根离子可进一步验证血液中硫离子测定结果。对于抢救中毒病人，吸入硫化氢 4～15 h 后血液中已无法检出硫离子和硫代硫酸根离子，因而尿液中硫代硫酸根离子是唯一指标。此外，体液中硫化物及硫代硫酸盐浓度与中毒者所处场所空气中硫化氢的浓度及进入该环境到死亡之间时间的长短有关。

五、案例评析

案例一

2016年4月某日，某生物科技公司生产车间内因硫化氢泄漏致3人死亡。据幸存者描述，陈某某、候某某发现候某倒地，上前查看，呼喊并拉候某，随后两人也倒在地上。救护车到后经检查宣布三人均死亡。

【毒物分析及评析】 三名死者尸体解剖后提取心血，毒物分析结果见表5-3。

该案例为明确的硫化氢泄漏事故，因废液排放的管道渗漏，生成的硫化氢被风倒灌入封闭的车间，导致3人死亡。候某血液中硫离子、硫代硫酸根离子浓度明显高于另两名死者，这与事故发生经过相一致。候某当时在此车间内打扫卫生，经历空气中硫化氢浓度从无到慢慢升高的过程，中毒时程较长，进入体内的硫化氢总量较高，并且有一定时间的代谢。而另两名施救的死者在之后进入高浓度硫化氢环境中，急性中毒快速死亡。

表5-3 中毒者血液中硫离子、硫代硫酸根离子测定结果

死者	硫离子/[μg/mL(μmol/mL)]	硫代硫酸根离子/(μmol/mL)
候某某	1.02(0.03)	0.24
陈某某	1.31(0.04)	0.24
候　某	3.13(0.10)	0.31

案例二

2019年8月某日，曹先生妻子返家进入楼道内闻到明显的臭味。进门后发现儿子曹某某、儿媳江某某都倒在卫生间的地上，已无呼吸。即送医院，两人经抢救无效死亡。

【毒物分析及评析】 两名死者尸体解剖后提取心血，毒物分析结果：曹某某、江某某的血液中硫离子浓度分别为2.3 μg/mL和0.4 μg/mL；均未检出其他常见毒药物成分。

本例为8·11上海硫化氢中毒事件，事发后，消防、公安、燃气公司等都曾在事发现场勘验，监测有毒气体。本案例除了检测硫化氢，同样需要排除常规毒物。经法医鉴定，两名死者均符合硫化氢中毒特征。两名死者的血液中硫离子浓度差异与个体因素、案发时空气中硫化氢浓度、中毒死亡时间等相关。

案例三

某男，18岁。某日下午6点30分家人回家后发现其仰面躺在地面，口鼻外溢粉红色泡沫，呈深昏迷状态，急送医院，抢救治疗4 h后死亡[13]。事发现场为二楼两室一厅，进入室内可闻到臭鸡蛋味，尤其在室内墙角及衣柜内气味更浓(室窗已开一夜)。卫生间上方有一排气道，上下均通。

【毒物分析及评析】 心血中检出硫化氢。

经调查,案发场所的一楼便池内一次性倒入了大量的盐酸,导致下水道内有机物和无机物的迅速分解,释放出大量游离硫离子,而游离硫离子化学性质很不稳定,加上盐酸与水混合后产生高热,致使游离硫离子迅速与氢结合,形成高浓度硫化氢气体而自下水道返回厕所,并从通气道上升至楼上房间内致使其中毒后死亡。

第三节 液化石油气

一、概述

液化石油气(liquefied petroleum gas, LPG)是指经高压或低温液化的石油气,又简称"液化气",其组成是丙烷、正丁烷、异丁烷及少量的乙烯、丙烯、乙烷、丁烯等,贮存于耐高压的钢罐中。正常情况下液化石油气是无味的,罐装产品都进行了人工加臭处理,加臭物质多采用硫醇或硫醚类化合物。液化石油气处于液态时相对密度为0.5(比水要轻),而处于气态时相对密度为1.5~2(比空气要重),微溶于水,极易发生汽化膨胀,汽化后的体积可膨胀250~300倍,并且易燃,闪点在60℃,引燃温度范围在426~537℃,爆炸极限(体积分数)在1.5%~9.5%以内,点火能量相对较小。液化石油气泄漏后容易在低洼沟槽处聚集或者在沿地表扩散,当遇到明火或电火花就会引起火灾和爆炸事故。

液化石油气广泛应用于企业生产和居家生活,由于液化石油气具有窒息性、易燃易爆性,各种燃气爆炸事故时有发生,也有因使用不当而发生的居室内、火锅店等由液化石油燃气引起的聚集性一氧化碳中毒事件。此外,利用液化石油气引发的自杀、蓄意谋杀等案例也偶有发生。国外年轻人常以吸入方式滥用液化石油气,可引起大脑缺氧而得到欣快感,达到麻醉作用,操作不当则容易引起意外死亡。

液化石油气中毒方式分为两类,一是直接吸入该气体引起中毒,二是燃烧该气体不完全引起中毒。前者中毒主要危险因素是烷烃类,低分子量烷烃类的主要毒性作用是中枢神经系统的麻醉作用和缺氧窒息作用,并随浓度的增加而增加。当空气中烷类体积分数为10%时吸入2 min可引起头痛,25%~30%吸入2 min可出现头晕、抽搐,进一步窒息死亡。后者中毒的主要成分是CO。两种中毒方式相较,前者中毒的程度更重,脑病的发生率更高,大部分患者均在意识障碍恢复后立即出现了持续的神经精神症状。其毒性与物质的数量、浓度和吸入时间有关。

二、体内过程

液化石油气经呼吸道进入体内,不与生物体发生任何反应,对生物基质没有亲和力,绝大部分以所含主要成分的原体形式经肺呼出体外;另一小部分在肝微粒体中代谢为仲醇和叔醇,然后进一步氧化为酮。例如,丁烷、丙烷代谢生成丙酮、异丙醇等,经过一系列代谢,体内可见痕量的2-丁醇、2-丁酮、2,3-丁二醇和2,3-丁二酮等。

丙烷及丁烷具有亲脂性,吸入液化石油气中毒者的血液、脑、肝、脂肪组织中丙烷及丁烷浓度较高。表5-4[14]和表5-5[15]各为一例吸入液化石油气中毒致死者体液及组织毒化检测结果。在这两个案例中,各种烃类氢化合物在各种检材中的气体成分比例各不相同,表5-4案例中异丁烷所占比例高,表5-5案例中丙烷所占比例高,这与所吸入的LPG成分比例相关。两案例中各种烃类化合物在脑、肝、脂肪组织中的含量都明显高于其他检材。

表 5-4 一例吸入 LPG 中毒致死者体液及组织中丙烷、正丁烷和异丁烷的含量

	丙烷		异丁烷		正丁烷	
	平均值/(μg/g)	SD/(μg/g)	平均值/(μg/g)	SD/(μg/g)	平均值/(μg/g)	SD/(μg/g)
血液	0.07	0.01	0.85	0.11	0.15	0.02
脑	0.15	<0.02	6.7	0.4	0.44	0.03
肺	-	-	0.19	0.03	0.03	<0.005
肝	0.16	0.02	6.84	0.22	0.48	0.01
脂肪组织	1.1	0.11	22.27	1.4	1.76	0.07
液化气比例	8%w		88%w		4%w	

“-”表示未检测。

表 5-5 一例 LPG 中毒致死者体液或组织中丙烯、丙烷、异丁烷和正丁烷的浓度

	丙烯/(μg/mL)	丙烷/(μg/g)	异丁烷/(μg/g)	正丁烷/(μg/g)
血液	0.11	10.19	-a)	-
尿液	-	0.19	-	-
胃内容物	0.06	6.73	0.10	-
脑	0.30	43.54	0.42	0.11
心	0.15	28.39	0.32	0.08
肺	0.04	4.15	NDb)	-
肝	0.76	70.63	0.54	0.19
肾	0.05	5.85	-	-
脂肪	0.56	68.25	0.60	0.14

a)“-”表示未检测;b)“ND”表示未检出。

三、分析方法

用于分析的生物检材主要包括足够量的肺组织、心脏血液、脑组织、脂肪组织等。由于液化石油气可很快从生物基质中扩散、逸出,难以俘获,故对涉液化石油气中毒的尸体解剖方案、检材选择与提取、毒物分析鉴定等要求较高。建议对于怀疑挥发性物质滥用急性死亡案件,应采用特殊的可存放挥发性物质的密闭容器来存放肺组织和血液样品。该容器可以是真空容器,无需打开容器盖子直接可以用顶空针头穿刺取样,也可以采用顶空小瓶,在尸检时,将肺组织、心脏血液等检材迅速转移至 10 mL 或 20 mL 的顶空小瓶,用密封钳加封铝帽。检材收集后应尽快检测,以防止气体泄漏或释放。

液化石油气中主要成分丙烷、丁烷的分析可采用顶空气相色谱法,检测器可采用 FID 或 MS,分析前将盛有检材的容器加热,无需进一步的样品前处理,直接取液上气体分析。

1. 顶空气相色谱法[15]

(1) 样品前处理　取 1 mL 或 1 g 样品与 2 mL 水混合置于 10 mL 顶空瓶中,迅速用聚

四氟乙烯橡胶垫密封瓶口。

（2）顶空条件　顶空瓶置于55℃水浴中加热30 min。吸取1 mL液上气体进样。

（3）GC－FID条件　色谱柱：GS－Q柱（30 m×0.53 mm）；升温程序：初温125℃，以5℃/min升温至150℃；载气：氦气；流速：5.8 mL/min；进样口温度：150℃；检测器温度：200℃。

2. 顶空气相色谱-质谱法[17]

（1）样品前处理　用针筒抽取血液密闭保存。检测时直接将血液约0.5 mL注入5倍体积大小的、洁净密封的顶空瓶中，样品的实际体积可通过重量法测定血样的比重进行计算获得。注入2.5 μL 1,1,2－三氯三氟代乙烷（1,1,2－trichlorotrifluoroethane）的甲基叔丁基醚溶液（158.6 mg/L）作为内标。

（2）顶空条件　顶空样品瓶60℃加热20 min，顶空进样系统载气加压平衡1 min，1 mL顶空进样环抽取0.5 mL液上气体进样，载气流速5 mL/min。

（3）GC－MS条件　色谱柱：WCOT fused-silica CP－Select 624毛细管柱（41 m×0.25 mm，2.1 μm）；柱温：35℃；载气：氦气；流速：1.0 mL/min；进样口：200℃；MS传输线温度：100℃；质量数采集范围：15～300 amu。质谱特征离子：丙烷 *m/z* 29，异丁烷和正丁烷均为 *m/z* 43。

四、鉴定要点

1）液化石油气的主要成分丙烷、异丁烷和正丁烷等烃类化合物，均为脂溶性物质，经肺吸收入血后主要分布于富含脂肪的组织器官中，包括脑、肝、心和脂肪组织等。动物实验表明，肺组织中液化石油气主要成分的浓度不断下降，而脂肪组织中则一直可以检出直至腐败。呼吸道急性中毒死亡情况，食管内气体、气管内气体、肺支气管内气体、胃内气体和心脏腔内气体等液化石油气主要成分的含量往往较高，具有法医学鉴定意义。

2）由于液化石油气可很快从生物基质中扩散、逸出，难以俘获，故对涉液化石油气中毒的尸体解剖方案、检材选择与提取、毒物分析鉴定等要求较高。曾有报道明确丁烷急性窒息死亡的案例，由于所采集的肺组织和血液检材盛放于未密封的螺旋盖试管中，尽管检材采集时间间隔仅24 h内且冷藏保存，但仍未能从生物检材中检出丁烷[16]。因此建议对于怀疑挥发性物质滥用急性死亡案件，应采用特殊的可存放挥发性物质的密闭容器来存放肺组织和血液样品。

3）由于吸入丙烷、正丁烷和异丁烷可导致机体缺氧，并对中枢神经系统有麻醉作用，因而在一些发达国家常被年轻人滥用，他们通过吸入液化石油气寻求快感。多数液化石油气意外中毒事件都是因滥用过量或操作失误造成。案发现场往往可见液化石油气罐。对死者体液及组织进行毒物分析，除液化石油气主要成分外，有时还可检出毒品如四氢大麻酚等滥用物质。结合现场情况、尸体剖验和毒物分析结果可以给出鉴定结论[12]。

五、案例评析

案例一

一名19岁独居男子被发现死于室中，死者手持一接有LPG的软管并将出口压在右脸颊处。现场LPG罐上的产品标识为97.8%丙烷，1.5%异丁烷，0.1%正丁烷，0.2%丙烯，0.4%其他气体[15]。

【尸体解剖】　死者身高168 cm，体重50.9 kg，解剖时尸僵已缓解。心脏重247 g，无纤维化或心肌梗死表现。左肺和右肺重 392 g 和 349 g,充血明显。脑重 1 440 g,无解剖学异常。肝脏重 1 070 g,有轻度脂肪变性。其他器官除充血外无其他异常。

【毒物分析及评析】 采用顶空气相色谱法进行血液、尿液、脑、心、肺、肝、肾和脂肪组织中丙烯、丙烷、异丁烷和正丁烷的定量分析。结果(详见表 5-5)表明,丙烷在各体内检材中含量最高,在各组织中的含量高低顺序依次为肝、脂肪、脑、心。此外,在各种体内检材中还检出痕量的丙烯、异丁烷和正丁烷。尿液和血液中未检出乙醇及苯环己哌啶、苯二氮卓、可卡因、苯丙胺类、四氢大麻酚、阿片类、巴比妥类、三环类抗抑郁药等滥用药物。

由于丙烯、丙烷、异丁烷和正丁烷都是脂溶性物质,经肺吸收入血后,以较高浓度分布于富含脂肪的组织器官中,如脑、脂肪组织,以及肝、心和肾。这些烃类化合物主要引起心律失常、组织缺氧、呼吸抑制,但滥用而导致死亡的机理还不是很明确。

案例二

浙江省某村报称沈家发生煤气中毒,沈某被送至医院时已死亡,其夫姚某经治疗后脱险[18]。

【尸体解剖】 尸体尸斑呈鲜红色,两眼睑及结膜有少量散在点状出血,球结膜苍白,上唇微紫。口腔内可闻及类似臭鸡蛋味,系液化石油气气味,指甲轻度青紫。左颞肌有 3 cm×2 cm 出血,颅骨无骨折,脑表面血管扩张、充血、水肿,颈部及胸部、腹部肌肉均鲜红,肺肾体积增大,心、肺表面有散在出血点,心血呈鲜红色流动状,心腔内无凝血块,肝、肾等脏器较红,胃黏膜充血。病理组织学镜下检验未发现致死性病理改变。

【毒物分析及评析】 心血中检出甲烷、丁烷等成分。

由尸检时从口腔闻及很浓的液化石油气气味,结合现场勘查时发现卧室床边地毯上也有很浓的液化石油气气味及大量残迹。根据睡觉卧室地毯及地面上不可能有液化石油气味及新鲜的湿的残迹,分析意外中毒的可能性极小,确认本案系他杀。破案后姚某交代了犯罪事实:姚某因外遇图谋害妻,特意将家里 3 瓶液化气灌满,当晚 12 时许,下楼将厨房间液化石油气阀门打开。同时割破橡皮管,凌晨其妻下楼到房间烧饭,昏倒在地。后姚某见其妻未死又将沈某背楼上卧室床边,用另一瓶备用液化石油气,打开阀门,直接对其妻嘴中吹(口腔、床边地毯液化石油气味、残迹,系此时留下),致其死亡,姚某自已最后也因卧室房间内液化石油气浓度过高、缺氧致恶心、呕吐,经对症治疗后脱险。沈某的死亡原因系吸入液化石油气导致窒息死亡。

第四节 氦气等惰性气体

一、概述

氦气(helium, He)是一种无色、无臭、不可燃的单原子惰性气体。氦气极轻,是所有化学元素中熔点和沸点最低的,也是在水中溶解度最小的气体。氩气(argon, Ar)的密度是空气的 1.4 倍,是氦气的 10 倍。惰性气体原子在一般条件下不容易得到或失去电子而形成化学键,外层电子已达饱和,活性极小,在常温下与其他物质均不起化学反应。近年来,受到媒体、网络等信息传播影响,许多国家都报道了越来越多的用装有惰性气体(特别是氦气)的塑料袋自杀窒息的案例及相关统计数据[19-20]。

氦气等惰性气体本身无毒,但进入体内后会影响机体氧气的供给,易导致机体缺氧窒息。大量、高压氦气流入体内后加速了残留在气道中的氧气和二氧化碳的排出,进入呼吸道后,严重阻断肺泡毛细血管对氧的摄入和对二氧化碳的排出,缺氧的血液通过体循环到达各组织器官,包括大脑,氧浓度迅速降低到维持意识所需的水平以下。轻者表现为头痛、头昏、心悸、恶心、乏力等症状。较重者出现明显头痛、头晕,兴奋、烦躁、胸闷、呼吸困难、面色紫绀或意识障碍。重度中毒者可表现为昏迷或抽搐,甚至猝死。据已有的案例报道,采用氦气自杀者从吸入到失去意识的时间大约为 36~55 s,其中 3 例在 5~10 min 后死亡,第 4 例在 40 min 后死亡[21]。死亡时间与面罩设备的密封性及氧气浓度有关。与氦气吸入有关的其他并发症包括在过高压力下吸入氦气导致栓塞。

氦气等惰性气体自杀或意外中毒案件现场可发现死者头部缠绕塑料袋、气罐、气瓶、管线、遗书等线索。氦气等惰性气体中毒的临床表现主要是组织器官缺氧症状,并且首要表现为中枢神经系统缺氧的症状,尸检可见肺水肿、脑水肿、器官充血或结膜下斑点状出血。由于此类窒息死亡没有明显、特异的病理学特征,因此尸表检查和尸体所处现场线索对于案件定性、致死原因调查极为重要。

二、体内过程

氦气等惰性气体死亡案件中多为吸入方式进入体内并快速死亡,组织间气体交换的时间极短,在体内无生物转化,各组织内的气体浓度与气体暴露条件直接相关。该类案件最有价值的检材是与气道有关的肺组织,其次为心血和脑组织。另外,大量气体的高压、快速吸入,促使直接暴露的腔体内充满气体,食管、气管内气体,肺支气管内气体,胃内气体和心脏腔内气体等均非常有价值。而其他如尿液、肝脏、肾脏等生物检材中难以检出惰性气体。

三、分析方法

在氦气等惰性气体急性中毒死亡案件中,若生物检材采集不当,则无法实现有效检测并存在漏检风险。随着气体中毒实际案例的不断出现和经验积累,目前已有较为明确的检材采集保存策略和方法。

用于气体分析的生物检材主要包括足够量的肺组织、心血和脑组织。顶空瓶是此类案件保存生物检材的最佳容器,既可保存检材也可不经转移直接用于顶空气相或顶空 GC－MS 检测。每份生物检材样品不少于 10 g 或 15 mL,迅速转移至 20 mL 的顶空瓶,用密封钳加封铝帽,冷冻保存(−20℃)。取样、封存应小心、迅速,以防止气体泄漏或释放。

对于食管、气管内气体、肺支气管内气体、胃内气体和心腔内的气体采样,可采用一次性注射器,取样后立即推入气体采样袋或装满无菌水的顶空瓶(顶空瓶瓶盖垫片上插有针头,一个连有三通阀,用于推入气体;一个用于气体置换,排出顶空瓶中的水)。特殊情况或者不能进行尸检时,可以借助计算机断层扫描(post-mortem computed tomography, PMCT)技术采集尸体腔道内气体样品。利用 PMCT 虚拟解剖惰性气体中毒死者,可指导气管、胃和心脏气体样品取样,还可明显观察到气体栓塞。不过,对于肺组织气体,由于取样需要机械挤压肺叶,故必须在尸检时进行。商品化的、不同规格的气体采样袋均可用于采集现场气体及尸体腔道内气体。

实验室接收的顶空瓶样品应按照冷链进行管理,气态样品采用冷藏保存,生物检材则冷冻保存。分析前气态样品取出后放置室温 10 min,顶空瓶中的生物检材样品则于室温放置 30 min,然后根据 HS－GC－MS 方法要求,在 50~80℃下加热后顶空进样分析。如果顶空瓶密封垫片上附着有检材,则需先离心后再加热。

氦气等惰性气体中毒采用顶空气相色谱法检测。色谱柱通常使用 DB－ALC1 柱(30 m×0.32 mm)、DB－ALC2 柱(30 m×0.32 mm)、GS－GASPRO 柱(30 m×0.32 mm)、5－Å PLOT 柱(50 m×0.53 mm)和 PoraBOND Q 柱等,采用等温条件分析。检测器以热导检测器(TCD)或质谱法为主,TCD 缺乏特异性和灵敏度,HS－GC－MS 更适合于满足证据要求的确认分析。对于特殊气体如氦气中毒鉴定,由于氦气或氮气在气相色谱中常作为载气(流动相)使用,故在检测时需要改变载气,可使用氢气作为载气[22]。

质谱检测时,首选的采集模式为选择离子监测(SIM)。由于缺乏同位素内标,可以使用其他气体,如 CH_4、CO 或 N_2O 在气密针中与所分析样品混合后同时注入气相色谱。生物检材中氦气测定时常采用 N_2O 或 CH_4 为内标物。

HS－GC/MS 分析参考条件[24]:

色谱条件: Optima@ 1 MS 柱(30 m×0.25 mm, 0.25 μm);进样口温度: 100℃;接口温度: 200℃;柱温: 120℃;分流比: 3∶1;载气: 氮气;流速: 1.0 mL/min。

质谱条件: 离子源: EI,SIM 模式。特征碎片离子氦气 *m/z* 4,氩气 *m/z* 40,甲烷 *m/z* 16。

四、鉴定要点

对于氦气等惰性气体中毒案件,尸体处理、保存起着关键作用,处置不当可能导致气体样本无法代表死亡时暴露的程度,而低温储存可最大限度地减少残留气体从尸体中逸出。尸体存放等信息应予以记录,用以解释腔道中检出的氦气浓度及气体中毒的程度。

鉴于氦气等惰性气体的特殊性,在急性中毒死亡案件的气体分析结果为阴性时,并不能说明气体不存在,许多因素都可能影响分析结果,例如短暂而低浓度暴露但足以导致死亡,尸体保存状况,尸检延迟,不恰当的检材提取与保存,分析方法的适用性及灵敏度等。对于某些特殊案件,如他杀、协助自杀或者现场被破坏等,可能在死亡现场没有发现窒息性气体线索,按照常规尸体解剖时采集生物检材,则可能无法获得或丢失有价值的证据。

14 例氦气急性中毒死亡案件中,氦气在右肺和左肺的浓度不同,右肺中从未检出至 41 μmol/g(n=7),左肺为 1.2~14 μmol/g(n=5)。各肺叶组织间的浓度也不相同,从未检出至 28 μmol/g(n=10)[22]。不同死亡案例的肺叶中氦气浓度相差很大,显示肺叶中浓度变化与暴露条件(暴露时间、呼吸量和呼吸率、死者的体重指数、袋容量、袋封闭系统/泄漏等)以及采样条件直接相关。不同于肺叶组织间,食管、气管内气体和肺支气管内气体基本均匀。心血也是检测氦气等惰性气体的较好检材。外周血由于从气体暴露开始到死亡的时间短,进行气体交换的时间有限,故心血优于外周血。氦气在心血中的浓度为 0.02~0.03 μmol/g,比气管内气体中的浓度低得多。然而,如果尸体腐败或气管内气体取样无法实现,可用心血作为替代检材。脑组织血管密集,气体的吸入量较多。但 3 个氦气急性中毒死亡案例脑组织中,仅有 1 个脑组织中检出氦气,浓度仅处于痕量水平(0.1%)。因此,脑组织中的检出氦气可以作为中毒证据,但不应将脑组织视为优先检材。

五、案例评析

案例一

某 41 岁女性被发现躺于沙发上死亡。现场发现一个氦气气罐和一个塑料袋[22]。

【尸体解剖】 死后约一天进行尸检,尸检可见死者锁骨以上的头部和颈部充血。左眼结膜有瘀血点，双肺表面有瘀血点。

【毒物分析及评析】 氦气分析结果：肺部气体，0.05%；肺组织，0.4%；脑组织，0.1%；心血，0.04%。常见毒物分析结果：血液中检出西酞普兰成分，质量浓度为0.41 μg/mL，未检出其他常见毒药物成分。

血液中西酞普兰浓度在治疗范围内，而检材中氦气浓度远远超过了空气中正常存在的氦气浓度（0.000 5%）。结合死亡现场发现，认定死者为氦气导致的缺氧窒息死亡。

案例二

某26岁男性，死于其车里，其中一只手位于氦气气瓶阀门旁边。其头部套有由聚丙烯管连接的塑料袋，并用橡皮筋固定。据家人反映，死者生前情绪抑郁，近期搜索过有关安乐死的信息[24]。

【尸体解剖】 首先采集针对氦气等惰性气体样品，然后进行常规尸检操作。尸检可见结膜点状出血、发绀、内脏充血、脾肿大和脑水肿，未发现相关疾病或死前暴力的证据。

【毒物分析及评析】 血液中苯甲酰爱康宁浓度<10 ng/mL，尿液中苯甲酰爱康宁浓度为420 ng/mL，未检出乙醇和其他常见毒药物成分。氦气分析结果：血液1.1 nmol/g（近似检出限）；左肺和胃内气体中均检出。

通过现场勘验，查获氦气气瓶是此类案件取证和提供线索的关键。氦气为惰性气体，与生物组织没有特异性的亲和力，仅在吸入、经过的腔体内可能存在。其在体内痕量，肺组织、脑组织和心脏血液中相对较高。

第五节 一氧化二氮

一、概述

一氧化二氮（氧化亚氮，nitrous oxide，N_2O）为无色有甜味气体，在室温下稳定，有轻微麻醉作用，并能致人发笑，也被称为“笑气”。一氧化二氮具有比较广泛的用途，在医疗、食品加工、电子工业、汽车工业、航天军事等领域均有涉及。一氧化二氮作为一种吸入性镇痛麻醉剂相对安全，在临床上有悠久的应用史，常用于产科分娩镇痛、胃肠镜检查及牙科领域等。由于一氧化二氮是一种非常稳定的、化学惰性的、没有味道或气味的抑菌气体，因而在餐饮业用作奶油发泡剂，在石油工业用于跟踪泄漏等。然而，近十余年，欧美国家青少年开始流行以娱乐为目的的“笑气”滥用。在英国，一氧化二氮是仅次于大麻的第二大类娱乐性毒品[25]。近几年，在我国出现“笑气”滥用。

一氧化二氮如何诱导镇痛或者麻醉的确切机制尚未明晰，主要认为是通过非竞争性抑制NMDA受体来抑制兴奋性谷氨酸神经传递。长期的“笑气”滥用可引发神经系统损害，主要机制是影响维生素B_{12}代谢，其不可逆地结合维生素B_{12}中的钴原子，将钴Ⅰ（Co^{+}）氧化成钴Ⅲ（Co^{3+}）和钴Ⅱ（Co^{2+}），从而抑制维生素B_{12}的功能[26]。维生素B_{12}对髓鞘的合成和维持至关重要，其缺乏会导致神经系统的脱髓鞘改变，尤其容易累及脊髓和周围神经。此外，一氧化二氮会抑制黄嘌呤和单胺递质（多巴胺、去甲肾上腺素和血清素）的合成和释放，从而影响细胞因子平衡，引起脑缺氧和酸中毒。

“笑气”具有与毒品相似的致幻效果。在用气球吸入方式吸入一次后，会迅速（10 s 内）产生欣快、愉悦的感觉，并在几分钟内消失，作用时间短。若在酒吧、歌舞厅等娱乐场所吸入大量“笑气”，极易引起神经系统脱离自主控制状态失控，引发寻衅滋事、打架斗殴等过激行为；若驾车则会因幻觉造成危险驾驶，甚至引发严重危害社会公共安全的后果。近年来由吸食“笑气”导致的治安案件有上升趋势。“笑气”带来的愉悦感最多维持几分钟，如果超量摄入、处于空间封闭状态如汽车内，可因缺氧导致窒息死亡，多见将袋子套于头上以吸入滥用导致的意外或自杀死亡。

二、体内过程

一氧化二氮难溶于体液和组织，且作用快，逸出迅速，入体后经肺组织迅速扩散，半衰期约为 5 min，几乎不发生生物转化。

三、分析方法

怀疑“笑气”中毒时，应注意收集现场遗留的小罐装“笑气”弹、气罐、大钢瓶等体外检材。血液、肺组织、脑组织等检材的采集及前处理参照氦气等惰性气体采集及前处理。

一氧化二氮的检验方法有顶空气相色谱法、顶空气相色谱-质谱法等。由于 TCD 缺乏特异性，HS-GC-MS 更适合于法庭科学的确认分析。可采用硫化氢或二氯甲烷作为内标。

分析参考条件[27]如下：

色谱条件：Agilent PoraPLOT Q 柱（30 m×0.25 mm，8 μm）；升温程序：初温 50℃，保持 1 min；以 2℃/min 升温至 60℃，再以 40℃/min 升温至 220℃，保持 10 min；载气为高纯氦气；流速为 3.0 mL/min；进样口温度 200℃；传输线温度 200℃；分流比 15∶1。

质谱条件：离子源：EI，70 eV；离子源温度：230℃；四极杆温度：150℃；接口温度：200℃；扫描模式：SCAN；质量范围：10～450 amu。一氧化二氮的特征碎片离子 m/z 分别为 44、30、28。

四、鉴定要点

参照氦气等惰性气体制定现场尸体检验、检材提取等方案。

有价值检材：文献报道[27]两起疑似因过量吸食氧化亚氮气体死亡案件，一案例中除口腔气体中未检出一氧化二氮外，气管气体、右肺支气管气体、左肺支气管气体、胃内气体、肺血、心血、脾、肺、肾、脑、胆囊、胰、肝等组织中均检出一氧化二氮成分，肺组织一次顶空过程释放出的一氧化二氮的量大于其他组织检材；另一案例中气管内气体、口腔气体均未检出一氧化二氮，而在胃内气体、肺组织血液、肺组织和心血均检出一氧化二氮。

生物质燃烧及工业排放均可产生一氧化二氮，在开展相关鉴定时应根据当地实际环境情况，采集本地空气样本，排除背景干扰。

五、案例评析

案例一

在某公立医院新建的心血管重症监护室（ICU），由于错误地将气体系统中的 O_2 替换为

N_2O,在给氧过程中发生了一系列 N_2O 中毒,导致 8 名患者暴露在纯 N_2O 中而死亡。死亡的 8 例患者(4 男 4 女,平均年龄 77.75 岁,67~85 岁),5 人患有心血管疾病,2 人患有肺部疾病,1 人患有胃肠疾病。前 7 例被认为与患者心血管疾病恶化有关,因此尸体被埋葬。在最后一例不明原因的死亡后,进一步的调查揭示了真正的原因,随后,也对被埋病人的尸体进行了分析。所有患者暴露于 N_2O 的平均死亡时间为 58.25 min(25~125 min)[28]。

【样品采集】 在死者死后 19.12 天(6~31 天)进行尸检。尸检前和尸检期间采集气体和组织样本。从心血管 ICU 的空气和 O_2 管路中提取气体样品,包括直接从控制面板和每个床的管路中提取,注入样品袋中。同时,采用相同的程序从医院另一个病区收集通常使用气体(N_2O、O_2、N_2 和压缩空气)和环境空气的样品。尸检前,使用 50 mL 注射器从前 7 例死亡患者的胃中抽取气体样本;第 8 名患者没有被掩埋,气体被从气管中抽出。在尸检过程中,几乎所有患者都采集了血液、肝脏、胆汁、肾脏、脂肪和大脑样本;并从第八名死亡患者身上采集了尿样。所有组织样本立即称重,然后转移到带有密封插头的 10 mL 顶空瓶中。样品袋和注射器的气体样品也转移到顶空瓶中,顶空小瓶完全装满。

【毒物分析及评析】 从 O_2 管路中提取的所有样品均含有纯 N_2O 和少量 O_2,证实了 O_2 管路与 N_2O 气瓶的错误连接。

尽管死亡和尸检之间有时间间隔,但在所有生物样品中都发现了异常量的 N_2O。尸检时从死亡患者胃中采集的空气样品显示 N_2O 浓度为 5.28~83.63 g/m^3(分别为 0.30%和 4.55%)。第 8 例死亡患者气管 N_2O 浓度低于胃中 N_2O 浓度,为 1.188 g/m^3(0.06%)。从暴露患者和对照组获得的组织样本中,N_2O 测定也均呈阳性。N_2O 在血液和尿液中的浓度分别为 11.29~2 152.04 mg/L 和 95.11 mg/L。

从八位死亡患者尸体中提取的气体、体液及组织中均检出了 N_2O,且在血液和尿液中 N_2O 的浓度均较高,证实了患者暴露于高浓度的 N_2O 中。尿液中 N_2O 的浓度比作为 N_2O 暴露生物学指标的质量浓度 25 μg/L 高出约 4 000 倍,该值相当于美国政府工业及卫生学家协会(American Conference of Governmental Industrial Hygienists, ACGIH)提出的职业暴露环境阈值浓度 50 ppm(92 mg/m^3)。

案例二

一名 25 岁曾从事食品加工行业的工人,被发现死在家中。他躺在电视机前的地板上,电视机开着。毛衣往上拉,裤子和内衣往下拉,脸上戴上改良的防毒面具。防毒面具与橡胶管和塑料袋连接,一个装在一氧化二氮瓶上的鲜奶油泵连接到塑料袋里形成一个封闭系统。公寓里的一切都井井有条,也没有遗书。死者没有任何身体或精神疾病史,也没有滥用酒精或非法药物。死者的女友晚班结束后回家发现了异常。据她提供的信息,死者生前有滥用一氧化二氮行为,但这是第一次使用面具。面具可能是从他工作场所里拿来的[29]。

【尸体解剖】 尸检时,防毒面具覆盖的区域是苍白的,与发绀区域有明显的界限。除脏器充血外,无病理异常表现。

【毒物分析及评析】 广泛的显微分析、酒精分析以及合法和非法药物筛查均为阴性。

一氧化二氮是一种没有气味和味道的可燃气体,其临床的广泛应用也伴随着被滥用的历史。与上述案例一同报道的另一例也是与自愿吸入一氧化二氮有关的意外死亡案例,两例死亡时都戴着防毒面具。

· 本章思考题 ·

1. 在一氧化碳中毒的法医学鉴定中,如何选择适当的检测方法和进行结果评判?

2. 简述硫化氢中毒的法医学鉴定要点,在分析结果评判中需注意哪些方面?

3. 对于疑似氮气等惰性气体急性中毒死亡的案件,进行毒物分析常用的检材有哪些?在取材和检测中应注意什么?

参考文献

[1] Osamu Suzuki, Kanako Watanabe. Drugs and Poisons in Humans: A Handbook of Practical Analysis. Springer-Verlag Berlin Heidelberg New York, 2005.

[2] Suner S, Partridge R, Sucov A, et al. Non-invasive pulse CO-oximetry screening in the emergency department identifies occult carbon monoxide toxicity. J Emerg Med, 2008, 34(4): 441-450.

[3] 姜宴,叶永红,张宜凡,等. 血中碳氧血红蛋白饱和度测定影响因素的研究. 法医学杂志, 2003, 19(2): 88-91.

[4] SF/Z JD0107010-2011,血液中碳氧血红蛋白饱和度的测定分光光度法. 中华人民共和国司法部,2011.

[5] Kojima T, Nishiyama Y, Yashiki M, et al. Postmortem formation of carbon monoxide. Forensic Sci Int, 1982, 19(3): 243-248.

[6] Fisher-Hubbard AO, Appleford C, Kesha K. Accidental carbon monoxide poisoning while driving: a case report with review of the literature. Am J Forensic Med Pathol, 2018, 39(3): 270-272.

[7] 卓先义. 毒(药)物中毒鉴定理论与实践. 北京: 中国检察出版社,2001.

[8] Maebashi K, Iwadate K, Sakai K, et al. Toxicological analysis of 17 autopsy cases of hydrogen sulfide poisoning resulting from the inhalation of intentionally generated hydrogen sulfide gas. Forensic Sci Int, 2011, 207(1-3): 91-95.

[9] 强火生,陈航,沈保华,等. 硫化氢中毒案件中血液硫离子的测定. 法医学杂志,2017, 33(2): 148-153.

[10] Kage S, Nagata T, Kimura K, et al. Extractive alkylation and gas chromatographic analysis of sulfide. J Forensic Sci, 1988, 33(1): 217-222.

[11] Nagata T, Kage S, Kimura K, et al. Sulfide concentrations in postmortem mammalian tissues. J Forensic Sci. 1990, 35(3): 706-712.

[12] Mihoko A, Kazutoshi A, Mamoru O. Two fatalities by hydrogen sulfide poisoning: Variation of pathological and toxicological findings. Legal Medicine, 2008, 10(3): 148-152.

[13] 沈敏,向平,刘伟. 法医毒物鉴定理论与实践. 北京: 科学出版社,2022.

[14] Christian J, Wolfgang R, Beat A, et al. Autoerotic Accident by Inhalation of Propane-Butane Gas Mixture. Am J Forensic Med Pathol, 2005, 26(4): 355-359.

[15] Sugie H, Sasaki C, Hashimoto C, et al. Three cases of sudden death due to butane or propane gas inhalation: analysis of tissues for gas components. Forensic Sci Int, 2004, 143(2-3): 211-214.

[16] Winek CL, Wahba WW, Huston RM. Accidental death due to inhalation of butane. J Anal Toxicol, 1997, 21(4): 323.

[17] Bouche Marie-Paule LA, Lambert WE, Van Bocxlaer JFP, et al. Quantitative Determination of n-Propane, iso-Butane, and n-Butane by Headspace GC－MS in Intoxications by Inhalation of Lighter Fluid. J Anal Toxicol, 2002, 26(1): 35－42.

[18] 余松. 液化石油气致死 1 例[J]. 刑事技术,2001, 26(3): 55.

[19] Byard RW. Changing trends in suicides using helium or nitrogen－A 15-year study. J Forensic Leg Med, 2018, 58(12): 6－8.

[20] Chang SS, Cheng Q, Lee EST, et al. Suicide by gassing in Hong Kong 2005－2013: emerging trends and characteristics of suicide by helium inhalation. J affective disorders, 2016, 192: 162－166.

[21] Oosting R, van der Hulst R, Peschier L, et al. Toxicological findings in three cases of suicidal asphyxiation with helium. Forensic Sci Int, 2015, 256: 38－41.

[22] Varlet V, Iwersen-Bergmann S, Alexandre M, et al. Helium poisoning: new procedure for sampling and analysis. Int J Legal Med, 2019, 133(6): 1809－1818.

[23] Malbranque S, Mauillon D, Turcant A, et al. Quantification of fatal helium exposure following self-administration. Int J Legal Med, 2016, 130(6): 1535－1539.

[24] Musshoff F, Hagemeier L, Kirschbaum K, et al. Two cases of suicide by asphyxiation due to helium and argon. Forensic Sci Int, 2012, 223(1－3): e27－e30.

[25] van Amsterdam J, Nabben T, van den Brink W. Recreational nitrous oxide use: Prevalence and risks. Regul Toxicol Pharmacol, 2015, 73(3): 790－796.

[26] 高晗,李维帅,郑东明. 笑气滥用所致神经系统损害的临床特点. 中国神经精神疾病杂志, 2020, 46(6): 333－337.

[27] 胡浩男,蒋国军,唐志龙,等. 顶空-气相色谱/质谱法检验血液中的氧化亚氮. 刑事技术, 2020, 45(3): 250－254.

[28] Poli D, Gagliano-Candela R, Strisciullo G, et al. Nitrous oxide determination in postmortem biological samples: a case of serial fatal poisoning in a public hospital. J Forensic Sci, 2010, 55(1): 258－264.

[29] Bäckström B, Johansson B, Eriksson A. Death from Nitrous Oxide. J Forensic Sci, 2015, 60(6): 1662－1665.

第六章 挥发性毒物鉴定

· 本章重点内容与学习要求 ·

挥发性毒物是法医毒物司法鉴定的主要内容之一。本章重点介绍乙醇、甲醇、氰化物、苯及其同系物的分类、体内代谢、体内分布、检材处理、鉴定方法以及鉴定结果的评价等，并通过典型案例评析、血液中乙醇检测不确定度评估、含量推算等提高学员分析和解决实际问题的能力。通过本章学习，应掌握挥发性毒物鉴定的主要内容、方法和判断要点，正确评价和运用毒物鉴定结果。

挥发性毒物主要是指蒸气压较高、分子质量较小、化学结构简单，常温常压下易挥发的毒物。该类毒物的特点是能够利用其挥发性从检材中分离提取。常见的挥发性毒物主要有小分子的醇类、氰化物、苯及其同系物、有机溶剂等。挥发性毒物的鉴定主要是通过对体液、组织等生物检材或其他检材中挥发性毒物的定性、定量分析，判明检材中是否含有挥发性毒物，以及与中毒或中毒死亡的关系，为涉毒案件的侦破及审理提供科学证据。血液中乙醇检测作为是否酒后或醉酒驾驶的判定依据，已成为法医毒物鉴定最常见的定性定量分析项目之一。

第一节 乙醇、甲醇

一、概述

1. 乙醇

乙醇（ethanol, ethyl alcohol, CH_3CH_2OH），俗称酒精（alcohol），为无色易燃液体，具有特殊芳香味，能与水、醚、酮等有机溶剂混溶，沸点 78.4℃，比重 0.789（20℃时）。乙醇是各种酒类饮料中的主要成分，酒的度数表示酒中含乙醇的体积百分比，通常是以 20℃时的体积比表示，如 50 度的酒表示在 100 毫升的酒中含有乙醇 50 毫升（20℃）。啤酒中一般含乙醇 2%~6%；黄酒中含乙醇 14%~17%；葡萄酒等果酒中含乙醇 10%~30%；各种白酒中含乙醇 35%~65%（如白酒 40%~60%、伏特加 40%~55%、威士忌 40%~50%）等。高度酒的主要成分是乙醇和水，约占总重量的 98%，其余的微量成分仅占 2%，包括有机酸、高级醇、酯类、酮类、醛类、多元醇、酚类、醚类和无机物等。此外，乙醇作为原料在国防工业、医疗卫生、有机合成、食品工业、工农业生产中都有广泛的用途。

酒精滥用是全球广泛关注的公共卫生问题，过量饮酒不仅造成个体生理机能损害，还会影响正常的行为判断能力，从而带来社会、经济、法律等一系列相关问题。《柳叶刀》公布了中国人均饮酒量自 1987 年以来翻升三倍以上；2013 年全球疾病负担报告显示，中国 15 岁至 49 岁人群中因饮酒导致的伤残调整寿命年损失数最大，造成年均 12 万人死亡。《国际禁毒公约》中，酒、烟和毒品一并被认定为“有依赖性特性”的物品。根据饮酒的程度，可将饮酒行为分为：① 社交性饮酒。饮酒者能自制，一般不造成不良后果；② 酒精滥用。因饮酒造成躯体或精神损害的问题饮酒或有害饮酒；③ 酒精依赖。个体对酒有强烈的渴求心理，或饮酒行为已失去控制。

乙醇的主要毒理作用是抑制中枢神经系统，首先抑制大脑皮层功能，使大脑的高级整合能力受影响，出现身体稳定性、协调性、反应性、运动功能、知觉功能等降低及自我控制能力的消失，可呈一时性兴奋状态。当乙醇的作用进一步加强时，皮质下中枢、脊髓及小脑运动受累，出现分辨力、记忆力、洞察力、视觉、注意力及语言等功能明显失常。乙醇还能使血管扩张、血流增加，表现为皮肤温热发红，机体主观以为体温增加，实际体热易由皮肤散发，加之乙醇麻痹体温调节中枢，在寒冷环境下，体温可迅速下降，易于冻死。重度乙醇中毒时延髓血管运动中枢和呼吸中枢抑制，呼吸中枢麻痹是引起死亡的主要原因。

乙醇中毒剂量因人及习惯不同而差异很大，一般中毒量为 75~80 g，致死量 250~500 g，致死血液中乙醇含量 4~5 mg/mL。但由于个体差异，有血液中乙醇含量仅为 2.5 mg/mL 致死的案例，也有高达 6 mg/mL 以上仍存活的报道。酒中投毒或酒与其他药物共用在鉴定实践中经常涉及，当乙醇与其他呼吸抑制剂，如一氧化碳、巴比妥类安眠药、抗抑郁药、吩噻嗪类、阿片类药物等联合应用时，乙醇的致死量明显变小。若乙醇不纯，含有甲醇、吡啶、四氯化碳等，中毒致死量也可以降低。

急性乙醇中毒的临床表现因人而异，中毒症状出现的迟早也各不相同，一般可分为兴奋期、共济失调期和抑制期。① 兴奋期。此期主要表现为程度不同的欣快感、兴奋、躁狂、情绪不稳定和易激动，易情感用事，可有行为失控或攻击行为。② 共济失调期。此期主要表现为行动上步态不稳，共济失调、语无伦次和行为失控，酒味明显，可伴有呕吐、嗜睡。③ 抑制期。此期主要表现为昏睡或昏迷、皮肤湿冷、面色苍白、呼吸表浅、体温降低、心率快、血压下降。此种情况如果持续 8~12 h，可因呼吸衰竭而死亡。

急性乙醇中毒死亡者，可见颜面潮红、眼睑水肿，全身器官充血、水肿及点、灶性出血。从死者呕吐物、胃内容物中能嗅到酒的特有气味。喉头及胃黏膜充血、水肿，胃底黏膜可有点状出血，小肠近段黏膜充血。肾、胰及肾上腺可有出血，肝细胞脂肪变性，胆囊水肿呈胶冻样，脾淤血，脑及脑膜充血明显，脑水肿、肺淤血水肿，胸膜、横膈腹腔面点片状出血，膀胱充满尿液。

2. 甲醇

甲醇（methanol，methyl alcohol，CH_3OH），又称木醇（wood alcohol），为无色易燃液体，有高度挥发性，具微弱乙醇香味，能与水、乙醇、醚、酮、酯、苯等有机溶剂混溶，沸点 64.5℃，比重 0.792（20℃）。甲醇是重要的有机合成原料和溶剂，可用于制造甲醛、甲胺、纤维素、防冻剂等，也可用作染料、塑料、胶片、油漆等生产时的溶剂，还可广泛用于农业、医药、化妆品工业。急性中毒多为误服甲醇代替乙醇作为饮料所致，也有饮用掺有工业酒精的假酒所致，有些是由于酿酒方法不当、工艺落后，致使白酒或米酒中甲醇含量过高而引起中毒。职业接触，长期少量吸入甲醇蒸气可致慢性中毒。

甲醇中毒除其本身作用外，更危险的是其氧化产物甲醛和甲酸的继发毒性作用。甲醇中毒引起的视觉损害和代谢性酸中毒主要由代谢产物引起。甲醛对视网膜神经节细胞和视神经具有特殊毒作用，可导致视神经萎缩，严重者双目失明。甲醇代谢可引起酸中毒及血液循环紊乱，而酸中毒又可加重视神经损害，严重酸中毒可导致昏迷死亡。甲醇也具有麻醉作用，甲醇及其代谢产物可直接损害眼球组织并引起血管麻痹扩张，损害视神经系统和肝。

甲醇中毒量 5～10 mL，10～20 mL 以上可致失明，致死量为 30～60 mL，致死血浓度>0.9 mg/mL。甲醇中毒潜伏期较长，一般为 12～24 h，少数可长达 2～3 天。但口服纯甲醇症状出现得较快，最短者仅 40 min。按中毒程度、临床表现可分为三类。① 轻度中毒：类似酒醉状态，有头痛、头晕、腹痛、兴奋、耳鸣、震颤、轻度共济失调、眼球疼痛、视力模糊等。② 中度中毒：神经系统症状较严重，可有呕吐、呃逆、软弱无力，对周围事物淡漠等，数小时至 2～3 天后，可出现视力障碍，甚至失明。③ 重度中毒：出现剧烈头痛、头晕、意识模糊、惊厥，可很快进入休克、昏迷，同时有恶心、呕吐、冷汗或出现中毒幻觉、双目失明、多发性神经炎等。常因严重酸中毒昏迷死亡或死于呼吸麻痹。

甲醇中毒死亡者呈一般急性死亡常见的尸体征象，但局部刺激征象比较明显，胃黏膜充血，点状出血，胃内容物中可闻及甲醇气味。如中毒病程迁延者，病变主要在脑及脑膜。尸检可见脑及脑膜淤血、水肿和点片状出血，脑的病变以第三脑室、中脑导水管周围及第四脑室较明显。视神经充血、水肿和出血，神经纤维崩解，神经胶质细胞增生，甚至视神经萎缩。

二、体内过程

1. 乙醇

乙醇主要通过胃肠道入体，约 20%～25%的乙醇经胃吸收，75%～80%由十二指肠和小肠的其他部分吸收，再通过被动扩散进入人体循环。乙醇摄入后一般约 2～5 min 即可出现于血液中，60～90 min 达到血液乙醇峰值浓度，约 2.5 h 后全部吸收。影响乙醇吸收的因素很多，如酒的种类、饮食状态、胃内容物状态以及胃肠蠕动功能。相对于空腹状态，饱腹且高蛋白饮食、外伤、胃手术、减少肠道蠕动均可延缓或降低乙醇含量峰值。有研究显示，饮酒伴饮食可延缓乙醇吸收约 4～6 h。

经人体吸收的乙醇，迅速分布于全身各组织中，由于乙醇具有亲水性，各组织器官对乙醇的吸收率主要取决于本身的含水量。摄入同等剂量的乙醇，由于脂肪组织中仅含 10%～30%的水，肥胖者血液中乙醇含量会明显高于瘦小者。富水的体液，如血清、血浆、玻璃体液的乙醇含量高于全血中乙醇含量。血清、血浆的乙醇含量比全血中的乙醇含量高达 10%～15%，平均浓度比值为 1.1～1.5；尿液/血液乙醇含量比约为 1.3。除了血清、血浆、玻璃体液、尿液与血液乙醇含量有较好的相关性以外，其他组织和体液中的乙醇含量与全血中乙醇含量之比范围较宽[1]。玻璃体液、尿液和呼气中乙醇含量可用于大致推算血液中乙醇含量，血液中的乙醇含量与呼气中乙醇含量有一定的比例，约为 1∶2 200，这是酒精呼气仪换算的基础。玻璃体液中所含乙醇量在尸体腐败后仍然保持恒定，是死后案件中乙醇含量检测的有价值检材。乙醇主要通过肝脏代谢。体内约 80%～90%的乙醇在乙醇脱氢酶（ADH）作用下脱氢转变为乙醛，随后乙醛在乙醛脱氢酶（ALDH）的作用下转变为乙酰辅酶 A，且可进一步降解为乙酸进而再氧化生成二氧化碳和水。另有少部分乙醇经过非氧化代谢，与葡萄糖醛酸在尿苷-5′-二磷酸葡萄糖醛酸转移酶（UGT）的作用下结合形成非挥发性的水溶性代谢产物乙基葡萄糖醛酸苷（ethyl glucuronide，EtG）；与硫酸盐在磺基转移酶的作用下结合形成乙基硫酸酯（ethyl sulfate，EtS）。近年来，EtG、EtS 等特征性代谢物备受关注，因该类代谢物检测时限长于乙醇，且仅由体内代谢形成，在酒后肇事逃逸案件或判断外源性乙醇污染或鉴别酒精滥用等方面具有较大的应用价值[1]。

乙醇在人体内氧化代谢和消除速度缓慢，乙醇代谢同其他大多数化合物代谢的不同之处在于其氧化脱氢反应相当恒定，当达到一定的血液乙醇含量时，其代谢被饱和，代谢速率趋于恒量，即呈零级代谢动力学过程。当血液乙醇含量较低时，乙醇在体内的消除即转为一级动力学过程。故乙醇的体内代谢动力学特征符合非线性消除伴一级吸收的一室开放模型（图 6－1）[1]。成人血液中乙醇消除率约为 0.1 mg/(mL · h)。

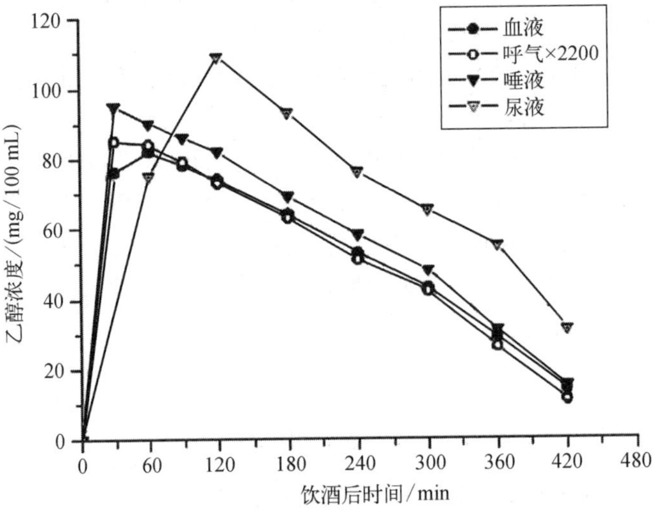

图 6－1　血液、呼气、唾液和尿液中乙醇消除曲线

研究发现，乙醇进入体内后，大约 90%～95%在肝脏内代谢，最终生成二氧化碳和水排出体外，另有极少（约 10%）的乙醇则未经氧化分解以原形经肾从尿中排出或经肺从呼吸道呼出或经皮肤汗腺随蒸发消除。

2. 甲醇

甲醇可经胃肠道、呼吸道和皮肤直接接触吸收。经胃肠道吸收速度快，吸收高峰时间在口服后 30～60 min。由呼吸道吸入的甲醇蒸气约有 60%被吸收。吸收后的甲醇在体内分布很快，各组织甲醇含量与该组织的含水量成正比。肝组织、肾组织、胃肠道、眼房水、玻璃体液、脑脊液、血液中甲醇含量较高，而脑组织、脂肪、肌肉组织中较低。甲醇主要在肝脏代谢，吸收的甲醇中 90%～95%在肝内脱氢酶作用下氧化为甲醛，然后在醛脱氢氧化酶的作用下很快氧化为甲酸，甲酸经过氧化酶的作用氧化为二氧化碳和水。有 2%～5%的甲醇以原形由肾排出，甲醇在体内代谢缓慢，排泄也缓慢。甲醇氧化成甲醛、甲酸所需时间在 12 h 以上，中毒 6 天后，尿液中仍可检出甲醇。

三、分析方法

1. 乙醇、甲醇

测定乙醇用的体内检材视对象以血液、尿液、呼气、玻璃体液为好，脑组织、肝组织、肾组织、呕吐物、胃内容物、唾液、乳液也可作为检材。对怀疑甲醇急性中毒者采取其血液和尿液，对中毒致死者还可采取脑脊液、眼房水、玻璃体液，其次为肝组织、肾组织。检材采取后应尽早进行检验，如不能及时检验，应将其置于密闭容器中低温保存。无低温条件时，也可加入氟化钠作防腐剂。

实验室检测乙醇、甲醇的方法有气相色谱法、顶空气相色谱法、气相色谱-质谱联用法等，其中顶空-气相色谱法是目前检测乙醇最常用的方法。顶空-气相色谱法不仅适用于血液、尿液等体液检材，也适用于肺组织、肝组织等检材。气相色谱法分析可以异丙醇、叔丁醇、正丁醇或 2-丁酮等为内标物，通常不用正丙醇作内标，因正丙醇可由微生物污染而内源性生成。

（1）顶空-气相色谱法　顶空进样法是直接提取置于密封容器中液体上方的蒸汽成分的方法，其与气相色谱相连，具有选择性强、样品制备简单、分析快速等优点。可以手动或者配备自动进样器自动加热、进样。

分析参考条件（《血液、尿液中乙醇、甲醇、正丙醇、丙酮、异丙醇和正丁醇检验》GB/T 42430-2023）：

取血液或尿液样品 100 μL 及 0.04 mg/mL 叔丁醇内标工作溶液 500 μL（采用外标法时，以水代替内标叔丁醇工作溶液）置于顶空进样瓶内，盖上硅橡胶垫，用密封钳加封铝帽，混匀，置于顶空自动进样器中样品架上进样，或置于 65℃ 恒温水浴中加热 10 min，用 1 mL 注射器吸取瓶内 0.4 mL，进样。

色谱条件：① 色谱柱 1：ALC1（30 m×0.32 mm，1.8 μm）石英毛细管柱或相当者；柱温：恒温 40℃。② 色谱柱 2：ALC2（30 m×0.32 mm，1.2 μm）石英毛细管柱或相当者；柱温：恒温 40℃。③ 色谱柱 3：BAC1：（30 m×0.32 mm，1.8 μm）石英毛细管柱或相当者；柱温：恒温 40℃。④ 色谱柱 4：BAC2（30 m×0.32 mm，1.2 μm）石英毛细管柱或相当者；柱温：恒温 40℃。

检测器：火焰离子化检测器（FID），检测器温度：300℃；进样口温度：150℃；载气（N_2）：柱流量 4 mL/min。

该法可同时分析甲醇、丙酮、乙醇、叔丁醇、正丙醇、异丙醇、正丁醇，分离良好。乙醇、甲醇等醇类化合物的参考保留时间见表 6-1，乙醇最低检出限 0.05 mg/mL。

表 6-1　乙醇、甲醇等醇类化合物的参考保留时间

单位：min

化合物	色谱柱 1	色谱柱 2	色谱柱 3	色谱柱 4
乙醇	1.391	1.580	1.450	1.567
甲醇	1.110	1.241	1.154	1.234
正丙醇	2.278	2.818	2.310	2.726
丙酮	2.061	1.767	2.542	1.756
异丙醇	1.688	1.873	1.755	1.868
正丁醇	4.558	6.101	4.458	5.781
叔丁醇	2.001	2.125	2.069	2.137

（2）顶空气相色谱-质谱法　气相色谱-质谱（GC-MS）法结合了色谱分离和质谱定性的功能，而自动顶空进样器具有自动化程度高、精密度高的优势。因此，自动顶空气相色谱-质谱法已成为分析低沸点有机物分析的重要方法。

分析参考条件（《血液、尿液中乙醇、甲醇、正丙醇、丙酮、异丙醇和正丁醇检验》GB/T 42430-2023）：

色谱条件：聚乙二醇固定相色谱柱（30 m×0.32 mm，0.25 μm），载气：氦气，流量：

1.25 mL/min，进样口温度：160℃，分流进样，分流比为 10∶1。柱温 42℃，保持 3 min，以 25℃/min 升温至 120℃，保持 4 min。

质谱条件：离子源：EI，70 eV；离子源温度：230℃；四极杆温度，150℃；接口温度，180℃。扫描模式：SCAN。乙醇的特征碎片离子 *m/z*：31、45、46；甲醇的特征碎片离子 *m/z*：31、29、32；叔丁醇的特征碎片离子 *m/z*：59、31、41。乙醇、甲醇和叔丁醇的保留时间分别为 2.556 min、2.199 min 和 2.226 min。

（3）呼气乙醇试法　依饮酒量的不同，约 2%～10%的乙醇以原形从尿液及呼出气体中排出，据研究，呼出气体中的乙醇含量为血液浓度的 1/2 200。呼气酒精测试仪具有携带方便、操作简便的优点，其可自动将呼气中的乙醇含量换算成血液乙醇含量，适用于交警执法检查。但是测试仪需要定期校准，某些患有疾病的人口中呼出的气体可能影响测量值。

2. 乙醇代谢物分析

乙醇代谢物 EtG、EtS 等在体内含量极低，极性强，通常采用乙腈沉淀蛋白提取，必要时再吹干以浓缩。分析时需要高灵敏度的方法进行分离分析，比较常用的方法是气相色谱-质谱法及液相色谱-质谱法，采用气相色谱-质谱法时需要先衍生化。

（1）乙醇代谢物 EtG 分析　LC－MS/MS 参考方法（《法庭科学 血液、尿液中乙基葡萄糖醛酸苷检验 气相色谱-质谱和液相色谱-质谱法》GA/T 1633－2019）：

样品处理：取血液或尿液 100 μL 置于 1.5 mL 离心管中，加入 50 ng 内标物 EtG－d_5 和 900 μL 乙腈，涡旋混合、离心 3 min，取上清液用有机微孔滤膜过滤，供 LC－MS/MS 分析。

色谱条件：色谱柱：GL Science Inertsil ODS－3 柱（3 mm×100 mm）；流动相 A 为 0.01%甲酸水溶液；流动相 B 为乙腈；柱后添加乙腈，流速 0.1 mL/min；梯度程序：0 min，90% A；3.0 min，90%A；12 min，10%A；13 min，10%A；15 min，90%A；20 min，90%A；流速：300 μL/min。

质谱条件：离子源：电喷雾电离-负离子模式（ESI-）；喷雾气：氮气；离子源温度：450℃；离子喷雾电压：-4 500 V。EtG 的特征碎片离子对为 *m/z* 221/75，221/85；EtG－d_5的特征碎片离子对为 *m/z* 226/75，226/85。

GC－MS/MS 参考方法（GA/T 1633－2019）：

样品处理：取血液或尿液 100 μL 置于 1.5 mL 离心管中，加入 100 ng 内标物 EtG－d_5 和 900 μL 乙腈，涡旋混合、离心 5 min，转移上清液至另一离心管中，60℃水浴中空气流下吹干，残留物中加入 BSTFA/TMCS 66 μL 和吡啶 33 μL，90℃干燥箱中进行衍生化反应 30 min。冷却后取 1 μL 进样。

色谱条件：色谱柱：HP－1MS 柱（30 m×0.25 mm，0.1 μm）；升温程序：初温 100℃保持 1 min，以 8℃/min 升温至 205℃，再以 30℃/min 升温至 280℃，保持 3 min；进样口温度：250℃；分流比为 10∶1；载气：氦气，流速：1 mL/min。

质谱条件：离子源，EI；离子源温度，220℃；接口温度，300℃；碰撞气，氩气；检测模式，正离子多反应监测模式；EtG 的特征碎片离子对为 *m/z* 261/143，261/73；EtG－d_5 的特征碎片离子对为 *m/z* 266/143，266/73。

（2）乙醇代谢物 EtS 分析　样品处理[2]：取血液或玻璃体液 20 μL，置于 2 mL 离心管中，加入 100 μL 含有内标 EtS－d5 的甲醇溶液，涡旋 5 min、离心 10 min，取上清液，50℃水浴中吹干。残余物中加入 50 μL 0.1%甲酸溶液，涡旋 5 min、离心 10 min，将上清液转移至进样衬管，取 5 μL 进样。

色谱条件：色谱柱：Phenomenex Synergi Hydro－RP 100A 柱（100 mm×2 mm，2.5 μm）；流

动相：A 为 0.1%甲酸水溶液；B 为 0.1%甲酸乙腈溶液；梯度程序：0 min，100%A；3.5 min，30%A；4.5 min，10%A；5 min，100%A；6 min，100%A，总运行时间为 6 min；流速：250 μL/min。

质谱条件：离子源，电喷雾电离-负离子模式（ESI -）；喷雾气，氮气；离子源温度，350℃；蒸发器温度，300℃；毛细管压，2.8 kV；碰撞气，氩气。EtS 的特征碎片离子对为 *m/z* 125.1/97.0，125.1/80.0；EtS - d_5 的特征碎片离子对为 *m/z* 130.1/98.1，130.1/80.1。

四、鉴定要点

1. 呼气乙醇测试

呼气中乙醇含量与血液中乙醇含量有较好的相关性，适用于交警的路边执法检查。与血液乙醇含量检测相比，呼气乙醇检测较少侵犯受检人的权利、可迅速得出分析结果、可接受性较大、操作相对简单、易于现场检测。但也有很多因素影响检测结果的可靠性：① 生物学方面的影响，如当事人体温升高、呼吸功能缺陷、呼吸形式异常、口腔有乙醇存留、自身患有糖尿病等。② 干扰物质的影响，受试者呼气中可能含有的内源性或外源性有机挥发物，会干扰乙醇的检测。③ 当呼气乙醇含量值接近处罚值时异议大，此种情况时会引起受检者质疑检测仪器的结果可靠性及误差允许的范围。④ 呼气不易保存做二次分析。⑤ 受检人合作方面的影响，进行呼气检测时，要求受检人以中等力度呼气达 3 s 以上，而实际工作中受检人可能并不合作，这些因素都将影响检测结果。

2. 乙醇定性确认

乙醇的检测过程中，其他挥发性成分可能与乙醇有着相同的色谱保留时间，干扰乙醇的分析，造成假阳性或者乙醇含量假性升高。以图 6 - 2 为例，采用柱 1 分析，发现除乙醇和内标叔丁醇外，另有其他成分存在，但采用柱 2，则该成分和乙醇色谱峰重叠，无法有效分离。鉴定实践中如果仅采用柱 2，则可能形成误判。故根据国家标准要求，需经与平行操作的标准物质比较，采用顶空-气相色谱法检测，依据两种不同性质色谱柱的保留时间进行定性，以峰面积为依据，内标法或外标法定量。或采用顶空气相色谱-质谱法检测，依据保留时间、质谱特征碎片离子进行定性。

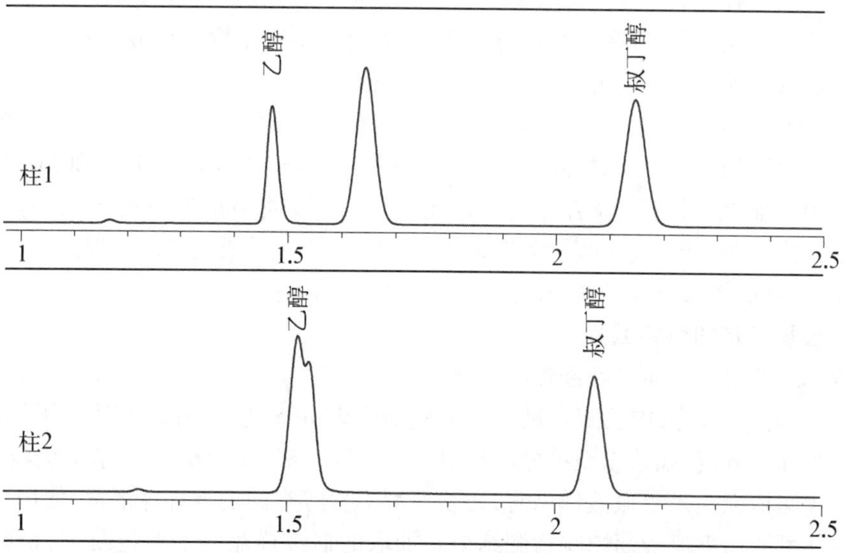

图 6 - 2　不同色谱柱对乙醇及其他挥发性成分的分离效能

3. 定量结果评价

(1) 血液乙醇含量的计算　检材样品应同时平行测定两份。采用单点校正法定量时，取与检材样品等量的乙醇标准溶液各两份，与检材样品平行操作，得到添加样品，检材样品中乙醇浓度应在添加样品中乙醇浓度的(100±30)%内。采用校准曲线法定量时，配制系列浓度乙醇标准溶液，每个浓度取与检材样品等量的乙醇标准溶液各两份，得到系列浓度的添加样品，与检材样品平行操作。检材样品中乙醇浓度应在校准曲线的线性范围内，相关系数(r)不小于0.997。

(2) 血液乙醇含量临界值　国家标准GB 19522－2010中规定：车辆驾驶人员血液中的乙醇含量大于或等于20 mg/100 mL(0.20 mg/mL)，小于80 mg/100 mL(0.80 mg/mL)时驾车为饮酒后驾车；乙醇含量大于或等于80 mg/100 mL(0.80 mg/mL)时驾车为醉酒后驾车。当疑为酒后驾车的血液中乙醇含量测定结果出现0.20 mg/mL或0.80 mg/mL临界值时，应重新测定一次。重新测定的结果仍为0.20 mg/mL、0.80 mg/mL或大于0.20 mg/mL、0.80 mg/mL时，按0.20 mg/mL或0.80 mg/mL结果报出；重新测定的结果小于0.20 mg/mL或0.80 mg/mL时，按重新测定的结果报出。由于执法部门要求的测定结果为不带有误差的数据，因此检验结果为测定值的平均值，以测定值的5%表示为测量不确定度，反映在测试记录中。

(3) 测量不确定度　血液中乙醇含量作为车辆驾驶人员饮酒后或醉酒后驾车判定的重要依据，其检测结果准确与否直接关系到司法判定的正确性，因此，为评估检测方法的可靠性和测量结果的可信程度，需要将不确定度引入血液中乙醇含量的测定结果。

测量不确定度是与测量结果相关联的参数，它表征了可以合理地赋予被测量的量值分散程度。在实际工作中，首先识别不确定度的来源。血液中乙醇含量结果的不确定度来源可分为由统计分析确定的A类不确定度以及用非统计方法确定的B类不确定度，例如样品平行测定值、对照品纯度、配制所用的电子天平、容量瓶和移液器、气相色谱仪、校准曲线、环境条件等。接着，评估识别出的每一个潜在的不确定度来源相关的不确定度分量的大小，这些分量必须以标准偏差的形式表示。推荐使用方法验证或方法确认时所研究获得数据、QC数据、能力验证等来评估与大量独立来源有关的不确定度的单个分量。使用这些数据可以大大减少测量不确定度评估的工作量，因为它利用实际的实验数据，可以使不确定度的评估结果可信度更高。在此基础上，根据等数量级原则进行合成，得到合成不确定度。血液中乙醇含量结果的不确定度主要来源于双样平行测定、对照品纯度和气相色谱仪。

在实际工作中，不确定度愈小，测量结果与真值愈接近；不确定度愈大，测量结果与真值愈远离。因此，不确定度可以反映检测的水平[4]。按照CNAS－CL01－G003：2021《测量不确定度的要求》，当在证书/报告中报告测量不确定度时，一般使用扩展不确定度U，因子k取2(95%置信区间)，实验结果通常表示为“$y±U$(y和U的单位)”或类似的表述方式；也可以使用列表表示，即将测量结果与其扩展不确定度在列表中对应给出。

4. 乙醇含量测定的影响因素

(1) 活体血液采集及其保存条件的影响

1) 样本采集　血液中乙醇含量在饮酒后60～90 min达到最高，然后逐渐消除，肇事后应尽可能及时抽血测定，如肇事至抽血已相隔一段时间，在认定分析结果时应考虑这段时间乙醇在体内的代谢情况。采集血液样品时，必须使用不含醇类的消毒棉球消毒，使用含有酒精成分的消毒棉球可能污染血液而影响检测结果。抽取的血液样品应加有抗凝剂，否则血液凝固后会影响测定结果。

2）样本保存 采集的血液样品应尽快送检，遇特殊情况不能当即送检的，应将样品置低温（0~4℃）保存。对血液中乙醇保存稳定性的研究结果表明，在温度、储存容器中空气所占比例、乙醇含量、防腐剂四个因素中，温度对血液中乙醇含量稳定性的影响最大，4℃下保存的血液样品稳定性最佳。

2019 年发布的公共安全行业标准《道路交通执法人体血液采集技术规范》（GA/T 1556－2019）规定了道路交通执法活动中人体血液的提取、保存、送检的技术要求，可参照执行。

（2）*尸体血液乙醇检测的影响因素*

1）检材种类 乙醇检测的生物检材常以血液、尿液、玻璃体液为主，在无法获得上述检材时其他生物样品或组织如脑脊髓、肺组织、肾组织等也可作为检材。对于非腐败尸体乙醇含量检测，采集血液时应避免受胃部乙醇弥散影响，应采集远离胃部及肠管周围的外周血。胃部乙醇弥散可影响其他组织的乙醇含量，当体内乙醇代谢处于吸收期和吸收前期时，胃部乙醇含量高，心血和其他脏器乙醇含量低。若此时饮酒者死亡，胃部乙醇通过弥散作用渗入其他脏器，造成后者乙醇含量异常升高。死后时间越长，这种作用越明显。通常首选采集股静脉血，当股静脉血无法采集或采集量不足时也可用完整心腔内的血液作为替代检材，并尽可能地同时采集多种检材（如尿液、玻璃体液等）进行分析。通常尿液中的乙醇含量平均为血液中的 1.3 倍，由于尿液形成后储藏于膀胱内，而乙醇在膀胱内几乎不发生代谢，且向血液中弥散过程较慢，尤其在饮酒后经过较长时间，常常会出现血液检材检测不出乙醇含量而在尿液中却可能检出的情况。

2）尸体腐败 死亡后，适合于缺氧环境下生长的微生物在合适的条件下开始通过分解组织及体液中葡萄糖、少量乳酸盐、脂肪酸等，导致尸体腐败，同时产生乙醇。能引起乙醇死后生成的条件包括：尸体长时间置于较高的环境温度中，晚期高血糖，死于感染性疾病并有晚期败血症，引起大肠缺血的疾病，腹部损伤，严重损伤伴伤口感染等，空难等事故中人体有严重的撕裂伤，以上情况均可引起广泛的微生物污染，因而导致死后乙醇大量形成。有研究认为当尸体处于低温时，在最初的 24 h 之内，通常不会新生乙醇。随着时间的推移，微生物大量繁殖和分解，腐败程度越高，其死后分解新生的乙醇越多。由于存在死后尸体腐败产生乙醇的可能性，建议中毒死亡案件进行血液中乙醇含量测定项目时，以 0.10 mg/mL 作为阈值，低于此值时不出具定量结果数值，而在报告中表示为<0.10 mg/mL。因低于 0.10 mg/mL 的血液乙醇含量对中毒死亡原因无实质性贡献。

涉及高度腐败尸体血液作乙醇分析时，可同时对血液中正丙醇分析，以帮助结果解释。尸体腐败产生乙醇的同时，一般可平行地产生正丙醇。对于腐败尸体的乙醇含量检测，应充分考虑环境情况、死亡时间等因素，排除死后体内乙醇生成和代谢的可能性。

推荐选用玻璃体液等检材，其因所处部位受环境因素影响较小，被污染的概率较小，且玻璃体液与血液乙醇含量呈较好的相关性，可作为理想的死后检材。随着分析技术进步，推荐同时分析乙醇的特征代谢物 EtG 等判别所检乙醇系死者生前饮酒还是腐败等其他因素干扰。

3）保存条件 尸检后用于乙醇检测的主要检材为血液和尿液，需注意的是所采血液检材在保存过程中也会发生乙醇的生成与损失，血液中乙醇含量会随着保存条件的不同发生微生物污染，进而发生改变。体内乙醇含量的测定应及时进行。有实验表明，当心血在 26.7℃、32.2℃、37.8℃储存 35 天以上，血液中乙醇含量损失达 10%~19%。因此取材后应尽早进行检验，若不能及时检验，应将检材放置密闭容器中低温保存，无低温条件的，可加入氟化钠作防腐剂。

4）其他因素　在判定是否乙醇中毒死亡时，重要的是血液、尿液及其他组织中的乙醇含量，但还应考虑某些疾病、损伤、机体状态，以及乙醇与其他药物并用等因素。

5. 血液乙醇含量的推算

根据酒精摄入量和饮酒者的体重推算血液中乙醇含量（BAC）是血液中乙醇含量项目的重要内容之一，早在20世纪上半叶，瑞典科学家Erik Widmark教授研究出如下的推算公式，推算因子r以Widmark教授名字命名[5]，即Widmark因子，沿用至今。

$$\text{BAC}=\frac{D}{r\times W}$$

式中，D为乙醇摄入量，g；W为体重，kg；r为Widmark因子。

不同区域、不同人群、不同胃部状态都会影响个体对乙醇的吸收，据研究报道[3]，中国男性空腹状态下饮用葡萄酒的r值约为0.68，女性约为0.59。高加索人r值男性为0.68，女性为0.55。

另一重要的推算是肇事时血液乙醇含量的回推算，可在因抽血与事故发生存在明显时间间隔的案件中应用。由于事发至BAC检验往往有一段时间间隔，故检验结果与事发时的BAC值存在差异。乙醇的体内代谢动力学符合非线性消除伴一级吸收的一室开放模型。当血中乙醇含量超过0.1 mg/mL，酶反应饱和，乙醇消除不再随浓度增加，呈零级代谢动力学过程。血中乙醇消除呈线性，可根据消除曲线回推。作者实验室[6]通过研究并考虑到保守原则以及执法交警操作的简便，建议按0.10 mg/（mL・h）消除速率进行事故发生时BAC值的回推算，推算公式为

$$C=C_0+e(t_0-t_1)$$

式中，C为事故发生时被检人员BAC值，mg/mL；C_0为被检人员BAC检测值，mg/mL；e为血液中乙醇清除率的绝对值，0.10 mg/（mL・h）；t_1为事故发生时间，h；t_0为抽血时间，h。

由于部分人饮酒后BAC达峰值较迟或扩散期较长，为避免造成误差，BAC值的回推算应在饮酒结束2 h后进行。同时，乙醇消除率与性别、年龄、体重、饮食与否、饮食种类及是否有肝脏疾病等因素有关，不同的人有不同的消除率，即使同一个人在不同时间也会有不同的消除率，因此很难回推出准确的事故发生时的BAC值。

6. 乙醇特征代谢物检测的评价

乙醇在人体内代谢速率较快，一般饮酒几小时后体内已检测不到乙醇，因此探寻新的饮酒标志物是近年来的研究热点。乙醇代谢物EtG、EtS等是学者们达成共识的饮酒标志物，这类乙醇代谢物在酒后肇事逃逸案件、区分饮酒和外部乙醇污染、区分酒精滥用和偶尔饮酒等方面具有极大的应用价值，是体内乙醇含量检测的有效辅助手段[7]。但在进行结果解释时，阳性结果和阴性结果的判断仍需谨慎，应结合案情、事故调查等因素综合分析。

7. 检测时限差异

甲醇、乙醇虽同为醇类，且分子量接近，但两者的检出时限相差较大，其原因在于体内的代谢。甲醇的半衰期（$t_{1/2}$）为2～24 h，乙醇的半衰期（$t_{1/2}$）为2～14 h，甲醇在肝脏中被乙醇脱氢酶（ADH）氧化代谢速率仅为乙醇的十分之一。与乙醇相比，甲醇在体内代谢、排泄缓慢。在某些饮用假酒等案件中，送检的血液样品中仅检出甲醇，而无法检出乙醇成分。

五、案例评析

案例一

2001年某晚19时55分,某博士生骑自行车由北向南穿过马路时,被一辆由西向东行驶的小客车撞倒,造成重伤。交通警察赶到现场调查取证,于20点35分对小客车驾驶员李某某进行呼气中酒精的测试,并于当晚21时35分在该市某医院抽取肇事司机李某某静脉血4 mL,送毒物分析。

【毒物分析及评析】送检血液经顶空-气相色谱法测定,血液中乙醇含量为0.23 mg/mL。

为更好地分清事故责任,进一步分析:本例交通肇事发生于19时55分,抽血时间是当晚21时35分,相隔1 h40 min,所抽血液中乙醇含量为0.23 mg/mL。经调查,小客车驾驶员李某某自述下午15点前曾饮过酒。按照健康人血液中乙醇含量大于0.1 mg/mL时乙醇的消除速率为每小时0.10 mg/mL推算,肇事司机李某某肇事当时(19时55分)的血液中乙醇含量应为0.39 mg/mL。

案例二

在某简易房中发现两位民工昏迷不醒,室内充满酒气,现场留有空酒瓶,故怀疑饮酒过量。医院根据病情初步诊断为乙醇中毒并给予治疗。入院后约2 h,民工黄某醒转;入院后约6 h,民工赵某和黄某表现为视力障碍,突然失明,并伴随呼吸困难。故医院留取2人的血液、尿液送检。

【毒物分析及评析】经毒物分析,赵某和黄某的血液、尿液中均检出甲醇成分,均未检出乙醇成分,其中黄某血液中甲醇浓度为0.31 mg/mL;赵某血液中甲醇浓度为0.19 mg/mL。

甲醇进入体内后,分布很快,各组织中甲醇含量与该组织的含水量成正比。甲醇主要经肺缓慢排出,肾脏也排出少部分。其余部分由醇脱氢酶和醛脱氢酶等作用,先氧化成甲醛,继而氧化成甲酸,后一过程非常缓慢,致使体内甲醛蓄积。甲醛能抑制视网膜神经细胞的糖原酵解酶,导致视神经萎缩,故甲醇中毒时视网膜是主要受害部位之一。甲醇中毒者数小时至2~3天后出现视力障碍或失明。甲醇中毒血液参考浓度为0.2 mg/mL。此例中两被检者血液甲醇浓度分别为0.19 mg/mL、0.31 mg/mL,均达到中毒浓度。

案例三

某特大交通事故涉案者李某是否“醉酒”驾车?交通事故案发后按程序采集李某血液,检测血液乙醇含量为1.74 mg/mL。鉴于本人否认饮酒,故进行血液乙醇含量的重新检测,结果为1.87 mg/mL,两次检测结果基本一致。然而李某仍否认饮酒,且证人证明李某当天未曾饮酒。在此情况下进行所采血液样品的DNA检验,排除血液样品混淆问题,并对所采血液进行乙醇和乙醇代谢物EtG的检验。

【毒物分析及评析】经第三次检验,血液中检出乙醇,浓度为1.68 mg/mL;血液中未检出乙醇代谢物EtG。本案在李某本人和证人否认饮酒的前提下,共对李某血液进行3次乙醇含量的定量分析,结果基本一致,排除了分析过程和结果可能存在的问题。然而乙醇特征代谢物是乙醇进入体内的标志物,其与乙醇共存且半衰期长于乙醇。进一步调查问题来源是医院采血时使用酒精棉球污染了血液。

第二节 氰 化 物

一、概述

氰化物(cyanide)系指含氰基(-CN)的化合物,可分为无机氰化物和有机氰化物两大类。常见剧毒或高毒的无机氰化物包括氢氰酸、氰化钠、氰化钾等;有机氰化物的种类较多,常见引起中毒的有丙烯腈、乙腈等。此外,以氰苷的形式广泛存在于某些植物如杏、桃、李、枇杷等的果仁中的苦杏仁苷、木薯中的木薯毒苷等,都可在一定的条件下被酸或共存的酶水解,释放出氢氰酸。

氢氰酸(hydrocyanic acid)分子量为27.03,无色气体或液体,具有苦杏仁的特殊气味,剧毒,比重(气体)为0.941,比重(液体)为0.687,易溶于水、醇,微溶于醚。氢氰酸易挥发为气体氰化氢(hydrogen cyanide,HCN),沸点26℃。

氰化钾(potassium cyanide,KCN)分子量65.11,氰化钠(sodium cyanide,NaCN)分子量49.02。氰化钾和氰化钠均为白色结晶颗粒或块状物,遇酸能迅速分解释放出氰化氢气体,剧毒,易溶于水,微溶于醇,水溶液呈强碱性,暴露在空气中逐渐与CO_2作用形成酸式碳酸盐,毒性则明显降低。

氰化物可经呼吸道、消化道及皮肤进入人体内,释放出氰离子,氰离子能迅速与氧化型细胞色素氧化酶中的三价铁结合,形成氧化高铁型细胞色素氧化酶,使细胞色素失去传递电子的能力,组织细胞不能利用氧,从而引起细胞内窒息而死亡。由于中枢神经系统对缺氧最敏感,故脑组织最先受损。中枢性神经衰竭是氰化物中毒最常见的致死原因。

氢氰酸及常见氰化物的中毒致死量如下:氰化氢口服最小致死量为0.7 mg/kg,空气中浓度达0.2~0.5 mg/L时,能立即致人死亡。氰化钾和氰化钠经口致死量约为1~2 mg/kg。苦杏仁,成人服40~60粒,小儿服10~20粒可引起中毒死亡。丙烯腈空气中浓度为1 000 mg/m^3时,吸入1~2 h可致死,兔口服LD_{50}为93 mg/kg。

氰化物中毒死亡常见于自杀或他杀案(事)件,在电镀、冶金等工业方面也经常有职业中毒事故发生。另外,目前,利用包氰化物蜡丸以捕杀猫、狗等动物的违法行为猖獗,由此也引发各种中毒案(事)件。

氰化物中毒的特点是发作快。吸入高浓度氰化氢或口服大剂量氰化钠、氰化钾,可引起极为迅速的死亡。在4~6 s内,突然发生昏倒,呼吸困难,强直性、阵发性痉挛,2~3 min后呼吸停止,继而心跳停止而死亡。剂量较小时则有咽喉紧缩感、口腔麻木、流涎、剧烈头痛,继而胸闷、心悸、呼吸困难、眼球突出、头痛加剧,最后昏倒并发生痉挛、呼吸麻痹而死亡。食用含氰苷植物中毒的症状一般出现较慢,潜伏期可达3~6 h,中毒轻的,仅有呕吐、头晕、嗜睡等症状,重的也有昏迷、痉挛等症状,抢救不及时能引起死亡。

中毒死者尸斑及肌肉、黏膜呈鲜红色;死亡迅速者紫绀明显,尸斑呈紫红色,而口唇及肺仍呈鲜红色。内脏器官表现一般窒息现象,如内脏充血、肺水肿等。如系氰化氢或苦杏仁中毒,各体腔及胃内有苦杏仁气味;如系氰化钠(钾)中毒的,胃内常发出特殊的碱味。口服氰化物中毒致死者,口腔黏膜呈轻度腐蚀,胃内壁呈鲜红色,胃黏膜肿胀、腐蚀、出血,以胃底部最为明显。服苦杏仁或桃、李仁中毒的,可在胃内找到未完全消化的果仁残渣。但是,有的案例中,氰化物中毒时鲜红色尸斑不一定出现,体腔苦杏仁气味可能不明显,在取材、送法医毒物分析时应特别注意。

氰络盐与有机氰化物的中毒症状与其他氰化物相似,只是作用较慢。口服亚硝基铁氰化钠中毒致死的胃壁,在光的作用下可显示蓝色。

丙烯腈的中毒症状与氰化氢相似,但作用较轻而慢,多在接触 1 h 至数小时后发生中毒。以头晕、头痛、胸闷、呼吸困难、上腹部不适、手足麻木等较为多见。

二、体内过程

氰化氢和氰化物经呼吸道、消化道及皮肤进入体内后很快被吸收,以氰化氢和氰离子的形式存在于组织和体液中。进入体内的氰化物小部分以原形从呼气、尿液、粪便中排出,部分在肝内通过硫氰酸酶作用,使氰基与巯基结合形成硫氰酸盐从肾排出。硫氰酸盐毒性比氰化物小 200 倍,故是体内最主要的解毒途径。

考察氰化物中毒致死者的浓度分布,发现在血液中的浓度较高,其次是肝组织、肾组织、脑组织、尿液等,见表 6-2[8]。在血液中,氰化物主要与血红蛋白结合成氰化血红蛋白而存在于红细胞中,血清或血浆中含量较少,全血中氰化物的含量约为血浆的 4~8 倍。因此血液是用于分析的最佳检材。

表 6-2 氰化物中毒死亡者的体内分布

检材	案例 1	案例 2	案例 3	案例 4	案例 5
血液/(μg/mL)	0.65	3.31	30.3	8.38	8.10
肝组织/(μg/g)	0.16	0.96	10.1	2.9	1.94
肾组织/(μg/g)	0.03	0.33	-	0.67	0.49
脑组织/(μg/g)	0.02	0.07	1.53	0.50	0.16
尿液/(μg/mL)	-	-	0.61	0.08	0.16
胃内容物/(μg/g)	26.3	6.70	234	24.7	26.5

"-"表示未检测。

三、分析方法

检材采取视毒物侵入途径不同而异。口服氰化物中毒者,检材可取残留食物、呕吐物和胃内容物,其次为血液、脾组织、肝组织、肺组织、脑组织等;吸入中毒者以采取血液为宜,其次为肺组织、肝组织、肾组织等。氰化氢和氰化物不稳定,易挥发、易分解,故检材应及早采集并及时进行检验,如不能及时检验,应将检材置于密闭容器中冷冻保存。采取的心血应装满试管不留空隙以防挥发。

检材如为可疑晶体、粉末及纸片,可取其水溶液或水浸液进行检验。生物检材可不经分离,按化学检验法快速检验;可用蒸馏、扩散、抽吸或顶空等法分离后进行;也可将样品处理和分析结合起来,如抽吸法普鲁士蓝反应、顶空气相色谱法和固相微萃取气相色谱法等。

分析氰化物有许多方法,其中普鲁士蓝反应是一种经典方法,至今仍被人们普遍使用;用气相色谱法测定氰化物的方法有了很大的发展,采用电子捕获检测器更可大大提高检测灵敏度;气相色谱-质谱联用法则可有效排除干扰,保障检测结果的可靠性。

1. 普鲁士蓝反应法

利用氢氰酸易挥发的特征,加酸使检材呈酸性,氢氰酸从检材中逸出后与硫酸亚铁-氢氧化钠试纸作用生成亚铁氰化物，在酸性条件下，再与空气氧化产生的三价铁离子作用生成普鲁士蓝，从而达到定性定量检验目的。灵敏度为 0.1～10 μg。

参考方法一：取血液 2 mL 或粉碎的组织 2～5 g，置试管中，加 10%酒石酸溶液使呈酸性，立即在瓶口盖上硫酸亚铁-氢氧化钠试纸（1～2 滴新配的 20%硫酸亚铁溶液+1～2 滴 10%氢氧化钠溶液），用小火缓缓加热，待溶液沸腾后，取下试纸，浸入稀硫酸溶液中。如检材中含有氰离子，试纸显蓝色斑。

参考方法二：取蒸馏、扩散或抽吸法所得碱性检液 1～2 mL，加 4～5 滴新配制的 10%硫酸亚铁溶液，微热，加稀硫酸呈酸性，如有氰离子存在，即产生蓝色。如反应不明显，可再加 1%三氯化铁溶液 1 滴。含量多时，产生蓝色沉淀；含量少时，溶液呈蓝绿色，放置 12～24 h 后，试管底部可见蓝色沉淀。此反应也可在滤纸上进行。

2. 顶空气相色谱/电子捕获检测器法（HS－GC/ECD）

检材中的氰化物在酸性条件下释放出氰化氢，该气体经与氯胺 T 衍生化后生成氯化氰气体，用 ECD 检测器进行分析；经与平行操作的氰化物对照品比较，以外标-工作曲线法、外标-单点校正法定量。

分析参考条件（《血液中氰化物的气相色谱-质谱和气相色谱检验方法》SF/T 0113－2021）：

样品前处理：取血液样品 0.2 mL 置于已装有 4 mL 水的 10 mL 顶空进样瓶中，混匀，瓶中放入加有 0.5%氯胺 T 溶液 1 mL 的内管，再加 100 μL 磷酸于待检血液中，立即加盖密封。待顶空进样瓶在 65℃水浴中加热 30 min 后，取 0.4 mL 液上气体注入气相色谱仪中分析。

色谱条件：色谱柱，SE－30 熔融石英毛细管柱（30 m×0.22 mm×0.25 μm）；柱温，40℃；进样口温度：120℃；检测器：ECD；检测器温度：300℃；载气：氮气。

本方法血液中氰化物的检出限为 0.05 μg/mL；定量限为 0.10 μg/mL。

3. 气相色谱-质谱法（GC－MS）

生物检材中的氰化物在酸性条件下释放出氰化氢，选用合适的色谱柱，可直接采用质谱检测，具有样品前处理简单、专属性强、灵敏度高等特点。

分析参考条件（《血液中氰化物的气相色谱-质谱和气相色谱检验方法》SF/T 0113－2021）：

样品前处理：取血液样品 0.5 mL 置于 10 mL 顶空进样瓶中，加入 10 ng/mL 二氯甲烷内标物工作液 0.5 mL，再加入 100 μL 磷酸，立即加盖密封，混匀。将样品置于 45℃恒温水浴锅内，加热 30 min 后，用 0.5 mL 进样针吸取加热后瓶内液面上气体 0.5 mL。

色谱条件：色谱柱为 GC－GASPRO（30 m×0.32 mm）；升温程序：初温 50℃，保持 1 min，以 40℃/min 升至 150℃，保持 5 min；进样口温度：150℃。载气，氦气；流速，3.5 mL/min。

质谱条件：EI 源，70 eV；离子源温度，230℃；传输线温度，230℃；采集方式，选择离子监测扫描（SIM），氰化氢的特征碎片离子为 *m/z* 26、27、28，二氯甲烷的特征碎片离子为 *m/z* 84、86、49。其中 *m/z* 27、*m/z* 86 为定量离子。氰化氢和二氯甲烷的保留时间分别为 4.56 min 及 4.83 min。

本方法血液中氰化物的检出限为 0.05 μg/mL。

四、鉴定要点

1. 尸体特征

氰化物中毒死亡尸体尸斑及血液呈鲜红色，口服氰化物中毒者胃内容物一般呈弱碱性，胃黏膜有显著碱性腐蚀现象。

2. 鉴定方法

普鲁士蓝反应作为经典方法至今仍在鉴定实践中使用,准确、干扰少,且操作简便是其优点。用该法进行氰化物分析时应该注意:① 以胃内容物、呕吐物等作检材时,可加入蒸馏水制成稀糊状,以利于反应的完全。② 反应物以小火加热或在低温水浴中进行,特别是对于植物氰苷的水解,时间要长些,条件要温和。③ 注意进行空白对照,腐败尸体中可能产生氰化物。普鲁士兰反应法对胃内容物、呕吐物、剩余可疑检材等效果较好,而血液、组织等生物检材在加热过程中易产生气泡,并且灵敏度较差,影响结果的判断。采用 HS－GC/ECD 和 GC－MS 法可有效地排除干扰,适用于各生物检材中氰化物的分析。

3. 检材保存

氰化物极不稳定,在空气中、在高温下,尤其在酸性条件下,氰化物易生成 HCN 而挥发。故血液检材采集后应密封、低温保存并及时分析。检材的保存条件对血液中氰化物浓度测定的准确度影响很大[9]。室温保存 5 天内氰化物浓度变化不大,然后有浓度下降和上升的现象;4℃冰箱存放在前 140 天浓度趋于稳定,此后浓度逐渐下降;-20℃存放 150 天后氰化物浓度发生变化。保存时间研究中血液氰化物浓度的改变除普遍降低外,也有浓度升高情况,故血液中氰化物的死后生成应予以关注。尸体的保存条件对氰化物的检出时限有很大影响,一般在中毒后 9~10 日尚可检出;如腐败严重 2~3 日后就不易检出;也有因自然条件好,尸体未腐败,死亡半年左右,仍能检出的情况。样品保存和尸体保存中氰化物的浓度变化包含复杂的机理,既有挥发使其浓度下降的因素,又有细菌作用生成氰化物使其浓度增高的因素。对于氰化物的检验和评判,应考虑此因素。

4. 血液氰化物浓度

正常人血液中也含有微量的氰化物,一般低于 0.2 μg/mL,血液浓度在 2 μg/mL 以上则可致中毒甚至死亡。死于火灾及空难者的尸体血液氰化物浓度明显高于正常人,但一般不超过 6 μg/mL[9]。有研究报道[10],分析 264 份正常人血液样品,检出氰化物 204 份,检出率 77.3%,其中最高值 42 ng/mL,平均值 11 ng/mL,不吸烟者约为 16 ng/mL,吸烟者约为 41 ng/mL。正常人血液中氰化物的浓度对于氰化物中毒的判定以及案件定性具有重要的参考价值。氰化物的体内主要代谢物硫氰酸盐也可作为摄入氰化物的标志物,但血中氰化物和硫氰酸盐的浓度与中毒死亡者摄入氰化物后延缓死亡的时间有关,常常不表现出相关性。

五、案例评析

案例一

某年春季,西北某市动物园的饲养员发现园内所养的 4 只金丝猴死亡。有关部门对现场进行勘查并对金丝猴尸体作了解剖,提取各种检材,做了微生物、毒物等多种检验,但未查明死因。综合现场勘察和多种检验的结果,排除人为投毒的可能。动物园为解开金丝猴死亡之谜委托有关部门进行毒物鉴定。该案检材仅有解剖后留取的胃内容物。据饲养记录记载曾喂食金丝猴桃树嫩芽。

【毒物分析及评析】① 取送检金丝猴胃内容物 5 g 捣碎,加 5 mL 水稀释,置于三角烧瓶中,加 10% HCl 溶液调节 pH 为 2,立即连接已装有 $FeSO_4$－NaOH 试纸的普鲁士蓝抽气实验装置,加热使其微沸并抽气 15 min,去火,取下滤纸浸于 10% H_2SO_4溶液中,滤纸显蓝色斑,为阳性反应。② 分别取桃树嫩芽、桃树老叶,用普鲁士蓝反应法检验,同时进行阴性、阳性对照,结果均呈阳性，且桃树嫩芽的反应较桃树老叶明显，说明桃树嫩芽中氰苷的含量比桃树老叶中多。③ 取豚鼠 3 只，体重 250 g 左右，禁食 24 h 后，喂食桃树嫩芽，12 h 后 3 只豚鼠均死亡。死亡豚鼠腹鼓胀，心血呈鲜红色流动状，有少量凝血块。分别取胃内容物、心血及心、肝、脾组织依普鲁士蓝反应法分析，结果见表 6－3，中毒致死豚鼠的胃内容物中均检出氰化物成分，心血及心脏组织中也检见氰化物成分。由此得到以下鉴定结论：金丝猴胃内容物中检出氰化物成分。根据桃树嫩芽等的检验及豚鼠实验结果，结合饲养员的饲养记录，认为金丝猴系食用大量桃树嫩芽致氰化物中毒死亡。

表 6－3 中毒豚鼠组织中氰化物的测定结果

	胃内容物	心血及心组织	肝组织	脾组织
中毒豚鼠 1	++	+	－	－
中毒豚鼠 2	++	+	－	－
中毒豚鼠 3	++	+	－	－
阴性对照	－	－	－	－

氰苷广泛存在于一些植物中，如杏、桃、李等的果仁中。苷类能被体内酶作用，或在酸性条件下加热水解成糖和苷元两部分。含氰苷在被水解的同时，其苷元也被水解，产生氢氰酸，从而产生毒性作用。植物的嫩叶中存在氰苷成分，动物食用后能引起中毒。本例中桃树嫩芽、桃树老叶中均检出了氰化物成分，且食用桃树嫩芽后死亡的豚鼠心血中也检出了氰化物成分。结合案情，可以认为金丝猴死亡的原因是因为食用的桃树嫩芽在胃中产生氢氰酸所致。

案例二

某冬，某出租屋 404 室居住的年轻女性死亡，其楼下 304 室居住的男性昏迷。现场调查发现，304 室和 404 室内均有刺鼻气味，5 楼相应部位为天台，天台刺鼻性气味尤为剧烈。于天台上勘查发现，天台堆满大量新旧不一有盖或无盖且无标识物的蓝色塑胶桶，桶内盛装不明液体，发出浓烈的刺鼻性气味，与 304、404 房内气味相似。各桶的周围零散堆放其他工业盛装物，其上有标签标注硫酸、硝酸等字样。

【毒物分析及评析】经毒物分析，女性死者体内检材中常规毒物检验为阴性，肺组织内检出氰化物成分，而胃壁、肝脏、皮肤等组织氰化物阳性结果不明显。现场天台楼顶上无标签塑料桶内的污水样本中检出高浓度氰化物成分。男性伤者经及时抢救和对症治疗很快康复。询问抢救医生及伤者本人中毒情况：初有头昏、头痛征象，继而发展为呼吸困难、胸部紧迫感、抽搐，直至大汗淋漓昏迷不醒，其中毒征象和临床表现与氰化物中毒征象相符。此案经警方侦查，犯罪嫌疑人交代了其在该出租楼天台非法回收存放工业废水并提炼重金属，以致造成一死一伤的犯罪事实。

第三节 苯及其同系物

一、概述

苯及其同系物是重要的有机化工原料，因应用广泛而带来的环境污染和对人体健康的危害也日益受到关注。近年来，因家庭装修引起或职业性急慢性苯及其同系物中毒发生率高居不下，重大恶性职业中毒事件常见报道。苯及其同系物也被用作吸入性滥用物质。苯污染及其对健康的危害已成为亟待解决的公共安全和健康问题之一。

苯(benzene)属芳香烃类化合物，有特殊芳香气味。常温下为油状液体，沸点80.1℃，蒸气比重为2.8。微溶于水，易溶于乙醇、乙醚及丙酮等有机溶剂。甲苯(toluene)为无色易挥发的液体，气味似苯，相对密度0.866，沸点110.4℃。几乎不溶于水，与乙醇、氯仿、乙醚、丙酮、冰醋酸、二硫化碳混溶。易燃。蒸气能与空气形成爆炸性混合物，爆炸极限1.2%~7.0%(体积)。二甲苯(xylene)存在邻、间、对三种异构体，工业二甲苯系由45%~70%的间二甲苯、15%~25%的对二甲苯和10%~15%邻二甲苯三种异构体所组成的混合物为无色透明、具有芳香气味的挥发性液体。相对密度0.86，沸点137~140℃。不溶于水，与乙醇、氯仿和乙醚等任意混溶，易燃。

急性苯中毒是由于短时间在通风不良的作业场所吸入大量苯蒸气而引起。其发病机制主要由其在体内的代谢产物酚类所致。① 骨髓造血系统的影响：苯的许多代谢产物，如苯醌、醌醇、苯三酚等，具有影响细胞内大分子活性的作用，造成酶失活，阻断DNA合成和蛋白质的装配。② 免疫系统的影响：芳香族化合物与蛋白质结合后极易形成自身抗原，诱发机体产生变态反应，造成血液细胞的损害。③ 酚类为原浆毒，可直接抑制造血细胞的核分裂，对骨髓中增生活跃的幼稚细胞有明显损害作用。急性苯中毒主要表现为中枢神经系统症状，轻者出现黏膜刺激症状，患者诉头痛、头晕、恶心、呕吐等，随后出现兴奋或酒醉状态，严重时发生昏迷、抽搐、血压下降、呼吸和循环衰竭。慢性中毒以造血系统损害为主要表现，有头晕、头痛、乏力、失眠、记忆力减退等神经衰弱综合征的表现，造血系统损害以白细胞数减少最为常见。中毒晚期可出现全血细胞减少，致再生障碍性贫血。9名工人暴露于<10 ppm苯浓度的车间中，一周后血液苯浓度在8~204 ng/mL。空气中苯浓度达20 000 ppm时，人吸入后在5~10 min内致死。成人摄入约15 mL苯可引起虚脱、支气管炎及肺炎。

甲苯可经呼吸道进入体内，在血液循环中主要吸附于神经细胞膜及血浆脂蛋白上，以后蓄积于含类脂质较多的组织，如肾上腺、脑和骨髓，其次为肝、肾、脾和肺。吸入甲苯后对中枢神经系统和自主神经有明显的麻醉作用。甲苯引起的急性中毒主要表现为中枢神经系统的麻醉作用和植物神经功能紊乱症状，以及黏膜刺激症状，重者甚至抽搐、神志不清，有的可出现癔病样症状。慢性中毒常出现神经衰弱综合征，亦可致脑病及肝肾损害。直接吸入液体后可出现肺炎、肺水肿、肺出血及麻醉症状。有研究，暴露于甲苯浓度38 ppm的车间中8 h，86名工人血液中甲苯浓度均值为0.59 μg/mL。暴露于100 ppm浓度空间30 min，15名健康青年人血液中甲苯浓度均值0.4 μg/mL，稍作运动后，浓度升至1.2 μg/mL。

二甲苯具有麻醉作用，长期接触可使神经系统功能紊乱，二甲苯中毒可引起肝功能的损害，并具生殖毒效应。二甲苯引起的急性中毒主要表现为：短时间内吸入高浓度后，出现头痛、头晕、无力、面潮红、酒醉状态、恶心、呕吐、呼吸困难、眼和呼吸道刺激症状和四肢麻木等，严重时可出现抽搐、昏迷、心室纤颤、呼吸停止而即刻死亡。二甲苯对人体的慢性影响主要表现为头痛、头晕、乏力、睡眠障碍、食欲减退、鼻衄、齿龈出血、脱发、皮肤瘀斑等，长期接触可有角膜炎、慢性皮炎。涉二甲苯中毒死亡案例中血液浓度在3~40 μg/mL，成人经口服致死量$>$15 mL。一般甲苯、二甲苯空气浓度200~300 mg/m^3吸入8 h即可产生轻度中毒症状，3.76 g/m^3浓度吸入1 h即发生急性中毒，71.4 g/m^3浓度下数分钟可使吸入者迅速昏迷、死亡。

急性苯中毒死亡者以中枢神经病变为主，大脑白质广泛水肿，血管周围神经组织疏松和淋巴细胞浸润，胶质细胞周围出现大空泡，并有脱髓鞘现象。气管黏膜、胸膜及肺严重淤血和出血，有明显肺水肿，灶性肺不张和气肿。接触极高浓度死亡以肺脏明显出血和水肿为主要病变，大脑仅有轻度血管充血，肝肾可无明显异常，体内富含脂肪的组织中的苯含量与接触浓度平行。慢性苯中毒死亡者皮肤苍白，贫血貌，全身散在出血斑点，继发性感染灶，鼻与口腔黏膜溃疡，肝、脾、淋巴结可无肿大或轻度肿大，骨髓象呈再生障碍性贫血或白血病表现。

二、体内过程

1. 苯

苯主要以蒸气状态经呼吸道吸入，皮肤仅少量吸收，消化道吸收完全。苯蒸气进入肺泡后，血/气分配系数为6.58~9.3。吸收的苯约50%以原形由呼吸道重新排出。40%左右在体内氧化，形成酚(23.5%)、对苯二酚(4.8%)、邻苯二酚(2.2%)等，这些代谢物与硫酸和葡萄糖醛酸结合(约30%)随尿液排出，故测定尿液中硫酸盐及尿酚的量可反映近期体内吸收的情况，一部分邻苯二酚也可氧化形成黏糠酸，然后分解为 CO_2 和水排出体外。苯的代谢主要在肝脏内进行。肝微粒体的混合功能氧化酶使苯羟基化，成苯基羟胺。

苯主要分布在骨髓、脑及神经系统等含脂肪组织多的组织内，尤以骨髓中含量最多，约为血液中的20倍。1例苯急性中毒死亡者，血液和尿液中苯浓度分别为31.67 μg/mL 和2.26 μg/mL，肺组织、肝组织、脑组织、心脏和肾组织中苯浓度也较高，依次为22.23 μg/g、378.60 μg/g、178.66 μg/g、182.57 μg/g 和75.15 μg/g[11]。

2. 甲苯

甲苯进入体内后主要分布于富含脂肪的组织，以脑组织、骨髓和肝组织为最多。其主要代谢物为苯甲酸、马尿酸。80%~90%氧化成苯甲酸，并与甘氨酸结合形成马尿酸随尿排出；少量以原形经肺排出；另有少量苯甲酸与葡萄糖醛酸结合随尿排出。24 h 排出剂量的68%。

3. 二甲苯

二甲苯可经呼吸道、皮肤及消化道吸收，其蒸气经呼吸道进入人体，吸入的二甲苯除3%~6%被直接呼出外，二甲苯的三种异构体都可代谢为相应的苯甲酸(60%的邻二甲苯、80%~90%的间、对二甲苯)，进一步与葡萄糖醛酸结合。18 h 内吸收剂量的72%以甲基苯甲酸结合物的形式从尿液排出，仅有5%以原形从呼气排出，0.01%以原形由尿液排出。

二甲苯进入体内后主要分布于富含脂肪的组织中，如脑组织、骨髓和肝组织。3名成年人，服用二甲苯中毒死亡，血液中二甲苯浓度为3~40 μg/mL(均值21 μg/mL)。一例口服油漆稀释剂死亡案例的体内分布见表6－4。

表6－4 死亡案例中甲苯和二甲苯的浓度

检材	甲苯	邻二甲苯	间二甲苯	对二甲苯
胃内容物/(μg/g)	21 500	1 500	1 075	5 400
血液/(μg/mL)	0.060	0.232	0.160	0.065
肝脏/(μg/g)	41.5	12	15	6
肾脏/(μg/g)	0.939	4.15	3.86	1.08
肺/(μg/g)	<LOQ	<LOQ	<LOQ	<LOQ

三、分析方法

测定苯及其同系物的体内检材以血液、尿液为宜。可采用类似乙醇的顶空进样法分析，但在顶空过程中加热温度较高，以利于苯及其同系物从生物基质中的释放。如果是组织检材，顶空加热的时间更需延长。也可选取合适的纤维头，采用固相微萃取吸附。

目前检测苯及其同系物的方法主要为配火焰离子化检测器（FID）的顶空气相色谱法、气相色谱-质谱法，采用气相色谱-质谱法则特异性更强。

1. 顶空气相色谱法

苯及其同系物可通过适当的色谱柱和程序升温完全分离，顶空气相色谱法可用于生物检材中苯及其同系物的定量分析。

参考方法（《血液、尿液中苯、甲苯、乙苯和二甲苯检验顶空气相色谱法》GA/T 204－2019）：

样品前处理：取血液或尿液检材 200 μL 及叔丁醇内标溶液 500 μL（40.0 μg/mL），置于 10 mL 顶空瓶中，覆盖密封垫并加盖密封，于 65℃水浴中加热 10 min。同步取空白血液 2 份，作为质控样品平行操作分析。

色谱条件：加热箱温度，65℃；定量环温度，105℃；传输线温度，110℃；气相循环时间，15 min（色谱柱 1；色谱柱 2）；样品瓶加热平衡时间，10.0 min；样品瓶加压时间，0.10 min；定量环充满时间，0.10 min；定量环平衡时间，0.05 min；进样时间，1.00 min。色谱柱 1，DB－ALC1 柱（30 m×0.32 mm，1.8 μm）；色谱柱 2，DB－ALC2 柱（30 m×0.32 mm，1.2 μm）。柱温，初温 40℃（3 min），以 10℃/min 升温至 150℃（1 min）。检测器，火焰离子化检测器（FID）；检测器温度，300℃；进样口温度，150℃。

色谱柱 1 的参考保留时间（Rt，min）：叔丁醇，2.06；苯，4.15；甲苯，6.65；乙苯，8.77；间二甲苯，8.99；对二甲苯，8.99；邻二甲苯，9.56。色谱柱 2 的参考保留时间（Rt，min）：叔丁醇，2.16；苯，3.71；甲苯，6.16；乙苯，8.29；间二甲苯，8.49；对二甲苯，8.49；邻二甲苯，9.01。本方法苯类化合物的最低检出限为 0.2 μg/mL，定量限为 0.5 μg/mL。

2. 气相色谱-质谱法

采用气相色谱-质谱法可同时确认苯及其同系物。

分析参考条件[12]：

色谱条件：色谱柱：Supelcowax 10 TM（30 m×0.25 mm，0.25 μm）；柱温：初温 50℃，保持 12 min；以 40℃/min 升温至 250℃，保持 3 min。进样口温度：150℃；接口温度：250℃。

质谱条件：离子源，EI，70 eV；四极杆温度，150℃；离子源温度，230℃。苯的特征碎片离子为 *m/z* 78；甲苯的特征碎片离子为 *m/z* 91；二甲苯（邻、间、对）的特征碎片离子为 *m/z* 91，106；苯酚（苯代谢物）的特征碎片离子为 *m/z* 93，135；苯二酚（苯代谢物）的特征碎片离子为 *m/z* 110，87；苯三酚（苯代谢物）的特征碎片离子为 *m/z* 126，79，109。

四、鉴定要点

1）苯及同系物中毒以神经系统损伤为主，其脂溶性、挥发性增强了毒性作用，死亡可发生在服用后 30 min 内。苯及同系物中毒后，应立即采取血液、尿液等检材，置于密闭容器中低温保存，并应尽快分析测定。

2）在可疑苯及同系物中毒死亡案件中，富含脂肪的组织如脑组织是极有价值的检材，如血液中浓度痕量，可采用脑组织等进一步确证。

五、案例评析

案例一

某油漆工在给桥墩刷油漆时感到身体不适，后在桥墩下发现时该人已死亡。所用油漆上标识有“油漆不可以添加稀释剂”，但工人在使用时添加了2%的稀释剂，稀释剂含有甲苯、乙酸乙酯、丙酮、甲醇、乙酸丁酯，比例为75∶15∶5∶5∶5。

【毒物分析及评析】经分析，血液、肺组织、肝组织和脑组织中的甲苯含量分别为48 μg/mL、35 μg/g、65 μg/g和80 μg/g。表明其系甲苯中毒，并影响神经中枢导致麻痹后从高处摔下死亡。

案例二

某受害人为13岁少女，被两名男子用布罩住面部，便失去记忆。4 h后其醒时发现浑身赤裸躺在马路上。经临床检查，该少女被强奸[13]。

【毒物分析及评析】取受害人的血液进行常规毒物分析，受害人的血液中未检出乙醇成分，但检出苯类挥发性成分，血液中苯、甲苯和二甲苯浓度分别为7.6 μg/mL、24.8 μg/mL和0.6 μg/mL。该案为DFSA（药物辅助性侵）案件，犯罪分子选择挥发性有机物作为作案工具，苯类挥发性有机物吸入后会引起头痛、头晕、困倦，严重痉挛，丧失神志等症状。挥发性有机物少见于DFSA案件，故对于该类案件的毒物分析应方案全面，避免漏检。

· 本章思考题 ·

1. 简述血液中乙醇检验的规范化要点。
2. 简述乙醇的体内代谢动力学模型及与血液中乙醇浓度推算关系。
3. 进行血液中乙醇含量测定项目时如何评估不确定度？
4. 简述氰化物中毒原因和法医毒物学鉴定要点。
5. 了解苯及同系物的中毒原因及分析方法。

参考文献

[1] 沈敏，向平. 滥用物质分析与应用. 北京：科学出版社，2016.

[2] Wang H, Li B, Wang F, et al. Determination of Ethyl Glucuronide and Ethyl Sulfate in Human Whole Blood and Vitreous Humor by LC－MS－MS and Applications to the Interpretation of Postmortem Ethanol Findings. J Anal Toxicol, 2021, 45(5): 484－489.

[3] Tam TW, Yang CT, Fung WK, et al. Widmark factors for local Chinese in Hong Kong. A statistical determination on the effects of various physiological factors. Forensic Sci Int, 2004, 151(1): 23－29.

[4] 卓先义，马栋，卜俊，等. 顶空气相色谱法测定血液中乙醇不确定度的评估. 中国司法鉴定，2004, 3: 12－15.

[5] UKIAFT guidelines for alcohol calculations, Version 4.3, 2021.
[6] 卓先义,卜俊,向平,等. 血中酒精浓度的回推算研究. 中国法医学杂志,2010, 15(5): 345-347.
[7] Wurst FM, Thon N, Yegles M, et al. Ethanol Metabolites: Their Role in the Assessment of Alcohol Intake. Alcohol Clin Exp Res, 2015, 39(11): 2060-2072.
[8] Baselt R C. Disposition of Toxic Drugs and Chemicals in Man, 9th edition. California, USA: Biomedical Publications 1, 2011.
[9] 李云鹏,董兆君. 血液中氰化物检测研究进展. 国际检验医学杂志,2007, 28(3): 457-461.
[10] 姚焕焕,唐磊. 离子色谱法测定正常人血液中的氰化物含量. 刑事技术,2017, 42(2): 144-146.
[11] Barbera N, Bulla G, Romano G. A fatal case of benzene poisoning. J Forensic Sci, 1998, 43: 1250-1251.
[12] Argo A, Bongiorno D, Bonifacio A, et al. A fatal case of a paint thinner ingestion: comparison between toxicological and histological findings. Am J Forensic Med Pathol, 2010, 31(2): 186-191.
[13] Sharp ME. A comprehensive screen for volatile organic compounds in biological fluids. J Anal Toxicol, 2001, 25(7): 631-636.

第七章 合成药毒物鉴定

·本章重点内容与学习要求·

合成药毒物是法医毒物司法鉴定的主要对象之一。本章主要介绍苯二氮卓类、巴比妥类、抗抑郁、抗精神病、其他医用中枢神经系统药物、麻醉药物和抗生素的吸收、代谢、排泄、体内分布、检材处理、分析方法以及鉴定要点等，并通过典型案例评析提高分析问题的能力。通过本章学习，应掌握各类合成药毒物鉴定的主要方法和判断要点，正确评价和运用鉴定结果。

合成药毒物是指经常涉及投毒、误服、自杀和医疗纠纷的通过化学合成而得的临床药物，种类繁多，本章主要介绍苯二氮卓类、巴比妥类药物、抗抑郁、抗精神病等中枢神经系统药物，以及麻醉药物和易引起过敏反应而导致死亡的抗生素类药物[1]。

合成药毒物鉴定是法医毒物司法鉴定最常见的检验项目之一。由于该类药物为临床常用药，因此必须进行定量分析，确定血液或组织中药物浓度是否超过治疗量、达到中毒量或致死量，是否对其行为能力产生影响，以判明所涉药物在中毒或死亡、药物犯罪、交通事故等案件中的参与度，分析药物与案件之间的关系，判断案件性质，为涉药案件的侦破及审理提供科学证据。

第一节 苯二氮卓类药物

一、概述

苯二氮卓类药物(benzodiazepines)是20世纪60年代发展起来的一类药物，为苯环与七元含氮杂环稠合而成的有机药物，是世界上最常用的精神药物之一，也是法医毒物分析中最常见的一类处方药。每年约有10%～20%的成人定期服用该类药物，根据《2016年国家药物滥用监测年度报告》数据显示，苯二氮卓类药物亦是我国滥用/使用最多的医疗用第二类精神药品，其比例占到37%[2]。

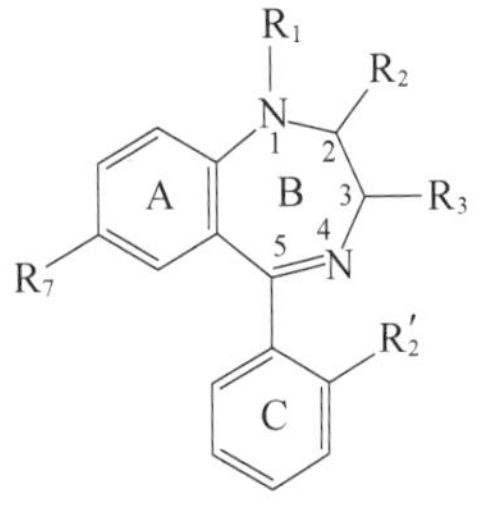

图7-1 苯二氮卓类药物的基本结构

苯二氮卓类药物具有以下基本结构(图7-1)，包括一个苯环(A)和一个七元二氮杂环(B)，在二氮杂环(B)的5位上连接一个苯环(C)，这个苯基(C)可能是苯二氮卓类药物药理活性的必备条件。通过R_1、R_2、R_3、R_7、R_2'等位置上的取代基不同，形成3 000种以上该类化合物。按分子结构可分为1,4-苯骈二氮杂卓类和唑仑苯骈二氮杂卓类，1,4-苯骈二氮杂卓类药物的名字后缀以“西洋”结尾，常见的如地西泮、硝西泮、氟西泮、劳拉西泮、氯硝西泮、奥沙西泮等;唑仑苯骈二氮杂卓类的名字后缀以唑仑结尾,常见的如阿普唑仑、咪达唑仑、艾司唑仑、三唑仑等。

苯二氮卓类药物结构相似,在物理、化学、光谱特征、药理性质等方面均具有相似性。纯品一般为白色,或黄色的结晶性粉末,无臭、无味或微苦,水溶性差,溶于丙酮等有机溶剂,与酸成盐易溶于水。它们都具有环状结构,熔点、沸点较高,难挥发;在其基本结构中均含有 N,故大都显中性或弱碱性,在强酸和强碱下均易分解。

苯二氮卓类药物可以作为镇静催眠药、镇静剂和抗焦虑药物,同时还具有中枢性肌肉松弛及抗惊厥、抗癫痫作用。作为治疗药物,苯二氮卓类药物比巴比妥类药物有许多优点,副作用更少,更安全。苯二氮卓类药物的滥用主要有两种形式: 长期治疗性的服用,如服用时间比通常推荐的使用期限长;非法使用,即未经医生许可或不在医生的指导下自行服用药物。长期使用苯二氮卓类药物会影响认知,并产生依赖和强烈的戒断症状。高剂量使用则会导致非常严重的记忆丧失,甚至会直接导致死亡。

由于苯二氮卓类药物使用广泛,容易获得,使用剂量小,体内代谢快,因而在他杀、自杀和药物辅助犯罪等案件中较为多见。而且苯二氮卓类药物会损害意识运动、认知和驾驶性能,尤其是与酒精和/或非法药物联合使用,是交通安全的危险因素。随着我国机动车的剧增,由苯二氮卓类等精神活性物质影响下的交通事故也呈增长趋势。

1. 地西泮

又名安定、苯甲二氮卓,是苯二氮卓类的典型代表药物,多为白色或类白色结晶性粉末,呈弱碱性,易溶于氯仿、丙酮等有机溶剂,不溶于水[9]。该药物主要是通过与中枢苯二氮卓受体结合而发挥安定、镇静、催眠、肌肉松弛和抗惊厥等药理作用。由于其作用强,毒性小,已成为临床上常用的镇静、催眠及抗焦虑药,且能够抵抗肌肉的痉挛、癫痫发作以及用于麻醉辅助给药。由于其临床上的广泛应用,因地西泮导致的他杀、自杀或误服案件日益增多,在药物驾驶案件中也经常遇到。

2. 氯硝西泮

氯硝西泮是 20 世纪 60 年代合成的抗癫痫药,以后又广泛应用于有抗惊厥、焦虑、抑郁及控制精神运动性兴奋、躁动等治疗。氯硝西泮是一种白色到淡黄色的结晶粉末,可溶于丙酮、氯仿和甲醇。口服氯硝西泮吸收良好,生物利用度接近 100%,属于长效苯二氮卓类药物。氯硝西泮主要通过硝基还原代谢形成 7-氨基氯硝西泮,其在血浆中的浓度与氯硝西泮相近。高达 70%的剂量在 7 天内通过尿液排出,主要以 7-氨基氯硝西泮和 7-乙酰氨基氯硝西泮的形式排泄。因其具有抗焦虑、催眠及中枢性肌肉松弛作用,常被用在药物辅助犯罪案件中。

3. 氟硝西泮

氟硝西泮又名氟硝基安定,是苯二氮卓类中使用最广泛的处方药之一,于 1980 年在瑞典上市,目前约有 2 000 多个品种。一般呈淡黄色结晶性固体,易溶于乙醇,微溶于水,具有催眠、遗忘、镇静、肌肉松弛、抗焦虑、抗惊厥作用,临床主要用于催眠和术前镇静。氟硝西泮在许多国家广泛用于失眠患者,也在酗酒和吸毒人群中流行。服用该药物后会使人神经兴奋,产生幻觉,且高剂量会导致肌肉缺乏控制和顺行性遗忘等。而使用中等剂量(1.25 mg)氟硝西泮可产生愉快与不愉快模糊不清的感觉,因此也常有娱乐消遣滥用情况。当前市面流行的娱乐性药物“蓝精灵”,其主要成分就是氟硝西泮。目前该类药物可通过网购、海淘、代购等途径获得,犯罪活动更趋隐蔽、打击难度更大[3]。

4. 阿普唑仑

阿普唑仑又名佳静安定、甲基三唑安定等，为新型长效的苯二氮卓类药物，同地西泮具有相似的药理作用，临床常用于治疗失眠、焦虑、恐惧以及癫痫等。其结构中的苯并二氮杂环与三唑环形成了一个稳定的代谢三环，使得其镇静作用比地西泮强25~30倍，催眠作用强3~11倍。小剂量时能够镇定安静，中剂量则能够起到催眠作用，大剂量则会抑制延髓的呼吸中枢、血管中枢，导致呼吸麻痹甚至中毒死亡。此外，长期服用会导致成瘾，其中毒症状类似醉酒状态。但因其作用快，抗焦虑、抗失眠效果好，剂量小，毒性低等优点，在临床上应用越来越广泛，中毒案例越来越多，滥用情况也比较普遍，已成为严峻的社会和医疗问题之一。

5. 三唑仑

三唑仑又名海尔神，具有镇静、催眠、抗焦虑和肌肉松弛作用。因其作用快、半衰期短，对肝酶无诱导作用，自1978年上市后广泛应用于治疗失眠，尤其适用于入睡困难。三唑仑纯品为白色或淡黄色结晶粉末，几乎无味，溶于氯仿，稍溶于乙醇，微溶于水和乙醚。三唑仑在体内经历广泛代谢，主要代谢途径为羟基化。因为三唑仑是目前使用的新型高效安眠、镇静药，药效极强（少量使用即产生药效），在市场上有售，易于获得。所以，在麻醉抢劫、强奸案件中三唑仑是案犯经常使用的麻醉药物之一。

苯二氮卓类药物通常具有中枢神经系统抑制和肌肉松弛作用。该类药物的急性中毒主要表现为：轻者表现为中枢神经系统症状，一般为头晕、眩晕、嗜睡、步态不稳、肌肉软弱、共济失调、瞳孔缩小等表现。重者表现为循环系统表征，中毒时间较长者，可出现低血压、皮肤湿冷、脉搏快而弱等循环衰竭症状，大剂量可抑制中枢神经系统及心血管系统，发生呼吸停顿、低血压、心跳停搏等。严重者会因中枢神经、心血管和呼吸系统抑制可引起呼吸、循环功能停止而死亡。本类药物长期持续服用可出现成瘾性，停药后有戒断症状，表现为抑郁、精神激动、失眠及癫痫发作。

苯二氮卓类药物中毒多为自杀，与毒品、乙醇等混合应用发生协同作用所致的中毒最常见，也可见于药物滥用意外中毒或药物辅助犯罪案件，如三唑仑在麻醉抢劫中多见。急性中毒者尸检可见明显尸斑，口唇、指甲发绀。内脏淤血、肺水肿，脑水肿明显，支气管内可有白色泡沫。心、肺表面可有点状出血。有时在胃内可发现残存的药末或药片[4]。检材采集时应注意收集剩余的食物、饮料、药品等体外检材及静脉血、尿、洗胃液等活体检材；死亡者，可收集其心血、肝、脑等组织。检材中药物含量次序一般为肝>脑>血>肾>肺。毒物检测必须进行药物的定量检测，以区别正常治疗用量或中毒。该类药物与乙醇有协同作用，可增加对中枢的抑制，故应注意有无饮酒。

二、体内过程

苯二氮卓类药物口服吸收快且完全，0.5~1.5 h达血药峰浓度，不同药物之间吸收速率存在差异。且该类药物血浆蛋白结合率较高，因其脂溶性强，故向组织分布迅速并容易蓄积。主要在肝脏经肝药酶代谢，且代谢途径相似，有去 N-甲基、C-3位上羟基化、苯环酚羟基化、氮氧化合物还原、1,2位开环等，主要以 N-甲基和 C-3位上羟基化为主。有些药物的代谢产物具有与母体药物相似的活性。该类药物及其代谢物最终均与葡萄糖醛酸结合而失去活性，经肾脏排出，也可通过胎盘屏障，并随乳汁分泌。

苯二氮卓类药物代谢成多种代谢物，这些药物大部分具有共同的代谢途径。该代谢过程包括了羟基化、去甲基化和葡萄糖醛酸结合反应。

1. 吸收、代谢

苯二氮卓类药物口服给药时吸收速率快慢不一。地西泮口服后吸收快速,血浆蛋白结合率高达99%,在成人体内1 h内达到峰浓度;而在儿童体内,达峰时间为15~30 min。吸收速率快的部分原因是地西泮的脂溶性。而一些脂溶性较差的药物如劳拉西泮则表现出较慢的吸收速率,血药浓度达峰时间平均为2 h。

苯二氮卓类药物种类很多,根据其消除半衰期,可以分为长效类、中效类、短效类。咪达唑仑和三唑仑属于短效类,它们的消除半衰期只有几个小时。阿普唑仑、劳拉西泮、奥沙西泮和替马西泮等大多数药物的消除半衰期为6~24 h,属于中效类。地西泮等,属于长效苯二氮卓类药物,消除半衰期长达24 h。

地西泮进入人体后主要在肝脏代谢,经*N*-去甲基化形成一种活性代谢物去甲西泮。这两种化合物接着羟基化,分别形成替马西泮和奥沙西泮。这些代谢物同样具有生物活性,已广泛用于临床。且活性代谢物的催眠作用相对较弱,副作用小,半衰期较短,适宜于老年人和肝肾功能不良者使用。而劳拉西泮在体内快速结合,形成没有活性的产物劳拉西泮葡萄糖醛酸苷。氟硝西泮、硝西泮的*N*-甲基-2′-氟化物,通过*N*-去甲基化、3-羟基化和葡萄糖醛酸结合等进行生物转化。另外,N基团被还原成NH_2,然后乙酰化。氯氮卓在体内经代谢形成4种活性代谢物。*N*-去甲基化形成去甲氯氮卓,然后去氨基化形成地莫西泮,这些代谢物的药理活性与原药相似。地莫西泮经还原后形成去甲西泮,多次给药后该代谢物在血浆中产生蓄积。去甲西泮羟基化后形成奥沙西泮。替马西泮经*N*-去甲基化也会形成活性代谢物奥沙西泮,原药和代谢物均会进一步形成结合物。

阿普唑仑同样通过氧化和结合而代谢,代谢物包括α-羟基阿普唑仑、4-羟基阿普唑仑和α,4-双羟基-阿普唑仑。前2种代谢物分别具有原药的66%和19%的药理活性。阿普唑仑还代谢形成一种氯二苯甲酮的类似物3-羟基-5-甲基噻唑。三唑仑吸收最快,它在体内通过羟基化和结合而代谢。其主要的代谢物α-羟基三唑仑具有药理活性。

2. 排泄

地西泮及其代谢产物常被快速排泄而并不蓄积于血浆。尿液中仅能检测到少量的地西泮和去甲西泮,原药和代谢物均进一步形成结合物。33%的剂量以奥沙西泮葡萄糖醛酸苷的形式排泄,而另20%以多种结合物的形式排泄。去甲西泮的3-羟基代谢物即奥沙西泮会与葡萄糖醛酸快速结合,形成无活性的代谢物,在48 h的尿中,该结合物占了口服剂量的61%。尿中能检测到微量的原形药物,而其他的一些羟基化产物所占比例一般少于剂量的5%。而长期多次用药时,其母体药物及其代谢产物易在体内蓄积。半衰期中等或短的一般无活性代谢物,长期用药时体内蓄积较轻,如硝西泮、三唑仑等。

劳拉西泮的代谢产物劳拉西泮葡萄糖醛酸苷结合物不易排泄,其血药浓度可能超过原药,消除半衰期大约为16 h。约75%的剂量在5天内以结合物的形式排泄于尿液中,少量的代谢物如环羟基化产物和喹唑啉的衍生物,约占剂量的14%。尿液中能检测到微量的原形药物。

氟硝西泮大约剂量的84%在一周内排泄于尿液,而11%排泄于粪便。低于0.5%的量以原形药物的形式排泄。在单剂量(2 mg)给药1天后,血浆中可检测到去甲氟硝西泮和7-氨基氟硝西泮。氯氮卓则是低于1%的剂量以原形药物的形式排泄于尿液中,大约6%以地莫西泮的形式排泄,而剩余的以葡糖醛酸结合物的形式排泄[16]。替马西泮最终约82%的剂量排泄于尿液,12%排泄于粪便。三唑仑则72 h内仅有微量的原形药物排泄于尿液,而大约80%的剂量以葡糖醛酸结合物的形式出现于尿液中。

3. 体内分布

苯二氮卓类药物的分布可以用二房室药代动力学模型来描述。中央室分布很快，而分布到周边室（如脂肪）的速度较慢。一房室模型被用于描述部分苯二氮卓类药物（如劳拉西泮）的动力学过程。脂溶性高的苯二氮卓类药物明显分布更快。大部分苯二氮卓类药物与血浆蛋白高亲和性地结合（85%~95%），而表观分布容积范围在 1~3 L/kg，因而快速从血浆转移至大脑、肺和脂肪组织。

三、分析方法

针对不同的检材，所选择的样品前处理方法有所不同。药片类体外检材可以采用甲醇或乙醇溶解，离心后直接用于分析。生物检材需要调整合适的 pH 后再用有机溶剂萃取。苯二氮卓类药物在酸性、中性及碱性条件下均可被有机溶剂提出，但酸性或碱性不可太强。多数的苯二氮卓类药物易溶于有机溶剂，成盐后易溶于水，一般可选择弱碱性条件下用乙醚或氯仿等有机溶剂进行萃取。此外，本类药物在体内与血浆蛋白、葡萄糖醛酸等有较高的结合率，一般为 70%~80%，有的高达 90%，所以处理尿液时应先使结合物水解再萃取，但不宜用酸水解，可用 β -葡萄糖醛酸酶水解。

生物检材中苯二氮卓类药物及其代谢物可以通过液-液萃取（LLE）或固相萃取（SPE）进行提取。多数苯二氮卓类药物可采用液-液萃取，将样品溶液 pH 调为弱碱性，提取溶剂选用乙醚或乙酸乙酯等有机溶剂来进行处理。氟西泮比较特殊，其游离碱水溶性较大，采用 LLE 不宜分离，一般采用 SPE 等方法处理[1]。

可用于苯二氮卓类的检测方法主要包括免疫测定法、GC、GC－MS 及 LC－MS 等。免疫法适用于尿样筛选分析，可选用商品化的苯二氮卓类免疫板。目前苯二氮卓类免疫板的检测限为 300 ng/mL，灵敏度不高，且特异性不强。因此，免疫法可用作初步筛选，结果阳性者需用气相色谱-质谱联用法进一步确证。

GC 法可用于苯二氮卓类的筛选和定量分析。色谱柱可用 HP－1、HP－5 类毛细管柱，采用程序升温可使苯二氮卓类药物很好分离；检测器一般为 NPD 或 ECD，由于苯二氮卓类药物分子有卤素或硝基，故用 ECD 检测灵敏度特别高。衍生化可大大提高灵敏度。但该类物质的代谢产物极性增大不适宜用 GC 分析，而采用 LC－MS 分析方法可以有效克服以上问题[1]。

苯二氮卓类药物呈弱碱性，采用反相 HPLC 法，分离性能良好，可用于生物检材中苯二氮卓类药物的筛选和定量分析。LC－MS 法是体内外苯二氮卓类药物以及代谢物鉴定的常用确证方法。LC－MS 法分析苯二氮卓类药物灵敏度高、样品前处理简便、无需衍生化，可同时分析苯二氮卓类药物原体及其代谢物，将逐渐成为筛选、定性、定量分析的主要手段。

参考方法：《血液、尿液中 238 种毒（药）物的检测 液相色谱-串联质谱法》

液-液提取、LC－MS/MS 分析法（SF/Z JD0107005—2016）

样品前处理：取血液 1 mL，加入 10 μL 地西泮- d5 和 SKF_{525A} 内标溶液（1 μg/mL），加入 2 mL pH9.2 硼酸缓冲液后用 3.5 mL 乙醚提取，混旋，离心。上清液于 60℃水浴中挥干，残余物中加入 200 μL 流动相复溶，取 10 μL 进行 LC－MS/MS 分析。

色谱条件：Allure PFP Propyl 色谱柱（100 mm×2.1 mm，5 μm），接 C_{18} 保护柱；流动相选用

乙腈：20 mmol/L 乙酸铵和0.1%甲酸缓冲液(70∶30)；流速为0.2 mL/min；进样量为10 μL。

质谱条件：离子源为ESI+；多反应监测(MRM)模式；碰撞气(CAD)、气帘气(CUR)、雾化气(GS1)、辅助加热气均为高纯氮气，使用前调节各气流流量以使质谱灵敏度达到检测要求；去簇电压(DP)、碰撞能量(CE)等电压值应优化至最优灵敏度。每个化合物分别选取2对前体离子与子离子，优化离子源参数，质谱参数和保留时间见表7-1。

表7-1 苯二氮卓类药物及其代谢物的质谱参数和保留时间

化合物名称	英文名称	前体离子/子离子对(m/z)	DP/V	CE(1/2)/eV	Rt/min	LOD/(ng/mL)
硝西泮	Nitrazepam	282.2/236.2 282.2/180.2	70	32/52	2.14	10
地西泮	Diazepam	285.1/193.3 285.1/154.1	80	45/36	2.77	1
地莫西泮	Demoxepam	287.1/269.3 287.1/180.2	70	38/32	1.87	10
去甲西泮	Nordiazepam	271.2/140.2 271.2/208.1	70	36/36	2.32	10
奥沙西泮	Qxazepam	287.2/241.2 287.2/269.3	50	31/21	2.02	10
替马西泮	Temazepam	301.2/255.2 301.2/283.1	70	36/19	2.34	1
氟西泮	Flurazepam	388.2/315.2 388.2/288.1	65	32/33	10.13	10
氟硝西泮	Flunitrazepam	314.2/268.3 314.2/239.3	85	35/45	5.81	1
氯硝西泮	Clonazepam	316.2/270.1 316.2/214.1	75	36/49	2.16	1
溴西泮	Bromazepam	317.1/183.3 317.1/210.2	60	43/35	2.11	10
劳拉西泮	Lorazepam	321.1/275.1 321.1/303.1	60	30/21	1.99	1
7-氨基硝西泮	7-Aminonitrazepam	252.2/121.1 252.2/146.2	80	37/38	1.84	10
7-氨基氟硝西泮	7-Aminoflunitrazepam	284.2/135.2 284.2/226.2	80	39/41	1.96	1
7-氨基氯硝西泮	7-Aminoclonazepam	286.1/222.2 286.1/250.1	60	34/25	1.61	1
N-去烃氟西泮	Desalkylflurazepam	289.2/140.2 289.2/226.1	60	37/38	2.1	20
尼美西泮	Nimetazepam	296.1/250.2 296.1/222.1	70	36/38	2.47	1

续 表

化合物名称	英文名称	前体离子/子离子对(m/z)	DP/V	CE(1/2)/eV	Rt/min	LOD/(ng/mL)
艾司唑仑	Estazolam	295.2/267.3 295.2/205.2	70	34/53	2.4	10
阿普唑仑	Alprazolam	309.1/281.1 309.1/274.2	80	33/32	2.85	1
咪达唑仑	Midazolam	326.2/291.4 326.2/244.2	65	37/35	4.74	1
α-羟基阿普唑仑	α-Hydroxyalprazolam	325.2/297.2 325.2/279.2	90	35/33	3.53	10
α-羟基咪达唑仑	α-Hydroxymidazolam	342.0/324.2 342.0/203	70	29/30	2.43	10
三唑仑	Triazolam	343.2/308.2 343.2/315.2	80	36/35	2.71	1
α-羟基三唑仑	α-Hydroxytriazolam	359.2/331.2 359.2/176.1	80	38/37	2.01	1
地西泮-d5(内标)	Diazepam-d5	290.2/198.2 290.2/159.2	60	45/36	2.77	

尿液中含有与葡萄糖醛酸结合的代谢物,因此建议在提取前先进行酶水解,然后同血液分析。

毛发检材中苯二氮卓类药物的检测主要在摄毒鉴定、药物辅助犯罪案件中应用。毛发检材的样品前处理可参照常见毒品分析方法。

四、鉴定要点

1. 生物检材的应用特点

在毒物分析实践中,苯二氮卓类药物是频繁涉及的一类药物,如麻醉抢劫、药物催眠后实施强奸或凶杀等。由于这类案件中药物仅起辅助作用,因此体内药物浓度比较低,较难检验。怀疑苯二氮卓类药物中毒时,体内外检材的收集在鉴定中均至关重要。不仅需要收集案(事)件中现场剩余食物、饮料、药品等体外检材;还需收集血液、尿液、洗胃液等活体检材;如果怀疑中毒致死的案件则需要收集心血、尿液、肝、脑等尸体检材。体内检材以尿和血液等检材为主,当需判断是否为苯二氮卓类药物中毒致死时需选取血液作为检材。在摄毒、接触后间隔较长时间的情况下,可选取毛发检材(头发、体毛)进行分析。

2. 分析方法选择

GC-MS 或 LC-MS 法是体内外苯二氮卓类药物以及代谢物鉴定的常用确证方法。在体内苯二氮卓类药物浓度低、难于检测的情况下,检测其代谢产物能够得到很好的效果。但苯二氮卓类药物的代谢产物一般与葡萄糖醛酸结合,提取前要用葡萄糖醛酸酶进行水解,注意不宜用酸水解,酸性环境下苯二氮卓类药物容易开环分解。苯二氮卓类药物的代谢产物用气GC-MS法分析时,应进行衍生化以提高灵敏度。LC-MS 法分析苯二氮卓类药物灵敏度高、样品前处理简便、无需衍生化,可同时分析苯二氮卓类药物原体及其代谢物,将逐渐成为筛选、定性、定量分析的主要手段。方法前处理简单、灵敏度高、重现性好，可以用于刑事侦查领域以及保健食品中违法添加的佐证，同时也可以用于对临床上使用该类药物病人的尿液监测。

3. 稳定性

一些苯二氮卓类药物在生物基质中不稳定，如氯氮卓在生物基质中可分解成地莫西泮和去甲西泮。含硝基的苯二氮卓类药物在血液中相当稳定，但如存在细菌，血液中氯硝西泮、硝西泮等可转变成其相应的 7-氨基代谢物。因此，采样后应及时分析，以减少样品保存过程中可能发生的降解。

4. 原药与代谢物

许多苯二氮卓类药物的体内代谢物具有药理活性，有一些代谢物同样为临床药物，如地西泮，其代谢物去甲西泮、替马西泮和奥沙西泮等，其中奥沙西泮同样被用作临床药物。所以，生物检材中应同时分析原药及其代谢物，同时注意通过多种检材包括毛发等推断摄入的药物原形。

5. 中毒死亡案件的结果评价

由于资料记载的治疗浓度、中毒浓度和致死浓度一般都为血液数据，所以定量分析要采集血液检材，得到血液中苯二氮卓类药物的浓度。在使用血液药物浓度评判死亡原因时，应考虑采血部位、采血时间、体内再分布、腐败状况、多药物或苯二氮卓类药物与乙醇的协同作用等因素。

五、案例评析

案例一

一名 23 岁女子称其前天晚上被人麻醉昏迷而遭受强奸，苏醒约 3 h 后报案。报案后采集血液。由于该名女子患有焦虑症，存在服用劳拉西泮缓解症状的可能性，故一个月后又采集了报案者的头发样本[5]。

【毒物分析及评析】　经精神活性物质的系统筛选，血液中检出劳拉西泮，浓度为 32 ng/mL；头发从根部起分段分析，在距根部 0~2 cm 头发段中检出 8 pg/mg 的劳拉西泮，而 2~4 cm 和 4~6 cm 的头发段中未检出劳拉西泮。

本案血液中检出劳拉西泮，说明其近期使用过劳拉西泮，而头发中仅有距根部 0~2 cm 头发段中检出劳拉西泮，符合单次用药情况。

案例二

一名 71 岁的男子被发现在一辆汽车内死亡，一旁的妻子昏迷，送医院抢救后恢复了意识。妻子诉述他们试图服用安眠药自杀。尸检显示，男子没有明显的外伤或可能导致死亡的内科疾病[6]。

【毒物分析及评析】　男子全血中酒精和碳氧血红蛋白饱和度分别为 0.26 mg/mL 和 <10%。因此，排除了汽车废气中一氧化碳中毒的可能性，并进一步进行毒物筛选。男子生物检材中均检出三唑仑、戊巴比妥、阿米替林和溴西泮成分；全血中质量浓度分别为 45.60 ng/mL、386.4 ng/mL、521.2 ng/mL 和 166.7 ng/mL。妻子在入院后 17 h 采集的全血中检出三唑仑和戊巴比妥成分，质量浓度分别为 7.350 ng/mL 和 288.2 ng/mL。

根据毒物分析结果和案情调查，证实该男子和他的妻子曾试图服用三唑仑和戊巴比妥自杀。由于三唑仑与阿米替林等其他精神药物的协同作用，最终，该男子死于三唑仑等多种药物交叉反应中毒。

第二节 巴比妥类药物

一、概述

巴比妥类(barbiturates)药物为第一代镇静催眠药物,具有抑制中枢神经的作用,在临床上的应用范围广泛,除镇静麻醉作用以外,还可以用作抗焦虑、安眠、抗痉挛等。人工合成的巴比妥类药物已有 2 500 余种,目前在临床上该类药物已逐渐被苯二氮卓类药物代替,较少用于镇静催眠,而主要用于抗癫痫。该类药物具有成瘾性又较易获得,易被不法分子用于犯罪,因而在他杀、自杀和服用过量造成的药物中毒等案(事)件中较为多见。

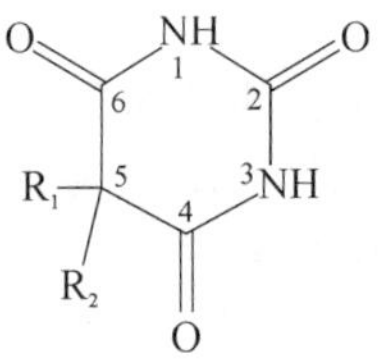

图 7-2 巴比妥类药物基本结构

巴比妥类药物具有以下基本结构(图 7-2),都具有一共同的环状结构称巴比妥酸,系由取代的丙二酸酯与脲缩合而成的环状丙二酰脲的结构,由于 5 位取代基 R_1 和 R_2 的不同,形成不同的巴比妥类药物,具有不同的理化性质。

巴比妥类药物通常为无臭、味苦的白色结晶或结晶性粉末(含硫者如硫喷妥呈浅黄色,且略有蒜味),具一定熔点,在空气中稳定,加热能升华,易溶于乙醇、乙醚、氯仿等有机溶剂,难溶于水和石油醚。环状母核为丙二酰脲结构,具 1,3—二酰亚胺基团,一定条件下可互变异构形成烯醇式结构,在水溶液中显弱酸性。在碱性中如碳酸钠或氢氧化钠溶液中则能生成盐而溶于水,也能溶于乙醇,但不溶于乙醚、氯仿等有机溶剂。其钠盐的水溶液经酸化后又能析出游离的药物分子,利用此性质可用有机溶剂来分离净化检材中的药物。本类药物在干燥空气中稳定,遇酸、氧化剂、还原剂时,一般情况下环不会破裂,但在碱性条件下,丙二酰脲环状结构易被水解而开环。

巴比妥类药物选择地抑制脑干网状结构上行激活系统的功能,因而减弱向大脑皮质细胞的输入冲动,使大脑皮质细胞由兴奋转入抑制,继而出现睡眠。巴比妥类是长期用药可产生耐药性和成瘾性,用量大时可抑制呼吸中枢而造成死亡。催眠剂量的巴比妥类药物可导致眩晕、困倦以及精细运动不协调;中等剂量可轻度抑制呼吸中枢;长期服用可使患者产生对该类药物的精神依赖性和生理依赖性,迫使患者继续用药,终至成瘾,多个巴比妥类药物属于我国《精神药品品种目录》中的管制药品。

巴比妥类药物中毒表现为: 头痛、眩晕、反应迟钝、嗜睡、语言不清、判断力和定向力障碍、谵妄、躁狂、幻觉、惊厥及四肢强直等,对中枢的抑制作用随着剂量加大,表现为镇静、催眠、抗惊厥及抗癫痫。严重者可抑制延髓呼吸中枢和血管运动中枢,致呼吸麻痹死亡。巴比妥类催眠药与酒精、吗啡或非巴比妥类催眠镇静剂均有协同作用。如酒精可增加巴比妥类的吸收速率并阻碍肝的代谢而延长巴比妥类的作用,引起重度中毒甚至死亡[4]。

二、体内过程

1. 吸收、代谢

巴比妥类药物口服给药时,吸收快速且完全,生物利用度接近 100%,易从碱性肠液吸收,迅速分布于全身组织,肝、肾分布较多,起效时间为 10~60 min。该类药物的钠盐比它们的酸吸收快。一些巴比妥类药物也可以直肠给药;一些用于麻醉(硫喷妥)或者用于治疗癫痫(苯巴比妥)的巴比妥类药物通过静脉注射给药。药效和毒性差异较大，一般治疗量的10倍以上可致中毒。常用药物的致死量：巴比妥为5~10 g，苯巴比妥为4~9 g，异戊巴比妥为2~5 g，司可巴比妥为1~5 g。

巴比妥类药物入血后与血浆蛋白结合，迅速分布于全身组织和体液中，也能通过胎盘进入胎儿体内。含血丰富的器官如肝、肾较其他组织含量较高。脂溶性高的易通过血脑屏障进入脑组织。消除半衰期随巴比妥酸盐结构不同而分短效、中效和长效类。短效巴比妥类药物的半衰期约为1 d，而中效巴比妥类药物的半衰期约为2 d，长效巴比妥类药物的消除半衰期可达2~5 d。

巴比妥药物依据脂溶性透过血-脑脊液屏障进入脑组织[1]。巴比妥类药物在体内主要有两种消除方式：一种经肝脏肝药酶氧化代谢，代谢途径主要有5位取代基氧化、N上脱烷基化、水解开环以及2位脱硫等。代谢产物由于脂溶性下降，在脑内浓度会降低，从而失去镇静催眠活性。未代谢的原形药物可在肾小球重吸收而再发挥作用，一部分以原形由肾脏排泄。

2. 排泄

巴比妥类药物一般通过在肝中氧化和轭合反应代谢，接着经肾脏排泄。苯巴比妥吸收快、排泄慢，大约剂量的80%在16 d内排泄于尿中，其中原形药物占了剂量的25%~33%。除了苯巴比妥，其他巴比妥类药物代谢较为完全，尿液中原体药物低于剂量的10%。

3. 体内分布

巴比妥类药物一般在体内广泛分布，分布在体内各脏器、体液、各部分骨骼及肌肉中，均能被检出。一般死亡较快的，胃内容物中含量较多；中毒至死亡时间较长或经抢救洗胃，则胃内容物中含量较低或甚至检不出。而脏器组织中药物则比较稳定。高脂溶性的巴比妥类药物，特别是那些用于麻醉的药物，静脉给药后会经历一个再分布过程。

三、分析方法

巴比妥类药物是典型的酸性药物之一，制剂多为碱金属盐，一般原则是在酸性或中性条件下游离出原体，用有机溶剂提取和处理。从检材中提取巴比妥类药物，其提取方法可根据检材的性质而定。药片、药粉等简单的体外检材可以用酸性水溶液浸取过滤，用甲醇或乙醇溶解，离心后直接用于分析，液体检材如注射液、尿液等可以将检材用酸调节成酸性，用乙酸乙酯、氯仿等有机溶剂提取，提取液浓缩后用于分析。成分复杂的生物组织等检材要捣碎或制成匀浆状，将其中蛋白质沉淀，并调节至酸性，再用有机溶剂萃取，必要时用碱性水溶液进行反渗透净化或用吸附柱净化。为避免巴比妥类药物在碱性溶液中水解，此类药毒物提取物不宜在碱性溶液中放置过久[1]。

目前，对生物检材中的巴比妥类药物的分析方法有GC-MS、LC-MS等。GC-MS所需要的检测时间比较长，对样品处理要求比较烦琐，而LC-MS专属性强和灵敏度高，可以分析复杂基质体系中的药毒物。

血液参考方法 《生物检材中巴比妥类药物的测定 液相色谱-串联质谱法》

(1) 液-液萃取、LC-MS/MS分析法(SF/Z JD0107008-2010)

样品前处理：取血液1 mL，加入1 μg内标乙酰水杨酸，置于10 mL离心管中，加入2滴0.1 mol/L的HCl，加入3.5 mL乙醚，涡旋混合、离心分层，转移乙醚层至另一离心管中，约60℃水浴中挥干，加入100 μL乙腈：流动相缓冲液(70：30)溶解残留物，取5 μL进LC-MS/MS。

色谱条件：Cosmosil packed色谱柱(150 mm×2.0 mm, 5 μm)或相当者，前接C_{18}保护柱；柱温为室温；流动相为V(乙腈)：V(缓冲液)=70：30；流速为0.2 mL/min；进样量为5 μL。

质谱条件：扫描方式为电喷雾离子源，负离子扫描（ESI-）；MRM 模式监测；操作参数分别为：碰撞气（CAD）为 7 psi；气帘气（CUR）为 30 psi；离子喷雾电压为 5 500 V；离子源温度为 500℃。每个化合物分别选择 2 对前体离子/子离子对作为定性离子对，以第一对离子对作为定量离子对。其定性离子对、定量离子对、去簇电压（DP）、碰撞能量（CE）和保留时间（Rt）见表 7－2。

表 7－2　巴比妥类药物的 LC－MS/MS 分析参数

化合物名称	英文名称	前体离子（m/z）	子离子（m/z）	DP/V	CE/eV	Rt/min
苯巴比妥	Phenobarbital	231.0	188.0 85.0	−45	14 26	2.1
巴比妥	Barbital	183.0	140.0 85.0	−40	16 22	1.9
异戊巴比妥	Amobarbital	225.1	182.0 85.0	−30	17 19	2.3
司可巴比妥	Secobarbital	237.1	194.0 85.0	−40	17 17	2.4
硫喷妥	Thiobarbital	241.0	58.1 101.1	−40	35 21	2.8

（2）浸没固相微萃取（DI－SPME）、GC－MS 分析方法[7]

样品前处理：取全血 0.5 mL，加入 1.5 mL 的 0.5 mol/L 高氯酸溶液进行脱蛋白，涡旋离心后将上清转移至含有磁力搅拌棒及 0.5 g 硫酸钠的 2 mL 微反应瓶中，加入 0.65 mL 的 1.0 mol/L 氢氧化钠溶液将上清液调至 pH6.0～7.0，硅胶盖密封小瓶。在 60℃的铝块加热器上加热 15 min，搅拌，然后将 SPME 注射器针穿过瓶隔。将纤维推出，直接浸泡在 60℃的样品溶液中，并搅拌。浸泡 60 min 后，将纤维缩回到 SPME 注射器针中，将 SPME 支架从小瓶中拔出用于 GC 注射。纤维在注射口暴露 10 min，确保化合物完全脱附。每次注入后，用蒸馏水清洗 SPME 纤维，以防止盐在表面积聚。

色谱条件：HP－1 毛细管柱（30 m×0.25 mm，0.25 μm），初温 100℃，保持 1 min，以 20℃/min 升温至 280℃。进样口温度 270℃，接口温度 240℃。载气为氦气，流速 1.1 mL/min，不分流进样，进样 1 min 后打开分流器。

质谱条件：电子轰击源（EI），电离电压 70 eV，定量分析在 SIM 模式下完成。EI 模式下 7 种巴比妥类药物的主要碎片离子见表 7－3。

表 7－3　7 种巴比妥类药物的主要碎片离子

药　物	结　构	分子离子（m/z）	碎片离子（m/z）（丰度%）
异戊巴比妥 （Amobarbital）	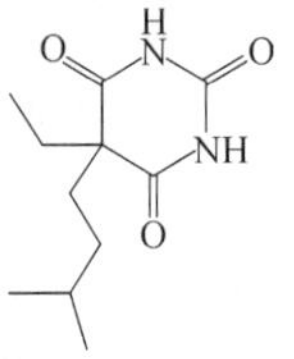	226	**156**（100），141（74），55（43）

续 表

药 物	结 构	分子离子(m/z)	碎片离子(m/z)(丰度%)
戊巴比妥 (Pentobarbital)	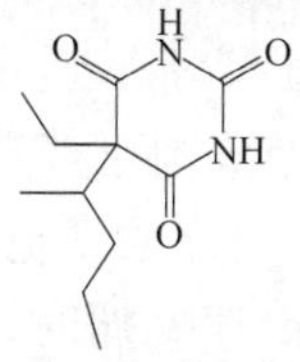	226	**156**(100),141(68),55(30)
司可巴比妥 (Secobarbital)	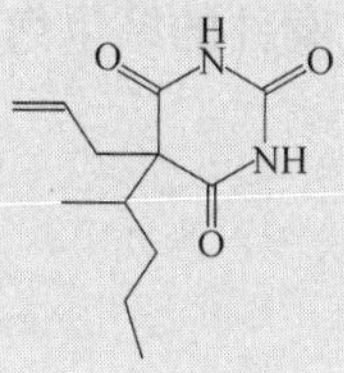	238	**168**(100),167(73),55(33)
海索比妥 (Hexobarbital)	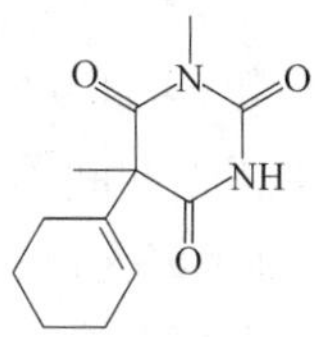	236	**221**(100),81(92),79(66),80(48),157(41)
普罗米那 (Mephobarbital)	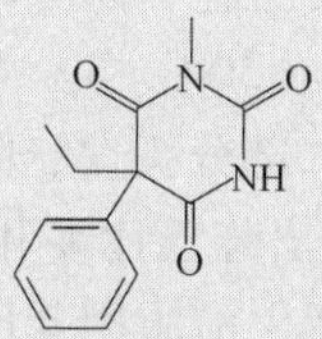	246	**218**(100),117(48),58(28)
苯巴比妥 (Phenobarbital)	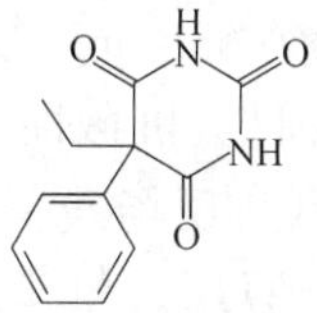	232	**204**(100),58(38),117(33)
扑米酮 (Primidone)	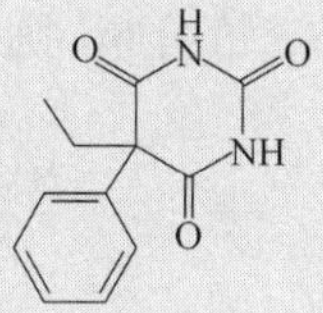	218	**190**(100),146(95),117(83)

注：碎片离子(粗体)为定量离子。

四、鉴定要点

1. 生物检材

案(事)件中涉及巴比妥类药物的检材有现场遗留的药片、食物等体外检材,也有尸体解剖获取的血液、尿液以及脏器等体内检材。胃内容物、血液及尿液为最适宜分析检材。血液是重要的定量分析检材。中毒案件中现场剩余药片、呕吐物、死者胃内容物往往药物浓度高,可以初步筛查,为分析其他检材提供参考方向。苯巴比妥在尸体组织中不易分解消失。曾有人分别从埋葬 7 年、14 年和 25 年的尸骨及腐烂物中检出苯巴比妥[4]。

2. 分析方法

巴比妥类药物为酸性药物,目前一般采用液液提取法或固相萃取法进行前处理。体内代谢物易与葡萄糖醛酸结合，必要时，提取前先用酶或酸水解，释放代谢物，并在酸性条件下用有机溶剂提取。由于巴比妥类药物为酸性药物，无论是样品前处理还是质谱的离子化模式均有特殊性，在未知物筛选分析时应避免漏检。

3. 中毒死亡案件的结果评价

根据已有的文献资料，巴比妥类药物在血液中的治疗范围已经确定，短效巴比妥类药物的治疗浓度范围为 0.5～2 μg/mL，中效巴比妥类药物的治疗浓度范围为 1～5 μg/mL。当苯巴比妥用作镇静催眠药时，血药浓度在 5～15 μg/mL；治疗癫痫时，苯巴比妥的血药浓度更高，在 15～40 μg/mL 范围。临床用药记录在中毒死亡案件的结果解释时起着非常重要的作用。

五、案例评析

案例一

赵某，男，21 岁，某年 11 月 20 日 8 时许入住某酒店，11 月 24 日 9 时许酒店工作人员发现赵某死于房间内，尸体已腐败，呈“巨人观”。调取赵某入住酒店期间监控未发现异常，其生前最后一次出现在酒店监控视频中为 11 月 22 日。勘验见门窗完好无破损，个人财务无缺失，室内见死者书写遗书及散落的苯巴比妥东莨菪碱片药品包装空盒 27 盒（12 片/盒）及 7 片药片。死者仰卧于床上，全身覆盖厚棉被，室内空调开启，温度显示 30℃。

【毒物分析及评析】 提取死者部分肝组织、胃内容物、部分头发、现场剩余药品行毒（药）物检验。在死者肝组织、胃内容物及现场残留药片中均检出苯巴比妥和东莨菪碱成分。死者头发中未检出甲基苯丙胺成分。本例中案发现场发现死者生前服用苯巴比妥东莨菪碱片 317 片，其中苯巴比妥服用量约 9.51 g，氢溴酸东莨菪碱服用量约 63.4 mg，苯巴比妥服用量已达一般致死量。后结合尸体检验未发现尸体有明显的机械性损伤、机械性窒息征象，未检见电流斑、高低温损伤，且在死者胃内容物、部分肝组织中均检出与现场残留药片成分一致的苯巴比妥和东莨菪碱成分，未检出其他有毒物质，故死者符合服用过量苯巴比妥和东莨菪碱中毒死亡。本案中如能对血液中苯巴比妥和东莨菪碱进行定量分析，则更可帮助推断中毒致死原因。

案例二

兄弟俩早上被其父母发现均死亡，现场征象可能是被夜晚烧着的软玩具所冒的蒸汽所窒息，但警察调查表明卧室的门被父母从外面反锁[5]。

【毒物分析及评析】 尸体解剖后取血液、尿液和头发作毒物分析。血液检出氰化物和一氧化碳；血液和尿液中检出少量苯巴比妥成分（尿液质量浓度分别为 5.4 μg/mL、3.9 μg/mL，血液质量浓度分别为 2.0 μg/mL、1.2 μg/mL）；头发中检出苯巴比妥质量分数分别为 1.2 ng/mg 和 1.5 ng/mg。此案件虽然检测出的氰化物和一氧化碳可用来解释死因，但在血液和尿液中尚检出少量苯巴比妥成分。为了解、证实涉案父母前晚是否故意给 2 个男孩吃巴比妥类药物，或者说 2 个男孩是否一直被动摄取镇静剂？鉴定人采用头发分析来提供长程信息，结果从两名男孩的头发中检出苯巴比妥质量分数分别为 1.2 ng/mg 和 1.5 ng/mg。接下来的调查显示，因为男孩们比较喧闹，父母经常给他们服用这种药物。不同生物检材在同一案件中可相互补充，提供更多摄药信息，帮助中毒案件的推断与定性。

第三节 抗抑郁药物

一、概述

抑郁症是一种最常见的精神障碍,以显著而持久的心境低落为主要临床特征,发病率逐年升高。抑郁症的发病机制至今尚不清楚,个体差异较大,受环境、遗传等因素的影响。世界卫生组织公布的最新统计数据显示:全球抑郁症总患病人数约为 3.22 亿,人口占比估计为 4.4%;预计到 2030 年,它将成为世界第一大疾病负担,是全世界致残甚至自杀的主要原因之一。

抗抑郁药(antidepressive drugs)的研发更新速度很快,目前临床上常用抗抑郁药包括经典的三环类抗抑郁药和第二代抗抑郁药如选择性 5-羟色胺(5-HT)再摄取抑制剂、选择性 5-HT 及 NE 再摄取抑制剂、特异性 NE 能和 5-HT 能抑制剂、NE 及 DA 重复摄取抑制剂等[8]。目前临床常用、鉴定实践中经常出现的均非经典的三环类抗抑郁药。

三环类抗抑郁药(tricyclic antidepressants, TCA)自 20 世纪 50~60 年代就开始应用于治疗抑郁症,疗效肯定,用于治疗躁狂抑郁症、内源性抑郁症时有效率达 70%~80%;维持治疗,对于预防抑郁症的复发亦有一定的作用。临床上使用较广的三环类抗抑郁药包括阿米替林、多塞平、丙米嗪和氯米帕明等。三环类抗抑郁药的结构多为叔胺和仲胺,具有碱性,药用大多为盐酸盐。盐酸盐一般为白色结晶性粉末,几乎无臭,易溶于水和醇,碱基状态易溶于乙醇、氯仿等有机溶剂,不溶于水。

三环类抗抑郁药是通过阻断脑内去甲肾上腺素及 5-HT 能神经末梢突触前膜对去甲肾上腺素与 5-HT 的再摄取,从而使受体部位这些物质浓度提高,发挥抗抑郁作用。目前尚用于治疗其他精神疾患,如强制性障碍、注意力缺乏性疾病、恐慌、恐惧症、焦虑症、偏头痛的预防和药物成瘾戒断治疗的辅助治疗等。

选择性 5-HT 再摄取抑制剂目前使用广泛,主要包括氟西汀(fluoxetine)、氟伏沙明(fluvoxamine)、西酞普兰(citalopram)、舍曲林(sertraline)和帕罗西汀(paroxetine)等。该类药物口服吸收容易,与血浆蛋白结合率高。

特异性 NE 能和 5-HT 能抑制剂目前用于临床的主要为文拉法辛(venlafaxine)。文拉法辛在抗抑郁作用的同时,并没有明显的 TCA 所致不良反应特点,表现了较为独特的药理性质。自 1994 年起,该药被美国食品药品监督管理局陆续批准用于抑郁障碍、伴焦虑症状的抑郁障碍、广泛性焦虑障碍和社交焦虑障碍的治疗。2001 年来,国家食品药品监督管理局也相继批准了抑郁症、广泛性焦虑障碍的适应证。

另一目前用于临床的主要药物为米氮平(mirtazapine)。米氮平为四环结构的吡嗪氮卓类化合物,对去甲肾上腺素、5-HT 产生调节作用很强,治疗抑郁症中非常独特,药理作用很明显。米氮平在治疗抑郁症中安全度也比较高,提升治疗的有效率,而且大部分的不良反应程度很轻微。米氮平作为抑郁症急性期治疗的优选药物,在最新版的防治指南中,也推荐对各种抑郁障碍疾病选择米氮平药物治疗,尤其是重度抑郁和明显焦虑的患者,效果更为理想,是新型抗抑郁药。

NE 及 DA 重复摄取抑制剂目前用于临床的主要药物为安非他酮(bupropion)。安非他酮是继选择性 5-HT 再摄取抑制剂、NE 再摄取抑制剂、特异性 NE 能和 5-HT 能抑制剂等新型抗抑郁剂之后的又一新型抗抑郁药，它的主要药理作用为抑制 DA 和 NE 的再摄取，增加多巴胺能及去甲肾上腺素能功能，从而发挥抗抑郁作用。可作为戒烟辅助药物。安非他酮没有 TCA 等抗抑郁药物常见的副反应。

抗抑郁药物种类繁多，服用过量后会产生嗜睡、镇静、头晕目眩等副作用，且会伴有口舌干燥、视力不清等抗胆碱能反应，该类药物若服用过量或交叉反应会出现中毒，甚至危及生命安全，国内外已有服用阿米替林、多塞平和丙米嗪中毒的相关案例报道。近几年，基于阿米替林、多塞平和丙米嗪具有安眠、镇静的药效，一些不法分子在抢劫、强奸、杀人等案件中使用了该类药物，在此类案件侦查过程中，对人生物检材中该类药物的定量分析，对案件定性具有指导性价值。此外因过度服用抗抑郁药物来院抢救的患者日益增多，服用过量或重度易导致神经系统、呼吸系统及心血管系统等多脏器损伤，严重时甚至死亡。

二、体内过程

抗抑郁药都能很好地吸收，并在 2~12 h 内达到血峰浓度峰值。由于它们具有较强亲脂性，体内分布广泛，在肝组织中代谢为去甲基化和羟化代谢物，其中许多代谢物具有药理活性。但由于种类、结构差异较大，消除半衰期和分布容积各不相同[9]。

1. 阿米替林

阿米替林为临床最常用的三环类抗抑郁药，一般用药后 7~10 d 可产生明显疗效。其镇静作用与抗胆碱作用比丙米嗪强。口服吸收完全，8~12 h 血药浓度达高峰，半衰期一般 32~40 h。部分经肝脏代谢为去甲替林，该产物仍有抗抑郁作用。阿米替林主要由肾脏及肠道排出，排泄较慢，24 h 约排出 40%，72 h 排出 60%。停药 3 周仍可在尿中检出。

2. 多塞平

口服后迅速被吸收，约 4 h 可达血药峰值。与血浆和组织蛋白广泛结合，半衰期为 8~24 h。在肝内经首过代谢，主要活性代谢物为去甲多塞平。多塞平及去甲多塞平再经羟基化和 N-氧化进一步代谢，主要以代谢物形式从尿中排出。可透过血脑脊液屏障和胎盘，并可进入乳汁。

3. 氟西汀

氟西汀口服吸收良好，6~8 h 可达血峰浓度，生物利用度为 70%，进食不影响其生物利用度。吸收后与血浆蛋白大量结合，分布广泛，服药数周后达到稳态血浆浓度。氟西汀由肝脏代谢，通过去甲基化作用生成活性代谢物去甲氟西汀。氟西汀和代谢物去甲氟西汀的消除半衰期分别为 1~3 d 和 4~16 d。主要经肾脏排泄。

4. 氟伏沙明

氟伏沙明口服后吸收迅速，2~8 h 可达血峰浓度，蛋白质结合率约为 77%。经氧化、去甲基化、去氨基、N—O 断裂、N-乙酰化等途径代谢，主要代谢物为氟伏沙明酸和去氨基氟伏沙明。尿中可分离出 11 种无明显药理活性的代谢产物。治疗后 5~10 d 才能达到稳态血药浓度，比口服单剂的血药峰值高 30%~50%。氟伏沙明的消除半衰期约为 15 h，体内存留时间长。

5. 西酞普兰

西酞普兰口服后，约 4 h 达血峰浓度。经肝脏代谢为去甲西酞普兰、去二甲西酞普兰、*N*-氧化西酞普兰和脱氨丙酸衍生物。在人体内，血液中西酞普兰主要以原形形式存在，消除半衰期约为 35 h。通过尿液及粪便排泄。

6. 舍曲林

舍曲林一般经口服给药,成人每日剂量在50~200 mg。口服后,约在6 h达血峰浓度,消除半衰期为22~36 h。舍曲林经肝脏代谢生成去甲舍曲林,去甲舍曲林同样有药理作用,其药理活性仅为舍曲林的10%~20%,但由于消除缓慢而在血液中积累。舍曲林和去甲舍曲林进一步经历脱氨、羟基化代谢,随尿液排出体外。

7. 帕罗西汀

帕罗西汀一般经口服给药,成人每日剂量在7.5~50 mg。口服后,约在6 h达血峰浓度,消除半衰期约为7~37 h。帕罗西汀进行广泛的生物转化,经氧化、甲基化和偶联后生成无活性的代谢物。在单次口服剂量后的10 d内,约64%通过尿液排出,36%通过粪便排出。尿液中原体药物小于2%剂量。

8. 文拉法辛

文拉法辛口服易吸收,血浆蛋白结合率为27%~30%,经肝脏代谢为主要的活性代谢物O-去甲文拉法辛和两个次要的低活性代谢物*N*-去甲文拉法辛及二去甲基文拉法辛,代谢产物具有活性。本药及其代谢产物的消除半衰期分别为5 h和11 h,代谢产物主要经肾脏排泄。

9. 米氮平

米氮平经口服给药,成人每日剂量在15~45 mg。口服后,约在1.7 h达血峰浓度,消除半衰期约为20~40 h。米氮平的生物转化包括*N*-氧化物形成、*N*-去甲基化、环羟基化和葡萄糖醛酸结合物。其主要代谢物去甲米氮平有药理作用,活性为原体的10%~20%,但消除半衰期相似。单次口服米氮平,大约剂量的75%通过尿液排出体外。

10. 曲唑酮

曲唑酮经口服吸收迅速而完全,空腹服药后1 h达血峰浓度,进食时服药需2 h才达血峰浓度,半衰期约为4~9 h。经肝脏进行*N*-氧化和羟化代谢,m-氯苯哌嗪为具有活性的代谢产物。主要经尿液排泄,少量经粪便排泄。

11. 安非他酮

安非他酮经口服给药,成人每日剂量在150~300 mg。口服后,约在1.5 h达血峰浓度,消除半衰期为4~24 h。安非他酮经过羟基化、还原和葡萄糖醛酸结合物等生物转化、代谢。主要代谢物为羟基安非他酮,有药理作用,但活性低于原体药物。主要通过尿液排出,但其中原体药物低于0.5%剂量。

三、分析方法

抗抑郁药均为有机碱,具有中等的pK_a和较好的亲脂性,因此,生物检材中的样品前处理一般的中性、碱性下,液液提取均可实现,要求不苛刻,均可加入在苯二氮卓类药物或常见毒药物的系统筛选方法中。目前,LC-MS是生物检材中抗抑郁药检测的主要方法。

血液液-液提取-LC-MS/MS参考方法[10]

取200 μL至2 mL微量离心管中,加20 μL内标工作液,摇匀后加入100 μLTris-HCl缓冲液(2 mol/L, pH10.5),涡旋20 s,再加入1 mL环己烷:乙酸乙酯(1:1,*V/V*),涡旋2 min,12 000 r/min离心10 min。然后,取上层有机溶液900 μL,至50℃氮气流下吹干。残余物中加入100 μL甲醇,混匀后取5 μL进样LC-MS/MS。

色谱条件:ACQUITY UPLC® BEH Phenyl液质柱(2.1 mm×100 mm, 1.7 μm),流动相A为含0.1%甲酸的5 mmol/L甲酸铵水溶液,流动相B为乙腈。梯度洗脱程序:0~1 min,95%A;

1～4 min,95%→75% A;4～12 min,75%→67%A;12～18 min,67%→65%A;18～20 min,65%→5%A(ramp);20～21 min,5%A;21～23 min,5%→95%A(ramp);23～24 min,95%A。流速为0.3 mL/min。

质谱条件:电喷雾离子源 ESI+,离子源参数:离子喷雾电压,3.5 kV;喷雾温度,300℃;离子连接管温度,360℃;鞘气,39 Arb;辅助气,20 Arb;碰撞气,1.5 mTorr。采用 MRM 监测模式,抗抑郁药物和抗精神病药物的主要碎片离子及源参数见表 7－4。

表 7－4 抗抑郁药物和抗精神病药物的主要碎片离子及源参数

化合物	英文名	前体离子 (*m/z*)	碎片离子 (*m/z*)	电压 /V	碰撞能量 /V	保留时间 Rt/min
氟伏沙明	Fluvoxamine	319.04	71.11 258.04	76.7	17.2 10.3	13.60
氟西汀	Fluoxetine	310.22	44.22 148.15	59.9	10.3 10.3	17.36
去甲氟西汀	Norfluoxetine	296.15	134.18 30.26	58.9	10.3 10.3	16.29
帕罗西汀	Paroxetine	330.15	70.11 192.11	101.7	28.9 21.2	14.73
帕罗西汀代谢物	Paroxetine metabolite	332.17	70.11 192.11	104.4	28.7 21.5	9.15
舍曲林	Sertraline	306.12	159.00 275.00	64.9	28.5 12.9	19.08
去甲舍曲林	*N*－Desmethyl sertraline	292.32	275.07 159.07	31.2	10.3 23.8	17.50
西酞普兰	Citalopram	325.18	109.11 262.11	101.4	27.8 19.8	12.24
去甲西酞普兰	Desmethyl citalopram	311.19	109.11 262.04	92.0	25.9 17.2	11.66
N-氧化西酞普兰	Citalopram *N*-oxide	341.20	262.11 109.11	93.5	18.5 26.1	13.12
艾司西酞普兰	Escitalopram	324.71	109.11 262.00	30.0	27.8 19.6	12.24
阿米替林	Amitriptyline	278.17	117.11 191.11	89.8	24.3 26.5	16.14
马普替林	Maprotiline	278.23	250.18 191.11	87.6	19.5 36.8	16.00

续 表

化合物	英文名	前体离子 (*m/z*)	碎片离子 (*m/z*)	电压 /V	碰撞能量 /V	保留时间 Rt/min
去甲马普替林	Desmethyl maprotiline	264.21	117.11 169.11	79.7	22.7 18.9	9.01
度洛西汀	Duloxetine	298.14	44.22 154.04	61.6	10.3 10.3	15.78
文拉法辛	Venlafaxine	278.23	58.17 260.15	74.7	19.8 11.8	6.86
去甲文拉法辛	*O*－Desmethyl venlafaxine	264.22	58.17 246.15	75.5	19.9 12.4	8.52
米氮平	Mirtazapine	266.09	195.00 72.24	54.5	23.2 19.4	6.44
去甲米氮平	Desmethyl mirtazapine	252.19	195.11 209.11	93.0	23.8 23.7	5.89
曲唑酮	Trazodone	372.17	176.11 148.11	112.1	24.6 34.3	9.64
氯丙嗪	Chlorpromazine	319.14	86.15 58.17	90.1	20.4 30.3	18.62
氯丙嗪亚砜	Chlorpromazine sulfoxide	335.11	232.00 255.11	102.9	37.7 24.9	8.04
舒必利	Sulpiride	342.17	112.15 214.00	107.9	26.6 33.2	4.78
氨磺必利	Amisulpride	370.20	242.07 196.00	107.1	27.5 41.2	6.12
阿立哌唑	Aripiprazole	448.20	285.07 176.05	101.4	25.9 31.5	17.68
去氢阿立哌唑	Dehydro aripiprazole	446.22	285.05 98.18	94.3	23.3 38.9	15.60
奥氮平	Olanzapine	313.20	256.11 198.00	103.7	23.4 41.9	5.34
去甲奥氮平	*N*－Desmethyl olanzapine	299.20	256.18 198.05	91.3	23.9 38.1	5.16
喹硫平	Quetiapine	384.20	253.11 221.11	109.3	23.0 37.9	10.78

续 表

化合物	英文名	前体离子 (*m/z*)	碎片离子 (*m/z*)	电压 /V	碰撞能量 /V	保留时间 Rt/min
喹硫平亚砜	Quetiapine sulfoxide	400.18	221.11 178.11	109.3	31.2 54.4	7.16
利培酮	Risperidone	411.27	191.18 110.11	112.3	28.7 48.1	8.49
帕潘立酮	Paliperidone	427.19	207.07 426.67	30.0	27.9 11.6	7.87
氯氮平	Clozapine	327.17	270.11 192.11	103.2	23.3 44.3	9.69
去甲氯氮平	*N* - Desmethyl clozapine	313.18	192.11 270.11	100.7	41.6 24.5	8.43
齐拉西酮	Ziprasidone	413.26	194.05 159.11	30.0	28.1 41.4	11.28
卢拉西酮	Lurasidone	492.78	166.11 177.13	109.1	41.9 42.3	20.90
布南色林	Blonanserin	368.28	297.11 227.04	30.0	27.7 51.9	17.45
苯海索	Trihexyphenidyl	302.27	98.11 70.10	87.1	23.0 41.6	14.25
米氮平-d3	Mirtazapine - d_3	269.11	194.98 75.08	30.0	27.8 21.4	6.92
文拉法辛-d6	Venlafaxine - d_6	284.46	64.17 266.24	30.0	20.7 10.3	7.84
利培酮-d4	Risperidone - d_4	411.27	191.18 110.11	112.3	28.7 48.1	8.37
喹硫平-d8	Quetiapine - d_8	392.33	258.07 226.11	93.0	24.6 36.9	10.56
西酞普兰-d6	Citalopram - d_6	331.33	109.11 262.00	30.0	28.9 20.6	12.23
氟西汀-d5	Fluoxetine - d_5	315.23	314.67 44.15	61.1	10.3 11.8	17.42

四、鉴定要点

1. 生物检材

注意收集案(事)件中现场剩余食物、饮料、药品等体外检材;血液、尿液、胃内容物等均是常规的生物检材。在需要了解用药史时,可选取头发检材进行分析。

2. 筛选分析

精神类药物的新药发展很快,同时,许多患者在临床治疗中均是多种药物同时使用,在分析时需要首先进行涵盖酸性、中性和碱性药物的毒药物系统筛选方法,以免遗漏。

3. 影响因素

大部分抗抑郁药物存在死后再分布。尸检时采集外周血,实验室里尽快分析,同时结果解释时应考虑该因素。由于许多抗抑郁药物的代谢产物同样具有药理活性,故分析时应予以考虑。

五、案例分析

案 例

执法部门接到一起机动车事故报警,交警于 13 时 59 分到达事故现场,肇事车追尾。肇事女司机眼睛低垂,说话含糊不清,无法行走。经进一步调查,其丈夫说,女司机可能在住所服用了 30~50 片药物,还喝了罐啤酒。女司机随后被送往医院,在那里她同意抽血进行毒物分析。15 时 41 分采集了血液[11]。

【毒物分析及评析】 经乙醇和常见的酸性、中性和碱性药物分析,血液中未检出乙醇成分,检出舍曲林成分,质量浓度为 1.3 μg/mL。根据调查,该女司机喝了罐啤酒,血液中未检出乙醇,可能是采样时间间隔,仅肇事时间与采血时间已相差近 2 h。舍曲林的临床警戒浓度为 0.3 μg/mL,该女司机血液中浓度高 4 倍以上,说明已损害其驾车能力,发生精神运动障碍。

第四节 抗精神病药物

一、概述

抗精神病药物(antipsychotic drugs)主要用于精神分裂症及其他精神失常的躁狂症状。该类药物药理作用与影响中枢多巴胺通路的 DA 功能密切相关。当前,患有精神疾病的人日趋增多,治疗精神疾病的药物也在不断的开发和应用。在治疗疾病的同时,服用抗精神病类药物时出现中毒的情况也越来越多。

抗精神病药种类很多,主要包括吩噻嗪类,如氯丙嗪、奋乃静、三氟拉嗪、硫利达嗪等;硫杂蒽类,如氯普噻吨(又名泰尔登)等;丁酰苯类,如氟哌啶醇等;二苯氧氮平类,如氯氮平等;苯酰胺类,如舒必利等;二苯丁哌啶类,如五氟利多等;苯并异噁唑类,如利培酮。

吩噻嗪类(phenothiazine)是传统的抗精神病药物,为含氮杂环类化合物,基本母核为吩噻嗪环(图 7-3)。不同的侧链取代构成不同药物。也有少数在母核上无氮原子取代者,如泰尔

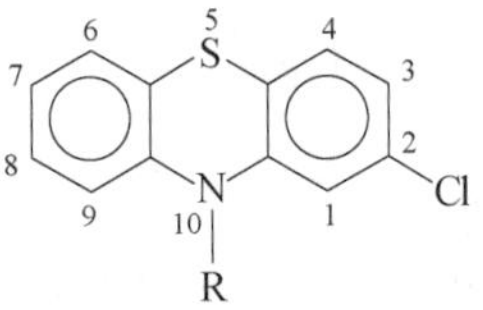

图 7-3 吩噻嗪类药物基本母核

登,但药理作用相同。吩噻嗪类药物镇静作用的强弱特点是含氟的化合物比相应含氯的化合物强,不含卤素取代基的化合物作用最弱;侧链中有羟乙哌嗪的(如奋乃静)比氨丙基侧链类(如氯丙嗪)化合物作用强。吩噻嗪类种类很多,其中典型药物为氯丙嗪,又称冬眠灵,是应用最广泛的抗精神病药物。其他常用的还有奋乃静、异丙嗪、氟奋乃静、三氟拉嗪和硫利达嗪等。

吩噻嗪类药物的碱性主要由于侧链取代基上的含氮基团所造成,吩噻嗪类母核中氮原子的碱性极弱。吩噻嗪类药物呈游离碱状态时,多为具胺臭味的油状液体或熔点较低的固体,游离碱氯丙嗪为油状液体,奋乃静为白色粉末,均无臭、味苦。对光敏感,露置空气和日光中,极易氧化分解,药粉及水溶液、乙醇液被氧化逐渐变红,渐变为红棕色,遇不同氧化剂如硫酸、溴水、三氯化铁、过氧化氢等可呈现樱红色~红色,水溶液被氧化后逐渐变红或变蓝,故多做成盐类使用,如盐酸盐或马来酸盐。游离碱难溶于水,能溶于氯仿和乙醇,成盐后易溶于水,亦能溶于乙醇等溶剂,但不溶于乙醚。

抗精神病药临床广泛用于成人及儿童,成人抗精神病药中毒主要原因为自杀或用药不当,儿童抗精神病药急性中毒也时有发生,但主要以误服为主。急性中毒出现暂时性兴奋,继而嗜睡,共济失调,震颤、痉挛,神志模糊,进而昏迷,出现肌肉松弛、痛觉消失、反射消失、体温降低、呼吸减慢、血压下降、瞳孔明显缩小、发绀。严重者因抑制中枢神经系统而致呼吸循环衰竭死亡。

二、体内过程

抗精神病药物经口服和肌注均可吸收。口服很快从胃肠道吸收入血,注射吸收更快,吸收后的药物分布到全身各组织中,脑中浓度远超过血中浓度,其他各组织的浓度也比血中浓度高。大部分与血浆蛋白结合,主要在肝脏代谢,少量以原体和代谢物的形式从尿和粪便中排出体外。抗精神病药物种类繁多,体内过程因其化学结构特征各有其特点,以下就目前临床以及鉴定实践中常见的做一简单介绍。

1. 氯丙嗪

氯丙嗪存在"首过"效应,口服后 2~4 h 达血峰浓度,肌内注射 15~30 min 达到血峰浓度。血浆蛋白结合率 90%以上,半衰期为 12~36 h。氯丙嗪脂溶性高,可分布于全身各组织,以肝、脑等组织含量较高。经肝脏代谢,代谢途径包括 *N*-氧化作用、7-羟基化作用、磺化氧化作用和 *N*-脱甲基作用,主要代谢物氯丙嗪亚砜。氯丙嗪及其代谢物经肾脏排泄。

2. 异丙嗪

异丙嗪肌注给药后起效时间为 20 min,静注后为 3~5 min,抗组胺作用一般持续时间为 6~12 h,镇静作用可持续 2~8 h。经肝内代谢,主要代谢物为异丙嗪亚砜。无活性代谢产物经肾脏排泄。

3. 三氟拉嗪

三氟拉嗪口服吸收好,达血峰浓度在 2~4 h,半衰期约为 13 h,单次给药作用可持续 24 h。三氟拉嗪脂溶性高,所以在中枢神经系统内的浓度超过其血液浓度,易透过胎盘屏障。总蛋白结合率为 90%~99%。经肝脏代谢,主要活性代谢产物为三氟拉嗪亚砜、*N*-去甲基三氟拉嗪和 7-羟基三氟拉嗪。这些活性代谢产物通过尿液排出体外,部分由粪便排泄。

4. 氯普噻吨

氯普噻吨口服后吸收快,达血峰浓度在 1~3 h,肌注作用时间可达 12 h 以上,半衰期约为

30 h。经肝脏代谢,代谢过程包括氧化和去甲基化。大部分原药及其代谢物经肾脏排泄。

5. 氟哌啶醇

氟哌啶醇口服吸收快,达血峰浓度约在3~6 h,血浆蛋白结合率约为92%,生物利用度为40%~70%,半衰期为21 h。经肝脏代谢,主要产物是酮的还原物,以及哌啶脱烷基进一步氧化生成的对氟苯丁酮酸。单剂口服约40%在5 d内随尿液排出,其中1%为原形药物。

6. 氯氮平

氯氮平口服吸收快而完全,广泛分布于各组织,生物利用度个体差异较大,平均为50%~60%,有肝脏首过效应。口服后1~4 h达血峰浓度,半衰期在3.6~14.3 h,组织结合率高。经肝脏代谢,主要代谢产物包括去甲氯氮平、氯氮平的*N*-氧化物等。80%以代谢物形式经尿液和粪便排泄,氯氮平可从乳汁中分泌且可通过血脑屏障。

7. 舒必利

舒必利口服生物利用度低,成人口服剂量每日在100~1 600 mg。口服100 mg,达血峰浓度约在36 h,半衰期为4~11 h。舒必利在体内代谢过程较少,大部分以原体药物经尿液和粪便排泄。

8. 五氟利多

五氟利多为长效药,口服吸收缓慢,24~72 h血药浓度达峰值,7 d后仍可自血液中检出,每周用药一次即可维持疗效。吸收后储存于脂肪组织,缓慢释放,逐渐透入脑组织。有肝肠循环,大部分以原形从粪便中排出,少量经尿排出。

9. 喹硫平

喹硫平口服易于吸收,广泛分布于全身,蛋白质结合率为83%,半衰期为6~7 h。经肝脏充分代谢,代谢物至少有20种,主要代谢物7-羟基喹硫平具有药理活性。约有剂量的75%经尿液排泄,约20%经粪便排泄。

10. 利培酮

口服吸收快,首关消除明显,生物利用度约为60%。吸收后可快速而广泛地分布于体内,半衰期约为3 h。经肝脏P450酶系统代谢,代谢产物为9-羟基利培酮,具有药理活性。约70%的药物经尿液排泄,约15%的药物随粪便排出。

三、分析方法

抗精神病药物大部分为碱性药物,检材处理的基本方法是在碱性条件下以有机溶剂提取。视不同情况,可用乙醚、氯仿、庚烷、乙醇等进行提取和纯化,再将提取液挥干,配成适当溶液待检。对高度腐败检材,而药物含量又较低时,可用碱性乙醇冷浸过夜提取法,再经氧化铝吸附柱净化富集。

检测方法包括GC、HPLC、CE、GC-MS以及LC-MS/MS等方法。GC法主要用于吩噻嗪类药物的定量分析。色谱柱可用HP-1、HP-5、DB-1、Ultra-2类毛细管柱,采用程序升温使吩噻嗪类药物很好分离,检测器一般为NPD。由于许多抗精神病药物不易挥发,又易分解,用HPLC法分离检测比用GC法更优越。采用RP C_{18}柱或烷基磺酸型阳离子交换柱,不同pH和离子强度的流动相,都可将本类药物良好分离。目前生物检材中抗精神病药物的分析多采用LC-MS方法,样品前处理简单、灵敏度高。可参照苯二氮卓类药物、抗抑郁药的分析方法,也可涵盖在毒药物系统筛选分析方法中,这里不再赘述。

四、鉴定要点

1）抗精神病药物多因口服或注射而中毒，应收集其呕吐物、洗胃液、血液、尿液及剩余药物等作检材。

2）许多抗精神病药物易氧化分解，在生物检材中易分解，并存在死后再分布。因此，疑抗精神病药物中毒案件的检材，应放在阴暗处保存，及时送检，死亡到检验时间越长，氧化代谢产物所占比例越大。在实验室检验时，分析过程应尽量缩短，避免高温操作，避免提取时在碱液、乙醚溶剂中久置。在30℃放置2 h以上，原药可能变成亚砜。

五、典型案例

案例一

闫某某，女，30岁，系某旗某镇医院一名护士。其报案称：2010年12月16日中午买菜回到家中发现丈夫代某某（男，38岁）未起床，死在自家卧室床上。其称早上未见丈夫代某某起床，自己送孩子（9岁）上学后直接到单位上班。现场位于一集镇居民小区代某某自家楼房内，中心现场位于该栋中单元最高层六楼东户，两室两厅一厨一卫结构，客厅位于两卧室之间分阴阳两卧室，现场入户防盗门呈自然锁闭状，未见撬压等异常痕迹，室内未发现打斗迹象，物品摆放自然。尸体位于阳面卧室床上，尸体呈常规睡姿仰卧位，衣着整齐，穿半袖衬衣及三角内裤，尸体上盖有棉被，死者衣服脱放到床头柜上，摆放自然。

【毒物分析及评析】 心血、肝组织、肾组织、尿液中均检出氯丙嗪及异丙嗪成分，其中心血中氯丙嗪含量为1.60 μg/mL、异丙嗪1.53 μg/mL，肝组织中氯丙嗪含量为1.32 μg/g。现场楼后草坪上提取葡萄糖注射液瓶内的液体45 mL，液体中检出氯丙嗪及异丙嗪成分，氯丙嗪含量为2.98 mg/mL、异丙嗪2.87 mg/mL。本例根据第二现场楼下草坪250 mL，规格大小盐水注射液瓶内遗留液体45 mL，液体中检出氯丙嗪及异丙嗪成分，氯丙嗪含量为2.98 mg/mL、异丙嗪2.87 mg/mL，结合调查该液体输入体内约200 mL；另根据死者血液、尿液及肝组织毒物定性定量分析，死者体重75 kg。通过上述两项计算方法换算，氯丙嗪均达到致死量。该死者既往体健，无精神病史，从未用过该类药物，所以不存在有药物耐受可能。加上另一种抗组胺药物异丙嗪有明显镇静作用，本例异丙嗪与氯丙嗪浓度相当，两者均有镇静、催眠作用，作用相互加强。本例受害人符合大量静脉滴注氯丙嗪和异丙嗪药物致使受害人循环呼吸衰竭死亡。

案例二

一名32岁男性被其母亲发现死在床上，仰卧位，口腔流出大量血性液体。在尸体旁边发现了几颗蓝色、白色和橙色的药丸。在垃圾桶里发现了空药瓶，桌子上有一封遗书。死者患有双相情感障碍，正在接受精神治疗。根据他父亲的陈述，死者曾三次企图服药自杀。尸检发现，死者全身内脏充血，胃内含有约200 mL的棕色黏稠液体和一个大的、白色圆形的碎药片。没有暴力迹象[12]。

【毒物分析及评析】 血液中未检出乙醇成分，经酶免疫筛选和LC－MS/MS筛选分析后，定量结果为溴西泮112 ng/mL，地西泮35 ng/mL，氟西汀1 633 ng/mL，氟哌啶醇380 ng/mL，劳拉西泮576 ng/mL，去甲地西泮12 ng/mL，奥氮平1 162 ng/mL，帕罗西汀1 420 ng/mL，喹硫平

2 232 ng/mL，利培酮 168 ng/mL。尿液和胃内容物中均检出这些药物。本案中血液中抗精神病药（氟哌啶醇、奥氮平和喹硫平）、抗抑郁药（氟西汀和帕罗西汀）、抗焦虑药（溴西泮和劳拉西泮）等浓度均很高，利培酮和地西泮在治疗浓度范围内。LC－MS/MS 适用于多种类治疗药物的筛选、定性定量分析，最终致死原因为混合药物中毒。

第五节　其他医用中枢神经系统药物

一、概述

中枢神经系统药物包括镇静催眠药、抗抑郁药、抗精神病药、抗焦虑药、抗痴呆药、抗帕金森病药、抗癫痫药、抗惊厥药、镇痛药、抗偏头痛药等，其临床应用广，易产生药物依赖性，其中许多药物有效浓度范围窄，故误服、滥用或自杀均可引起急性中毒。

除了前四节介绍的中枢神经系统药物，这里介绍一些在鉴定实践中经常遇到的非苯二氮卓类 Z 药物、抗癫痫药、中枢兴奋药、镇咳药等其他中枢神经系统药物做简单介绍。

1. 非苯二氮卓类 Z 药物

非苯二氮卓类药物是继传统的巴比妥类、苯二氮卓类药物后发展起来的第 3 代安眠镇静类药物。该类药物于 20 世纪 80 年代问世，以唑吡坦（zolpidem）、佐匹克隆（zopiclone）和扎来普隆（zaleplon）为代表，也统称为非苯二氮卓类 Z 药物。这类药物可直接作用于中枢神经系统，具有镇静催眠、抗焦虑、抗惊厥及肌肉松弛等作用，但可产生暂时性记忆缺失等不良反应。由于这类药物具有用量少、起效快、半衰期短、代谢快等特点，误服此类药物以及使用此类药物进行的自杀、麻醉抢劫、麻醉强奸、麻醉杀人等事件时有发生。据报道，最早使用的唑吡坦被滥用的现象一直在增加，已经成为社会问题，扎来普隆也于 2007 年被列为新型滥用药物。

（1）唑吡坦　为与苯二氮卓类有关的咪唑吡啶类催眠药物，具有肌肉松弛、抗焦虑、镇静、催眠、抗惊厥等作用。唑吡坦与苯二氮卓类药物在结构上有一些类似，但不属于同类。唑吡坦可特异性作用于 γ-氨基丁酸-亚型 A 受体（$GABA_A$受体）复合体上的苯二氮卓受体，而苯二氮卓类药物反而对苯二氮卓受体无特异性，因此，相比苯二氮卓类药物，唑吡坦具有很强的睡眠诱导作用，作用快。

（2）佐匹克隆　为环吡咯酮类第三代速效催眠药，临床上用于各种原因引起的失眠症，具有镇静、催眠、抗焦虑、抗惊厥和肌肉松弛作用，适用于失眠症的短期治疗，可帮助患者快速入睡，延长睡眠时间，减少夜间觉醒次数。佐匹克隆与苯二氮卓类药物的结构无关，但其与苯二氮卓类药物在 $GABA_A$受体上的结合位置相同，增强脑内 γ-氨基丁酸（GABA）的活性。

（3）扎来普隆　是一种吡唑嘧啶衍生物，与结构相似的唑吡坦一样，是一种选择性激动剂，选择性作用于 $GABA_A$受体复合体上的苯二氮卓受体，能将催眠作用充分发挥出来。其成瘾性低，耐药性好，临床上主要用于失眠的短时间的治疗，可以使失眠病人很快入睡，缩短入睡时间，延长睡眠时间。

2. 抗癫痫药

癫痫是由多种病因引起的慢性脑部疾病，其特征为脑神经元过度放电导致反复性、发作性和短暂性的中枢神经系统功能失常。目前，普遍使用的抗癫痫药主要有传统类，除了苯巴比妥，还包括丙戊酸钠和卡马西平等；新型的，如奥卡西平、拉莫三嗪和左乙拉西坦等。

抗癫痫药物安全范围狭窄，药动学过程存在着明显的个体差异，有的中毒症状与癫痫发作症状相似，仅凭服药剂量或症状难以判断。同时，癫痫易发生的猝死或者由癫痫引发的各种意外事故均需要进行此类药物的排查。

3. 抗帕金森病药

帕金森病属于神经退行性疾病，绝大多数发生于老年人，主要表现为静止震颤、肌肉强直、姿势调节受损及进行性运动迟缓等症状。帕金森病是一种中枢神经系统方面的疾病，目前临床上并没有治疗帕金森病的特效方法，主要是通过药物治疗的方式来延缓患者的病情进展及改善症状，常见药物分为拟多巴胺类药物、中枢性抗胆碱药物和 B 型单胺氧化酶抑制药。这里仅介绍当前鉴定实践中较常出现的司来吉兰和苯海索，这些药物可单独使用，有时联合用药。

(1) 司来吉兰　是一种选择性单胺氧化酶-B 抑制剂，在临床上单独或与其他药物混合使用，治疗帕金森综合征，缓解帕金森运动障碍、抑郁、焦虑以及认知障碍等症状，同时司来吉兰具有抗肿瘤作用。作为单药治疗，司来吉兰的不良反应包括：肌张力障碍增加、情感高涨、失眠、眩晕、幻觉等。其在体内可代谢为去甲司来吉兰、R-甲基苯丙胺、R-苯丙胺等，这给通过血液、尿液中检出甲基苯丙胺来判定甲基苯丙胺滥用带来了困扰，尤其是近年来出现不法分子在其血液、尿液中检出甲基苯丙胺后辩称自己因治疗疾病正常服用相关药物的情况。体内甲基苯丙胺来源于司来吉兰还是甲基苯丙胺滥用是当前法医毒物分析工作者们研究的热点。

(2) 苯海索　又名安坦，其外周抗胆碱作用为阿托品的 1/10～1/2，抗震颤疗效好但改善僵直及动作迟缓较差。有口干、散瞳和视力模糊等副作用，严重时可出现精神紊乱、激动、谵妄和幻觉等。

4. 中枢性镇咳药

中枢性镇咳药可通过直接抑制延脑咳嗽中枢而发挥镇咳作用。目前常用的，除了可待因，还有右美沙芬。

右美沙芬(dextromethorphan)，又名右甲吗喃。由瑞士罗氏公司开发，1956 年被美国食品药品监督管理局(FDA)列为非处方药，且被美国 FDA 誉为“现代最安全”的中枢镇咳药；1961 年在世界麻醉药会议上被定为非麻醉药；1989 年，世界卫生组织认为“右美沙芬是取代可待因的一种镇咳药”。右美沙芬是大多数感冒类药品都含有的止咳成分，用药人群从儿童到老人，范围广泛。近年来，右美沙芬滥用现象屡见不鲜，我国对右美沙芬的管理一直在不断收紧，2021 年底，国家药监局发布公告，将氢溴酸右美沙芬单方制剂转换为处方药。随后，我国将右美沙芬等药物列入第二类精神药品目录，2024 年 7 月 1 日起实施。

二、体内过程

其他医用中枢神经系统药物，涉及的药物种类较多，结构各异，其药动学各不相同，这里介绍在鉴定实践中常见的几种药物。

1. 唑吡坦

服药后 30 min 起效。口服唑吡坦的生物利用度约为 70%，血浆药物浓度达峰时间为 0.5～3 h 之间，治疗血浓度在 0.1～0.2 μg/mL。唑吡坦经肝脏代谢，主要代谢产物为 6-羧酸唑吡坦和苯基-4-羧酸唑吡坦。主要经尿液(大约 60%)和粪便(大约 40%)排泄。

2. 佐匹克隆

口服后吸收迅速，口服 5 mg，约在 1～2 h 达血峰浓度，峰浓度均值 29 ng/mL。可迅速分布于全身组织，经肝脏脱羧、氧化和去甲基化代谢，主要代谢物为去甲基佐匹克隆和 *N*-氧化佐匹克隆。最后由肾脏排泄。

3. 扎来普隆

首过效应明显,口服给药的生物利用度约为30%,代谢产物主要为 *N*-去乙基扎来普隆、5-羰基扎来普隆和5-羰基-*N*-去乙基扎来普隆。20 mg 剂量的血峰浓度约在0.05 μg/mL。

4. 卡马西平

口服吸收缓慢,生物利用度为58%~85%,蛋白质结合率较高。口服400 mg后4~5 h达血峰浓度,半衰期为25~65 h。经肝脏代谢,主要代谢产物为10,11-环氧化卡马西平。单次口服后,约72%经肾脏排泄,28%随粪便排泄。

5. 丙戊酸钠

口服吸收完全和迅速,与食物同服或食后服药可减慢吸收速度。0.2~4 h后达血峰浓度,生物利用度近100%,半衰期为5~20 h。丙戊酸钠主要经肝脏代谢,形成葡萄糖醛酸结合物。大部分经肾脏排出,少部分由肠道排出。24 h内,大约86%剂量的丙戊酸经尿液排泄,其中原形仅占1%~4%。

6. 苯海索

口服后吸收快而完全,可透过血脑屏障。成人每日剂量在5~20 mg。口服1 h起效,作用持续6~12 h,半衰期在24~41 h。经肝脏代谢,生成一系列羟基化代谢物。服用量的56%在72 h内随尿液排出,肾功能不全时排泄减慢,有蓄积作用,并可从乳汁分泌。

7. 右美沙芬

口服给药后在胃肠道吸收完全,10~30 min起效。口服10~20 mg时,有效时间为5~6 h,比相同剂量的可待因作用时间长。存在CYP2D6代谢多态性,快代谢者半衰期在3~7 h,慢代谢者半衰期在23~42 h。经肝脏代谢,主要代谢产物为去甲右美沙芬,进一步与葡萄糖醛酸结合。仅有少于2.5%剂量以原形排泄,大部分以Ⅰ相代谢物、Ⅱ相代谢物由尿液排泄。

三、分析方法

液液萃取技术是常用的萃取方法,其他医用中枢神经系统药物根据其酸碱性,可参照常见毒药物筛选分析进行,这里不再赘述。

四、鉴定要点

1. 分析目标物

非苯二氮卓类Z药物与苯二氮卓类药物的化学结构不同,但药理作用相似,经常出现在药物辅助犯罪、交通事故、中毒死亡等案件中。苯巴比妥、丙戊酸钠、卡马西平等抗癫痫药物,过去可能仅在中毒死亡案件中出现,但是,随着车辆驾驶人员剧增,在交通事故案件中也应将这些精神活性物质纳入筛选范围。所以,应建立涵盖这些医用中枢神经系统药物的系统筛选方法,以免遗漏。

2. 稳定性

非苯二氮卓类Z药物使用剂量小,分解代谢快,存在体内分布等现象,因此对此类药物的分析,从采样、提取到仪器分析,都应尽快进行。不能马上检验的检材尽可能在-20℃以下保存,并注意样品在转运过程中,尽可能保持冷冻状态,以避免此类药物发生降解。佐匹克隆更为特殊,在甲醇中不稳定,溶液配制要用乙腈。生物检材中应尽快分析,在酸性或碱性条件中也不稳定,应在中性pH下提取。

五、案例评析

案例一

一名 24 岁女子,前一天晚上参加派对,她回到家,给一个朋友打电话,说着话睡着了,朋友挂电话是凌晨 2 点,当天晚上 19:40,该女子被父母发现死在卧室里。死者口鼻出血,旁边有一个塑料饮料瓶,里面装有液体和药片残留物。尸检后送毒物分析。[13]

【毒物分析及评析】 死者血液中乙醇含量 1.85 mg/mL,经系统筛选分析,血液、肝组织和胃内容物中均检出佐匹克隆成分,浓度分别为 1.4 μg/mL、8.7 μg/g 和 133 μg/g。

佐匹克隆治疗血浓度一般在 0.1 μg/mL,该案例血液浓度已远高于治疗浓度。佐匹克隆中毒死亡案例中,一般过量急死者,血液中浓度高于肝组织浓度,该案例中,肝组织浓度高于血液浓度,说明摄入后经过一段时间后死亡。最终死亡原因为佐匹克隆合并乙醇过量。

案例二

一名 23 岁女子在怀疑被迷奸后第 6 天去报案。据她说,她参加一个聚会,当时,她和一名男子喝酒聊天之后,然后不记得发生了什么事。第二天,她在这名男子床上醒来,全身赤裸。女子被送到鉴定中心进行临床检查和生物检材取样,未发现任何暴力的痕迹。采集血液、尿液样品。并在事发的 7 周后,采集头顶后部的 2 束头发[14]。

【毒物分析及评析】 血液和尿液经精神活性物质的系统筛选,均检出唑吡坦成分,浓度分别为 16 pg/mL 和 32 pg/mL。采集的头发从根部起按照 2 cm 分段,则距根部 0~2 cm、2~4 cm 头发段中均检出唑吡坦成分,质量分数分别为 0.10 pg/mg 和 0.75 pg/mg,距根部 4~6 cm 头发段中未检出唑吡坦成分。

药物辅助犯罪案件中所涉药物作用强,代谢强,本案例中与事发间隔 6 天采样,需要非常灵敏的检测方法。头发生长速度约为 1 cm/月(0.7~1.4 cm/月),距根部 2~4 cm 头发段中唑吡坦浓度最高,与事发时间点相对比较一致。

第六节 麻 醉 药 物

一、概述

麻醉药物分为作用于中枢神经系统的全身麻醉药和作用于周围神经系统的局部麻醉药。

1. 全身麻醉药

全身麻醉药是一类作用于中枢神经系统,可逆性地引起意识、感觉和反射消失的药物,已广泛应用数百年,具有致遗忘、催眠、制动和无意识等作用。全身麻醉药按照给药方式分为吸入麻醉药和静脉麻醉药两类。

吸入麻醉药是一类由呼吸道吸收入体内后发挥麻醉作用的脂溶性高的挥发性液体或气体,易经肺吸收进入血液循环,而后转运分布至中枢神经系统产生全身麻醉作用,如异氟烷、恩氟烷、七氟烷、一氧化二氮(笑气)等。吸入麻醉药具有起效快、患者苏醒快且平稳的特点。

静脉麻醉药则是经静脉给药后到达中枢神经系统产生全身麻醉,一般镇痛作用不强、肌肉松弛作用不完全，麻醉深度不易调控，排除较慢；但静脉麻醉药使用方便，不刺激呼吸道且麻醉诱导迅速，临床主要用于麻醉诱导和维持，亚麻醉浓度的静脉麻醉药还可用于镇静和催眠。临床上常用的除了咪达唑仑、硫喷妥钠、氯胺酮、GHB 外，还包括丙泊酚、依托咪酯等，另外，在近期的各类犯罪案件中，还出现了右美托咪定、赛拉嗪等麻醉药。这里一并介绍。

(1) 七氟烷(sevoflurane)　结构与异氟烷相似，其特点是麻醉诱导期短、苏醒迅速，深度易于控制，对心脏功能影响小，能增强和延长非去极化肌肉松弛药的作用。对呼吸道无刺激，用于儿童及成人麻醉诱导与维持[7]。七氟烷是临床上广泛应用的吸入麻醉药，具有诱导苏醒快、麻醉深度可控、脏器保护等独特的生物特性。

(2) 丙泊酚(propofol)　是目前临床最常用的短效静脉麻醉药物之一，广泛应用于临床麻醉与重症监护室镇静。脂溶性大，起效快，半衰期短，具备顺行性遗忘效应，主要在肝中代谢失活，代谢迅速，代谢物无麻醉作用[15]。其药理作用主要是通过作用于抑制性神经递质 $GABA_A$受体的 β 亚单位诱发氯离子内流，使突触后膜超极化，从而产生麻醉作用，对呼吸道无刺激，可降低脑代谢率和颅内压。美国歌星迈克尔·杰克逊于 2009 年因连续六周注射丙泊酚死亡后，丙泊酚滥用逐渐得到社会的广泛关注。近年来，丙泊酚滥用的案例报告层出不穷，并逐渐成为严重的公共卫生问题。对丙泊酚滥用的临床研究也越来越多。研究表明丙泊酚具有较强的致欣快作用与成瘾潜能，加强对丙泊酚的管制成为重要共识[16]。

(3) 依托咪酯(etomidate)　为广泛应用的非巴比妥类静脉麻醉药物，起效快，作用时间短，对血流动力学特性影响小，尤其适用于危重病人的麻醉诱导。因此，依托咪酯被越来越多地用于小手术麻醉[17]。该药可增强 GABA、受体功能、其催眠作用约为硫喷妥钠的 12 倍，静脉注射后约 20 s 即产生麻醉，持续时间短约 5 min。其主要特点是对心血管和呼吸系统影响小，适用于老年人和有心血管系统疾病的患者。

(4) 右美托咪定(dexmedetomidine)　是一种临床广泛应用的辅助麻醉药物，主要用于短期镇静作用。该药由于具有快速高效麻醉的效果，常被犯罪分子作为使受害者失去意识的工具而用于麻醉抢劫等案例中。右美托咪定是美托咪定的活性右旋异构体，为咪唑类衍生物，化学名称是 α-4-[1-2,3-二甲基乙基]-1H-咪唑。右美托咪定起效时间短[18]。

(5) 赛拉嗪(xylazine)　又称甲苄噻嗪，是一种具有双环结构的化合物，有杏仁味，易溶于水、乙醇和甲醇，微溶于乙醚和氯仿。有镇痛、镇静和肌肉松弛作用，常见的兽用麻醉剂鹿眠宁的主要成分即是赛拉嗪。赛拉嗪是一种 α2 肾上腺能受体激动剂能与中枢神经系统突触前膜的 α2 受体结合，并激动 α2 受体，从而抑制突触前膜去甲肾上腺素(中枢神经系统一种兴奋性的传递介质)的释放，以此来达到麻醉作用。

2. 局部麻醉药

局部麻醉药是一类局部应用于神经末梢或神经干周围的药物，能暂时、完全和可逆性地阻断神经冲动的产生和传导，在意识清醒的条件下，使局部痛觉暂时消失。一般局部麻醉药的作用局限于给药部位并随药物从给药部位扩散而迅速消失，用于消除术中、术后及炎症等引起的局部疼痛，对各类组织都无损伤性影响。随着药物从给药部位扩散、药效消失、神经功能恢复正常。

最早应用的局部麻醉药是 1884 年从南美洲古柯树叶中提出的生物碱可卡因，其后在可卡因化学结构基础上人工合成了一系列的低毒、有效的局部麻醉药。局部麻醉药在临床麻醉和各种急、慢性疼痛治疗中扮演着不可或缺的角色，但局部麻醉药的过量使用或操作不当都可能引起中毒反应，如果急速静脉注射或大量局部给药，可导致昏睡、虚脱和痉挛等中毒症状，进而引起呼吸麻痹和心脏骤停而死亡。因麻醉药的使用过量或操作不当而导致的意外医疗事故时有发生。

目前,临床常用局部麻醉药的化学结构包括三个部分:① 亲脂性的芳香环或杂环;② 亲水性的烷胺基;③ 中间连接部分,以酯键形式结合的为酯类局部麻醉药,而以酰胺键形式结合的为酰胺类局部麻醉药。常见的主要有普鲁卡因、利多卡因、丁卡因、布比卡因和罗哌卡因等。

(1) 普鲁卡因(procaine) 又称奴佛卡因,因麻醉效果确切,价格低廉,毒性和不良反应小,曾是临床应用较广的一种药物,但因其通透性和弥散性差,不易被黏膜吸收,故不适用于表面麻醉,有被利多卡因所代替的趋势。普鲁卡因用药过量引起对中枢神经系统的作用是先兴奋后抑制,最后转入昏迷、呼吸麻痹,可因呼吸衰竭而死亡。

(2) 利多卡因(lidocaine) 属于中效酰胺类局部麻醉药,在肝脏的代谢速度较慢,局麻作用较普鲁卡因强,维持时间较长,且有较强的组织穿透性和扩散性,是临床应用较广泛的局部麻醉药物之一,同时也为抗心律失常药,在治疗各种原因的室性心律失常时效果显著,在临床工作中正在得到普遍的应用。利多卡因因其应用于临床研究较早,药物半衰期短、安全范围小,若剂量控制不当,容易导致过敏性休克、室颤、窦性停搏甚至死亡等全身毒性反应。

(3) 丁卡因(tetracaine) 又称地卡因,为长效酯类局部麻醉药,作用及毒性均比普鲁卡因强 10 倍,亲脂性高,穿透力强,易进入神经,也易被吸收入血。丁卡因主要在肝脏经(羧酸)酯酶代谢,代谢速度较慢,加之吸收快,较易发生毒性反应,剂量大时作用于中枢神经,可出现短暂轻度惊厥,更大剂量可致血压剧烈下降、心肌收缩力减弱、传导系统功能障碍甚至死亡。

(4) 布比卡因(bupivacaine) 属长效酰胺类局部麻醉药,是常用局部麻醉药中作用维持时间最长的药物,约 5~10 h,化学性质稳定。布比卡因脂溶性高,其局麻作用较利多卡因强 4~5 倍,起效较慢,维持时间与丁卡因相似或更长。常用量对心血管无明显影响,剂量偏大时过量的药物快速吸收进入血液循环系统,可致血压下降。布比卡因的心脏浓度高于利多卡因,故心脏毒性较强,严重时可致室性心律失常与致死性室颤,心血管系统的毒性表现多先于中枢神经系统毒性,毒性反应发生率比利多卡因高。

二、体内过程

麻醉药物种类多,结构各不相同,体内过程也不相同,这里就常见麻醉药物分别加以介绍。

1. 七氟烷

主要以吸入给药,2%七氟烷吸入麻醉 3 h 后,血峰浓度在 57 μg/mL,半衰期在 1.8~3.8 h。进入体内的七氟烷,大部分以原形经呼吸道排出体外,少部分(2%~5%)可在体内进行生物转化,生成代谢物六氟异丙醇,约 85%的六氟异丙醇很快与葡萄糖醛酸结合,并经肾脏排出。

2. 丙泊酚

主要以注射给药,口服给药活性差。静注后 0.5~1 min 起催眠麻醉作用,2 min 后血药浓度达峰值,消除半衰期为 1~3 h。具有分布容积大、消除率高、分布和消除迅速、再分布缓慢的特点。主要通过肝脏氧化代谢,进一步形成葡萄糖醛酸结合物,并排泄入尿液,尿液中几乎无游离型的丙泊酚。

3. 依托咪酯

依托咪酯的咪唑环上含有一个酯基,脂溶性强,吸收快,起效迅速。进入血液的依托咪酯首先与血浆蛋白结合,结合率达99%,消除半衰期在2.5~4.5 h。迅速全身分布,分布至血流量大的脑组织中。经肝脏代谢,脱烷基化作用发生水解,生成无活性的依托咪酯酸,进一步形成葡萄糖醛酸结合物。单次注射后,约剂量的90%在4 d内经尿液排泄,其中,原体仅占2%,大部分为依托咪酯酸。

4. 右美托咪定

在临床上以静注或鼻腔给药为主,静注后10 min达血峰浓度,半衰期为3~10 h。经肝脏代谢,*N*-甲基化和羟基化后,进一步形成葡萄糖醛酸结合物。单次静脉注射,9 d内从尿液(95%)和粪便(4%)中排泄,尿液中以代谢物及其葡萄糖醛酸结合物为主。

5. 赛拉嗪

在临床上使用以静注为主,消除半衰期在2~3 h。在体内充分代谢,主要代谢途径包括羟基化、氧化、NG脱烷基化、SG氧化成砜与葡萄糖醛酸及硫酸的结合等,主要代谢产物为2,6-二甲基苯胺。尿液中以代谢物及其葡萄糖醛酸结合物为主,仅有8%剂量以原体形式存在。

6. 普鲁卡因

在临床上以静注为主,进入体内后迅速水解,消除半衰期7~8 min。给予普鲁卡因10 min后即有40%以上发生水解,生成对氨基苯甲酸,水解主要发生在血浆中。主要经尿液排泄,24 h尿液中,原形仅占剂量的2%,80%剂量的以代谢物及其葡萄糖醛酸结合物形式存在。

7. 利多卡因

剂型很多,注射剂、胶浆剂、气雾剂、凝胶剂和乳膏,用于表面麻醉常用的剂型为乳膏,而乳膏剂型药物吸收率约在5%~10%,在1~2 h起效。肌注利多卡因后5~15 min起效,一次肌注200 mg后15~20 min达治疗浓度,持续60~90 min;静注后立即起效(45~90 s),持续10~20 min,持续静滴3~4 h达稳态血药浓度。消除半衰期为0.7~2 h。穿透力强,弥散广,吸收完全,组织分布快而广,能透过血脑屏障和胎盘,分布至骨骼肌和脂肪组织中。曾经用心脏三联针抢救的死者,胃内容物中一般都能检测出利多卡因成分。90%经肝脏代谢,代谢物单乙基甘氨酰二甲苯胺及甘氨酰二甲苯胺具有药理活性,持续静滴24 h以上者,代谢产物可产生治疗及中毒作用。由肾脏排泄,约用量的10%以原形排出。

三、分析方法

生物样品中常见麻醉药物的分析均可参照常见毒药物的GC-MS、LC-MS系统筛选分析进行,这里不再赘述。

四、鉴定要点

1. 生物检材

近年来,全身麻醉药物被用于药物辅助犯罪等案件中逐渐增多,应注意收集现场的剩余物品,同时,将其纳入精神活性物质的系统筛选中,并且提高检测灵敏度,以防漏检。怀疑局部麻醉药中毒时,应注意收集各种检材,包括剩余药液、药瓶、注射器等体外检材;血液、脑脊液以及注射部位的肌肉等体内检材。

2. 分析方法

利多卡因在正离子电子轰击离子源的GC-MS中表现出很强的*m/z* 86质量数的离子碎片,与部分实验室常用的内标SKF_{525}的离子碎片相同,保留时间也颇为接近,应注意区别。

使用局部麻醉药时通常与其他药物混合使用，如抢救时常与尼可刹米混用，应注意排查；或多种麻醉药物同时使用，检测时应注意筛选其他可能的毒药物。

3. 结果评价

由于局部麻醉药，特别是利多卡因在急救中经常大剂量使用，甚至临床死亡后也应家属要求而大量给药，因此在尸体检血中检出的浓度可能超过致死量，应结合其他可能死因注意区别。由于死后药物的再分布，静脉、硬膜外等途径给药的情况下亦可在胃内容物中检出药物原形，应结合案情区分口服给药或注射给药。利多卡因被称为全能麻醉药，因而经常被非法添加到化妆品、外用药品等，在许多复杂案件的利多卡因阳性评价时，应注意排除这些因素。

五、案例评析

案例一

2007 年 12 月某日中午 12 时，某女（23 岁）行剖腹产手术，次日凌晨由于疼痛央求医生给药，由麻醉医生给予利多卡因。2 h 后发现其脸色不对，经抢救无效宣告死亡。

【毒物分析及评析】 经碱性提取，GC－MS 分析检测，结果如表 7－5 所示，检出利多卡因、布比卡因和尼可刹米。利多卡因和布比卡因均没超过致死量。布比卡因属于手术期间给药，代谢较慢。尼可刹米是急救时用药。本结果不支持直接的麻醉药药源性死因。局部麻醉药的来源是多方面的，需要具体情况具体分析，人死亡之前甚至死亡之后，急救人员通常会抢救、维持并通过静脉推注较大剂量的呼吸兴奋药物。因此对局部麻醉药的检测结果要综合分析、谨慎判断。

表 7－5 各种生物样品中的药物含量

检 材	利多卡因/（μg/mL）（g）	布比卡因/（μg/mL）（g）	尼可刹米
心血	0.06	0.2	阳性
颅腔血	0.08	0.8	阳性
肝	0.03	0.07	阳性
脑干	0.03	0.01	阳性

案例二

2012 年 2 月 6 日在某城中村一垃圾堆中发现一具被毛毡包裹的男性尸体。经调查，死者为蒋某，25 岁，生前暂住城中村招待所内，7 天前其家人报案称与其失联。蒋某生前曾与一开私人诊所的李姓女子联系密切[19]。

【毒物分析及评析】 提取其左手注射针眼部位组织、肝脏、胃内容物进行常规毒物分析，未检出常见巴比妥类、吩噻嗪类镇静催眠类药物，有机磷类、拟除虫菊酯类、氨基甲酸酯类农药，吗啡、甲基苯丙胺、氯胺酮等违禁毒品以及氟乙酰胺、毒鼠强等杀鼠剂。后采用 GC－MS 法，从死者注射针眼部位组织、胃内容物及肝脏中检出利多卡因和氯氮平；采用气相色谱，从肝脏中检出氯氮平和利多卡因的含量分别为 1.63 mg/kg 和 2.79 mg/kg。有研究表明当人体内利多卡因血药浓度超过 5 μg/mL 可发生惊厥，继而抑制心脏舒张期除极化和心室肌自律性，当血药浓度为6~10 μg/mL时,可引起中毒性反应,大于10 μg/mL时可引起严重毒性反应,甚至死亡。人体血液中氯氮平治疗浓度为0.16~0.5 μg/mL,中毒浓度为3.2~4.5 μg/mL。但利多卡因或氯氮平中毒死亡者中肝脏药物浓度的相关数据缺乏。考虑到两种药物的药理特征、交互及死后药物的降解,参考中毒血药浓度,分析推测蒋某系因氯氮平和利多卡因联合静脉注射,产生协同效应而中毒死亡。随后据作案人李某证实,李某与蒋某系情人关系,蒋某企图对李某女儿不轨,在给蒋某治疗感冒时将氯氮平和利多卡因混合注射,导致蒋某昏迷、死亡并抛尸至垃圾堆。

第七节　抗 生 素

一、概述

抗生素(antibiotics)是由微生物或高等动植物在生活过程中所产生的具有抗病原体或其他活性的一类次级代谢产物,主要来源是生物发酵,也可通过化学全合成和半合成方法制得,是临床上常用的一类重要药物。

我国是抗生素使用大国,因其使用不当而引起的中毒和死亡人数逐年增加,由此而导致的医疗纠纷和司法鉴定案件量也呈明显的上升趋势。其中以抗生素过敏最为常见,过敏性猝死也是法医学鉴定的一个难点问题。抗生素中毒或致死案件中,通过毒物分析,可以提供受害者是否使用过抗生素的证据,为法医进行死因判断提供证据。

抗生素种类繁多,结构复杂,与法医毒物分析密切相关的抗生素主要是β-内酰胺类抗生素。β-内酰胺类抗生素是临床上最常用的一类抗生素,共分三大类:青霉素、头孢菌素和非典型β-内酰胺类。青霉素类是最早应用于临床的抗生素,由于它具有杀菌力强、毒性低、价格低廉等优点,迄今仍是处理敏感菌所致各种感染的首选药物。该类药物包括天然青霉素和半合成青霉素。头孢菌素类曾用名先锋霉素,是由从冠头孢菌培养液中分离得到的有效成分头孢菌素C经结构改造后得到的一系列衍生物,种类多达60种。头孢菌素类与青霉素类结构相似,因此抗菌作用机制相似,但相比具有抗菌谱较广,耐青霉素酶,疗效高、毒性低,过敏反应少等优点。

抗生素的使用不当会导致多种毒性反应:① 神经系统毒性反应:大剂量青霉素G或半合成青霉素可引起神经肌肉阻滞,表现为呼吸抑制甚至呼吸骤停。② 造血系统毒性反应:氯霉素可引起再生障碍性贫血;氯霉素、氨苄青霉素、链霉素、新生霉素等有时可引起粒细胞缺乏症等。③ 肝、肾毒性反应:氨基甙类及磺胺药可引起肾小管损害。④ 过敏反应:一般分为过敏性休克、血清病型反应、药热、皮疹、血管神经性水肿和变态反应性心肌损害等。

抗生素药物使用不当或质量问题造成患者过敏或死亡的医疗纠纷事件呈上升趋势。该类药物往往不会对机体产生明显的损伤,亦无特征性的尸检所见,所以毒物分析结果是法医鉴定结论的主要参考指标。

二、体内过程

1. 吸收、代谢

青霉素类药物口服易被胃酸破坏,吸收少而不规则,肌内注射吸收迅速而完全,原体进入生物体后极易分解，代谢快，检测时限短。青霉素钾（钠）水溶液肌注后 15～30 min 内就达到血药浓度峰值，半衰期仅为 30～60 min。肌内注射 100 万单位后吸收快且完全，0.5 h 达血药浓度峰值，约为 20 单位/mL，青霉素的血浆蛋白结合率为 46%～58%。

头孢菌素类抗生素可经肠道吸收，能口服。除头孢噻吩外均可肌注或静注。头孢曲松钠肌注 1 g，血药浓度 2 h 达峰值，半衰期 6～8 h。头孢克洛空腹口服后吸收良好。当与食物同服时，达到的峰浓度为空腹者服用后峰浓度的 50%～75%，且达峰时间通常要延迟 45～60 min。头孢克洛的半衰期为 0.6～0.9 h。

2. 排泄

青霉素几乎全部以原形迅速经尿液排泄，约 10%经肾小球滤过，90%经肾小管分泌。

头孢曲松在人体内不被代谢，约 40% 的药物以原形自胆道和肠道排出，60% 自尿液中排出。

3. 体内分布

青霉素脂溶性低，进入细胞内较少，主要分布于细胞外液，并能广泛分布于各种关节腔、浆膜腔、间质液、淋巴液、胎盘、肝、肾、肺、横纹肌、中耳液等，但在各部位、组织中的浓度有较大差异，肝、胆、肾、肠道等中均有大量分布。

头孢菌素类抗生素吸收后能透入各种组织中，体内分布良好，易透过胎盘，在滑膜液、心包积液中均可达高浓度，胆汁中浓度通常也较高，主要经肾排出体外。

三、分析方法

涉及抗生素分析的检材应同时采取体外检材与体内检材。需要特别注意的是，由于抗生素易受 pH 和温度变化影响，所以，应及早采样，检材在采集后应尽快冷冻保存。

体外检材是与案情有关的医疗用品，包括药品、药液、点滴液、输液管、针头等。对于体外检材，可加入蒸馏水或合适的流动相溶液后直接进行分析。体内检材中抗生素药物分析在法庭科学的应用研究较少，主要集中在动物源性食品中抗生素残留的研究。在医疗纠纷和法医鉴定中，可选用血液、尿液、胆汁及组织等，前处理可采用水性溶剂溶解、有机溶剂沉淀蛋白、液液提取、固相萃取等方法。蛋白沉淀法常用水或酸化的有机溶剂达到脱蛋白和萃取青霉素的目的，脱蛋白常用的溶剂有乙腈、三氯乙酸、酸化乙腈、硫酸和钨酸钠等。

抗生素的检测有显色反应法、生物测定法、GC、HPLC 和 LC－MS 等，但从毒物鉴定的可靠性和证据要求的角度，宜采用 LC－MS。由于 β－内酰胺类抗生素不易气化，GC 不常用于抗生素的检测。HPLC 法是抗生素检测中常用的检测技术，样品无需衍生化、操作简便。可用于筛选和定量分析。LC－MS/MS 法对高沸点、不挥发和热不稳定化合物的分离和鉴定具有独特的优势，与其他方法相比，具有更高的选择性和灵敏度，在抗生素检测中应用日趋广泛。

参考方法：

样品前处理：取 0.1 mL 血液，加入内标工作液，加入 0.9 mL0.1%甲酸：乙腈（1：9）混合溶液，涡旋混匀，13 000 r/min 离心 5 min，取上清液供 LC－MS/MS 分析。

色谱条件：ZORBAX SB C_{18}色谱柱（2.1 mm×150 mm，5 μm）；流速，0.2 mL/min；流动相，A 为 0.1%甲酸溶液，B 为乙腈；梯度洗脱程序，0～2 min，95% A；2～12 min，95%→50% A；12～16 min，50%→95% A。

质谱条件：离子源，ESI+；离子喷射电压 5 500 V，碰撞气 7 psi，气帘气 30 psi，雾化气 35 psi，辅助气 35 psi，离子源温度为 450℃。β－内酰胺类药物质谱分析的条件参数见表 7－6。

表 7-6 12 种β-内酰胺类药物保留时间和质谱分析的条件参数

药 物	英文名	分子式	分子量	前体离子 (m/z)	碎片离子 (m/z)	DP /V	CE /eV
青霉素 G (苄青霉素)	Penicillin G	$C_{16}H_{18}N_2O_4S$	334.4	335.2	160.4 176.6	105	23 26
青霉素 V	Penicillin V	$C_{16}H_{18}N_2O_5S$	350.4	351.1	257.0 160.1	105	20 22
氨苄西林	Ampicillin	$C_{16}H_{19}N_3O_4S$	349.4	350.1	106.2 192.0	60	36 24
阿莫西林	Amoxicillin	$C_{16}H_{19}N_3O_5S$	365.4	366.1	349.1 208.2	45	14 19
美洛西林	Mezlocillin	$C_{21}H_{25}N_5O_8S_2$	539.6	540.0	333.0 258.9	105	18 37
头孢唑林	Cefazolin	$C_{14}H_{14}N_8O_4S_3$	454.5	455.1	323.2 156.2	50	17 24
头孢拉定	Cefradine	$C_{16}H_{19}N_3O_4S$	349.4	350.2	176.1 158.2	50	20 16
头孢氨苄	Cephalexin	$C_{16}H_{17}N_3O_4S$	347.4	348.2	174.0 158.0	50	23 14
头孢克洛	Cefaclor	$C_{15}H_{14}ClN_3O_4S$	367.8	368.1	174.2 106.1	40	21 39
头孢噻肟	Cefotaxime	$C_{16}H_{17}N_5O_7S_2$	455.5	456.1	396.1 324.0	60	18 20
头孢唑肟	Ceftizoxime	$C_{13}H_{13}N_5O_5S_2$	383.4	383.9	227.0 126.0	100	27 46
头孢哌酮	Cefoperazone	$C_{25}H_{27}N_9O_8S_2$	645.7	647.1	143.1 530.0	55	63 16
阿奇霉素	Azithromycin	$C_{38}H_{72}N_2O_{12}$	749	749.8	158.2 591.6	100	57 42
林可霉素	Lincomycin	$C_{18}H_{34}N_2O_6S$	406.5	407.3	126.2 359.3	100	39 27

续 表

药 物	英文名	分子式	分子量	前体离子 (m/z)	碎片离子 (m/z)	DP /V	CE /eV
克林霉素	Clindamycin	$C_{18}H_{33}ClN_2O_5S$	425	425.1	126.2 377.2	85	45 29
阿莫西林-d_4	Amoxicillin-d_4	$C_{16}H_{19}N_3O_5S$	365.4	365.3	193.2 123 333.3	80	25 29 24

四、鉴定要点

1. 检材

在选取检材时,体内检材以血液最为重要,同时要注意体外检材的采取,涉及医疗纠纷的案(事)件,输液瓶内残留液、剩余玻璃安瓿瓶等,甚至输液管线内液体均是非常好的检材。

2. 稳定性

青霉素类与头孢菌素类抗生素的β-内酰胺环是分子结构中最不稳定的部分,与含水量和纯度有很大关系,干燥条件下比较稳定,室温条件下密封保存可贮存3年以上。但水溶液非常不稳定,随pH和温度变化很大,在酸、碱、酶、金属离子或氧化剂等作用下,易破坏结构而失去抗菌活性。因此毒物分析时应及早采样,检材在采集后应尽快冷冻保存尽快分析。

3. 中毒案例结果评价特点

怀疑过敏性死亡的,毒物分析时要注意筛选多种抗生素类药物。人们对青霉素类的过敏反应已经有足够认识,往往会忽视头孢类偶尔出现的过敏现象,因此怀疑抗生素类药物过敏时,应提供临床用药记录,注意同时筛查多种易致过敏的药物。过敏性反应的死后诊断应结合死者的生前临床病史、死亡时间、生前临床表现、病理解剖发现、血清IgE检测值及毒物分析结果进行综合判断。

五、案例评析

案例一

某5岁男孩,因腹泻去某诊所(非法诊所)输液,予头孢哌酮钠(先锋必)2 g,地塞米松2 mg,病毒唑0.2 g,5%葡萄糖250 mL,15~20滴/min输液。2 min后,患儿突然烦躁不安、神志不清、颜面青紫、呼吸急促、脉搏细速、血压测不到。急送患儿至医院,后抢救无效死亡[20]。颜面部青紫,球、睑结膜出血点,口唇、指(趾)甲发绀,左手背有一输液针刺孔。喉头充血,气管内有淡红色黏液,两肺呈粉红色,有出血点。脑、肺、肝等多组织器官淤血、水肿。

【尸体解剖】 尸检全身无损伤,病理检验各组织器官淤血、水肿,符合过敏性休克死亡特征。

【毒物分析及评析】 体内未检出急性致死性毒物,毒化检验未检出毒鼠强、氰化物、砷。患儿输液针眼处皮肤和血液均检出头孢哌酮钠成分。头孢哌酮钠是第三代头孢菌素,毒副作用小,临床应用广泛,引起过敏反应者极少见。对过敏性死亡的判定需要结合病理分析及毒物分析结果综合判定。

案例二

梁某，男，38 岁，有吸毒史。某日早 6 时许因负债被人堵于家中，要求其偿还债务。当日上午 9 时梁某在家中饮酒；9 时 30 分梁某给朋友发信息称"因欠债太多想要自杀，并透露饮酒后服用抗生素可导致死亡"；10 时梁某被人发现死于卧室内，卧室内遗留有头孢克肟胶囊（其中 2 粒药物缺失）[21]。

【毒物分析及评析】 梁某心血中乙醇质量浓度为 0.65 mg/mL、头孢克肟 0.353 μg/mL、乙醛 33.1 μg/mL、甲基苯丙胺 89.41 ng/mL 及苯丙胺 13.27 ng/mL。尿液中检出甲基苯丙胺和苯丙胺。心血中未检出巴比妥类、苯二氮卓类和吩噻嗪类镇静安眠药；胃内容物和肝脏中未检出毒鼠强和有机磷农药；胃内容物中未检出砷、汞和氰化物。酶联免疫吸附分析（ELISA）测定血清 IgE 为 56.3 IU/mL，类胰蛋白酶 1.78 ng/mL。不排除梁某因饮酒后口服头孢克肟并吸食毒品致体内乙醛蓄积、中毒死亡。

· 本章思考题 ·

1. 与法医毒物分析关系密切的常见医用合成药物分为几类？各有哪些特点？

2. 简述体内医用合成药物定量分析的重要性。

3. 某生物检材中可能同时含有苯二氮卓类和巴比妥类，如何设计检材处理和检验方法？

4. 疑过敏反应事件的抗生素检测和判断应注意哪些问题？

参考文献

[1] 沈敏，向平，刘伟. 法医毒物鉴定理论与实践. 北京：科学出版社，2022.

[2] 张文竞，赵蒙，杨景卫，等. 超高效液相色谱-串联四级杆飞行时间质谱法快速筛查尿液中 58 种毒品及滥用药物. 刑事技术，2019，44(3)：219－223.

[3] 舒翠霞，龚丹，常靖，等. 氟硝西泮滥用及检测研究进展. 刑事技术，2021，46(2)：182－186.

[4] 刘良，张国华，李利华，等. 法医毒理学. 北京：人民卫生出版社，2016.

[5] 沈敏，向平. 毛发分析基础及应用（第二版）. 北京：科学出版社，2020.

[6] Kudo K, Imamura T, Jitsufuchi N, et al. Death attributed to the toxic interaction of triazolam, amitriptyline and other psychotropic drugs. Forensic Sci Int, 1997, 86(1－2): 35－41.

[7] Iwai M, Hattori H, Arinobu T, et al. Simultaneous determination of barbiturates in human biological fluids by direct immersion solid-phase microextraction and gas chromatography-mass spectrometry. J Chromatogr B Analyt Technol Biomed Life Sci, 2004, 806(1): 65－73.

[8] 李银贵，柯娟娟. 抗抑郁药物的研究进展. 中国制药信息，2000，16(9)：1－7.

[9] 沈敏，向平. 法医毒物学手册. 北京：科学出版社，2012.

[10] Zhu R, Dong X, Zhang D, et al. Simultaneous quantification of 38 Psychotropic Drugs and Relevant Metabolites in Blood using LC－MS－MS. J Anal Toxicol, 2021, 45(4): 397－409.

[11] Rohrig T P, Goodson L J. A sertraline-intoxicated driver. J Anal Toxicol, 2004, 28(8): 689－691.

[12] Proença P, Franco J M, Mustra C, et al. UPLC－MS/MS determination in blood of a mixed-drug

fatal intoxication: a case report. Forensic Sci Int, 2013, 227(1-3): 85-89.

[13] Boniface P J, Russell S G. Two cases of fatal zopiclone overdose. J Anal Toxicol, 1996, 20(2): 131-133.

[14] Kintz P, Villain M, Dumestre-Toulet V, et al. Drug-facilitated sexual assault and analytical toxicology: the role of LC-MS/MS A case involving zolpidem. Journal of Clinical Forensic Medicine, 2005, 12(1): 36-41.

[15] Wilson C, Canning P, Caravati E M. The abuse potential of propofol. Clin Toxicol (Phila), 2010, 48(3): 165-170.

[16] 赵凯旋,韩盈,杨宁,等. 麻醉药丙泊酚成瘾机制的研究现状. 中国药物依赖性杂志,2022, 31(6): 411-416.

[17] Weng D, Huang M, Jiang R, et al. Clinical study of etomidate emulsion combined with remifentanil in general anesthesia[J]. Drug Des Devel Ther, 2013, 7: 771-776.

[18] 王瑞花,刘锐,栾玉静,等. 固相萃取-气相色谱-质谱法检验人血浆中的右美托咪定. 中国法医学杂志,2017, 32(5): 497-499.

[19] 王慧鹏,付强,张平,等. 氯氮平和利多卡因静脉注射中毒死亡1例. 中国法医学杂志,2014, 29(6): 597-598.

[20] 张靖森,李志军. 非法行医静点先锋必过敏死亡鉴定1例. 法律与医学杂志,2004(1): 21-22.

[21] 吴鹏,白雅琴,董祎铭,等. 饮酒后口服头孢克肟并吸食毒品死亡1例. 中国法医学杂志,2022, 37(4): 419-420.

第八章 天然药毒物鉴定

· 本章重点内容与学习要求 ·

天然药毒物是法医毒物司法鉴定的难点鉴定项目。了解有毒动植物的来源、用途、成分、性质、中毒症状、体内过程，对于制订分析方案和得到可靠的结果是非常重要的。本章主要介绍乌头生物碱、士的宁、马钱子碱、莨菪生物碱、烟碱、河鲀毒素的检材处理、鉴定方法以及注意要点等，并通过典型案例评析提高分析问题的能力。

天然药毒物是指一些动植物本身含有某种天然有毒成分，接触或食用后可引起中毒，甚至死亡。除有毒动植物投毒、自杀案件外，据“中国疾病预防控制信息系统”中报告的全国食物中毒事件，2017 年全国有毒动植物食物中毒的人数占总中毒人数的 9.52%，死亡人数占食物中毒总死亡人数的 12.85%。对所涉各类案（事）件中体内外有毒动植物成分进行定性、定量分析是法医毒物鉴定的重要组成部分。

有毒动植物中毒可分为有毒动物中毒，如河鲀、斑蝥、毒蛇等中毒和有毒植物中毒，如乌头、马钱子、颠茄、毒蘑菇、夹竹桃、钩吻中毒等。

天然药毒物中毒的原因：① 医源性或非法行医引起的药用过量，此类中毒最常见。因有些有毒动植物成分既有毒性，又具治疗性，使用不当即可发生毒副反应甚至中毒死亡。② 误食。有毒动植物形态与无毒品种类似，易混淆而误食。③ 食物污染或处理不当。在加工、烹调时，有毒动植物的毒素未被清除或破坏，进食后引发中毒。④ 自杀。如服用斑蝥酊、注射蛇毒、吞服乌头散等。⑤ 他杀。诱使他人服用含有动植物的药酒，利用毒蛇咬伤他人等。⑥ 意外。在野外活动被毒蛇、毒蝎咬伤、蜇伤等。

天然药毒物中毒的主要特征：① 季节性和地区性较明显。这与有毒动物和植物的产地分布、生长成熟、采摘捕捉、饮食习惯等有关。② 散在性发生，偶然性大。③ 潜伏期较短。大多在数十分钟至 10 h，少数也有超过 24 h 的。④ 发病率和病死率较高，但因有毒动物和植物种类的不同而有所差异。

有毒动植物毒性成分及化学性质分类。有毒动植物种类繁多，所含的毒性成分十分复杂，有些有毒动植物毒性成分较为单一，有些则含多种毒性成分，还有许多有毒动植物所含毒性成分目前尚不明确。

根据已知有毒植物的毒性成分及其化学性质可将有毒植物大致分类为：① 含生物碱类。是一类含氮的有机化合物，多见于毛茛科、罂粟科、防己科、芸香科、马钱科、茄科、麻黄科等植物，其中常见的有乌头属、马钱子、钩吻、颠茄、罂粟、曼陀罗、麻黄碱等。② 含苷类。多见于玄参科、夹竹桃科、萝藦科、卫矛科、百合科、蔷薇科和豆科植物中，主要有夹竹桃、洋地黄、苦杏仁、木通等。③ 含毒蛋白、多肽、氨基酸类。主要存在于种子中，如巴豆、蓖麻子、苍耳子、天花粉、毒伞、白毒伞、褐鳞小伞等。④ 含萜与内酯类。如雷公藤、马桑、莽草果实、红茴香果实、黄药子等。⑤ 其他。如豆薯子、白果、鱼藤等。

有毒动物主要包括三大类：即以鱼、贝类为代表的水生动物类、以蛇为代表的爬行陆生动物类和其他动物类。根据已知有毒动物所含毒性成分可分为：① 含生物碱类。如蟾蜍、海狸等。② 含苷类。如海参等。③ 含毒蛋白和酶类。如蜂毒、蛇毒、某些卵毒鱼类。④ 含有机胺类。如河鲀、某些胆毒鱼类、变质的鱼。⑤ 含酚或有机酸类。如斑蝥、河鲀、蜂类等。

本章仅介绍司法鉴定实践中常见的乌头生物碱、士的宁及马钱子碱、莨菪烷类生物碱、钩吻生物碱、烟碱、河鲀毒素的中毒鉴定。

第一节　乌头生物碱

一、概述

乌头(*Aconitum carmichaeli*)属毛茛科多年生草本植物，在我国乌头属植物有 170 余种，多地分布，西南地区较为集中。其茎块或子根具有回阳救逆、温中补肾、祛风胜寒、散寒止痛等功效，许多品种如川乌、附子、草乌、雪上一枝蒿、关白附、铁棒槌等在中医临床应用领域有着悠久的历史。由于多数药用乌头的毒性大、治疗量与中毒量接近，因意外、用药不当(如使用剂量不当、剂型不当、多种乌头类药物合用、炮制不当、煎煮时间太短等)容易超量摄入导致中毒甚至死亡的事件时有发生，尤其在非法行医过程中较为常见，另外用乌头自杀或投毒案件也有报道。

乌头属植物全株有毒，以根块为最。乌头中含有多种生物碱，毒性剧烈的主要为双酯型二萜类乌头生物碱如乌头碱(aconitine，AC)、新乌头碱(mesaconitine，MA)、次乌头碱(hypaconitine，HA)、异乌头碱(isoaconitine)、川乌碱甲(carmichaeline A)、川乌碱乙(carmichaeline B)等。乌头生物碱的母体结构由 19 个碳构成的乌头胺醇骨架(图 8－1)，8 位碳上的醇基与乙酸形成酯；14 位碳上的醇基与苯甲酸或茴香酸形成酯。乌头生物碱成分受品种、采收期、是否炮制及炮制方法等因素差异较大。经过盐水浸泡、水煮、硫磺熏等方法炮制后，大部分双酯类乌头生物碱 C8 位上的酯键水解，转化成单酯型生物碱，毒性仅为原双酯型生物碱的 1/500～1/50，C14 位上的酯键也可以进一步水解，转化成毒性更低的醇胺类生物碱，毒性会大大降低，仅为原双酯型生物碱的 1/4 000～1/2 000。

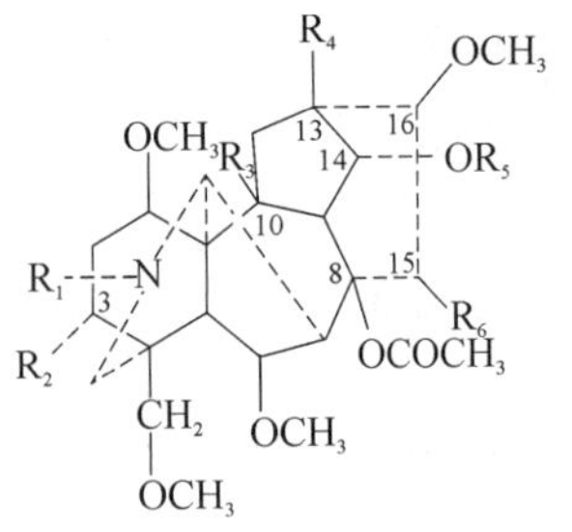

图 8－1　乌头生物碱母体结构

乌头生物碱易溶于乙醚、氯仿、乙醇、甲醇等有机溶剂，在乙醇和甲醇中不稳定，半衰期小于 1 个月；在乙腈、四氢呋喃和稀盐酸中稳定，半衰期大于 5 个月。乌头生物碱显弱碱性，易与酸结合成盐，其盐类易溶于水和一些极性有机溶剂。乌头碱、新乌头碱、次乌头碱等双酯型生物碱的酯键不稳定，在碱性溶液中迅速水解，半衰期小于 1 天；酸性条件下相对稳定。

乌头中的二萜类双酯型生物碱含量一般均在总量的 1%以下，但毒性均较高，其中以乌头碱含量最高，毒性最大。乌头碱经皮下、腹腔、静脉注射及灌胃方式给药，小鼠的 LD_{50} 分别为 0.27 mg/kg、0.38 mg/kg、0.12 mg/kg 和 1.8 mg/kg，新乌头碱、次乌头碱的小鼠经口 LD_{50} 分别为 1.9 mg/kg 和 5.8 mg/kg。纯乌头碱 0.2 mg 即可使人中毒，最小致死量为 2 mg，成人经口致死量为 3～5 mg。乌头类中药的中毒剂量与品种有关：一般生川乌中毒量 3～4 g，生草乌 1.5～4 g，炮制附子 30~60 g,搜山虎 3~4 g,落地金钱 0.3~1.8 g,雪上一枝蒿 1.5~3 g。

乌头生物碱主要作用于消化系统、神经系统、呼吸系统和心脏系统。消化系统主要症状表现为食道灼热刺痛,胃有强烈烧灼感,干渴、恶心呕吐、腹胀肠鸣、腹痛腹泻等;神经系统主要症状表现为口唇、舌、咽喉及口腔麻木,继而全身发麻、手足刺痛、面部肌肉和四肢痉挛、言语困难、视听减退,手足有特异的刺痛及蚁走感等;呼吸系统主要症状表现为呼吸抑制,呼吸困难,口唇发绀,急性肺水肿,可因呼吸肌痉挛而窒息,重则呼吸衰竭等。心脏系统则表现为心慌气急、心动过缓、心律失常,甚可导致心功能不全,发生急性心源性脑缺血综合征等。乌头类中药从服药至死亡的平均时间为 4~6 h。

二、体内过程

乌头生物碱大多数通过消化道摄入吸收,也有药酒外用时经过破损皮肤吸收。动物实验表明:乌头碱可在大鼠食管和胃内吸收,且在食管内的吸收强于胃内吸收。

乌头碱吸收、分布、代谢、排泄非常迅速,动物实验数据表明口服给药后血浆中乌头碱 1 h 可达峰浓度,以尿液排泄为主[1]。中毒症状和死亡的快慢与摄入乌头类药物的性状有很大的关系。酒精可以增加乌头生物碱的溶出率,同时酒精可以加快吸收,摄入药酒后,通常 10 min 左右即可出现中毒症状,死亡率很高。粉剂或者水煎剂,通常半小时出现中毒症状。

乌头生物碱在动物体内代谢为减毒增溶过程,动物实验表明:口服给予家兔乌头碱,代谢方式主要有两种:一种是 C16 位上的甲氧基氧化脱去甲基,生成极性更大的 16-*O*-去甲基乌头碱,C8 位上的酯键进一步水解,生成 16-*O*-去甲基乌头次碱;另外一种是 C8 位酯键首先水解,生成乌头次碱,C14 位酯键进一步水解,生成水溶性更大的乌头原碱[2]。

乌头生物碱口服由消化道吸收后,经血液循环不同程度分布于心、肝、脾、肺、肾、胰、胃、肠等组织中。表 8-1 列出了 1 例服用乌头药酒致死者体内乌头碱、新乌头碱和次乌头碱含量分布[3]。

表 8-1　死者各检材及药酒中乌头生物碱的含量　　单位: ng/mL(g)

检材名称	乌头碱	新乌头碱	次乌头碱
心血	49.0	0.70	2.11
尿液	763.0	19.5	34.1
胆汁	231.0	25.0	4.34
心	25.8	0.12	0.54
肺	9.2	0.14	0.27
肝	17.8	0.18	0.38
胆囊	7.5	0.20	0.23
脾	4.7	0.03	0.16
肾	17.8	0.17	0.65
胰	27.0	0.24	0.63
胃	14.6	0.28	0.44

续 表

检材名称	乌头碱	新乌头碱	次乌头碱
肠	19.4	0.36	0.32
脑	未检出	未检出	0.23
胃内容物	199.0	4.49	8.70
药酒	594 000	11 600	19 000

三、分析方法

根据检材的性状以及检测方法选择检材处理方式。保留乌头形态特征的检材，如未煎过的中草药、泡酒的药渣、含残留乌头块根的胃内容物等，可将疑似乌头的物质分拣出来进行形态学鉴定或者单独进行提取处理。血液、尿液等生物检材一般可用碱性较为温和的氨水或缓冲液将检材 pH 调至 9 左右，用沸点低、易挥发的乙醚、氯仿等有机溶剂提取，也可沉淀蛋白后用固相小柱萃取。乌头生物碱极易水解，在样品处理和检验过程中应特别注意防止水解，处理过程中应尽量避免使用强碱调碱性或者长时间与碱接触和加热，检材应及时送检、检验。

生物检材中乌头生物碱的检测方法有很多文献报道，包括薄层色谱法、高效液相色谱法、液-质联用法等。LC－MS 兼具有液相色谱高效的在线分离能力和质谱的高选择性、高灵敏度的检测能力，通过化合物的保留时间、相对分子质量以及特征结构碎片等信息，对于复杂基质中痕量乌头生物碱成分可大大提高分析的专一性和灵敏度。

参考方法：

直接液液提取法、LC－MS/MS 分析法《生物检材中乌头碱、新乌头碱和次乌头碱的测定 液相色谱-串联质谱法》（SF/Z JD0107009－2010）

样品前处理：取待测血液或尿液 0.5 mL 至具塞离心管中，加入 1.0 mL 硼砂缓冲液后用乙醚 3 mL 提取，涡旋混合，离心，将有机层转移至另一试管中，置 60℃水浴中挥干，残留物用 200 μL 流动相定容，供 LC－MS/MS 分析。

色谱条件：Capcell Pak C_{18}柱（250 mm×2.0 mm，5 μm）或其他等效柱，前接保护柱，流动相：乙腈：20 mmol/L 乙酸铵溶液（含 0.1%甲酸）（70：30，*V/V*）；流速：200 μL/min；进样量：5 μL。

质谱条件：三重四极杆串联质谱仪，电喷雾正离子模式（ESI+），多反应监测（MRM）模式；离子喷雾电压：5 500 V；离子源温度：500℃。乌头碱、新乌头碱、次乌头碱 LC－MS/MS 和保留时间参数详见表 8－2。

表 8－2 乌头碱、新乌头碱、次乌头碱定性离子对、去簇电压（DP）、碰撞能量（CE）和保留时间（Rt）

名称	英文名	定性离子对（*m/z*）	DP/V	CE/eV	Rt/min
乌头碱	aconitine	646.4/586.1 646.4/526.2	100	46 51	3.03
新乌头碱	mesaconitine	632.3/572.2 632.3/354.2	100	46 58	2.82
次乌头碱	hypaconitine	616.4/556.2 616.4/524.0	100	45 48	3.13

四、鉴定要点

1. 生物检材的应用特点

尿液是测定生物检材中乌头生物碱的首选检材，其次可选择胆汁、血液、肝、肾等组织进行检测。中毒或死亡者可收集呕吐物、胃内容物、洗胃液等。受乌头的品种、来源、产地及炮制方法等影响，作为乌头生物碱含量测定的三个主要指标化合物——乌头碱、新乌头碱与次乌头碱，各组分含量差异较大，在进行体内乌头生物碱的毒物分析的同时，应尽量收集现场剩余的药汤、药渣、药酒等进行比对。

2. 检材保存

乌头生物碱易受腐败及碱性条件破坏，因此采取检材后应及时送检及检验，若短时间内不能检验，应及时冷冻保存，以减少乌头生物碱降解。

3. 分析方法选择

乌头植物所含成分复杂多样、毒性大、中毒者体内含量低、代谢迅速，在检案中应尽量选择灵敏度高、选择性强的方法进行检测。乌头生物碱分子量较大，难以气化，通常情况下不能直接用 GC 和 GC－MS 法检测。液相色谱的高分离效能与质谱的高灵敏度、高选择性使得 LC－MS 技术在生物检材中乌头生物碱的检测中发挥了越来越重要的作用，是目前生物检材中乌头碱主要检测技术。

4. 中毒死亡案件的结果评价

多数药用乌头的毒性大，乌头碱中毒死亡案件的主要原因包括饮用自行泡制的乌头碱药酒、服用含有乌头碱成分的中药及吞服乌头属植物块根等。因为乌头碱在体内代谢较快，如中毒者经过一段时间的抢救，往往给法医毒物检验带来一定难度。乌头碱中毒的法医学鉴定，应认真收集相关资料，死者生前的一些中毒表现显得至关重要。此外，应对死者服用的药物、药酒等进行检验，必要时进行定量检测，并结合死者生前服用的剂量对摄入体内的乌头碱剂量进行估算，判断服用剂量是否超出中毒致死剂量。乌头碱中毒案件的法医学鉴定，必须在全面系统尸体解剖检验的基础上，充分结合案情资料（特别是服用史）、现场勘验及毒药物系统筛选结果，综合分析才能得出科学客观的鉴定意见。

五、案例评析

案 例

某年 4 月 8 日中午，李某（男，45 岁）与刘某（男，49 岁）到某饭店吃饭，分别饮用了某烟酒店自制药酒约 350 mL、100 mL[4]。当日 18:30，李某被发现在家中死亡。刘某饮酒后自觉全身麻木，以口唇、面部为重，伴恶心、呕吐、呼吸困难、腹痛、腹泻等症状，到某医院就诊，经抢救脱险。尸检发现：死者尸斑呈暗红色，分布于背部，尸僵存在于全身各关节，双瞳孔直径均为 0.6 cm，左眼睑、球结膜苍白，右眼睑、球结膜结合部充血，口唇黏膜发绀，双手指甲床发绀，大小便失禁。气管腔内可见少量淡红色泡沫状液体，胃内有大量液体，胃底黏膜可见多处片状充血，胰腺被膜下可见片状出血。

【毒物分析及评析】药酒中检出乌头碱成分，质量浓度为 0.036 mg/mL；死者心血、胃壁及胃内容物中均检出乌头碱成分。本案例尸检所见符合乌头生物碱急性中毒的一般病理改变，经系统尸体解剖，可排除机械性损伤、机械性窒息以及致死性疾病等原因致死可能，在死者血液、胃及胃内容物中均检出乌头碱成分，结合尸体检验所见及死者生前的症状，可以认定为过量误服含有乌头碱成分的药酒中毒死亡。本案例中卖酒方曾嘱咐二人不能多饮，但是未引起二人注意。据估算，死者李某饮入乌头碱量约 12.6 mg，已超过最小致死量 2 mg，刘某虽饮入量达 3.6 mg，但因发现、抢救及时而脱离危险。

第二节 士的宁和马钱子碱

一、概述

马钱子又名番木鳖，为马钱科植物马钱（*Strychnos nux-vomica* L.）、长籽马钱（*Strychnos wallichiana* Steud Ex DC）的干燥成熟种子。马钱喜热带湿润性气候，主要分布在印度、越南、缅甸、菲律宾等国家，以及我国的福建、广东、海南、广西、云南、台湾等热带和亚热带地区，长籽马钱仅分布于我国的云南。马钱子具有通络止痛，散结消肿等功效，中医学上以马钱种子炮制后入药，用于治疗跌打损伤，骨折肿痛，风湿顽痹，麻木瘫痪，痈疽疮毒，咽喉肿痛等疾病。西医学上用种子提取物，硝酸士的宁注射液作中枢神经兴奋剂。马钱子有剧毒，治疗量与中毒量非常接近，过量使用容易出现中毒，因误服、配伍不当、剂量和剂型不当、炮制不规范、自杀或他杀等原因可导致中毒发生。马钱子种子极毒，马钱子主要成分为吲哚类生物碱，占生药总量的 2%～5%，其中士的宁（又名番木鳖碱，strychnine）含量最高，占生药总量约 1.2%～2.2%，其次为马钱子碱（brucine），约占生药总量 0.8%。这些生物碱既是有效成分又是毒性成分。

士的宁分子式 $C_{21}H_{22}N_2O_2$，分子量 334，士的宁纯品为无色或者白色结晶性粉末，无臭、味极苦，溶于乙醇（1∶150）、氯仿（1∶6），难溶于水（1∶6 400）和乙醚（1∶5 500）。马钱子碱分子式 $C_{23}H_{26}N_2O_4$，分子量为 394，白色结晶性粉末，味极苦，微溶于水，可溶于乙醚、氯仿、乙醇、甲醇等有机溶剂。二者的结构式见图 8－2。

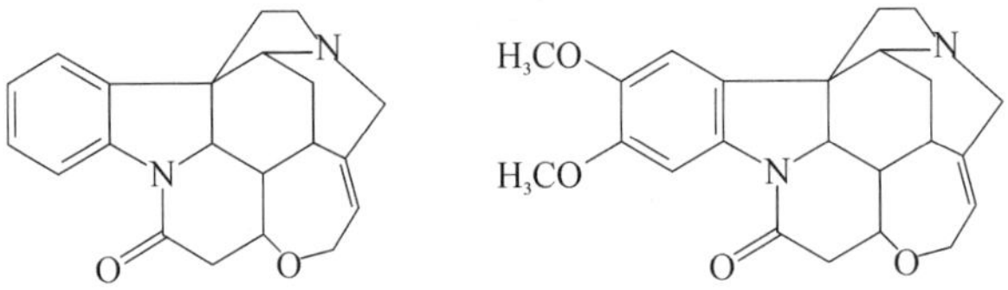

图 8－2 士的宁和马钱子碱结构式

左：士的宁 右：马钱子碱

成人服用士的宁 5～10 mg 即中毒，口服 30 mg 或皮下注射 5 mg 以上即可致死。马钱子碱的口服中毒剂量为 15～100 mg。马钱子碱的毒性仅为士的宁的 1/10～1/8。服生马钱子 7 g 可致死，中毒潜伏期为 30～180 min。生马钱子经过适当的方法炮制后，毒性强的马钱子碱和士的宁部分破坏，转变成异马钱子碱、异士的宁碱等毒性小的生物碱，毒性仅为生马钱子的 1/15～1/10。马钱子的中毒剂量和治疗剂量接近，马钱子中毒多因用药不当（用药过量、炮制不当、生品内服、长期服用等）导致，偶尔有将马钱子浸膏或粗制士的宁掺入毒品或者饵料中用于自杀和谋杀。

马钱子中毒的严重程度与服药剂量或连续服药、就诊时间、个体差异有关，中毒的症状主要表现为消化系统、神经系统、肌肉组织和呼吸系统的异常，例如：呕吐、腹痛、头昏、头痛、烦躁、感觉过度敏感、肌肉抽动、全身发紧、惊厥、呼吸、吞咽困难、窒息、发绀、昏迷等。轻度中毒可见头晕、头痛、舌麻、口唇发绀、全身肌肉微抽搐。严重者可见全身肌肉强直性痉挛、双目凝视、呼吸急促或困难、血压升高等。对声、光、风等因素极为敏感，由于呼吸肌的痉挛性收缩，引起窒息死亡，尸体僵直。尸僵发生早而强，持续时间长，常出现四肢痉挛性屈曲，足趾明显内翻伸展，手臂位于胸前呈握拳状等特殊的尸体征象。死亡一般发生在 1~6 h 以内，也有延长至 12 h 或发生在一次痉挛的大发作中[5]。

二、体内过程

士的宁和马钱子碱为吲哚类生物碱，口服能较迅速地被胃肠道吸收，经血液循环分布在各组织器官中。大鼠实验结果表明，马钱子碱经局部用药和口服后，主要分布于小肠、胃、肾、肝、脾、肺中，心脏、脂肪、睾丸，大脑含量相对较低[6]。其中肾脏占比最高，为 22%，提示肾排泄可能是马钱子碱最主要的排泄途径；除了脑以外，其他组织中的药物浓度均高于血浆，也验证了马钱子碱具有较好的组织亲和性，在组织中分布广泛。

士的宁的代谢途径主要有羟基化-水解反应、羟基化-葡萄糖醛酸化反应，马钱子碱的代谢途径包括脱甲基-葡萄糖醛酸化反应、连续脱甲基、羟基化-水解反应及葡萄糖醛酸化反应[7]。士的宁和马钱子碱在体内不易蓄积，消除迅速，主要通过尿液排泄。士的宁主要以原形和葡萄糖醛酸结合物存在，马钱子碱主要代谢物为去甲基马钱子碱。

马钱子生物碱在活体内可逐渐被氧化分解消失，而在尸体中性质稳定，埋葬数年的尸体中仍有检出的可能。表 8-3 列出一例临床中毒病例和一例死亡病例组织和体液中士的宁浓度。

表 8-3 一例临床中毒病例和死亡病例组织和体液中的士的宁浓度[6]

单位：μg/mL 或者 μg/g

	血液	肝脏	肾脏	心脏	肺	尿液	小肠	胃内容物
临床中毒病例	0.35	—	—	—	—	15.3	—	0.1
死亡病例	21.2	49.8	15.6	16.1	31.9	—	3.3	281.5

三、分析方法

士的宁的碱性较强，用有机溶剂提取前应该先将检材 pH 调至 13~14，提取液杂质较多时可以通过酸水解液反萃取净化。中药类检材可以先用稀盐酸浸泡提取，滤去水不溶性的杂质后，再碱化用有机溶剂萃取。血液、尿液等水性基质检材也可采用固相萃取法。可根据检材的性状和后续检测方法来选择合适的检材处理方法。

生物检材中马钱子生物碱的检测方法有很多文献报道，包括薄层色谱法、高效液相色谱法、液-质联用法等。马钱子生物碱的分子量较大，气相色谱行为稍差。LC-MS 结合了液相色谱高效的在线分离能力和质谱的高选择性、高灵敏度的检测能力，在士的宁、马钱子碱的分析中有着明显的优越性，不需衍生化，灵敏度也较气相色谱法高，方法简便、可用于复杂基质中痕量士的宁和马钱子碱的定性和定量分析。

参考方法：

直接液液提取法、LC-MS/MS 分析法《血液中 45 种有毒生物碱的液相色谱-串联质谱检验方法》(SF/T 0115-2021)

样品前处理：取血液1 mL，加入1 μg/mL SKF525A 内标工作液10 μL，加入pH9.2 硼砂缓冲液1 mL后，用乙醚3 mL提取，涡旋混合，3 000 r/min 离心3 min，将乙醚层转移至另一试管中，按照同样的方法提取两次，合并乙醚液，置60℃水浴中挥干，残留物用混合溶液[乙腈：20 mmol/L 乙酸铵溶液（含0.1%甲酸）(70：30，*v/v*)]100 μL 复溶，过0.22 μm 微孔滤膜，供LC－MS/MS 分析。

色谱条件：Capcell Pak C18 柱(250 mm×2.0 mm，5 μm)或其他等效柱，前接保护柱，流动相：乙腈：20 mmol/L 乙酸铵溶液（含0.1%甲酸）(70：30，*v/v*)；流速：200 μL/min；进样量：5 μL。

质谱条件：三重四极杆串联质谱仪，电喷雾正离子模式(ESI+)，多反应监测(MRM)模式；离子喷雾电压：5 500 V；离子源温度：500℃。马钱子碱和士的宁质谱参数和保留时间详见表8－4。

表8－4 马钱子碱和士的宁质谱参数和保留时间

中文名	英文名	Rt/min	定性离子对(*m/z*)	定量离子对(*m/z*)	碰撞能量/eV	去簇电压/V
士的宁	strychnine	2.49	335.1/184.2 335.1/156.2	335.1/184.2	51 61	100
马钱子碱	brucine	2.39	395.1/244.2 395.1/324.3	395.1/244.2	52 43	80

四、鉴定要点

1. 生物检材的应用特点

马钱子中毒大多为口服中毒，因此要注意收集中毒现场遗留的剩余物、呕吐物、洗胃液等。尸体解剖在提取常规检材的同时须取胃内容物，这些检材中往往马钱子生物碱含量较高，可以快速进行检测，提供检测目标物的方向，防止漏检。对于入土时间较长的尸体，可开棺取胃、肝等部位的腐泥进行检验。尿液中马钱子生物碱含量较高，对已有相对较长治疗时间的中毒者，尿液中也有可能检出。

2. 分析方法选择

马钱子生物碱的热稳定性比较好，可用GC－MS方法检测，但是由于分子量大，沸点高，碱性较强，GC－MS灵敏度较低，同时，马钱子毒性较大，中毒浓度低，且大多涉及复杂的中草药制剂，成分复杂，LC－MS/MS可减少杂质干扰，提高中毒检材的检出率和准确度。调节检材pH时所用碱液的碱性较强，分离有机相时需注意尽可能避免带入碱液，以免影响后续检测或者损坏色谱柱。

3. 中毒死亡案件的结果评价

士的宁与马钱子碱中毒均有明显的强直性惊厥症状，同时也有肢体抽搐等症状，应与毒鼠强、氟乙酰胺等可引起痉挛的毒物中毒相鉴别，在对毒物分析进行结果解释时，要充分考虑各种因素，综合中毒症状、尸检所见，得出正确结论。

五、案例评析

案例

刘某，男，41岁，被当地中医（后查证为无证行医）诊断为类风湿，并服用内含马钱子成分的中药丸剂[8]。起初每次服药30粒(约1.95~1.97 g),因无效逐渐加量至每次110粒。20日上午,刘某服药后突感头晕、牙紧,其妻按医嘱给刘某灌服一碗凉水,症状无缓解,21:00许欲按医嘱灌服绿豆水时发现刘某牙关紧闭、抽搐、呼吸急促,后未及时抢救死亡。尸检后提取尸体肝组织、胃内容物及所服中药丸剂送毒物检验。

【毒物分析及评析】在尸体肝组织、胃内容物及所服中药丸剂中均检出马钱子碱成分,马钱子碱在中药丸剂中质量分数为16.2 μg/g,肝组织中质量分数为0.061 μg/g,未检出其他常见毒(药)物成分。该案例组织病理学检查有肝、肾损害,肝细胞水样变性,肾小管内蛋白管型形成。经计算,死者所服用马钱子碱116.4 μg,虽然未达到马钱子碱的致死剂量,考虑具体案情及死者服药后出现牙关紧闭、抽搐、呼吸急促等马钱子中毒表现,结合病理解剖以及未检出其他常见毒(药)物,综合考虑死者死于马钱子碱中毒。

第三节 莨菪烷类生物碱

一、概述

茄科颠茄属、曼陀罗属、山莨菪属等植物中都含有莨菪烷类生物碱(tropane alkaloids),这些植物主要包括:颠茄(*Atropa belladonna* L.)、曼陀罗(*Datura stramonium* L.)、白曼陀罗(*Datura metel* L.)(干燥花为洋金花)、毛曼陀罗(*Datura innoxia* Mill.)、莨菪(*Hyoscyamus niger* L.)、华山参(*Physochlaina infundibularis* Kuang.)等。这些植物的根、茎、叶、花和种子中均含有不同种类和不同含量的莨菪烷类生物碱,主要成分有山莨菪碱(anisodamine)、东莨菪碱(scopolamine)、莨菪碱(hyoscyamine)、阿托品(atropine)、樟柳碱(anisodine)等。三种主要的莨菪烷类生物碱结构式见图8-3。

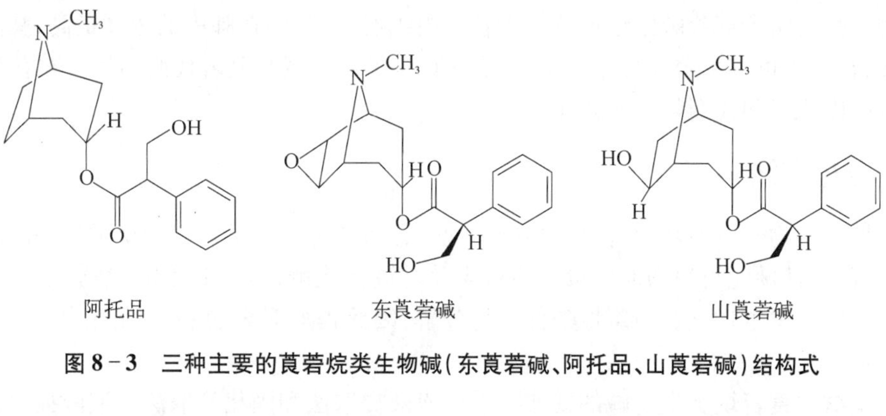

图8-3 三种主要的莨菪烷类生物碱(东莨菪碱、阿托品、山莨菪碱)结构式

莨菪碱是具有左旋光性的化合物,在提取过程中部分转化为右旋化合物,得到无旋光性的外消旋混合物,即临床常用的药物阿托品。大多数含有莨菪烷类生物碱的植物被用作中草药,莨菪烷类生物碱用于临床治疗历史悠久,它们具有解痉定痛、平喘止咳、中药麻醉等功效,在临床上常用作抗胆碱药物和散瞳药。各种生物碱药效有差异,毒性也有差别,莨菪烷类生物碱中毒多因误食、误用或用药过量所致,偶见自杀或他杀,也有此类生物碱滥用的报道。

阿托品分子式为 $C_{17}H_{23}NO_3$，分子量 289.37，为白色结晶性粉末，无臭，无味，易溶于乙醇、氯仿、乙醚等有机溶剂，难溶于水；呈碱性，可与酸形成稳定的盐。临床药用的硫酸阿托品易溶于水，溶于乙醇、甘油，不溶于氯仿和乙醚。硫酸阿托品需要避光保存。东莨菪碱分子式为 $C_{17}H_{21}NO_4$，分子量 303.36，为黏稠液体，15℃水溶液中可以逐渐析出针状水合物晶体，易溶于热水、乙醇、氯仿、丙酮、乙醚等有机溶剂，溶于水，难溶于苯、石油醚。碱性较阿托品弱。山莨菪碱分子式为 $C_{17}H_{23}NO_4$，分子量 305.37，为白色结晶或结晶性粉末，无臭，味苦，易溶于水、乙醇和氯仿，溶于热苯或热丙酮，易被酸或碱水解。加热的情况下，在碱性水溶液中莨菪烷类生物碱的酯键结构较易水解。

莨菪烷类生物碱有抗胆碱能神经传导或副交感神经阻滞作用，表现为抑制腺体分泌、松弛平滑肌、解除迷走神经对心脏的抑制、加速心率、散瞳等。阿托品的中毒量为 5~10 mg，致死量为 80~130 mg；东莨菪碱致死量则低于 10 mg。山莨菪碱和樟柳碱的毒性相对较低。

阿托品类生物碱中毒多因用药过量，可引起口干、吞咽困难、声音嘶哑、面红、皮肤干燥、头痛、心动过速、心悸、发热、瞳孔扩大、视力模糊、排尿困难等症状；导致中枢系统产生紊乱，狂躁、眩晕、幻觉、摸空动作和共济失调，症状可持续数小时至数日；病情严重者，发生昏迷、血压下降，最终出现呼吸衰竭而死亡。相对于阿托品中毒，东莨菪碱中毒时中枢神经兴奋症状较不明显，而表现为反应迟钝、精神衰颓、昏迷等抑制症状[9]。

二、体内过程

阿托品口服、肌注均能快速完全吸收，局部黏膜也能吸收，眼黏膜吸收较少。经过血液循环系统迅速分布到各组织。消除半衰期一般为 2~3 h。

阿托品的主要代谢方式为氧化和水解，在细胞色素氧化酶的作用下，脱去 N 上甲基生成 *N*-去甲阿托品（noratropine）或苯环氧化生成羟基阿托品（hydroxyl atropine）；在酯酶作用下，酯键可水解生成托品醇（tropine）和托品酸（tropic acid）；结构中的羟基还可与邻位氢脱去一分子水生成脱水阿托品（apoatropine）。在 12 h 内 80%的药物从尿液中排泄，其中 13%~50%为药物原形。

动物实验表明东莨菪碱广泛地分布于各个组织器官，其中在肺中的浓度最高，脾脏中的分布也较多，在脑中也有一定的分布[10]。大鼠肝脏对东莨菪碱有显著代谢活性。东莨菪碱在粪便及尿液中以原形和代谢物的形式排出。

三、分析方法

莨菪烷类生物碱可与其他有毒生物碱一起进行系统筛选分析。莨菪烷类生物碱的酯键结构较易水解，对怀疑此类生物碱中毒的检材应及时进行检测，若暂时不能检测，则需将检材冷冻保存。莨菪烷类生物碱在强碱性条件下易分解，因此提取时要避免使用强碱或调节碱性过强，用弱碱即可。

生物检材中莨菪烷类生物碱的提取可采用液液提取法和固相萃取法。液液提取方法有简单、快速、易于操作等优点，但也存在样品需用量大、溶剂消耗量大、易乳化的不足，固相萃取法能克服液液提取方法的缺点，达到高效、灵敏的目的。莨菪烷类生物碱高温条件下不稳定，易分解，形成脱水化合物，用 GC 分析时需要衍生化处理。HPLC 具有较好的分离效能，莨菪烷类生物碱紫外吸收较弱，运用二极管阵列检测器（diode array detector, DAD）技术检测，可用于药材及其制剂中莨菪烷类生物碱的定性定量分析。目前体内分析多采用简便快速、无需衍生化、灵敏度高的液相色谱和质谱联用方法。

参考方法

直接液液提取法、LC－MS/MS 分析法《血液中 45 种有毒生物碱的液相色谱-串联质谱检验方法》(SF/T 0115－2021)

样品前处理：取血液 1 mL，加 1 μg/mL SKF525A 内标工作液 10 μL，加 pH9.2 硼砂缓冲液 1 mL 后，用乙醚 3 mL 提取，涡旋混合，3 000 r/min 离心 3 min，将乙醚层转移至另一试管中，按照同样的方法提取两次，合并乙醚液，置 60℃ 水浴中挥干，残留物用混合溶液[乙腈：20 mmol/L 乙酸铵溶液(含 0.1%甲酸)(70：30，*V/V*)]100 μL 复溶，过 0.22 μm 微孔滤膜，供 LC－MS/MS 分析。

色谱条件：Capcell Pak C18 柱(250 mm×2.0 mm，5 μm)或其他等效柱，前接保护柱，流动相：乙腈：20 mmol/L 乙酸铵溶液(含 0.1%甲酸)(70：30，*V/V*)；流速：200 μL/min；进样量：5 μL。

质谱条件：三重四极杆串联质谱仪，电喷雾正离子模式(ESI+)，多反应监测(MRM)模式；离子喷雾电压：5 500 V；离子源温度：500℃。阿托品、东莨菪碱和山莨菪碱的质谱参数和保留时间详见表 8－5。

表 8－5 阿托品、东莨菪碱和山莨菪碱质谱参数和保留时间

中文名	英文名	Rt /min	定性离子对 (*m/z*)	定量离子对 (*m/z*)	碰撞能量 /eV	去簇电压 /V
阿托品	Atropine	2.38	290.3/124.1 290.3/93.1	290.3/124.1	34 44	85
东莨菪碱	Scopolamine	2.36	304.3/138.3 304.3/156.3	304.3/138.3	31 23	60
山莨菪碱	Anisodamine	2.29	306.2/140.3 306.2/122.0	306.2/140.3	35 40	60

四、鉴定要点

1. 生物检材的应用特点

对于疑似莨菪烷类生物碱中毒的，可收集现场吃剩的药物、可疑的药片、药液、注射器、输液器或植物等体外检材，快速地明确毒物检测方向。由于莨菪烷类生物碱在体内排泄较快，且主要通过尿液排泄，尿液中的药物浓度较高且尿液检材处理方便，发生中毒时，除了采取呕吐物、胃内容物、血液等检材，可将尿液作为常规检材。对中毒死亡者，还可提取肝、肾组织检材。

2. 检材保存

莨菪烷类生物碱容易降解，如果不能及时检测的，需要将检材冷冻保存。

3. 分析方法选择

莨菪烷类生物碱在强碱条件下易分解，提取时要避免使用强碱或调节碱性过强，用弱碱即可。对体内莨菪烷类生物碱的检测要选择灵敏度高、特异性强的分析方法。液相色谱和质谱联用方法，可大大提高生物检材中莨菪烷类生物碱检测的灵敏度，是此类物质分析的首选方法。

4. 中毒死亡案件的结果评价

阿托品中毒多由于用药过量，有着较为典型的中毒症状，如突发咽干、面色潮红、狂躁、心动过速、心悸、瞳孔散大、视力模糊、排尿困难等。对于此类中毒案件要充分了解中毒者的临床表现、所吃食物或用药情况，对没有特殊表象的尸体检材，进行毒物分析时要注意不能仅限于常规毒药物分析，需扩大目标物的筛选范围，防止漏检。

五、案例评析

案例一

2016年8月8日，某市110指挥中心接警称，某停车场一辆车内发现一具男性尸体。尸检后送检血液及胃内容物进行毒物分析[11]。

【毒物分析及评析】经系统毒物分析，血液及胃内容物中均检出右美托咪定和东莨菪碱成分，未检出其他常见毒药物成分；血液中右美托咪定和东莨菪碱的浓度分别为49.4 ng/mL和142.0 ng/mL。东莨菪碱可用于麻醉镇痛、止咳、平喘，对晕动症有效，具有镇静、致幻作用。右美托咪定具有镇静、镇痛、抗焦虑、抗交感及呼吸抑制轻等特点，广泛用于临床麻醉。近年来用二者混合物实施麻醉抢劫、强奸、杀人的案件不断增多。本案可以结合案情调查及病理检验结果，综合判断死者是否属于两种药物的共同作用死亡。

案例二

某日，在东欧某国，30多人在参加集会期间喝了宣称能醒脑的药用植物茶100~200 mL，其后不久大多出现感知异常、幻觉、易怒、激动不安、失忆、瞳孔散大、心动过速、体温升高、皮肤干燥、血压过低、衰竭、昏迷、呼吸抑制等症状。随后送往医院进行救治，经洗胃和支持疗法治疗后，所有患者包括重度中毒者均恢复正常。留取剩下的茶水以及中毒者血清、尿液、洗胃液送检。留样时间约为饮茶后6 h。

【毒物分析及评析】首先，对剩下的茶水进行筛查，其中检出阿托品和东莨菪碱成分，浓度分别为27 μg/mL和515 μg/mL，以一杯茶水150 mL计，每杯茶中阿托品和东莨菪碱的质量为4 mg和78 mg，此外茶水中还检出其他生物碱。在总共21人的血清中，均检出阿托品成分，平均浓度为5 ng/mL，最高为13 ng/mL。在近一半人的血清中检出东莨菪碱成分，平均浓度为8 ng/mL，最高为25 ng/mL。尿液筛选苯丙胺类兴奋剂和大麻均为阴性。莨菪烷类生物碱存在范围较广，在药品、食物、饮料、植物中均可存在，既可作药用，也可能被滥用。对检测结果进行评价时，要考虑个体差异性，阿托品、东莨菪碱中毒量的个体差异均较大，特别对儿童而言，低于10 mg的量也可能是致命的。

第四节 钩吻生物碱

一、概述

钩吻又名断肠草、胡蔓藤、大茶药、毒根、野葛等，为马钱科（Loganiaceae）胡蔓藤属植物胡蔓藤（*Gelsemium elegans* Benth.）的全株，主要分布在东南亚和我国的云南、贵州、福建、广东、广西、浙江、湖南等地。钩吻所含化学成分复杂，主要成分为吲哚类或氧化吲哚类生物碱，是其发挥药理作用和产生毒性的主要来源。钩吻中含有多种有毒生物，常见的钩吻生物碱有钩吻素子（koumine）、钩吻素甲（gelsemine）、钩吻素己（gelsenicine）等，其中以钩吻素子的含量最高。

钩吻以外用为主，具有祛风、杀虫止痒、消肿拔毒的疗效。近年来，研究发现钩吻呈现出抗肿瘤、消炎止痛、免疫调节、抗焦虑、散瞳等功效。钩吻的治疗量和中毒量相近，钩吻植物中毒多因与其他药用植物（如金银花、五指毛桃、大血藤等植物）混淆引起，因使用不当、自杀或者恶意投毒等原因造成钩吻中毒的事件也时有发生。

钩吻生物碱具有较强碱性，游离态的一般难溶于水，溶于乙醇、丙酮、氯仿、苯、乙醚等有机溶剂，化学性质较为稳定。钩吻生物碱与酸成盐后可溶于水。

钩吻属于剧毒植物，全株有毒，其毒性主要来源于吲哚类或氧化吲哚类生物碱。2~3 g 钩吻根或 7 个新鲜嫩芽即可达到人的中毒致死量，钩吻生物碱的致死量为 0.15~0.3 g。分布在亚洲地区的钩吻中钩吻素己毒性最大，小鼠腹腔注射 LD_{50} 为 0.165 mg/kg。含量最多的钩吻素子毒性相对较低，小鼠腹腔注射 LD_{50} 为 99 mg/kg，含量次高的钩吻素甲经小鼠腹腔注射 LD_{50} 为 56.2 mg/kg。

钩吻中毒的主要症状，包括消化系统：口腔、咽喉灼痛，呕吐、腹痛、腹胀、腹泻或便秘等；神经系统：眩晕、言语含糊、吞咽困难，肌无力、呼吸肌麻痹、昏迷等；循环和呼吸系统：中毒早期呼吸快且深，心跳缓慢，继而心搏加快，呼吸慢而浅或不规则，后期体温及血压下降，呼吸困难，严重者最终因呼吸麻痹而死亡[12]。

二、体内过程

钩吻生物碱易被人体吸收，其进入人体后广泛且快速地分布于各组织器官，其中肝、肠、胃、体脂等组织器官中分布较多。由于其可穿过血脑屏障并作用于神经中枢，中毒者的脑部往往会有一定含量的钩吻生物碱。

有关钩吻单体化合物药物动力学和组织分布的研究较少。已有的大鼠动物实验结果表明：钩吻素子给药剂量为 15 mg/kg 时，约 20 min 后血药量达到峰值，随即迅速下降，至给药后 1 h 时下降开始变得缓慢。数据分析处理的结果表明该代谢动力学符合二室模型，消除半衰期为（234.11±17.37）min。钩吻素子在大鼠体内广泛分布于各个生物组织中，且分布速度很快，除了小肠和肝脏中的浓度在给药后 15 min 达到峰值以外，其他组织在给药后 5 min 即可达到峰浓度。

三、分析方法

体内钩吻生物碱检验常用的检材处理方法有液液提取法、固相萃取法和 QuEChERS 法等，用有机溶剂液液提取是当前最常用的方法。所检测的主要钩吻生物碱目标物具有能溶于苯、氯仿、乙醚、乙醇和丙酮，难溶于水，遇酸成盐、可溶于水的特点，利用此特性可在碱性条件下提取、酸化反提净化。由固相萃取法发展而来的 OuEChERS 样品处理方法是新发展的一种快速样品处理技术，具有简便、快速、高效、安全等特点，在腐败检材处理中更具优势。

生物检材中钩吻生物碱分析方法主要有 LC、GC－MS 和 LC－MS 等。由于生物检材中待测物的含量低，LC－MS 因具有较高的灵敏度，为钩吻生物碱鉴定的主要检测方法之一。

参考方法

（1）液液萃取/固相萃取、GC－MS 分析法《法庭科学 生物检材中钩吻素甲和钩吻素子检验 气相色谱-质谱法》（GA/T 1913－2021）

1）样品前处理

液液萃取法：取血液等液体检材样品 20 mL，或称取绞碎的肝脏等固体检材样品 20 g 于具盖离心管中，用 25%氢氧化钠溶液调 pH>10，加入乙酸乙酯 30 mL，振荡 10 min，转速不低于 5 000 r/min 离心 10 min 分离有机相；重复提取一次，合并两次提取的有机相，置于浓缩器上

50℃浓缩至干,残留物用 200 μL 甲醇溶解,作为检材样品提取液,供 GC－MS 分析。

固相萃取法：取血液等液体检材样品 20 mL 或称取绞碎的肝脏等固体检材样品 20 g 于具盖离心管中,加入 2%的甲醇水溶液 6 mL,混匀、振荡 10 min,不低于 5 000 r/min 离心 10 min,取上清液转移至已活化的固相萃取柱中(使用前依次用甲醇、水进行活化),上清液过柱流速不超过 0.5 mL/min,用水 4 mL 淋洗,用乙酸乙酯 6 mL 洗脱,洗脱液过柱流速不超过 0.5 mL/min,收集洗脱液,置于浓缩器上 50℃浓缩至干,残留物用 200 μL 甲醇溶解,作为检材样品提取液,供 GC－MS 分析。

2）GC－MS 方法

色谱条件：DB－5MS 毛细管柱(30 m×0.32 mm,0.25 μm)或其他等效柱,初温 100℃,保持 1 min,以 10℃/min 升温至 200℃,保持 1 min,再以 20℃/min 升温至 280℃,保持 14 min;载气流速 1.5 mL/min;进样口温度 280℃;进样方式：分流进样,分流比 5：1。

质谱条件：离子源温度 250℃;传输线温度 260℃;电子轰击能量 70 eV;扫描范围：*m/z* 40~450;采集方式：全扫描(SCAN)或选择离子监测(SIM)。钩吻素甲特征碎片离子：108、322、279、120;钩吻素子特征碎片离子：306、70、120、223;内标物士的宁特征碎片离子：334、120、162、77。

(2) *液液提取法、LC－MS/MS 分析法《生物检材中钩吻素子、钩吻素甲和钩吻素己的液相色谱-串联质谱检验方法》*(SF/T 0172－2024)

1）样品前处理

移取血液或尿液 0.5 mL,加入 1%NaOH 溶液 50 μL,涡旋混合 1 min,再加入乙酸乙酯 3 mL 提取,涡旋 2 min 后,以 3 000 r/min 离心 3 min。取上清液在 55℃水浴空气流下吹干,残留物用混合溶液[甲醇：20 mmol/L 乙酸铵溶液(含 0.1%甲酸和 5%乙腈)(体积比 70：30)]100 μL 复溶,混匀后,供 LC－MS/MS 分析。

称取剪碎组织 0.5 g,加入 1%NaOH 溶液 800 μL,涡旋混合 1 min,再加入乙酸乙酯 3 mL 萃取,涡旋 3 min 后,以 3 000 r/min 离心 3 min。取上清液在 55℃水浴空气流下吹干,残留物用混合溶液[甲醇：20 mmol/L 乙酸铵溶液(含 0.1%甲酸和 5%乙腈)(体积比 70：30)]200 μL 复溶,涡旋均匀后转移至 1.5 mL 离心管中,于－20℃冰箱中放置 30 min,以 13 000 r/min 离心 2 min,取上清液,供 LC－MS/MS 分析。

2）LC－MS/MS 方法

色谱条件：ZORBAX SB－C18 柱(或其他等效柱),(150 mm×2.1 mm,5 μm),流动相：A：20 mmol/L 乙酸铵溶液(含 0.1%甲酸和 5%乙腈),B：甲醇,流动相梯度洗脱程序见表 8－6。流速：200 μL/min;进样量：10 μL;柱温：室温。

表 8－6 流动相梯度洗脱程序

时间(min)	流动相 A/%	流动相 B/%
0	90	10
0.5	90	10
0.6	60	40
1.5	60	40

续 表

时间(min)	流动相 A/%	流动相 B/%
1.6	30	70
5.5	30	70
5.6	90	10
8.0	90	10

质谱条件：三重四极杆串联质谱仪，电喷雾正离子模式(ESI+)，多反应监测(MRM)模式；离子喷雾电压：5 500 V；离子源温度：500℃。钩吻素子、钩吻素甲和钩吻素己与内标质谱参数和保留时间详见表 8－7。

表 8－7 钩吻素子、钩吻素甲和钩吻素己与内标质谱参数和保留时间

化合物	离子对(m/z)	去簇电压/V	碰撞能量/eV	Rt/min
钩吻素子	307.3/180.2	70	65	3.76
	307.3/70.1	70	61	
钩吻素甲	323.4/70.1	80	58	3.58
	323.4/236.1	80	37	
钩吻素己	327.3/296.2	70	26	3.89
	327.3/265.1	70	39	
士的宁(内标)	335.0/184.0	100	52	3.70
	335.0/156.3	100	63	

四、鉴定要点

1. 生物检材的应用特点

钩吻虽因品种和产地不同所含生物碱成分存在差异性，但其主要成分为钩吻素子和(或)钩吻素甲。对于疑似钩吻中毒的，可收集现场吃剩的食物、可疑的药液或植物等体外检材。由于钩吻生物碱在体内排泄较快，发生中毒时，应尽快采集呕吐物、胃内容物、血液、尿液等检材，中毒死亡案件可提取胃内容物、肾、心、肺、脑、肝检材进行检测。

2. 分析方法选择

钩吻化学成分复杂且单体含量低，治疗剂量和毒性剂量接近，对体内钩吻生物碱的检测要选择灵敏度高、特异性强的分析方法。液相色谱-质谱联用方法因其样品前处理简便快速、灵敏度高，是当前钩吻生物碱分析使用较多的检验方法。

3. 中毒死亡案件的结果评价

了解案情，有服钩吻根、茎、叶病史；中毒者发病迅速，瞳孔散大、复视、视力减退等眼部症状是钩吻中毒较突出的表现。检出钩吻素子或(和)钩吻素甲是法医学鉴定的主要依据。钩吻素甲在尸体中较稳定，有报道从死后 5 年的腐败器官、肉泥中检出钩吻素甲的案例。对于此

类中毒案件要充分了解中毒者的临床表现、所吃食物或用药情况，对没有特殊表象的尸体检材，进行毒物分析时要注意不能仅限于常规毒药物分析，需扩大目标物的筛选范围，防止漏检。

五、案例评析

案 例

一名 45 岁男子因心梗、脑梗去一家私人诊所治疗[13]，诊所给男子服用一服自配中药，服药后与人正常交流聊天，后自行上厕所，同病房人员发现其上厕所长时间未回，寻找该男子，发现其倒在厕所地上不能言语，手指胸口，经抢救无效死亡。经调查，死者因心梗、脑梗找乡村医生治疗，乡村医生网上购买断肠草自行配制中药给死者服用。尸检后采集血液进行毒物分析。

【毒物分析及评析】采用 LC－MS 方法分析，死者的心血中同时检出钩吻素子、钩吻素甲和钩吻素己成分，浓度分别为 77.4 ng/mL、30.3 ng/mL 和 37.1 ng/mL。本案例中死者服药大约 30 min 后出现胸部不适、不能言语、站立不稳，“120”急救医生记录死者口唇发黑、上肢及胸部出现散在黑斑、下肢黑斑不明显，与钩吻中毒的典型临床表现相吻合。经病理解剖、死者中毒表现和毒物分析结果综合分析，死者死于钩吻（断肠草）中毒。

第五节 烟 碱

一、概述

烟碱又名尼古丁（nicotine），是烟草中最重要、含量最高的生物碱，一般占烟草中生物碱总量的 95%以上。烟碱于 1828 年首次从烟草中分离出来，其药理学及行为学与其他成瘾性物质（海洛因和可卡因等）类似，但是是合法的精神活性物质。近年来，电子烟的销量在全球呈快速增长之势，电子烟烟液的主要成分是发烟溶剂、烟碱和香味物质，烟碱含量一般在 0～3%之间。

烟碱是最具成瘾性的毒性物质之一。尼古丁无明显的医疗价值，在临床上，尼古丁的替代品（如尼古丁贴片、口香糖、喷雾、吸入器等），可以替代传统烟草用于戒烟[14]。在农业上，新型尼古丁类杀虫剂简称新烟碱类杀虫剂（neonicotinoids），是继有机磷、氨基甲酸酯和拟除虫菊酯类杀虫剂之后第四大类重要杀虫剂。这类杀虫剂具有广谱、高效、低毒等特点。2014 年，新烟碱类杀虫剂约占全球杀虫剂市场份额 25%。截至 2021 年 9 月，在我国登记的新烟碱类农药有 12 种，包括吡虫啉、噻虫嗪、啶虫脒等[15]。吸烟是人类社会非常普遍的公众行为，吸烟危害人类健康，慢性吸烟可导致肺癌、呼吸道感染、心脏病等疾病的发生，孕妇吸烟还直接影响胎儿的生长发育。尼古丁中毒多见于自杀、他杀或意外案件。

尼古丁是一种无色或淡黄色油状液体，易挥发，易引湿，暴露在空气或光线下逐渐变成棕色。尼古丁可以在丙酮、乙醇、乙酸乙酯、乙醚、三氯甲烷、苯等有机溶剂中溶解，在低于 61℃的温度下可以与水以任意比例互溶。尼古丁为弱碱，pK_a 为 7.84，易与酸结合成盐。

尼古丁成人口服致死量为 40～60 mg，相当于 20～25 支香烟尼古丁的含量，无吸烟习惯者 1 mg 即可引起明显中毒，小儿 10 mg 即可致死。大鼠经口 LD_{50} 为 55 mg/kg。尼古丁极易被口腔、消化道和呼吸道吸收，也可通过皮肤进入体内。

尼古丁毒性极为强烈，主要作用于中枢神经系统和植物神经。尼古丁中毒症状表现为：① 口服轻度中毒者食管、胃区烧灼性疼痛，呼吸加快，恶心、呕吐、腹泻、流涎、出汗、头痛、眩晕、血管收缩引起皮肤苍白、心跳加快、血压升高、瞳孔开始缩小后散大、视听觉障碍。② 口服严重中毒者口腔、咽部及胃有烧灼感，进而呼吸困难，口鼻可见棕色泡沫，发绀、昏迷、抽搐，进而呼吸困难加重、缓慢或浅表、心律不齐、心功能衰竭、多因呼吸麻痹死亡。大剂量时发作极快，可在 5~30 min 死亡，一般在服用 3 h 内死亡。

二、体内过程

尼古丁可通过黏膜和皮肤快速吸收，也可经呼吸道和消化道吸收。吸烟后，尼古丁随着血液循环快速分布到全身各组织，可透过血脑屏障进入脑组织。吸入式的消除半衰期在 24~84 min。尼古丁经人体吸收后通过氧化、羟基化等生物转化，进一步与葡萄糖醛酸结合，最主要的代谢物为可替宁（cotinine）。可替宁半衰期约 20 h，且受其他因素影响较小，因此可替宁可作为比尼古丁更好的评价烟草接触的生物标志物。尼古丁代谢物和仅约 10%剂量的原形通过尿液排出体外，酸性尿中尼古丁的排泄速度是碱性尿中的 4 倍。

三、分析方法

检材处理方式可采取直接沉淀蛋白法、液液提取法和固相萃取法。生物检材中烟碱的检测方法有很多文献报道，包括气-质联用法（GC－MS）、高效液相色谱法（HPLC）、液-质联用法（LC－MS）等。其中 GC－MS 和 LC－MS 是检测体内尼古丁和可替宁的首选方法，特别是 LC－MS，其高灵敏度、高选择性使其在生物检材中痕量尼古丁及代谢物的检测中发挥越来越重要的作用。生物检材中烟碱的分析可参照常见毒药物系统筛选分析方法，这里不再赘述。

四、鉴定要点

1. 生物检材的应用特点

对于疑似尼古丁中毒者，可采集中毒或死亡者的呕吐物、胃内容物、洗胃液、尿液、血液等，还要特别注意采集中毒现场可疑的药瓶、中毒者身上皮肤贴剂等物。对中毒死亡者还可采集肝、肾等组织。

2. 检材保存

尼古丁易挥发，取材后应将检材置于密闭容器中保存并及时送检，若短时间内不能检验应及时冷冻保存，以减少尼古丁的损失。

3. 分析结果评价

烟碱代谢物可替宁可被用作尿液、血液或唾液等生物样品的烟草暴露标志物，同时进行检测。由于吸烟是普遍的公众行为，在进行结果评价时，应充分考虑环境污染、被动吸烟等因素干扰。

因尼古丁中毒无特异性的中毒表现，对此类案件的分析应充分了解案情，需扩大目标物的筛选范围，防止漏检。

五、案例评析

案例

一名 41 岁男子早晨被狱友发现死于床上[16]。房间内垃圾桶里发现 14 块尼古丁贴片等药物包装袋。尸表检查发现在锁骨下区域有尼古丁皮肤贴剂。尸检后提取检材送毒物分析。

【毒物分析及评价】死者心血、外周血、尿液、胃内容物等检材经 GC－MS、LC－MS/MS 分析，均检出尼古丁和可替宁成分，均未检出其他毒药物成分，结果见表 8－8。

表 8－8 死者体液和组织中尼古丁和可替宁的含量 单位：ng/mL 或 ng/g

检材	尼古丁	可替宁
心血	1 344	1 090
股静脉血	2 239	1 230
尿液	未检出	2 508
胃内容物	936	未检出
玻璃体液	188	578
肝组织	677	3 029
胆汁	265	2 424
脑组织	147	491
肾组织	394	515
肺组织	474	704
心脏组织	156	491

成人血液中尼古丁的治疗浓度在 0.004～0.444 μg/mL，超过 1.0 μg/mL 可致死亡。此案例心血和股静脉血中尼古丁质量浓度均高于 1.0 μg/mL，病理排除其他死因的情况下，结合案情，最终判定致死原因为尼古丁中毒。

第六节 河鲀毒素

一、概述

河鲀毒素（tetrodotoxin，TTX）也称圆豚素（Spheroidifie）、蝾螈毒素（Tarichatoxin）、东方豚毒素（Fugu poison）等，是由日本科学家田原良纯于 1909 年首次从河鲀鱼卵中发现，并由日本科学家横尾于 1950 年提取到的一种天然非蛋白类神经毒素[17]。TTX 主要来源于河鲀。河鲀种类很多，在我国品种多达 50 多种，主要分布于沿海及长江中下游一带。TTX 的毒性强度会因季节、所在鱼体器官以及河鲀鱼品种不同而存在差异，与鱼体大小无关。春夏之交，河鲀由外海游至江河口的咸淡水区域产卵，此时毒性最强。一般而言，河鲀各部位毒性由强到弱顺序为：卵巢、肝脏、脾脏、血、眼球、腮、皮、精巢、肌肉。新鲜洗净的鱼肉一般不含毒素，但鱼死后久置，内脏中的毒素会渗入到鱼肉中。养殖河鲀（2 龄以上）中毒素量要低于野生河鲀。河鲀鱼肉味鲜美、营养丰富，深受人们的喜爱，但烹饪处置稍有不当就会出现中毒现象。

TTX 具有镇痛、镇静、解痉、局部麻醉的作用，其麻醉效力比常用的麻醉药强万倍以上，且持续时间长。TTX 在阿片类药物依赖急性脱毒中的应用，可有效快速控制戒断症状，有效率高达 98%[18]，具有痛苦小、周期短等特点。TTX 对重度癌症相关疼痛方面具有较好的疗效。此外，TTX 还具有降压、抗心律失常的作用。

TTX 是一种氨基全氢化喹唑啉的生物碱，分子式是 $C_{11}H_{17}O_8N_3$，分子量为 319.2。粗品为棕黄色粉末，纯品为白色结晶性固体，呈针状或菱形，无臭、无味，易吸湿潮解，通常以两性离子形式（内盐）存在（结构式见图 8－4），pK_a 为 8.8。TTX，微溶于水、无水乙醇、乙醚，几乎不溶于其他有机溶剂，易溶于有机酸和无机酸水溶液。在中性或弱酸性条件下对热稳定，在碱性溶液中易降解。在强酸性和碱性条件下，受热易分解而失去毒性。

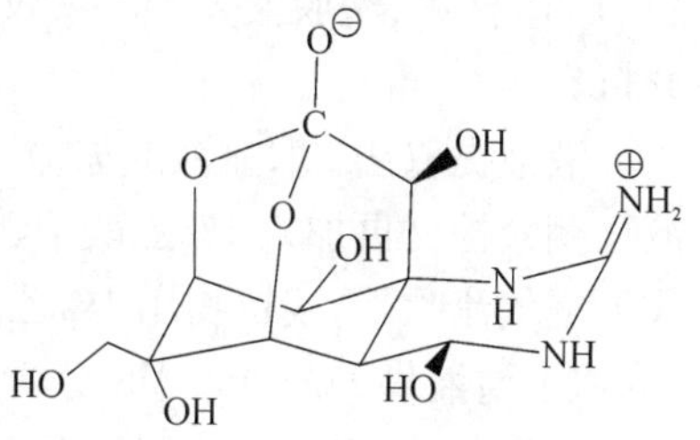

图 8－4　TTX 的结构式

TTX 进入体内产生类似箭毒样作用，是细胞膜钠离子通道选择性阻断剂，它能高选择性地与神经和肌肉细胞膜表面 Na^+ 通道上的蛋白质结合，阻断 Na^+ 通过，从而影响神经肌肉间兴奋性的传导，使神经肌肉呈麻痹状态。TTX 是毒性最强的非蛋白类小分子生物神经毒素之一，对人的口服致死量为 6~7 μg/kg，最低急性中毒量为 0.2 mg，最低致死量为 2 mg。河鲀鱼肝、卵巢的致死量为 10~50 g。

TTX 的中毒症状表现为：舌尖及嘴唇发麻，进一步经上肢到足尖以致全身麻痹，并感到身体疲倦、眼睑沉重、视觉模糊、听力减退、恶心呕吐、腹痛、头痛、面色苍白、瞳孔对光线无反应，周身麻木四肢冰冷、语言不清、血压下降、脉搏微弱，最后呼吸麻痹死亡。TTX 中毒的潜伏期与进食量、胃的充盈度及机体状态有关，一般麻痹症状出现在食用河鲀后 20 min 到 3 h，死亡时间为 1.5~8 h。

二、体内过程

TTX 经消化道吸收入血后，经血液循环分布于各组织中，其分布取决于各个器官的血流分布以及机体状态等条件。动物实验表明，小鼠静脉注射后，由于肺中血流丰富，因此 TTX 在血液和肺含量最高，其次为小肠、胃、肝、大肠、肾，在心、脾、脑中含量低且稳定。脑中含量较低表明 TTX 不能通过血脑屏障自由进出脑组织，肝是 TTX 主要的解毒器官，其 TTX 含量较高。

目前，对于 TTX 在体内的代谢过程尚不明确，主要形成脱水河鲀毒素。对 TTX 中毒病人体内毒代动力学研究表明：TTX 吸收后，血中浓度下降很快，且主要从尿液中排泄。TTX 摄入超过 24 h，血液中已很难检测到，而尿液中可延续长达到第 4 天。

三、分析方法

由于 TTX 的极性较大且难挥发，不溶于大多数有机溶剂，在碱性和强酸性条件下不稳定，故前处理大多采用固相萃取法。固相萃取具有高回收率，重复性好等优点，因此在对 TTX 进行仪器分析时，大多采用固相萃取法进行前处理。目前，TTX 的检测方法主要有酶联免疫吸附法（ELISA）、液相色谱-荧光检测法（LC－FLD）、气相色谱法（GC）、气相色谱-质谱法（GC－MS）、液相色谱-质谱法（LC－MS）。ELISA 法具有灵敏度高、特异性好、操作便捷、耗时短、无需特殊设备等优点，一般用于河鲀鱼中 TTX 的检测，但该方法会出现假阳性情况，常用于初筛。人体生物检材中 TTX 的痕量检测，LC－MS 凭借高灵敏度、高特异性、高选择性成为首选的检测方法。

参考方法（《法庭科学 生物检材中河鲀毒素检验 液相色谱-质谱法》GA/T 1608－2019）：

样品前处理

固相萃取法：取血液或者尿液 0.5 mL，加入 1%乙酸甲醇溶液 1.5 mL，涡旋混合，13 000 r/min

离心 10 min,取上清液移于已活化好的 Oasis MCX(30 mg 1 cc)固相萃取小柱上样,然后依次用乙腈 1 mL、甲醇 1 mL、水 1 mL 淋洗,抽干小柱 6 min,用混合溶液(0.2 mol/L 盐酸溶液-20%甲醇)1 mL 洗脱,洗脱液置于氮吹仪上 60℃ 吹干,残留物用流动相 200 μL 复溶,供 LC-MS/MS 分析。

液液提取法:取血液或尿液 1.0 mL,加入 1%乙酸甲醇溶液 1.5 mL,混匀后离心,取上清液。剩余检材再加入 1%乙酸甲醇溶液 1.5 mL,再次提取,合并上清液。将上清液在 60℃ 氮吹仪下空气流吹干,残留物用 1%乙酸溶液 0.25 mL 复溶,再加入 0.25 mL 氯仿,振荡后高速离心,取上清液供 LC-MS/MS 分析。

色谱条件:PC HILIC 柱(100 mm×2.0 mm,5 μm),前接保护柱;流动相 A 为乙腈,流动相 B 为 0.1%甲酸溶液,柱温为室温,流速为 0.2 mL/min,进样量为 5 μL。梯度洗脱程序见表 8-9。

表 8-9 梯度洗脱程序

Rt/min	流动相 A/%	流动相 B/%
0~0.8	90	10
0.8~1.2	90~20	10~80
1.2~2.5	20	80
2.5~4.0	20~90	80~10
4.0~10.0	90	10

质谱条件:正离子模式(ESI+),多反应监测(MRM);电压,5 500 V;碰撞气(CAD)、气帘气(CUR)、雾化气(GS1)、辅助气(GS2)均为高纯氮气,使用前调节各气流流量以使质谱灵敏度达到检测要求。选取 TTX 前体离子和特征碎片离子对 *m/z* 320.1/302.1,320.1/162.3,优化离子源参数。

四、鉴定要点

1. 生物检材的应用特点

检材的选择对确定 TTX 中毒至关重要。误食河鲀中毒,应首先考虑收集现场吃剩的鱼肉、鱼汤等,确定毒物来源。患者出现中毒症状时,应考虑提取中毒者的呕吐物、洗胃液、血液和尿液以备进行 TTX 检测。对于临床上已经救治多日的病人,则留取尿液作为 TTX 检测样品的意义更大。对于 TTX 中毒死亡者,可解剖取血液、尿液、肺、肝、肾等作为检材进行 TTX 检测。

2. 检材保存

TTX 在中性或弱酸性条件下对热稳定,在强酸性和碱性条件下,受热易分解。怀疑 TTX 中毒案件应及时提取检材,及时送检,尽快分析。

3. 分析方法选择

检材的前处理和分析方法多样,应根据检材的性质,选择适合的方法。对于中毒者体内 TTX 含量低的生物检材,应考虑选择灵敏度高、特异性强的 LC-MS 方法进行检测。

4. 中毒死亡案件的结果评价

TTX 中毒一般多见于误食河鲀,有地区性和季节性特点。在怀疑 TTX 食物中毒案件调查中应第一时间了解患者进食情况。详细了解 TTX 中毒患者或 TTX 投毒被害人的病情发展过程,是否有口唇、舌尖及肢端发麻、四肢无力、全身软瘫麻痹的特殊中毒症状出现。

五、案例评析

案例一

聂某，男，29岁[19]。2016年9月，被两男性控制并注射药物，后聂某自行拨打120，急救中心电话录音显示：聂某告知自己被人注射麻醉药物，并在说清住址后，呼吸频率加快加深，声音逐渐减弱，进而再无应答。医生到达现场后，确定聂某已死亡。尸检排除机械性窒息及机械性暴力致死，提取检材进行毒物分析。

【毒物分析及评价】经毒物分析，死者聂某心血、肝组织、臀部组织及臀部组织内针梗中均检出河鲀毒素成分，其中心血和肝组织中河鲀毒素含量分别为1.26 ng/mL和12.1 ng/g。未检出其他常见毒药物成分。由毒物分析结果，结合死者双侧球睑结膜充血，口唇、指、趾指甲发绀及内脏器官淤血等一般窒息征象特征，综合分析本例受害人聂某符合河鲀毒素中毒致呼吸肌麻痹后呼吸衰竭死亡。河鲀毒素因中毒致死量极小，发现及检测难度大，尸体所见以窒息征象为主，亦无特异性，具有一定的隐蔽性，故实践中一定要结合尸检、案情、现场勘查及毒物分析等情况，综合分析得出可靠结论。

案例二

吴某于3月15日购买一条半斤重河鲀鱼干（已去皮、去头、去内脏），3月17日18时在家蒸熟后食用[20]。一同就餐的有其丈夫、女儿及弟媳妇。丈夫食用约80 g河鲀鱼干，其余3人食用鱼背上的肉。食用1 h后，丈夫感觉口舌发麻，20时许病情加重，四肢无力，全身麻痹，随即送医治疗，经治疗无效于4月4日死亡。其余3人在食用当日20时30分许也相继出现口舌发麻、全身麻痹等症状，送往医院进行洗胃、血液灌流等3天治疗后，脱离生命危险。

【毒物分析及评价】3月18日13时许，采集4例患者的血液和尿液，采用LC－MS/MS对血液和尿液中TTX检测。4份尿液中均检出TTX，浓度分别为吴某8.3 ng/mL、丈夫439 ng/mL、女儿6.7 ng/mL、弟媳妇24 ng/mL。4份血清样本系血液灌流治疗后采样，均未检出TTX。因食用的河鲀鱼干没有剩余，故无法采集样本进行检测。怀疑TTX误食中毒时，应立即收集吃剩食物（鱼干、鱼汤等）送检。中毒初期，可采集患者血液和尿液，治疗后期，血液中已很难检测出TTX，此时尿液无疑成为判断TTX中毒的最佳检材。

· 本章思考题 ·

1. 生物检材中有毒动植物检验有何特点和难点？
2. 简述乌头生物碱中毒的检材选择、检材处理和分析检验的注意事项。
3. 常见有毒动植物成分的提取处理应如何调节和控制检材的酸碱性？
4. 河鲀毒素、钩吻是否适合直接用GC－MS分析？

参考文献

[1] Zhang H, Sun S, Zhang W, et al. Biological activities and pharmacokinetics of aconitine,

benzoylaconine, and aconine after oral administration in rats. Drug Test and Analysis, 2016, 8(8): 839-846.
[2] 孙莹,张宏桂,史向国,等. 兔体内乌头碱代谢产物研究. 药学学报,2002(10): 781-783.
[3] 刘伟,沈敏,秦志强. 乌头急性中毒死亡者乌头生物碱的体内分布. 法医学杂志,2009, 3: 176-178.
[4] 靳昌山,张晓芳,赵奇,等. 乌头碱中毒致死2例. 法医学杂志,2011, 27(2): 153-154.
[5] 张文平,朱培芳,马雅鸽,等. 马钱子的毒理学及安全性研究进展. 中国民族民间医药,2012, 21(8): 53-54.
[6] Wu Z, Ren H, Li Y, et al. Tissue distribution and pharmacokinetics of brucine niosomal gels in rats after topical and oral application. Journal of Chinese Pharmaceutical Sciences, 2018, 27(2): 92-98.
[7] Tian J X, Peng C, Xu L, et al. In vitro metabolism study of Strychnos alkaloids using high-performance liquid chromatography combined with hybrid ion trap/time-of-flight mass spectrometry. Biomedical Chromatography, 2013, 27(6): 775-783.
[8] 夏勇,罗祥明,张旭,等. 马钱子中毒者的GC/MS检验1例. 中国法医学杂志,2013,3: 252-253.
[9] 麦沛明,朱炳辉,余胜兵,等. 有毒生物碱中毒及检测的研究进展. 中国卫生检验杂志,2014, 24: 3638-3641.
[10] 夏天,石力夫,胡晋红. LC/MS/MS法测定氢溴酸东莨菪碱在大鼠体内的组织分布. 药物分析杂志,2012, 32(1): 26-29.
[11] 王瑞花,栾玉静,董颖,等. UPLC-MS/MS检测血液中的东莨菪碱和右美托咪定. 刑事技术, 2018, 43(4): 301-305.
[12] 姬圣洁,刘伟. 钩吻素己在大鼠体内的毒物动力学和组织分布研究. 中国司法鉴定,2018, 6: 39-45.
[13] 常靖,吴小军,陈泰,等. 一起断肠草急性中毒死亡案件的法医毒物学分析及文献总结. 刑事技术,2023,4: 426-431.
[14] Stanisavljević IT, Lazić ML, Veljković VB. Ultrasonic extraction of oil from tobacco (*Nicotiana tabacum* L.) seeds. Ultrasonics Sonochemistry, 2007, 14(5): 646-652.
[15] 张明浩,康珊珊,郭靖立,等. 新烟碱类杀虫剂在农药复配中的应用进展. 中国农药,2022(7): 3-10.
[16] Tjoncke JA, Goncalves R, Castaing N, et al. Death related to nicotine replacement therapy: A case report. Forensic Science International, 2020, 309: 110223.
[17] Chen TY, Hsieh CH, Hwang DF. Development of standardized methodology for identifying toxins in clinical samples and fish species associated with tetrodotoxin-borne poisoning incidents. Journal of Food and Drug Analysis, 2016, 24(1): 9-14.
[18] Yin X, Kiriake A, Ohta A, et al. A novel function of vitellogenin subdomain, vWF type D, as a toxin-binding protein in the pufferfish Takifugu pardalis ovary. Toxicon, 2017, 136: 56-66.
[19] 李学闻,张翔宇. 河鲀毒素中毒死亡法医学鉴定1例. 中国法医学杂志,2018, 33(1): 3.
[20] 张秀尧,蔡欣欣,贾俐挺. 一起食用河鲀鱼干中毒死亡事件调查. 预防医学,2014, 26(1): 86-89.

第九章 体外毒品鉴定

·本章重点内容与学习要求·

本章重点介绍毒品基本概念、毒品的种类、结构和性质等，掌握外观检查、取样、化学反应、定性定量以及杂质成分分析等方法。

《中华人民共和国刑法》（以下简称《刑法》）第三百五十七条和《中华人民共和国禁毒法》第二条均规定：本法所称的毒品，是指鸦片、海洛因、甲基苯丙胺（冰毒）、吗啡、大麻、可卡因以及国家规定管制的其他能够使人形成瘾癖的麻醉药品和精神药品。毒品具有毒害性、依赖性、管制性、非法性等基本属性，毒害性和依赖性是毒品的自然属性，管制性和非法性是毒品的法律属性。毒品的种类很多，按来源可分为天然毒品、半合成毒品和合成毒品；按药理作用可分为麻醉剂、兴奋剂、致幻剂和抑制剂；根据国际公约可分为麻醉药品和精神药品。

除了法律中列举的6种最常见的毒品，随着时代发展和社会进步，毒品的范围也是不断变化的，在不同的国家、不同的时期，毒品的范围也不相同，而且随着新药的不断开发，对在医疗使用中发现某些药物具有依赖性，可能造成滥用的危害，也可能被列为新的受管制药物。所以，被管制的麻醉药品和精神药品的范围逐步扩大，各国也通常采用不定期开列和公布被管制药物清单的方法来确认麻醉药品和精神药品的范围。

截至2023年10月1日，我国已列管毒品459种（其中，麻醉药品123种、精神药品162种、非药用类麻醉药品和精神药品174种）和整类芬太尼类物质、整类合成大麻素类物质。同时，新型毒品仍不断出现，有的毒品还有非常漂亮的名字或者外包装，迷惑性极强，容易诱惑青少年食用。如含LSD成分的“邮票”、向学生兜售的“聪明药”以及一度蔓延的“0号胶囊”“G点液”“犀牛液”等色胺类物质，种类繁多。有的变换包装，伪装成食品、香烟等，如奶茶、巧克力形态的毒品；有的是暂未列管的毒品替代品，如号称“改良K粉”的氟胺酮（目前已经列管）；还有新精神活性物质类毒品，在国内迅速扩张，且花样不断翻新，如合成大麻素“娜塔莎”等。

毒品的检验鉴定是毒品案件移送审查起诉和案件最终结案的最直接、最重要的原始证据。它是在法律的规范下，由具有毒品鉴定专门知识的人，使用科学的方法，对涉及毒品犯罪案件的有关样品进行提取、检验、最终出具结论性意见，为案件侦破提供线索，为案件审理提供证据。

体外毒品鉴定就是应用化学、物理、生物和现代仪器分析的原理和技术，对毒品疑似物进行快速、准确鉴别与测定，确定可疑物质是否为毒品、毒品的种类、含量及其来源等，为查处毒品犯罪案件提供证据支撑，是打击毒品违法犯罪的重要手段。

体外毒品鉴定分为定性分析和定量分析。定性分析就是确定检材中是否含有毒品、含有何种毒品的鉴定过程。定量分析就是确定检材中含有毒品含量的分析过程。对于毒品数量较少尤其是零包出售的毒品犯罪案件，仅需进行定性分析。按照我国《刑法》规定，非法持有毒品达到一定数量才构成犯罪。毒品的数量以查证属实的走私、贩卖、运输、非法持有毒品的数量计算，不以纯度折算。但在司法界，毒品是否以纯度折算仍存在争议。

例如：2007年，最高人民法院、最高人民检察院、公安部颁布的《办理毒品犯罪案件适用法律若干问题的意见》中规定：可能判处死刑的毒品犯罪案件，毒品鉴定结论中应有含量鉴定的结论。最高人民法院《全国部分法院审理毒品犯罪案件工作座谈会纪要》（法〔2008〕324号）：对可能判处被告人死刑的毒品犯罪案件、对涉案毒品可能大量掺假或者系成分复杂的新类型毒品的，应当作出毒品含量鉴定。《最高人民法院关于审理毒品犯罪案件适用法律若干问题的解释》（法释〔2016〕8号）：对《刑法》第347条、第348条等条文中的"其他毒品数量大的""其他毒品数量较大的""其他少量毒品的"等类似规定的判断直接给定标准，不用考虑折算过程，但直接给出数量标准值的毒品仅为33种。系列出台的相关文件为常见毒品及新类型毒品案件办理提供了指导，但对于层出不穷的新型毒品，司法解释规定量刑的数量标准和换算方法尚未全部涵盖。

第一节　外观检查

现场遇有可疑毒品，首先观察其物理特性（形态、颜色、实物大小等）和物理状态（液体、粉末、片剂、胶囊、植物、软的或硬的树脂、油状物等），进行称重、编号、详细记录其总体特征和包装情况等。如果可疑毒品为片剂，应对片剂的形态、颜色、明显标记及片剂的数量进行记录。

根据最高人民法院、最高人民检察院、公安部制定的《办理毒品犯罪案件毒品提取、扣押、称量、取样和送检程序若干问题的规定》（2016年7月1日起施行）：

现场勘验、检查或者搜查时，应当对查获毒品的原始状态拍照或者录像，采取措施防止犯罪嫌疑人及其他无关人员接触毒品及包装物。毒品的扣押应当在有犯罪嫌疑人在场并有见证人的情况下，由两名以上侦查人员执行。对查获的毒品应当按其独立最小包装逐一编号或者命名，并将毒品的编号、名称、数量、查获位置以及包装、颜色、形态等外观特征记录在笔录或者扣押清单中，一般应当由两名以上侦查人员对提取、扣押的毒品及包装物进行现场封装，并记录在笔录中。

提取、扣押时，不得将不同包装物内的毒品混合。

对同一案件在不同位置查获的两个以上包装的毒品，应当根据不同的查获位置进行分组。

对同一位置查获的两个以上包装的毒品，应当按照以下方法进行分组：

1）毒品或者包装物的外观特征不一致的，根据毒品及包装物的外观特征进行分组；

2）毒品及包装物的外观特征一致，但犯罪嫌疑人供述非同一批次毒品的，根据犯罪嫌疑人供述的不同批次进行分组；

3）毒品及包装物的外观特征一致，但犯罪嫌疑人辩称其中部分不是毒品或者不知是否为毒品的，对犯罪嫌疑人辩解的部分疑似毒品单独分组。

对体内藏毒的案件，公安机关应当监控犯罪嫌疑人排出体内的毒品，及时提取、扣押并制作笔录。必要时，可以在排毒前对犯罪嫌疑人体内藏毒情况进行透视检验并以透视影像的形式固定证据。

第二节 检材取样

检材取样是获得准确分析结果的前提,因为通常定性定量分析所采用的样品量非常小,所以抽取的检材必须具有代表性。另外,科学、合理的检材取样还可减少检材的用量和分析的工作量。

根据最高人民法院、最高人民检察院、公安部制定的《办理毒品犯罪案件毒品提取、扣押、称量、取样和送检程序若干问题的规定》(2016 年 7 月 1 日起施行):

毒品的取样一般应当由两名以上侦查人员在查获毒品的现场或者公安机关办案场所完成;应当在有犯罪嫌疑人在场并有见证人的情况下进行,并制作取样笔录;对已经封装的毒品进行取样前,应当在有犯罪嫌疑人在场并有见证人的情况下拆封,并记录在取样笔录中。

(1) 对单个包装的毒品,应当按照下列方法选取或者随机抽取检材:

1) 粉状。将毒品混合均匀,并随机抽取约一克作为检材;不足一克的全部取作检材。

2) 颗粒状、块状。随机选择三个以上不同的部位,各抽取一部分混合作为检材,混合后的检材质量不少于一克;不足一克的全部取作检材。

3) 膏状、胶状。随机选择三个以上不同的部位,各抽取一部分混合作为检材,混合后的检材质量不少于三克;不足三克的全部取作检材。

4) 胶囊状、片剂状。先根据形状、颜色、大小、标识等外观特征进行分组;对于外观特征相似的一组,从中随机抽取三粒作为检材,不足三粒的全部取作检材。

5) 液态。将毒品混合均匀,并随机抽取约二十毫升作为检材;不足二十毫升的全部取作检材。

6) 固液混合状态。分别对固态毒品和液态毒品取样;能够混合均匀成溶液的,可以将其混合均匀后按照液态毒品的方法取样。

(2) 对同一组内两个以上包装的毒品,应当按照下列标准确定选取或者随机抽取独立最小包装的数量,再根据单个包装毒品的取样方法从单个包装中选取或者随机抽取检材:

1) 少于十个包装的,应当选取所有的包装。

2) 十个以上包装且少于一百个包装的,应当随机抽取其中的十个包装。

3) 一百个以上包装的,应当随机抽取与包装总数的平方根数值最接近的整数个包装。

(3) 多个包装的毒品系包装完好、标识清晰完整的麻醉药品、精神药品制剂的,可以从相同批号的药品制剂中随机抽取三个包装,再根据单个包装毒品的取样方法从单个包装中选取或者随机抽取检材。

从不同包装中选取或者随机抽取的检材应当分别独立封装,不得混合。

第三节 常见毒品鉴定

一、阿片生物碱鉴定

鸦片主要来源于原生植物——罂粟。罂粟是一种两年生的草本植物,宜在温暖而潮湿的气候中生长，一般春种夏收，花有红、白、粉红等多种颜色，花谢后，结出罂粟果。罂粟果的外形为壶状，割开未成熟的罂粟果就有白色的果浆流出，收集这些果浆，空气中晾干后得到鸦片膏，也叫生鸦片。生鸦片通常为具有黏性的棕黑色沥青状物，新鲜时较柔软，易变形，可被压模成各种形状，时间长后逐渐变硬。生鸦片不能吸食，需要进一步加工和熬制，才能成为熟鸦片，又叫精制鸦片。熟鸦片可用于吸食，一般制成条状、块状物，表面光滑柔软，烧灼时有强烈香甜气味。鸦片制剂是供医疗使用的合法制剂，常见的有鸦片粉、鸦片酊、鸦片液等，主要用于止痛和止泻。鸦片粉是将鸦片在适当温度下烘干，并掺入添加剂将吗啡含量调节至 10%左右，通常为浅棕色粉末。此外，罂粟壳的吗啡含量为 0.02%~0.05%，长期食用也会成瘾。

鸦片中含有 40 多种生物碱，统称阿片生物碱，主要有 5 种，即吗啡、可待因、蒂巴因、罂粟碱和那可汀。吗啡含量为 4%~21%，那可汀含量为 2%~8%，可待因含量为 0.7%~2.5%，蒂巴因含量为 0.2%~1%，罂粟碱含量为 0.5%~1.3%。

海洛因俗称白面、白粉，由吗啡经乙酸酐乙酰化制成，其化学名称是二乙酰吗啡，常以盐酸盐的形式存在。纯度高的海洛因多为白色粉末，含量可达 80%以上。纯度低的海洛因可因原料不纯或加工粗糙而含有大量杂质，还有添加咖啡因、对乙酰氨基酚、非那西丁等成分，颜色从白色、灰白色、棕色直到暗褐色甚至黑色都有，外观和含量差异极大。

阿片生物碱的定性检测方法有化学反应、气相色谱-质谱联用法（GC－MS）、液相色谱-质谱联用法（LC－MS）等，定量检测有气相色谱法（GC）、高效液相色谱法（HPLC）等。

1. 化学反应

颜色试验简便快速，可用作筛选。Marquis 试验是较常采用的化学反应，阿片生物碱遇甲醛-浓硫酸能形成具有醌式结构的有色化合物。

分析参考条件：

Marquis 试验：将 8~10 滴 40%甲醛溶液加到 10 mL 浓硫酸中（Marquis 试剂）。将少量检材置于点滴板上，加 3~4 滴 Marquis 试剂。若样品中含有吗啡、可待因，结果呈紫红到紫色，若含那可汀则显鲜黄色，若含蒂巴因则显橙色，而罂粟碱不显色。本反应检出限约为 0.05 μg。

2. GC－MS（定性）和 GC（定量）

GC－MS 是目前最常用的定性确认方法，提取的样品检材，可用甲醇、乙醇等有机溶剂溶解后直接进样。如果是罂粟壳、鸦片膏等检材，则需要提取、浓缩后进行分析。

参考方法（《疑似毒品中鸦片五种成分检验气相色谱和气相色谱-质谱法》GB/T 39879—2021）：

样品前处理：称取约 100~250 mg 样品于具盖离心管中，加入 5 mL 0.5%冰醋酸溶液，密封并超声提取 30 min，以不低于 4 000 r/min 离心 5 min，取出上清液 4 mL 置于另一试管中，加入 1.0 mol/L 或 0.1 mol/L 氢氧化钠溶液，调节 pH 为 8.5~8.9，加入 2 mL 提取溶剂（氯仿：异丙醇＝3：1），密封并振荡 10 min，以不低于 4 000 r/min 离心 5 min，取下层有机相作为样品溶液，供 GC－MS 分析。或根据实际需要，将上清液用甲醇稀释，稀释液作为样品溶液，供 GC－MS 分析。

GC－MS 参考条件：EI 离子源；DB－5 MS 石英玻璃毛细柱（30 m×0.25 mm，0.25 μm）或其他等效柱；初始温度 60℃，以 15℃/min 速率升温至 300℃，保持 15 min；进样口温度：280℃；传输线温度：250℃；离子源温度：230℃；进样方式：分流进样，分流比为 20：1；载气为高纯氦气，柱流量（恒流）：1.0 mL/min；质量范围：40~500 amu；全扫描（SCAN）采集方式；溶剂延迟时间 3 min。

鸦片及相关成分质谱特征离子见表 9－1。

表 9-1　阿片生物碱及相关成分质谱特征离子

名　称	质谱特征离子(m/z)	名　称	质谱特征离子(m/z)
吗　啡	285*、268、215	那可汀	220*、205
可待因	299*、282、229	海洛因	369、327*、268
蒂巴因	311*、296	O^6-单乙酰吗啡	327*、268、162
罂粟碱	338*、324、308	乙酰可待因	341*、282、229

注：*表示基峰。

本方法鸦片中有效成分吗啡、可待因、蒂巴因、罂粟碱、那可汀的方法检出限均为0.05%。

3. LC-MS(定性)和LC(定量)

采用LC-MS或LC-MS/MS方法无需衍生化，可同时分析阿片生物碱类毒品的多种组分，灵敏度高，定量准确。

参考条件

色谱条件：色谱柱：Allure PFP Propyl(100 mm×2.1 mm，5 μm)，前接phenomenex的保护柱；流动相：乙腈-缓冲液(70∶30，V/V)，缓冲液为20 mmol/L乙酸铵和0.2%甲酸的溶液；流速：0.2 mL/min。

质谱条件：离子源：电喷雾电离-正离子模式(ESI+)；检测方式：多反应监测(MRM)；碰撞气(CAD)：7 psi；气帘气(CUR)：30 psi；离子喷雾电压(Ionspray Voltage)：5 500 V；离子源温度：500℃。

每种化合物选取两个前体离子/子离子对进行分析，质谱参考条件见表9-2。

表 9-2　阿片生物碱及相关成分的离子对、去簇电压(DP)、碰撞能量(CE)

名　称	离子对(m/z)	DP/V	CE/eV
海洛因	370.2/268.2	90	38
	370.2/165.0		60
吗　啡	286.1/201.2	80	36
	286.1/165.3		56
O^6-单乙酰吗啡	328.1/211.3	80	36
	328.1/165.3		54
可待因	300.2/199.2	80	40
	300.2/165.3		60
蒂巴因	312.2/58.2	60	38
	312.2/266.2		24
罂粟碱	340.1/202.2	60	37
	340.1/324.3		41

续 表

名　称	离子对(m/z)	DP/V	CE/eV
那可汀	414.2/220.3 414.2/353.2	60	32 33
乙酰可待因	342.2/225.2 342.2/165.3	85	35 61

二、苯丙胺类毒品鉴定

苯丙胺类毒品是一类较强的中枢神经系统兴奋剂,其化学结构与肾上腺素和去甲肾上腺素非常相似。苯丙胺类毒品已逐步取代 20 世纪流行的鸦片、海洛因、可卡因等毒品,成为 21 世纪全世界范围内滥用最为广泛的毒品。

苯丙胺类毒品是人工合成毒品,种类繁多,特性各异,大体上可分为兴奋型苯丙胺类和致幻型苯丙胺类。兴奋型苯丙胺类主要指苯丙胺(安非他明)和甲基苯丙胺(甲基安非他明或去氧麻黄素)。通常以麻黄素为原料,经人工合成。苯丙胺类毒品有不同剂型,有的为液体,有的为各种颜色的硫酸盐、盐酸盐等粉末。纯度高的甲基苯丙胺盐酸盐为白色粉末,如果纯度不高,外观呈大块结晶,与冰的形态相似,所以称"冰毒"。致幻性苯丙胺类兴奋剂主要包括 3,4-亚甲二氧基甲基苯丙胺(MDMA)、3,4-亚甲二氧基苯丙胺(MDA)、*N*-乙基-3,4-亚甲二氧基苯丙胺(MDEA)等。致幻型苯丙胺类通常为丸剂、片剂,形状、颜色多种多样,印有各种图案和文字,并且有浓郁的香味,俗称"摇头丸",主要以口服的方式在迪厅、卡拉 OK、夜总会等公共娱乐场所滥用。在药理作用上,除了具有苯丙胺类兴奋剂的兴奋作用,还可产生迷幻感觉。服用后,极度兴奋或产生错觉,摇头不止,行为失控,极易诱发精神分裂症,引发对自身的伤害,并对社会治安造成危害,成为一些暴力、强奸案件的诱发原因。

苯丙胺类毒品的定性检测方法有化学反应、GC-MS、LC-MS 等,定量检测有 GC、HPLC 等。此外,毛细管电泳、傅里叶变换红外光谱法,也有用于苯丙胺类毒品的公共安全行业标准。

1. 化学反应

苯丙胺类毒品也可采用 Marquis 试验进行筛选。

分析参考条件:

Marquis 试验:将 8~10 滴 40%甲醛溶液加到 10 mL 浓硫酸中(Marquis 试剂)。将少量检材置于点滴板中,加 3~4 滴 Marquis 试剂,观察颜色。甲基苯丙胺、苯丙胺呈橙色;MDMA、MDA 呈蓝紫色。本反应检出限为 1 μg。

2. GC-MS(定性)和 GC(定量)、HPLC(定量)

参考方法

(1)《疑似毒品中甲基苯丙胺的气相色谱、高效液相色谱和气相色谱-质谱检验方法》(GB/T 29636—2013)

样品前处理:样品充分研磨混匀,称取约 10 mg,加入 10 mL 甲醇,密封并振荡 10 min,离心后取上清液,用 GC-MS 分析。如果样品溶液中目标物浓度过低,可适当增加样品称量量的 2~10 倍。同时用 GC-MS 分析 0.002 mg/mL 的甲基苯丙胺标准溶液进行质量控制。

GC-MS 参考条件:EI 离子源;DB-5 MS 石英玻璃毛细柱(30 m×0.25 mm, 0.25 μm)或

其他等效柱；初始温度 60℃，以 15℃/min 升温至 280℃，保持 15 min；进样口温度：280℃；传输线温度：250℃；离子源温度：230℃；进样方式：分流进样，分流比为 20∶1；载气为高纯氦气，柱流量（恒流）：1.0 mL/min；质量范围：40~500 amu；全扫描（Scan）采集方式；溶剂延迟时间 3 min。

常见苯丙胺类毒品的特征碎片离子见表 9－3。

表 9－3 常见苯丙胺类毒品的特征碎片离子

名 称	质谱特征离子（*m/z*）	名 称	质谱特征离子（*m/z*）
苯丙胺	134、91、44*	MDE	207、77、72*
甲基苯丙胺	134、91、58*	MBDB	207、135、72*
MDMA	193、77、58*	麻黄碱	146、77、58*
MDA	179、136、44*		

注：*表示基峰。

（2）LC－MS

采用 LC－MS 或 LC－MS/MS 方法无须衍生化，可同时分析多种苯丙胺类兴奋剂，灵敏度高，定量准确。

参考方法

样品前处理：称取样品约 10 mg 于具盖离心管中，加入 10 mL 甲醇，密封并振荡 10 min，6 000 r/min 离心 5 min，离心后取出适量上清液稀释，用 0.22 μm 的有机系微孔滤膜过滤，供 LC－MS 分析。

色谱条件：[1] ACQUITY UPLC HSS C_{18} 色谱柱（150 mm×2.1 mm，1.7 μm）；流动相 A：0.1%甲酸乙腈溶液，B：5 mmol/L 甲酸铵水溶液；流速：0.4 mL/min；梯度程序：0~0.5 min，87%B；10 min，50%B；10.75~12.25 min，5%B；12.5~15 min，87%B。

质谱条件：应用 Q－TOF 进行质谱信息采集，共设 3 个通道，其中 Function 1 为低碰撞能量通道，Function 2 为高碰撞能量通道，Function 3 为校正通道，以亮氨酸脑啡肽溶液（*m/z*＝556.277 1）实时进样，对质量数精度进行实时校准。电喷雾离子源（ESI）；正离子模式；全信息串联质谱扫描模式（MSE）；质量数采集范围为 *m/z* 50~1 000；毛细管电压：0.5 kV；锥孔电压：40 V；去溶剂气（氮气）流量 700 L/h；去溶剂气温度：500℃，锥孔气（氮气）流量：100 L/h；离子源温度：80℃；碰撞气（氩气）流量：0.16 mL/min；低能量碰撞电压 6 eV，高能量碰撞电压 10~30 eV。

其余质谱参数见表 9－4。

表 9－4 质 谱 参 数

化合物名称	前体离子（*m/z*）	碎片离子 1（*m/z*）	碎片离子 2（*m/z*）	碎片离子 3（*m/z*）	碎片离子 4（*m/z*）
苯丙胺	136.112 2	91.054 3	119.085 6		
甲基苯丙胺	150.128 3	91.054 3	119.085 6		

续 表

化合物名称	前体离子(m/z)	碎片离子1(m/z)	碎片离子2(m/z)	碎片离子3(m/z)	碎片离子4(m/z)
MDA	180.102 5	163.075 4	135.044 1	105.069 9	133.064 8
MDMA	194.117 6	163.075 4	135.044 1	105.069 9	
MDEA	208.133 8	163.075 4	135.044 1	105.069 9	133.064 8
PMMA	180.138 8	121.064 8	149.096 1	91.054 3	
麻黄碱	166.123 2	148.112 1	117.069 9	133.088 6	115.054 3
甲基麻黄碱	180.138 8	162.127 8	147.104 3	117.069 9	135.080 5
咖啡因	195.091 5	138.065 6	110.071 3	122.071 2	

3. 毛细管电泳《疑似毒品中苯丙胺等五种苯丙胺类毒品检验 毛细管电泳、傅里叶变换红外光谱法》(GA/T 1518—2018)

样品前处理：取固体检材样品适量，将其混匀后粉碎并制成细粉备用。取细粉约 10 mg 置于具盖离心管内，加入 0.02 mg/mL 内标(多沙普仑)工作溶液 10 mL，用超声波清洗器超声溶解，用离心机 4 000 r/min 离心 3 min，取上清液作为检材样品提取液供毛细管电泳定性检测。如果检材样品中目标物含量过低，可适当增加检材样品取样量。

毛细管电泳仪参考条件：UV 检测器；检测波长：210 nm；未涂层石英毛细管柱(75 μm×50.2 cm，有效分离长度为 40 cm)；运行缓冲液：磷酸盐缓冲液/甲醇(体积比为 4∶1)；毛细管柱处理：使用前用 1 mol/L 氢氧化钠溶液、水和运行缓冲液分别冲洗 10 min，2 次分析之间用运行缓冲液冲洗 3 min；柱温：25℃；进样压力：3 447 Pa×10 s；分离电压：16 kV。

4. 傅里叶变换红外光谱法《疑似毒品中苯丙胺等五种苯丙胺类毒品检验 毛细管电泳、傅里叶变换红外光谱法》(GA/T 1518—2018)

样品前处理：取晶体检材样品约 50 mg 放入玛瑙研钵内，加入约 150 mg 溴化钾晶体混合并研磨成粉末，置于红外光谱压片制样工具内，在手动油压机上加压 15 t，时间 3 min，制成晶体检材样品制备样；或直接取晶体检材样品置于衰减全反射采样装置取样孔上，旋下手柄后压紧，制成晶体检材样品制备样，供傅里叶变换红外光谱仪定性检测。

傅里叶变换红外光谱仪参考条件：检测器：DTGS；扫描次数：8；分辨率：16 cm^{-1}；扫描范围：4 000~650 cm^{-1}(衰减全反射采样装置)或 4 000~400 cm^{-1}(溴化钾晶体压片)；基线：自动校准；红外光谱库：操作软件自带红外光谱库。

三、可卡因鉴定

可卡因是以古柯原植物为原料，经过人工提炼而成的一种生物碱，属于中枢神经兴奋剂。常见的可卡因类毒品有：

(1) 古柯叶　古柯灌木的叶子，是提炼可卡因的原料。

(2) 古柯膏　是古柯叶的提取物，一种灰白、奶白或米色的粉状物，颗粒较粗，为潮湿的团块状，有特殊气味，是制造可卡因的中间产品。

(3) 可卡因　纯白到灰白色粉末，极少潮湿，有特殊气味。国际上走私的可卡因纯度一般为 80%~90%。

（4）克拉克（crack） 是将盐酸可卡因与小苏打、水混合加热，经沉淀后得到的可卡因游离碱，因其在抽吸时发出爆裂噼啪声音而得名。

可卡因类毒品采用化学反应进行筛选，进一步通过 GC、HPLC、GC－MS、LC－MS 等定性定量分析。

1. 化学反应

可卡因毒品可采用硫氰酸钴试验（cobalt thiocyanate test）进行筛选。

硫氰酸钴试验：将 1 g 硫氰酸钴溶于 49 mL 蒸馏水和 50 mL 甘油中配制成硫氰酸钴试剂。将少量检材置于点滴板中，加入 5 滴硫氰酸钴试剂，振摇。然后再加入 2 滴浓盐酸，振摇，出现亮蓝色沉淀或颗粒可能为可卡因。

2. GC－MS《疑似毒品中可卡因检验 气相色谱和气相色谱-质谱法》（GB/T 39876—2021）

化学反应结果为阳性的毒品必须经 GC－MS 等分析方法进一步确认，GC－MS 法是目前常用的定性确认方法。提取的样品检材，可用甲醇、乙醇等有机溶剂溶解后直接进样。如果是古柯叶、古柯茶等，则须经提取、浓缩后再进行分析。

参考方法

定性分析样品制备：样品充分研磨混匀，根据实际需求，称取 10～100 mg 于具盖离心管中，加入 10 mL 甲醇，密封并振荡 10 min，以不低于 4 000 r/min 离心 5 min，取上清液作为样品溶液，供 GC－MS 分析。或根据实际需要，将上清液用甲醇稀释，稀释液作为样品溶液，供 GC－MS 分析。

GC－MS 参考条件：EI 离子源；DB－5 MS 石英玻璃毛细柱（30 m×0.25 mm，0.25 μm）或其他等效柱；初始温度 60℃，以 15℃/min 升温至 300℃，保持 15 min；进样口温度：280℃；传输线温度：250℃；离子源温度：230℃；进样方式：分流进样，分流比为 20∶1；载气为高纯氦气，柱流量（恒流）：1.0 mL/min；质量范围：40～500 amu；全扫描（Scan）采集方式；溶剂延迟时间 3 min。可卡因的质谱特征离子为 m/z＝82（基峰）、182、303。

3. LC－MS《法庭科学 疑似毒品中可卡因检验 液相色谱和液相色谱-质谱法》（GA/T 1645—2019）

样品前处理：称取样品约 10 mg 于具盖离心管中，加入 10 mL 甲醇，密封并振荡 10 min，6 000 r/min 离心 5 min，离心后取出适量上清液稀释，用 0.22 μm 的有机系微孔滤膜过滤，供 LC－MS 分析。

色谱条件：poroshell 120 C_{18}（3.0 mm×50 mm，2.7 μm）或其他等效柱；流动相 A：0.2%甲酸的水溶液，B：甲醇，流速：0.3 mL/min；梯度程序：0 min，30%B；3 min，60%B；3.01 min，95%B；3.5 min，95%B；后处理时间（平衡时间）：3.5 min，流速：0.4 mL/min。

质谱条件：电喷雾离子源，三重四极杆质量分析器；扫描方式：正离子模式；毛细管电压：4 000 V；干燥气：10 L/min；温度：350℃；雾化气：25 psi。可卡因的离子对包括 m/z 304/182、304/150 等。

四、大麻毒品鉴定

大麻属双子叶植物纲金缕梅亚纲大麻科，原产地为东亚和中亚，为一年生的草本植物，其中印度大麻最有名，目前广泛分布在世界温带和热带地区。大麻的雌株花穗、嫩叶和未成熟果穗内能分泌一种脂样的物质，经提炼可得到具有生理效应的大麻类物质。其中主要成分有大麻酚（CBN）、大麻二酚（CBD）和四氢大麻酚（这里均指 Δ^9-四氢大麻酚）等。最主要的精神活性成分为四氢大麻酚，对人有致幻作用。目前，在欧美等国，出现了 Δ^8-四氢大麻酚的滥用，Δ^8-四氢大麻酚同样在我国精神药品管制目录中。

大麻在欧美等国家滥用非常普遍，近年来，在我国的娱乐场所也开始出现滥用大麻的现象。作为毒品使用的大麻制品主要有三种：

(1) 大麻草　由大麻植株包括茎、花、叶和种子等晾干后压制而成，四氢大麻酚含量0.5%~5%；

(2) 大麻脂　主要由大麻的果实和花顶部经压搓后渗出的树脂制成，四氢大麻酚含量2%~10%；

(3) 大麻油　由大麻草或大麻树脂提炼而来的一种深绿色或棕褐色的油状液体，四氢大麻酚含量10%~30%。合法的、用于制造日用品的大麻植物中四氢大麻酚含量一般低于0.3%。

值得注意的是，国际组织近年降低了对大麻的管控级别，也有国家开始将大麻吸食合法化，但在我国，大麻仍然是严格管控的毒品。

大麻毒品可采用化学反应筛选，进一步通过 GC、HPLC、GC－MS、LC－MS 等定性定量分析。

1. 化学反应

快蓝 B 盐试验：取少量可疑样品置于试管中，加少量快蓝 B 盐试剂（快蓝 B 和无水硫酸钠 1∶100 固体混合）混匀后，加 1 mL 氯仿，振摇后观察颜色变化，再加 0.1 mol/LNaOH 溶液 1 mL 摇匀，下层（氯仿层）出现红紫色可能含有大麻类毒品。

大麻的主要化合物出现的颜色稍有不同，四氢大麻酚为红色；大麻酚为紫色；大麻二酚为橘红色。通常大麻样品均为混合物，其综合色为红紫色，上层颜色变化可忽略。

2. GC－MS（定性）和 GC（定量）《疑似毒品中大麻三种成分检验 气相色谱和气相色谱-质谱法》(GB/T 39884—2021)

样品前处理：样品充分研磨混匀，根据实际需求，称取 10~100 mg 于具盖离心管中，加入 10 mL 甲醇，密封并浸泡 30 min，用超声波清洗器超声提取 10 min，以不低于 4 000 r/min 离心 5 min，取上清液作为样品溶液，供 GC－MS 分析。

GC－MS 参考条件：EI 离子源；DB－5 MS 石英玻璃毛细柱（30 m×0.25 mm，0.25 μm）或其他等效柱；初始温度 60℃，以 15℃/min 升温至 300℃，保持 15 min；进样口温度：280℃；传输线温度：250℃；离子源温度：230℃；进样方式：分流进样，分流比为 20∶1；载气为高纯氦气，柱流量（恒流）：1.0 mL/min；质量范围：40~500 amu；全扫描（Scan）采集方式；溶剂延迟时间 3 min。

四氢大麻酚、大麻酚和大麻二酚的特征碎片离子见表 9－5。

表 9－5　四氢大麻酚、大麻酚和大麻二酚的特征碎片离子

名　称	质谱特征离子（m/z）	保留时间 Rt/min
四氢大麻酚	299*、314、231	15.112
大麻酚	295*、238、310	17.295
大麻二酚	231*、246、314	12.691

注：* 表示基峰。

本方法大麻中三种成分四氢大麻酚、大麻酚和大麻二酚的方法检出限均为0.05%。

3. LC－MS《法庭科学 疑似毒品中大麻检验液相色谱和液相色谱－质谱法》(GA/T 1642—2019)

采用LC－MS或LC－MS/MS方法无须衍生化，灵敏度高，可同时分析大麻酚类成分。

样品前处理：称取样品约10 mg于具盖离心管中，加入10 mL甲醇，密封并振荡10 min，6 000 r/min离心5 min，离心后取出适量上清液稀释，用0.22 μm的有机系微孔滤膜过滤，供LC－MS分析。

色谱条件：poroshell 120 C_{18}(3.0 mm×50 mm, 2.7 μm)或其他等效柱；流动相A：20 mmol/L甲酸铵－0.6%甲酸溶液，B：甲醇，流速：0.3 mL/min；梯度程序：0 min，70%B；5 min，95%B；6.5 min，95%B；后处理时间(平衡时间)：3.5 min，流速：0.4 mL/min。

质谱条件：电喷雾离子源，三重四极杆质量分析器；扫描方式：正离子模式；毛细管电压：4 000 V；干燥气：10 L/min，温度：350℃；雾化气：25 psi。

四氢大麻酚、大麻酚和大麻二酚的离子对和Fragmentor电压、碰撞能量(CE)见表9－6。四氢大麻酚和大麻二酚为同分异构体，应注意色谱分离。

表9－6 质谱参考条件

名 称	前体离子(m/z)	子离子(m/z)	Fragmentor 电压/V	碰撞能量/eV
四氢大麻酚	315.2	193.1	125	23
		135.0		23
大麻酚	311.2	223.1	125	21
		293.1		21
大麻二酚	315.2	193.1	125	23
		135.0		23

五、致幻剂鉴定

致幻剂类毒品是能使人意识、知觉、视觉和行为产生异常，引起幻觉和情绪障碍的一类精神药物，近年来受到吸毒者的日益青睐。此类毒品作用于中枢神经系统，导致滥用者对时间和空间产生错觉、幻觉，直到自我歪曲、妄想和思维分裂。致幻剂有天然产物和人工合成产物之分，其中最常见的有麦角二乙胺(LSD)、苯环利定(PCP)、麦斯卡林、赛洛西宾、氯胺酮等。

麦角二乙胺(LSD)是北美和欧洲一种黑麦病菌中提出的生物碱，也可经人工合成得到，有强烈的致幻作用，毒性很大。LSD是白色无味的粉末，极少的用量即可使人产生幻觉，一般有效剂量为微克级，以致肉眼很难察觉。贩毒者常将其吸附在印有特殊图案的吸水纸上出售，俗称“邮票”。也有以其他物质掺入赋形为各种片剂、胶囊，以口服方式摄入。

苯环利定(PCP)合成于1956年，1957年作为临床麻醉药使用，后发现其不良反应而停止使用。但由于具合成简单，价格低廉，欣快感强的特点，PCP是至今仍在泛滥流行的致幻剂。PCP使吸毒者对疼痛感觉迟钝，精神混乱，无力辨别方向，所以服用PCP后，因怪异行为导致丧生的人数比因PCP本身毒性导致死亡的人数还要多。大多数出售的PCP样品因伴有其他杂质而呈棕黄色至褐色，形态有粉末状、片剂和胶囊等。

麦司卡林，别名为三甲氧苯乙胺，是苯乙胺的衍生物，由生长在墨西哥北部与美国西南部的干旱地的乌羽玉属植物的种子、花球中提取，当地人称之为皮约特（Peyote）。它的种子、花球碾成粉末口服后能产生强烈的幻听、幻视作用，可发展为迁延性精神病，还会出现攻击性及自杀、自残等行为。1919 年，麦司卡林首次被人工合成出来。20 世纪之后，一些宗教活动中使用麦司卡林。在现代使用过程中，麦司卡林往往以与香烟混合吸食或是静脉注射的方式使用。

赛洛西宾又名裸盖菇素，是致幻蘑菇中产生的一种天然神经毒素，其作用类似致幻剂 LSD，有着强烈的致幻和让人感到欣快的作用。1958 年，瑞士化学家霍夫曼等人从墨西哥裸盖菇（*Psilocybe mexicana*）中分离出两种有毒物质，称之为裸盖菇素（赛洛西宾）和脱磷酸裸盖菇素（赛洛新），这两种致幻成分能够短时间内迅速作用于人的神经系统，使人产生时间和空间上的变形感和幻觉，进而出现自伤自残甚至自杀等行为。含有赛洛新和赛洛西宾的蘑菇通常被称为“魔法蘑菇”或“致幻蘑菇”，在世界各地分布。目前发现 150 多种蘑菇中都含有赛洛新和赛洛西宾，其中以花斑褶伞菇中含量最高。直接食用、制备凉茶，或与其他食物混合以掩盖苦味都是常见的摄入含有裸盖菇素蘑菇的方式。

氯胺酮（Ketamine），俗称 K 仔、K 粉、K 他命、克他命。氯胺酮属于静脉全身麻醉药，临床上用作手术麻醉剂或麻醉诱导剂，低于麻醉量的氯胺酮对健康者有致幻作用，引起幻觉及癫痫发作等。除了麻醉作用外，氯胺酮亦因其镇痛作用强，至今仍广泛应用。近年来，我国一些娱乐场所中发现了 K 粉的滥用迹象。2001 年 5 月 9 日，我国将其列入第二类精神药品管理，2007 年升为第一类精神药品。

1. GC－MS（定性）和 GC（定量）《缴获物品中 1－[3,4－（亚甲二氧基）苯基]－2－（N－吡咯烷基）－1－戊酮（MDPV）、4－溴－2,5－二甲氧基苯乙胺（2C－B）、乙喹酮、1－苄基哌嗪（BZP）的检测》（JY01.07－2021）

样品前处理：样品充分均质化，根据实际需求，称取 5～200 mg 于具盖离心管中，加入 10 mL 甲醇，密封并振荡 10 min，以不低于 4 000 r/min 离心 5 min，取上清液作为样品溶液，或有机微孔滤膜过滤，滤液作为样品溶液，供 GC－MS 分析。如果样品为水溶液，振荡前应加入适量无水硫酸钠干燥。

GC－MS 参考条件：EI 离子源；DB－5 MS 石英玻璃毛细柱（30 m×0.25 mm，0.25 μm）或其他等效柱；初始温度 140℃保持 3 min，以 20℃/min 升温至 320℃，保持 13 min；进样口温度：280℃；传输线温度：250℃；离子源温度：230℃；进样方式：分流进样，分流比为 40∶1；载气为高纯氦气，柱流量（恒流）：1.0 mL/min；质量范围：35～500 amu；全扫描（Scan）采集方式；溶剂延迟 2 min。

麦角二乙胺、麦司卡林、苯环利定、赛洛新的特征碎片离子见表 9－7。

表 9－7 麦角二乙胺、麦司卡林、苯环利定、赛洛新的特征碎片离子

名 称	质谱特征离子（*m/z*）	名 称	质谱特征离子（*m/z*）
麦角二乙胺	221*、323、181、72	苯环利定	200*、91、84、243
麦司卡林	182*、167、181、211	赛洛新	58*、204、146、130

注：*表示基峰。

赛洛西宾容易发生热分解，在气相进样口温度下去磷酸化转化为赛洛新，因此直接进样的 GC－MS 法只能检测到赛洛新。

2. LC－MS

参考方法[2]

色谱条件：ACQUITY UPLC HSS C_{18}色谱柱（150 mm×2.1 mm，1.7 μm）；流动相 A：0.1%甲酸乙腈溶液，B：5 mmol/L 甲酸铵水溶液；流速：0.4 mL/min；梯度程序：0～0.5 min，87%B；10 min，50%B；10.75～12.25 min，5%B；12.5～15 min，87%B。

质谱条件：应用 Q－TOF 进行质谱信息采集，共设 3 个通道，其中 Function 1 为低碰撞能量通道，Function 2 为高碰撞能量通道，Function 3 为校正通道，以亮氨酸脑啡肽溶液（m/z＝556.277 1）实时进样，对质量数精度进行实时校准。电喷雾离子源（ESI）；正离子模式；全信息串联质谱扫描模式（MS^E），质量数采集范围为 50～1 000；毛细管电压 0.5 kV，锥孔电压 40 V；去溶剂气（氮气）流量 700 L/h，去溶剂气温度 500℃，锥孔气（氮气）流量 100 L/h；离子源温度：80℃；碰撞气（氩气）流量 0.16 mL/min；低能量碰撞电压 6 eV，高能量碰撞电压 10～30 eV。

质谱参数见表 9－8。

表 9－8 麦司卡林等致幻剂的质谱参数

化合物名称	前体离子（m/z）	碎片离子 1（m/z）	碎片离子 2（m/z）	碎片离子 3（m/z）	碎片离子 4（m/z）
麦司卡林	212.128 7	195.101 6	180.078 1	165.054 7	
氯胺酮	238.099 9	125.015 8	179.062 3	207.057 2	220.088 8
去甲氯胺酮	224.083 5	179.118 4	125.015 3	207.057 2	
LSD	324.207 6	223.123	207.091 7	180.080 8	197.107 4
PCP	244.206 5	159.116 9	91.054 3	86.096 5	

六、鉴定要点

1. 程序合法

毒品样品是涉毒案件中的重要物证，因此对于毒品的提取、扣押、称量、取样和送检工作，应当遵循依法、客观、准确、公正、科学和安全的原则，确保毒品实物证据的收集、固定和保管工作严格依法进行。根据《中华人民共和国刑事诉讼法》《最高人民法院关于适用〈中华人民共和国刑事诉讼法〉的解释》《人民检察院刑事诉讼规则（试行）》《公安机关办理刑事案件程序规定》等有关规定，结合办案工作实际，最高人民法院、最高人民检察院、公安部制定了《办理毒品犯罪案件毒品提取、扣押、称量、取样和送检程序若干问题的规定》，2016 年 7 月 1 日起施行。

2. 阳性确认

体外毒品的检测可以首先采用显色反应、免疫反应等方法进行快速筛查，一般阴性结果比较有意义，但由于与毒品具有相同或者相似官能团的化合物都可能使显色或者免疫反应呈阳性，缺乏特异性，筛查阳性结果必须经仪器检测分析进一步确认。

3. 毒品检验标准

在实际办案中，毒品品种不断增多、形态各异，根据外观常常是品种难辨、真假难辨。目前涉及毒品检验的国家标准、行业标准多集中在单个毒品或者某一类毒品的检验，而且制定和更新时间周期较长，很难满足实际毒品检验工作对时效性、准确性的要求，因此建立毒品的筛查标准十分必要。

《法庭科学 疑似毒品中211种麻醉药品和精神药品检验 气相色谱-质谱法》(GA/T 1920－2021)《法庭科学 疑似毒品中202种麻醉药品和精神药品检验 液相色谱-质谱法》(GA/T 1921－2021),以及公安部禁毒情报技术中心发布检验鉴定技术规范《可疑物品中120种麻醉药品和精神药品的测定》(JD/Y JY01.07－2017)《疑似毒品中2－氟苯丙胺等333种麻醉药品和精神药品的测定》(JD/Y JY01.07－2021)等的出台虽然没有包含全部列管毒品,但涵盖了大部分毒品品种,对实际工作具有指导意义,体现了毒品检验"全""准"的工作方向。

此外,在公安部禁毒情报技术中心发布的检验鉴定技术规范《可疑样品中毒品和易制毒化学品检验方法通用规则》(JD/Y JY04.01－2021)中规定:有标准物质时,对可疑样品中的毒品和易制毒化学品进行提取,采用GC－MS或LC－MS检测,以保留时间、特征离子和离子丰度比作为定性判断依据;无标准物质时,对可疑样品中的毒品和易制毒化学品进行提取,采用磁共振波谱(NMR)和气相色谱-高分辨质谱或液相色谱-高分辨质谱检测,通过磁共振谱图和高分辨质谱图对目标物化学结构进行解析。该规范为应对层出不穷的新型毒品和易制毒化学品的定性分析提供了科学依据,为检验工作提供了新的思路。

4. 防止外污染

体外毒品的取样、样品处理及分析应与生物检材分析区域隔离,以避免外污染干扰。另外,个人防护也非常重要。在处理毒品案件时,必须佩戴口罩、护目镜、手套,穿白大衣等防护用品。

第四节 毒品中杂质分析

毒品中杂质包括毒品在合成过程中引入的杂质或毒贩在售卖过程中掺杂的成分。合成过程中产生杂质的种类和含量受到原料来源、合成路径、提纯方法、仪器设备条件、生产技术水平等诸多因素的影响,通过分析毒品中杂质成分及含量分析,同时与化学计量学方法科学、有机结合,可用于毒品来源推断。

1. 主成分分析

对毒品主要成分进行定量分析,可在一定程度上判别毒品来源是否具有相关性。例如通过海洛因样品中吗啡与可待因和吗啡与乙酰化产物的相对含量的关系对样品来源进行初步判断;通过对冰毒样品中苯丙胺类化合物的相对含量将样品与比对样品相比较,对毒品来源是否具有相关性进行初步判断。

2. 次要成分分析

禁毒部门缴获的毒品样品多为含有多种化合物的复杂混合物。例如,海洛因中除含有毒品海洛因之外,还有在提纯、净化中引入的杂质、掺杂剂及稀释剂等,如鸦片中含有的各种生物碱,罂粟碱、可待因、那可汀等未被完全净化的生物碱,淀粉、乳糖、葡萄糖等因个别毒贩为获取高额利润而添加的某些稀释剂,咖啡因、对乙酰氨基酚等掺假剂等。通过对这些次要成分的分析可对样品来源推断起到一定的辅助作用。

3. 痕量成分分析

毒品样品还会含有多种在提取、合成过程中产生的副产物和中间体,例如海洛因在提纯过程中的可待因、蒂巴因和那可汀等生物碱产生的乙酰化产物,MDMA在合成过程中的3,4－亚甲基二氧苯基-2－丙酮(MDP2P)、3,4－亚甲基二氧苯基-2－丙醇(MDP)、3,4－亚甲基二氧基-N-甲基苄胺(MDB)、胡椒醛和N-甲酰基(MDMA)等成分,通过对痕量成分的分析可以获取毒品样品的提纯、合成工艺流程,对毒品样品来源推断加以佐证。

4. 残留溶剂分析

是指毒品在提纯、合成过程中引入的溶剂残留。常见的有乙酸乙酯、乙醚和丙酮等,通过对这些溶剂残留的定性定量分析可以分析得到毒品的加工工艺、产地等信息。

5. 无机成分分析

以传统毒品为例,例如海洛因、可卡因等,这些大多是从罂粟、古柯植物中提纯提取或再合成而得,而上述植物的生长环境具有当地的土壤特点。对毒品样品中的无机元素进行分析能够反映原始产地的土壤特性,进而对这些元素进行分析可得到毒品原产地的相关信息。

6. 其他成分分析

通过同位素分析、包装材料分析等,对毒品溯源起到一定的佐证作用[11]。

案例评析

案 例

警方抓获正在贩卖毒品的王某,缴获4小包毒品,后又在其家中查获一大包毒品,送检。

【外观检查】 送检毒品经肉眼观察,分为两种:一大包中含有大的白色块状物和少许小的碎块,置于透明自封袋中;4小包中均为灰白色粉末,分别用白色塑料纸包裹。对两种毒品编号并去皮称重,制作称重笔录。根据送检要求,取样送检并制作取样笔录。

【毒物分析及评析】 受理后按照检材编号分别取少许粉末置于洁净的点滴板上,经Marquis试验呈紫红色,初步检验为海洛因。样品充分研磨混匀,称取约10 mg,加入10 mL提取溶剂(氯仿:甲醇=9:1),密封并振荡10 min,离心后取上清液,用GC-MS分析。经GC-MS分析,大包中检出海洛因和可待因成分,海洛因浓度很高;而4小包毒品中除检出海洛因和可待因外,还检出咖啡因、对乙酰氨基酚等成分。将两种毒品采用GC方法进行海洛因定量分析,结果大包中海洛因质量分数为65.4%,4小包毒品中海洛因质量分数为22.8%。

体外毒品鉴定时首先用肉眼检查其外包装、颜色及形态,按照《办理毒品犯罪案件毒品提取、扣押、称量、取样和送检程序若干问题的规定》,分类编号并称重、取样。受理后实验室先采用显色反应预实验,初步检验为海洛因后再精确称取一定量进行分析确认。本案中,大包的海洛因纯度较高,而4小包毒品中因掺杂了咖啡因、对乙酰氨基酚等杂质成分,海洛因质量分数明显降低。

· 本章思考题 ·

1. 常见毒品有哪些种类?
2. 体外毒品鉴定的主要方法及鉴定要点是什么?
3. 简述杂质成分分析的作用。

参考文献

[1] 刘帅. 快速筛查尿液中的61种毒品及滥用药物的UPLC-MS/MS法. 昆明:昆明医科大学,2019.

[2] 张文竞,赵蒙,杨景卫,等. 超高效液相色谱-串联四级杆飞行时间质谱法快速筛查尿液中58种毒品及滥用药物. 刑事技术,2019, 44(3): 219 - 223.

[3] 吴艳红,崔雪子,倪春芳,等. 基于GC - MS方法的可卡因毒品中的杂质分析. 中国司法鉴定,2018, 97(2): 30 - 36.

[4] de Lima Feltraco Lizot L, da Silva ACC, Bastiani MF, et al. Simultaneous determination of cocaine, ecgonine methyl ester, benzoylecgonine, cocaethylene and norcocaine in dried blood spots by ultra-performance liquid chromatography coupled to tandem mass spectrometry. Forensic Sci Int, 2019, 298: 408 - 416.

[5] Keller T, Schneider A, Regenscheit P, et al. Analysis of psilocybin and psilocin in *Psilocybe subcubensis* GUZMAN by ion mobility spectrometry and gas chromatography-mass spectrometry. Forensic Sci Int, 1999, 99(2): 93 - 105.

[6] Pellegrini M, Rotolo MC, Marchei E, et al. Magic truffles or philosopher's stones: a legal way to sell psilocybin?. Drug Test Anal, 2013, 5(3): 182 - 185.

[7] 沈敏. 新精神活性物质的应对与挑战. 法医学杂志,2021, 37(4): 453 - 458.

[8] 马岩,王优美,徐鹏,等. 新精神活性物质办案实用手册. 北京: 法律出版社,2019.

[9] Castaing-Cordier T, Ladroue V, Besacier F, et al. High-field and benchtop NMR spectroscopy for the characterization of new psychoactive substances. Forensic Sci Int, 2021, 321: 110718.

[10] 李涛,贾薇,刘翠梅,等. 核磁共振谱图筛查技术在毒情监测工作中的应用与展望. 警察技术,2022, 38(5): 11 - 13.

[11] 赵志东,孟娇,钟赫,等. 毒品杂质分析情报的挖掘与利用——以贵州省为例. 云南警官学院学报,2018, 29(5): 57 - 62.

第十章　体内毒品鉴定

· 本章重点内容与学习要求 ·

毒品是法医毒物司法鉴定的主要对象。本章重点介绍毒品的体内代谢、检材处理、毒品以及代谢物的鉴定方法、毒品鉴定结果的评价和阳性参考数据等，并通过典型案例评析帮助掌握各类毒品鉴定的主要对象、方法和判断要点，正确评价和运用毒品鉴定结果。

体内毒品鉴定是指通过对体液、组织和毛发中的毒品及其代谢物的定性、定量分析，判明检验对象是否摄毒、摄毒种类、摄毒程度、摄毒史以及摄毒与死亡的关系，为摄毒案件的处置提供科学证据。体内毒品鉴定已成为法医毒物鉴定领域最为常见的鉴定项目之一。

根据最新的《2021 年中国毒品形势报告》，截至 2021 年年底，全国现有吸毒人员 148.6 万名，其中滥用海洛因 55.6 万名、冰毒 79.3 万名、氯胺酮 3.7 万名、大麻 1.8 万名，滥用人数持续减少。海洛因、冰毒、氯胺酮等 3 类滥用人数较多的主流毒品消费量普遍大幅下降，滥用品种更加多样，麻精药品和非列管物质等替代物质增多，或交叉滥用非惯用毒品以满足毒瘾。

毒品滥用不仅给吸毒者及其家庭带来严重危害，也诱发盗抢骗等违法犯罪活动。长期滥用合成毒品还极易导致精神性疾病，由此引发自伤自残、暴力伤害他人、“毒驾”等肇事肇祸案事件在各地时有发生。特别是替代物质滥用增多，危害特别显现。一些人滥用毒品替代物质后，出现狂躁症状甚至诱发精神障碍或心血管疾病，存在引发肇事肇祸风险。一些不法分子利用具有镇静、催眠、麻醉作用的精神药品制成“迷奸水”“听话水”，实施强奸、猥亵等犯罪活动，给公共安全带来风险隐患。

我国是世界上列管毒品最多、管制最严的国家，截至 2023 年底，已列管 456 种麻醉药品和精神药品，还创新整类列管模式，整类列管芬太尼类物质及合成大麻素类物质。针对上述这些品种繁多、结构各异的滥用物质，体内毒品鉴定面临着严峻挑战。本章将针对已列入毒品管制目录的阿片类、苯丙胺类、大麻、可卡因、致幻剂、GHB、新精神活性物质等分节进行阐述。

第一节　阿片类物质

一、概述

阿片类物质包括天然类如鸦片、从阿片中提取的阿片生物碱及其人工半合成或合成的衍生物，这些物质可与阿片受体结合使机体产生类吗啡作用。阿片类物质在英文表述中常出现 Opiates 和 Opioids 两个单词，两者在阿片类物质范围上不同，严格地讲，Opiates 是指由鸦片中主要成分衍生的化合物、结构类似物，但不一定作用于阿片受体，可产生类吗啡作用。Opioids

则是指作用于阿片受体的化合物,除了天然的、半合成或合成的阿片类物质,还包括如脑啡肽等神经递质。在本专业领域中,通常是外源性 Opioids 的范畴。

阿片类物质均具有镇痛、镇静、改变心境(如欣快)、镇咳及呼吸抑制等药理、毒理作用。反复使用阿片类物质可出现耐受性、依赖综合征、戒断综合征等物质使用相关障碍。许多阿片类物质具有非常强的镇痛效果而应用于临床治疗。目前存在着这样的困境。一方面,阿片类药物用于多种形式的急性和慢性剧烈疼痛的治疗,另一方面,阿片类药物存在潜在的滥用风险。近些年,阿片类物质过量使用导致死亡人数以惊人的速度增加,根据联合国毒品和犯罪问题办公室(United Nations Office on Drugs and Crime,UNODC)的《2022 年毒品年报》,2020 年有 6 100 万人在非医疗目的情况下使用阿片类物质,其中近一半人是海洛因吸毒者。本节中,除介绍海洛因吸毒鉴定内容,还将对其他阿片类物质进行介绍。

半合成阿片类物质包含海洛因、羟考酮、氢可酮(hydrocodone)、氢吗啡酮(hydromorphone)、丁丙诺啡等物质。全合成阿片类物质包括美沙酮(methadone)、哌替啶(pethidine, meperidine)、曲马多(tramadol)、布桂嗪(bucinnazine)、地芬诺酯(diphenoxylate)、芬太尼(fentanyl)等,以及新型的芬太尼类物质,目前这类衍生的物质数量惊人,具有与吗啡类似的药理作用,同样具有成瘾性。2019 年 5 月 1 日起我国将芬太尼类物质列入《非药用类麻醉药品和精神药品管制品种增补目录》。

海洛因又名二乙酰吗啡(diamorphine,diacetylmorphine),俗称“白粉”,由吗啡乙酰化半合成,可以由鸦片、半纯化吗啡或罂粟植物直接生产、制造。海洛因是阿片类非法滥用范围最广、成瘾性最强、造成危害程度最为严重的物质,临床上不使用。

吗啡除具有强烈的镇痛、镇静作用外,还具有镇咳、调节周围神经系统的肌肉痉挛和组胺释放的作用。迄今为止,吗啡仍是临床上应用最为广泛的阿片类镇痛药物。在治疗中,重度癌性疼痛的镇痛药中主要为吗啡化合物的不同剂型,商品名为美施康定、美菲康等。另外,吗啡存在于以罂粟壳为原料制成的主要用于久咳、久泻等中成药中,如复方甘草口服溶液、强力枇杷露等。

可待因具有止咳、镇痛作用,口服起效快,常被用于止咳药和解热镇痛药。长期大量使用可待因可使机体产生欣快感,产生心理和躯体上的依赖。近年来,通过非法途径购买的可待因类止咳水滥用率较高,我国 2017 年可待因复方口服液体制剂滥用和使用率为 0.3%。2015 年 5 月 1 日,我国将可待因复方口服液体制剂(包括口服溶液剂、糖浆剂)列入第二类精神药品管理。

阿片类医疗用药品滥用具有地域差异,北美、西欧、中欧、大洋洲是全球阿片类药物使用量最高的地区,2016~2018 年阿片类药物使用量最高的国家依次是美国、德国、奥地利、加拿大和比利时。我国滥用和使用的阿片类药物包括吗啡、曲马多、美沙酮(口服液和片剂),近几年有升高趋势。

阿片类物质主要作用于中枢神经系统,既有抑制作用又有兴奋作用。其抑制作用表现为镇痛、镇静、呼吸抑制、降温等;兴奋作用则表现为欣快、幻觉、惊厥、缩瞳和催吐。过量使用阿片类物质,主要表现有反应迟钝、意识丧失、呼吸抑制,严重的可导致死亡[1]。典型的临床“三联征”表现为:昏迷、针尖样瞳孔和呼吸抑制(呼吸节律变慢、深度变浅,严重时可降至 2~4 次/分钟)。其他表现有皮肤湿冷、体温降低、紫绀、肺水肿、心律减慢、休克、下颌松弛及舌后坠等。停止或减少使用阿片类物质,或使用阿片受体拮抗剂后出现的戒断症状:① 渴求感、恶心、呕吐、肌肉疼痛、骨关节痛、腹痛、不安、食欲差、疲乏、发冷、发热等;② 流泪流涕、打哈欠、打喷嚏、瞳孔扩大、出汗、鸡皮征、血压升高、脉搏和呼吸加快、体温升高、震颤、腹泻、失眠；③ 精神障碍(例如焦虑、抑郁和睡眠障碍等)。减量或者停用时可出现阿片类戒断症状和体征。

急性阿片类物质中毒死亡者，其尸体外表没有显著变化，仅呈一般窒息征象。尸斑青紫，尸僵持续时间较短，口鼻、呼吸道有泡沫液体溢出，有时呈血性。死亡早期可见典型的针尖样瞳孔缩小，但死后较长时间检查也可能见不到这种变化。慢性中毒死亡者，因长期滥用毒品死者多数营养不良，显著消瘦、贫血、腹胀明显。长期以注射方式吸毒者，注射部位可见静脉炎症、皮肤化脓或斑痕条索、色素沉着等。案情调查、现场勘验均具有重要意义。有些现场能明显提示吸毒线索，如死者身旁遗留注射毒品的注射器、未用完的毒品、粉末以及吸食毒品用的特殊用具等。血液、尿液、组织以及毛发均是非常有价值的生物检材，可以在推断其吸毒时间、吸毒方式、吸毒种类、死亡时间以及吸毒史等方面提供依据。

二、体内过程

阿片类物质因其化学结构不同，体内过程存在很大差异，本节就目前鉴定实践中常见的物质做简单介绍。

1. 海洛因与吗啡

(1) 吸收、代谢　海洛因吸食和注射吸收良好，可大量穿透血脑屏障，并且迅速转化为吗啡产生作用。采用静脉注射和吸烟方式，在 1～5 min 达血峰浓度；采用肌注或鼻吸方式，也可在 5 min 内达峰值。不同给药方式，海洛因的作用强度不同，鼻吸方式约为肌注的一半。口服海洛因可因胃肠道分解，难以到达脑部发挥作用。

海洛因进入体内后迅速去乙酰化形成活性代谢物 O^6-单乙酰吗啡(O^6-acetylmorphine, 6-acetylmorphine, 6-单乙酰吗啡)，然后进一步转化成吗啡。海洛因转化为 O^6-单乙酰吗啡仅在 8 min 内，消除半衰期在 3.2～3.7 min；O^6-单乙酰吗啡转化为吗啡约为 22 min，消除半衰期在 22～26 min。海洛因转化为吗啡后，则以吗啡化合物形式进一步体内代谢，见图 10-1。

吗啡肌注、静注快速吸收，口服存在首过效应，生物利用度 20%～30%。吗啡注射给药 10～20 min 可发挥作用，1～2 h 可达高峰，通过被动扩散进入血液，并广泛分布于肾、肝、肺等组织。吗啡在体内以亲水形式存在，不易透过血脑屏障，故吗啡在组织中浓度较高，在脑和肌肉中含量较低。吗啡主要经肝脏代谢，主要代谢途径为形成葡萄糖醛酸结合物。吗啡结构上有两个羟基，一个是苯环上的酚羟基，代谢生成吗啡-3-葡萄糖醛酸苷(morphine-3-glucuronide, M3G)；另一个是脂环上的羟基，形成吗啡-6-葡萄糖醛酸苷(morphine-6-glucuronide, M6G)。由于芳香环羟基比脂环羟基更容易被葡萄糖醛酸化，所以，代谢物以 M3G 为主。另外，约 5%剂量的吗啡去甲基化成去甲吗啡，同样有药理活性，但强度低于吗啡，也有少量吗啡代谢形成吗啡-硫酸酯。

(2) 排泄　吗啡经过肝肠循环，在 72 h 内、约 87%的剂量排泄入尿液，其中的 10%为游离吗啡，75%为 M3G，其余的为 M6G、吗啡-3-硫酸酯和去甲吗啡。尿液吗啡排出量与 pH 有关，酸性尿时，游离吗啡排出增加；碱性尿时，结合态吗啡增大。

海洛因的代谢物主要通过肾脏排泄，其次也能通过胆汁排泄，少量代谢物直接排入大便。静脉注射 70 mg 海洛因，40 h 后 45%排泄入尿液，其中的 38%为结合型吗啡，大约 4%为游离型吗啡，1%为 O^6-单乙酰吗啡，0.1%为海洛因。海洛因在尿液中的代谢产物有 O^6-单乙酰吗啡、游离吗啡、M3G、M6G 和微量的去甲吗啡(游离型或结合型)等。

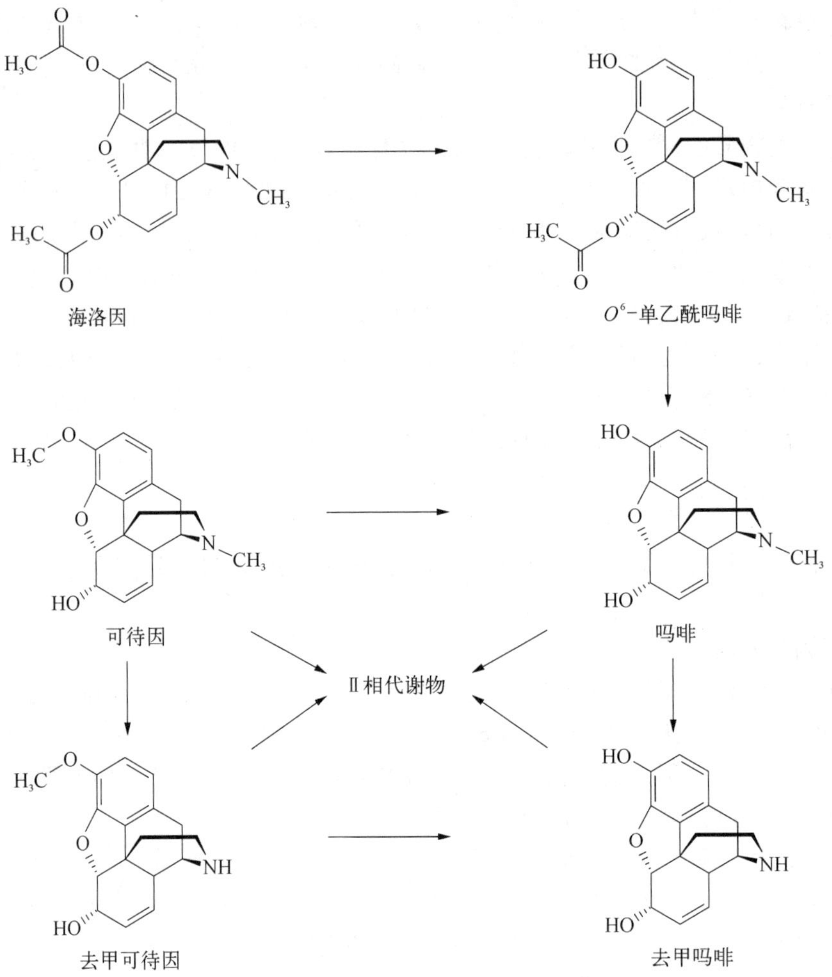

图 10-1　海洛因、吗啡、可待因在体内的代谢

(3) 体内分布　海洛因进入体内后在血液中存在时间仅约 10 min，迅速分布于脑、脊髓、心和肺组织。吗啡的亲水性相对较强，随血液循环在全身组织中分布，包括肌肉组织中。死后肌肉中吗啡浓度与血液中浓度相近[2]。中毒死亡案件中，一般在尿液、胆汁中浓度较高。

2. 可待因

可待因口服或非胃肠道给药，均可吸收，生物利用度 50%。口服后 20 min 生效，1 h 达峰浓度，消除半衰期为 2~4 h。口服 30 mg 可待因，血峰浓度在 34.0~119 ng/mL。可待因经肝脏代谢，主要代谢途径是 *O*-去甲基转化为吗啡和 *N*-去甲基形成去甲可待因，并与葡萄糖醛酸结合。单一剂量摄入可待因，48 h 经尿液排出剂量的 95%，其中 5%~17%为游离可待因。

3. 羟考酮

羟考酮以静脉注射或口服用药为主。口服 10 mg 羟考酮，在 0.8~2.5 h 后达峰浓度 30 ng/mL（范围 13~46 ng/mL），消除半衰期约为 5.5 h。羟考酮在体内的代谢过程包括去甲基、6 位酮的还原和葡萄糖醛酸结合，生成的主要代谢物为羟吗啡酮（oxymorphone）、去甲羟考酮（noroxycodone）和去甲羟吗啡酮（noroxymorphone），羟吗啡酮具有强的镇痛活性。单次口服羟考酮的健康成人，48 h 尿液中排出 72%游离型羟考酮、8%游离型羟吗啡酮。

4. 丁丙诺啡

丁丙诺啡入体后吸收迅速，生物利用度接近100%，数分钟内达到血药浓度高峰。2 mg舌下给药，在1.3 h达血峰浓度1.6 ng/mL。透皮贴剂以1.9 mg/d给药3 d，丁丙诺啡在60 h时达血峰浓度0.7 ng/mL。与吗啡类似，丁丙诺啡主要形成葡萄糖醛酸结合物，部分经肝脏代谢，为*N*-脱烷基的去甲丁丙诺啡（norbuprenorphine），去甲丁丙诺啡具有药理活性，也可进一步形成葡萄糖醛酸结合物。单次肌注丁丙诺啡，144 h后，68%经粪便排出，27%经尿液排泄。

5. 美沙酮

美沙酮口服吸收良好。口服10 mg美沙酮，约2.1 h后达血峰浓度43 ng/mL。采用同一批志愿者、同样浓度静注，2 min后达血峰浓度135 ng/mL，消除半衰期约为34 h。进入体内后以肝、肺、肾和脾内分布浓度最高，仅有一部分进入脑组织，可通过胎盘屏障进入胎儿体内。美沙酮主要经肝脏代谢，其次在小肠黏膜和肺内进行代谢，主要代谢途径是*N*-去甲基及环化作用，形成2-亚乙基-1,5-二甲基-3,3-二苯基吡咯烷（2-ethylidene-1,5-dimethyl-3,3-diphenylpyrrolidine，EDDP）和2-乙基-5-甲基-3,3-二苯基吡咯啉（2-ethyl-5-methyl-3,3-diphenylpyrroline，EMDP），这两种代谢产物仍具有活性，进一步形成葡萄糖醛酸结合物。美沙酮大部分以代谢物形式经尿和粪便排泄。

6. 哌替啶

哌替啶口服吸收较慢，存在首过效应，生物利用度为48%~56%。肌肉注射仅需几分钟便可发生作用。口服100 mg哌替啶，在服用后约1.3 h达血峰浓度约0.17 μg/mL，消除半衰期约为4.4 h。哌替啶大部分在肝脏代谢，代谢快而完全，其主要代谢途径为*N*-去甲基和酯的水解，生成去甲哌替啶、哌替啶酸等，再进一步与葡萄糖醛酸结合。哌替啶排泄入尿液约为剂量的7%。

7. 曲马多

口服可经胃肠吸收，静注起效快。口服100 mg曲马多，2 h作用达血峰浓度约280 ng/mL，消除半衰期约5.1 h。曲马多进入体内后经肝脏代谢，分别去甲基化生成主要代谢物*O*-去甲曲马多和*N*-去甲曲马多，再进一步与葡萄糖醛酸结合。曲马多剂量的90%经尿液排泄，10%经粪便排泄。口服后72 h尿液中，29%为曲马多原形，20%为游离型和结合型的*O*-去甲曲马多。

8. 地芬诺酯

地芬诺酯主要以口服给药，吸收快，消除也快。口服5 mg地芬诺酯后，2 h达血峰浓度9.5 ng/mL，消除半衰期约为2.5 h。地芬诺酯的代谢主要为酯键的水解，形成有药理活性的地芬诺酸（diphenoxylic acid），再进一步与葡萄糖醛酸结合。经过代谢，大部分经粪便排泄，小部分经尿液排泄。尿液中仅有0.1%剂量的地芬诺酯原形药物和0.8%的地芬诺酸游离型。

综上所述，阿片类物质的体内过程各不相同，其主要的代谢物总结见表10-1。

表10-1 阿片类物质的主要代谢物

化合物	主要代谢物
海洛因	O^6-单乙酰吗啡、吗啡、M3G、M6G、去甲吗啡
吗啡	M3G、M6G、去甲吗啡
可待因	可待因结合物、吗啡
丁丙诺啡	去甲丁丙诺啡、丁丙诺啡结合物

续 表

化合物	主要代谢物
双氢可待因	双氢吗啡、去甲双氢可待因、双氢可待因结合物、双氢吗啡结合物
氢可酮	氢吗啡酮、去甲氢可酮、氢吗啡酮结合物
氢吗啡酮	氢吗啡醇、氢吗啡酮结合物
左啡诺	去甲左啡诺、左啡诺结合物
美沙酮	EDDP、EDMP、美沙酮结合物
哌替啶	去甲哌替啶、哌替啶酸
曲马多	*O*-去甲曲马多、*N*-去甲曲马多
羟考酮	羟吗啡酮、去甲羟考酮、羟考酮结合物
地芬诺酯	地芬诺酸
纳布啡	去甲纳布啡、纳布啡结合物
喷他佐辛	羟基喷他佐辛、喷他佐辛结合物
右丙氧芬	去甲右丙氧芬、去甲右丙氧芬结合物

三、分析方法

血液、尿液和毛发是阿片类物质滥用鉴定中最常用的生物检材，在中毒死亡案件中，还会涉及胃内容物、肝组织等生物检材，在鉴定实践中具有不同的应用价值。阿片类物质进入体内后转化为极性更强的代谢物，并进一步形成葡萄糖醛酸苷等结合物。不同的生物检材中阿片类物质及其代谢物的存在形式及相对含量不同，在分析时应采用针对性的样品前处理方法以及检测目标物。

生物检材中阿片类物质及其代谢物的分析分为两个步骤，第一步，筛选分析，结果阳性者，进行第二步，确认分析。筛选分析要求简便快速、高通量、低成本，免疫筛选法在阿片类物质中已有非常成熟的应用。由于阿片类物质种类繁多，采用免疫筛选法对目标物种类有局限性，另一方面，又容易交叉反应，再加上新型阿片类物质不断出现，所以，采用质谱法直接进行筛选、确认分析是一发展趋势。

生物检材中阿片类物质及其代谢物可以通过液-液萃取（LLE）或固相萃取（SPE）提取。采用液-液萃取，样品溶液 pH 调为 8～10，提取溶剂一般采用加入异丙醇、正丁醇等的氯仿混合有机溶剂。吗啡化合物更为特殊，以两性离子形式存在，在等电位 pH 下提取回收率最高，所以，一般样品溶液 pH 调至 9，加入硼砂缓冲液或 Na_2HPO_4缓冲液（pH9）更可稳定。

阿片类物质及其代谢物的固相萃取法多采用疏水性、阳离子交换混合型的固相萃取柱，洗脱溶剂采用二氯甲烷/异丙醇/氨水（78：20：2，*V/V/V*）等碱性混合溶剂。SPE 方法前处理得到的提取液比 LLE 的更纯净、基质干扰更少，但成本较高，适合批量分析。

阿片类物质代谢物极性较强，采用 GC－MS 分析时色谱行为差，需衍生化以改善其色谱行为。衍生化可采用硅烷化（MSTFA、BSTFA）、丙酰化（丙酸酐）等，由于乙酸酐衍生化后不能区分 O^6-单乙酰吗啡和吗啡，故一般不宜采用。采用 LC－MS 法分析则无需衍生化，样品前处理简单，且灵敏度更高。

1. 尿液

尿液是阿片类物质筛选分析和定性分析的主要检材。尿液中阿片类物质及其代谢物，少量的以游离型存在，大量的是以结合型存在，因此，一般首先水解转化为游离型，这样，检测得到尿液中的阿片类物质及其代谢物总量。如果不进行水解，检测获得的仅为尿液中以游离型存在的阿片类物质及其代谢物。

免疫筛选法可用于尿液中阿片类物质的初步筛选，目前已有针对特定化合物如吗啡、美沙酮、丁丙诺啡、芬太尼等的成熟产品。阿片类物质和代谢生成的各种代谢物由于结果类似，容易产生交叉反应。例如，国内较常采用的为胶体金法的吗啡检测试剂盒（MOP），是以吗啡或M3G作为目标物，但抗体与二氢可待因、氢可酮和氢吗啡酮之间均有交叉反应，阳性结果需要进一步经质谱分析确证。

水解方法主要包含酸水解和酶水解。酸水解方法是将一定浓度的盐酸、硫酸或三氟乙酸等加入尿液中，然后加热一定温度、时间下水解，该方法简便快速、价廉，但是，可同时降解酸不稳定化合物，所以，在选择上要非常慎重。对于涉及海洛因吸毒的尿液，如果采用强酸水解，则尿液中的O^6-单乙酰吗啡将转变为吗啡。

酶水解属于生物降解方法，是利用酶的高度特异性有选择地切断结合型目标物的糖苷键，从而获得游离型阿片类物质及其代谢物。酶水解条件温和，水解过程较易控制。选择合适的、特异性的水解酶后，通过优化加酶量、反应 pH、孵化温度等水解条件，获得高效、简便、提取率高的水解方法。目前较多采用 β-葡萄糖醛酸酶水解，许多商品化的制剂同时具有葡萄糖醛酸酶和硫酸酯酶活性。采用酶水解，虽然相对成本较高，但O^6-单乙酰吗啡不易分解。

如果需要分开获取尿液中阿片类物质及其代谢物的游离型和总量，采用 GC-MS 方法时，需要两次前处理过程，一次直接前处理后分析，得到游离型目标物；一次先水解后再同样前处理和分析，得到目标物总量。但目前借助于液相色谱-质谱联用（LC-MS）技术，可以实现一次前处理完成，同时分析游离型和结合型的阿片类物质及其代谢物。

参考方法

（1）尿液中O^6-单乙酰吗啡、吗啡、可待因的丙酰化、GC-MS 分析《生物检材中吗啡、O^6-单乙酰吗啡和可待因的检验方法》（SF/T 0114-2021）

样品前处理

取尿液 2 mL 置于 10 mL 具塞离心管中，用 10%氢氧化钠溶液调至 pH9.0~9.2，加入硼砂缓冲液（pH9.0~9.2）1 mL，用氯仿：异丙醇（9：1，*V/V*）3 mL 提取，涡旋混合、离心，转移有机层至另一离心管中，约 60℃水浴中空气流下吹干。残余物中加入乙腈：流动相缓冲液（70：30）100 μL 溶解，取 5 μL 供 LC-MS/MS。或残余物中加入丙酸酐（50 μL）、吡啶（20 μL），混匀，微波炉（500 W）衍生化 3 min，60℃水浴中空气流下吹干，残余物用甲醇 30 μL 溶解，取 1 μL 供 GC-MS 分析。

GC-MS 方法

色谱条件：HP-1 MS 柱（30 m×0.25 mm，0.25 μm）或相当者；初温 100℃，保持 1.5 min，以 25℃/min 升温至 280℃，保持 15 min；载气为氦气，流速 1.0 mL/min；进样口温度：250℃。

质谱条件：电子轰击源（EI）：70 eV；四极杆温度：150℃；离子源温度：230℃；接口温度 280℃。检测方式：SIM。每种化合物选择 3 个特征离子。O^6-单乙酰吗啡、吗啡、可待因各衍生物的保留时间和特征碎片离子见表 10-2。

表 10-2 O^6-单乙酰吗啡、吗啡、可待因衍生物的色谱保留时间和碎片离子

分析目标物	Rt/min	碎片离子(m/z)
O^6-单乙酰吗啡丙酰化物	12.6	327,369,268
吗啡二丙酰化物	13.8	341,397,268
可待因丙酰化物	11.6	229,355,282

本方法各目标物 LOD 为 0.1 μg/mL。

(2) 尿液直接稀释、LC-MS/MS 分析[3]

前处理过程

尿液离心后,取 10 μL 上清液,加入内标溶液 10 μL 和稀释液(95% 0.1%甲酸的水溶液+5% 0.1%甲酸的甲醇溶液)480 μL,混匀。

LC-MS/MS 方法

色谱条件: Bi-phenyl 液相柱(50 mm×3.0 mm,2.7 μm),前接保护柱 EXP(5 mm×3.0 mm,2.7 μm),流动相 A 为 0.1%甲酸的水溶液,流动相 B 为 0.1%甲酸的甲醇溶液,流速: 0.6 mL/min。梯度程序: 0~0.2 min,5%流动相 B;0.2~7.5 min, 100%流动相 B;7.5~9.0 min,100%流动相 B;9.0~11.0 min,5%流动相 B。

质谱条件: 扫描方式: 正离子模式(ESI+);检测方式: 多反应监测(MRM);加热喷雾温度: 550℃。气帘气,35 L/min;喷雾气(GS1),50 L/min,加热气(GS2),60 L/min。每个化合物分别选取 2 对母离子/子离子对。其他质谱参数和保留时间见表 10-3。

表 10-3 阿片类物质及其代谢物的质谱参数和保留时间

目标物	前体离子(m/z)	碎片离子 1(m/z)	碎片离子 2(m/z)	Rt/min	DP/V	CE/V
O^6-单乙酰吗啡	328.1	165.0	191.0	4.2	100	51
丁丙诺啡	468.3	396.3	55.0	6.0	70	55
丁丙诺啡-3β-*D*-葡萄糖醛酸苷	644.3	468.4	—	5.5	20	55
可待因	300.1	115.1	165.0	4.1	100	100
可待因-6-葡萄糖醛酸苷	476.3	300.3	215.1	4.2	80	44
EDDP	278.2	234.2	219.1	6.3	100	50
芬太尼	337.2	188.1	105.1	6.0	100	45
氢可酮	300.2	199.1	171.1	4.5	100	40
氢吗啡酮	286.2	185.0	157.0	3.0	120	40
氢吗啡酮-3-葡萄糖醛酸苷	462.3	286.2	185.1	2.4	50	41
哌替啶	248.1	91.0	70.1	5.3	100	72
美沙酮	310.2	265.2	105.0	6.5	80	30

续 表

目 标 物	前体离子 (m/z)	碎片离子 1 (m/z)	碎片离子 2 (m/z)	Rt /min	DP /V	CE /V
吗啡	286.2	152.0	128.0	2.5	100	78
M3G	462.2	286.2	201.2	2.0	80	44
M6G	462.2	286.2	201.2	2.8	20	47
去甲丁丙诺啡	414.3	152.0	—	5.6	100	129
去甲丁丙诺啡-3β-*D*-葡萄糖醛酸苷	590.4	414.4	—	4.9	30	52
去甲芬太尼	233.1	84.0	55.0	4.9	80	32
去甲氢可酮	286.1	199.1	241.1	4.1	120	30
去甲哌替啶	234.3	42.1	56.0	5.2	80	42
去甲羟考酮	302.1	227.1	284.1	3.9	120	41
去甲丙氧芬	326.3	44.1	252.3	6.2	50	45
O-去甲曲马多	250.2	58.1	42.0	4.1	50	14
羟考酮	316.2	212.1	241.1	4.3	160	58
羟吗啡酮	302.1	227.0	198.1	2.7	100	38
羟吗啡酮-3-葡萄糖醛酸苷	478.3	284.2	227.1	1.8	80	40
丙氧芬	340.3	266.3	57.7	6.2	80	13
曲马多	264.2	42.1	58.0	5.1	50	100
O^6-单乙酰吗啡-d3	331.1	165.1		4.2	100	51
丁丙诺啡-d4	472.3	59.1		6.0	70	97
可待因-d3	303.3	115.1		4.1	100	100
EDDP-d3	281.2	233.7		6.3	100	42
芬太尼-d5	342.3	188.3		6.0	100	45
氢可酮-d6	306.2	202.1		4.5	100	40
氢吗啡酮-d6	292.3	185.0		3.0	120	40
哌替啶-d4	252.1	93.0		5.3	100	72
美沙酮-d3	313.4	268.0		6.5	80	26
M6G-d3	465.2	289.2		2.8	20	47
吗啡-d3	289.2	152.2		2.5	100	78
羟考酮-d6	322.1	218.2		4.3	160	58
羟吗啡酮-d3	305.2	230.3		2.7	100	38
Tramadol-^{13}C, d3	268.0	58.0		5.1	50	35

注：本方法各目标物 LOD 在 0.1～12.5 ng/mL。

2. 血液

血液是法医毒物进行定量分析的首选生物检材，阿片类物质进入体内后代谢快，因此，所建立的测定方法，不仅要筛选范围广，涵盖多种类目标物及其代谢物，而且，方法要灵敏度高。

海洛因吸毒者血液中以 O^6-单乙酰吗啡、吗啡和可待因的原形为主，液液提取法可采用以吗啡提取回收率最佳的 pH 9。目前，许多实验室建立同时分析阿片类物质及其代谢物方法，一般均可在碱性条件下采用有机溶剂液-液或者固相萃取法提取、纯化，检测以 LC－MS 方法为主，可参照尿液的仪器分析方法。

3. 唾液

唾液主要应用于车辆驾驶人员的体内毒品检测，检测的目标物为阿片类物质原形及其亲脂性代谢物。公共安全行业标准《车辆驾驶人员体内毒品含量阈值与检验》(GA1333－2017)中规定了车辆驾驶人员唾液、尿液中常见毒品初步检测以及血液、唾液中常见毒品及其代谢物的实验室检测阈值。

唾液检材一般为口腔液体原液或是口腔液体加稀释液，根据检测灵敏度需求，可采用沉淀蛋白方法或者液液提取等方法，检测一般采用 LC－MS 方法。

4. 毛发

毛发中 O^6-单乙酰吗啡和吗啡的分析用于吸毒鉴定已经非常广泛。由于吗啡等阿片类物质固化在毛发的变性角蛋白中，因而必须进行水解或机械性磨粉使其中目标物释放出来。O^6-单乙酰吗啡不稳定，在强酸、强碱或高热等条件下易分解成吗啡，故通常采用 0.1 mol/L HCl 水解过夜或者冷冻研磨的方法进行。

毛发中阿片类物质的鉴定需求逐渐增多，样品前处理步骤可参照吗啡，毛发去污清洗后可采用稀酸水解过夜或者冷冻研磨粉碎处理，然后经过色谱-质谱检测。建议同时分析目标物的主要代谢物，并且，不断积累案例数据。

参考方法

《毛发中 15 种毒品及其代谢物的液相色谱-串联质谱检验方法》(SF/Z JD0107025－2018)

样品前处理

依次用适量的水和丙酮将毛发样品振荡洗涤两次，晾干后剪成约 1 mm 段，称取毛发样品 20 mg 于 2 mL 研磨管中，加研磨珠适量，再加入 1 ng/mL 内标工作溶液(甲氧那明)1 mL，置冷冻研磨仪中粉碎，冰浴超声 30 min，离心 3 min，取上清液，过滤膜，滤液直接供 LC－MS/MS 分析。

LC－MS/MS 方法见尿液。

四、鉴定要点

1. 生物检材的应用特点

血液、尿液、唾液和毛发是摄毒鉴定或摄毒相关死亡案件鉴定的常用检材，其分析结果分别提供不同的信息，可相互补充，综合判断。

O^6-单乙酰吗啡为摄取海洛因的体内特征代谢物，在生物检材中检出 O^6-单乙酰吗啡可确认其摄取海洛因。由于海洛因进入体内后代谢很快，通常海洛因过量急死即过量使用海洛因后 15 min 内死亡者，有可能在血液中同时检出 O^6-单乙酰吗啡和吗啡成分；海洛因延缓死亡即滥用数小时后死亡者，则血液中可能仅有吗啡成分，难以检出 O^6-单乙酰吗啡，但可在尿液中

检出 O^6-单乙酰吗啡和吗啡成分。

尿液中阿片类物质的检出时限随滥用次数、滥用量等可至4~5天。一般摄取海洛因后1天内留取的尿液中可同时检出 O^6-单乙酰吗啡和吗啡成分,延迟留尿的,则尿液中仅能检出吗啡成分。通常情况下海洛因过量急死者尿液中 O^6-单乙酰吗啡和吗啡的浓度均非常高。尸检时如若无尿液,建议留取膀胱冲洗液。而对活体嫌疑人采集尿液时,应有一定的监控措施,以防止作弊、掺假等现象发生。

唾液结果反映近期使用阿片类物质信息,唾液中与血液中物质浓度具有相关性。海洛因吸毒后唾液中可检出的主要代谢物为特征性的 O^6-单乙酰吗啡和进一步的代谢物吗啡。海洛因吸毒,以抽吸或鼻吸方式,数小时内唾液中可存在较高浓度的海洛因原形;如果是静脉注射方式,则唾液中海洛因原形仅存在60 min以内。唾液与血液中阿片类物质浓度受物质的化学性质、采集方式、采集时间、个体差异等因素影响而有所不同。

毛发可反映其长程的阿片类物质使用信息。头发根据需要分段分析,可反映其一段时间内摄毒情况。毛发分析在海洛因摄毒鉴定中具有独特的优势,可对尿液吗啡阳性结果进行确证。尿液中仅检出吗啡和可待因时,难以判断是否摄取海洛因,这时可通过头发分析加以区分。滥用海洛因者头发中可同时检出 O^6-单乙酰吗啡、吗啡和可待因成分。而服用含可待因药物者头发中仅能检出可待因成分,若服药几周或更长时间,头发中可同时检出少量的吗啡,但不可能出现海洛因的特征性代谢物 O^6-单乙酰吗啡。如果缺少头发样品,可采集腋毛、阴毛等替代,但这些毛发检材不能提供时间信息和滥用史判断。

2. 检材保存

大多数阿片类物质在溶液和生物检材中相对稳定,不需要采取特别的预防措施,和其他毒药物分析一样,样品收集后应尽快冷藏保存(除毛发外),如果是一段时间以后才分析,则需要冷冻保存。

3. 分析方法选择

阿片类物质分析一般包括筛选和确证。免疫筛选方法具有简便、快速、价廉的优点,在尿液、毛发、唾液等筛选中发挥着非常大的作用。同时要注意针对不同检材、案件类型而阈值不同。但是,因其易受相似结构的化合物影响而出现假阳性结果,仅能用于初步筛选,阳性结果需要进一步经质谱分析确证。LC-MS/MS具有前处理简便快速、检测灵敏度高的优势,已普遍应用于阿片类物质筛选分析,并且可直接鉴别出具体的阿片类物质及其代谢物。LC-HRMS也已显示出筛选优势,在完全无检测目标物方向的情况下筛选和鉴识。但需要指出的是,采用沉淀蛋白和简单稀释等处理后LC-MS方法分析虽然便捷,但基质效应大,需要增加仪器维护等工作以保持分析性能。

不同检材、不同案件类型所适用的分析方法、阈值或检出限不同。对于海洛因吸毒鉴定,尿液吗啡的免疫筛选分析阈值为300 ng/mL。实验室检测确认时均采用色谱-质谱方法,尿液分析时应首先进行水解,分析方法的检出限:吗啡、可待因的LOD应不高于50 ng/mL,O^6-单乙酰吗啡的LOD则更低,一般不高于10 ng/mL;我国的《涉毒人员毛发样本检测规范》中,毛发中 O^6-单乙酰吗啡和吗啡的阈值均为0.2 ng/mg;毒驾案件中的实验室检测,血液中 O^6-单乙酰吗啡和吗啡的阈值均为10 ng/mL,唾液中 O^6-单乙酰吗啡和吗啡的阈值分别为5 ng/mL和20 ng/mL。

采用多种类阿片类物质及其代谢物的筛选分析方法。阿片类物质与乙醇、许多药物等存在明显协同作用,在涉及阿片类物质的过量死亡案件中,最常检出、与中毒相关的药物包括苯二氮卓类药物、抗抑郁药、抗癫痫和帕金森病药物等。当前，除了吸毒的替代品，用于麻醉、止痛等临床使用的阿片类物质逐渐增多。因此，在实际鉴定时，在保证检测灵敏度要求下，初步筛选应尽可能扩大筛选范围，以防止漏检。

4. 中毒死亡案件的结果评价

当前，毒物种类迅速增多，在鉴定委托受理时，详细了解案情、滥用药物史、戒断情况、临床用药史、中毒症状、是否抢救、现场勘查、死亡时间、尸检时间、尸检结果、检材保存条件、送检时间等信息。特别是对于阿片类物质，现场是否有针筒、粉末、药片、安瓿瓶，尸检时体表是否发现针眼等信息不仅可很快明确目标物，而且，可帮助明确给药途径，静脉注射或鼻吸摄入更容易导致死亡。

同时分析检材中阿片类物质及其代谢物，根据不同生物检材的检出结果可提供其生前使用情况。通常，尿液、胆汁中阿片类物质及其代谢物的浓度相对较高，可以用于初步筛选。血液中阿片类物质及其代谢物的测定结果，可帮助推断其中毒程度。

由于海洛因进入体内后代谢很快，血液中几乎无法检出海洛因和 O^6-单乙酰吗啡。据统计，血液中吗啡阳性的案件中，仅有约 20%可同时检出 O^6-单乙酰吗啡。无论是过量急死还是数小时内延缓死亡，在尿液中均同时含有 O^6-单乙酰吗啡和吗啡成分，见表 10－4。需要指出，对于过量急死、数小时内延缓死亡或者活体吸毒者，血液中吗啡浓度数值有重叠，并无明显界限。如果体内藏毒破裂中毒死亡，则生物检材中浓度可异常升高。

表 10－4 海洛因及其代谢物 O^6－单乙酰吗啡、吗啡在过量急死和延缓死亡者体液中的浓度

死亡方式	案例数	血液[均值(范围)]/(ng/mL)			尿液[均值(范围)]/(ng/mL)		
		海洛因	O^6-单乙酰吗啡	吗啡	海洛因	O^6-单乙酰吗啡	吗啡
过量急死	8	0	18.9 (0~82.9)	360.4 (88.6~12 770)	2.5 (0~8.5)	196.2 (5.6~881.0)	681.5 (5.2~2 795.0)
延缓死亡	7	0	6.7 (0~9.8)	104.2 (41.3~145.7)	30.1 (3.2~90.3)	779.5 (96.4~2 756.0)	2 699.8 (30.4~9 500)

5. 毛发分析的结果评价

毛发分析主要应用于摄毒鉴定中。

毛发用于区分海洛因吸毒与可待因或吗啡滥用，主要依据其中的 O^6-单乙酰吗啡。在海洛因吸毒者头发中，O^6－单乙酰吗啡浓度一般高于吗啡和可待因浓度。采用冷冻研磨、LC－MS/MS 法分析 50 名海洛因吸毒者头发样品中原体及各代谢物浓度[4]，结果在所有头发样品中均检出 O^6-单乙酰吗啡且浓度高于阈值(0.2 ng/mg)。海洛因、O^6-单乙酰吗啡、吗啡、可待因和乙酰可待因的浓度均值分别为 1.83(0.02~12.20)ng/mg、5.36(0.20~52.90)ng/mg、2.42 (0.11~10.30)ng/mg、6.07(0.25~55.60)ng/mg 和 0.58(0.05~3.99)ng/mg，O^6-单乙酰吗啡与吗啡的比率处于 0.15~36.27。

考察海洛因吸毒者戒毒后 O^6-单乙酰吗啡、吗啡和可待因在头发中的消除情况。对 32 名女性海洛因吸毒者戒毒 4~5 个月后的头发进行分段分析，结果按照阈值(0.2 ng/mg)，13%的头发段在戒毒后第 3 个月仍呈阳性，而第 4 个月 O^6-单乙酰吗啡和吗啡均呈阴性。

海洛因毒品中含有乙酰可待因、可待因等成分,因而在海洛因吸毒的生物检材中可同时检出可待因和乙酰可待因。此外,某些临床药物如止咳药中含有可待因或鸦片成分。可待因在体内部分代谢成吗啡,故生物检材中仅检出吗啡和可待因,而未检出 O^6-单乙酰吗啡成分的,则不能判定其摄取海洛因。对于血液、尿液仅检出吗啡和(或)可待因的,可通过头发分析进一步确认其滥用情况。

由于各实验室毛发样品前处理方法不同,且存在毒品中成分、剂量、吸食方式、代谢、头发颜色等诸多的差异,各实验室应注意积累自己的数据。

6. 实验室安全

在处理阿片类物质案件中,实验室人员要加强自身防护。由于一些吸毒者,特别是相当一部分海洛因吸毒者是艾滋病病毒携带者,甚至是艾滋病患者,或者是乙肝病毒携带者或肝炎患者,尸检所提取的血液等生物检材应在容器或塑料袋上特别标明,防止对实验室检测人员的污染。

五、案例评析

案例一

一名 49 岁妇女乘飞机到加拿大,在宾馆办理住宿时曾抱怨很累,不舒服。第二天早上,在房间被发现死亡。初步怀疑猝死,当天尸检。口、鼻和双肺可见充血,肝、肾等组织淤血。胃部肿胀,有块状突起,轻轻挤压胃部,发现装有粉末、鸡蛋大小的避孕套。经检查,共有 90 个装有粉末的避孕套,其中一个堵在幽门处。另有三个已破裂的空避孕套。胃部破裂,部分胃内容物渗透入腹腔。在小肠靠近胃部部分又发现 10 个装有粉末的避孕套。100 个装有粉末的避孕套总重量 583 g。尸检提取肝组织、胆汁、血液、腹腔积液和 1 个装有粉末的避孕套进行毒物分析[5]。

【毒物分析及评析】采用 GC - MS 筛选和定性定量分析。避孕套内的粉末中检出海洛因、乙酰可待因、O^6-单乙酰吗啡和咖啡因,质量分数分别为 25%、1.0%、<1.0% 和 40%,咖啡因为海洛因毒品中常见的掺杂物。生物检材中检出的各物质及质量浓度见表 10 - 5。已有的中毒死亡案例中,血液中吗啡质量浓度在 3 μg/mL 以上,本案例中血液中吗啡浓度远高于此数据。已有的可待因中毒死亡案例中,血液中可待因质量浓度在 1.0 ~ 8.8 μg/mL,同时,血液中吗啡质量浓度在 0 ~ 0.5 μg/mL,说明这些案例中是使用可待因,可待因经体内代谢,生成少量的吗啡。本案例中血液中可待因浓度相对较低,而吗啡浓度非常高。已有的咖啡因中毒死亡案例中,血液中咖啡因质量浓度在 79 ~ 181 μg/mL,相比较,本案例血液中咖啡因浓度更高。血液中检出 O^6-单乙酰吗啡,并且浓度前所未有地高,说明是海洛因急性中毒、快速死亡的过程。生物检材中的检出物质成分及浓度与避孕套内的粉末中成分、组成相一致。

表 10 - 5 生物检材中检出的各物质及质量浓度(μg/mL 或 μg/g)

检　材	吗　啡	O^6-单乙酰吗啡	可待因	咖啡因
血液	120	184	1.7	400
肝组织	63	6	9	202
胆汁	818	—	6	324
腹腔积液	212	28	9.5	242

案例二

一名60岁男子驾车在高速公路上撞了另一辆车后继续行驶,然后突然转向,撞上了隔离墙。警察赶到,发现肇事司机昏迷。后在车子里茶杯旁发现一瓶标有"氢可酮"的药瓶。肇事司机血液在事发约2 h后抽取。

【毒物分析及评析】血液采用GC－MS或LC－TOF－MS筛选,LC－MS/MS确认和定量分析。血液中检出氢可酮、氢吗啡酮和对乙酰氨基酚成分,质量浓度分别为310 ng/mL、<10 ng/mL和28 μg/mL。氢吗啡酮为氢可酮的代谢物。基于文献,氢可酮的治疗浓度范围在10~40 ng/mL,已有的中毒死亡案例中,血液中氢可酮质量浓度可低至120 ng/mL,说明该案例中肇事司机对氢可酮药物一定程度耐受,在事发时驾驶能力严重损害[6]。

第二节 苯丙胺类物质

一、概述

苯丙胺类物质(amphetamines)是苯丙胺及其衍生物的统称,具有药物依赖性(主要是精神依赖性)、中枢神经兴奋、致幻、食欲抑制和拟交感能效应等药理、毒理学特性,许多物质早已列入我国精神药品管制目录,见表10－6。21世纪以来,苯丙胺类物质已取代阿片类、大麻、可卡因等,成为全球范围滥用最为广泛的毒品,也成为全球重大的公共卫生问题。在欧洲尤其是年轻人滥用甲基苯丙胺的数量逐渐增加,并造成医疗资源严重短缺。甲基苯丙胺滥用者呈年轻化趋势,在澳大利亚青少年服用甲基苯丙胺相关犯罪问题引起了法医界及青少年健康管理部门的高度重视。

苯丙胺类物质均具有中枢神经系统兴奋作用,但不同物质的作用各有侧重,根据苯丙胺类物质的化学结构和药理、毒理学特性,可分为:① 兴奋型苯丙胺类。该类化合物以中枢神经系统兴奋作用为主,其结构特征是苯丙胺母体化合物类,如苯丙胺、甲基苯丙胺、哌醋甲酯、安非拉酮等。② 致幻型苯丙胺类。该类化合物具有导致用药者产生幻觉的作用,其结构特征为苯环甲氧基取代苯丙胺衍生物,如布苯丙胺等。③ 抑制食欲型苯丙胺类。该类化合物具有抑制食欲作用,其结构特征为支链取代或苯环非甲氧基取代苯丙胺衍生物,如芬特明、芬氟拉明、苯甲曲秦、芬美曲秦等。④ 混合型苯丙胺类。该类化合物兼具兴奋和致幻作用,如MDMA、MDA、MDEA等。近年,在苯丙胺结构上衍生出许多种类新精神活性物质,如合成卡西酮类和合成苯乙胺类等,这些物质将在第七节中介绍。

苯丙胺类兴奋剂滥用以甲基苯丙胺(俗称冰毒)为主。2021年中国毒情形势报告中,在现有吸毒人员中,滥用冰毒79.3万名,是当前吸毒人数最多的毒品种类。随着物流行业的快速发展,国外的"减肥药""聪明药"通过代购、互联网等多种非法途径流入我国,如"网红DC减肥药""蓝胖子""蓝精灵"等,这些非法获取的药物中多含有我国管制的精神药品成分,如安非拉酮、芬特明、芬氟拉明、芬美曲秦、苯甲曲秦、哌醋甲酯等。我国禁毒部门也加大此类苯丙胺类物质的清理监管。

安非拉酮属于国家列管的第一类精神药品,在临床上曾用于治疗各种程度的单纯性肥胖症及伴有冠心病、高血压、糖尿病的肥胖患者。安非拉酮主要通过刺激神经元释放或维持高水

表 10－6 常见的苯丙胺类物质信息

化合物	英文名	化学结构式	分子式	分子量	管制目录中名称
苯丙胺	Amphetamine, Amfetamine	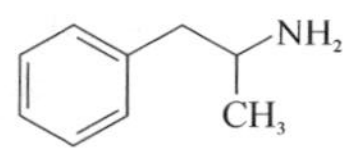	$C_9H_{13}N$	135.21	苯丙胺,右苯丙胺(Dexamfetamine),左苯丙胺(Levamfetamine)
甲基苯丙胺	Methamphetamine, Metamfetamine	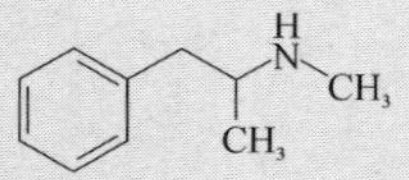	$C_{10}H_{15}N$	149.23	去氧麻黄碱,去氧麻黄碱外消旋体,左甲苯丙胺
3,4-亚甲基二氧基甲基苯丙胺	3,4－Methylenedioxymethamphetamine	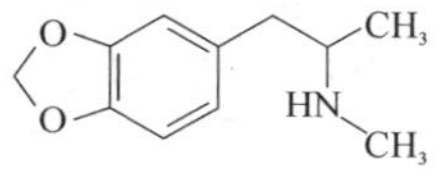	$C_{11}H_{15}NO_2$	193.24	二亚甲基双氧安非他明,MDMA
3,4-亚甲基二氧基苯丙胺	3,4－Methylenedioxyamphetamine, Tenamfetamine	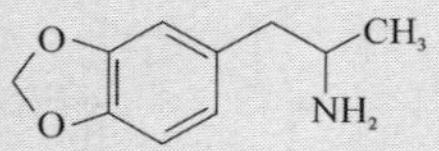	$C_{10}H_{13}NO_2$	179.22	替苯丙胺,MDA
3,4-亚甲二氧基-*N*-乙基-苯丙胺	3,4－methylenedioxy－*N*－ethylamphetamine, MDEA	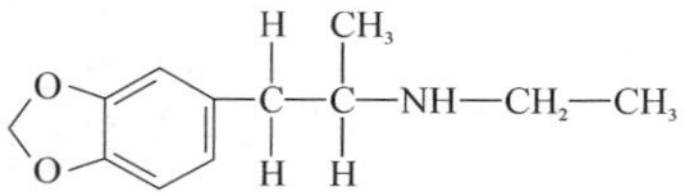	$C_{12}H_{17}NO_2$	207.27	乙芬胺,*N*－ethyl MDA
安非拉酮	Amfepramone, diethylcathinone, diethylpropion	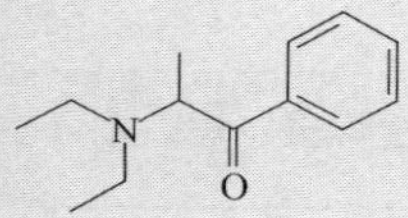	$C_{13}H_{19}NO$	205.30	安非拉酮

续 表

化合物	英文名	化学结构式	分子式	分子量	管制目录中名称
哌醋甲酯	Methylphenidate, ritalin	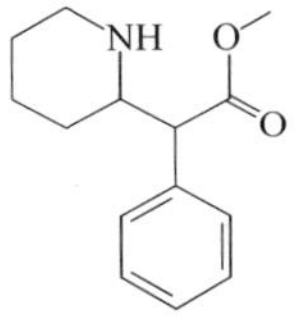	$C_{14}H_{19}NO_2$	233.31	哌醋甲酯
芬氟拉明	Fenfluramine	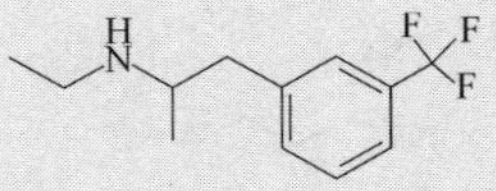	$C_{12}H_{16}F_3N$	231.26	芬氟拉明，右旋芬氟拉明
芬特明	Phentermine	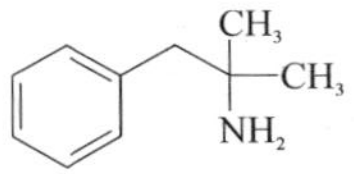	$C_{10}H_{15}N$	149.23	芬特明
苯甲曲秦	Phendimetrazine	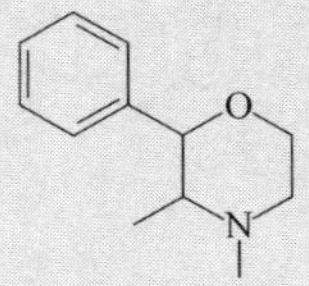	$C_{12}H_{17}NO$	191.27	苯甲曲秦
芬美曲秦	Phenmetrazine	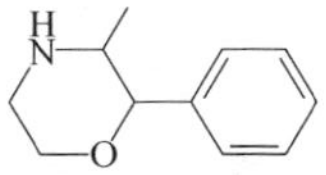	$C_{11}H_{15}NO$	177.24	芬美曲秦

平的儿茶酚胺,促进5-羟色胺(5-HT)的释放,使人有饱腹感,导致食欲不振,达到减肥的效果,但会提高身体兴奋性,容易出现莫名情绪波动或失眠、情绪亢奋等,长期使用和/或过量使用此药物可能会产生精神依赖。因其诸多不良反应,许多国家已停止安非拉酮的生产许可[7]。

芬特明,又名苯丁胺,属于我国管制的第二类精神药品。芬特明是一种肾上腺素能再摄取抑制剂,主要通过诱导中枢神经去甲肾上腺素的释放来抑制食欲,减少食物的摄入量,从而起到减肥的功效。芬特明具有药物依赖性、中枢神经兴奋、致幻、食欲抑制和拟交感能效应等药理、毒理学特征,会引起心动过速、高血压、视觉症状、恶心、失眠和焦虑等不良反应,且存在服用芬特明出现狂躁症症状和精神病症状的案例,副作用远大于其作为减肥药发挥的功效,因此,早于2000年之前在许多国家已停止使用。

芬氟拉明属于国家列管的第二类精神药品,是一种拟交感神经胺,通过激活大脑中的5-HT能通路起到厌食作用,通过促进5-HT的快速释放来抑制其再摄取,因此使5-HT更容易代谢和分解。1992年,芬氟拉明与芬特明相结合并作为广受欢迎的药物“芬芬”上市,但很快发现芬氟拉明会导致肺动脉高压和瓣膜性心脏病,最终芬氟拉明及其衍生物在1997年退出市场。

苯甲曲秦属于国家列管的第二类精神药品,是一种拟交感神经胺,具有与苯丙胺类似的药理活性。临床上被用于短期性肥胖治疗,也有研究将其作为一种激动剂替代药物治疗兴奋剂成瘾。苯甲曲秦在韩国使用较多,有报道使用后会出现口炎、舌炎、腹部痉挛、头痛、排尿困难等不良反应,而且长期服用可产生依赖性[8]。芬美曲秦为苯甲曲秦的活性代谢物,因其依赖性更强,临床上很少使用。

哌醋甲酯又名利他林、哌甲酯,属于国家列管的第一类精神药品,化学结构与交感胺类药物苯丙胺相似。哌醋甲酯是治疗儿童多动症最常用的药物,主要是通过增加大脑神经细胞间隙对去甲肾上腺素(NE)的释放,并阻止其重吸收,进而使儿童多动症患儿的注意力集中,以达到改善行为的目的。但近几年,有的家长把哌醋甲酯当作“聪明药”,试图提高孩子注意力,从而提高学习成绩。也有一些大学生和企业管理人员服用哌醋甲酯,借此增强记忆力,使思维更灵活。但长期服用会损害健康正常人的认知功能,产生依赖性。

苯丙胺类物质对中枢神经系统主要表现为警觉性增高、精力旺盛、欣快、情感高涨、冲动性增高以及短期内认知功能提高,如持续性注意力增强等。短期和长期使用苯丙胺类物质后均可造成包括心率加快、呼吸加快、血压升高、食欲下降、瞳孔扩大、体温升高等。高剂量甲基苯丙胺使用后会产生发热、大汗、头痛、头晕、视物不清、胃痉挛、恶心、呕吐、肌肉痉挛和乏力、胸痛、震颤和脱水等症状。

苯丙胺类滥用可导致严重医学、公共卫生和社会问题。其危害突出表现在三个方面:一是滥用苯丙胺类毒品导致的成瘾行为及长期滥用导致的慢性中毒状态,表现为精神兴奋、行为亢奋等急性中毒反应,有的滥用后剧烈活动出现生理透支,而停用后又出现嗜睡、精神萎靡、抑郁等中枢抑制症状。二是苯丙胺类毒品滥用常可导致不同程度和类型的精神病性症状或苯丙胺中毒精神病,出现幻觉、精神错乱、躁狂,部分人还可发生精神分裂样症状。三是苯丙胺类毒品滥用后在急性中毒情况下所致的行为失控,发生不可控制的伤人、自伤甚至暴力行为,或是产生性冲动、群体性性乱行为,导致性病、肝炎、艾滋病的感染传播。此外,苯丙胺类毒品滥用后驾车等对公共安全威胁问题亦已显现。

二、体内过程

1. 甲基苯丙胺和苯丙胺

甲基苯丙胺或苯丙胺以口服、注射、吸烟或“鼻吸”等方式摄入。入体后吸收良好，通过血液迅速分布于组织。口服 0.125 mg/kg 的甲基苯丙胺，3.6 h 达血峰浓度 20 ng/mL。单次静注 0.25 mg/kg 的甲基苯丙胺，甲基苯丙胺和苯丙胺的血峰浓度分别为 77 ng/mL 和 4.8 ng/mL，血浆消除半衰期分别为 10 h 和 33 h[2]。

甲基苯丙胺在体内去甲基化生成其主要活性代谢物苯丙胺，苯丙胺进一步代谢为 4 -羟基苯丙胺、*O* -羟基去甲麻黄碱和去甲麻黄碱。一般情况下，吸食后，约 43%剂量的甲基苯丙胺以原形排泄入尿液，约 4%～7%剂量以代谢物苯丙胺排泄入尿液。尿液酸碱性影响甲基苯丙胺类以及代谢物的分布和排泄，酸性尿使原形的排出量增加；在碱性尿条件下，因肾重吸收而使其在体内的半衰期延长。

甲基苯丙胺进入体内后较为均匀地分布于全身，并迅速进入排泄系统器官。给豚鼠腹腔注射甲基苯丙胺致急性中毒死亡，在豚鼠体内各器官和体液中甲基苯丙胺和苯丙胺浓度最高为肺组织，其次为肝组织、脑组织、肾脏、脾脏、心脏、血液，再次为胃内容物、尿液。体内分布与中毒后存活时间相关，中毒后经过 1 h 以上死亡者，除了胃内容物，肝组织、肾脏和尿液中浓度明显高于其他组织检材，11 例苯丙胺滥用致死者体内苯丙胺浓度分布见表 10 - 7。

表 10 - 7　苯丙胺滥用致死者体内苯丙胺浓度

	血液/(μg/mL)	脑组织/(μg/g)	肝组织/(μg/g)	肾组织/(μg/g)	尿液/(μg/mL)
平均值	8.6	2.9	30	17	237
范　围	(0.5～41)	(2.8～3.0)	(4.3～74)	(3.2～52)	(25～700)
例　数	11	2	11	6	8

2. MDMA 和 MDA

MDMA 和 MDA 以口服方式为主。口服 50 mg MDMA，2 h 后达血峰浓度 106 ng/mL；4 h 后，其代谢物 MDA 达血峰浓度 28 ng/mL。MDMA 在体内的主要代谢途径为支链的 *N* -去烷基、脱氨和氧化，MDA 为其主要的活性代谢物。单次服用 100～125 mg MDMA，24 h 排泄入尿液的 MDMA 和 MDA 分别约占剂量的 26%和 1%；3 天内，排泄入尿液的 MDMA 和 MDA 分别约占剂量的 65%和 7%。唾液相对血浆浓度更高，检出时限也较长。

MDMA 进入体内后广泛分布于各组织及血液中，按 30 mg/kg 给予实验大鼠 MDMA 盐溶液灌胃，2 h 后脱臼处死。大鼠体内各组织和血液中 MDMA 浓度大小依次是：脾>胃>肺>肝>肾>脑>心肌>心血[9]。

3. 安非拉酮

安非拉酮经胃肠道可充分吸收，迅速而广泛地代谢。口服 75 mg 安非拉酮，0.5 h 时血浆中浓度约为 7 ng/mL，2 h 后降为 3 ng/mL；其代谢物去甲安非拉酮和卡西酮在服用后 2 h 达峰浓度，均约为 185 ng/mL，8 h 后均降至 104 ng/mL。半衰期约为 2 h。安非拉酮主要经 *N* -脱烷基化和羰基还原途径代谢，主要代谢物包括去甲安非拉酮、卡西酮和去甲麻黄碱，最后从尿液中排泄。

4. 芬特明

芬特明主要经口服摄入，每天剂量不能超过15~30 mg。单次口服0.375 mg/kg的芬特明，4 h时达血峰浓度90 ng/mL，40 h后降至30 ng/mL；同样剂量，服用胶囊缓释剂，则是10 h时达血峰浓度70 ng/mL。芬特明在体内主要通过芳香环上的对位羟基化和脂肪族侧链上的*N*-氧化两条途径进行代谢，主要代谢产物为4-羟基芬特明和*N*-羟基芬特明。在正常情况下，治疗剂量的芬特明有70%~80%以原形排泄入尿液，其余以代谢物及结合物形式排出。

5. 芬氟拉明

芬氟拉明以口服为主，单次剂量为20 mg，一天服用量可至160 mg。单次口服60 mg，3 h后达血峰浓度50~70 ng/mL，24 h后降至30 ng/mL；代谢物去乙基芬氟拉明在服药后4 h时达20 ng/mL，然后维持此浓度至少24 h。芬氟拉明在体内的主要代谢途径为*N*-去烷基形成去乙基芬氟拉明，其次，C-N键氧化分别形成相应的醇、酮和苯甲酸类物。芬氟拉明的消除速率受尿pH的影响，酸性尿48 h原体药物的排出量为剂量的23%，代谢物排出量为剂量的17%；而碱性尿仅排出剂量的2%左右。在正常条件下，芬氟拉明和去乙基芬氟拉明的排出量分别为3%~10%和3%~14%。

6. 苯甲曲秦、芬美曲秦

苯甲曲秦或芬美曲秦均以口服为主，芬美曲秦为苯甲曲秦的体内活性代谢物，又可单独用于食欲抑制。单次口服35 mg苯甲曲秦缓释剂，1 h后达血峰浓度90 ng/mL，2 h后降至45 ng/mL，4 h后降至25 ng/mL。半衰期约为8 h。口服苯甲曲秦后，在人体内发生*N*-去甲基化，生成具有药理活性的代谢产物芬美曲秦，药物剂量的30%代谢为芬美曲秦，并排泄入尿液。芬美曲秦在体内主要发生羟基化和氧化代谢，进一步形成结合物。24 h尿液中19%为芬美曲秦原形。

7. 哌醋甲酯

哌醋甲酯主要以口服摄入，治疗多动症时有透皮贴剂方式，滥用中也发现有静注方式。儿童单次服用10~15 mg哌醋甲酯缓释剂，3~6 h内，血浆中哌醋甲酯浓度在4~25 ng/mL，代谢物哌醋甲酸浓度在80~250 ng/mL。哌醋甲酯进入体内后很快生物转化，酯键断裂，生成哌醋甲酸。80%剂量的哌醋甲酯在24 h内主要以哌醋甲酸形式排泄入尿液。

三、分析方法

与其他滥用物质分析一致，生物检材中苯丙胺类物质的分析一般采用首先进行筛选，结果阳性者再进一步确认分析。筛选分析时可采用免疫方法，目前对于尿液、唾液和毛发均有商品化的酶免疫筛选方法。免疫筛选方法特异性不强，需经色谱-质谱法进一步确证分析。

GC-MS或GC-MS/MS法质谱检测可选择电子轰击源（EI）或化学源（PCI、NCI），EI可以得到更多的结构信息，而CI可获得分子信息。苯丙胺类的多氟衍生化物采用GC/NCI-MS检测，灵敏度可提高20倍以上。

苯丙胺类物质种类多，需建立高通量、筛选范围广的分析方法。LC-MS或LC-MS/MS具有无需衍生化、可同时分析原体及代谢物、光学活性体的优点，可简便、准确、灵敏地筛选和确证苯丙胺类毒品。

1. 尿液

尿液中苯丙胺类物质以游离形式存在，如仅需检测原体或非羟化代谢物，可直接用有机溶剂提取或固相萃取。尿液经10%的氢氧化钠溶液调pH大于11后,用乙醚、环己烷等有机溶剂提取或固相萃取。由于溶剂挥发过程可能对苯丙胺类物质的提取回收率产生影响,可在提取液中加酸性甲醇以减少挥发,但要注意痕量酸易引起GC系统的损害。尿液中少量的羟基代谢物则以葡萄糖醛酸结合物等形式存在,若需检测则尿液提取前需先行水解。

参考方法

(1) 苯丙胺类兴奋剂的GC-MS分析(《血液、尿液中苯丙胺类兴奋剂、哌替啶和氯胺酮的检验方法》SF/T 0116—2021)

样品前处理

取尿液2 mL置于10 mL具塞离心管中,用10%氢氧化钠溶液调至pH>11,用乙醚3 mL提取,涡旋混合、离心,转移有机层至另一离心管中,约60℃水浴中挥干,残留物用50 μL甲醇溶解,供GC-MS分析。

色谱条件:DB-5 MS柱(30 m×0.25 mm,0.25 μm)或相当者;初温100℃,保持1.5 min,以25℃/min升温至280℃,保持15 min;载气为氦气,流速1.0 mL/min;进样口温度:250℃。

质谱条件:电子轰击源(EI):70 eV;四极杆温度:150℃;离子源温度:230℃;接口温度:280℃。检测方式:全扫描;质量范围:50~500 amu。苯丙胺、甲基苯丙胺、MDMA、MDA及氯胺酮的保留时间与特征碎片离子见表10-8。

表10-8 苯丙胺、甲基苯丙胺、MDMA、MDA及氯胺酮的保留时间与特征碎片离子

化合物	Rt/min	碎片离子(*m/z*)
苯丙胺	4.3	44、91、120
甲基苯丙胺	4.7	58、91、134
MDA	6.6	77、136、179
MDMA	7.0	58、135、194
氯胺酮	8.4	180、209、152

(2) 苯丙胺类兴奋剂的衍生化、GC-MS分析

样品前处理

取2 mL尿液置于离心管中,加入内标,用5%NaOH溶液调pH11,加固体NaCl至饱和,然后用200 μL环己烷或甲苯混旋提取,离心后,有机层供分析。也可加入1 mL环己烷混旋提取,离心,将有机层转移至另一离心管中,40℃水浴上通氮浓缩(不吹干),然后加入衍生化试剂:A. 50 μL吡啶,100 μL醋酸酐;或B. 25 μL TFA,25 μL乙酸乙酯;或C. 25 μL PFPA,25 μL乙酸乙酯;或D. 30 μL HFBA,用封口膜密封,置微波炉(400 W)衍生化2 min,或于65℃保温30 min,45℃氮气吹干后加20 μL乙酸乙酯溶解,供GC-MS分析。

色谱条件:HP-1毛细管柱(12 m×0.2 mm),初温100℃保持1 min,程序升温20℃/min,终温:280℃;进样口温度:250℃。

质谱条件:源温:230℃;接口温度:280℃。SIM模式,选择分子离子、基峰离子和丰度较大的特征离子。苯丙胺类衍生化的质谱信息见表10-9。许多苯丙胺类衍生物虽均有*m/z* 91,但因内源性化合物也可形成此碎片离子,故选取*m/z* 91离子进行检测时应谨慎。

表 10-9 苯丙胺类兴奋剂的特征离子和保留时间

化合物	特征离子(m/z)	化合物	特征离子(m/z)
苯丙胺-TFA	140,91,118	苯丙胺-AC	86,118,177
甲基苯丙胺-TFA	118,91,154	甲基苯丙胺-AC	58,100,191
MDA-TFA	135,162,275	MDA-AC	162,135,221
MDMA-TFA	162,135,154,289	MDMA-AC	58,100,162
MDEA-TFA	168,140,162		
苯丙胺-TMS	192,116,73	苯丙胺-PFP	118,91,190
甲基苯丙胺-TMS	206,130,73	甲基苯丙胺-PFP	118,160,204
MDA-TMS	236,116,73	MDA-PFP	162,190,135
MDMA-TMS	250,130,73	MDMA-PFP	135,162,204
苯丙胺-HFB	91,118,240	苯丙胺-MTP	91,189,260
甲基苯丙胺-HFB	118,210,254	甲基苯丙胺-MTP	91,189,274
MDA-HFB	162,240,375	MDA-MTP	135,162,189
MDMA-HFB	162,210,254	MDMA-MTP	135,189,274
MDEA-HFB	162,240,268	MDEA-MTP	135,189,288

TMS: trimethylsilyl; TFA: trifluoroacetyl; PFP: pentafluoropropionyl; HFB: heptafluorobutyryl; MTP: a-methoxy-a-trifluormethylphenlacetylchloride; AC: Acetic anhydride

(3) 尿液中 *S*(+)-甲基苯丙胺、*R*(-)-甲基苯丙胺、*S*(+)-苯丙胺和 *R*(-)-苯丙胺的 LC-MS/MS 分析(《尿液、毛发中 *S*(+)-甲基苯丙胺、*R*(-)-甲基苯丙胺、*S*(+)-苯丙胺和 *R*(-)-苯丙胺的液相色谱-串联质谱检验方法》SF/T 0176-2024)

样品前处理

取尿液 20 μL,加入 10 ng/mL 4-苯基丁胺内标工作溶液 980 μL,涡旋振荡,离心,取上清液至进样瓶中,供 LC-MS/MS 分析。

色谱条件

Supelco Astec Chirobiotic™ V2 手性柱(250 mm×2.1 mm, 5 μm)或其他等效柱;流动相:含 0.1%(*V/V*)冰醋酸和 0.02%(*V/V*)氨水的甲醇溶液;流速:250 μL/min。

质谱条件:正离子模式(ESI+);检测方式:多反应监测(MRM);离子喷雾电压:5 500 V;离子源温度:500℃。碰撞气(CAD)、气帘气(CUR)、雾化气(GS1)、辅助气(GS2)均为高纯氮气,使用前调节各气流流量以使质谱灵敏度达到检测要求;去簇电压(DP)、碰撞能量(CE)应优化至最佳灵敏度。4 种手性化合物和内标的定性离子对、定量离子对和保留时间见表 10-10。

本方法的 LOD 检出限均为 0.02 μg/mL。

表 10-10 4 种手性化合物的定性、定量离子对和保留时间

化合物	离子对/(m/z)	Rt/min
S(+)-苯丙胺	136.1/91.1 136.1/119.1	9.1
R(-)-苯丙胺	136.1/91.1 136.1/119.1	10.3
S(+)-甲基苯丙胺	150.1/91.1 150.1/119.1	11.7
R(-)-甲基苯丙胺	150.1/91.1 150.1/119.1	13.0
4-苯基丁胺(内标)	150.1/91.1 150.1/133.1	10.1

2. 血液

血液中需要同时分析苯丙胺类物质及其代谢物,样品前处理和分析方法均可类似尿液,但所要求的方法灵敏度不同。

3. 唾液

唾液样品根据现场采集设备的不同,有的为直接收集的唾液,有的是唾液采集时或随后加入了缓冲液,实验室分析所采用的方法有所不同,但都应满足委托项目要求。

参考方法

苯丙胺等四种苯丙胺类兴奋剂的 LC-MS/MS 分析《法庭科学 唾液中苯丙胺等四种苯丙胺类毒品和氯胺酮检验液相色谱-质谱法》(GA/T 1639-2019)

样品前处理 1(蛋白沉淀)

移取唾液样品,8 000 r/min 离心 30 min,取上清液 100 μL 于具塞离心管中(若采用内标法,则加入 1 μg/mL 甲基苯丙胺-d5 或甲氧那明内标工作溶液 10 μL,混匀),加入乙腈 400 μL,振荡 15 min,3 000 r/min 离心 30 min,用 0.22 μm 的有机系微孔滤膜过滤,作为样品提取液供仪器分析。

样品前处理 2(液液萃取)

移取唾液样品,8 000 r/min 离心 30 min,取上清液 100 μL 于具塞离心管中(若采用内标法,则加入 1 μg/mL 甲基苯丙胺-d5 或甲氧那明内标工作溶液 10 μL,混匀),加入 50 μL 0.1% 氢氧化钠溶液及 1 mL 硼砂缓冲液,混匀后再加入 3 mL 乙醚,涡旋 1 min,3 000 r/min 离心 3 min,移取有机相置于 60℃水浴中挥干。残余物用乙腈/含 20 mmol/L 乙酸铵和 0.1%甲酸的缓冲液(70∶30,V/V)混合溶液 200 μL 复溶,作为样品提取液供仪器分析。

分析方法参照尿液。

4. 毛发

苯丙胺类物质稳定,头发样品前处理可用酸水解法、碱水解法和甲醇超声法。碱水解方法

物质释放充分，但基质复杂；酸水解方法虽然基质相对纯净，但耗时较长；单纯的甲醇超声法至少需要几小时以上；目前多数采用的冷冻研磨法则既可使物质充分释放、尽可能保持其原形状态，又能简便快速、节省时间，并且可用于多种类、多目标物筛选分析。参考方法见《毛发中15种毒品及其代谢物的液相色谱-串联质谱检验方法》（SF/Z JD0107025－2018）。

四、鉴定要点

苯丙胺类物质的滥用鉴定以尿液和毛发为主，当需要判断是否为苯丙胺类毒品中毒致死时可选取血液检材。尿液是苯丙胺类筛选分析的首选检材，尿液中苯丙胺类原体和代谢物含量高，并主要以游离形式存在。当无法提供尿液检材或摄毒后间隔时间较长或需要判断摄毒史时，可选取毛发检材进行分析。头发分析结果可提供苯丙胺类滥用或慢性中毒的可靠证据。

（1）*血液*　血液中苯丙胺类浓度可帮助判断摄毒者的中毒程度或受损程度。车辆驾驶人员血液中甲基苯丙胺、苯丙胺、MDMA 和 MDA 的含量阈值均为 20 ng/mL。

口服和静注甲基苯丙胺均有很多死亡案例报道。甲基苯丙胺滥用中毒死亡者，其血液中甲基苯丙胺和代谢物苯丙胺浓度比与时间有关。滥用后快速死亡者血液中甲基苯丙胺浓度高于苯丙胺。

对于涉 MDMA 死亡者，其血液中目标物浓度在 MDMA 中毒、多种药物联合使用和外伤死亡中如表 10－11 统计存在浓度重叠现象[2]。该结果提示，不可简单以治疗浓度、中毒浓度等数据进行中毒判断，需结合案情、尸检结果和毒物分析结果综合分析。

表 10－11　不同死亡案件中血液中 MDMA 质量浓度（μg/mL）

	MDMA 中毒（*N*=13）	多种药物联合使用（*N*=22）	外伤死亡（*N*=24）
范　围	0.478~53.9	0.04~41.5	0.035~4.81
均　值	8.43	2.90	0.862
中　值	3.49	0.76	0.483

乙醇是甲基苯丙胺吸毒常见的并用物质之一，甲基苯丙胺与乙醇产生协同和互补作用。并用时，乙醇对体液和组织中甲基苯丙胺和苯丙胺的分布没有影响，但可增加甲基苯丙胺浓度，显著加速苯丙胺的形成。

（2）*尿液*　摄毒人员筛查以尿液分析为主。尿液中苯丙胺类的消除半衰期为 7~32 h，通常检测时限为 3~5 天，随尿液 pH、吸食量、频度等而有所不同。甲基苯丙胺尿液检测试剂盒（胶体金免疫层析法）的阈值为 1 000 ng/mL；实验室检测时，尿液中苯丙胺类物质分析的 LOD 可为 50 ng/mL。MDA 与 MDMA 的比例关系同苯丙胺与甲基苯丙胺。

某些苯丙胺类物质如苯丙胺既是滥用物质，又为甲基苯丙胺的代谢产物。当尿液同时检出苯丙胺和甲基苯丙胺时即产生判断问题：被检者仅摄取甲基苯丙胺还是同时摄取苯丙胺和甲基苯丙胺？大量的研究结果表明，仅摄取甲基苯丙胺时，尿液中代谢物苯丙胺与原体浓度比一般低于 10%。故尿液中检出苯丙胺与甲基苯丙胺浓度比大于 10%，提示被检者可能同时摄取甲基苯丙胺和苯丙胺。

甲基苯丙胺的构型在体内不发生转变，但代谢速率不同。尿液中检出 S(+)甲基苯丙胺，表明滥用的物质中含有 S(+)甲基苯丙胺。

（3）唾液　车辆驾驶人员唾液中甲基苯丙胺、苯丙胺、MDMA 和 MDA 的含量阈值均为 25 ng/mL。口服甲基苯丙胺后，甲基苯丙胺及其代谢物苯丙胺在唾液与血浆中的时间过程相似，唾液与血浆中浓度均随剂量升高而增加。与血浆相比，唾液中浓度相对更高，一般为血浆中浓度的 1.4~8.2 倍，可能是由于唾液的酸度高于血浆。如每日重复给药，唾液和尿液中甲基苯丙胺和苯丙胺则明显积累。如果连续 4 天以低剂量和高剂量甲基苯丙胺重复口服给药，然后停止给药，尿液的检出时限约为 3 天，而唾液的检出时限约为 24 h。

（4）毛发　苯丙胺类物质滥用方式大多为不规则用药或间歇性用药，而毛发分析对于摄毒史的评判更有价值。毛发中目标物浓度受许多因素影响。① 原体和代谢物浓度。吸毒者头发中甲基苯丙胺和苯丙胺的浓度随吸毒剂量、频度、个体因素等相差较大，头发中甲基苯丙胺浓度高于苯丙胺，苯丙胺浓度随着甲基苯丙胺浓度的升高而升高，但二者的浓度比值逐渐减小，表明吸毒量大时存在代谢过饱和。苯丙胺与甲基苯丙胺的浓度比值在 0.015~0.14，这也是区分甲基苯丙胺主动摄入与外源污染的指标之一。② 带毛囊的发根。甲基苯丙胺入血 5 min 后可到达发根，带毛囊的发根可用于评判急性中毒。③ 摄毒剂量和毛发颜色。毛发中苯丙胺类浓度与服用剂量、毛发中黑色素含量有正相关性。苯丙胺类物质更易进入黑色头发。④ 人体不同部位毛发中苯丙胺类浓度。阴毛、腋毛、头发中的苯丙胺浓度存在差异，但苯丙胺/甲基苯丙胺的比值无显著性差异，见表 10-12。⑤ 胎毛。胎毛分析可用于评判孕妇在怀孕期间是否滥用苯丙胺类毒品。

表 10-12　阴毛、腋毛、头发中苯丙胺浓度、甲基苯丙胺浓度和苯丙胺/甲基苯丙胺的比值

	阴毛（*n*=41）	腋毛（*n*=14）	头发（*n*=2 389）
苯丙胺浓度/（ng/mg）	0.14~8.35（1.02）	0.22~6.58（1.57）	0.13~13.39（0.87）
甲基苯丙胺浓度/（ng/mg）	0.91~64.78（15.54）	1.76~55.50（17.82）	0.51~193.75（11.80）
苯丙胺/甲基苯丙胺比值	0.02~0.29（0.08）	0.06~0.16（0.11）	0.004~1.16（0.09）

（5）质谱鉴定　苯丙胺类物质结构类似，不仅可产生相同的碎片离子，而且在样品前处理或者进样时均可能转变，在鉴定时一定要严格遵守定性通则，尽力防范假阳性结构。

N-异丙基苄胺和甲基苯丙胺为同分异构体。*N*-异丙基苄胺并非管制化学品[10]，大多数情况下，*N*-异丙基苄胺被作为冰毒的添加物使用，但也有嫌疑人将其纯品用于贩卖和吸食。*N*-异丙基苄胺和甲基苯丙胺在气相色谱中出峰时间极为接近，*N*-异丙基苄胺先于甲基苯丙胺出峰。但两者在 GC-MS 上有着相同的分子离子、碎片离子 *m/z* 58 和 *m/z* 91，但 *N*-异丙基苄胺的主要特征离子为 *m/z* 91，而甲基苯丙胺的是 *m/z* 58。LC-MS 分析时，也往往会选择相同的离子对，这时，色谱保留时间和离子丰度比在区分鉴别中起着非常重要的作用。

（6）原形药物及其代谢物同时分析　苯丙胺类物质结构类似，许多物质除本身原形在管制目录外，其体内主要代谢物仍可作为毒品使用，仍在管制目录。如常见的甲基苯丙胺与苯丙胺、MDMA 与 MDA，还存在一些非常见的，要特别注意。如安非拉酮体内代谢生成的卡西酮、苄甲曲秦体内代谢生成的芬美曲秦，这些代谢物同样在管制目录。只有同时分析原形药物及其代谢物，才能明确摄入的物质原形，也可帮助查找来源。

（7）多种药物滥用　苯丙胺类兴奋剂滥用者通常采用多种滥用物质混合使用，如甲基苯丙胺、MDMA 常与氯胺酮、安眠镇静类药物混合滥用，或加至啤酒等含酒精的饮料中混合滥用。由于药物的协同作用,容易造成严重、复杂的中毒反应。在实践案例分析时,尽可能采用涵盖药物种类范围广的方法进行筛选。

(8) 手性分析　苯丙胺类物质如甲基苯丙胺和MDMA等结构中都具有手性中心,其光学活性体表现出不同的药理性质。苯丙胺、甲基苯丙胺和MDMA的(*S*)-对映异构体中枢兴奋作用均强于(*R*)-对映异构体。MDA、MDMA和MDEA常以外消旋混合物形式使用,并不存在相应的合法的前体药物。但有些治疗药物可以代谢为苯丙胺、甲基苯丙胺,如用于治疗帕金森病的司来吉兰可以代谢为(*R*)-苯丙胺、(*R*)-甲基苯丙胺,减肥药苄非他明可以代谢为(*S*)-苯丙胺、(*S*)-甲基苯丙胺,见表10-13。此外,在一些国家中使用的、治疗多动症的Adderall中含有(*S*)-苯丙胺和(*R*)-苯丙胺,鼻通药Vicks inhaler中含有(*R*)-甲基苯丙胺。因此,在检出甲基苯丙胺和苯丙胺成分时,如怀疑其他途径用药,可进一步进行苯丙胺物质的手性分析以及同时分析临床药物原形可用于区分和解释苯丙胺类的阳性结果。对于涉苯丙胺类物质案件的鉴定,手性分析还可评判其在中毒或死亡中所起的作用,并可用于判断毒品来源。

表10-13　可代谢生成甲基苯丙胺和苯丙胺的前体药物

药　物	英　文　名	可代谢生成的甲基苯丙胺、苯丙胺
安非他尼	amphetaminil	(*S*)-苯丙胺、(*R*)-苯丙胺
苄非他明	benzphetamine	(*S*)-甲基苯丙胺、(*S*)-苯丙胺
氯苄雷司	clobenzorex	(*S*)-苯丙胺
乙基苯丙胺	ethylamphetamine	(*S*)-苯丙胺、(*R*)-苯丙胺
二甲基苯丙胺(二甲基安非他明)(管制)	dimethylamphetamine	(*S*)-甲基苯丙胺、(*R*)-甲基苯丙胺、(*S*)-苯丙胺、(*R*)-苯丙胺
泛普法宗	famprofazone	(*S*)-甲基苯丙胺、(*R*)-甲基苯丙胺、(*S*)-苯丙胺、(*R*)-苯丙胺
芬咖明	fencamine	(*S*)-甲基苯丙胺、(*R*)-甲基苯丙胺、(*S*)-苯丙胺、(*R*)-苯丙胺
芬乙茶碱	fenethylline	(*S*)-苯丙胺、(*R*)-苯丙胺
芬普雷司(管制)	fenproporex	(*S*)-苯丙胺、(*R*)-苯丙胺
呋芬雷司(管制)	furfenorex	(*S*)-甲基苯丙胺、(*R*)-甲基苯丙胺、(*S*)-苯丙胺、(*R*)-苯丙胺
美芬雷司(管制)	mefenorex	(*S*)-苯丙胺、(*R*)-苯丙胺
普尼拉明	prenylamine	(*S*)-苯丙胺、(*R*)-苯丙胺
司来吉兰	selegiline	(*R*)-甲基苯丙胺、(*R*)-苯丙胺

五、案例评析

案例一

某案中发现十几名舞客摇头不止,兴奋异常,并发现其携带可疑药片,故委托查明是否使用"摇头丸"类,并判明是偶尔使用还是经常滥用。

【毒物鉴定及评析】采集嫌疑人尿液，经分析其中 7 份尿液中含有 MDMA 成分，其他尿液中则含有麻黄碱和可待因成分，与其自述服用“联邦止咳露”情况相符（大量饮用“联邦止咳露”也有兴奋作用）。尿液中检出 MDMA 成分，表明被检者在 5～7 天内曾服用过该类毒品，但仅根据此结果尚不能判断其是否经常使用苯丙胺类毒品，而头发分析结果则能提供毒品使用的长程信息（时间和历史）。故进一步采集 7 名尿液阳性者头顶部贴根 1 cm 头发，经分析在其中 6 名尿液阳性者头发中检出了 MDMA 及其代谢物 MDA 成分（表 10－14），其中原体浓度高于代谢物浓度，其比值为 8～15.4。头发分析结果表明：No.1～4 和 No.6～7 舞客在最近一个月内经常使用 MDMA 毒品，而 No.5 舞客则可能为最近两天内使用，其使用量和使用时间均未到达足以在头发中积聚并达到检出量，也可能为首次摄药。高的药物原体浓度则表明滥用者间歇性使用（一般为在舞厅时使用）这类药物。该结果为执法部门提供了可靠的认定证据。

表 10－14　滥用者毛发中 MDMA 及其代谢物 MDA 含量

No 编号	MDMA/（ng/mg）	MDA/（ng/mg）	MDMA/MDA
1	21.9	2.3	9.5
2	7.7	0.5	15.4
3	15.9	2.0	8
4	2.4	0.2	12
5	—	—	
6	13.2	0.9	14.7
7	19.6	1.7	11.9

案例二

据某宾馆报案，某 39 岁男子当日凌晨 2:00 开始出现呕吐不止、烦躁不安、神志不清、思维混乱、胡言乱语、呼吸困难、幻视幻听、磨牙出汗等症状，立即向当地派出所报案并急送医院救治。医生发现该男子裤裆内夹有黄色圆柱状固形物，外由安全套及透明胶带纸缠绕，共 41 个。将上述包裹物剖开见每个包裹物中有直径为 0.4 cm 的绿色或橙黄色药片 60 粒。经抢救无效，该男子于当日凌晨 5 时 20 分死亡[11]。尸检后发现胃肠内容物中有大量药片和空安全套。

【毒物分析及评析】死者裤裆内药物、胃肠内容物、心血及呕吐物经分析，结果均检出甲基苯丙胺成分。鉴定结果表明该男子系体内藏毒甲基苯丙胺导致急性中毒意外死亡。

第三节　大　　麻

一、概述

大麻（marijuana）是当前世界上滥用人数最多的毒品。根据《2021 年世界毒品报告》，2019

年大约有2亿人吸食大麻,北美地区占比最高。美国国家药物滥用统计中心在2020年报告[12],当前使用大麻的美国成年人数量已达到5 500万,占总人口16.9%,至少尝试过一次大麻的美国人已经占到总人口的45%。

大麻中成分多且复杂,其中大麻酚类成分(cannabinoids)对中枢神经有明显作用,主要活性成分为Δ^9-四氢大麻酚(Δ^9-tetrahydrocannabinol,dronabinol,Δ^9-THC,简称THC)、大麻二酚(cannabidol,简称CBD)和大麻酚(cannabinol,简称CBN),尤以THC的精神活性最强,具有致幻成瘾性。CBD具有抗肿瘤、免疫调节、神经保护等活性。CBD和THC有协同作用。CBD是THC的前体,而CBN为THC的分解物,经过较长时间的存放、高温、紫外线,THC可降解为CBN。

大麻具有独特的精神活性,滥用后可产生不同的药理作用,如镇静、欣快、幻觉、感知增强或扭曲,并引起一系列心理变化,包括感知、思维、情绪、记忆及精神变化等。大麻可影响注意力、记忆力及计算能力,长期滥用可损害记忆、感知、判断及运动协调功能。由于认知能力的变化,有时会出现思维联想障碍,甚至偏执观念,严重者可有一过性的精神崩溃现象。中等剂量的大麻即会对认知功能造成较严重的损害,包括目的性丧失,即刻回忆受损等。大麻可引起运动机能受损,尤其是精细的运动技能,如驾车、操作仪器等。

大麻主要通过大麻CB1受体和CB2受体发挥作用。CB1受体主要位于脑、脊髓与外周神经系统中,可能与记忆、认知、运动控制的调节有关;CB2受体则主要分布于外周,如脾脏边缘区、免疫细胞、扁桃体等,可能与大麻素免疫抑制作用有关[13]。长期大量滥用者,可产生耐受。大麻产生的躯体依赖性远不如阿片等严重,但可引起抑郁、焦虑、人格障碍等。长期滥用者若突然停用,可出现一系列戒断症状,如睡眠障碍、食欲缺乏、易激惹、震颤、多汗、恶心、肌肉抽动、不安等。

大麻属于低毒性物质,未见急性中毒死亡的报道。大麻中毒多为一次过量,出现意识不清、定向力受损,并有不安、躁动、惊恐,同时伴发错觉、幻觉及思维障碍。可产生严重的焦虑,重者达惊恐程度,患者有大祸临头或濒死感。有些滥用者在惊恐发生的同时伴随偏执观念,对人产生敌对的态度,有的有冲动杀人行为。有的在大量滥用后可产生抑郁反应,表现为悲观绝望,重者有自杀企图。

二、体内过程

1. 吸收与代谢

大麻滥用的常见途径为抽吸,其次为口服,采用静脉注射方式的极为少见。用药途径不同,药物代谢动力学也有诸多不同,口服大麻的生物利用度为6%~20%,抽吸大麻的生物利用度为10%~35%。抽吸大麻时,约18%的THC通过肺部吸收进入体内,数秒钟后即可进入血液发挥作用。THC的血液浓度峰值出现于抽吸后8 min,其主要代谢物Δ^9-四氢大麻酸(11-nor-9-carboxy-Δ^9-Tetrahydrocannabinol, 11-nor-9-Carboxy-Δ^9-THC,简称THC-COOH)相对THC较晚,出现于1.4~2.4 h。口服的吸收量仅相当于抽吸的1/3左右,起效时间较慢,短者30 min,长者需2 h。吸食大麻后唾液中THC于0.25 h达峰浓度,3~6 h内降低至1/100。静脉注射几乎仅用于研究,用此方式滥用的极少。

大麻的主要精神活性成分THC进入体内后在肝脏和其他组织中很快被细胞色素P450酶代谢,主要生成11-羟基-四氢大麻酚(11-hydroxy-Δ^9-Tetrahydrocannabinol, 11-hydroxy-Δ^9-THC,简称11-OH-THC),该单羟基化合物虽有生理活性但很难达到能明显起作用的血浓度。11-OH-THC进一步代谢氧化成THC-COOH,并形成THC-COOH葡萄糖醛酸结合物(图10-2)。

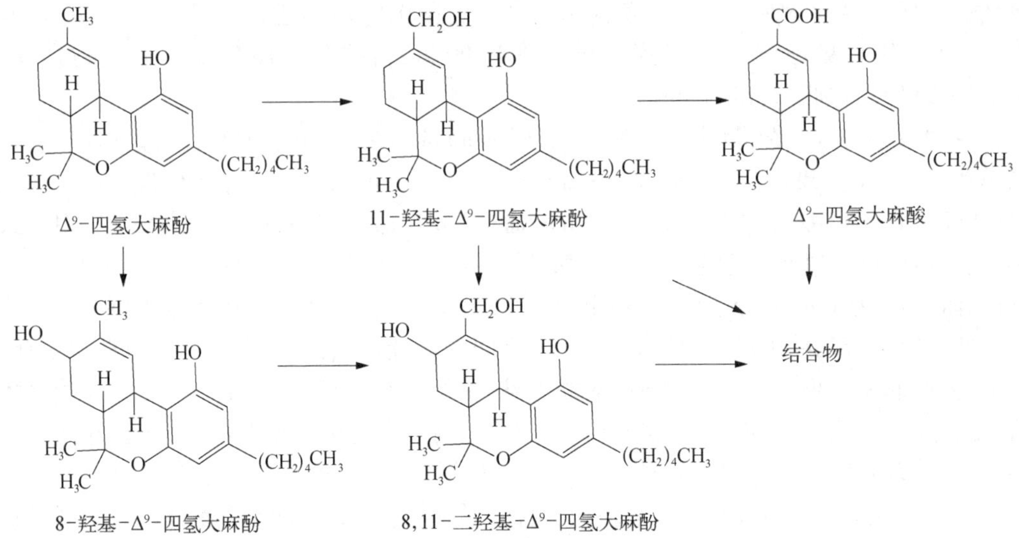

图 10-2 THC 的体内代谢过程

单次分别口服 2.5 mg、5 mg 或 10 mg 的 THC，约在 1.0~2.5 h 达血峰浓度，分别为 1.3 ng/mL、3.0 ng/mL 或 7.9 ng/mL。11 min 内抽吸 15.8 mg THC，THC 约在 0.14 h 达血峰浓度 50~129 ng/mL，11-OH-THC 约在 0.25 h 达血峰浓度 3.3~10 ng/mL，THC-COOH 约在 2.4 h 达血峰浓度 15~54 ng/mL。血液中 THC 和 11-OH-THC 浓度下降也较快，3 h 后，分别降至 1.2 ng/mL 和 0.7 ng/mL；THC-COOH 浓度下降较慢，12 h 后，约为 8.8 ng/mL[2]。

2. 消除

无论采取何种滥用方式，其代谢产物在粪便和尿液中的排出比例均相似，以粪便排出为主。尿液中 THC 最主要代谢物为 THC-COOH 及其结合物，所摄取 THC 剂量的 15%~20%转变为尿液中酸性代谢物，而其中的 27%是结合型和游离型的 THC-COOH。比较经常和偶尔滥用大麻者，发现两者血中浓度时间代谢曲线无显著差异，但经常使用大麻者血和尿液中游离和结合型 THC-COOH 的浓度均高于偶尔使用大麻者。

抽吸 27 mg THC，尿液中 THC 约在 2 h 后达峰浓度 22 ng/mL，总的 THC-COOH 约在 3 h 后达峰浓度 78 ng/mL。长期吸毒者尿液中总的 THC-COOH 浓度可高达 2 705 ng/mL，尿液中 THC-COOH 的消除半衰期在 0.8~9.8 天[2]。

3. 分布

THC 的脂溶性较强，进入体内后迅速分布于各组织中，尤其是肺组织、心脏、脑组织和肝组织。THC 在各组织中分布体积较大。THC 进入体内约 6 h 后在血液和组织间达到平衡。THC 可迅速透过胎盘，但其代谢物 11-OH-THC 和 THC-COOH 的透过能力不强。由于亲脂性强，产妇的乳汁中也可检出 THC。

死亡案例中，胆汁中 THC 代谢物浓度较高，THC 和 CBD 在肌肉中浓度相对较高。抽吸时 THC 在肺组织中浓度很高，而肝脏中难以检出 THC，但 THC-COOH 浓度较高。

三、分析方法

通常血液、尿液、唾液和毛发是检验体内大麻酚类物质的常用检材，大部分以检测 THC 及其代谢物为主。血液、唾液和毛发中同时存在 THC、11-OH-THC、THC-COOH 及其葡萄糖醛酸结合物，尿液中则以 THC－COOH 及其葡萄糖醛酸结合物为主。

免疫方法广泛用于生物检材的初步筛选，但这些方法易受各种干扰。如尿液中加入氯化钠、漂白粉、醋、KOH、肥皂、丙酮、氨水等，均可能产生假阳性、假阴性结果，因此分析结果需要用色谱-质谱法进一步确证。

大麻及其代谢物在体内大部分迅速形成葡萄糖醛酸结合物，故尿液提取前应先行碱水解或酶水解，然后在酸性条件下用己烷∶乙酸乙酯(9∶1，*V/V*)等溶剂提取。

大麻酚类及其代谢物结构上有羟基和羧酸基，极性较强，采用 GC－MS 分析时，需衍生化以改善其色谱行为，提高灵敏度。

LC－MS/MS 可同时分析大麻酚类及其代谢物 THC－COOH 以及葡萄糖醛酸结合物，相对于 GC－MS 方法，样品前处理简单，无需衍生化，简便快速。

1. 尿液

尿液中以 THC 的代谢物 THC－COOH 及其葡萄糖醛酸结合物为主，可同时分析，或者首先水解以使结合型 THC－COOH 游离，分析 THC－COOH 总量。目前多采用强碱消化或者酶水解方法。

参考方法

尿液中 THC－COOH 的 LC－MS/MS 分析(《尿液中 Δ^9-四氢大麻酸的测定 液相色谱-串联质谱法》GB/T 37272－2018)

样品前处理

取尿液 1 mL，加入 1 mol/L 氢氧化钠溶液 1 mL，调至 pH 13，80℃水浴中水解 30 min，冷却后加入 1 mol/L 盐酸溶液 1 mL，调至 pH 7~8，再加入 100 μL 冰醋酸，调至 pH 4~5，加入 3 mL 正己烷∶乙酸乙酯(9∶1)，混旋，离心，吸取上清液，60℃水浴空气流下吹干，残留物中加入 200 μL 乙腈∶20 mmol/L 乙酸铵溶液(9∶1)定容，取 5 μL 供 LC－MS/MS 检测。

色谱条件：色谱柱：MGII C18(50 mm×3 mm，3 μm)或相当者；柱温：室温；流动相：乙腈∶20 mmol/L 乙酸铵和 0.1%甲酸缓冲液(9∶1)；流速：200 μL/min。

质谱条件：离子源：ESI，负离子模式；检测方式：多反应监测(MRM)；离子喷雾电压：4 000 V；离子源温度：450℃；碰撞气、气帘气等气流值应优化至最优灵敏度；Δ^9-四氢大麻酸和内标物的定性离子对、定量离子对、去簇电压和碰撞能量见表 10－15。

表 10－15 Δ^9-四氢大麻酸和内标物的定性离子对、定量离子对、去簇电压(DP)、碰撞能量(CE)

化合物	定性离子对(*m/z*)	定量离子对(*m/z*)	DP/V	CE/eV
THC－COOH	343/299 343/245	343/299	−80	−28
THC－COOH－d_9	352/308	352/308	−80	−30

注：方法 LOD 为 4 ng/mL，LOQ 为 10 ng/mL。

2. 血液

血液中可同时分析 THC、11－OH－THC 和 THC－COOH，必要时进行定量分析。

参考方法

血液中 THC、THC－COOH 的衍生化、GC－MS 分析(《法庭科学 毛发、血液中四氢大麻酚和四氢大麻酸检验 气相色谱法-质谱法》GA/T 1636－2019)

样品前处理

移取血液检材样品 1.0 mL 于具盖离心管中(若采用内标法,则加入内标 1.0 mg/mL 甲芬那酸 50 μL,混匀),加乙腈 1 mL,振荡 15 min,8 000 r/min 离心 10 min,取上清液,加 10%乙酸 0.4 mL、生理盐水 2 mL,混匀后调 pH 至 3.5,8 000 r/min 离心 10 min,取上清液,加入有机相正己烷/乙酸乙酯混合溶剂(体积比为 9∶1)5 mL,振荡 5 min,8 000 r/min 离心 10 min,取有机相 4.5 mL 并转移至玻璃试管中,在浓缩器上 35℃下浓缩至约 1 mL,定量转移至玻璃试管中,35℃下快速浓缩至干。衍生化:在残留物中加入五氟丙酸酐(PFPA)20 μL 和五氟丙醇(PFPOH)5 μL,置于烘箱中 70℃衍生化 30 min,冷却,在浓缩器上 35℃浓缩至干,用乙酸乙酯 50 μL 溶解,供 GC - MS 分析。

色谱条件:DB - 5 MS 柱(30 m×0.25 mm, 0.25 μm)或等效色谱柱;柱温:80℃保持 2 min,以 30℃/min 速率升温至 280℃,保持 16.5 min;载气:高纯氦;柱流量:1 mL/min;进样口温度:280℃。

质谱条件:离子源:电子轰击离子源(EI);离子源温度:230℃;传输线温度:250℃。全扫描:质谱范围 40~700 amu;或选择离子监测(SIM);THC 和 THC - COOH 五氟丙酸酐衍生物的质谱特征离子见表 10 - 16。

表 10 - 16 THC、THC - COOH 五氟丙酸酐衍生物的特征离子

目 标 物	特征离子(*m/z*)
THC 五氟丙酸酐衍生物	73,377*,460
THC - COOH 五氟丙酸酐衍生物	129,459*,622
甲芬那酸五氟丙酸酐衍生物	194,398*,519

注:* 为定量。

方法中 THC、THC - COOH 的 LOD 均为 1 ng/mL。

3. 毛发

大麻及其代谢物难以与毛发结合,酸性代谢物尤其如此,因而毛发中大麻各成分浓度非常低。大麻滥用多采用抽吸的方式,易引起头发的外部污染,故头发的去污处理显得尤为重要。参考方法见《毛发中 15 种毒品及其代谢物的液相色谱-串联质谱检验方法》(SF/Z JD0107025 - 2018)。

四、鉴定要点

(1) 分析目标物 按照目前我国禁毒法规,涉及大麻的鉴定针对大麻中主要精神活性成分 THC,在体内分析时,首先需要明确各生物检材中的分析目标物。血液、唾液检材中的分析目标物为 THC、11 - OH - THC 和 THC - COOH,尿液中的分析目标物则为 THC - COOH,由于尿液中 THC - COOH 以葡萄糖醛酸结合物形式存在,因此,仪器分析前首先需要水解以释放出游离型的 THC - COOH。头发中首先分析目标物 THC,需要排除外污染和进一步确认时需检测痕量 THC - COOH。THC 及其代谢物 THC - COOH 分析一般先行初步筛选,然后经质谱进一步确证。

在分析鉴定、购买标准品时,有两个化合物要注意区分。

Δ^8-四氢大麻酚(Δ^8-Tetrahydrocannabinol, Delta 8-tetrahydrocannabinol,简称 Δ^8-THC)我们平时分析的 THC 为 Δ^9-THC,Δ^8-THC 为 Δ^9-THC 的位置异构体,见图 10-3。Δ^9-THC 是毒品大麻中的主要成分,Δ^8-THC 在天然大麻植物中痕量[14],可由 CBD 转化、合成。Δ^8-THC 同样有精神活性作用,作用于大麻受体 CB1 和 CB2。

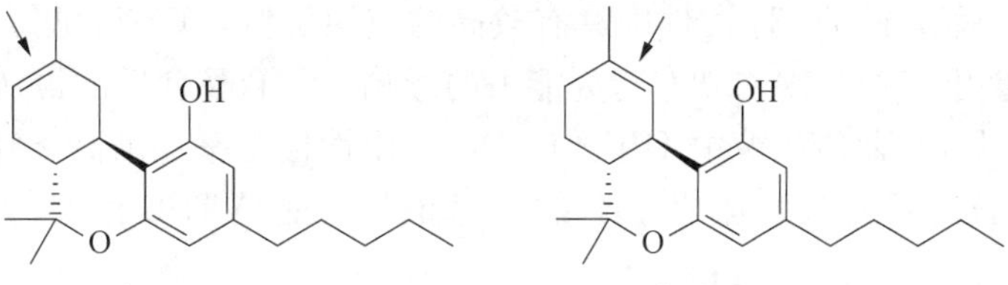

Δ^8-THC　　Δ^9-THC

图 10-3　Δ^8-THC 和 Δ^9-THC 在化学结构上双键位置差异

Δ^9-四氢大麻酚酸 A(Δ^9-Tetrahydrocannabinolic Acid A,Δ^9-THC Carboxylic Acid A,D9-tetrahydrocannabinolic acid-A, D9-四氢大麻酸-A,THCA,Δ^9-THCA-A,简称 THCA-A)为 THC 的前体物质[15],存在于大麻植物中,光照、加热、强酸、强碱都可使 THCA-A 脱羧成 THC[16]。吸食大麻时通常经过加热过程,大约 70% THCA-A 转化为 THC,但血液和尿液中仍可检出少量 THCA-A。THCA-A 是近几年才发现、受到关注,其化合物名称和缩写为了与 THC、THC-COOH 区分,不断在改变。THC 的代谢物 THC-COOH 目前已经不采用 THCA 缩写,以利于区分、识别。

(2) 生物检材中大麻酚类及其代谢物的检出时限　　THC 脂溶性强,进入体内后可在深层脂肪等组织中积累,然后,从这些组织中逐渐释放,再慢慢消除,因此,生物检材中,相对海洛因、甲基苯丙胺等毒品,检出时限更长。血液中 THC-COOH 的检出时限比 THC 长。尿液中 THC-COOH 消除半衰期大约在 1 天,检出时限可达 3 至 13 天。长期滥用者比单次摄入者的半衰期更长。

(3) 血液　　血液中 THC 及其代谢物浓度可反映其行为能力的受损程度。除死后毒物学鉴定外,交通事故案件中分析 THC 及其代谢物同样重要。

大麻过量中毒死亡案件未见报道,多是滥用大麻引起精神障碍而发生意外死亡。死亡案件大多仅是涉及大麻,故大麻酚类及其代谢物的尸体血液浓度与活体血液浓度没有明显差异[11],见表 10-17。当活体血液中 THC 浓度低于 5 ng/mL 时,难以区分近期和长期滥用。

表 10-17　活体和死亡案件中大麻酚类及其代谢物浓度资料(ng/mL)

目标物	活体案件		死亡案件
	案例数,浓度均值(范围)	案例数,12.5 h 后浓度均值(范围)	案例数,浓度均值(范围)
THC	10,3.0(1.4~20.3)	10,2.3(0.9~5.9)	16,9.2(1.04~184.3)
11-OH-THC	10,1.7(0.8~7.3)	/	13, 3.0(0.49~74.3)
THC-COOH	10,31.0(12.8~86.9)	10,0.6(0.5~3.5)	16, 19.2(1.82~220.5)

（4）尿液　尿液检材通常用于滥用药物筛查。尿液中以 THC－COOH 及其葡萄糖醛酸结合物为主要成分，故提取前应先水解。碱水解主要针对 THC－COOH 葡萄糖醛酸结合物，酶水解对 THC－葡萄糖苷和 11－OH－THC－葡萄糖苷均有作用；如果需要彻底水解，最好是酶水解后再进一步碱水解。尿液中 THC－COOH 免疫筛选分析和确证分析的阈值分别为50 ng/mL 和 15 ng/mL。

（5）唾液　唾液在“毒驾”案件中具有较高的应用价值。唾液收集方便，侵犯性小，可反映其近期大麻滥用情况，反映对驾车行为能力的影响。大麻吸食后的最初 6 h，唾液中 THC 的阳性检出率高于尿液，此后尿液中 THC－COOH 的阳性检出率逐渐高于唾液。唾液同样存在外污染问题，若长时间处于大麻烟雾环境中，唾液也可能呈 THC 阳性，但无法检出 THC－COOH 成分。

（6）毛发　毛发中 THC 分析可反映其长程的滥用情况。与其他滥用物质不同，大麻酚类及其体内代谢物四氢大麻酸较难进入头发，故头发中 THC、THC－COOH 的浓度非常低。毛发分析时 THC 筛选和确证的阈值均为 0.05 ng/mg。

（7）生物检材中大麻酚类及代谢物的稳定性　由于 THC、THC－COOH 易受存放条件影响而其浓度变化较大。取相同的阳性尿液，分别于－2℃、6℃、25℃放置，测其浓度变化。结果表明－2℃下变化最小，25℃变化最大，10 天后已呈阴性[11]。血液中 THC 和 THC－COOH 的浓度随保存时间延长而降低。为确保生物检材中大麻酚类及代谢物的浓度测定准确性，应尽快分析。

五、案例评析

案例一

警方从某男子口袋中查获大麻烟，故采集该男子尿液，进行摄毒鉴定。

【毒物分析及评析】第一步，取尿液，采用 THC－COOH 免疫试剂盒筛选，结果显示阳性。第二步，取尿液，经处理后采用 LC－MS/MS 分析，检出 THC－COOH 成分。尿液中检出 THC－COOH 成分，说明该男子在近期内曾摄入过大麻。

案例二

某地接到急救电话，一个儿童生日派对活动中，多名参加者出现头晕、恶心、呕吐、嗜睡、幻觉和心悸等症状，随后 12 名儿童和 9 名成人送医院救治，抽取血液进行毒物分析。由于怀疑中毒与大约 1 h 前摄入橡皮糖有关，遂提取橡皮糖送检。

【毒物分析及评析】橡皮糖经处理后运用 GC－MS 分析，其中检出 THC 成分，质量分数为 206 μg/g；未检出其他精神活性物质。血液经处理后运用 LC－MS 分析，其中均检出 THC、THC－COOH 成分，均未检出其他精神活性物质。儿童患者血液中 THC 和 THC－COOH 的质量浓度分别在 17.9～106 ng/mL 和 10.9～195 ng/mL 范围；成人患者血液中 THC 和 THC－COOH 的质量浓度分别在 27.5～91.9 ng/mL 和 27.5～159 ng/mL 范围。现场提取的物品筛选、确认，可帮助快速确定中毒方向，患者血液的提取、毒物分析可明确中毒及中毒程度[17]。

第四节 可 卡 因

一、概述

可卡因(cocaine)是欧美国家滥用最为广泛的毒品之一,尤其在美国,被认为是滥用最严重的毒品[18]。2014 年至 2019 年,全球可卡因产量翻了一番,2019 年达到 1 784 吨(以 100%纯度计算),创历史新高。2020 年,在欧洲,缉获的可卡因达到 213 吨,创历史新高。可卡因毒品中常常掺杂其他滥用物质,特别是阿片类物质,滥用存在着严重的健康危害风险,可卡因相关的中毒过量死亡率近年持续上升,例如在美国,从 2012 年到 2018 年,死亡率升高两倍多。2018 年,美国超过五分之一的中毒案例与可卡因有关,导致 14 666 人死亡,与阿片类物质中毒过量死亡率相近[19]。

可卡因属强效中枢神经兴奋剂和局部麻醉剂,其药理作用包括: ① 兴奋中枢神经: 通过阻止受体对多巴胺的摄取,使细胞外的多巴胺浓度增加,从而产生欣快感。② 局部麻醉: 可逆性地阻断神经冲动的产生和传导。③ 心血管收缩: 小量使心率减慢,中等量增加心率,大剂量严重抑制心肌活动致血管性虚脱。收缩血管,可引起高血压,并可能导致心肌梗死。乙醇和可卡因具有相互作用,混合使用可使心率和心肌耗氧量增加,明显提高心血管系统中毒风险。

可卡因的长期滥用可导致精神障碍,表现为偏执狂和持续幻觉存在。除精神障碍外,常见症状包括鼻炎(可能伴有鼻中隔穿孔)、呼吸短促、冷汗、震颤、强烈的保护行为、知觉扭曲、心动过速、呼吸过速、呼吸困难和多动行为。长期滥用可卡因所致的不良反应累及全身几乎所有器官系统,长期使用可卡因会加速动脉粥样硬化的发展。最常见的致死原因为心血管系统毒性,包括急性心肌梗死、心肌缺血、心律失常、猝死等。急性中毒死亡者呈窒息死征象,各器官淤血明显。

二、体内过程

可卡因吸食和注射吸收良好,脂溶性的结构使之能穿透血脑屏障,迅速产生作用,血浆蛋白结合率为 91%。鼻吸法是最普遍采用的滥用方式,通过鼻黏膜吸收可达 30%~60%,欣快感达峰平均时间为 15 min 左右。如鼻吸 106 mg,0.5 h 后可卡因达血峰浓度 220 ng/mL,3.0 h 后苯甲酰爱康宁达血峰浓度 611 ng/mL[2]。静脉注射可在 2~5 min 达血峰浓度,烫吸时也在几分钟内达峰浓度,起效快,但维持时间短。如烫吸 50 mg,0.08 h 达血峰浓度 203 ng/mL,1.5 h 后苯甲酰爱康宁达血峰浓度 151 ng/mL[2]。可卡因口服后约 30 min 进入血液,吸收量仅为剂量的三分之一,60 min 后达峰浓度。

可卡因在人体内分布广泛,消除快,半衰期为 0.7~1.5 h,苯甲酰爱康宁和爱康宁甲酯的半衰期相对较长,分别为 6~8 h 和 3~8 h。可卡因的稳态表观容积为 1.5~2 L/kg,清除率为 20~30 mL/(min · kg)。

可卡因在人体内的代谢主要是酯键水解的过程。可卡因经水解可生成苯甲酰爱康宁(benzoylecgonine, BZE)、爱康宁甲酯(ecgonine methyl ester, EME)和少量爱康宁(ecgonine)。可卡因和乙醇联合使用时,产生代谢物古柯乙烯(cocaethylene,CE)。故体内代谢物特征可指示其滥用方式。

无论哪种滥用方式，可卡因在血液和尿液中最主要的代谢产物均为苯甲酰爱康宁和爱康宁甲酯。摄入的可卡因约85%~90%在24 h内由尿液排出体外，其中可卡因原形占1%~9%，苯甲酰爱康宁为35%~54%，爱康宁甲酯为32%~49%。

可卡因可广泛分布于人体脑、肝等组织、体液中，但现有数据由于滥用剂量、滥用方式、存活时间、样品保存时间、个体差异等因素相差较大。可卡因死后再分布现象明显，已有的研究中，中毒死亡案例中心血与外周血的可卡因浓度比率在1.5~2.3[2]。

三、分析方法

生物检材中以分析可卡因及其主要代谢物苯甲酰爱康宁为主，同样分为初步筛选和确认分析两个步骤。

色谱-质谱分析时，生物检材的前处理可采用液-液萃取或固相萃取等方法。可卡因和苯甲酰爱康宁均为酯类化合物，而苯甲酰爱康宁含有羧酸基。同时，可卡因在碱性条件下和高温下容易水解，因此检材处理不仅要快速、简便，而且需兼顾目标物的不同极性。液-液提取法存在一定的局限性，碱性条件下，可卡因的提取效率高，但苯甲酰爱康宁则较低；若酸性提取，则呈相反结果。提取溶剂以氯仿和异丙醇、二氯甲烷和异丙醇的混合溶剂为优选。

此外，采用GC－MS同时分析可卡因的代谢物时必须用BSTFA或MSTFA等衍生化，样品前处理步骤较为烦琐，而应用LC－MS/MS分析，样品前处理简便且灵敏度大为提高。

四、鉴定要点

（1）阳性结果的确认　生物检材中可卡因及其代谢物的鉴定一般历经筛选和确认分析，选择适宜的方法是结果准确、可靠的基础。根据我国公共安全行业标准《法庭科学 可卡因尿液检测试剂盒（胶体金免疫层析法）通用技术要求》GA/T1668—2019，尿液中可卡因试剂盒的筛选分析阈值为300 ng/mL，实验室确认分析时尿液中的苯甲酰爱康宁LOD应不低于50 ng/mL。毛发中可卡因和苯甲酰爱康宁的确认分析阈值分别为0.5 ng/mg和0.05 ng/mg。在交通事故涉驾车能力影响判断时，血液和唾液中可卡因的阈值为10 ng/mL。

需要注意，可卡因常常和其他滥用物质一起使用，在初筛时尽可能扩大滥用物质筛查范围。

（2）生物检材的应用特点　生物检材中可卡因及其代谢物在血液、尿液、唾液和毛发等生物检材中相对含量及检测时限见表10－18。通常，唾液、汗液和毛发检材中含有较高浓度的可卡因，而尿液含有相对少量的可卡因和很高浓度的苯甲酰爱康宁。

表10－18　生物样品中可卡因和代谢物的相对含量及检测时限

生物样品	血清	尸体血	唾液	尿液	汗液	胎粪	毛发
相对含量	高		低	高	低	高/低	低
主要成分	BZE>COC>EME	EME>BZE>COC	COC>BZE>EME	BZE＝EME>COC	COC>BZE＝EME	COC＝BZE>EME	COC>BZE>EME
时间周期	短		短	累积	累积	累积	累积
检出时限	0.5~1 d		0.5~1 d	2~3 d	数周	数月	数月~数年

注：可卡因：COC；苯甲酰爱康宁：BZE；爱康宁甲酯：EME。

(3) 生物检材中的稳定性　生物检材中可卡因和苯甲酰爱康宁的浓度及其比率可以帮助推断吸食可卡因的时间，因此，这些化合物在生物基质中的稳定性非常关键。可卡因结构上两个酯键易通过检材中的酶或碱性而水解，尤其在血液或血浆等含有胆碱酯酶的检材中更易水解。尿液中可卡因及其代谢物相对稳定。因此，生物样品应尽快分析检测，同时分析可卡因和苯甲酰爱康宁，余样则冷冻保存。

五、案例评析

案例一

某男性在酒吧突然抽搐，送医院途中死亡。病理解剖后送血液、尿液和头发(距根部4 cm)进行滥用物质分析。

【毒物分析及评析】血液经乙醇分析，血液中乙醇浓度为0.64 mg/mL；尿液经滥用物质筛查，可卡因阳性；血液、尿液和头发(距根部4 cm)检材经处理后用LC－MS/MS确认，均检出可卡因及其代谢物成分。血液中检出可卡因及其代谢物苯甲酰爱康宁，表明死者在最近数小时内曾滥用可卡因；头发中检出可卡因和苯甲酰爱康宁，表明死者在近三个月内多次滥用可卡因。

案例二

某交通事故的肇事司机精神紧张、不停颤抖、语无伦次，经酒精呼气仪测试，乙醇呈阴性。其口腔液经滥用物质免疫法筛查，可卡因呈阳性，遂抽取该司机血液以查明是否滥用可卡因。

【毒物分析及评析】血液经LC－MS/MS法分析，确认同时存在可卡因和苯甲酰爱康宁，浓度分别为50 ng/mL和30 ng/mL。从血液中同时检出可卡因和代谢物苯甲酰爱康宁，且可卡因浓度高于苯甲酰爱康宁等结果可知，该肇事司机在最近数小时内曾吸食可卡因，影响了其驾车能力。

第五节　致幻剂

一、概述

致幻剂(hallucinogens)是一类天然或人工合成的精神活性物质，能够影响人的中枢神经系统，可以强烈改变人的知觉、情绪和认知，引起幻觉或妄想。大自然中存在天然致幻剂，如赛洛新、赛洛西宾存在于世界各地的毒蘑菇中，麦司卡林主要来自墨西哥北部和美国西南部的仙人掌中，二甲基色胺则是取自一种卡皮藤蔓树皮[27]。人工合成的致幻剂也有很多，如俗称“邮票”、贴纸样的滥用物质，主要含有麦角酰二乙胺(lysergic acid diethylamide，LSD)成分；被称为“Angel Dust”的苯环利定(phencyclidine，PCP)。氯胺酮(ketamine)虽然临床上被用作麻醉剂，但其同时具有致幻作用。PCP和氯胺酮的结构类似，在这两个化合物结构上衍生出许多新的精神活性物质。

致幻剂有着不同分类方法，按照药理效应，致幻剂非常宽泛，包括使人产生幻视、幻听、幻嗅、幻味、幻触以及躯体幻觉等非常规现实感觉的各种物质，许多新精神活性物质，包括合成大麻素类物质以及MDMA、麦司卡林、氯胺酮和PCP等结构上改造、衍生的物质均具有致幻作用。根据化学结构，包括LSD、赛洛新、二甲基色胺等的吲哚烷胺类和麦司卡林等的苯烷胺类。按照作用机制[27]，致幻剂是一类使人产生幻觉、发生意识改变的5－羟色胺(5－HT)受体激动剂，英文名称psychedelics。本节着重介绍目前滥用较为广泛的氯胺酮、LSD、PCP、赛洛新和麦司卡林。

氯胺酮俗称"K"粉，归属为致幻剂，作为娱乐性物质滥用已有近30年历史，特别是在年轻人中有显著增加趋势。同时，氯胺酮是临床应用的麻醉药，既可用于麻醉诱导，又可进行麻醉维持，近年来还被许多国家开发，用作抗抑郁药。氯胺酮常常与乙醇、阿片类物质、苯丙胺类、苯二氮卓类、可卡因等滥用物质混合使用。氯胺酮因其滥用广泛性而常常出现在交通事故、死亡等各类案(事)件中。特别是，以其独特的麻醉、致幻作用被用在药物辅助犯罪案件中，典型的场景，在酒吧或派对上，氯胺酮粉末被放入受害人的饮料中，受害人使用后中枢神经系统抑制，出现言语障碍、思维健忘等症状。

致幻剂最突出的效应就是使人产生幻觉，使用后可引起感官感觉的混淆、情绪和感觉的变化，听到的像"看见"，而看到的像"听见"，从感觉假象到产生幻觉。幻觉因个人的思想意识和所处环境的不同而不同，躯体症状如眩晕、虚弱、震颤、呕吐、嗜睡、皮肤感觉异常和视力模糊；感觉症状如形状颜色改变、听觉敏锐、难以集中注意物体和难以联觉；精神症状如心情的改变、紧张、时间观扭曲、难以表达想法、人格解体、梦一般的感觉和视觉幻象。现阶段无法用生物学指标量化，也无法用标准化语言描述幻觉[27]。

致幻剂在我国研究甚少，但伴随着新精神活性物质的不断涌现，这些早已在管制目录的致幻剂滥用人群在不断增多。致幻剂虽然对体内组织器官的实质性损害小，但更可怕的是对人意识、行为能力的改变。大部分致幻剂不会直接造成中毒死亡，但因滥用后意识障碍导致死亡的事件很多，如认为自己具有特殊超能力、要飞起来、行走在高速公路上、完全意识不到自己所处环境的危险等，故许多致幻剂属于Ⅰ类管制精神药品。

二、体内过程

致幻剂的体内过程数据缺乏，仅有氯胺酮的研究较为完善，这里首先介绍氯胺酮，其余致幻剂的药动学数据与氯胺酮列表比对(表10－19)。

氯胺酮可经静脉、肌肉、鼻腔、直肠及硬膜外给药，在娱乐场所滥用的氯胺酮多为白色粉末状，也有水剂和片剂，滥用方式为鼻吸或溶于饮料后饮用。

氯胺酮呈弱碱性，起效快。静脉注射175 mg氯胺酮，12 min后达血峰浓度1.0 μg/mL。原体药物的血浆半衰期约为3~4 h。

氯胺酮进入血循环后大部分进入脑组织，然后再分布于全身组织中，主要在肝脏代谢。氯胺酮首先去甲基化生成去甲氯胺酮(norketamine)，再经脱氢代谢为脱氢去甲氯胺酮(dehydronorketamine)。去甲氯胺酮和脱氢去甲氯胺酮均有药理作用。这些代谢物均可进一步羟基化，形成葡萄糖醛酸结合物。

氯胺酮经肾脏排出体外。单剂量给药氯胺酮后，72 h内从尿液中排出的药物中，约有2.3%原体药物、1.6%去甲氯胺酮、16.2%脱氢去甲氯胺酮、80%羟基化代谢物的葡萄糖醛酸结合物。

LSD、PCP、赛洛新和麦司卡林等致幻剂主要以口服或卷入烟草等抽吸，多与其他物质混合使用，其主要的药动学数据见表10－19。需要指出的是，赛洛新为赛洛西宾的脱磷酸化物，同时存在于致幻蘑菇及其衍生毒品物质中。摄入的赛洛西宾进入体内后，迅速脱磷酸为赛洛新，由赛洛新发挥药理作用。

表 10－19 部分致幻剂的药动学数据

致幻剂	使用剂量/mg	血浆半衰期($t_{1/2}$, h)	作用时效/h	蛋白结合率(%)	pK_a	尿液中原药比率/%	主要代谢物
LSD	0.05～0.2	3～4	8～12	90	7.8	<1	2－氧代－3－羟基－麦角二乙(2－Oxo－3－hydroxy－lysergide, oxo－OH－LSD)，去甲 LSD(N－desmethyl－LSD)
PCP	1～6	7～46	2～4	65	8.5	3～50	4－苯基－4－哌啶环己醇(4－phenyl－4－piperidino－cyclohexanol)，1－(1－苯基环己烷基)－4－羟基哌啶(1－(1－phenylcyclohexyl)－4－hydroxypiperidine)
赛洛西宾	20～40	1.8～4.5	4	—	8.5	<1	赛洛新，4－羟基吲哚－3－乙酸(4－hydroxyindole－3－acetic acid)
麦司卡林	200～500	6	>10～12	<5	9.6	55～60	3,4,5－三甲氧基－苯乙酸(3,4,5－trimethoxyphenylacetic acid)，N－乙酰麦司卡林(N－acetyl mescaline)
氯胺酮	50～200	3～4	0.5～2	30～35	7.5	2～5	去甲氯胺酮(norketamine)，脱氢去甲氯胺酮(dehydronorketamine)

三、分析方法

生物检材中致幻剂及其代谢物分析可采用酶免疫、GC－MS 或 LC－MS/MS 分析。目前，致幻剂的免疫分析产品不易获取。另一方面，致幻剂滥用剂量小，体内痕量，常常与多种物质混合滥用，因此，亟须建立实验室的前处理简便、滥用物质范围宽广、灵敏度高的质谱检测方法。目前生物样品多采用 LC－MS/MS 分析。

大部分致幻剂都呈碱性。可在中性或碱性条件下液液提取，一般采用常见的毒药物筛选方法即可进行提取、净化。毛发检材可采用《毛发中 15 种毒品及代谢物的液相色谱-串联质谱检验方法》去污处理，然后通过冷冻研磨等方法将其释放、游离、提取，采用 LC－MS/MS 分析。由于生物样品中含量低，在实验室建立方法时，可根据目标物进一步优化样品前处理过程和分析仪器参数，以提高灵敏度。

不同于常见的致幻剂，赛洛新和赛洛西宾较为特殊，在样品前处理过程中易被氧化、分解，在酸性醇溶液中相对稳定，具体方法可参见色胺类新精神活性物质一节。

四、鉴定要点

(1) 生物检材的选取　致幻剂使用量小，体内含量低。应尽快采集血液、唾液和尿液检材，口服者还可采集胃内容物、呕吐物等。头发中致幻剂浓度非常低，目前的技术即使在多次滥用者头发中也可能检测不出致幻剂。

（2）综合分析　除了氯胺酮，发生致幻剂中毒而死亡的案例较少，一般多为由致幻作用引起的伤残、交通事故、自杀、他杀等案件。结合案情，致幻剂在近几年的滥用增多，在各类案件中，如发现涉案人员有精神错乱、失常行为等症状，应扩大致幻剂和其他滥用物质的筛选范围。

（3）稳定性　LSD、赛洛新等致幻剂长时间遇热、碱或紫外线照射下不稳定，因此，生物样品应及时分析。样品保存非常关键，应尽量避光、低温保存。

五、案例评析

案例一

某女，32 岁，职员。于××××年 9 月 11 日 21 时 30 分左右，在自己家中感到头晕（之前已有类似症状多次），于当晚 22 时 18 分送到医院，终因抢救无效死亡，死者家属要求查明死因。经调查，自××××年 5 月起，死者多次出现头晕、胸闷和呼吸困难等症状，这些症状可自行缓解，但后期出现失眠、健忘症状，曾先后到医院诊治，做多项化验和心电图检查，均未查出异常结果。死后 20 h 尸检。死者除甲床轻度发绀外，尸表检查无其他阳性所见。剖开胸腹腔见双肺膨满，叶间裂有散在的浆膜下出血点，左、右胸腔均有淡黄色积液。提取死者心血和胃内容物进行毒物分析。

【毒物分析及评析】应用 GC－MS 分析，心血和胃内容物中均检出氯胺酮成分，质量浓度分别为 3.8 μg/mL 和 21 μg/mL。根据法医学鉴定结论，公安部门进行立案侦察，最终破获了一起投毒杀人案，犯罪嫌疑人（为死者丈夫，外科医生、博士研究生）因婚外恋而起杀妻之念，将从手术室盗取的氯胺酮先后多次投入死者食用的饮料中，最后造成其慢性中毒死亡。

案例二

一名印度男子和许多人一起进行宗教活动，饮用了仙人掌汁。活动进行中，该男子被另一参加者连开多枪，射死。尸检后提取生物检材。

【毒物分析及评析】生物样品经前处理后首先采用 GC－MS－SIM 分析，检出麦司卡林。然后，进一步采用 GC－NPD 定量。血液、玻璃体液、肝组织和脑组织中麦司卡林浓度分别为 2.95 μg/mL、2.36 μg/mL、8.2 μg/g 和 2.2 μg/g[36]。

第六节　GHB

一、概述

GHB 为 γ－羟丁酸（γ－羟基丁酸，gamma－hydroxybutyrate）的缩写，又称 4－羟基丁酸，是生物体内自身合成过程中产生的内源性物质，是中枢神经系统内的主要抑制性递质 γ－氨基丁酸（GABA）的分解产物。γ－丁内酯（GBL）和 1，4－丁二醇（1，4－BD）是 GHB 的前体，它们在体内可转化成 GHB。由于 GHB 能刺激体内荷尔蒙素的分泌，增加欣快感，20 世纪 90 年代起在娱乐场所滥用并迅速流行。

GHB 是中枢神经系统内的主要抑制性递质 GABA 的分解产物，属中枢神经抑制剂，其作用机制与乙醇、巴比妥类和苯二氮卓类药物相似。通常 10 mg/kg 剂量可使人暂时性记忆丧失;20~30 mg/kg 剂量可致人昏迷;50 mg/kg 以上剂量有麻醉作用。滥用 GHB 的剂量一般为 35 mg/kg,即 500~3 000 mg 用量,超过 4 500 mg 用量则可能中毒。小剂量可引起镇静、欣快效应,过量使用可导致意识丧失、心率缓慢、呼吸抑制、痉挛、体温下降、恶心、呕吐、昏迷或其他疾病发作。特别是当与苯丙胺类中枢兴奋剂合用时,危险性增加。与酒精等其他中枢抑制剂合用可出现恶心、呼吸困难,甚至死亡。

GHB 服用 10~20 min 即产生类似喜悦、酒醉及催情的效果,使人失去抵抗能力,短时间丧失记忆,故常被用于药物辅助犯罪。健美运动员也滥用 GHB,因为 GHB 被认为可激发雄性激素的释放。近些年来,GHB 在欧美国家滥用广泛,在交通事故、药物辅助犯罪、死亡等案件中经常出现。我国于 2000 年将 GHB 列为 I 类精神药品进行管制。GBL 于 2021 年列为第三类易制毒化学品。

二、体内过程

GHB 进入体内后起效快,大部分经氧化酶快速转化成琥珀酸进入三羧酸循环代谢排出体外,尿液中 GHB 原体仅占 1.5%~3.8%。GHB 还能从汗液排出体外。GBL 和 1,4－BD 是 GHB 的前体,它们在体内迅速转化成 GHB。

GHB 天然存在于脑、血液、尿液和外围组织中,区分内源性和外源性 GHB 是首要解决的关键问题。单次服用 25 mg/kg GHB,20~45 min 后达血峰浓度(39.4±25.2)μg/mL(均值±偏差),血浆消除半衰期为(30.4±2.45)min(均值±偏差)。唾液中 GHB 可检测至 360 min,峰浓度(203±92.4)μg/mL(均值±偏差)出现在口服后 10 min。尿液中,30~60 min GHB 浓度最高,分别为(200±71.8)μg/mL(均值±偏差)和(230±86.3)μg/mL(均值±偏差)。仅有剂量的 1.2%±0.2%(均值±偏差)以原体形式经尿液排泄,尿液中 GHB 检测时限可至 720 min[2]。目前公认的尿液中内源性 GHB 浓度不高于 10 μg/mL。

三、分析方法

GHB 分子量小且具有羟基和羧基两个极性基团,决定了其特殊的水溶性性质,因此不能使用常规的提取方法将其从水相介质中分离出来,也不能直接采用气相色谱方法进行检测。结合不同的分析手段,可使用液液提取、固相萃取、蛋白沉淀法、稀释法等技术提取分离体外或生物检材中的 GHB 及其相关物。

早期通常采用 GHB 衍生化后 GC－MS 分析的方法,但近几年 LC－MS/MS 法因简便、灵敏,可同时分析 GHB 及相关物的特点,已成为首选方法,广泛用于血液、尿液以及头发的分析。

参考方法(《生物样品中 γ－羟基丁酸的液相色谱-串联质谱检验方法》GA/T 1074－2013)

样品前处理:取血液(尿液)样品 100 μL 置于具塞离心试管中,加入内标 GHB－d6 1 μg,再加入 0.5 mL pH 4 的氯化铵饱和溶液后,混匀,加乙酸乙酯 3 mL,涡旋混合 2 min,3 000 r/min 离心 3 min,将上层转移到另一离心试管中,于 35℃ 水浴中空气流下吹干。残留物中加入 100 μL 流动相,供 LC－MS/MS 分析。

色谱条件:色谱柱:Cosmosil 5C18－MS－II(150 mm×2.0 mm,5 μm)或相当者,前接 C18 保护柱;流动相:A(乙腈):B(20 mmol/L 乙酸铵和 0.1% 甲酸溶液)= 85 : 15;流速:0.2 mL/min。

质谱条件：电喷雾电离-负离子模式（ESI -），MRM 检测；电喷雾电压：-4 500 V；离子源温度：400℃；碰撞气：6 psi；气帘气：15 psi；离子源气 1：10 psi；离子源气 2：40 psi。GHB 的离子对为 *m/z* 103.0/57.1，103.0/85.1；GHB - d6 的离子对为 *m/z*109.1/61.1，109.1/90.5。

四、鉴定要点

（1）*方法的特殊性* 体内 GHB 分析具有独特性，采用常规的毒药物筛选方法均无法检出。所以，在鉴定实践中需要根据案情，特别委托该检测项目，否则可能造成漏检。

随着 GHB 及其前体物质的滥用，中毒死亡、吸毒鉴定、药物辅助犯罪和道路交通事故等案件中均有可能涉及。体外检材，现场查获的可疑液体、饮料瓶等应尽量提取。活体的，应尽快留取血液和尿液样品；死亡案件中，胃内容物、血液、尿液等均要留取。法医毒物分析实验室可首先对可疑体外检材进行分析，明确方向，对于体内检材，至少对 GHB 进行定量分析。体外检材、胃内容物可帮助推断服用毒物成分；结合内源性基础值，血液 GHB 定量结果可帮助推断中毒程度。

（2）*体液中 GHB 的生理水平和判断阈值* 内源性 GHB 的存在，给相关 GHB 的体内鉴定带来挑战。人体摄入 GHB 后迅速消除，服用 1~5 g GHB 后，血液浓度在 8 h 或更短时间、尿液浓度在 12 h 内迅速降至近内源性浓度水平。同时，内源性 GHB 的生理水平范围较宽，血液检材在实践中仅用于急性中毒死亡案件鉴定[11]。在不同国家、不同人群大量研究的基础上，目前，人体尿液中 GHB 的阈值为 10 μg/mL，以有效区分所检 GHB 系外源摄入还是体内形成。

（3）*药物辅助犯罪案件* GHB 常出现在药物辅助犯罪案件中。由于内源性 GHB 的存在，现场剩余样品的提取非常关键，可通过现场剩余样品结果进行综合分析。由于血液中 GHB 的检测时限很短，尿液中 GHB 浓度高，检测时限相对较长，所以，及时留取尿液进行分析非常重要。

（4）*头发检材的应用* 头发在 GHB 相关鉴定中应用要非常慎重。内源性 GHB 浓度范围较宽，无法采用一个阈值以区分内源性与外源性 GHB，单独以一个头发段中 GHB 的测定不能认定其外源性的摄入。因此，头发中 GHB 分析在摄毒鉴定中的价值仍需要进一步研究。

在 GHB 辅助犯罪案件中，仅能在事发三个月内的案件中采用头发微分段分析，比较头发段的 GHB 浓度变化。对于同一个体而言，内源性 GHB 在不同时间生长的头发中浓度是较为恒定的。头发分段应尽量密集，按照 0.5 cm 或以下进行微分段，同时比较案发时间对应头发段中 GHB 浓度与相邻头发段中浓度。反之，若微分段分析中未见头发段中 GHB 明显升高并不能表明未摄入 GHB。

（5）*稳定性* 温度对生物检材中 GHB 有影响，建议尽快送检、尽快分析。检材应加入氟化钠，保存在冷冻或冷藏条件下。当分析结果与阈值接近时还应考虑样品保存条件、保存时间等对 GHB 浓度的影响。

五、案例评析

案 例

某天晚上，1 名六岁女孩在其叔叔家出现呕吐、昏迷、大小便失禁等症状，后呼吸急促、血压下降，至凌晨，急救车到达时已死亡。死亡约 12 h 后解剖，取生物检材及可疑物品进行毒物分析。后经调查，女孩叔叔承认网购 GBL，并按照网上说明，加入氢氧化钠，制成固体 GHB 钠盐，多次给小女孩服用，进行性虐待，这种虐待持续了好几个月。在事发当晚，女孩叔叔将固体 GHB 钠盐掺入晚餐食物以及睡觉前喝的果汁中，给小女孩服用[37]。

【毒物分析及评析】血液经乙醇和常见毒药物筛选，均呈阴性。现场查获的塑料瓶中油状液体和剩余果汁中均检出高浓度的 GHB，但未准确定量。心血、胆汁、玻璃体液、肝组织、肾组织和脑组织中 GHB 浓度分别为 150 μg/mL、292 μg/mL、58 μg/mL、100 μg/g、125 μg/g 和 110 μg/g。由于内源性 GHB 的存在，血液中 GHB 需定量分析，并且需结合其他检材、案情等使用。

第七节　新精神活性物质

一、概述

新精神活性物质（new psychoactive substances, NPS）是不法分子为了逃避打击，而对已被列管的化学物质（毒品）进行结构修饰所得到的，具有与管制药品相似或更强效果的毒品类似物，是继传统毒品、合成毒品之后全球流行的第三代毒品[1]。NPS 具有与第一、第二代毒品类似的神经作用机制，有很强的成瘾性，对身体机能损害大。NPS 种类范围不断变化，药理作用各不相同，包括麻醉、镇静催眠、兴奋、致幻等。吸食 NPS 可以在短时间内使人精神兴奋、产生幻觉，同时对人的记忆力和思维能力造成损害，连续使用会造成大脑神经细胞严重损伤甚至退变，导致机体的其他系统功能受到严重损伤。一些不法分子利用 NPS 麻醉的功效，进行强奸、猥亵、抢劫等犯罪活动；还有的人吸食毒品后自控力下降，出现幻觉，实施毒驾、伤害他人，甚至杀人，危害性极大。

根据化学结构特征，NPS 主要包括以下种类：

（1）合成大麻素类　合成大麻素类（synthetic cannabinoids）NPS 是指人工合成的内源性大麻素 CB1 和 CB2 受体的激动剂。其能够与大麻素受体结合，产生比天然大麻更强的致幻、镇定和抑制作用。根据化学结构，合成大麻素类可分为萘甲酰基吲哚类、萘甲基吲哚类、萘甲酰基吡咯类、萘甲基茚类、苯乙酰基吲哚类（及苯甲酰基吲哚）、环乙基苯酚类和经典合成大麻素类。

（2）芬太尼类　芬太尼类物质（fentanyl analogues）以芬太尼为先导化合物，通过结构改造和构效关系研究，设计合成并筛选得到了一系列活性更高的芬太尼类衍生物。

（3）合成卡西酮类　合成卡西酮类（synthetic cathinones）新型毒品是一类基于卡西酮结构开发的人工合成物，其在苯环 β 位碳原子上多一个酮基结构，卡西酮是分离自阿拉伯茶中的天然生物碱，其分子结构及药理作用与苯丙胺类兴奋剂相似，可以产生欣快作用。卡西酮类新精神活性物质按其结构特点可以分为卡西酮、甲卡西酮类、乙卡西酮类、含有亚甲二氧基基团的卡西酮类、含有吡啶环的卡西酮类和其他类。

（4）苯乙胺类　苯乙胺类（phenethylamines）物质是指以苯乙胺为母核所衍生出来，通过化学结构修饰得到的具有致幻和兴奋双重精神作用的化合物。根据其结构特点可分为两类，一类苯环上 2 位和 5 位存在二氧甲基取代基（2C 系列），另一类苯环无取代基或仅有单取代基或成环取代基。该类物质通过介导多巴胺、去甲肾上腺素和 5-羟色胺受体等单胺类受体，从而产生较强的兴奋和致幻作用。

（5）色胺类　色胺类物质（tryptamines）是一类以色胺为母核的化学物质，具有与神经递质 5-羟色胺相似的化学结构和药理作用，通过与 5-HT 受体结合产生致幻效应。包括天然色胺类物质和合成色胺类物质。

(6) 哌嗪类　哌嗪类(piperazines)物质是一类苯丙胺样化合物,其基本化学结构是 1,4 位有 2 个氮原子的六元杂环,即是在哌嗪化学结构上衍生的新型致幻剂。

(7) 苯环利定类　苯环利定类(phencyclidines)物质是以苯环利定类和氯胺酮为结构基础的芳环环己酮胺的衍生物。

(8) 苯二氮卓类衍生物　苯二氮卓类衍生物(benzodiazepines)是在临床药物地西泮、三唑仑等原有化学结构上进行修饰、引入基团而设计、制造。许多经过改造后的苯二氮卓类药效更强,使用剂量明显减小,但未经过临床实验、安全性评估。

NPS 具有种类繁多、更迭速度快、结构异化强、毒理信息未知等特点,为目前法医毒物鉴定的难点之一。NPS 具有隐蔽性和迷惑性,有的被伪装成饼干、巧克力、饮料、"电子烟"等,无固定名称,花样繁多,在委托鉴定时无法确定其分析目标物。NPS 体内痕量,许多 NPS 的体内生物转化和生物标志物尚不清楚,目前在鉴定实践中对 NPS 的发现、识别、确认、评价方面存在技术手段不足、认定能力不强、支撑数据缺乏等突出问题。我国法医毒物学者也在不断研究,并尽快将研究成果应用于鉴定实践中。

NPS 品种多、变异快,本节主要对鉴定实践中涉及较广、研究成果较为丰富的主要 NPS 进行简单介绍。

二、体内过程

NPS 的体内过程目前知之甚少,仅能依靠新出现后吸食者的生物样品不断积累。

合成大麻素类物质的滥用方式主要为抽吸,有时与烟草或大麻混合抽吸,其生物利用度尚不清楚。合成大麻素类结构复杂,可发生代谢的位点较多,生成的代谢物较多。不同的合成大麻素类,代谢途径不完全相同,但基本代谢顺序一致,与四氢大麻酚类似,在体内充分代谢。合成大麻素类在体内的主要代谢途径为烷基边链和吲哚环的羟基化、金刚烷胺结构的羟基化或者萘环、苯环等上侧链的羟基化和羧化等,形成葡萄糖醛酸结合物。

芬太尼类物质进入人体的主要途径有皮肤吸收、口服和静脉注射等,主要在肝脏和十二指肠中进行代谢,肝脏的代谢速度约为十二指肠代谢的两倍。芬太尼类物质的代谢途径包括哌啶 *N*-脱烷基化成去甲芬太尼、酰胺水解成去甲硫基芬太尼、末端甲基羟基化成羟基芬太尼和羟基去甲芬太尼,酰胺 *N*-脱烷基化成 *N*-苯基丙酰胺。芬太尼类物质大部分以代谢产物的形式经尿液和粪便排泄,原形药物少于 10%。

合成卡西酮类物质常见的滥用方式为鼻吸、口服和烫吸,也有皮下静脉注射和直肠给药的案例报道。一般吸入几分钟内就能产生效果,30 min 后药效达到高峰并可持续 2~3 h,静脉注射药效持续时间缩短近一半。合成卡西酮类物质进入机体后,其 I 相代谢主要是伯胺氮去甲基化、酮基还原为羟基、苯环上甲基氧化生成相应的醇或羧酸等,而 II 相代谢主要是与葡萄糖或硫酸盐衍生物结合,体内可产生多种代谢产物。

苯乙胺类物质主要通过口服方式进入体内,在单胺氧化酶和细胞色素 P450 酶等作用下,通过去甲基化、乙酰化、脱氨基成醛等,进一步氧化、降解成相应的醇和酸等代谢物随尿液排出体外。苯乙胺类物质的尿液浓度通常高于血液浓度,但在多数情况下,检出的目标物为其代谢物而非母体化合物。

色胺类物质通过口服或注射吸收都很快。不同色胺类物质进入体内后,代谢途径不同,产生的代谢物不同,分布的组织器官也有很大差别。一般情况下,大部分的色胺类物质都会经由单胺氧化酶脱氨基作用进行代谢，因此，滥用者口服色胺类物质时通常联合单胺氧化酶抑制剂使用。

哌嗪类物质通过口服、鼻吸或肌注进入体内后，其代谢过程受 CYP2D6、CYP1A2、CYP3A4、CYP2C19 和 CYP2C9 的影响。苄基哌嗪结构的哌嗪类如 BZP 主要是苯环上的羟化，甲二氧基结构如 MDBP 主要为去甲基化代谢。苯基哌嗪结构比苄基哌嗪结构代谢更为完全，主要为苯环上的改变，如 mCPP 和 TFMPP 的羟化，MeOPP 的去甲基化。哌嗪环上主要为去烷基化和哌嗪环降解成乙二胺和苯胺类化合物，可进一步发生Ⅱ相代谢。

苯环利定类新精神活性物质的体内过程资料甚少。有报道通过大鼠和肝微粒体研究 3－MeO－PCP 的代谢过程，主要为环己基环和哌啶环上的多个脂肪族羟基化、单个芳香羟基化、开环后的羧化、*O*－去甲基化和葡萄糖醛酸化。氯胺酮类似物的滥用多为口服、鼻吸和肌注。10～20 min 后见效，作用可持续 2～3 h，但与氯胺酮相比，体内消除较慢，半衰期延长，与氯胺酮相似的可能代谢过程包括去烷基化、环已基环上酮基的羟基化以及羟基的进一步还原。

苯二氮卓类衍生物与传统的苯二氮卓类物质相似，主要通过口服方式进入体内，Ⅰ相代谢主要包括羟基化、脱烷基化作用、硝基的还原等，Ⅱ相代谢主要包括 O－葡萄糖醛酸结合物、N－葡萄糖醛酸结合物和氨基的乙酰化等。大多数苯二氮卓类 NPS 在排泄前充分代谢。

三、分析方法

体液、组织、毛发等生物样品基质复杂，NPS 在体内代谢转化，其原形在体内浓度低甚至无法检出。同时，NPS 种类多，物理化学性质不同，使用方式、剂量和体内过程等均存在显著差异，并且变异速度快，因此，体内 NPS 鉴定很有挑战性，目前尚无通用的分析方法，这里仅介绍目前已发表的标准或技术规范方法。

1. 合成大麻素类

合成大麻素类物质体内过程类似传统的大麻毒品，脂溶性强，在体内充分代谢。血液和毛发中以原形为主，尿液中以代谢物及其葡萄糖醛酸苷结合物形式存在，故提取前需增加水解步骤。多采用 LC－MS/MS 等方法进行分析。

参考方法（《毛发中 5F－MDMB－PICA 等 7 种合成大麻素类新精神活性物质的液相色谱-串联质谱检验方法》SF/T 0094－2021）

样品前处理：毛发样品依次用适量的水和丙酮振荡洗涤两次，晾干后剪成约 1 mm 段，称取毛发样品 20 mg 于 2 mL 研磨管中，加研磨珠适量，再加入含 1 ng/mL *N*－(1－金刚烷基)－1－戊基吲唑－3－甲酰胺－d9(APINACA－d9)的内标工作溶液 1 mL，冷冻研磨，超声 15 min 后，13 000 r/min 离心 5 min，取上清液，过 0.22 μm 微孔滤膜，滤液直接供仪器分析。

色谱条件：色谱柱：Waters Acquity UPLC HSS T_3柱(100 mm×2.1 mm，1.8 μm)；流动相：A 为 20 mmol/L 乙酸铵缓冲溶液(含 0.1%甲酸和 5%乙腈)，B 为乙腈；梯度程序：0～1 min，50% B；1～6 min，50%～90% B；6～9 min，90% B；9～9.1 min，90%～50% B；9.1～10 min，50% B；流速：0.3 mL/min；进样体积：5 μL。

质谱条件：电喷雾离子源(ESI+)，在多反应监测(MRM)模式；离子源温度：500℃；气帘气(CUR，N_2)：18 psi；离子喷射电压(ISV)：5 000 V；碰撞室出口电压(CXP)：10 V；入口电压(EP)：10 V；碰撞气(CAD)：低；离子源气体 1(GS1)：40 psi；离子源气体 2(GS2)：35 psi。MRM 参数和保留时间见表 10－20。

表 10-20 合成大麻素和内标的 MRM 参数和保留时间

目标物中文名	简 称	前体离子（*m/z*）	子离子（*m/z*）	去簇电压/V	碰撞能量/ev	Rt /min
2-[1-(5-氟戊基)-1H-吲哚-3-甲酰氨基]-3,3-二甲基丁酸甲酯	5F-MDMB-PICA	377.2	232.2	50	25	4.46
			144.0	50	55	
2-[1-(4-氟丁基)-1H-吲哚-3-甲酰氨基]-3,3-二甲基丁酸甲酯	4F-MDMB-BUTINACA（4F-MDMB-BINACA）	364.1	219	60	34	4.71
			304	60	20	
1-(5-氟戊基)-*N*-(2-苯基丙-2-基)-1H-吲哚-3-甲酰胺	5F-CUMYL-PINACA（SGT-25）	368.2	233.1	40	25	5.38
			213.1	40	40	
3,3-二甲基-2-[1-(4-戊烯-1-基)-1H-吲哚-3-甲酰氨基]丁酸丁酯	MDMB-4en-PINACA（MDMB-PENINACA）	358.5	213.1	45	31	5.84
			298.2	45	20	
3,3-二甲基-2-[1-(5-氟戊基)吲哚-3-甲酰氨基]丁酸甲酯	5F-ADB（5F-MDMB-PINACA）	378.2	233.1	70	31	5.16
			145.0	70	57	
3,3-二甲基-2-[1-(4-氟丁基)吲哚-3-甲酰氨基]丁酸甲酯	4F-MDMB-BICA（4-fluoro-MDMB-BUTICA）	363.2	218.2	52	20	4.01
			144.2	52	55	
1-(4-氰基丁基)-*N*-(2-苯基丙-2-基)-1H-吲哚-3-甲酰胺	4CN-CUMYL-BUTINACA（CUMYL-4CN-BINACA、4CN-CUMYL-BINACA）	361.2	226.1	60	28	4.12
			243.1	60	17	
N-(1-金刚烷基)-1-戊基吲唑-3-甲酰胺-d_9	APINACA-d_9	375.3	135.0	50	30	8.63
			107.1	50	70	

2. 芬太尼类

芬太尼类物质的样品前处理与吗啡等阿片类药物相似，一般在碱性条件下液液提取，然后经 LC-MS 等分析。

参考方法（《生物检材中芬太尼等 31 种芬太尼类新精神活性物质及其代谢物的液相色谱-串联质谱检验方法》SF/T 0066-2020）

样品处理：取全血或尿液 100 μL，加入内标 10 μL（100 ng/mL 的芬太尼-d_5 和去甲芬太尼-d_5），混合 10 s，加入硼砂缓冲溶液（pH9.2）100 μL，乙酸乙酯 0.7 mL，涡旋 30 s，13 000 r/min 离心 5 min。取上层有机相置于 5 mL 离心管中，40℃ 下吹干。加入流动相 200 μL 复溶，混旋离心，取上清液 100 μL 至进样瓶中，取上清液供仪器分析。

色谱条件：色谱柱为 Acquity TM UPLC HSS T_3（100 mm×2.1 mm，1.8 μm）；流动相，A 为 20 mmol/L 乙酸铵缓冲溶液（含 0.1% 甲酸和 5% 乙腈），B 为乙腈；梯度洗脱，洗脱程序见表 10-21；流速，200 mL/min；柱温，室温；进样量，5 μL。

表 10-21 梯度洗脱程序

时间/min	流动相 A/%	流动相 B/%
0	85	15
4	72	28
5	72	28
10	70	30
13	55	45
13.5	5	95
14.5	85	15
16	85	15

质谱条件：离子源：电喷雾电离-正离子模式（ESI+）；检测方式：多反应监测（MRM）；离子源电压（IS）：5 500 V；碰撞气（CAD）、气帘气（CUR）、雾化气（GS1）、辅助气（GS2）均为高纯氮气，使用前调节各气流流量以使质谱灵敏度达到检测要求；去簇电压（DP）、碰撞能量（CE）应优化至最佳灵敏度。在以上色谱、质谱条件下，31 种芬太尼类新精神活性物质及其代谢物和内标的定性离子对、定量离子对和保留时间见表 10-22。

表 10-22 31 种芬太尼类新精神活性物质及其代谢物、内标的质谱参数和保留时间

目标物	前体离子（*m/z*）	碎片离子（*m/z*）	去簇电压/V	碰撞能量/eV	Rt/min	离子丰度比	内标
芬太尼 CAS：437-38-7	337.2	188.3[1)] 104.9	50 50	35 51	8.51	0.47	芬太尼-d_5
去甲基芬太尼 CAS：33794-42-2	233.1	84.0[1)] 55.2	40 40	29 44	3.93	0.23	去甲芬太尼-d_5
阿芬太尼 CAS：71195-58-9	417.3	268.3[1)] 197.1	40 40	25 35	7.87	0.65	芬太尼-d_5
乙酰芬太尼 CAS：3258-84-2	323.2	188.1[1)] 105.0	50 50	35 50	6.43	0.59	芬太尼-d_5
乙酰去甲基芬太尼 CAS：22352-82-5	219.3	84.0[1)] 56.0	30 30	24 40	2.41	0.14	去甲芬太尼-d_5
去丙烯酰芬太尼 CAS：21409-26-7	281.1	188.1[1)] 105.1	45 45	23 40	9.62	0.71	芬太尼-d_5
丙烯酰芬太尼 CAS：82003-75-6	335.5	188.2[1)] 105.0	50 50	29 41	8.10	0.45	芬太尼-d_5

续 表

目 标 物	前体离子 (*m/z*)	碎片离子 (*m/z*)	去簇电压 /V	碰撞能量 /eV	Rt /min	离子丰度比	内 标
丁酰芬太尼 CAS：1169－70－6	351.3	188.1[1)] 105.2	40 40	29 45	11.48	0.41	芬太尼－d_5
异丁酰芬太尼 CAS：119618－70－1	351.1	188.0[1)] 105.0	45 45	35 60	10.99	0.58	芬太尼－d_5
对-氟丁酰芬太尼 CAS：244195－31－1	369.2	188.2[1)] 104.9	50 50	30 50	12.56	0.34	芬太尼－d_5
对-氟异丁酰芬太尼 CAS：244195－32－2	369.3	188.0[1)] 105.0	50 50	35 60	12.26	0.35	芬太尼－d_5
对/邻-氟芬太尼 CAS：90736－23－5	355.2	188.2[1)] 104.9	45 45	35 50	9.65	0.36	芬太尼－d_5
β-羟基硫代芬太尼 CAS：103963－66－2	359.3	191.9[1)] 146.1	45 45	34 32	6.01	0.53	芬太尼－d_5
顺-3-甲基芬太尼 CAS：42045－86－3	351.2	202.2[1)] 105.2	40 40	32 52	10.85	0.67	芬太尼－d_5
呋喃芬太尼 CAS：101345－66－8	375.3	188.1[1)] 105.2	45 45	27 50	9.41	0.42	芬太尼－d_5
奥芬太尼 CAS：82003－75－6	371.2	188.2[1)] 105.1	50 50	32 56	6.41	0.37	芬太尼－d_5
舒芬太尼 CAS：56030－54－7	387.3	238.2[1)] 355.3	50 50	26 25	13.03	0.18	芬太尼－d_5
瑞芬太尼 CAS：132875－61－7	337.3	228.3[1)] 112.9	50 50	26 40	5.54	1.28	芬太尼－d_5
瑞芬太尼酸 CAS：132539－07－2	363.3	247.3[1)] 112.9	45 45	30 41	4.40	1.06	芬太尼－d_5
卡芬太尼 CAS：59708－52－0	395.1	335.1[1)] 246.1	45 45	26 30	11.46	0.82	芬太尼－d_5
去甲基卡芬太尼 CAS：72996－78－2	291.0	142.2[1)] 113.3	40 40	23 40	4.53	1.24	去甲芬太尼－d_5

续 表

目 标 物	前体离子 (m/z)	碎片离子 (m/z)	去簇电压 /V	碰撞能量 /eV	Rt /min	离子丰度比	内 标
戊酰芬太尼	365.4	188.3[1)]	40	34	13.88	0.41	芬太尼-d_5
CAS: 122882-90-0		105.2	40	60			
甲氧乙酰芬太尼	353.2	188.2[1)]	100	30	5.95	1.15	芬太尼-d_5
CAS: 101345-67-9		105.2	100	55			
环丙酰芬太尼	349.1	188.2[1)]	50	32	9.87	0.37	芬太尼-d_5
CAS: 2088918-01-6		105.1	50	55			
β-羟基-3-甲基芬太尼	367.2	200.1[1)]	45	34	10.05	0.92	芬太尼-d_5
CAS: 78995-14-9	218.1	45	31				
β-羟基-芬太尼	353.4	204.3[1)]	50	30	6.53	0.64	芬太尼-d_5
CAS: 78995-10-5		186.0	50	33			
反-3-甲基芬太尼	351.3	202.2[1)]	45	31	10.37	0.49	芬太尼-d_5
CAS: 42045-86-3		105.1	45	55			
α-甲基芬太尼	351.3	202.0[1)]	45	30	9.85	0.70	芬太尼-d_5
CAS: 79704-88-4		119.2	45	35			
3-甲基硫代芬太尼	357.2	208.0[1)]	50	30	9.58	0.84	芬太尼-d_5
CAS: 86052-04-2		111.0	50	50			
硫代芬太尼	343.0	194.0[1)]	45	30	9.60	0.58	芬太尼-d_5
CAS: 1165-22-6		111.0	45	50			
THF-F	379.3	188.2[1)]	45	32	6.82	0.68	芬太尼-d_5
CAS: 2142571-01-3		105.1	45	60			
芬太尼-d_5	342.1	105.2	50	35	8.50		
去甲芬太尼-d_5	238.1	84.0	45	28	3.92		

1)为定量离子对

3. 合成卡西酮类

合成卡西酮类物质的分析以原形为主，血液离心后可以直接用于提取待测物质；尿液需经酸解、酶解，游离出原形或代谢产物；毛发则需进行清洗、粉碎、消化和水解等处理后再行提取。然后采用 LC-MS 等检测。

参考方法（《血液中卡西酮等 37 种卡西酮类新精神活性物质及其代谢物的液相色谱-串联质谱检验方法》SF/T 0093-2021）

样品处理：取血液样品 100 μL 于 2 mL 离心管中，准确加入内标 10 μL（含 100 ng/mL 甲卡西酮-d3 或 3,4-亚甲二氧基乙卡西酮-d5 或 4-甲基甲卡西酮-d3 或 3,4-亚甲二氧基甲卡西酮-d3 或 4-甲基麻黄碱-d3 或 1-苯基-2-(N-吡咯烷基)-1-戊酮-d8 或其他性质相近物),混合 10 s,加入硼砂缓冲液(pH 9.2)100 μL,乙酸乙酯 1.0 mL,涡旋 30 s,13 000 r/min 离心 5 min。取上层有机相置于 5 mL 离心管中,40℃下氮气或空气流吹干。加入 200 μL 20 mmol/L 乙酸铵和 0.1%甲酸溶液复溶,取上清液过 0.22 μm 滤膜后直接供仪器分析。

色谱条件:色谱柱为 Acquity TM UPLC HSS T3(100 mm×2.1 mm×1.8 μm);流动相 A 为 20 mmol/L 乙酸铵缓冲溶液(含 0.1%甲酸和 5%乙腈),流动相 B 为乙腈;采用梯度洗脱,梯度洗脱程序:0~1 min,10%B;1~10 min,70%B;10~10.1 min,10%B;10.1~12 min,10%B。流速,250 μL/min;柱温,室温;进样量,5 μL。

质谱条件:离子源:电喷雾电离-正离子模式(ESI+);检测方式:多反应监测(MRM);离子源电压(IS):5 500 V;碰撞气(CAD)、气帘气(CUR)、雾化气(GS1)和辅助气(GS2)均为高纯氮气,使用前调节各气流流量以使质谱灵敏度达到检测要求;去簇电压(DP)和碰撞能量(CE)应优化至最佳灵敏度。37 种卡西酮类新精神活性物质及其代谢物和内标的定性离子对、定量离子对和保留时间见表 10-23。

四、鉴定要点

(1) 体外检材　当前国际上出现的 NPS 已达千余种,而且不断在变异、更新,是法医毒物鉴定实践中面临的很大挑战。在实际案件中,鉴定委托方、嫌疑人等往往不清楚滥用物质种类,这时,相关案件中现场勘验发现的粉末、液体等物品、嫌疑人随身物品等均是非常有价值检材,可为体内分析提供方向。可采用 GC-MS 或者 LC-HRMS 等进行未知物筛选,GC-MS 方法谱库检索方便,并且 NPS 的谱库在不断更新。HRMS 也是 NPS 鉴识的重要手段,可提供精确相对分子质量、同位素丰度和目标物等信息,对已出现的 NPS 建立高分辨质谱库,可实现对大量样品快速检测的同时,由软件对库内管制物质进行自动识别;因多数新出现的 NPS 是在已有管制 NPS 进行化学修饰得到的,有着相近的二级质谱碎裂机理,其二级质谱较大可能存在相同的碎片离子,所以可通过比对数据库内已有 NPS 的高分辨二级质谱图,推断未知化合物的种类和可能结构。体外检材中物质浓度高,没有生物基质干扰,可更快地鉴识出 NPS。

(2) 同分异构体　NPS 种类繁多,许多新出现物质均是在相同母环结构上衍生而来,因此存在许多同分异构体。除了芬太尼类物质和合成大麻素类物质整体列管,其他 NPS 化合物均是以具体结构、化合物而列入管制目录。这样,同分异构体的鉴别非常重要,可能存在有的在管制目录,而其同分异构体不在管制目录情况。如卡西酮类物质均存在 β-羰基苯乙胺骨架结构,在电子轰击离子化或碰撞诱导解离过程中的裂解途径相似,一些同分异构体的谱图仅有微小差别,hexylone、dipentylone 和 *N*-propylbutylone 是新出现的卡西酮类物质,与已列管的 *N*-ethylpentylone 分子式相同,仅羰基碳链和氨基取代基存在差异,使用低分辨 GC-MS 分析时易出现混淆。这些同分异构体的区分,采用 GC-MS 时可根据低质量端的碎片离子进行区分,采用 LC-MS 进行色谱分离,有时仅利用质谱法区分解析比较困难,需要结合红外光谱、磁共振光谱等共同鉴定。

(3) 生物检材　生物检材中 NPS 检测尚处于方法不断研发、数据不断积累的过程。NPS 作用强、剂量小,体内痕量,实验室要不断优化建立已知 NPS 目标物的范围广、灵敏度高的分析方法,这样才能满足生物检材中 NPS 分析需要。目前生物检材中 NPS 的分析以原形为主,但合成大麻素、苯二氮卓类等 NPS,体内代谢充分,尿液样品分析前需进行水解处理,水解方法常采用酶水解和酸水解方法。毛发中 NPS 分析以原形为主,目前尚无公认的 NPS 毛发检测 cutoff 值,阳性资料有待积累。

表 10－23　37 种卡西酮类新精神活性物质及其代谢物、内标的质谱参数和保留时间

中文名/CAS 号	英文名	简称	前体离子（m/z）	子离子（m/z）	去簇电压/V	碰撞能量/eV	Rt/min
卡西酮 71031－15－7	cathinone	—	150.2	116.9[a] 131.8	44 44	18 30	2.49
甲卡西酮 5650－44－2(右旋体),112117－24－5(左旋体)	methcathinone	—	164.2	130.9[a] 145.9	62 62	20 27	2.74
2－甲基甲卡西酮 1246911－71－6	1－(2－methylphenyl)－2－methylaminopropan－1－one	2－MMC	178.0	160.4[a] 145.4	56 56	19 28	4.10
4－甲基甲卡西酮 5650－44－2	4－methylmethcathinone	4－MMC, mephedrone	178.0	160.4[a] 145.4	56 56	19 28	4.23
N－乙基卡西酮 51553－17－4	*N*－ethylcathinone	—	178.1	160.3[a] 132.1	75 75	19 26	3.56
1－苯基－2－甲氨基－1－丁酮 408332－79－6	1－phenyl－2－methylaminobutan－1－one	buphedrone	178.2	132.1[a] 91.1	80 80	27 28	3.70
1－苯基－2－甲氨基－1－丁醇 63991－28－6	buphedrone ephedrine metabolite	—	180.1	162.1[a] 133.2	60 60	19 30	3.23
N－乙基卡西酮麻黄碱代谢物 63401－08－1	*N*－ethylcathinone ephedrine metabolite	—	180.1	162.0[a] 147.2	60 60	21 29	3.29
1－苯基－2－甲氨基－1－戊酮去甲麻黄碱代谢物	pentedrone norephedrine metabolite	—	180.1	162.3[a] 91.3	40 40	14 35	3.88
4－甲基麻黄碱 552－79－4	4－methylephedrine	—	180.3	162.1[a] 147.3	55 55	18 29	3.94

续 表

中文名/CAS号	英 文 名	简 称	前体离子 (m/z)	子离子 (m/z)	去簇电压 /V	碰撞能量 /eV	Rt /min
3,4-二甲基甲卡西酮去甲麻黄碱代谢物	3,4-dimethylmethcathinone norephedrine metabolite	—	180.3	104.9[a] 114.9	50 50	36 48	4.33
4-甲氧基甲卡西酮去甲伪麻黄碱代谢物	methedrone norpseudoephedrine metabolite	—	182.0	164.2[a] 147.1	50 50	15 26	2.36
4-氟甲卡西酮 447-40-5	1-(4-fluorophenyl)-2-methylaminopropan-1-one	4-FMC	182.2	164.0[a] 149.0	70 70	20 30	3.23
3-氟甲卡西酮 1346600-40-5	3-fluoromethcathinone	3-FMC	182.2	164.0[a] 149.1	63 63	30 28	3.34
3-氟甲卡西酮麻黄碱代谢物	3-fluoroephedrine ephedrine metabolite	—	184.3	166.1[a] 151.1	57 57	19 29	3.42
1-苯基-2-甲氨基-1-戊酮 879722-57-3	1-phenyl-2-methylaminopentan-1-one	pentedrone	192.1	132.1[a] 161.2	70 70	27 20	4.43
3,4-二甲基甲卡西酮 1082110-00-6	1-(3,4-dimethylphenyl)-2-methylaminopropan-1-one	3,4-DMMC	192.1	159.4[a] 174.0	75 75	32 20	4.90
4-乙基甲卡西酮 1391053-87-4	4-ethylmethcathinone	—	192.2	146.0[a] 159.0	65 65	25 28	5.03
4-甲基乙卡西酮 1225617-18-4	4-methylethcathinone	4-MEC	192.2	174.0[a] 146.0	75 75	21 26	4.26
4-甲基-*N*-乙基-去甲麻黄碱 1340234-30-1	4-methyl-*N*-ethyl-norephedrine		194.1	176.1[a] 146.9	65 65	18 31	4.24
4-甲氧基甲卡西酮 530-54-1	1-(4-methoxyphenyl)-2-methylaminopropan-1-one	methedrone	194.2	176.2[a] 161.1	69 69	17 30	3.51

续 表

中文名/CAS号	英文名	简称	前体离子 (m/z)	子离子 (m/z)	去簇电压 /V	碰撞能量 /eV	Rt /min
1-苯基-2-(N-吡咯烷基)-1-丙酮 92040-10-3	1-phenyl-2-(N-pyrrolidinyl)-1-propanone	α-PPP	204.2	105.2[a] 97.9	70 70	33 36	3.63
3,4-亚甲二氧基甲卡西酮 186028-79-5	3,4-methylenedioxy-N-methylcathinone	methylone	208.2	160.0[a] 190.2	63 63	24 18	3.13
1-苯基-2-(N-吡咯烷基)-1-丁酮 13415-82-2	1-phenyl-2-(1-pyrrolidinyl)butan-1-one	α-PBP	218.4	91.0[a] 112.0	75 75	37 39	4.25
2-二甲氨基-1-[3,4-(亚甲二氧基)苯基]-1-丙酮 132367-76-1	1-(3,4-methylenedioxyphenyl)-2-dimethylaminopropan-1-one	dimethylone	222.1	147.0[a] 72.1	60 60	25 30	5.04
2-甲氨基-1-[3,4-(亚甲二氧基)苯基]-1-丁酮 802575-11-7	1-(3,4-methylenedioxyphenyl)-2-methylaminobutan-1-one	butylone	222.3	174.1[a] 204.3	86 86	27 18	3.87
3,4-亚甲二氧基乙卡西酮 1112937-64-0	1-(3,4-methylenedioxyphenyl)-2-ethylaminopropan-1-one	ethylone	222.3	174.1[a] 204.3	78 78	27 19	3.63
1-苯基-2-(N-吡咯烷基)-1-戊酮 14530-33-7	1-phenyl-2-(1-pyrrolidinyl)pentan-1-one	α-PVP	232.3	91.1[a] 161.3	90 90	35 26	5.02
1-(1,3-苯并二恶英-5-基)-2-(甲氨基)-1-戊酮 17763-01-8	pentylone	—	236.4	218.1[a] 188.2	60 60	19 24	4.66
2-乙氨基-1-[3,4-(亚甲二氧基)苯基]-1-丁酮 17764-18-0	eutylone	—	236.4	188.1[a] 161.0	70 70	28 30	4.18

续 表

中文名/CAS 号	英 文 名	简 称	前体离子 (m/z)	子离子 (m/z)	去簇电压 /V	碰撞能量 /eV	Rt /min
1-(4-甲基苯基)-2-(N-吡咯烷基)-1-戊酮 1147-62-2	pyrovalerone	—	246.2	175.2[a] 119.0	60 60	26 37	5.95
1-[3,4-(亚甲二氧基)苯基]-2-(N-吡咯烷基)-1-丙酮 783241-66-7	1-(3,4-methylenedioxyphenyl)-2-(1-pyrrolidinyl) propan-1-one	MDPPP	248.4	147.3[a] 177.2	90 90	33 27	3.80
1-[3,4-(亚甲二氧基)苯基]-2-(N-吡咯烷基)-1-丁酮 784985-33-7	1-(3,4-methylenedioxyphenyl)-2-(1-pyrrolidinyl) butan-1-one	MDPBP	262.1	161.3[a] 112.1	100 100	33 36	4.37
1-(2,3-二氢苯并呋喃-5-基)-2-(吡咯烷-1-基)戊烷-1-酮 872621-92-3	1-(2,3-dihydrobenzofuran-5-yl)-2-(pyrrolidin-1-yl) pentan-1-one	5-DBFPV	274.2	126.4[a] 133.2	95 95	31 44	5.49
亚甲基二氧吡咯戊酮 687603-66-3	methylenedioxypyrovalerone	MDPV	276.0	135.1[a] 126.3	100 100	35 36	5.32
1-萘基-2-(N-吡咯烷基)-1-戊酮 850352-11-3	naphyrone	—	282.3	141.4[a] 126.1	65 65	37 44	7.05
1-(4-氟苯基)-2-(N-吡咯烷基)-1-辛酮	4-fluoro-α-pop	—	292.3	109.0[a] 168.4	80 80	35 37	7.97
甲卡西酮-d_3	methcathinone-d_3	—	167.3	131.1	58	30	2.85
4-甲基甲卡西酮-d_3	mephedrone-d_3	—	181.2	163.1	65	19	4.02
4-甲基麻黄碱-d_3	4-methylephedrine-d_3	—	183.3	165.4	40	16	3.94
3,4-亚甲二氧基甲卡西酮-d_3	methylone-d_3	—	211.2	163.3	65	27	3.23
3,4-亚甲二氧基乙卡西酮-d_5	ethylone-d_5	—	227.3	151.4	81	39	3.59
1-苯基-2-(N-吡咯烷基)-1-戊酮-d_8	a-pyrrolidinovalerophenone-d_8	—	240.4	91.0	85	32	5.12

[a]为定量离子对。

五、典型案例

案例一

某男,40 岁,有吸毒史,近期改吸食"bath salts"。某日吸食后在大街上裸奔,精神错乱,伤害路人,警察使用电警棍将其制服,送医院时仍有攻击行为,幻觉,尖叫,入院 20 min 后安静,瞳孔散大,心动过缓,很快心脏骤停死亡。入院后抽取的血液和尿液送检[1]。

【毒物分析及评析】经法医毒物系统分析,血液、尿液中均检出对乙酰氨基酚、咖啡因、可铁宁、利多卡因、甲氧苄氨嘧啶和亚甲基二氧吡咯戊酮(MDPV),血液和尿液中 MDPV 质量浓度分别为 82 ng/mL 和 670 ng/mL。NPS 和其他滥用物质同时存在,因此,应进行全面、系统的毒药物筛选分析。

案例二

某男,17 岁,因驾车未能正常直行行驶,驾驶速度明显过低而显异常。警官询问时发现该男子行动迟缓,反应迟钝,口齿不清,眼睛充血,昏昏欲睡。其自称并无饮酒,并多次改变是否使用过药物的陈述。事发后约 1.5 h 抽血,约 2 h 收集尿液。

【毒物分析及评析】尿液苯二氮卓类药物免疫筛选呈阳性,血液中检出科纳唑仑,质量浓度为 17 ng/mL,同时检出四氢大麻酚,质量浓度为 6.1 ng/mL。苯二氮卓类药物免疫筛选技术较为成熟,具有相同母环结构的衍生化均可能呈阳性,可用于尿液的快筛筛选。苯二氮卓类 NPS 药理作用强,使用剂量小,常与其他毒品或药物同时使用,故实验室应关注 NPS 滥用趋势,不断扩大筛选范围。

· 本章思考题 ·

1. 海洛因、O^6-单乙酰吗啡、吗啡和可待因的检出有何意义?
2. 血液、尿液、唾液和毛发在摄毒鉴定中各有何应用价值?
3. 简述体内苯丙胺类、氯胺酮检验的分析方法。
4. 根据大麻代谢特点,阐明各种体内检材中需要检测的目标物及阳性结果的判断。
5. 可卡因的体内代谢物有哪些? 尿液、头发阳性结果的判断标准是什么?

参考文献

[1] 国家卫生计生委医政医管局. 阿片类物质使用相关障碍诊断治疗指导原则. 全科医学临床与教育,2018, 16(1): 3 - 8.

[2] Baselt R C. Disposition of Toxic Drugs and Chemicals in Man. Los Angeles: Biomedical Pubns, 2015.

[3] Zheng C, Erink, Wang P, et al. Simultaneous Quantitation of 78 Drugs and Metabolites in Urine with a Dilute-And-Shoot LC - MS - MS Assay. J Anal Toxicol, 2015, 39(5): 335 - 346.

[4] 向平,孙英英,沈保华,等. 吸毒者头发中海洛因、O^6 -单乙酰吗啡、吗啡、可待因和乙酰可待

因的分析及评价. 中国司法鉴定,2013, 1(1): 19 - 23.
[5] Joynt B P, Mikhael N Z. Sudden death of a heroin body packer. J Anal Toxicol, 1985, 9(5): 238 - 240.
[6] Dempsey S K, Gray T R, Kelly A T, et al. A Comparison of High Drug Concentrations in Impaired Driving and Postmortem Casework in Harris County, Texas. J Anal Toxicol, 2022, 46(8): 817 - 824.
[7] 杨欢,王鑫,于淼,等. 毛发中食欲抑制剂分析方法研究进展. 中国司法鉴定,2021(6): 43 - 52.
[8] Joo J K, Lee K S. Pharmacotherapy for obesity. Journal of Menopausal Medicine, 2014, 20(3): 90 - 96.
[9] 张蕾萍,王玉瑾,安健康,等. MDMA 在急性染毒大鼠死后体内的再分布. 中国药物依赖性杂志,2005(5): 338 - 342.
[10] 李骏波,廖红祝. 体外及尿液中 N-异丙基苄胺的检验. 刑事技术,2019, 44(01): 30 - 33.
[11] 沈敏,向平,刘伟. 法医毒物鉴定理论与实践. 北京: 科学出版社,2022.
[12] 朱博. 大麻合法化进程内在原因分析及反思. 时代人物,2022(7): 260 - 263.
[13] 吴永涛,刘宏亮,陈兴书,等. 大麻素受体在成年大鼠脑组织中的分布特点[J]. 中国康复医学杂志,2009(3): 4.
[14] Chan-Hosokawa A, Nguyen L, Lattanzio N, et al. Emergence of Delta-8 Tetrahydrocannabinol in DUID Investigation Casework: Method Development, Validation and Application. J Anal Toxicol, 2022, 46(1): 1 - 9.
[15] Skell J M, Kahn M, Foxman B M. Δ(9) - Tetrahydrocannabinolic acid A, the precursor to Δ(9) - tetrahydrocannabinol (THC). Acta crystallographica Section C, Structural chemistry, 2021, 77(Pt 2): 84 - 89.
[16] Wohlfarth A, Roth N, Auwärter V. LC - MS/MS analysis of Δ9 - tetrahydrocannabinolic acid A in serum after protein precipitation using an in-house synthesized deuterated internal standard. Journal of mass spectrometry: JMS, 2012, 47(6): 778 - 785.
[17] Vo K T, Horng H, Li K, et al. Cannabis Intoxication Case Series: The Dangers of Edibles Containing Tetrahydrocannabinol. Annals of emergency medicine, 2018, 71(3): 306 - 313.
[18] Levine B S, Kerrigan S. Principles of Forensic Toxicology. 15th ed. Springer Nature Switzerland A.G., 2020.
[19] Cano M, Oh S, Salas-Wright C P, et al. Cocaine use and overdose mortality in the United States: Evidence from two national data sources, 2002—2018. Drug Alcohol Depend, 2020, 214: 108148.
[20] Takitane J, Leyton V, Andreuccetti G, et al. Determination of cocaine, metabolites and a crack cocaine biomarker in whole blood by liquid-liquid extraction and UHPLC - MS/MS. Forensic Sci Int, 2018, 289: 165 - 174.
[21] Jagerdeo E, Montgomery M A, Lebeau M A, et al. An automated SPE/LC/MS/MS method for the analysis of cocaine and metabolites in whole blood. J Chromatogr B Analyt Technol Biomed Life Sci, 2008, 874(1 - 2): 15 - 20.
[22] 孙其然,向平,严慧,等. LC - MS/MS 测定尿液中可卡因及其代谢物苯甲酰爱康宁. 法医学杂志,2008, 24(4): 5.

[23] Jones A W, Holmgren A. Concentrations of cocaine and benzoylecgonine in femoral blood from cocaine-related deaths compared with venous blood from impaired drivers. J Anal Toxicol, 2014, 38(1): 46-51.

[24] Herrera-Gómez F, Gutiérrez-Abejón E, García-Mingo M, et al. Positivity to Cocaine and/or Benzoylecgonine in Confirmation Analyses for On-Road Tests in Spain. International journal of environmental research and public health, 2021, 18(10): 5371. doi: 10.3390/ijerph18105371.

[25] Alvear E, Von Baer D, Mardones C, et al. Determination of cocaine and its major metabolite benzoylecgonine in several matrices obtained from deceased individuals with presumed drug consumption prior to death. Journal of forensic and legal medicine, 2014, 23: 37-43.

[26] Indorato F, Romano G, Barbera N. Levamisole-adulterated cocaine: Two fatal case reports and evaluation of possible cocaine toxicity potentiation. Forensic Sci Int, 2016, 265: 103-106.

[27] 孙毅,苏瑞斌. 致幻剂的药理作用及其机制研究进展. 中国药理学与毒理学杂志,2021, 35(4): 241-250.

[28] Moore K A, Sklerov J, Levine B, et al. Urine concentrations of ketamine and norketamine following illegal consumption. J Anal Toxicol, 2001, 25(7): 583-588.

[29] Giorgetti R, Marcotulli D, Tagliabracci A, et al. Effects of ketamine on psychomotor, sensory and cognitive functions relevant for driving ability. Forensic Sci Int, 2015, 252: 127-142.

[30] Leung K W, Wong Z C, Ho J Y, et al. Determination of hair ketamine cut-off value from Hong Kong ketamine users by LC-MS/MS analysis. Forensic Sci Int, 2016, 259: 53-58.

[31] 沈敏,向平. 滥用物质分析与应用. 北京:科学出版社,2016.

[32] Kintz P, Raul J S, Ameline A. Testing human hair after magic mushrooms abuse by LC-MS/MS: Pitfalls and limitations. Forensic Chemistry, 2021, 26: 100364. doi: 10.1d6/j.forc.2021.100364.

[33] Sticht G, Käferstein H. Detection of psilocin in body fluids. Forensic Sci Int, 2000, 113(1-3): 403-407.

[34] Zhou L, Xiang P, Wen D, et al. Sensitive quantitative analysis of psilocin and psilocybin in hair samples from suspected users and their distribution in seized hallucinogenic mushrooms. Forensic toxicology, 2021, 39(2): 464-473.

[35] Lalonde B R, Wallage H R. Postmortem blood ketamine distribution in two fatalities. J Anal Toxicol, 2004, 28(1): 71-74.

[36] Henry J L, Epley J, Rohrig T P. The analysis and distribution of mescaline in postmortem tissues. J Anal Toxicol, 2003, 27(6): 381-382.

[37] Mardal M, Johansen S S, Thomsen R, et al. Advantages of analyzing postmortem brain samples in routine forensic drug screening-Case series of three non-natural deaths tested positive for lysergic acid diethylamide (LSD). Forensic Sci Int, 2017, 278: e14-e18.

第十一章 易制毒化学品鉴定

· 本章重点内容与学习要求 ·

本章重点介绍易制毒化学品基本概念、易制毒化学品的种类等，重点掌握用于甲基苯丙胺和氯胺酮的易制毒化学品分析方法。

易制毒化学品是指用于非法生产、制造或合成毒品的原料、配剂等化学品，包括用以制造毒品的原料前体、试剂、溶剂及稀释剂、添加剂等。易制毒化学品本身不是毒品，但其具有双重性，其既是一般医药、化工的工业原料，又是生产、制造或合成毒品必不可少的化学品。对于毒物分析实验室，主要目标物是国家列管的易制毒化学品。目前，我国列管的易制毒化学品主要包括三大类38个品种，第一类主要指用于制造毒品的原料，第二类和第三类主要指用于制造毒品的配剂[1]。

易制毒化学品的分析鉴定包括快筛和实验室检测两大过程。根据易制毒化学品不同的化学性质，可采用不同的化学试剂进行颜色反应筛查。联合国禁毒署、我国公安部禁毒局等都配置有易制毒化学品现场检验箱，提供给执法人员在现场进行快速检验。便携式激光拉曼光谱仪、离子迁移谱仪、气相色谱仪等简便快速、定性更为准确的方法也在缉毒现场发挥作用。实验室中，常规的易制毒化学品分析方法主要有气相色谱、液相色谱、红外光谱、气相色谱-质谱、液相色谱-质谱技术等。本章重点介绍用于制造苯丙胺类兴奋剂的麻黄碱和伪麻黄碱、1-苯基-2-溴-1-丙酮以及用于制造氯胺酮的羟亚胺。

第一节 麻黄碱、伪麻黄碱

一、概述

麻黄属于麻黄科麻黄属植物，是我国的特产植物，草质茎为其主要药用部位，是中药的发散风寒药。麻黄植物适应性强，多生长在干旱或半干旱沙质、阳光充足的草原和半荒漠地区。麻黄植物品种较多，目前已发现40余种，主要生长在亚洲、地中海、美洲等地，其中麻黄草、木贼麻黄和中麻黄三种植物中的麻黄碱的含量最为丰富，也是国内常见的三种麻黄属的植物。三种麻黄的化学成分相似，约含1%~2%的生物碱，其中，麻黄碱和伪麻黄碱作为麻黄生物碱的主要组成成分，含量高达30%~90%。另外，麻黄浸膏、麻黄浸膏粉、麻黄草粉等麻黄碱粗品也均含有麻黄碱，麻黄浸膏粉中麻黄碱、伪麻黄碱的含量在4.9%~10%。麻黄碱分子中含有两个手性碳原子，因此有四个旋光异构体：左旋麻黄碱、右旋麻黄碱、左旋伪麻黄碱和右旋伪麻黄碱，见图11-1。在麻黄草中只有左旋麻黄碱和右旋伪麻黄碱存在，其中左旋麻黄碱的生理作用较强。

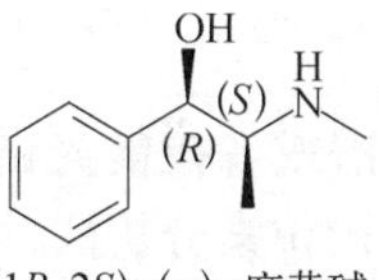
(1*R*,2*S*)-(-)-麻黄碱

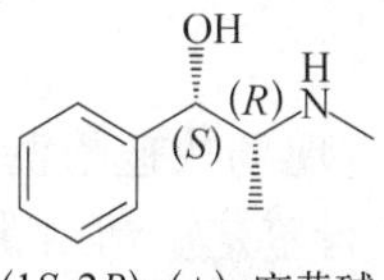
(1*S*,2*R*)-(+)-麻黄碱

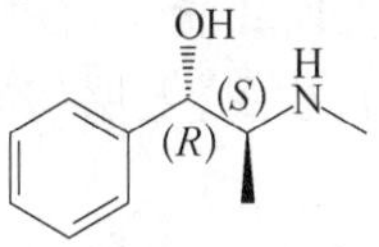
(1*S*,2*S*)-(-)-伪麻黄碱

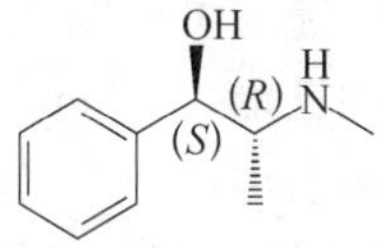
(1*R*,2*R*)-(-)-伪麻黄碱

图 11-1 麻黄碱的四个旋光异构体

麻黄碱(ephedrine),CAS 号:299-42-3,分子式 $C_{10}H_{15}NO$,分子量 165.232,无色蜡状固体、结晶或颗粒,无臭,温度高时变为无色挥发性液体,熔点 37~39℃,易溶于水或乙醇,可溶于乙醚、氯仿、苯、甲苯。其水溶液呈强碱性反应,能与无机酸和较强的有机酸结合成盐。常见的形式为盐酸麻黄碱,熔点:217~220℃,白色结晶性粉末,溶于水、乙醇,不溶于乙醚、氯仿。麻黄碱为拟肾上腺素药,能兴奋交感神经,药效较肾上腺素持久;能松弛支气管平滑肌、收缩血管;有显著的中枢兴奋作用。临床主要用于治疗习惯性支气管哮喘和预防哮喘发作,以及百日咳、枯草热及其他过敏性疾病。麻黄碱还具有中枢神经兴奋作用,能兴奋人体大脑皮层及皮层下中枢,中脑、延脑呼吸中枢和血管运动中枢,明显增加运动员的兴奋程度,此类药品也被列为国际奥委会和世界单项体育联合会禁止使用的兴奋剂类药物[2]。

伪麻黄碱(pseudoephedrine),CAS 号:90-82-4,分子式 $C_{10}H_{15}NO$,分子量 165.232,长斜方形结晶,熔点:118~120℃,易溶于乙醇、乙醚、苯和甲苯等有机溶剂,微溶于水。与左旋麻黄碱相比,右旋伪麻黄碱的碱性略强,易与酸结合成盐。常见的形式为盐酸伪麻黄碱,熔点:181~182℃,白色结晶性粉末,在水中极易溶解,在乙醇中易溶。盐酸伪麻黄碱能溶于丙酮或者氯仿,草酸右旋伪麻黄碱易溶于水,而盐酸和草酸左旋麻黄碱难溶于上述溶剂,这一特性可用于二者的分离。伪麻黄碱为拟交感胺类物质,可刺激交感神经末梢释放去甲肾上腺素,从而以间接作用方式起拟交感神经作用。对血管收缩作用具有一定的选择性,主要收缩上呼吸道血管,消除鼻咽部黏膜充血,能较好地减轻上呼吸道黏膜的充血现象,减少鼻黏膜的发炎与黏液的产生,从而减缓鼻塞等症状,临床用于过敏性鼻炎、鼻炎、鼻窦炎等。

麻黄碱与伪麻黄碱互为立体异构体,可以从麻黄草植物中提取,也可通过人工合成得到。麻黄碱与伪麻黄碱在盐酸中可以相互转变,二者在钯催化剂下氢化均得到甲基苯丙胺,而且通过具有旋光性的麻黄碱制造的甲基苯丙胺也同样具有旋光性。麻黄碱与伪麻黄碱是甲基苯丙胺合成的前体物质,均属于《联合国禁止非法贩运麻醉药品和精神药物公约》列管的易制毒化学品。2005 年 8 月 26 日国务院公布《易制毒化学品管理条例》,自 2005 年 11 月 1 日起对麻黄碱、伪麻黄碱、消旋麻黄碱、去甲麻黄碱、甲基麻黄碱、麻黄浸膏、麻黄浸膏粉(包括原料药及其单方制剂)等麻黄碱类物质进行严格管制。

麻黄碱和伪麻黄碱是合成甲基苯丙胺的原料,同时又用于临床治疗。麻黄碱具有松弛支气管平滑肌收缩血管、兴奋中枢等作用,其盐酸盐可治疗支气管哮喘和各种原因引起的低血压状态,而伪麻黄碱则用于治疗鼻炎、耳咽炎等,由于两者具有不同的药理活性,如何区分二者就显得尤为重要。特殊案件鉴定中,还需要进行立体异构体的拆分。

二、分析方法

麻黄碱类物质一般通过现场快速检测，红外光谱或者拉曼光谱进行鉴别，或采用气相色谱-质谱、液相色谱-质谱进行鉴定。利用碳、氮稳定同位素分析法，可判别麻黄碱的来源地。

1. 现场快速检测

Chen-kao 反应[3]：取少量的可疑物置于试管中，加 2 滴 1%醋酸，再加 2 滴 1%硫酸铜溶液，混匀。出现蓝紫色，再加乙醚 1~2 mL，振摇均匀，放置，上层(乙醚层)显紫红色，下层(水层)显蓝色，为麻黄碱或伪麻黄碱。

Simon 反应[3]：取少量可疑物置于试管中，依次滴入 1 滴 20%碳酸钠溶液，1 滴 50%乙醛溶液，1 滴 1%亚硝基铁氰化钠溶液，若显蓝色则为麻黄碱或伪麻黄碱。

2. 光谱分析

(1) 红外光谱分析条件[4]　傅里叶变换红外光谱仪配备金刚石光窗的单次衰减全反射附件。波数范围 650~4 000 cm^{-1}，分辨率：4 cm^{-1}。盐酸麻黄碱的主要特征峰(以 cm^{-1}为单位)：2 469：NH_2^+ ν；1 591：NH_2^+ δ；1 354：O－H δ；1 241：C－H γ；1 049：C－O ν；992，752：C－H δ；699(苯环)。盐酸伪麻黄碱的主要特征峰(以 cm^{-1}为单位)：1 455，1 374：O－H δ；1 335：C－N ν；1 036，1 007：C－O ν；905，761：C－H δ；701(苯环)。红外光谱因其自身的特点，适用于纯度较高麻黄碱类物质的检验。

(2) 盐酸麻黄碱拉曼光谱分析条件[5]　拉曼光谱仪激发光源为 785 nm，光谱测量范围为 68~2 700 cm^{-1}，光谱分辨率小于 3 cm^{-1}，激光功率为 80 mW，积分时间为 5 s。盐酸麻黄碱的主要特征峰(以 cm^{-1}为单位)：618：C－C γ；751：C－C ν、C－H γ；826：C－C ν、C－N γ；906：C－N ν、C－H γ；1 180：C－O ν、异丙基 δ；618，826，1 001，1 028(苯环)。

3. GC－MS 分析(《法庭科学　疑似易制毒化学品中去甲麻黄碱等 6 种麻黄碱类物质检验 气相色谱-质谱、液相色谱和液相色谱-质谱法》GA/T 1934—2021)

固体样品：充分均质化，根据实际需求，称取 10~100 mg 于具盖离心管中，加入甲醇 10 mL，超声溶解，经有机微孔滤膜过滤，滤液作为样品溶液，供 GC－MS 分析。或根据实际需要将上清液用甲醇稀释，稀释液作为样品溶液供 GC－MS 分析。

液体样品：充分均质化，根据实际需求，移取液体样品 10~200 μL 于具盖离心管中，加入 20%碳酸钠水溶液 1 mL 和正己烷 2 mL，振荡 5 min，以不低于 4 000 r/min 离心 10 min，分离上层有机相，加入适量无水硫酸钠干燥，经有机微孔滤膜过滤，滤液作为样品溶液，供 GC－MS 分析。

GC－MS 分析条件：色谱柱为 DB－5 MS 柱(30 m×0.25 mm×0.25 μm)；进样口温度：280℃；载气：氦气；恒流：1 mL/min；柱温程序：140℃保持 3 min，以 20℃/min 升至 220℃，再以 40℃/min 升至 300℃保持 3 min；进样量 1.0 μL；分流比：40∶1；离子源：EI 源，70 eV；四极杆温度：150℃；离子源温度：230℃；传输线温度：280℃，质量扫描范围 35~500 amu；扫描方式：全扫描(SCAN)。麻黄碱和伪麻黄碱的参考保留时间为 4.53 min，GC－MS 质谱碎片主要的特征离子峰 m/z 为：58(基峰)、77、105、117。

4. LC－MS/MS 分析(《法庭科学　疑似易制毒化学品中去甲麻黄碱等 6 种麻黄碱类物质检验 气相色谱-质谱、液相色谱和液相色谱-质谱法》GA/T 1934—2021)

样品处理：充分均质化，根据实际需求，固体样品称取 10~100 mg 或液体样品移取 100~1 000 μL 于具盖离心管中，加入 10 mL 甲醇，密封并振荡 5 min，以不低于 4 000 r/min 离心 5 min，取上清液，用 0.1%甲酸溶液稀释 10 000 倍，稀释液经 0.22 μm 的水系微孔滤膜过滤，滤液作为样品溶液,供 LC－MS 分析。

LC－MS/MS 分析条件: 采用 ACQUITY UPLC CSH C18 色谱柱(100 mm×2.1 mm, 1.7 μm)、ACQUITY UPLC BEH C18(100 mm×2.1 mm,1.7 μm),柱温为 40℃,流动相: A: 乙腈,B: 0.1%甲酸溶液;进样量: 5 μL;梯度洗脱程序: 0～1.5 min,98%B;1.5～6.5 min;10%B;6.5～8.0 min,10%B;8.0～8.1 min,98%B;8.1～10.0 min,98%B。离子源: ESI+;离子源温度: 550℃;电喷雾电压: 3 000 V;麻黄碱和伪麻黄碱的离子对 m/z 为 166.1/133.1,166.1/117.1,保留时间分别为 1.39 min 和 1.54 min。

三、鉴定要点

(1) 甲基苯丙胺合成路线　　甲基苯丙胺通常由麻黄碱、伪麻黄碱和 1－苯基－2－溴－1－丙酮等合成前体,通过催化加氢法、碘红磷法和还原胺法等多种工艺合成。判别合成前体和合成路线是甲基苯丙胺特征分析的重要研究内容。传统的麻黄碱或伪麻黄碱工业生产方法是将麻黄草浸泡在水中,用有机溶剂提取。现代商业生产麻黄碱或伪麻黄碱主要依靠生物发酵技术或者化学合成,酵母将苯甲醛转化为 1－苯乙酰甲醇后,通过还原胺化反应化学转化为麻黄碱。非法生产麻黄碱或伪麻黄碱除了从麻黄草中提取,还可以从含有麻黄碱或伪麻黄碱的感冒药中提取,另外还可以通过苯甲醛、肉桂酸、1－苯基－2－溴－1－丙酮或者氰基苯丙酮等作为前体进行化学合成,提取或合成麻黄碱后,其被用于合成毒品甲基苯丙胺。麻黄碱和伪麻黄碱同时检出可以确定麻黄碱的来源是麻黄草;在收缴样品中同时检测出痕量的对乙酰氨基酚、右美沙芬和氯苯那敏等物质,那么其来源可能与含有麻黄碱或者伪麻黄碱的药物有关;若检出甲卡西酮,则可判断其由 1－苯基－2－溴－1－丙酮合成而来。

(2) 手性分析　　麻黄碱与伪麻黄碱互为立体异构体,采用气相色谱法进行检验时,需要使用光学拆分的手段才能区分检验。而采用液相色谱法进行检验时,选择常规的色谱柱和优化梯度洗脱就可以分离并同时检测两者。

四、案例评析

案例一

2016 年×月×日,公安机关查获一处涉嫌制造毒品的窝点[6]。现场位于×省×市×区×镇×村×山中,共有两处建筑物,一栋为生活区,一栋为工厂。厂房内堆积了大量无标签白色塑料空瓶和各类塑料桶。一个白塑料桶内装满白色细晶状物,在桶内提取适量白色晶状物;另见有多个白色塑料筐内有褐色液体和晶体混合物。侦查人员在现场发现大量的易制毒化学品盐酸及没有标签的白色固体、无色液体及反应炉。

【毒物分析及评价】所送白色晶状物、褐色液体和晶体混合物经 GC－MS 分析,均检出麻黄碱成分。初步查明这是一起非法生产易制毒化学品麻黄碱的案件。

案例二

福建禁毒部门在一加工厂缴获可疑样品[7]。

【毒物分析及评价】样品采用 LC－MS 和 LC－UV 法分析,检出(1S, 2S)－β－氯代甲基苯丙胺和(1R, 2S)－β－氯代甲基苯丙胺,纯度分别为 64.7%和 8.2%,两者的比例约为 8∶1。进一步使用 LC－MS/MS 分析发现,样品中均有痕量麻黄碱和伪麻黄碱存在。判断该加工厂已完成由麻黄碱/伪麻黄碱制 β -氯代甲基苯丙胺的生产过程。其中,LC - UV 法适用于样品中常量组分的分析,LC - MS/MS 方法灵敏度更高。自天然麻黄草和含麻黄碱复方制剂的管制加强以后,不法分子开始使用溴代苯丙酮为原料,通过化学合成法制造麻黄碱。这类合成方法得到的产物是一个混合物,包括麻黄碱(约 90%)和伪麻黄碱(约 10%)。使用该混合物继续生产 β -氯代甲基苯丙胺,也同样会得到(1S, 2S)- β -氯代甲基苯丙胺和(1R, 2S)- β -氯代甲基苯丙胺两种产物,且两者的理论比例约为 9 : 1。因此,准确测定此类案件现场缴获样品的成分及含量,对判断加工厂的性质及其在制毒环节中的作用具有重要的意义。

第二节 1 -苯基- 2 -溴- 1 -丙酮

一、概述

1 -苯基- 2 -溴- 1 -丙酮(1 - phenyl - 2 - bromo - 1 - acetone),CAS 号: 2114 - 00 - 3,又名溴代苯丙酮(bromopropiophenone),分子式 C_9H_9BrO,分子量 213.074。1 -苯基- 2 -溴- 1 -丙酮为黄色至绿色透明液体,沸点为 245~250℃,不溶于水,溶于醇、醚、丙酮和氯仿等有机溶剂,对眼睛、呼吸系统和皮肤有强烈的刺激性。1 -苯基- 2 -溴- 1 -丙酮近年来常被制毒分子用于制造麻黄碱,合成的麻黄碱被毒品犯罪分子走私出境或进一步合成甲基苯丙胺(图 11 - 2),因此,给国家的禁毒形势带来严峻的考验[8]。由于其合成路线反应简单,操作难度不大,极易被犯罪分子掌握和应用,2014 年 5 月 12 日,1 -苯基- 2 -溴- 1 -丙酮被列为第一类易制毒化学品而受到国家管制。

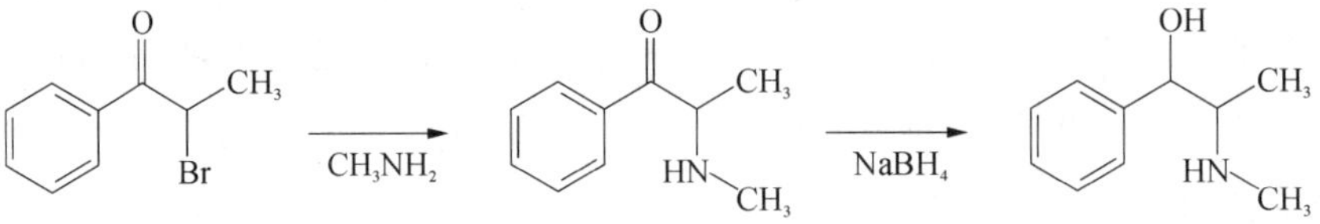

图 11 - 2 1 -苯基- 2 -溴- 1 -丙酮合成甲基苯丙胺过程

二、分析方法

1 -苯基- 2 -溴- 1 -丙酮一般通过现场快速检测,红外光谱进行鉴别,或采用磁共振、液相色谱、气相色谱-质谱等进行鉴定。

1. 现场快速检测

1 -苯基- 2 -溴- 1 -丙酮分子结构式中具有羰基和卤代烃结构,可采取化学颜色反应进行快速检验[8]。一种原理是 1 -苯基- 2 -溴- 1 -丙酮与 2,4 -二硝基苯肼反应生成橙色或红色的沉淀。具体方法如下: 取一支试管,加入 2 mL 2,4 -二硝基苯肼试剂,然后滴入 2~3 滴待检测样品,用力振荡,使混合均匀,如有橙色或红色沉淀析出则可能是 1 -苯基- 2 -溴- 1 -丙酮。另一种原理是 1 -苯基- 2 -溴- 1 -丙酮分子结构中的溴取代烃基结构,可与硝酸银乙醇溶液反应生成淡黄色沉淀。具体方法如下: 取一支试管,加入 1 mL 饱和的硝酸银乙醇溶液,向试管中滴加 3~4 滴待检测样品,强烈振摇后如有淡黄色沉淀析出,见可能是 1 -苯基- 2 -溴- 1 -丙酮。

2. 红外光谱分析

取少量检材直接涂于溴化钾晶片上进行红外光谱分析[2, 10],红外光谱分析条件: 分辨率:

4 cm^{-1}，扫描范围：400~4 000 cm^{-1}。主要的特征峰（以 cm^{-1} 为单位）[6, 10]：3 060：C－H ν；2 980：C－H νas；2 860：C－H νs；1 690：C=O ν；1 340：C－H δ；1 240，1 160，1 080：C－O ν；1 590，1 450，843，706，542（苯环）；646：C－Br δ。红外光谱因其自身的特点，适用于纯度较高 1－苯基－2－溴－1－丙酮样品的检验。

3. GC－MS 分析

准确称取样品 10 mg，加入 1 mL 甲醇定容，离心后取上清液，用内标工作液（如 20 μg/mL 正癸烷的甲醇溶液）稀释 100 倍后直接进行仪器分析。

分析条件[9]：色谱柱：DB－5MS 柱（30 m×0.25 mm×0.25 μm）或相当者；进样口温度：250℃，传输线温度：280℃；载气：氦气；恒流：1 mL/min；柱温程序：60℃保持 1.5 min，以 25℃/min 升至 280℃保持 10 min；进样量 1.0 μL；分流比：20∶1；离子源：EI 源，70 eV；四极杆温度：150℃；离子源温度：220℃；传输线温度：280℃，质量扫描范围 40~500 amu；扫描方式：全扫描（SCAN）。1－苯基－2－溴－1－丙酮的参考保留时间为 7.201 min，GC－MS 质谱碎片主要的特征离子峰为：m/z 105（基峰）、77、51。

4. LC 分析

LC 定量分析条件[9]：采用 AcclaimTM 120 C18 色谱柱（4.6 mm×250 mm，5 μm）或相当者，柱温为 30℃，流动相为乙腈∶水（70∶30），检测波长为 210 nm，流速为 1.0 mL/min，总时间为 10 min，进样量为 10 μL。

三、鉴定要点

1）1－苯基－2－溴－1－丙酮有强烈刺激性气味，具有催泪效果，因此在检测处理时需做好个人防护。如果样品数量较少，不能满足现场检验需要时，应将样品送实验室检验。

2）采取化学颜色反应进行快速检验所用的方法不具有专属性，只能用作现场执法人员快速检测，一般阴性结果可靠，阳性结果不可靠。因此，现场快速检验结果不能作为鉴定依据，后续必须通过实验室仪器分析方法进行检验。

3）1－苯基－2－溴－1－丙酮易挥发，宜采用 GC、GC－MS 法检测。

四、案例评析

案例

在一起非法制造麻黄碱的现场，缴获了大量淡绿色液体[8]。

【毒物分析及评析】经 GC－MS 分析，淡绿色液体中检出 1－苯基－2－溴－1－丙酮成分，从而认定这是一起典型的利用溴代苯丙酮合成麻黄碱的案件。

第三节　羟亚胺

一、概述

羟亚胺（hydroxylimine）为氯胺酮前体物质，CAS 号：6740－87－0，分子式 $C_{13}H_{16}ClNO$，分子量 237.725。常见形式为盐酸羟亚胺，为乳白色或白色粉末，熔点：175~185℃。工业用非高纯度盐酸羟亚胺为咖啡色粉末。羟亚胺作为医药中间体用于制作麻醉药品氯胺酮，羟亚胺和氯胺酮是同分异构体，羟亚胺通过简单加热即可重排得到氯胺酮（图 11－3）[10]。盐酸羟亚胺是农药生产的中间体，市场易购得且价格便宜，由羟亚胺制造氯胺酮工艺简单快捷，使得羟亚胺成为制毒犯罪分子的首选原料。公安部、商务部、卫生部、海关总署等 6 部委联合下发公告，自 2008 年 8 月 1 日起，对羟亚胺的生产、经营、购买、运输及进、出口管理进行了规定，以加强对盐酸羟亚胺的严格管制，进一步有效遏制我国氯胺酮的非法生产及滥用。

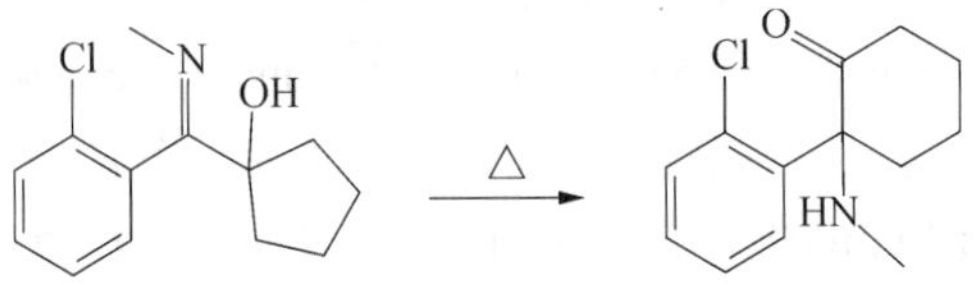

图 11－3　羟亚胺（左）加热重排生成氯胺酮（右）

二、分析方法

样品中羟亚胺的分析主要采用 GC－MS、LC－MS 等。

样品处理同常见毒品样品处理。对于固体样品，将样品研磨均匀，称取约 5～10 mg 置于具盖离心管中，用 5 mL 甲醇溶解，混匀，稀释后过 0.22 μm 滤膜，滤液稀释后作为样品溶液，供色谱分析使用。对于液体样品，将液体样品混合均匀，移取 50 μL 置于具盖离心管中，称重，常温下氮气吹干，用 5 mL 甲醇溶解，混匀，稀释后过 0.22 μm 滤膜，滤液稀释后作为样品溶液，供色谱分析使用。

（1）GC－MS 分析（《法庭科学 疑似易制毒化学品中羟亚胺检验 液相色谱-质谱、气相色谱-质谱和液相色谱法》GA/T 1789－2021）

分析条件：色谱柱：DB－5MS 柱（30 m×0.25 mm，0.25 μm）或相当者；进样口温度：280℃；载气：氦气；恒流：1 mL/min；柱温程序：80℃保持 1 min，以 25℃/min 升至 280℃保持 10 min；进样量 1.0 μL；分流比：10∶1；离子源：EI 源，70 eV；四极杆温度：150℃；离子源温度：230℃；传输线温度：280℃，质量扫描范围 40～500 amu；扫描方式：全扫描（SCAN）。羟亚胺的参考保留时间为 7.423 min，GC－MS 质谱主要的特征碎片离子 *m/z* 为：152（基峰）、154、138、180。

（2）LC－MS/MS 分析（《法庭科学 疑似易制毒化学品中羟亚胺检验 液相色谱-质谱、气相色谱-质谱和液相色谱法》GA/T 1789－2021）

分析条件：采用 Poroshell 120 EC－C18 色谱柱（2.1 mm×50 mm，2.7 μm），柱温为 40℃，流动相：A：0.01 mol/L 醋酸铵溶液，含 0.1%甲酸（体积分数），B：0.1%甲酸甲醇溶液（体积分数）；进样量：1 μL；梯度洗脱程序：0 min，20% B；0～5 min，20%→90%B；5～7 min，90%B；7～7.5 min，90%→20%B；7.5～12 min，20%B；流速，0.2 mL/min。

离子源：ESI+；鞘气温度：250℃；干燥气温度：300℃；鞘气流量：N_2，12 mL/min；干燥气流量：N_2，6 mL/min；雾化气压力：35 psi；毛细管电压：3.5 kV；喷嘴电压：500 V；扫描类型：多反应监测（MRM）；羟亚胺的质谱特征碎片离子对 *m/z* 为 238.1/125.1，238.1/128.1。

三、鉴定要点

（1）氯胺酮的合成　氯胺酮的基本合成路线通常包含三步：第一步合成邻氯苯基环戊

酮(邻酮),第二步将邻氯苯基环戊酮溴代后与甲基胺反应合成羟亚胺,第三步由羟亚胺加热使分子结构重排后得到氯胺酮。

(2) 受热转化　羟亚胺与氯胺酮为同分异构体,受热发生重排反应即可转化为氯胺酮。用 GC－MS 分析时,因在 GC 进样口内受热,羟亚胺和氯胺酮可部分相互转化,即羟亚胺可部分转化为氯胺酮,氯胺酮可部分转化为羟亚胺。因此,用 GC－MS 进行定性分析,当检出羟亚胺时,不能确定样品中是否含有羟亚胺,需要另外一种分析方法进行确证;同理,GC 也不适用于羟亚胺的定量分析。建议采用 LC、LC－MS 分析检测羟亚胺。

(3) 吸潮　羟亚胺易吸潮,吸潮后容易分解,应及时检验:当用 LC 或 LC－MS 分析时,样品如果用初始流动相溶解,应尽快分析。

四、案例评析

案例

2009 年某日,某市公安局禁毒支队民警查获犯罪嫌疑人孙某存放的化学药品 3 箱,孙某交代为化工原料,办案人员取少量粉末送检[10]。

【毒物分析及评析】将检材用少量甲醇溶解,振荡,离心,取上清液通过 GC－MS 分析,从所送检材中检出羟亚胺和氯胺酮成分。为进一步确定样品中是否含有氯胺酮,采用 LC－MS 分析,结果,其中检出羟亚胺,未检出氯胺酮成分。

· 本章思考题 ·

1. 我国列管的易制毒化学品有哪些种类?
2. 麻黄碱、伪麻黄碱分析的主要方法及鉴定要点有哪些?
3. 羟亚胺分析的主要方法及鉴定要点有哪些?

参考文献

[1] 贾群李,王青,高晓清. 一种易制毒化学品管控溯源方法及系统. 警察技术,2022(6):60－63.
[2] Elhadef K, Smaoui S, Fourati M, et al. A Review on Worldwide Ephedra History and Story: From Fossils to Natural Products Mass Spectroscopy Characterization and Biopharmacotherapy Potential. Evidence-based Complementary and Alternative Medicine, 2020(2): 1－22.
[3] 孟品佳. 毒品化学. 北京:中国人民公安大学出版社,2011.
[4] 刘翠梅,韩煜,李涛,等. 新精神活性物质分析手册——红外光谱分册. 北京:中国人民公安大学出版社,2019.
[5] Shu T, Yang X, Li W, et al. Raman Spectroscopic Differences between Ephedrine and Pseudoephedrine. J Forensic Sci, 2019, 64(5): 1482－1485.
[6] 朱彬玲. 现场勘查案例精选. 北京:中国人民公安大学出版社,2021.
[7] 钱振华,李静,花镇东. 麻黄碱、伪麻黄碱及(1S, 2S)－β－氯代甲基苯丙胺、(1R, 2S)－β－氯代甲基苯丙胺的分析方法研究. 中国司法鉴定,2017(5): 6.

[8] 郭建,林小龙,吴升武,等. α-溴代苯丙酮的检验研究. 刑事技术,2016, 41(3): 3.
[9] 施妍,向平,沈保华,等. 易制毒化学品 α-溴代苯丙酮的检测及应用. 中国司法鉴定,2017(3): 4.
[10] 钱振华,徐鹏,高利生. GC-MS 检验氯胺酮制毒原料羟亚胺 1 例. 刑事技术,2011, 36(1): 65-66.

第十二章　杀虫剂鉴定

· 本章重点内容与学习要求 ·

杀虫剂是法医毒物司法鉴定的主要对象之一。本章重点介绍杀虫剂的分类、体内代谢、检材处理、鉴定方法、毒物鉴定结果的评价和阳性参考数据等，并通过典型案例评析提高学员分析和解决实际问题的能力。通过本章学习，应掌握有机磷类、氨基甲酸酯类、拟除虫菊酯类、沙蚕毒素类等杀虫剂鉴定的主要对象、方法和判断要点，正确评价和运用毒物分析结果。

杀虫剂(insecticides)是用于防治农、林、畜牧及贮粮上的虫害和消灭生活环境中蚊蝇等害虫的药剂。杀虫剂种类很多。根据作用方式可分类为胃毒剂、触杀剂、熏蒸剂和内吸杀虫剂；根据毒理作用可分为神经毒剂、呼吸毒剂、物理性毒剂；根据化学结构则可将其分为有机磷类、有机氯类、有机氮类、有机硫类、砷(胂)制剂类、氨基甲酸酯类、拟除虫菊酯类、酰胺类等。杀虫剂中毒的检验和鉴定为法医毒物司法鉴定最常见的检验项目之一。在我国，以有机磷类、氨基甲酸酯类和拟除虫菊酯类中毒(死)最为常见，本章将阐述有机磷类杀虫剂、氨基甲酸酯类杀虫剂和拟除虫菊酯类杀虫剂中毒的鉴定。

第一节　有机磷类杀虫剂

一、概述

有机磷杀虫剂(organophosphorus insecticides)是人工合成的有机磷酸酯或硫代磷酸酯为基本骨架的一系列有机化合物，化学结构通式见图 12－1。

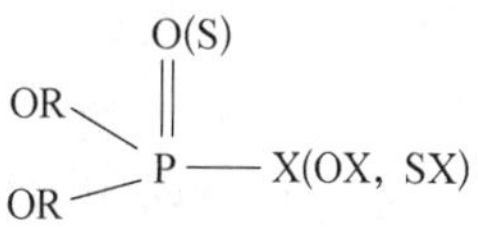

R 一般为烷烃或烃基，X 中含有烷氧基、芳氧基、烃基、卤素、胺基、酰胺、硫醚或硝基等基团

图 12－1
有机磷酸酯类杀虫剂基本母体结构式

有机磷杀虫剂按照化学结构可分为：磷酸酯类(敌敌畏、久效磷和磷胺等)、硫代磷酸酯类(对硫磷、杀螟松、乐果和马拉硫磷等)、焦磷酸酯及硫代焦磷酸酯类(苏化二〇三)、磷酰胺及硫代磷酰胺类(甲胺磷和乙酰甲胺磷等)。按大鼠急性经口 LD_{50} 分为以下 4 类：① 剧毒类：甲拌磷、内吸磷、对硫磷等；② 高毒类：甲基对硫磷、甲胺磷、氧乐果、敌敌畏等；③ 中毒类：乐果、乙硫磷、敌百虫等；④ 低毒类：马拉硫磷等。甲基对硫磷、乙基对硫磷、甲拌磷、乐果和马拉硫磷的成人口服致死量分别为 0.3~1.0 g、0.1~0.3 g、0.1 g、2.0 g 和 60 g。

有机磷杀虫剂除少数为固体(如敌百虫)外，大多为淡黄色或棕色油状液体，具有类似大蒜样的特殊臭味，一般不溶于水，溶于有机溶剂及动、植物油中，少数如乐果、敌百虫、甲胺磷等在水中溶解度较高[1]。有机磷杀虫剂无论是液体或固体，在任何湿度下均有蒸气逸出。虽在常温下其蒸气压很低，但仍有明显的毒性作用。如甲拌磷在20℃时蒸气压仅0.000 84 mmHg，但在密闭的空间中，其挥发度可达124 mg/m^3，易造成吸入性中毒。大部分有机磷杀虫剂为磷酸酯或磷酰胺类，这些化合物易与水发生反应而分解为无毒的化合物。有机磷酸酯类化合物一般在酸性介质中水解速度较慢，在碱性介质中水解速度较快，如敌百虫在弱碱性条件下，可形成毒性更大的敌敌畏，当pH为8~10时，敌百虫转变成敌敌畏仅需半小时。多数有机磷杀虫剂在氧化剂或生物酶催化作用下容易被氧化，如硫代磷酸酯易被氧化为磷酸酯。

有机磷杀虫剂属胆碱能神经性毒剂，其毒理作用是抑制乙酰胆碱酯酶的活性，致使胆碱酯酶不能水解乙酰胆碱，造成体内乙酰胆碱大量蓄积，引起神经系统功能紊乱的中毒表现。其中毒潜伏期因中毒途径及中毒量不同而有所差异，一般口服者为5~20 min，呼吸道者为30 min，皮肤吸收者2~6 h。中毒症状按毒理作用可分为：① 毒蕈碱样症状：恶心呕吐、腹痛腹泻、瞳孔缩小、多汗流涎、呼吸困难等；② 烟碱性症状：肌肉震颤、抽搐、呼吸肌麻痹、呼吸停止；③ 中枢神经系统症状：头痛头晕、烦躁不安、昏睡或昏迷。

有机磷杀虫剂中毒死亡尸体特征：尸斑显著，呈暗紫红色。尸僵早而强，有的可见腓肠肌和肱二头肌显著挛缩，口唇及指甲明显青紫，口鼻周围有白色泡沫，切开胃后可闻到有机磷的特殊气味，胃及十二指肠黏膜充血并有点状出血，气管及支气管腔内有多量白色泡沫状液体，肺水肿明显，右心房及右心室轻度扩张，右心及大静脉内充满暗红色流动性血液，软脑膜淤血水肿。

二、体内过程

有机磷杀虫剂能经无损伤的皮肤、呼吸道、消化道进入体内，迅速分布到全身各组织器官并与组织蛋白牢固结合。有机磷化合物的分布特性在很大程度上取决于进入途径。给药后5~12 h后，血液中浓度达高峰。

有机磷杀虫剂主要在肝脏经肝细胞微粒体氧化系统进行氧化和水解，尚可经脱氨、脱烷基、还原和侧链变化等转化。有的氧化后的产物可使毒性增强，如敌百虫可转化、形成毒性更大的敌敌畏；而分解（水解、脱氨、脱烷基等）的结果，使毒性减弱。大多数有机磷杀虫剂可在体内代谢为一种或一种以上的二烷基磷酸酯化合物（diakyl phosphate, DAP），并在中毒后14~48 h在尿中排出，如磷酸二甲酯（dimethyl phosphrate, DMP），磷酸二乙酯（diethyl phosphrate, DEP），二甲基硫代磷酸酯（dimethyl thiophosphrate, DMTP），二乙基硫代磷酸酯（diethyl thiophosphrate, DETP），二甲基二硫代磷酸酯（dimethyl dithiophosphrate, DMDTP），二乙基二硫代磷酸酯（diethyl dithiophosphrate, DEDTP）。表12-1列出了部分有机磷杀虫剂的代谢产物。

表12-1　部分有机磷杀虫剂的代谢产物

通用名	商品名	DMP	DMTP	DMDTP	DEP	DETP	DEDTP
Azinphosmethyl	谷硫磷	+	+	+			
Chlorpyrifos	毒死蜱				+	+	
Chlorpyrifos methyl	甲基毒死蜱				+	+	
Coumaphos	蝇毒磷				+	+	

续 表

通 用 名	商 品 名	DMP	DMTP	DMDTP	DEP	DETP	DEDTP
Diazinon	二嗪农				+	+	
Dichlorvos	敌敌畏	+					
Dicrotophos	百治磷	+					
Dimethoate	乐果	+	+	+			
Disulfoton	乙拌磷				+	+	+
Ethion	乙硫磷				+	+	+
Fenitrothion	杀螟硫磷	+	+				
Fenthion	倍硫磷	+	+				
Malathion	马拉硫磷	+	+	+			
Methidathion	杀扑磷	+	+	+			
Naled	二溴磷	+					
Oxydemeton-methyl	砜吸磷	+	+				
Parathion	对硫磷				+	+	
Methyl parathion	甲基对硫磷	+	+				
Phorate	甲拌磷				+	+	+
Phosmet	亚胺硫磷	+	+	+			
Pirimiphos methyl	甲基嘧啶磷	+	+				
Sulfotep	治螟磷				+	+	
Tetrachlorvinphos	杀虫畏	+					
Trichlorfon	敌百虫	+					

有机磷杀虫剂脂溶性强，进入人体后迅速分布全身，尤其是血液、肝、肾、肺中含量较高，脑内含量则取决于相应化合物穿透血脑屏障的能力。有机磷杀虫剂在体内分解较为迅速，大部分代谢产物经肾脏随尿排出，24 h 后即难测出，48 h 则完全消失，小部分随粪便排出。

1 例口服敌敌畏自杀死亡案例中，血液、脑、肝、肾、尿液和胃内容物中敌敌畏的浓度分别为 29 μg/mL、9.7 μg/g、20 μg/g、80 μg/g、4.5 μg/mL 和 300 g[2]。1 例乐果中毒死亡者体内分布，血液、心肌、骨骼肌、脑、肺、肾、肝、尿液和胆囊中乐果的浓度分别为 38 μg/mL、7.6 μg/g、21 μg/g、2.2 μg/g、7.6 μg/g、55 μg/g、4.6 μg/g、0.47 μg/mL 和 31 μg/g。1 例氧乐果中毒死亡者体内分布，心血、肾、肝、尿液、胆汁和胃内容物中氧乐果的浓度分别为 208 μg/mL、505 μg/g、341 μg/g、225 μg/mL、524 μg/mL 和 48.2 mg/mL。口服有机磷杀虫剂中毒死亡者，由于存在死后再分布，心血中浓度可能升高，应同时采集外周血以更准确地进行结果解释。

三、分析方法

有机磷杀虫剂检验的检材分为体外检材和体内检材。体外检材包括剩余食物、饮料、现场药瓶、呕吐物和洗胃液等；体内检材包括胃内容物和血液、尿液、玻璃体液、胆汁等体液及心、肝、脾、肺、肾、脑等组织检材。血液检材应同时取心血和外周血(股静脉血或锁骨下静脉血)。

对现场所提取药瓶可用少量有机溶剂直接浸洗，浸洗液直接用于检测。对固体检材(如面粉、粮食、固态食物等)，加入适量的苯、乙酸乙酯或氯仿振摇提取或在超声波中浸提，过滤，滤液浓缩；固形物较多的检材如蔬菜、剩余的饭菜、胃肠内容物和尸体脏器等，可将检材切细或捣碎后，加适量无水硫酸钠研磨至干沙状，用相应极性的疏水性有机溶剂提取、过滤，检材再用溶剂重复提取两次，合并提取液进行净化、浓缩。

生物检材通常需要经过直接提取法、液-液萃取法或固相萃取法等提取净化、浓缩后进行仪器分析。大多数有机磷杀虫剂具有易挥发、遇碱易分解的特点，在提取过程中要避免碱性条件，在浓缩时加热温度不宜过高，应在60℃以下且不要将溶剂完全蒸干，必要时可使用KD浓缩器浓缩提取。

检测方法主要应用GC、GC－MS和LC－MS等方法，临床上有胆碱酯酶(ChE)活性的测定方法。GC法主要用于有机磷杀虫剂的筛选和定量分析。常用的检测器为氮磷检测器(NPD)、火焰光度检测器(FPD)和氢火焰离子化检测器(FID)，FPD中的磷滤光片对有机磷的检测具有更高的灵敏度。GC法筛选阳性时还须用质谱方法确证。LC－MS法有利于易挥发、热不稳定的有机磷杀虫剂的分析，样品前处理简便、灵敏度高。此外，采用LC－MS/MS法可同时分析强极性的代谢产物和分解产物。

敌百虫和敌敌畏比较特殊，应引起注意。由于敌百虫极性大、水溶性强，热稳定性较差，在气相色谱进样口易发生分解，致无法检出敌百虫原体，仅呈敌敌畏阳性。可采用LC－MS/MS，通过液相色谱将两者加以区分。

参考方法

(1)《生物检材中乐果等八种有机磷类农药检验 气相色谱和气相色谱-质谱法》(GA/T 1612－2019)

样品前处理：取血液等液体检材样品1.0～2.0 mL，或称取绞碎(或匀浆)的肝脏等固体检材样品1.0～2.0 g于具盖离心管中，加入乙酸乙酯或二氯甲烷3.0～6.0 mL，振荡5 min，8 000 r/min离心10 min，分离有机相；重复提取一次，合并两次提取的有机相，置于浓缩器上45℃浓缩至干，残留物用甲醇100 μL溶解，供仪器分析。

GC－FPD法

分析参考条件：色谱柱：DB－5柱(30 m×0.25 mm，0.25 μm)或等效色谱柱；柱温：120℃保持1 min，以8℃/min速率升温至260℃，再以30℃/min速率升温至280℃，保持3 min；检测器：FPD；进样口温度：260℃；检测器温度：300℃。此条件适用于乐果、氧乐果、马拉硫磷、对硫磷、甲基对硫磷、甲拌磷、倍硫磷和乙拌磷的定量分析。

GC－MS法

色谱条件：色谱柱：DB－5MS柱(30 m×0.25 mm，0.25 μm)或等效色谱柱；柱温：100℃保持2 min，以30℃/min速率升温至280℃，保持17 min；进样口温度：280℃；载气：氦气；柱流量：1 mL/min。

质谱条件：EI源，70 eV；离子源温度：250℃；传输线温度：260℃；质量扫描范围：40～450 amu。23种有机磷杀虫剂的主要碎片离子见表12－2。

表 12-2 23 种有机磷杀虫剂的 GC-MS 检测主要碎片离子

杀虫剂名称	分子量	分子离子峰(*m/z*)	基峰(*m/z*)	主要碎片离子(*m/z*)
敌敌畏	220.92	220	109	185,145,109
敌百虫	257.38	—	109	221,185,145,139,109
久效磷	223.06	223	127	192,127,109,97
磷胺	299.54	—	127	264,193,158,138,109
甲胺磷	141.06	141	94	126,111,94
八甲磷	286.02	286	153	243,153,125,97
乐果	229.16	229	87	145,125,93,87
氧乐果	213.10	213	110,156	156,141,126,110
内吸磷	258.28	258	88	171,143,115,88
甲基内吸磷	230.24	230	88	142,125,109,88,60
甲拌磷	260.23	260	75	231,121,97,75
马拉硫磷	330.20	—	125	256,211,175,158,125,93
对硫磷	291.15	290	291	265,235,218,186,155,139,125,109
甲基对硫磷	263.15	263	109	246,200,125,109
倍硫磷	278.20	278	278	263,245,169,155,109
杀螟硫磷	277.14	277	277	260,125,109
三硫磷	342.76	342	157	296,199,157,121
辛硫磷	298.18	298	77	157,129,97,77
毒鼠磷	375.20	374	206	247,231,206,190,168
亚胺硫磷	317.22	317	160	192,160
双硫磷	466.32	466	466	341,205,125,109,93
治螟磷	322.16	322	322	294,266,238,202
乙硫磷	384.50	384	231	338,231,153,125

(2)《法庭科学 生物检材中 113 种农药及代谢物筛选 液相色谱-质谱法》(GA/T 2064-2023)

样品前处理

蛋白沉淀法：移取血液、尿液等液体样品 0.2 mL 于具盖离心管中，加入 1.0 mL 甲醇振荡 5 min，以不低于 8 000 r/min 离心 10 min，取上清液，经 0.22 μm 有机系微孔滤膜过滤，作为检材样品提取液，供仪器检测。

液液提取法：移取血液、尿液等液体样品 0.5 mL 于具盖离心管中，加入 3 mL 乙酸乙酯，振荡 5 min，以不低于 8 000 r/min 离心 10 min，分离有机相，置于浓缩仪器上 45℃浓缩至干，残留物用 0.5 mL 乙腈溶液溶解，经 0.22 μm 有机系微孔滤膜过滤，作为检材样品提取液，仪器检测。

注：检材样品取样量、提取溶剂体积及定容体积根据实际情况调整。

仪器分析

色谱条件：Phenomenex Kinetex Bipheny(100 mm×3.0 mm, 2.6 μm)色谱柱；柱温：40℃；流动相 A 相：5 mmoL/L 甲酸铵溶液；流动相 B 相：5 mmoL/L 甲酸铵甲醇溶液；梯度洗脱：0～0.5 min，97% A；0.5～1.1 min，97%→60% A；1.1～2.0 min，60%→40% A；2.0～7.0 min，40%→20% A；7.0～10.0 min，20%→17% A；10.0～10.1 min，17%→5% A；10.1～13.0 min，5%→2% A；13.0～15.5 min，2% A；15.5～15.6 min，2%→97% A；15.6～19.0 min，97% A。流速：0.5 mL/min；进样量：5 μL。

质谱条件：正离子扫描，多反应离子监测(MRM)模式；离子源温度：500℃；电喷雾电压：5 500 V；雾化气：氮气，0.45 MPa；气帘气：氮气，0.24 MPa；碰撞气：氮气；定性离子对和去簇电压、碰撞能量条件见表 12－3。

表 12－3　113 种农药及代谢物质谱参数

编号	药物名称	Rt/min	定性离子对(*m/z*)	去簇电压/V	碰撞能量/eV
1	敌敌畏 Dichlorvos	4.9	221.0/109.0 221.0/127.0	70	23 29
2	敌百虫 Trichlorfon	4.0	257.0/109.1 257.0/221.0	60	23 14
3	甲胺磷 Methamidophos	3.1	142.0/94.0 142.0/125.0	60	19 18
4	乙酰甲胺磷 Acephate	3.2	184.0/143.0 184.0/125.0	50	10 26
5	甲拌磷 Phorate	9.3	261.0/75.0 261.0/199.0	51	21 10
6	甲拌磷砜 Phorate sulfone	6.9	293.0/171.1 293.0/247.0	85	13 7
7	甲拌磷亚砜 Phorate sulfoxide	6.6	277.0/199.0 277.0/97.0	25 40	13 45
8	乙拌磷 Disulfoton	9.7	275.0/61.0 275.0/89.0	20	46 17
9	乙拌磷砜 Disulfoton sulfone	7.0	307.0/125.0 307.0/185.0	20	12 17
10	对硫磷 Parathion	9.2	292.0/236.0 292.0/264.0	73 78	20 21

续 表

编号	药物名称	Rt/min	定性离子对(m/z)	去簇电压/V	碰撞能量/eV
11	甲基对硫磷 Parathion-methyl	8.0	264/125 264/232	15	25 23
12	特丁磷 Terbufos	10.2	289.0/103.1 289.0/233.0	44 60	12 8
13	特丁磷砜 Terbufos sulfone	7.8	321.0/97.0 321.0/115.0	75 130	52 38
14	特丁磷亚砜 Terbufos sulfoxide	7.7	305.0/187.0 305.0/131.0	57	14 35
15	乐果 Dimethoate	4.3	230.0/125.0 230.0/199.0	56	27 11
16	氧乐果 Omethoate	3.4	214.0/109.0 214.0/183.0	40	36 16
17	辛硫磷 Phoxim	10.0	299.1/129.0 299.1/77.0	67	16 46
18	马拉硫磷 Malathion	8.2	331.0/127.0 331.0/99.0	64	17 31
19	久效磷 Monocrotophos	3.7	224.1/127.0 224.1/98.0	20	21 17
20	内吸磷 demeton	7.3	259.1/89.0 259.1/61.0	48	22 45
21	水胺硫磷 Isocarbophos	6.4	273.1/231.0 273.1/121.0	30	15 32
22	毒死蜱 Chlorpyrifos	11.8	350.0/198.0 350.0/97.0	82 20	29 49
23	甲基毒死蜱 Chlorpyrifos-methyl	10.5	323.9/125.1 323.9/321.9	65	28 28
24	蝇毒磷 Coumaphos	12.1	363.0/227.0 363.0/307.0	100	36 23
25	杀扑磷 Methidathion	8.1	303.0/145.0 303.0/85.0	56	13 28
26	莎稗磷 Anilofos	10.0	368.0/199.0 368.0/125.0	27	20 39

续 表

编号	药 物 名 称	Rt/min	定性离子对(*m/z*)	去簇电压/V	碰撞能量/eV
27	甲基谷硫磷 Azinphos-methyl	9.1	318.0/132.2 318.0/125.0	29	21 25
28	硫线磷 Cadusafos	9.2	271.1/97.0 271.1/159.0	65 40	45 19
29	二嗪磷 Diazinon	8.9	305.1/169.0 305.1/153.0	80	27 28
30	砜拌磷 Disulfoton-sulfoxide	6.7	291.0/213.0 291.0/185.0	20	12 17
31	敌瘟磷 Edifenphos	9.7	311.0/283.0 311.0/109.0	41 73	15 46
32	乙硫磷 Ethion	11.9	385.0/199.1 385.0/171.0	31	17 23
33	灭线磷 Ethoprophos	8.1	243.1/97.0 243.1/131.0	51 10	41 29
34	苯线磷 Fenamiphos	8.2	304.1/217.1 304.1/202.0	77	31 45
35	苯线磷砜 Fenamiphos sulfone	5.6	336.1/266.0 336.1/308.0	75	29 21
36	苯胺磷亚砜 Fenamiphos sulfoxide	5.6	320.1/233.0 320.1/171.0	35	32 35
37	杀螟硫磷 Fenitrothion	6.6	278.0/125.0 278.0/143.0	80 20	26 27
38	倍硫磷 Fenthion	9.7	279.0/169.0 279.0/247.0	78	23 18
39	倍硫磷砜 Fenthion sulfone	7.0	311.0/279.0 311.0/125.0	100	24 29
40	倍硫磷亚砜 Fenthion sulfoxide	6.9	295.0/280.0 295.0/109.0	101	25 40
41	地虫硫磷 Fonofos	9.2	247.0/137.0 247.0/109.1	50 10	14 25
42	噻唑磷 fosthiazate	6.6	284.0/104.0 284.0/228.0	63	28 15

续 表

编号	药 物 名 称	Rt/min	定性离子对(*m/z*)	去簇电压/V	碰撞能量/eV
43	氯唑磷 Isazofos	8.5	314.0/120.0 314.0/162.0	77	40 25
44	甲基异柳磷 Isofenphos-methyl	8.7	332.1/231.0 332.1/273.0	20	20 9
45	亚砜磷 Oxydemeton-methyl	3.9	247.0/169.0 247.0/109.0	61 20	21 35
46	伏杀硫磷 Phosalone	11.1	368.0/182.0 368.0/322.0	71	20 12
47	硫环磷 Phosfolan	5.6	256.0/200.0 256.0/140.0	51	20 28
48	甲基硫环磷 phosfolan-methyl	4.5	228.0/168.0 228.0/109.0	35	21 35
49	亚胺硫磷 Phosmet	9.0	318.0/160.0 318.0/133.0	61	17 49
50	磷胺 Phosphamidon	5.3	300.1/174.0 300.1/127.0	75	19 25
51	甲基嘧啶磷 Pirimiphos-methyl	9.6	306.1/164.1 306.1/113.0	75	29 40
52	丙溴磷 Profenofos	10.4	373.0/303.0 373.0/345.0	80 40	25 18
53	哒嗪硫磷 Pyridaphenthion	9.0	341.1/189.0 341.1/205.0	71	29 28
54	喹硫磷 Quinalphos	9.3	299.1/163.0 299.1/147.0	15	31 29
55	甲基立枯磷 Tolclofos-methyl	9.9	301.0/268.9 301.0/175.0	78	23 35
56	鱼藤酮 Rotenone	12.7	395.1/213.0 395.1/192.0	96	29 31
57	治螟磷 Sulfotep	9.0	323.0/115.0 323.0/171.1	20	43 21
58	三唑磷 Triazophos	8.8	314.1/119.1 314.1/162.0	20	47 25

续 表

编号	药 物 名 称	Rt/min	定性离子对(m/z)	去簇电压/V	碰撞能量/eV
59	蚜灭多 Vamidothion	4.4	288.0/118 288.0/146	56 10	31 17
60	杀虫畏 Tetrachlorvinphos	9.3	367.0/127.0 367.0/204.0	66 32	19 51
61	三唑酮 Triadimefon	7.5	294.1/197.0 294.1/225.0	81	21 17
62	噻嗪酮 Buprofezin	10.8	306.2/201.1 306.2/116.2	54 66	17 21
63	克百威/呋喃丹 Carbofuran	5.7	222.1/123.1 222.1/165.0	70 20	29 17
64	丁硫克百威 Carbosulfan	12.6	381.2/160.0 381.2/118.1	51	21 29
65	3-羟基克百威 3 - Hydroxycarbofuran	4.1	238.1/181.0 238.1/163.0	65	14 20
66	丙硫威 Benfuracarb	11.9	411.2/195.1 411.2/252.1	70	30 19
67	灭多威 Methomyl	4.0	163.0/106.0 163.0/88.0	38	13 13
68	涕灭威 Aldicarb	4.8	208.0/116.0 208.0/89.0	20	11 22
69	涕灭威砜 Aldicarb sulfone	3.6	240.1/148.0 240.1/86.0	25	17 24
70	涕灭威亚砜 Aldicarb sulfoxide	3.5	207.1/89.0 207.1/132.0	51	20 10
71	仲丁威 Fenobucarb	6.3	208.1/152.0 208.1/95.0	65 20	13 21
72	甲萘威 Carbaryl	5.7	202.1/145.0 202.1/127.0	54	15 40
73	苯硫威 Fenothiocarb	9.5	254.1/72.0 254.1/160.1	60 61	18 14
74	异丙威 Lsoprocarb	5.6	194.1/137.1 194.1/95.1	70	13 20

续 表

编号	药 物 名 称	Rt/min	定性离子对(m/z)	去簇电压/V	碰撞能量/eV
75	甲硫威 Mercaptodimethur	7.1	226.1/121.1 226.1/169.2	61	23 13
76	速灭威 Metolcarb	4.9	166.1/94.0 166.1/109.1	56 50	40 15
77	杀线威 Oxamyl	3.9	237.1/72.0 237.1/90.1	40	25 11
78	杀线威肟 Oxamyl oxime	3.5	163.0/72.1 163.0/90.0	46	17 23
79	抗蚜威 Pirimicarb	6.8	239.1/72.0 239.1/182.0	20	36 21
80	残杀威 Propoxur	5.3	210.1/111.0 210.1/168.1	33	19 11
81	甲草胺 Alachlor	8.8	270.1/162.0 270.1/238.1	46 20	25 15
82	乙草胺 Acetochlor	8.7	270.1/148.2 270.1/224.1	36 20	20 15
83	丙草胺 Pretilachlor	10.8	312.2/252.1 312.2/176.1	31	20 37
84	丁草胺 Butachlor	11.1	312.2/238.0 312.2/162.0	54	15 32
85	莠去通 Atratone	5.5	212.1/170.0 212.1/114.0	40	23 30
86	阿特拉津 Atrazine	5.6	216.1/174.0 216.1/104.0	71	23 39
87	禾草灵 Diclofop-methyl	11.4	358.0/281.0 358.0/120.1	30	21 36
88	精吡氟禾草灵 Fluazifop	4.3	328.1/282.1 328.1/254.0	130	23 35
89	吡氟禾草灵 Fluazifop-butyl	10.5	384.1/282.1 384.1/328.0	69 66	27 23
90	氟乐灵 Trifluralin	5.6	336.1/294.0 336.1/202.0	20 60	18 30

续 表

编号	药 物 名 称	Rt/min	定性离子对(m/z)	去簇电压/V	碰撞能量/eV
91	多菌灵 Carbendazim	4.4	192.1/160.0 192.1/132.0	80	25 41
92	稻瘟灵 Isoprothiolane	8.6	291.1/231.1 291.1/189.0	35	16 30
93	盖草灵 Quizalofop	8.8	345.0/299.0 345.0/273.0	40	24 31
94	喹禾灵 Quizalofop-ethyl	11.9	373.1/298.9 373.1/271.0	79	25 33
95	西玛津 Simazine	5.0	202.1/132.1 202.1/104.0	100 55	55 25
96	甲嘧磺隆 Sulfometuron-methyl	7.5	365.1/150.0 365.1/107.0	100	23 55
97	苄嘧磺隆 Bensulfuron methyl	8.4	411.1/182.0 411.1/149.0	80	22 24
98	吡嘧磺隆 Pyrazosulfuron-ethyl	4.9	415.1/182.1 415.1/139.1	45	24 54
99	联苯菊酯 Bifenthrin	12.8	440.1/181.1 440.1/166.2	40	18 55
100	杀螨菊酯 Fenpropathrin	12.3	559.1/208.0 559.1/181.0	65	16 33
101	氯氟氰菊酯 Cyhalothrin	12.3	467.1/225.0 467.1/227.0	40	20 20
102	氯氰菊酯 Cypermethrin NH_4	12.6	433.1/191.0 433.1/193.0	40	20 20
103	苯氰菊酯 Cyphenothrin NH_4	12.6	393.2/151.0 393.2/123.0	40	35 20
104	溴氰菊酯 Deltamethrin	12.9	523.0/281.0 523.0/283.0	55	23 25
105	醚菊酯 Etofenprox	13.3	394.2/177.0 394.2/107.1	60 30	20 59
106	甲氰菊酯 Fenpropathrin	12.3	367.2/125.0 367.2/350.2	40 85	18 23

续 表

编号	药 物 名 称	Rt/min	定性离子对(*m/z*)	去簇电压/V	碰撞能量/eV
107	氯菊酯 Permethrin	12.9	408.1/183.0 408.1/355.0	50	20 11
108	烯丙菊酯 Allethrin	10.6	303.2/135.0 303.2/123.0	80	18 25
109	苯醚菊酯 Phenothrin	12.7	351.1/237.0 351.1/183.0	80	18 25
110	苄呋菊酯 Resmethrin	12.4	339.2/128.0 339.2/171.0	40 80	47 20
111	氟硅菊酯 Silafluofen	13.6	426.2/287.1 426.2/168.1	50	19 50
112	胺菊酯 Tetramethrin	12.6	349.2/164.0 349.2/135.0	56	25 30
113	四溴菊酯 Tralomethrin	15.1	681.0/441.0 681.0/439.0	40 40	47 47

注：本方法检测 113 种农药及代谢物的检出限均为 50 ng/mL。

四、鉴定要点

（1）检验方向　有机磷杀虫剂进入机体后，其特有的中毒症状和尸检所见可为毒物分析鉴定提供方向。中毒患者大汗、肌束颤动、瞳孔缩小、口吐白沫、衣着和呼吸气体有特殊气味、死亡较快，尸检时见上消化道有糜烂、胃内容物表面有油状液存在，并散发出芳香味或大蒜味，四肢肌群挛缩，胃肠壁平滑肌出现收缩波，显著肺水肿，细小支气管痉挛性收缩等特征性表现时，应怀疑有机磷杀虫剂中毒的可能。

（2）检测目标物　有机磷杀虫剂在生物检材中不稳定，一般来说，甲基磷酸酯类（如敌敌畏）分解最快，其次是甲基硫代磷酸酯类（如杀螟硫磷）和甲基二硫代磷酸酯类（杀扑磷、乐果）。如敌敌畏的饱和水溶液在室温下，以每天约 3%的速度水解，在碱性条件下水解更快。30℃时，敌敌畏 18 天水解 50%。另一方面，有机磷杀虫剂在体内代谢较快，许多中毒死亡案件中，血液、胃内容物中可检出敌敌畏，但肝脏中无法检出。在保存检材和尸体中均可发生分解，敌敌畏和氧化乐果分解更快。此外，温度对血液中有机磷杀虫剂的分解有很大的影响。因此，此类案件应冰冻保存，尽快分析。在疑似有机磷中毒的病例中，应考虑到该化合物的血药浓度在死后可能会下降。

鉴定实践中经常遇及许多敌敌畏中毒死亡案件，即使有明确的线索、案情，但血液中仍无法检出敌敌畏成分。必要时可进一步检测其代谢物和分解产物 DMP，但许多有机磷类杀虫剂均可代谢生成 DMP，检出 DMP 无法指证敌敌畏中毒。

（3）体内分布　有机磷杀虫剂在动物和人体内均可发生死后再分布和死后弥散，血液应同时取心血和外周血（股静脉血或锁骨下静脉血）。若有死后灌胃（染毒）可能时应采取所有胃内容物和血液、尿液、玻璃体液、胆汁等体液及心、肝、脾、肺、肾、脑等组织检材进行全面定量分析。

(4) 有机磷杀虫剂鉴定中其他杀虫剂和毒物检测的重要性　有机磷杀虫剂是我国常见混剂农药的主要成分之一,鉴定中应注意排除其他杀虫剂,排除其他毒物中毒。有机磷杀虫剂中毒死亡虽以自杀最常见,但应注意他杀可能。

(5) 胆碱酯酶活性检测的参考价值　有机磷中毒症状的严重程度基本上与体内胆碱酯酶活性的抑制程度相平行,胆碱酯酶在尸体冷藏条件下也比较稳定,测定死者心血、肋间肌、空肠、大脑海马区、尾状核、杏仁核等处的胆碱酯酶活性可以作为有机磷中毒死亡鉴定的参考。

(6) 体内毒物分析结果呈阴性时应考虑的问题　① 检材采取是否及时、正确。若生前救治时已洗胃,解剖时再取胃内容物检测,或病程较长,有机磷杀虫剂已排出体外,其阴性结果的可能性大。② 检材保存是否正确,检验是否及时。目前研究显示有机磷在生物检材中可分解,保存温度升高或添加氟化钠会加快其分解。③ 选用的分析方法是否正确。用传统的化学分析方法,不仅检材需要量大,而且灵敏度低,易出现阴性结果。因此,在毒物分析结果阴性时,应根据案情、现场勘验、临床表现,结合法医学尸体解剖发现,进行综合评定,作出结论。

五、案例评析

案例一

某日,一对置办结婚用品青年男女住店 5 h 后,女青年先离店,服务员发现男青年死于床上,现场有较浓烈大蒜臭味。垃圾桶内发现残留有乳白色液体的饮料瓶,有大蒜臭味。解剖发现胃内容物有浓烈大蒜臭味,尸表和内部表现均符合有机磷杀虫剂中毒死。公安机关提取饮料瓶、胃内容物、肝和血液送检,委托查明是否有机磷杀虫剂中毒死亡。

【毒物分析及评析】第一步,用直接提取法提取饮料瓶中乳白色残液,经 GC－MS 法分析检出甲拌磷。第二步,用直接提取法提取胃内容物、肝和血液,GC－MS/SIM 法分析,其中均检出甲拌磷;薄层色谱扫描法提示胃内容物中可能有地西泮。第三步,按地西泮检测方法提取,GC－MS 法测定,胃内容物、肝和血液中均检出地西泮。本案中现场发现的饮料瓶可快速明确甲拌磷检测方向,但同时,仍需要进行系统筛选,以发现或排除其他毒药物。

毒物分析结果提示有他杀可能。侦破显示,女青年因不满婚事,在购买结婚用品住店时,假装温存,让男青年先服用掺有地西泮的饮料,待其熟睡后再给其服下另外掺有甲拌磷的饮料,然后带走掺有地西泮的饮料瓶,而将残留甲拌磷的饮料瓶弃于现场,伪装成男青年服用甲拌磷自杀。有机磷杀虫剂中毒死亡以自杀最常见,但应注意排除他杀可能。若现场或胃内容大蒜臭味较浓时,有机磷杀虫剂定性比较容易,但应同时进行常规精神类药(毒物)的分析,以排除先使用精神类药(毒物)使受害者失去知觉或辨别能力,然后灌服有机磷杀虫剂造成其自杀的假象。

案例二

一名 54 岁男子被发现俯卧在足球场上死亡,在死者身旁发现 1 个装有 100 mL 褐色液体的瓶子,瓶上标签显示此瓶含有 47.5%的敌敌畏,溶剂二甲苯。尸检结果为内脏弥漫性充血和消化道溃疡出血,胃里有约 150 mL 液体。尸体解剖,采集血液(心脏和外周)、尿液、胃内容物和组织(心、肺、肾和肝),立即冷冻保存在−20℃,送毒物分析[3]。

【毒物分析及评析】经 GC－MS 分析,心血、外周血、心、肺、肾、尿、胃内容物中均检出敌敌畏，浓度分别为4.4 μg/mL、1.3 μg/mL、1 400 μg/g、2.1 μg/g、1.0 μg/g、1.3 μg/mL 和38 g，但肝脏中未检出。

评析：有机磷杀虫剂存在体内再分布，该案例中敌敌畏的溶剂为二甲苯，更加速体内扩散，因此，心血中敌敌畏浓度明显高于外周血。A－酯酶主要存在于肝内质网，可以通过分裂酯键水解许多有机磷杀虫剂。敌敌畏随血液循环到达肝脏后，很快被A－酯酶水解，因此，肝脏中未检出敌敌畏成分。

第二节　氨基甲酸酯类杀虫剂

一、概述

氨基甲酸酯类杀虫剂（carbamate pesticides）是一类含氮杀虫剂，是继有机氯和有机磷之后发展的第三代杀虫剂。其基本母体结构式见图12－2。

根据取代基R_1的不同，大致可分为：萘基氨基甲酸酯类（甲萘威/西维因等）、苯基氨基甲酸酯类（异丙威/叶蝉散等）、杂环二甲基氨基甲酸酯类（抗蚜威等）、杂环甲基氨基甲酸酯类（克百威/呋喃丹等）、肟类（涕灭威等）。表12－4列出$R_2=CH_3$和$R_3=H$，而R_1为不同取代基的8种氨基甲酸酯类杀虫剂。

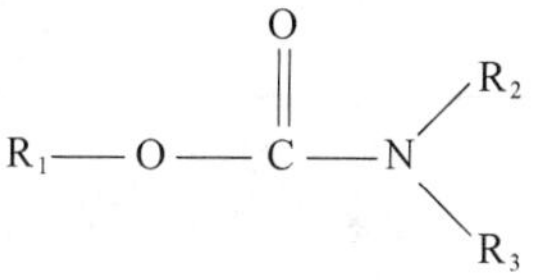

R_1多为酚类、芳环或肟类，也有少数是其他基团；R_2和R_3多为甲基和氢

图12－2　氨基甲酸酯类杀虫剂基本母体结构式

表12－4　八种氨基甲酸酯类杀虫剂的结构和毒性

英文名	中文名	R_1取代基	分子量	大鼠经口LD_{50}/(mg/kg)
Tsumacide	速灭威 MTMC	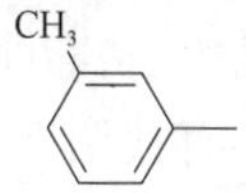	165.19	498～585
Carbaryl	甲萘威 西维因	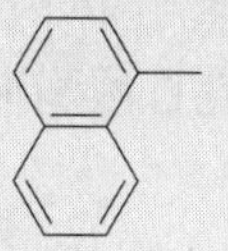	201.08	850（雄） 500（雌）
Carbofuran	克百威 呋喃丹	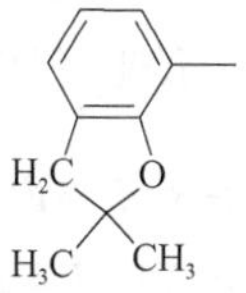	221.11	8～14
Isoprocarb	异丙威 叶蝉散	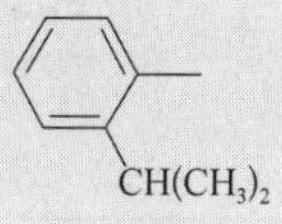	193.11	403～485
Bassa，BPMC	仲丁威 巴沙	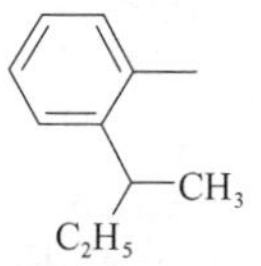	207.13	410～635

续 表

英文名	中文名	R_1取代基	分子量	大鼠经口 LD_{50}/(mg/kg)
Dimethacarb	混灭威 灭杀威 灭除威	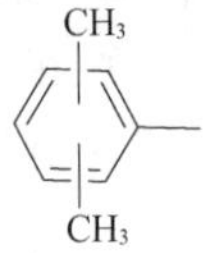	179.12	441~1 050(雄) 295~626(雌)
Methomyl	灭多威 灭多虫	$CH_3-C(SCH_3)=N-$	162.12	17~24
Aldicarb	涕灭威 铁灭克	$CH_3-C(CH_3)(SCH_3)-CH=N-$	190.15	0.826(雄) 0.603 4(雌)

氨基甲酸酯类杀虫剂的中毒机理与有机磷农药相似,主要是抑制胆碱酯酶活性使胆碱酯酶活性中心丝氨酸的羟基被氨基甲酰化,因而失去对乙酰胆碱的水解能力。由于氨基甲酸酯类与胆碱酯酶结合是可逆的,在机体内很快被水解,胆碱酯酶活性较易恢复,故其毒性较有机磷农药中毒为轻。氨基甲酸酯类杀虫剂进入体内后一般在 30~60 min 出现中毒症状,临床症状与有机磷农药相似。

二、体内过程

1. 体内代谢

氨基甲酸酯类杀虫剂入体吸收快,体内易分解,排泄也较快。一部分经水解、氧化或与葡萄糖醛酸结合而解毒,一部分以原形或代谢物形式迅速经肾脏排出。动物经口给药后,脏器内含量在 15 min 左右达高峰,4 h 后几乎不再能检出,一般在 24 h 内 80%~90%经代谢转化后以结合物形式经尿排出。涕灭威在体内氧化代谢生成毒性更大的亚砜类和砜类化合物;甲萘威则代谢为 4-羟基甲萘威;残杀威入体后 1 h 即有代谢产物邻异丙氧基苯酚排出。克百威在体内主要代谢产物是克百威酚。其中酚类化合物在体内形成结合物或缀合物。克百威酚较稳定,在死亡时间较久的情况下,往往只能检出克百威酚而不能检出克百威。

2. 体内分布

氨基甲酸酯类农药可经呼吸道、消化道侵入机体,也可经皮肤黏膜缓慢吸收,主要分布在肝、肾、脂肪和肌肉组织中。三例服用甲萘威自杀死者体内甲萘威浓度见表 12-5。

表 12-5　甲萘威自杀死者体内甲萘威浓度

	血液/(μg/mL)	脑组织/(μg/g)	肝脏/(μg/g)	肾脏/(μg/g)	尿液/(μg/mL)
平均值 (范围)	16 (6~27)	4.6 (4.6)	21 (12~29)	13 (1.9~25)	31 (31)

三、分析方法

氨基甲酸酯类杀虫剂检验的检材分为体外检材和体内检材。体外检材包括剩余食物、饮料、现场药瓶、呕吐物和洗胃液等;体内检材包括胃内容物和血液、尿液、玻璃体液、胆汁等体液及心、肝、脾、肺、肾、脑等。血液检材应同时提取心血和外周血(股静脉血或锁骨下静脉血)。

依据检材性状和实验条件,检材中氨基甲酸酯类杀虫剂的提取方法分直接提取法、液-液萃取法、固相萃取法和酸水解法。

实际鉴定中应用最多的检测方法是气相色谱、气相色谱-质谱联用法和液相色谱-质谱联用法。热稳定性较差的氨基甲酸酯杀虫剂如涕灭威,采用气相色谱等分析时应降低气化室温度和柱温。氨基甲酸酯为极性、不稳定的含杂原子化合物,许多化合物结构中含有叔氨基,可采用液相色谱-质谱联用法。目前已发布有杀虫剂的系统筛选分析方法,可参照有机磷杀虫剂方法,这里不再赘述。

四、鉴定要点

(1) *阳性结果的确认*　氨基甲酸酯类杀虫剂阳性结果必须经质谱确认,可用 GC - MS 或 LC - MS 和 LC - MS/MS 确证。有些氨基甲酸酯类杀虫剂热稳定性较差。如涕灭威在 90℃即可分解,GC 或 GC - MS 直接测定时应尽量降低气化室温度和柱温。分析体内检材中微量涕灭威,可用过氧乙酸将涕灭威氧化成亚砜或砜后,二氯甲烷萃取,弗罗里硅土净化,用硫型 FPD 或 MS 检测。

(2) *代谢物和分解物检测的价值*　氨基甲酸酯类杀虫剂在生物体内代谢很快,在保存检材和尸体中均可发生分解,灭多威和克百威分解更快。因此,可疑氨基甲酸酯类杀虫剂中毒死鉴定中若未检出氨基甲酸酯类杀虫剂原体,应注意其代谢产物和分解产物的检测。如在检材中未检出克百威原体而检出克百威酚,也不排除克百威中毒死。同时,脑脊液、玻璃体液中成分相对稳定,是较好的补充检材。

(3) *氨基甲酸酯类杀虫剂鉴定中其他毒物检测的重要性*　氨基甲酸酯类杀虫剂也是我国常见混剂农药的主要成分之一,鉴定中应注意排除其他杀虫剂。氨基甲酸酯类杀虫剂中毒死亡以自杀最常见,但应注意他杀可能,排除其他毒物中毒。

其他可参考有机磷杀虫剂(农药)鉴定。氨基甲酸酯类农药毒理作用、中毒表现和尸体解剖所见与有机磷农药相似,但无特殊气味。在使用氨基甲酸酯类农药的地区,出现急性中毒、中毒症状类似有机磷农药,而呕吐物等又无特殊气味时应怀疑氨基甲酸酯类农药中毒,再结合案情调查、尸体检查和毒物分析结果可以做出鉴定。

五、案例评析

案例一

刘某被人发现在其住所内死亡。取现场纸杯和尸体肝、肾送检。基层单位在现场提取的纸杯内检出灭多威,但肝、肾中未检出灭多威。

【毒物分析及评析】送上一级鉴定机构重新鉴定,加大检材量,匀浆后丙酮水浸提,挥至 2 mL,乙酸乙酯提取,萃取液挥至 100 μL,GC/FPD 和 GC - MS 分析,肝、肾中检出灭多威。不同检测器对氨基甲酸酯类杀虫剂的检测灵敏度不同,实际鉴定中可先用 GC/FPD 和 GC/NPD 等较灵敏检测器进行筛选分析,再用 GC - MS 或 LC - MS 和 LC - MS/MS 确证。必要时应加大检材用量,并将 GC - MS 或 LC - MS 和 LC - MS/MS 的灵敏度优化后进行定性分析。

案例二

某女童，生食未清洗的莲藕，20 min 后出现呕吐、流涎、视力模糊、瞳孔缩小等症状，时而还有肌肉颤动、抽搐等症状，送医院抢救。采集血液、尿液进行毒物分析。

【毒物分析及评析】血液和尿液经 GC－MS 分析，其中均检出灭多威，质量浓度分别为 3.8 μg/mL 和 4.3 μg/mL。灭多威对人、畜毒性较低，但经口毒性大，而且作用迅速，如不及时对症治疗，可导致中毒死亡。

第三节 拟除虫菊酯类杀虫剂

一、概述

拟除虫菊酯类杀虫剂（synthetic pyrethroids insecticides）是在模拟天然除虫菊酯化学结构的基础上由人工合成的一类仿生杀虫剂。按其化学结构可分为两类：一类不含 α－氰基，如二氯苯醚菊酯、甲醚菊酯等；一类含 α－氰基，如氯氰菊酯、溴氰菊酯、氰戊菊酯、氟氰戊菊酯等，这类杀虫剂活性极高，毒性也较大。拟除虫菊酯类杀虫剂大多含有苯醚和环丙烷结构及卤素。分子中含有不对称碳原子，故具有各种光学异构体，如氰戊菊酯和顺式氰戊菊酯、氯氰菊酯和顺式氯氰菊酯等。常见的七种拟除虫菊酯杀虫剂见表 12－6。

表 12－6　七种拟除虫菊酯杀虫剂的化学结构和毒性

英文名	中文名	化学结构式	分子量	大鼠经口 LD_{50}/(mg/kg)
Permethrin	二氯苯醚菊酯，氯菊酯	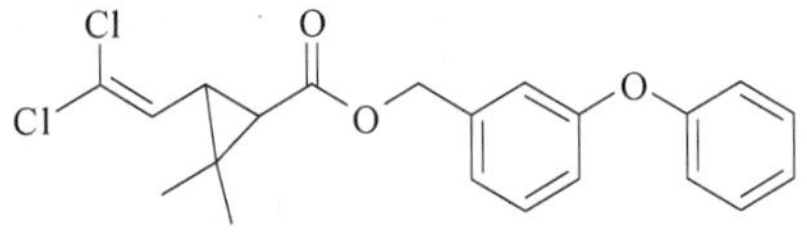	391.29	430(雄) 470(雌)
Cypermethrin	氯氰菊酯，灭百可	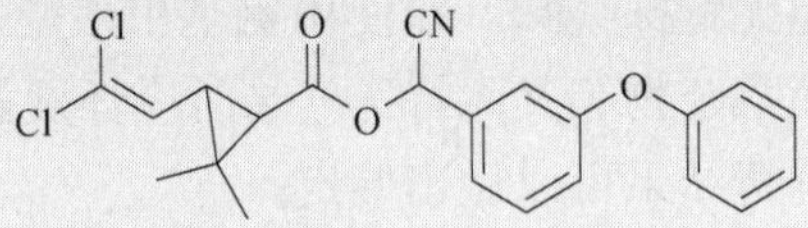	416.30	200~800
Cyfluthrin	氟氯氰菊酯，百树菊酯	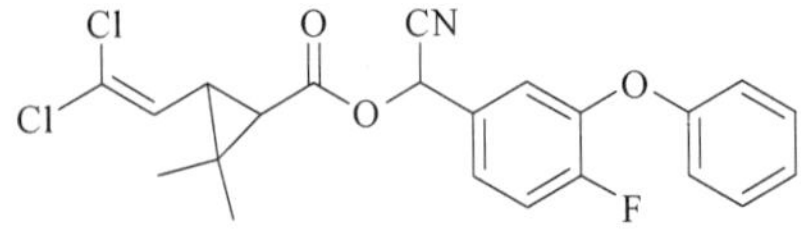	434.29	550~750(雄) 1 200(雌)
Cyhalothrin	三氟氯氰菊酯，功夫菊酯	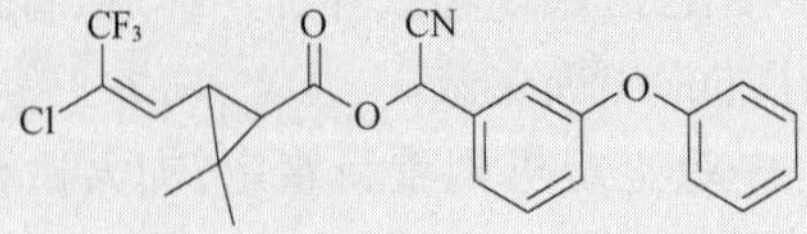	449.85	56~79
Deltamethrin	溴氰菊酯，敌杀死	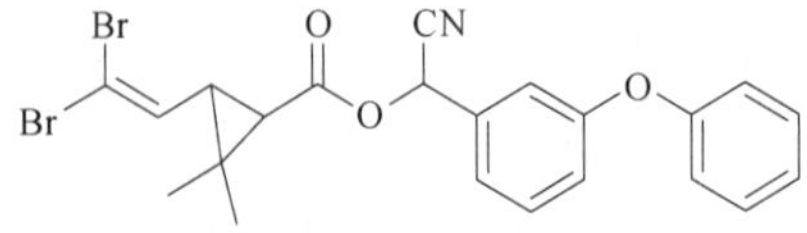	505.20	128(雄) 138(雌)

续 表

英文名	中文名	化学结构式	分子量	大鼠经口 LD_{50}/(mg/kg)
Fenvalerate	氰戊菊酯，速灭杀丁	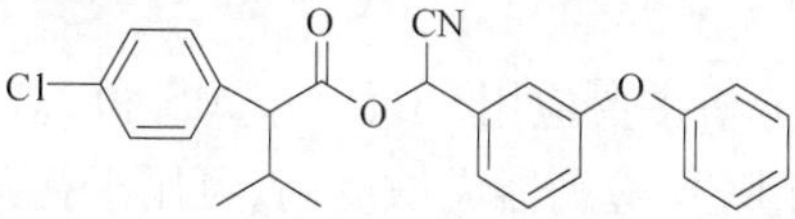	419.90	300~630
Flucythrinate	氟氰戊菊酯，氟氰菊酯	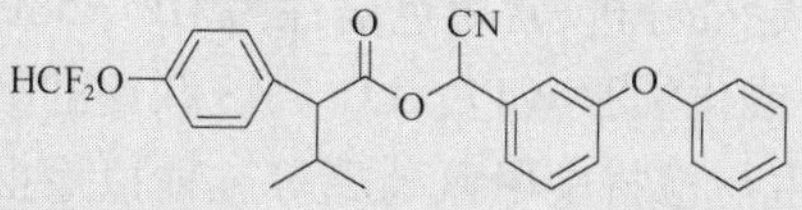	451.46	81(雄) 67(雌)

拟除虫菊酯类农药主要使用于蔬菜种植、防治病虫害过程中，也有的作为蚊虫喷杀剂，剂型包括可湿粉、悬浮剂、乳油、微胶囊和可溶性粉剂等。拟除虫菊酯类农药常与其他农药混用。轻度中毒症状包括头昏、乏力、恶心呕吐、精神萎靡、视力模糊、食欲不振、肌肉跳动、心律不齐等。严重者可出现烦繁抽搐、紫绀、肺水肿等症状，甚至深度昏迷或休克。皮肤接触药剂后，可出现皮肤发红、发痒，严重的出现丘疹、水疱、糜烂。眼睛内溅入药剂后发生结膜充血、疼痛、怕光、流泪、眼睑红肿。

二、体内过程

拟除虫菊酯类杀虫剂可通过皮肤、胃肠道进入机体，并迅速分布于全身各组织器官，其中中枢神经系统含量最高。进入机体后主要被肝脏的酯酶和微粒体混合功能氧化酶催化分解。顺式异构体的解毒主要为氧化反应，反式异构体的代谢主要靠水解反应，其代谢产物排出迅速，部分未代谢的原形从粪便中排出。含 α-氰基的拟除虫菊酯中的氰基在胃内停留较久，在胃中形成硫氰酸盐。溴氰菊酯由于代谢快，不易从脏器内检出原药。其他拟除虫菊酯杀虫剂中毒死亡者的脏器中，杀虫剂原形的含量也常甚微。

拟除虫菊酯类杀虫剂中毒死亡报道较少，家兔甲氰菊酯 0.53 g/kg($6LD_{50}$)灌胃染毒死亡后，体内甲氰菊酯的含量见表 12-7[4]。

表 12-7　中毒致死家兔体内甲氰菊酯的含量(n=6)

心血/(μg/mL)	周围血/(μg/mL)	心/(μg/g)	肝/(μg/g)	脾/(μg/g)	肺/(μg/g)	肾/(μg/g)	大脑/(μg/g)	胃壁/(μg/g)	尿液/(μg/mL)
8.20±1.83	8.14±1.12	26.49±4.10	35.79±20.11	22.23±5.37	10.32±0.78	46.47±6.30	28.77±10.52	458.92±32.82	ND
(6.45~10.78)	(6.68~9.39)	(20.58~29.67)	(19.62~62.04)	(16.27~25.23)	(9.54~11.39)	(39.29~51.03)	(18.89~39.83)	(412.21~485.66)	

ND：未检出。

三、分析方法

拟除虫菊酯类杀虫剂检验的体外检材包括剩余食物、饮料、现场药瓶、呕吐物和洗胃液等；体内检材包括胃内容物和血液、尿液、玻璃体液、胆汁等体液及心、肝、脾、肺、肾、脑等。血液检材应同时取心血和外周血(股静脉血或锁骨下静脉血)。

依据检材性状和实验条件,检材中拟除虫菊酯类杀虫剂的提取方法有直接提取法、液-液萃取法和固相萃取法。拟除虫菊酯类杀虫剂在酸性介质中稳定,可采用有机溶剂在酸性或中性条件下直接提取法。

拟除虫菊酯类杀虫剂的分析主要应用 GC、GC－MS 和 LC－MS。拟除虫菊酯类杀虫剂多为含卤素化合物,采用 GC 的 ECD 检测器灵敏度高,可用于初筛。GC－MS 法主要用于拟除虫菊酯类杀虫剂的定性分析和定量分析,常用色谱柱为 HP－5MS、DB－5 MS,多采用程序升温,质谱可选择电子轰击源(EI)或化学源(CI)。LC－MS 联用的参考方法见本章第一节。

参考方法(《法庭科学 生物检材中甲氰菊酯等五种拟除虫菊酯类农药检验 气相色谱-质谱法》GA/T 103－2019)

移取血液等液体检材样品 1.0~2.0 mL,或称取绞碎(或匀浆)的肝脏等固体检材样品 1.0~2.0 g 于具盖离心管中,加入乙酸乙酯或二氯甲烷 5.0~10.0 mL,振荡 5 min,8 000 r/min 离心 10 min,分离有机相;重复提取一次,合并两次提取的有机相于玻璃试管中,置于浓缩器上 45℃浓缩至干,残留物用甲醇 100 μL 溶解,作为检材样品提取液供 GC－MS 分析。

色谱条件:色谱柱:OB－5 MS 柱(30 m×0.25 mm,0.25 μm)或等效柱;柱温:80℃保持 2 min,以 30℃/min 程序升温至 280℃,保持 15 min。进样口温度:280℃;传输线温度 230℃。

质谱条件:检测器:电子轰击源(EI)或负化学源(NCI);质量范围:40~450 amu。5 种拟除虫菊酯类杀虫剂的特征碎片离子见表 12－8。

表 12－8 5 种拟除虫菊酯类杀虫剂的 GC－MS 特征离子

化 合 物	EI 源特征离子/(*m/z*)	NCI 源特征离子/(*m/z*)
甲氰菊酯	97*,181,265,349	141*
高效氯氟氰菊酯	181*,197,208,449	205*,241
氯氰菊酯	163*,181,209	207*,171
氰戊菊酯	125*,167,225,419	211*
溴氰菊酯	253*,181, 208	79*,137,297

* 为定量离子。

四、鉴定要点

(1) 检测方法　大多数拟除虫菊酯类杀虫剂结构中含卤素,可用 GC/ECD 方法进行筛选,阳性结果可进一步采用质谱等方法确认。必要时,应加大检材用量,简化净化环节,调整 MSD 灵敏度至最高时进样检测,采用 NCI 源方法也可提高。

(2) 拟除虫菊酯类杀虫剂代谢物和分解物检测的价值　拟除虫菊酯类杀虫剂在生物体内代谢快,人尿中拟除虫菊酯的代谢物较原体多,必要时可进一步分析其代谢物。

(3) 拟除虫菊酯类杀虫剂鉴定中其他杀虫剂或毒物检测的重要性　实际鉴定中用单一拟除虫菊酯类杀虫剂中毒致死的案例少见,常见混配杀虫剂中毒致死。因此,实际鉴定中除检测拟除虫菊酯类杀虫剂外,应注意同时检测其他种类的杀虫剂。同时也应注意检测其他毒物。

五、案例评析

案 例

某日许某、李某被发现死亡。提取两死者心血、胃内容物送检。

【毒物分析及评析】组织匀浆后，中性、pH11 条件下分别用乙酸乙酯提取，合并后挥干，定容。GC/ECD，GC/NPD 筛选，GC－MS 确证。心血、胃内容物中均检出地西泮、甲拌磷、多塞平和氯氰菊酯。其中一名死者地西泮质量浓度为 0.36 μg/mL，多塞平质量浓度为 0.44 μg/mL。拟除虫菊酯类杀虫剂鉴定中应当注意其他杀虫剂或毒物的检测。

第四节　沙蚕毒素类杀虫剂

一、概述

沙蚕毒素类杀虫剂是按照沙蚕毒素(nereistoxin)的化学结构，仿生合成了一系列农用杀虫剂的类似物，是人类开发成功的第一类动物源杀虫剂，见表 12－9。属有机硫类农药，侵入人体后在体内经氧化生成二磺酸、二硫化碳等物质[5]。这些代谢产物在神经突触处竞争性地占据胆碱能神经递质的受体，阻断胆碱能神经的突触传导，并可干扰三羧酸循环的正常进行，影响新陈代谢，而且这些代谢产物还可通过血脑屏障，造成中枢神经系统的功能紊乱。

表 12－9　常见沙蚕毒素类杀虫剂

英文名	中文名	化学结构式	分子量	大鼠经口 LD$_{50}$/(mg/kg)
Cartap	杀螟丹	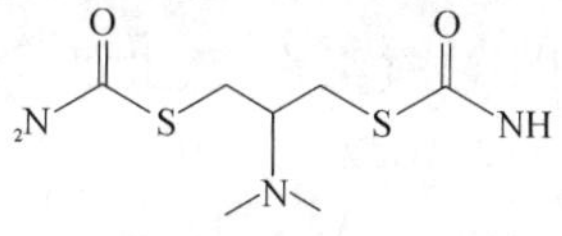	237.3	345(雄) 325(雌)
Bensultap	杀虫磺	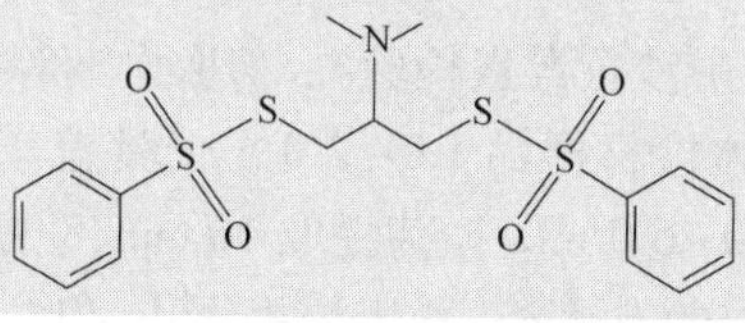	431.61	1 105(雄) 1 120(雌)
Thiocyclam	杀虫环	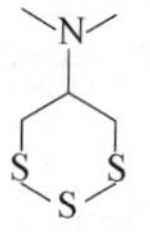	271.26	195—310
Bisultap	杀虫双	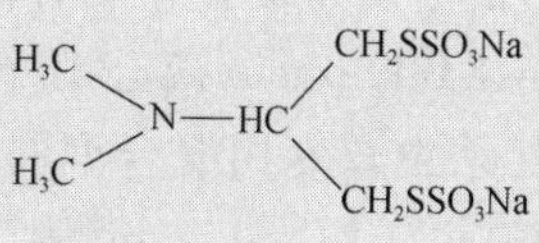	355.37	342—680
Monosultap	杀虫单	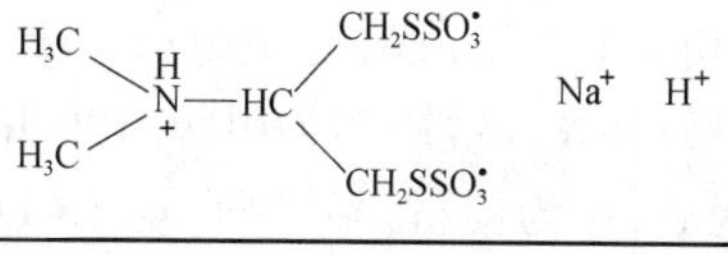	333.40	330—400

杀虫双等沙蚕毒素类杀虫剂对害虫有较强的触杀和胃毒作用，并兼有一定的熏蒸作用，是一种较普遍使用的杀虫剂，投毒和自杀中毒的案件时有发生。沙蚕毒素类杀虫剂中毒多为口服途径，轻度和中度中毒症状包括口腔有农药刺激性气味，消化系统有恶心、呕吐、口吐白沫、腹痛、腹泻等症状。严重者还有呼吸急促、全身肌肉抽搐、昏迷等症状，严重者可导致呼吸抑制、死亡。血中胆碱酯酶活性大都正常或略低。

二、体内过程

沙蚕毒素类杀虫剂经皮肤毒性低，大多数情况为误服后经胃肠道迅速吸收，进入机体后几乎可以分布于所有组织，分布和排泄快速，不易蓄积。经肝转化为毒性更强的代谢物沙蚕毒素，继而进一步甲基化、硫氧化和水解。

沙蚕毒素在体内能很快被代谢为低毒和无毒化合物从而被降解，其主要途径有 3 条：① 沙蚕毒素氧化生成亚砜，再开环进一步氧化为二磺酸；② 沙蚕毒素甲基化，再氧化为亚砜，在生物体内磺酸和砜可断裂生成 2-二甲基胺基丙烷，再氧化为二醇、二羰酸酯等；③ 生成 *N*-脱甲基物，变成醇和酮的衍生物和砜。

沙蚕毒素类杀虫剂消除也极为迅速，肾脏是主要排泄途径，入体 24~72 h 便可随尿液排泄出体外。杀虫双动物实验，灌胃后 24 h，从尿排出放射性占剂量 50%以上，至 72 h 尿液和粪便中总排出量达 90%。

三、分析方法

沙蚕毒素类杀虫剂多在酸性条件下稳定，在碱性介质中易分解。一般微溶于醇，不溶或难溶于丙酮、乙醚、三氯甲烷、苯，但杀虫双、杀虫单溶于无水乙醇、甲醇。沙蚕毒素类杀虫剂检测时常用的检材提取方法一般为液液提取法或固相萃取法，采用液相色谱-质谱联用法时可直接采用蛋白沉淀法。实际鉴定中应用最多的是气相色谱、气相色谱-质谱联用法、液相色谱-质谱联用法。

参考方法（《法庭科学 生物检材中沙蚕毒素、杀虫双、杀虫环和杀螟丹检验 气相色谱、气相色谱-质谱和液相色谱-质谱法》GA/T 1622－2019）

样品前处理

液液提取（适用于生物检材中沙蚕毒素检验）：移取血液等液体检材样品 1.0~2.0 mL，或称取绞碎（或匀浆）的肝脏等固体检材样品 1.0~2.0 g 于具盖离心管中，加入 pH 10.0 缓冲液 0.5 mL，混匀后加入乙酸乙酯 3.0~6.0 mL，振荡提取 10 min，8 000 r/min 离心 10 min，分离有机相；重复提取一次，合并两次提取的有机相，置于浓缩器上 40℃ 条件下浓缩至干，残留物用甲醇 200 μL 溶解，作为检材样品提取液，供仪器分析。

固相萃取法（适用于生物检材中杀虫双、杀虫环和杀螟丹检验）：移取血液等液体检材样品 1.0~2.0 mL，或称取绞碎（或匀浆）的肝脏等固体检材样品 1.0~2.0 g 于具盖离心管中，加入 pH 6.0 缓冲液 1 mL，振荡提取 10 min，8 000 r/min 离心 10 min，取上清液经有机系微孔滤膜过滤后，转移至活化后的固相萃取柱中（杀虫双使用混合型弱阴离子交换固相萃取柱，杀虫环和杀螟丹使用 C18 固相萃取柱），控制流速为 1.0 mL/min，用 2 mL 去离子水淋洗，抽干弃去淋洗液，挤干水分或离心或真空抽固相萃取柱 2 min，用洗脱液 2 mL 进行洗脱[杀虫双洗脱液为甲醇/氨水（体积比 95∶5）；杀虫环和杀螟丹洗脱剂为甲醇/10% 甲酸水溶液（体积比 9∶1）]，收集洗脱液经有机系微孔滤膜过滤后，作为检材样品提取液，供 LC－MS/MS 分析。

仪器分析

1. 气相色谱-质谱法

色谱条件：色谱柱，VF－5MS 弹性石英毛细管柱（30 m×0.25 mm×0.25 μm）或其他等效色谱柱；柱温：80℃保持 1 min，以 10 ℃/min 速率升至 180℃，再以 40℃/min 速率升至 280℃保持 12 min；进样口温度：260℃；传输线温度：260℃。

质谱条件：四极杆温度，150℃；扫描范围，50～450 amu；沙蚕毒素的特征碎片离子：*m/z* 70，71，103，149（定量离子）。

2. 液相色谱-质谱法

色谱条件：色谱柱：Atlantis HILIC Silica 柱（150 mm×2.1 mm，5 um）或其他等效色谱柱；流动相，30% 0.1%甲酸水溶液：70%甲醇；流速，0.2 mL/min。

质谱条件：喷雾针电压：5 000 V；检测器电压：1 200 V；碰撞气压力：1.8 mtor；干燥气温度：350℃；雾化气压力：55 psi；干燥器压力：21 psi。其他质谱参数见表 12－10。

表 12－10　沙蚕毒素类杀虫剂分析的液相色谱-质谱参数

化合物	定性离子对（*m/z*）	定量离子对（*m/z*）	扫描方式	锥孔电压/V	碰撞能量/V
杀虫双	310.3/229.8 310.3/184.7	310.3/229.8	负离子扫描 （ESI－）	−45	15.5 22.0
杀虫环	182.0/136.9 182.0/72.9	182.0/136.9	正离子扫描 （ESI+）	35	14.5 24.0
杀螟丹	237.8/73.0 237.8/115.8	237.8/73.0	正离子扫描 （ESI+）	45	25.5 16.0

四、鉴定要点

（1）检材的收集　沙蚕毒素类杀虫剂在体内吸收、代谢、排泄较快，不易在体内蓄积，入体后在血液、肾脏及尿液中分布较多，应注重此类检材的收集，提高检出率。

（2）检测目标物　沙蚕毒素类杀虫剂可在体内转化为沙蚕毒素等代谢物，因此必要时可同时检测原形、代谢物和分解物。目前中毒案件中出现较多的杀虫双（杀虫单），杀虫单和杀虫双均为 2－二甲氨基－1，3－双硫代磺酸基丙烷的单钠和双钠盐，在进行色谱-质谱分析时难以区分。因此，在检测报告中仅表述为检出 2－二甲氨基－1，3－双硫代磺酸基丙烷。

（3）稳定性　沙蚕毒素类杀虫剂多受 pH 影响大，易分解。如杀虫双（杀虫单），在 pH 8～9 时主要为双钠盐，在 pH6.5～7 时主要为单钠盐，当 pH<5 或 pH>10 时不稳定。在样品前处理时应注意酸碱性、混旋振荡时间、样品存放时间和检测目标物等。

（4）中毒症状的价值　与有机磷等常见农药针对胆碱酯酶的毒理机制不同，沙蚕毒素类杀虫剂进入机体后，主要阻断神经突触功能，其特有的中毒症状可为毒物分析鉴定提供方向。中毒患者有头昏眼花、心悸、乏力、出汗、流涎、肌束颤动等神经中毒症状和恶心、呕吐、腹痛等消化系统症状。严重中毒者烦躁不安、全身肌肉抽动、抽搐和昏迷，瞳孔缩小，对光反射迟钝，死亡原因可能为呼吸肌麻痹引发的呼吸衰竭。

（5）毒物分析结果是阴性时应考虑的问题　① 检材采取是否及时、正确。若生前救治时已洗胃，解剖时再取胃内容物检测，或病程较长，沙蚕毒素类杀虫剂已排出体外或代谢分解，其阴性结果的可能性大。② 检材保存或处理是否正确,检验是否及时。酸碱条件会导致沙蚕毒素类杀虫剂分解。在毒物分析结果阴性时,应根据案情、现场勘验、临床表现,结合法医学尸体解剖发现,进行综合评定,作出结论。

五、案例评析

案 例

一名36岁男子自杀,口服13 g巴丹(含有75%杀螟丹)后2 h内出现低氧血症、强直阵挛性惊厥等症状,送医院抢救,留取血液、尿液和胃液。12 h后出现脑水肿,24 h出现急性肾衰竭,5天后因多器官衰竭死亡[7]。

【毒物分析及评析】服毒后2 h采集的血液、尿液和胃液经GC－MS检测,均检出沙蚕毒素成分,浓度分别为10.6 μg/mL、18.2 μg/mL、2.6 mg/mL。沙蚕毒素类杀虫剂吸收快、代谢快,沙蚕毒素为此类毒素的主要代谢物。

· 本章思考题 ·

1. 杀虫剂如何分类? 我国最常见的杀虫剂有哪些?

2. 有机磷类、氨基甲酸酯类、拟除虫菊酯类和沙蚕毒素类杀虫剂的代谢物有哪些? 其代谢物在中毒鉴定中有何价值?

3. 杀虫剂中毒时应取哪些检材? 有机磷类杀虫剂的生物检材前处理应注意哪些?

参考文献

[1] 沈敏,向平,刘伟. 法医毒物鉴定理论与实践. 北京:科学出版社,2022.
[2] Baselt R C. Disposition of Toxic Drugs and Chemicals in Man. Seal Beath: Biomedical Publications, 2015.
[3] Abe E, Duverneuil C, de la Grandmaison G, et al. A fatal dichlorvos poisoning: concentrations in biological specimens. J Forensic Sci, 2008, 53(4): 997－1000.
[4] 张凯,关培英,贠克明. 甲氰菊酯在家兔体内的死后分布研究. 中国法医学杂志,2010, 25(2): 87－90.
[5] 徐晶,梁玉华,孙战力,等. 常见中毒急救手册. 天津:天津科学技术出版社,2002: 69－71.
[6] 王绪卿,冯燕,朱家琦,等. 杀虫双在动物体内的代谢研究五、杀虫双代谢产物的分离与鉴定. 卫生研究,1991, 20(6): 35－39.
[7] Kurisaki E, Kato N, Ishida T, et al. Fatal human poisoning with Padan: a cartap-containing pesticide. Clin Toxicol (Phila), 2010, 48(2): 153－155.

第十三章 除草剂鉴定

· 本章重点内容与学习要求 ·

除草剂是法医毒物司法鉴定的重要对象。本章重点介绍除草剂的分类、体内代谢、检材处理、鉴定方法、毒物鉴定结果的评价和阳性案例参考数据等，并通过典型案例评析提高学员分析和解决实际问题的能力。通过本章学习，应掌握草甘膦、草铵膦、百草枯、敌草快、苯氧羧酸类除草剂、磺酰脲类除草剂等的主要鉴定方法和鉴定要点，正确评价和运用毒物分析结果。

除草剂(herbicides)是指可使杂草彻底地或选择性地发生枯死的药剂，用以消灭或抑制植物生长[1]。目前已有100多种除草剂在世界范围内被广泛应用。根据其结构类型可分为：① 有机磷类除草剂，如草甘膦、草铵膦等；② 磺酰脲类除草剂，如甲嘧磺隆、氯磺隆、苯磺隆等；③ 咪唑啉酮类除草剂，如咪唑烟酸、甲氧咪草烟等；④ 三嗪类除草剂，如莠去津、环嗪酮等；⑤ 酰胺类除草剂，如异丙甲草胺、乙草胺等；⑥ 二硝基苯胺类除草剂，如二甲戊灵、氟乐灵等；⑦ 芳氧苯氧丙酸酯类除草剂，如禾草灵、噁唑禾草灵、吡氟禾草灵等；⑧ 脲类除草剂，如敌草隆、丁噻隆、异丙隆等；⑨ 氨基甲酸酯类除草剂，如甜菜宁、苄草丹等；⑩ 联吡啶类除草剂，如百草枯、敌草快等；⑪ 苯氧羧酸类除草剂，如2,4-二氯苯氧乙酸，4-氯-2-甲基-苯氧乙酸等；⑫ 二苯醚类除草剂，如氟磺胺草醚、乙氧氟草醚等；⑬ 环己二酮类除草剂，如烯草酮、烯禾啶、噻草酮等[2]。全球农药市场销售额中除草剂占近一半，且市场比重呈现逐年增长的趋势，由于误服、投毒、自杀等引起的除草剂中毒案件也随之增多。

除草剂鉴定主要是鉴定检材中是否含有百草枯、敌草快、草甘膦等除草剂或其体内代谢物，及其定量分析，为除草剂中毒相关法医学鉴定、临床诊治提供客观依据。本章主要介绍生物检材中常见除草剂如草甘膦、草铵膦、百草枯、敌草快、2,4-D等苯氧羧酸类除草剂、磺酰脲类除草剂等鉴定方法。

第一节 草甘膦、草铵膦

一、概述

草甘膦(glyphosate)和草铵膦(glufosinate)都是有机磷类化合物。

草甘膦化学名为*N*-(磷酸甲基)甘氨酸，分子式 $C_3H_8NO_5P$，分子量169.07。纯品为非挥发性白色粉末，稳定性好，主要存在形态为酸和盐类，可溶于水、难溶于有机溶剂，其异丙胺盐完全溶解于水。草甘膦是一种内吸传导型广谱灭生性除草剂，是世界上销量最大的农药品种。

我国草甘膦原药生产产量约占世界份额的70%。市售草甘膦多为草甘膦异丙酸盐,因其具有广谱、高效、低毒等优点而被广泛应用。

草甘膦急性中毒大多由口服所致,其在正常使用条件下被认为对哺乳动物和人类是低毒或是无毒的[3]。草甘膦大鼠急性口服 LD_{50} 为 4 320 mg/kg,小鼠口服 LD_{50} 为 4 640 mg/kg。急性草甘膦中毒的常见临床表现有恶心、呕吐、头昏、腹痛、面色苍白,有的病例还可见血压降低、昏迷和呼吸心脏骤停。草甘膦制剂对皮肤、黏膜有酸蚀刺激作用,甚至可引起轻度灼伤;小剂量草甘膦的摄入可刺激口腔黏膜、咽喉,可出现轻微、短暂的胃肠功能损伤,经口大量摄入可致胃肠道发生化学腐蚀性炎症。草甘膦虽然被认为是低毒除草剂,但发生中毒后,致死率也可达20%~30%。

草铵膦化学名为2-氨基-4-[羟基(甲基)膦酰基]丁酸铵,分子式为 $C_5H_{15}N_2O_4P$,分子量为198.16。纯品为白色结晶,有轻微气味,易溶于水,在常见的有机溶剂中溶解度较低。草铵膦是一种广谱触杀型灭生性除草剂,具有手性,只有L-草铵膦具有除草作用,具有杀草谱广、低毒、活性高和环境相容性好等特点。草铵膦对植物以外的其他生物毒性较小,安全性高,属于低毒性。雄性大鼠草铵膦急性口服 LD_{50} 为 2 000 mg/kg,雌性大鼠为 1 620 mg/kg;雄性小鼠急性口服 LD_{50} 为 431 mg/kg,雌性小鼠为 416 mg/kg。草铵膦在进入体内后抑制谷氨酰胺合成,低剂量时不表现出强烈的症状。若大剂量摄入草铵膦,则脑内谷氨酰胺合成酶会受到显著抑制,产生主要以神经系统的表现为主的中毒症状。

二、体内过程

草甘膦经口吸收率为30%~36%,进入人体后维持时间较短,在2~6 h达最高浓度,消除半衰期为3.1 h,1~3 d后则浓度降低至难以检出。草甘膦经皮肤吸收率约为2%。草甘膦进入机体内主要分布在小肠、结肠、肾脏、骨骼,其中小肠内的浓度最高。草甘膦进入机体内几乎不发生生物转化,约90%经粪便排出,约10%经肾排出。草甘膦在体内的代谢产物有氨甲基磷酸和*N*-乙酰氨甲基磷酸。10例服毒自杀案件中,死后血液中草甘膦质量浓度在118~1 526 μg/mL。2名妇女服毒后24 h内死亡,死后体内草甘膦分布见表13-1[4]。

表13-1 中毒死亡者体内草甘膦浓度

案 例	血液/(μg/mL)	脑组织/(μg/g)	肝组织/(μg/g)	肾组织/(μg/g)	尿液/(μg/mL)
1	550	100	600	3 650	
2	400		300		11 200

草铵膦经口染毒时,80%~90%不能被吸收,以原形从粪便排出,但有10%~15%从尿液排出,在体内的半衰期为6~7 h。在肾脏和肝脏中的分布最多,脑、血液、脾脏等其他脏器中的含量要比肾、肝中的含量低十倍以上。粪便和尿液中发现的主要代谢产物是3-(羟基甲基膦酰)丙酸[5]。

三、分析方法

1. 沉淀蛋白-IC-MS

参考方法(《法庭科学 生物检材中草甘膦检验 离子色谱-质谱法》GA/T 1628-2019)

样品前处理:移取血液等液体检材样品1.0~2.0 mL,或称取绞碎的肝脏等固体检材样品

1.0~2.0 g 于具盖离心管中,加入乙腈 2.0~4.0 mL,振荡 10 min,8 000 r/min 离心 20 min,分离上清液,用去离子水稀释 5 倍,稀释液过离子色谱样品前处理净化柱(Dionex On Guard II RP 柱或其等效柱)净化,将最先流出的 3 mL 液体弃去后,收集剩余的流出液,经水系微孔滤膜过滤,作为检材样品提取液供仪器分析。

离子色谱条件:色谱柱:Dionex Ion Pac AS11 HC 型阴离子分析柱(250 mm×2 mm)及 Dionex Ion Pac AG11 - HC 型阴离子保护柱(50 mm×2 mm)或其他等效色谱柱;淋洗液:80 mmol/L 氢氧化钾;柱温:30℃;流速:0.3 mL/min。

质谱条件:离子源:电喷雾电离(ESI);检测方式:负离子;毛细管电压:-4.5 kV;雾化气温度:550℃;雾化气:60 psi;扫描模式:多反应离子监测(MRM);草甘膦的定性离子对 m/z 为 168.0>63.0(定量离子对)、168.0>150.0、168.0>78.9;碰撞能量分别为-35.0 eV、-17.0 eV 和-55.0 eV;去簇电压为 30.0 V。

2. 固相萃取-LC-MS/MS

参考方法(《法庭科学 生物检材中草甘膦和氨甲基膦酸检验 液相色谱-质谱法》GA/T 1911-2021)

样品前处理:移取尿液 1.0 mL 于具盖离心管中,加入 2 mL 水稀释,得到 3 mL 尿液稀释液。移取血液 1.0 mL 或称取绞碎的胃组织、肝脏等固体检材样品 1.0 g 于具盖离心管中,加入 5 mL 乙腈/水(体积比为 80∶20),振荡 5 min,10 000 r/min 以上离心 5 min,取上清液转移至具塞玻璃试管,置于浓缩器上 70℃浓缩至约 0.5 mL,加水稀释至 3 mL,得到稀释液。将稀释液转移至 GCB/PSA 固相萃取柱(使用前依次用甲醇 3 mL、水 3 mL 进行活化),过柱流速为 1 mL/min,用 1 mL 水淋洗,收集过柱液和淋洗液并转移至 NH_2 固相萃取柱(使用前依次用 3 mL 甲醇、3 mL 水进行活化),过柱流速为 1 mL/min,依次用 3 mL 水、3 mL 甲醇淋洗,弃去淋洗液,挤干水分或离心或真空抽固相萃取柱 2 min,用 2 mL 5% 氨水溶液洗脱,洗脱液过柱流速为 0.5~1.0 mL/min,洗脱液收集至具塞玻璃试管,置于浓缩器上 70℃浓缩至干,残留物用 0.3 mL 乙腈/水(体积比为 20∶80)溶解,经有机微孔过滤膜过滤,作为检材样品提取液,供仪器检测。

色谱条件:色谱柱:Asahipak NH2P-50 2D 液相色谱柱(150 mm×2 mm,5 μm);流动相 A:乙腈;流动相 B:含 5%氨水的 5 mmol/L 乙酸铵溶液;流速:0.25 mL/min;柱温:35℃。梯度洗脱条件:有机相的初始比例为 80%,2.01 min 时降至 20%,保持到 4.50 min,4.51 min 时降至 0%,保持到 5.50 min,然后 5.51 min 时恢复为 80%,保留时间至 8.00 min。

质谱条件:电喷雾电离源、负离子(ESI-)扫描;采集模式:多反应离子监测(MRM)模式;碰撞气:氮气;气帘气压力:30 Pa;雾化气压力:55 Pa;辅助气压力:55 Pa;喷雾电压:-4 500 V;离子源温度:550℃。其中草甘膦的定性离子对 m/z 为 167.9/63.0(定量离子对)、167.9/150.0,碰撞能量分别为-35 eV 和-13 eV;氨甲基膦酸的定性离子对 m/z 为 110.0/63.0(定量离子对)、110.0/79.0,碰撞能量分别为-26 eV 和-35 eV。

四、案例评析

案例一

5 例草甘膦中毒患者年龄在 25~97 岁之间,除草剂摄入量在 10~400 mL 之间,其中 4 例意图自杀。所有患者均观察到呕吐和肺部感染,此外还观察到恶心、高血糖、腹痛、呼吸困难等症状。采集 5 例患者住院期间(1~5 d)血样进行鉴定[6]。

【毒物分析及评析】采用 LC－MS/MS 测得患者入院时血清中草甘膦及其代谢物氨甲基膦酸质量浓度分别为 0.3～716.5 μg/mL 和 0.002～0.45 μg/mL，尿液中草甘膦和氨甲基膦酸的质量浓度分别为 28.2～2 089 μg/mL 和 0.28～5.89 μg/mL。尿液中草甘膦和氨甲基膦酸的浓度远高于血液。只有一例患者住院期间血液中草甘膦浓度达到了致死水平（690～7 480 μg/mL，平均 4 146 μg/mL），其他病例可分为轻度和中度水平（0.7～150 μg/mL，平均 61 μg/mL）。虽然草甘膦血药浓度与摄入剂量无统计学相关性，但在不同严重程度的中毒患者中，尿液中氨甲基膦酸浓度呈不同的下降趋势。5 例草甘膦中毒患者均康复出院。

案例二

患者男，69 岁，自服草铵膦约 200 mL（含量 210 g，有效成分含量 10%）。2 h 后被家属发现服毒时，患者意识清醒；自诉服药后饮水 500～600 mL，呕吐少量蓝黑色液体 1 次，并在 1 h 后出现间断腹泻 4～5 次。患者服毒 6 h 后被送至医院就诊[7]。

【毒物分析及评析】中毒后 6.5 h 后采集的患者血液中草铵膦浓度为 816.8 ng/mL。草铵膦作为百草枯的替代产品，因其低毒、高效而被广泛应用于农作物除草。

第二节　百草枯、敌草快

一、概述

百草枯（paraquat）和敌草快（diquat）都是季铵盐类化合物，同属联吡啶类除草剂，具有非选择性、触杀性、强极性、易溶于水、以阳离子形式存在、微溶于有机溶剂、难挥发等特性。在酸性或中性的溶液中稳定，在碱性条件（pH>12）下则很快水解。

百草枯的化学名称是 1－1－二甲基－4－4－联吡啶阳离子盐，其分子式为 $C_{12}H_{14}N_2^+$，是一种快速灭生性除草剂，具有触杀作用和一定的内吸作用。百草枯中毒一般源于意外或自杀事件，常发生于农村，亚洲每年有约 2 000 人中毒。我国自 2014 年 7 月 1 日起，撤销百草枯水剂登记和生产许可、停止生产，2016 年 7 月 1 日停止水剂在国内销售和使用。尽管其受到严格限制，但目前仍存在一些残留制品以及贴标其他除草剂名称的百草枯水剂。

百草枯对人类和动物有远大于其他除草剂的毒性，口服约 3～6 g 百草枯或 5～15 mL 20% 百草枯水溶液可致成人死亡[8]，当血浆和尿液中的百草枯质量浓度在 24 h 内分别大于 3 μg/mL 和 1 μg/mL 时，患者的生存率非常低。百草枯接触皮肤、眼睛和黏膜时有腐蚀性，损伤类似于碱性腐蚀，接触皮肤后可引起皮肤干裂，接触眼睛后可引起结膜炎和角膜炎，呼吸道吸入者有鼻、喉部刺激症状，经消化道吸收后引起剧烈呕吐，口腔、咽部及食管、胃有烧灼感。随之黏膜红肿、疼痛、形成溃烂并出现腹泻、便血等，并可出现血尿、蛋白尿及脓尿、尿素氮升高，并逐渐发生肾衰竭，重者出现少尿、肝功能异常，迁延中毒可引起咳嗽、气急、呼吸窘迫、紫绀，严重呼吸困难，肺水肿，直至呼吸衰竭而死亡[9,10]。

百草枯主要毒理机制是富积于肺泡的Ⅰ型细胞、Ⅱ型细胞以及肾脏，影响其氧化还原反应的进程，产生大量对组织有害的氧自由基，可破坏细胞的防御机制，引起肿胀、变性和坏死，抑制肺表面活性物质的产生，导致肺损伤（急性或亚急性）和肾小管坏死。由于肺泡细胞具有主动摄取和蓄积百草枯的特性,肺对百草枯极其敏感,即使不是直接接触,百草枯中毒后的幸存者的肺部也将在 5~10 d 内快速纤维化(不可逆)。尸检时可见双肺有较特征性的改变,如肺泡上皮细胞变性、脱落、坏死,肺泡腔内出血,可见以中性粒细胞为主的炎细胞浸润,纤维素渗出,肺泡透明膜形成。

敌草快的化学名称是 1,1′-亚乙基-2,2′-联吡啶二溴盐,其分子式为 $C_{12}H_{12}Br_2N_2^+$,是一种传导性触杀型灭生性除草剂,可迅速被绿色植物组织吸收,与土壤接触后很快失去活性。敌草快系中等毒类除草剂,人口服 3 mL 即出现中毒症状。经口摄入敌草快时,人及动物的毒性表现为:初期引起口腔、食道等消化系统的糜烂、溃疡,被机体吸收后对肝、肾等高血流器官具有很强的毒性,引起多器官功能不全,产生严重的中枢神经系统毒性作用,可致突然死亡。

百草枯和敌草快都可经胃肠道、呼吸道、皮肤、黏膜等吸收,但因其无挥发性和非脂溶性,经消化道(自服或误服)吸收中毒是主要途径。敌草快对皮肤的损伤小于百草枯,但接触大量敌草快时,可经擦伤或溃疡和溃烂的皮肤进入体内。其对肺的损伤弱于百草枯,但对中枢神经系统有严重的毒害作用,对肾脏的损伤与百草枯相同。口服敌草快急性中毒者与百草枯中毒者相比早期表现有兴奋、烦躁不安、定向困难和精神病表现,以及脱水、低血压、心动过速的症状,休克是引起死亡的常见原因,肝损伤表现为黄疸,心肌受损表现为循环功能衰竭。

二、体内过程

百草枯在胃肠道的吸收快速但不完全,主要吸收部位在小肠,1~6 h 内吸收率大约为 1%~5%。百草枯吸收后几乎不与血浆蛋白结合,主要蓄积在肺和肌肉中,肺泡细胞对其有主动摄取和蓄积作用,故肺中浓度较血液高 10~90 倍。血液中检不出百草枯后,仍可由组织向血液转移。百草枯可通过胎盘屏障在胎盘蓄积,胎盘内浓度可高于母体血液含量。血浆中消除半衰期为 56 h,吸收后 48 h 内,有 90%以原体形式随粪便、尿液排出,3 周后仍能检出。百草枯在人体中几乎不进行生物转化[11]。

敌草快在胃肠道受细菌作用而降解,故仅有 10%经胃肠道吸收。吸收后随血流分布至全身组织,其中以肝、肾浓度较高,血液中浓度下降快。与百草枯不同,敌草快主要蓄积于肾脏而非肺脏。敌草快在体内的主要代谢物为敌草快-单吡啶酮和敌草快-双吡啶酮,其毒性较其原体低。主要通过肾脏排泄,亦有相当量通过胆汁排泄。

百草枯中毒死亡者,死亡时间不同体内百草枯浓度也不同。死者生前血液浓度可高达 63 μg/mL,尿液浓度可达 1.21 mg/mL,而当死亡延缓至 18 天后,血液、尿液中浓度均很低,死后样本百草枯检测可呈阴性。32 例口服百草枯死亡者按存活时间体内毒物浓度分布见表 13-2。

表 13-2 32 例口服中毒死亡者组织和体液中百草枯浓度

存活时间(天)	例数	血液/(μg/mL)	脑组织/(μg/g)	肺组织/(μg/g)	肝组织/(μg/g)	肾组织/(μg/g)	尿液/(μg/mL)
0~1	9	15 (0~63)	7.0 (1.5~18)	58 (2.6~185)	73 (8.8~386)	100 (12~311)	462 (20~1 210)
1~7	13	0.8 (0~4.4)		5.2 (0~21)	6.8 (0.2~58)	14 (1.0~74)	4.5 (0~16)

续 表

存活时间（天）	例数	血液/（μg/mL）	脑组织/（μg/g）	肺组织/（μg/g）	肝组织/（μg/g）	肾组织/（μg/g）	尿液/（μg/mL）
8~21	8	0.5（0~4.0）		1.8（0~4.7）	1.7（0~4.4）	1.6（0.6~3.5）	0.6（0~2.2）
22	1	0.10	0.09	0.02	0.05	0.08	
23	1	0		0	0	0	

在5例百草枯中毒死亡案例中[12]，采集死者心脏血液、尿液、肺、肝、肾、心脏、膈、十二指肠和胃壁样品，使用GC-MS法进行分析。除了第一个案例外，所有生物样品在死后浓度最高的为肺组织，第一个案例中尿液中的浓度最高，这与案情中急性中毒致死一致；肾脏的百草枯浓度仅次于肺；心脏中百草枯浓度最低；百草枯在中毒6天后仍然存在于所有被测的生物检材中。百草枯在死者体内分布情况见表13-3。

表13-3 5例百草枯中毒者死后收集的组织、尿液和血液中的百草枯浓度

组织/体液	案例1	案例2	案例3	案例4	案例5
肺/（μg/g）	11.856	0.660	5.095	2.231	0.500
肝脏/（μg/g）	4.355	0.340	0.973	0.879	0.100
肾脏/（μg/g）	5.662	0.575	1.044	1.145	0.998
心脏/（μg/g）	0.023	0.001	0.003	0.007	未测得
十二指肠壁/（μg/g）	3.100	0.260	2.320	0.168	2.830
胃壁/（μg/g）	1.234	0.190	0.200	0.094	0.160
膈膜/（μg/g）	0.305	0.016	0.130	0.131	0.010
尿液/（μg/mL）	13.539	0.078	0.592	0.177	0.500
死后心脏血液/（μg/mL）	9.500	未测得	0.290	0.090	未测得

三、检测方法

百草枯、敌草快为阳离子化合物，易溶于水，难溶于有机溶剂，在酸性和中性溶液中稳定，具有强离子特性。可采用离子对试剂的液液萃取法或者离子交换型的固相萃取法提取、浓缩和纯化，约70%的文献采用乙腈蛋白沉淀法。采用乙腈-无水硫酸钠、乙腈-0.1%甲酸、三氯乙酸-甲醇等混合溶剂沉淀蛋白，选择将有机溶剂和盐、酸溶液等并用进行萃取，使蛋白质脱水、形成不溶性盐而沉淀，提高化合物的回收率，是较为理想的一种前处理方法。

新型干血点微样检材法可用于百草枯、敌草快中毒分析，用流动相超声10 min提取百草枯效率最高。干血点干燥度越高，百草枯、敌草快回收率也越高，选择微波辐射加快干燥过程，可将干血点的制备时间缩短至5 min（微波照射不会引起百草枯的降解），检出限可达到0.5 ng/mL。干血点法相对于液-液萃取法、固相萃取法或直接沉淀蛋白法而言，其主要优点在于样品前处理非常简单，样品取样量更少，溶剂用量小，百草枯贮藏在干血点中稳定性好，室温下未见明显降解，检出限更低，分析时间更短等。

LC－MS 和 LC－MS/MS 是目前最常用的检测方法，去离子对流动相可完成各组分的色谱分离，检材处理简便、灵敏度高。当采用 GC－MS 法分析百草枯时，通常需要进行衍生化。目前的衍生化方法所得产物有两种：一种是百草枯结构中部分双键的还原，即六个双键中的四个发生氢化，形成百草枯的八氢衍生化物；另一种是百草枯结构中的六个双键全部氢化，形成百草枯的十二氢衍生化物。需要关注的是不同衍生化物结构不同，质谱分析的特征离子不同。

1. 蛋白沉淀-液相色谱-质谱法

参考方法（《法庭科学 生物检材中百草枯检验 液相色谱-质谱法》GA/T 1910－2021）：

样品前处理：移取血液等液体检材样品 0.1 mL，加入 0.9 mL 乙腈，振荡 2 min，不低于 8 000 r/min 离心 3 min，取上清液，经有机微孔滤膜过滤，作为检材样品提取液，供仪器检测。

色谱条件：色谱柱：Waters HILIC 柱（2.1 mm×100 mm，2.7 μm）；流动相：250 mmol/L 甲酸铵溶液（含 0.8%甲酸）-乙腈；柱温：40℃；梯度洗脱条件：有机相的初始比例为 80%，0.3 min 时降至 40%，保持到 4.0 min，然后 5.0 min 时恢复为 80%，保留时间至 6.5 min，流速为 0.4 mL/min。

质谱条件：扫描方式：正离子扫描；检测方式：多反应监测（MRM）；电喷雾电压：1 000 V；离子源温度：600℃；碰撞气：氮气。其他质谱参数见表 13－4。

表 13－4 百草枯的质谱参数

化合物	离子对		质谱参数	
	定量离子对（*m/z*）	定性离子对（*m/z*）	锥孔电压/V	碰撞能量/eV
百草枯	186.2/171.0	186.2/171.0	65	30
		186.2/155.1	50	40

2. 液液提取-衍生化-气相色谱-质谱法

参考方法（《法庭科学 血液、尿液中百草枯检验 气相色谱和气相色谱-质谱法》GA/T 1629－2019）

样品前处理：取血液或尿液 1.0 mL 于具盖离心管中（若采用内标法，则加入内标乙基百草枯溶液，使内标浓度为 0.5 ug/mL，混匀），加入 6%高氯酸溶液 1.0 mL（若为尿液样品，不添加 6%高氯酸溶液），振荡 30 s，以 8 000 r/min 离心 3 min，分离上清液。上清液中加入饱和氢氧化钠溶液 0.1 mL 调节至 pH≥12，再加入 20%硼氢化钠溶液 0.5 mL，于室温反应 30 min，加入环己烷 0.5 mL，振荡 30 s，以 8 000 r/min 离心 3 min，取上清液供 CC－MS 分析。

色谱条件：RTX－5MS 毛细色谱柱（30 m×0.32 mm，0.25 μm）或其他等效色谱柱；柱温：100℃保持 1 min，以 20℃/min 的速率升温至 280℃，保持 5 min：进样口温度：260℃；传输线温度：260℃；载气：高纯氮；流速 1.0 mL/min；进样方式：开始不分流，1 min 后分流，分流比 5∶1。

质谱条件：EI 离子源；70 eV；扫描范围：50～200 amu；离子源温度：200℃。百草枯八氢衍生物的特征离子 *m/z* 96，192，194，148，150；内标乙基百草枯八氢衍生物的特征离子 *m/z* 110，162，164，220，222。百草枯衍生物和乙基百草枯衍生物的定量碎片离子均为 *m/z* 96。

四、鉴定要点

1. 体内百草枯鉴定的检材选择

百草枯中毒致死者除采集常规的血液、尿液、组织外，要特别注意粪便、肺组织、肾组织的提取。皮肤接触中毒者可提取局部皮肤。百草枯在胃肠道吸收较快，但吸收率低（1%～5%），粪便中原药含量较高,易检出。故在百草枯中毒快速死亡案例中,粪便中百草枯检测有较高价值。在疑似百草枯中毒迟发性死亡案例中,应选择肺、肝和肾等组织器官作为毒物检材。中毒延缓死亡的仍可能从组织器官中检出百草枯。在埋葬家兔尸体中百草枯降解较慢,埋藏后 12 个月的尸体骨髓中百草枯含量仅轻微下降,24 个月后仍能检出。由此可知,骨骼肌和骨髓中百草枯检测对埋藏较长时间尸体的百草枯中毒鉴定具有一定价值。

2. 死亡案例中百草枯中毒鉴定要点

① 对于急性死亡案例的鉴定,案情及现场调查意义较大。根据农药接触史,搜寻遗落现场的百草枯农药瓶罐,检查衣着和尸表寻找残药证据(绿色药液、呕吐物及特殊气味等)可作为疑似中毒死亡的重要线索。其次,对上消化道黏膜是否红肿、出血,以及脑水肿等急性损伤要重点观察。组织学检查常只能作死因判断的辅助手段。另外,需尽早提取组织检材进行百草枯中毒的毒物分析。② 对于延迟死亡者,由于外界因素的参与,如:医院抢救措施(洗胃、血液灌流等)对百草枯成分有显著的清除作用,以及自身代谢、毒药物检测手段限制等因素的影响,常难以检出百草枯成分。这时,入院时第一次采集的血液、尿液等检材对于中毒判断非常有价值。

五、案例评析

案 例 一

口服百草枯中毒致死 6 例[12]。临床表现以咽喉部、胃部烧灼感等消化系统不适为首发症状,影像学检查早期表现肺纹理增粗,进而出现条索状、小斑片状阴影,逐渐发展为毛玻璃样改变,并伴有胸腔积液。4 例均存在不同程度的肝肾功能异常和心肌酶学指标异常。

【毒物分析及评析】6 例死者中,2 例被发现时已经死亡(距服药时间均小于 6 h),属急性死亡。其余 4 例中,最早 1 例死于入院救治的第 6 天,最晚者于第 23 天死亡,均属延迟死亡。2 例急性死亡者心血、胃及胃内容物均检出百草枯成分。4 例延迟死亡者送检组织中均未检出百草枯成分,仅 1 例在其使用的饮料瓶中检出百草枯成分。

案 例 二

一名吸烟并患有高血压的 50 岁男子自诉吸入除草剂中毒入院治疗[13]。体格检查证实其碱中毒伴低氧血症、白细胞增多、轻度高血糖以及肌酸激酶和肌红蛋白中度增加。第二天有心肺停止症状伴中度非反应性瞳孔散大、皮肤和黏膜弥漫性发绀,脉搏和周围血压极低,于当天抢救无效死亡。9 d 后进行了尸检和毒物分析。

【毒物分析及评析】死者的体液、胃内容物经处理后采用 GC - MS 分析,所有样品均检出敌草快,血液中敌草快质量浓度为 1.2 μg/mL。此外,在其他生物检材中敌草快质量浓度分别为:胆汁 106.3 μg/mL、尿液 0.03 μg/mL、胃内容物 83.1 μg/mL。血液中浓度超过中毒警戒浓度的两倍,胃内容物中浓度较高,证实其死亡原因为敌草快摄入中毒。

第三节　2,4 - D 等苯氧羧酸类除草剂

一、概述

苯氧羧酸类除草剂是我国农业生产中用量第二大的除草剂,是一类内吸性有机除草剂,具

有价格低廉及杀草谱广等优点[14]，该类除草剂可有效地控制阔叶杂草的生长，浓度高时可作广谱除草剂，浓度低时作植物生长调节剂等。该类除草剂水溶性较强，易溶于地表水并发生迁移，最终造成水、土壤、大气及食品等介质的污染，进而对人类健康产生严重威胁[15]。常用的苯氧羧酸类除草剂有2,4-二氯苯氧乙酸(2,4-滴,2,4-D)、2-(2,4-二氯苯氧)-丙酸(2,4-滴丙酸,2,4-DP)、4-氯-2-甲基-苯氧乙酸(2-甲-4-氯,MCPA)、五氯苯酚等。

2,4-D为白色或黄色结晶性粉末，微溶于水，溶于有机溶剂，是一种低毒类除草剂，但对人和牲畜有一定的毒副作用，具有潜在的致癌性及致突变性。大鼠经口 LD_{50} 为 666~1 313 mg/kg。人中毒剂量为3~4 g，口服6.5 g可致死。2,4-D对机体接触部位有直接腐蚀作用，损害眼睛、皮肤和黏膜，机体吸收后，在体内基本上不发生转化，主要以分子形态对机体发生作用。由于它对胃肠道的腐蚀作用，早期中毒常见的表现为恶心、呕吐、腹痛、喉痛和腹泻。对中枢神经系统的直接影响会导致幻觉、共济失调、颤抖、痉挛、麻痹、惊厥和昏迷。大量横纹肌溶解、代谢性酸中毒、呼吸衰竭、难治性低血压和昏迷是严重中毒的标志[16]。

五氯苯酚(pentachlorophenol，PCP)为中等毒性的物质，大鼠急性经口 LD_{50} 为210 mg/kg，对兔皮肤(固体和水溶液>10 mg/mL)、眼睛及黏膜有刺激。其易在环境和人体内积累，对人体具有致畸和致癌性，在动植物体内的富集率高，能与细胞原浆中蛋白质发生化学反应形成不溶性蛋白质，使细胞失去活性，可导致动物肺、肝、肾脏以及神经系统的损伤。该类除草剂中毒潜伏期为2~40 h，发病早期症状表现为头晕，头痛，烦渴，污染皮肤局部有轻微疼痛感，部分出现红色斑疹。主要症状为突发性乏力、发热和大汗。中毒严重者会出现意识模糊，烦躁，瞳孔扩大，双侧大小不等，对光反应迟钝等症状，上腹部钝痛伴恶心、胸闷、心悸、咳嗽和咯痰等症状。死者可见皮肤黏膜紫绀，上消化道有明显灼伤，胃内容物有特殊酚味，脑水肿，神经细胞变性坏死，肺水肿，急性肾小管坏死。

二、体内过程

2,4-D的半衰期在4~140 h，77%以上的剂量在4 d内经尿液以原形消除。口服5 mg/kg后，血浆中2,4-D峰浓度约为35 μg/mL。血浆中2,4-D的急性致死水平在447~826 μg/mL。其毒性作用涉及心脏、中枢和外周神经系统、肝脏、肾脏、肌肉、肺和内分泌系统，目前没有特效解毒剂[17]。

五氯苯酚进入体内后经肝脏代谢，主要代谢产物是四氯对氢醌和四氯邻苯二酚，然后以游离型和结合型的原形和代谢物经尿液排泄。未接触者体内五氯苯酚质量浓度在0.002~0.200 μg/mL。口服0.1 mg/kg的五氯苯酚，血浆中峰质量浓度约为0.2 μg/mL。1名成人口服11 g五氯苯酚，4 h后死亡，血液中质量浓度为39 μg/mL。7例口服五氯苯酚中毒死亡者体内分布见表13-5。

表13-5 7例中毒死亡者血液和组织中五氯苯酚的质量浓度

检　材	血液/(μg/mL)	脑组织/(μg/g)	肝组织/(μg/g)	肾组织/(μg/g)	尿液/(μg/mL)
质量浓度	107	22	98	164	153
(均值)	(46~173)	(14~35)	(52~225)	(41~639)	(28~520)

三、分析方法

苯氧羧酸类除草剂水溶性强，样品前处理常用固相萃取或液液提取方法，均需要在酸性条件下进行，除了提高提取回收率，也是抑制其中羧酸基团的甲基化。

仪器分析如采用GC-MS，需要首先衍生化以改善其极性。目前，较多采用LC-MS/MS

的负离子模式检测,样品前处理简便快速,灵敏度高。在优化方法时,应添加甲酸或乙酸的酸性流动相以增强色谱分离能力,并通过调节有机相比例提高灵敏度。在质谱碎片离子的选择上,由于结构上含卤族元素,可选择不同的同位素峰前体离子和碎片离子。

1. 液液提取-衍生化-GC-MS

参考方法(《法庭科学 生物检材中2,4-D等四种苯氧羧酸类除草剂检验 气相色谱和气相色谱-质谱法》GA/T 1627-2019)

样品前处理:移取血液等液体检材样品1.0~2.0 mL,或称取绞碎的肝脏等固体检材样品1.0~2.0 g于具盖离心管中(若采用内标法,则加入内标2,4-二氯苯乙酸溶液,使内标浓度为0.5 μg/mL,混匀),用4 mol/L盐酸调pH至2以下,加入氯化钠至饱和,再加入乙醚5 mL,振荡2 min,8 000 r/min离心3 min,分离有机相;重复提取一次,合并两次提取的有机相,按需进行衍生化操作。

衍生化方法(正丁基或二氯丙基,GA/T 1627-2019):根据需要,将提取样品在40℃下氮气流吹干,加入正丁醇(二氯丙醇)40 μL和硫酸10 μL,密封,于室温反应30 min(二氯丙基衍生化于80℃水浴中反应90 min),再加入环己烷0.3 mL和水0.5 mL,振荡2 min,8 000 r/min离心3 min,分离有机相,在有机相中加入1 mol/L碳酸氢钠溶液0.5 mL,振荡2 min,8 000 r/min离心3 min,分离有机相,得到检材样品衍生化物,供GC-MS分析。

色谱条件:RTX-5MS色谱柱(30 m×0.25 mm,0.25 μm)或其他等效色谱柱。柱温:120℃,保持1 min,以10℃/min速率升至280℃,保持5 min;进样口温度:260℃;传输线温度:260℃;载气:高纯氦,流速1.0 mL/min。

质谱条件:电子轰击源,70 eV;离子源温度:200℃;扫描方式:SCAN,质量扫描范围40~450 amu。2,4-D正丁基衍生物特征碎片离子*m/z*为185、162、111、276;2,4-DP正丁基衍生物特征碎片离子*m/z*为162、164、189、290;MCPP正丁基衍生物特征碎片离子*m/z*为169、142、107、270;MCPA正丁基衍生物特征碎片离子*m/z*为141、155、200、256;内标DCPA正丁基衍生物特征碎片离子*m/z*为159、123、89、225。第一个特征碎片离子为定量离子。

2. 沉淀蛋白-LC-MS/MS

样品前处理:移取血液等液体检材样品0.1 mL,加入0.9 mL乙腈,振荡2 min,不低于8 000 r/min离心3 min,取上清液,经有机微孔滤膜过滤,作为检材样品提取液,供仪器检测。

色谱条件:色谱柱为Acquity UPLC BEH C_{18}色谱柱(100 mm×2.1 mm,1.7 μm);柱温为40℃;流动相为(A)0.01%甲酸水溶液和(B)乙腈;流速为0.4 mL/min。洗脱梯度程序为0~1 min,80% A;1~3 min,80%→55% A;3~4 min,55% A;4~8 min,55%→50% A;8~10 min,50%→20% A;10~11 min,20% A;11~11.1 min,20%→80% A;11.1~13 min,80% A。进样量为5 μL。

质谱条件:离子源ESI源,负离子模式;多反应监测模式;离子化温度:300℃;电源电压:-4 500 V;气帘气压力:$2.07×10^5$ Pa;雾化气压力:$3.45×10^5$ Pa;辅助器压力:$4.14×10^5$ Pa。7种苯氧羧酸类除草剂的其他质谱参数见表13-6。

表13-6 7种苯氧羧酸类除草剂的质谱参数

目 标 物	Rt/min	母离子(*m/z*)	子离子(*m/z*)	去簇电压/V	碰撞能量/eV
4-氯苯氧乙酸	3.48	184.7*,186.7	126.8,128.9	-50,-49	-20,-20
4-苯氧丁酸	3.83	178.8*	93.0	-54	-24

续 表

目 标 物	Rt/min	母离子(*m/z*)	子离子(*m/z*)	去簇电压/V	碰撞能量/eV
2,4-滴	4.17	219.0*,221.0	161.0,163.0	-40,-40	-19,-19
2-甲-4-氯	4.29	199.0*,201.0	141.0,143.0	-50,-50	-22,-22
2,4,5-涕	4.94	252.7*,254.9	194.8,196.7	-45,-44	-20,-22
2,4-滴丁酸	5.93	247.0*,249.0	161.0,163.0	-40,-40	-18,-21
2,4,5-三氯苯氧丙酸	6.09	266.8,268.7*	195.0,196.9	-48,-45	-16,-25

*为定量离子。

四、鉴定要点

1）除草剂种类多,并且难以涵盖在常见毒药物筛选方法中。在实际案件中,案情调查、现场剩余物品、呕吐物等对于确定分析方向非常重要,应收集送检。由于苯氧羧酸类除草剂水溶性强,肾组织、尿液等均是较好检材。

2）苯氧羧酸类除草剂的化学结构中有一个共同的羧酸基功能团,在碱性条件下容易反应成盐,易在水相中溶解,会降低苯氧羧酸类除草剂在有机相中的溶解度,需要在样品的提取体系中加入适量的酸以抑制羧酸类化合物的反应。如采用LC-MS分析,可采用沉淀蛋白方法,简便快速。

3）苯氧羧酸类除草剂主要的代谢物或降解产物为氯酚类化合物,比其母体除草剂的毒性更大,可同时进行分析。

五、案例评析

案例一

一名23岁女性企图自杀,服用了约30 mL 2,4-D,2 h后出现意识丧失和过量口腔分泌物,被送往急诊室。到达急诊室时,患者已经失去知觉,瞳孔散大且有反应,下肢张力过大且反射亢进,足底反射上行,心电图显示为窦性心动过速。患者在重症监护室时出现了由于毒素引起的横纹肌溶解导致的肾衰竭,第三天因循环衰竭而死亡[18]。尸检后连同当时现场提取的茶杯送检。

【毒物分析及评析】首先对现场提取的茶杯清洗液进行分析,其中检出2,4-D成分。死者的血液和尿液经过系统毒物分析,除了抢救药物,均未发现常见的毒药物成分。然后针对性进行2,4-D分析,结果尿液中检出2,4-D成分,血液中未检出2,4-D成分。2,4-D一般未包含在常见毒药物系统筛选范围内,但有了现场提取的体外检材,其中含量高,可以进行未知物筛选,质谱定性。明确毒物成分后,可针对性建立体内分析方法,最终从尿液中检出2,4-D成分。

案例二

某年4月至8月期间,某医院的20名婴儿出现了不寻常的疾病,中毒症状包括全身出汗、发烧、心动过速、呼吸急促、肝肿大和酸中毒。其中9名婴儿病情严重,2名死亡。经流行病学调查,仅在住院5天或更久之后,才出现中毒症状。后经调查发现,该医院洗衣店误用一种含有五氯苯酚的洗衣产品,高浓度的五氯苯酚在衣物中经皮吸收,导致新生儿中毒。

【毒物分析及评析】6名健康存活的婴儿血清中五氯苯酚质量浓度在11~26 μg/mL,尿液中质量浓度在0.02~0.70 μg/mL；1 名中毒死亡婴儿的肾脏中五氯苯酚质量分数为28 μg/g，脂肪组织中质量分数为34 μg/g。

第四节 磺酰脲类除草剂

一、概述

磺酰脲类除草剂是目前广泛使用的一类除草剂，其化学结构通式包括芳环、磺酰脲桥及杂环三部分。此类除草剂主要用于稻田、大豆田、玉米田等的杂草防治，具有高效、广谱、低毒、高选择性等优点，常用的有苯磺隆、嘧磺隆、玉嘧磺隆、胺苯磺隆、吡嘧磺隆和氯嘧磺隆等[19]。磺酰脲类除草剂对于防除大多数阔叶杂草和禾本科杂草有特效，具有强大且广泛的除草能力。大多数磺酰脲类除草剂属于长残效除草剂，其在农作物中的残留会对农作物造成多种危害，且残留物通过环境进入食物链，对人类具有潜在风险和毒性。

磺酰脲类除草剂为非挥发性弱酸，磺酰基中氮上 H^+的电离使得磺胺脲类除草剂产生弱酸性，pK_a 在3~5之间。故磺酰脲类除草剂在酸性条件下主要以分子形式存在，在碱性条件下为离子状态，且在碱性条件下的溶解度更大。磺酰脲类除草剂很容易水解，在酸性条件和碱性条件下的分解机制及产物不同。

磺酰脲类除草剂存在产生药害、长残效期等问题，虽然低毒，但是仍时常有自杀等中毒案例发生。中毒症状主要为口服药物后的上腹部不适及恶心、呕吐等消化系统症状，也有报道出现四肢抽搐及肌张力稍增高的神经系统症状。

二、分析方法

磺酰脲类除草剂自身热不稳定，因此在样品前处理和检测方法上均需考察、优化。样品前处理可采用液液提取或固相萃取法，LC－MS 是常见的检测方法，可同时检测磺酰脲类除草剂及其降解物，具有抗干扰能力强、灵敏度高、稳定性好等优势。

1. 液液提取－LC－MS 法

参考方法(《法庭科学 血液中甲磺隆等四种磺酰脲类除草剂检验 液相色谱和液相色谱－质谱法》GA/T 1637－2019)

样品前处理：移取血液样品1.0~2.0 mL，加入乙酸乙酯4.0~8.0 mL，超声振荡10 min，高速离心5 min，分离有机相；重复提取一次，合并两次提取的有机相，用无水硫酸钠脱水后，常温空气流下浓缩至干，残留物用乙腈200 μL溶解，用有机系微孔滤膜过滤，作为检材样品提取液，供仪器分析。按需进行净化操作。

色谱柱：ZORBAX Eclipse Plus C_{18}柱(21 mm×100 mm，3.5 μm)或其他等效色谱柱；流动相：A：甲醇，B：0.1%甲酸水溶液；梯度洗脱程序：0~2 min，20%→50%A；2~4 min，50%→90%A；4~12 min，90%→20%A。流速：0.3 mL/min；柱温：常温；检测器：DAD 检测器或 UV 检测器；检测波长：250 nm；进样量：10 μL。

质谱条件：离子源：电喷雾离子源(ESI)；扫描方式：正离子；检测方式：多反应离子监测(multiple reaction monitoring，MRM)；电喷雾电压：4 936 V；离子传输管温度：350℃；辅助器加热温度：350℃；雾化气：43 psi；辅助气：5 arb；鞘气：10 arb；反吹气：8 arb。其他 MS 参数见表13－7。

表 13－7　四种苯氧羧酸类除草剂的质谱参数

除草剂	离子对(m/z)	射频电压 RF/V	碰撞电压/eV
苯磺隆	396.3/155.2 396.3/364.0 396.3/181.0	108.9	10 10 23
甲磺隆	382.1/167.0 382.1/141.0 382.1/199.2	116.2	10 21 16
噻磺隆	388.3/167.0 388.3/141.0 388.3/204.8	122.5	16 23 27
玉嘧磺隆	432.1/182.1 432.1/325.1 432.1/251.0	174.1	15 10 40

2. 液液提取－LC－MS/MS 分析

参考方法(《血液中扑草净等 20 种除草剂的液相色谱-串联质谱检验方法》SF/T 0092－2021)：

样品前处理：取血液 0.5 mL 置于 10 mL 具塞离心管中，加入 5 μg/mL SKF525A 标准工作溶液 10 μL，用乙醚 3 mL 混旋混合提取，在 2 500 r/min 下离心 3 min，将有机层转移至另一离心管中，于 60℃ 水浴中挥发至近干，残留物用 200 μL 甲醇复溶，供仪器分析。

色谱条件：Waters Acquity UPLC BEH C18 液相色谱柱(2.1 mm×100 mm，1.7 μm)；流动相：A 相为 0.1%甲酸溶液，B 相为乙腈；流速为 0.3 mL/min；进样量为 5 μL。梯度洗脱条件：0～10 min，80%～5%A；10～11 min，5%A；11.1～15 min，80%A。

质谱条件：电喷雾电离-正离子模式(ESI+)；检测方式：多反应监测(MRM)；离子源电压(IS)：5 500 V；去簇电压：60 V；碰撞气(CAD)、气帘气(CUR)、雾化气(GS1)和辅助气(GS2)均为高纯氮气，使用前调节各气流流量以使质谱灵敏度达到检测要求。相关 LC－MS/MS 参数见表 13－8。

表 13－8　20 种除草剂的 LC－MS/MS 参数

除草剂名称	Rt/min	离子对(m/z)		碰撞能量/eV
乙草胺	6.43	207.2/165.1	207.2/72.0	35,30
敌　稗	6.32	218.0/162.1	218.0/127.0	30,25
丁草敌	8.03	218.0/190.1	218.0/57.0	15,35
特丁通	3.07	226.2/170.1	226.2/114.0	25,34
敌草隆	4.55	233.0/160.0	233.0/72.0	30,35
双酰草胺	3.07	237.1/192.1	237.1/118.1	11,18
扑草净	4.38	242.0/200.0	242.0/158.1	25,33

续 表

除草剂名称	Rt/min	离子对(m/z)		碰撞能量/eV
特丁净	4.47	242.1/186.1	242.1/91.0	25,34
苯草醚	6.84	265.1/248.0	265.1/182.0	20,35
异丙隆	4.44	270.2/165.1	270.2/72.0	19,35
二甲戊灵	8.55	282.1/211.8	282.1/194.0	25,30
异丙甲草胺	6.35	284.0/252.0	284.0/176.0	20,30
野麦畏	8.90	306.0/145.0	306.0/86.0	35,40
丙草胺	7.63	312.1/252.3	312.1/176.4	29,45
禾草灭	6.87	324.0/234.0	324.0/178.0	25,30
噻草酮	7.75	326.0/280.0	326.0/180.0	25,30
精吡氟禾草灵	8.20	383.9/327.9	383.9/282.0	23,29
氟磺隆	5.52	420.0/166.8	420.0/141.0	35,30
乳氟禾草灵	8.25	479.1/344.0	479.1/223.0	31,35
氟胺磺隆	5.92	493.2/263.0	493.2/96.0	30,40

三、鉴定要点

1）磺酰脲类除草剂中毒死亡案例未见报道，但在临床急救中常出现在用于自杀的场景中。磺酰脲类除草剂难以涵盖在常见毒药物筛选方法中。在实际案件中，案情调查、现场剩余物品、呕吐物等对于确定分析方向非常重要，应收集送检。由于磺酰脲类除草剂水溶性强，胃内容物、肾组织、尿液等均是较好检材。

2）磺酰脲类除草剂属于非挥发性弱酸，pK_a 值在 3～5 之间，酸性来源主要是磺酰基中氮上氢原子的电离导致，在水中溶解度随 pH 增大而加大。由于磺酰脲类除草剂的化学和热不稳定，酸性条件下易水解，实验室应尽快分析。

· 本章思考题 ·

1. 我国最常见的除草剂有哪些？
2. 怀疑草甘膦、草铵膦、百草枯、敌草快等除草剂中毒应注意收集哪些检材？
3. 草甘膦、草铵膦、百草枯、敌草快各有哪些鉴定方法？阳性结果如何确认？

参考文献

[1]《环境科学大辞典》编委会. 环境科学大辞典(修订版). 北京：中国环境科学出版社，2008.
[2] 顾林玲，王欣欣. 全球除草剂市场、发展概况及趋势(Ⅱ). 现代农药，2016，15(3)：1－5，31.
[3] 田圣贤. 草甘膦的毒性原理及其降解机制. 化纤与纺织技术，2022，51(2)：73－75.

[4] Baselt RC. Disposition of Toxic Drugs and Chemicals in Man, 9th ed. Biomedical Pubns, 2011: 1281.

[5] 侯粉霞. 新型除草剂草铵膦的毒理学研究进展. 毒理学杂志,2013, 27(5): 391 - 393.

[6] Zhang H, Dou J, Miao R, et al. An analytical method for the determination of glyphosate and aminomethylphosphoric acid using an anionic polar pesticide column and the application in urine and serum from glyphosate poisoning patients. Anal Methods, 2023, 15(13): 1668 - 1673.

[7] 张晓敏,孙昊,张劲松,等. 全胃切除术后草铵膦中毒一例. 中华劳动卫生职业病杂志,2021, 39(5): 366 - 367.

[8] Wang JW, Yang X, Ning BY, et al. The successful treatment of systemic toxic induced paraquat poisoning by skin absorption: case reports and a literature review. Int J Clin Exp Pathol, 2019, 12(9): 3662 - 3670.

[9] Amirshahrokhi K. The effect of Rosa canina extract against paraquat-induced lung injury. J Ard Univ Med Sci, 2020, 19(4): 400 - 409.

[10] Sun S, Jiang Y, Wang R, et al. Treatment of paraquat-induced lungbinjury with an anti - C5a antibody: potential clinical application. Crit Care Med, 2018, 46: 419 - 425.

[11] 马红娟,曹洁,王颖,等. 液相色谱-串联质谱法检测生物样品中百草枯及其代谢物. 中国法医学杂志,2018, 33(6): 586 - 589.

[12] Ma H, Hu M, Zhang C, et al. HPLC - MS/MS determination and the postmortem distribution or postmortem redistribution of paraquat and its metabolites in four fatal intoxication cases. Forensic Sci Int,2023, 345: 111606.

[13] Basilicata P, Pieri M, Simonelli A, et al. Diquat poisoning: care management and medico-legal implications. Toxics, 2022, 10(4): 166.

[14] 赵健,张宇. 全自动固相萃取-气相色谱-质谱联用法测定油料作物中 2, 4 -二氯苯氧乙酸和 2, 4, 5 -三氯苯氧乙酸的残留量. 食品安全质量检测学报,2017, 8(9): 3611 - 3618.

[15] 蒋畅,胡培斌. 采用 Agilent 6470 三重四极杆液质联用系统直接进样测定水质中苯氧羧酸类除草剂. 环境化学,2017, 36(11): 2512 - 2514.

[16] Rajendran A, Mahalingam S, Ramesh Babu G, et al. 2, 4 - Dichlorophenoxyacetic acid poisoning mimicking As Organophosphorus Poisoning. Cureus, 2021, 13(1): 12852.

[17] Kumar N. 2, 4 - D Ethyl Ester Poisoning: A Case Report. Indian journal of critical care medicine: peer-reviewed, official publication of Indian Society of Critical Care Medicine, 2019, 23(9): 432 - 433.

[18] Demissie Z, Bekele A, Bane A. A Case of Severe 2, 4 - Dichlorophenoxyacetic Acid Poisoning Causing Diagnostic and Treatment Challenges. International medical case reports journal, 2022, 15: 389 - 392.

[19] 周敏,沈雄雅,倪娟桢,等. UHPLC - MS - MS 同时测定蔬菜中 12 种磺酰脲类除草剂. 食品工业,2022, 43(1): 281 - 285.

第十四章 杀鼠剂鉴定

·本章重点内容与学习要求·

杀鼠剂是法医毒物鉴定的主要对象之一。本章重点介绍杀鼠剂的分类、体内分布和代谢、检材处理、常用的分析鉴定方法等，并通过典型案例分析提高分析和解决实际问题的能力。通过本章的学习，应掌握常见杀鼠剂的种类、鉴定方法以及判断要点。

杀鼠剂(rodenticide)是一类用于杀灭家鼠、田鼠、仓鼠等啮齿类动物的有毒化合物，狭义的杀鼠剂仅指具有毒杀作用的化学药剂，广义的杀鼠剂还包括对鼠类有熏杀，驱赶或控制其生长繁殖作用的化合物。杀鼠剂的最常用的使用方法是将其掺入诱饵中配制成毒饵，鼠类取食后通过消化系统吸收，中毒死亡。很多杀鼠剂对人和其他哺乳类动物也具有相同的剧毒作用，因此在毒饵投放点，人或其他动物容易因接触或误食各种杀鼠剂而造成意外中毒的事件时有发生。

由于杀鼠剂价格低、较易获取，且使用方便、毒性大、无色无味，因此常被选作自杀用药，同时也被不法人员用于投毒。

早期使用的杀鼠剂主要是无机化合物和植物类，后来出现了有机合成杀鼠剂等新的种类，到目前为止世界上拥有多种类型的杀鼠剂。按作用速度可分为速效型和缓效型两大类；按作用方式可分为胃毒剂、熏蒸剂、驱避剂和引诱剂、不育剂四大类，按剂型可分为溶液剂、粉剂、油剂和熏蒸剂等类型。常用杀鼠剂根据化学结构和性质，可分为有机合成杀鼠剂、无机杀鼠剂、熏蒸杀鼠剂以及天然植物型杀鼠剂。

1. 有机合成杀鼠剂

种类众多，应用广，作用机制复杂。按结构又可分为：

(1) 有机氮化合物　如毒鼠强、毒鼠硅等。

(2) 有机氟类　如氟乙酰胺、氟乙酸钠、甘氟等。

(3) 香豆素类　如华法林、溴敌隆、溴鼠灵等。

(4) 茚满二酮类　如敌鼠、鼠完、氯鼠酮等。

(5) 有机磷类　如毒鼠磷、溴代毒鼠磷等。

(6) 氨基甲酸酯类　如灭鼠安、灭鼠腈、鼠特灵等。

(7) 硫脲类　如安妥、抗鼠灵等。

(8) 其他　如灭鼠优、鼠立死、α-氯醛糖等。

2. 无机杀鼠剂

属于急性杀鼠剂，对人、畜皆有较大毒性，如磷化锌、碳酸钡、三氧化二砷、硫酸铊等。

3. 熏蒸杀鼠剂

如磷化氢、氢氰酸、二硫化碳等。

4. 天然植物型杀鼠剂

如红海葱、马钱子、曼陀罗、乌头等。

本章就法医实践中常见的几种杀鼠剂——毒鼠强、氟乙酰胺及氟乙酸、抗凝血类杀鼠剂、无机磷化物杀鼠剂的性质及法医毒物分析鉴定要点作重要介绍。

第一节 毒鼠强

一、概述

毒鼠强(tetramine),又名“鼠没命”“三步倒”“特效灭鼠灵”等,属于环状结构的小分子有机氮化合物。其化学名为2,6-二硫-1,3,5,7-四氮三环-3,3,1,1,5,7-癸烷-2,2,6,6-四氧化物,即四次亚甲基二砜四胺,简称“四二四”“424”,于1949年由德国拜耳公司合成,分子式为$C_4H_8N_4O_4S_2$,分子量为240.3,其化学结构式见图14-1。

毒鼠强纯品为白色粉末状,无臭无味,熔点250~254℃,在255~260℃分解,沸点高于270℃,在稀的酸和碱溶液中性质稳定,不溶于水,微溶于丙酮,难溶于甲醇、乙醇,可溶于氯仿、二氯甲烷、苯、乙酸乙酯和二甲亚砜等有机溶剂。常用毒鼠强杀鼠剂多为白色粉剂或颗粒状毒饵。

毒鼠强对人和其他哺乳动物均有剧毒,且无特效解毒药。哺乳动物口服的LD_{50}(半数致死量)约为0.10 mg/kg,大鼠经口LD_{50}为0.1~0.3 mg/kg。小鼠经口MLD(最小致死量)为0.2 mg/kg,经皮下的MLD为0.1 mg/kg;成年人的致死量约为7~10 mg。

毒鼠强具有神经毒性,毒理作用主要为兴奋中枢神经系统,是最危险的杀鼠剂之一,有研究证明其惊厥是毒鼠强拮抗γ-氨基丁酸(GABA)的结果。轻度中毒者有头痛、头晕、腹痛、乏力、恶心、呕吐、口唇麻木、虚汗、四肢麻木等症状;重度中毒者会突然晕倒,面色青紫,四肢阵发性,强直抽搐,口吐白沫,深度昏迷。阵发性、强直抽搐为毒鼠强中毒的典型症状。

毒鼠强的化学结构稳定,在生物体内代谢缓慢,以原形从尿液和粪便中排出,自然界中难以降解,因此极易引起二次中毒。自我国化工部、农业部于1991年发文禁止使用毒鼠强,毒鼠强一直是国家禁止生产、销售及使用的剧毒杀鼠剂,但因其生产成本低廉,毒性大,不法商贩为牟取暴利而使毒鼠强在市场上的销售屡禁不止,造成意外中毒、投毒杀人和服毒自杀的事件时有发生。

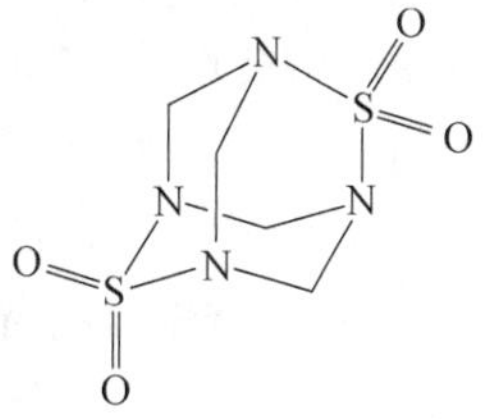

图14-1 毒鼠强的化学结构式

二、体内过程

毒鼠强可经消化道和呼吸道黏膜快速吸收入血,但不易经完整的皮肤吸收。毒鼠强在体内难以代谢和排泄,在体内持续存在。体外代谢实验表明,毒鼠强在小鼠体外肝微粒体中未能被代谢,且具有相对较低的血浆蛋白结合,仅为1.8%~7.6%。

毒鼠强通过口服的方式进入中毒患者体内后,可分别在12 h和48 h形成两次浓度峰。毒鼠强口服中毒者,中毒症状一般出现在进食后数分钟至30 min,也有长达13 h者。症状出现的快慢及严重程度与胃的充盈状态和毒鼠强的服入量密切相关,死亡多发生在服药后0.5~3 h。

进入体内的毒鼠强以原形的形式很快均匀地分布于心、肺、脑、肾、肝、肌肉等各组织、器官中，经缓慢的代谢过程，最终以原形从尿液和粪便中排出。动物实验中，经口服后，其排泄半衰期为 262.5 h。有报道称中毒后 40 d 血中和 80 d 尿中仍可检出毒鼠强。在动物实验中，毒鼠强在心血、静脉血中的死后再分布结果显示，在 72 h 其浓度达到最高峰；肝、脑、肌肉中毒鼠强浓度在 24 h 左右达峰值，之后下降，变化相对平稳。毒鼠强存在死后再分布现象。

三、分析方法

生物检材中毒鼠强的前处理基于其不溶于水而溶于氯仿、二氯甲烷、苯、乙酸乙酯和二甲亚砜等有机溶剂的性质。一般用单一有机溶剂，如苯、氯仿、丙酮、乙酸乙酯、乙醚、环己烷或苯-乙酸乙酯混合液（4 : 1 或 1 : 1）液液提取，或采用固相萃取及微萃取法提取。其中固相微萃取法集采样、萃取、浓缩、进样为一体，具有省时、操作简便、检材用量少、干扰少、无溶剂等优点，适用于血液、尿液等生物检材中毒鼠强的快速分析。胃组织含油脂较多，首先需要采用冷冻方法去除油脂，常用中性氧化铝、硅藻土、活性炭等吸附剂做进一步净化后再进行处理。如杀鼠药和毒饵等含高浓度毒鼠强的非生物检材，直接用少许甲醇溶解，离心取上清液供分析检测即可。

检材经提取后可直接分析，无需衍生化。毒鼠强分子中含有氮和硫原子，因此可选择气相色谱 NPD、FPD 或 FID 检测器进行检测。其中 NPD 检测器灵敏度高于 FID 检测器，但 FPD 检测器具有更高的选择性，可以消除生物样品中大量含氮杂质的干扰，也适用于毒鼠强检测。

GC 是毒鼠强检测中常用的方法。因生物基质中干扰物质种类繁多，不仅干扰毒鼠强的定性，也可能影响其定量结果的准确性。而 GC－MS 通过同时比对保留时间和质谱图，使其定性方法更为可靠、准确。

参考方法

（1）液液提取法

取血液或尿液 2 mL 置于 10 mL 具塞离心管中，加 10 μL 内标物工作溶液，加入乙酸乙酯 3 mL，涡旋混合，离心，转移有机层至另一离心管中，约 60℃水浴中空气流下吹干，残留物用 50 μL 甲醇溶解，取 1 μL 进样分析。

（2）GC－MS 法

色谱条件：色谱柱：DB－5 MS 毛细管柱（30 m×0.25 mm，0.25 μm）；柱温：初温 100℃，保持 1.5 min，以 25℃/min 程序升温至 280℃保持 15 min；载气：氦气，纯度≥99.999%；流速：1 mL/min；进样口温度：250℃。

质谱条件：EI 源；电压：70 eV；离子源温度：230℃；四极杆温度，150℃；接口温度，280℃；进样量，1 μL；采用全扫描模式，质量范围 *m/z* 50~500。

体外检材或含量较高的体内检材，用全谱扫描方式（full scan）即可检出毒鼠强。而体内检材中毒鼠强含量很低，干扰成分多，需采用选择离子监测（SIM）的方式进行检测，可选择 *m/z* 240 的分子离子，*m/z* 212 的基峰以及 *m/z* 132、121、92 的碎片离子作为毒鼠强的定性特征离子。

四、鉴定要点

（1）*毒鼠强中毒的初步判断*　毒鼠强中毒有着阵发性、强直抽搐的典型症状，因此，如果有抽搐等相关症状描述，一定要特别关注毒鼠强分析。在有机合成杀鼠剂中，毒鼠强和有机氟类剧毒杀鼠剂经常被混合使用，虽然两者的理化性质不同，中毒性状却极为相似，均有抽搐等症状。因此在检出一种杀鼠剂后很容易漏检另一种杀鼠剂,在作杀鼠剂中毒初步判断时必须谨慎。

(2) 生物检材　毒鼠强进入体内后,很快均匀分布,而且以原形的形式稳定存在,难以排出体外。毒鼠强结构稳定,难以降解,腐败尸体和经福尔马林固定的组织对其检验结果没有较大影响,但需注意周围环境的样品对照以防止污染。

(3) 毒鼠强分析　在中毒案件中,特别是对于体内检材而言,由于毒鼠强的中毒剂量很低,在前处理上可选用乙酸乙酯等有机溶剂提取。毒鼠强分子中含有氮和硫原子,因此可选择NPD、FPD或FID检测器进行检测。其中NPD检测器灵敏度高于FID检测器,但FPD检测器具有更高的选择性,可以消除生物样品中大量含氮杂质的干扰,适用于毒鼠强的初步筛选。受生物样品存在的各种含氮化合物的干扰,体内毒鼠强分析的阳性结果必须通过质谱进行确认。

(4) 毒鼠强中毒案例　我国毒鼠强中毒的案例很多,18个急性中毒者2 h内采集的血液中毒鼠强浓度在0.12~0.80 μg/mL。毒鼠强中毒病人,常采用活性炭灌流治疗,两名中毒病人,入院时,血液中毒鼠强浓度分别为0.95 μg/mL和0.53 μg/mL,经血液灌流,一周后降至0.35 μg/mL和0.40 μg/mL。

五、案例评析

案例一

某年7月8日16时30分许[1],某男在家中喝了一瓶已开启的啤酒,之后不久出现四肢抽搐、呕吐等症状,被送往医院救治。经抢救无效,于8月3日死亡。经查,其与妻长期关系不和,其妻交代了在开启的啤酒瓶中放"老鼠药"毒死丈夫的犯罪事实。

【毒物分析及评析】 送检的啤酒瓶及呕吐物等检材中均检出毒鼠强成分。医院送检的死者血液样品中检出毒鼠强成分,浓度为0.14 μg/mL。送检的死者心血、胃内容物及肝脏等检材中均检出毒鼠强成分。本例中毒者在毒鼠强中毒后26 d死亡,中毒后26 d心血、胃内容物及肝脏等检材中仍然检出毒鼠强成分。可能原因有以下几点:① 毒鼠强化学性质比较稳定,不易分解,且在体内代谢较慢;② 摄入量较大,可能投毒的量相对较大,张某在没有防备的情况下几乎喝光所有含毒鼠强的啤酒;③ 毒鼠强中毒后没有特效的解毒剂,因此在抢救治疗时多以对症治疗为主,难以降低体内毒鼠强的含量。

案例二

2018年8月21日至12月13日[2],某服装工厂同一整烫车间工人6人陆续出现临床症状,其中昏迷伴抽搐2人,头晕、呕吐伴抽搐2人,头晕伴呕吐2人,无规律、不间断发病。2018年8月21日,第1名受害者(男,43岁)于就餐后突发意识不清,昏厥倒地,呼之不应,牙关紧闭,两眼上视,四肢抽搐0.5 h,伴剧烈呕吐,呕吐物为胃内容物,非喷射状,无大小便失禁,无发热。既往体健,无头部外伤及癫痫病史,无持续高温作业史,共餐的工友无类似症状。初步诊断为症状性癫痫、脑炎、中暑可能,急性肾功能对症处理,病因不明确,经诊治后痊愈出院。2018年9月30日,第2名受害者因头晕4 h加重伴意识不清、抽搐3 h,呼叫120送至急诊,途中抽搐发作2次,间隔约15 min,持续2~3 min。县疾病预防控制中心介入调查,对饮食、饮用水、空气、工作环境等检查,未见异常,暂不考虑职业中毒或群体中毒事件。此后相继发生此类疑似中毒事件,根据患者流行病学特征,考虑毒鼠强中毒。公安部门立案,采集患者血清、呕吐物、尿液送检。

【毒物分析及评析】 经毒物检测，从第 3 名受害者血清、呕吐物、尿液中检出毒鼠强，浓度分别为 0.09 μg/mL、70 μg/g 和 3.5 μg/mL，另 5 名受害者体内也查出毒鼠强成分。确认受害者系毒鼠强中毒后，公安搜查并侦破系人为投毒所致，6 名受害人经治疗后均痊愈。本次报道的毒鼠强中毒事件与其他群体中毒事件一致，具有流行病学特征：① 相对同一的区域内；② 3 例以上症状、体征相似；③ 一定时间内同时出现或相继出现。此案件系他人间断投毒所致，且患者发病时间间隔长，不规律出现，易被忽视，遇到不明原因昏迷伴抽搐须排除中毒可能。

第二节 氟乙酰胺及氟乙酸钠

一、概述

氟乙酰胺(fluoroacetamide)，又称“敌蚜胺”“氟索儿”“1081”等，为人工合成的有机氟杀鼠剂。分子式为 FCH_2CONH_2，分子量为 77.1。氟乙酰胺纯品为白色针状结晶或白色粉末，无臭无味，受热易升华，熔点为 107~108℃，温度高于 170℃ 易分解。易溶于水、醇及丙酮，可溶于乙酸乙酯、乙醚，微溶于氯仿，不溶于石油醚。氟乙酰胺在干燥条件下比较稳定，易吸收空气中的水分而潮解，在溶剂中遇热易挥发，在中性、酸性水溶液中可水解为氟乙酸，在碱性水溶液中可水解为氟乙酸盐，并释放出氨。市售氟乙酰胺杀鼠药多为白色粉剂、有色液体(多为红色)或颗粒状毒饵。

氟乙酸钠(sodium fluoroacetate)又称“1080”“氟醋酸钠”等，是应用较早的人工合成有机氟类杀鼠剂。分子式为 FCH_2COONa，分子量为 100.0。氟乙酸钠纯品为白色结晶，几乎无味，工业品有微弱醋酸酯味，易溶于水，微溶于乙醇、丙酮及石油，不溶于苯、甲苯。温度高于 100℃ 不稳定，200℃ 时分解；在空气中极易吸湿成为黏稠状。毒饵使用浓度一般为 1%~3%。

氟乙酰胺和氟乙酸钠均属于急性剧毒杀鼠剂，具有触杀、熏蒸和内吸作用，对人、畜均有毒性，而且可引起二次中毒。氟乙酰胺大鼠口服急性 LD_{50} 为 5.7 mg/kg；0.2~0.5 mg/kg 可使狗中毒死亡；人口服 0.1~0.5 g 可中毒死亡。氟乙酸钠毒性强于氟乙酰胺，作用速度更快，对大多数哺乳动物和鸟类的致死量通常都在 10 mg/kg 以下，大鼠急性口服 LD_{50} 为 0.22 mg/kg；小鼠 8.0 mg/kg；人口服氟乙酸钠的致死量为 2~10 mg/kg。

由于氟乙酰胺及氟乙酸钠化学性质稳定，分子结构中的氟碳键结合牢固，在体内或自然界中都很难断裂，易发生二次中毒。2002 年农业部第 199 号公告中已经全面禁止销售和使用氟乙酰胺及氟乙酸钠，但因其价格便宜、合成简单、无色无味等特点，仍存在非法制造、贩卖和使用氟乙酰胺和氟乙酸钠的情况，意外、自杀、投毒引发的中毒案(事)件时有发生。

氟乙酰胺及氟乙酸钠中毒症状一般在口服后 20~120 min 内出现，部分中毒潜伏期可达 10~15 h。主要表现为中枢神经系统的过度兴奋，烦躁不安，恶心呕吐，肌肉震颤，肢体阵发性抽搐，为反复发作和进行性加重，与毒鼠强有相似之处。重度中毒则出现昏迷，抽搐加重，并伴有阵发性强直样惊厥，呼吸、心力衰竭，大小便失禁，最后气管痉挛，呼吸抑制而死。急性中毒死亡多发生于口服后 2~4 h 内。

二、体内过程

氟乙酰胺主要通过口服方式被吸收,也可经皮肤黏膜或伤口吸收。氟乙酰胺进入机体后易被水解脱氨生成氟乙酸,氟乙酸在细胞线粒体辅酶A等的作用下,代谢为高毒的氟柠檬酸。

氟乙酰胺进入体内可广泛分布于各组织器官,如心、肝、肾等,其代谢物氟乙酸和氟柠檬酸水溶性高、蛋白结合率低,使其同样可分布于上述组织器官。氟乙酸的消除半衰期一般超过2 d。以0.25 mg/kg剂量大鼠给药,1 h时血浆浓度为0.26 μg/mL,12 h时为0.076 μg/mL。氟乙酸进入体内后,仅剂量的1%在5 h后以原形排泄入尿和粪便,48 h后以原形排泄剂量的12%。进入血液的氟乙酸约有50%从尿中排出,排泄可持续超过20 d。

一名40岁男子服用超过465 mg的氟乙酸钠中毒死亡,脑组织、肝组织、肾组织和尿液中氟乙酸浓度分别为76 μg/mL、58 μg/mL、65 μg/mL和368 μg/mL,胃内容物中氟乙酸的量为12 mg。

三、分析方法

因氟乙酰胺及氟乙酸钠均为强极性,水溶性物质,一般选择不同比例的水和极性有机溶剂配成混合溶剂进行提取、净化。提取方法可采用大量溶剂如甲醇、丙酮、乙腈、乙酸乙酯浸泡过夜提取,也可采用少量溶剂经混旋或超声多次提取以及透析法提取等。

在20世纪八九十年代,受仪器设备限制,氟乙酰胺及氟乙酸检测方法包括化学显色法、气相色谱法、液相色谱法及氟离子选择电极法等。进入21世纪后,逐渐研发出衍生化后气相色谱-质谱方法,目前已经可以采用蛋白沉淀、直接进行液相色谱-质谱法分析,简便快速,大大提高检测的准确性和灵敏度。

1. 液液提取、LC-MS/MS法

参考方法(《法庭科学 生物检材中氟乙酸根离子检验 液相色谱-质谱法》GA/T 1916-2021)

移取血液等液体检材样品0.2 mL,或称取绞碎的肝脏等固体检材样品0.2 g于具塞离心管中,加入乙腈0.4 mL,振荡1 min,以不低于3 000 r/min离心3 min,取上清液,经微孔滤膜过滤后进样LC-MS/MS。

色谱条件:色谱柱,Restek Allure® PFP Propyl液相色谱柱(100 mm×3.0 mm, 2.7 μm);柱温,40℃;流动相:A为10 mmol/L乙酸铵水溶液,B为乙腈;梯度洗脱,0~2 min,2%A;2~2.1 min,5%A;2.1~6 min,5%A;6~6.1 min,50%A;6.1~8 min,90%A;8~8.1 min,2%A;8.1~11 min,2%A。流速,0.3 mL/min;进样体积,10 μL。

质谱条件:电喷雾离子化源(ESI),负离子方式检测;离子喷雾电压:3 000 V;鞘气:45 Arb;离子传输管温度,250℃;雾化气温度,250℃;二级碰撞电压,5 V;多反应监测模式;监测离子对 *m/z*:77>33,77>57。

2. 衍生化后气相色谱-质谱法[3]

取血液2 mL,加入2 mL丙酮-水(4∶1)混合溶液,超声振荡10 min,以6 000 r/min离心5 min后,取上层澄清液体于蒸发皿中。再按照上述步骤操作一次,合并提取溶液,将蒸发皿放在65℃水浴中加热,提取溶液挥发至2 mL左右时取出并转移到10 mL磨口玻璃管中。用6 mL苯提取一次(除去杂质),弃掉有机层,水溶液用0.1 mol/L盐酸溶液调节pH为2左右。然后每次用6 mL乙酸乙酯剧烈提取10 min,共提取2次,高速离心后,分离并合并乙酸乙酯溶液于另一试管中,加入100 μL三乙醇胺丙酮溶液,混合均匀后快速挥发至干燥,分别加入

0.1 g无水碳酸钾、0.5 g无水硫酸钠、1 mL丙酮及100 μL五氟苄基溴衍生化试剂后，在微波炉的150 W功率档反应2 min，冷却后供GC－MS分析。

色谱条件：DB－5 MS毛细管柱（30 m×0.25 mm，0.25 μm）；进样口温度：280℃；程序升温，初温100℃（1 min），以10℃/min升温至150℃，再以40℃/min升温至280℃，保持5.0 min；载气，氦气，流速，1 mL/min。

质谱条件：EI源；电压：70 eV；离子源温度：250℃。氟乙酰胺/氟乙酸的五氟苄基溴的衍生化物的分子离子 *m/z* 258，碎片离子 *m/z* 181、161、61。保留时间为4.8 min。

四、鉴定要点

（1）氟乙酰胺和氟乙酸检测方向的确认　氟乙酰胺和氟乙酸钠中毒症状与毒鼠强相似，有时两种毒物混合在一起使用。采用常见的系统筛选方法可检测毒鼠强，但是，氟乙酰胺和氟乙酸的检测需要针对性方法。氟乙酰胺中毒2 h死亡者，其胃内容物、胃壁及肾组织中能检出氟乙酰胺并同时检出氟乙酸；而超过24 h以后死亡者体内，只能检出氟乙酸，而很难检出氟乙酰胺。氟乙酰胺中毒的检材可能只含氟乙酸，也可能氟乙酰胺与氟乙酸共存。应同时分析氟乙酰胺与氟乙酸，并且要防止样品前处理过程造成氟乙酰胺的水解。采集中毒食用过的残余食物、饮料、药物、药瓶等，可帮助尽快明确检测方向，并且可帮助确认导致中毒的毒物成分。

（2）氟乙酸根离子的分析　无论是氟乙酰胺还是氟乙酸钠中毒，基于质谱，生物检材中分析的目标物为氟乙酸根离子，而非氟乙酸钠。氟乙酸根离子因其分子量小、极性大，采用GC－MS法检测时，色谱行为不佳，检测灵敏度较低，并且其质谱的主要碎片 *m/z* 均小于100，特征性较差。因此常采用衍生化法，如用硫代水杨酸衍生化后，能提高检测的灵敏度及准确性，适用于基质干扰较大的体内检材。目前，常采用LC－MS法检测。

五、案例评析

案例一

陈某，男，39岁，2014年8月28日，被人发现死于某小区其租赁的房间内。现场为一两室两厅房间，客厅、餐厅、南侧卧室物品摆放整齐，无明显打斗痕迹。餐厅桌面有未食用完食物，东侧红酒杯剩余2/3红色液体，西侧红酒杯剩余10 mL红色液体，桌上有一红酒瓶，瓶内剩余1/2红色液体。橱柜发现一塑料袋，袋内有“王中王气体老鼠药”“溴敌隆”“一扫光杀鼠剂”字迹塑料瓶，其中有一瓶上无字迹的空瓶。尸检后送毒物分析[4]。

【毒物分析及评析】　经检验，红酒杯残留红色液体、死者胃内容物和心血中均检出氟乙酸根离子，胃内容物中氟乙酸根离子浓度为394 mg/kg，心血内氟乙酸根离子浓度为13.3 mg/L。死者心血中乙醇浓度53.6 mg/100 mL。经综合分析，死者符合氟乙酸钠中毒死亡。

案例二

两名1岁儿童因呕吐和癫痫被送进急诊室。2 h前，他们吃了一片烤面包。在儿科重症监护室接受治疗后，儿童A在摄入该药物9 h后出现心肺骤停，并于1.5 h后死亡。儿童B在摄入后11 h出现心衰，随后被转移到另一家医院，但几周后死亡。经调查，所吃的烤面包上撒过杀鼠液。尸检后送毒物分析[5]。

【毒物分析及评析】 两名儿童的外周血经分析，酒精、麻醉剂和氰化物均呈阴性。两名儿童的血液和尿液，经常见毒药物系统筛选，仅检出临床抢救时的用药如苯二氮卓类药物、氯胺酮、胺碘酮和巴比妥等药物。采用针对性的氟乙酸根离子测定方法，儿童 A 的外周血、尿液和胃内容物中氟乙酸根离子浓度分别为 2.5 μg/mL、8.9 μg/mL 和 3 μg/mL。儿童 B 的外周血和尿液中浓度分别为 3.1 μg/mL 和 10.8 μg/mL。杀鼠液中氟乙酸根离子浓度约为 13.5 g/mL。氟乙酰胺和氟乙酸钠为极性强的小分子化合物，不在常见毒药物系统筛选范围内，需结合案情特别说明。

第三节 抗凝血类杀鼠剂

一、概述

抗凝血类杀鼠剂(anticoagulant rodenticides)属于有机合成杀鼠剂，通过抑制维生素 K 依赖性凝血因子的生成而长期抗凝，是目前应用最广的一类慢性杀鼠剂，对人类、狗和猫等动物均有毒性，同时存在二次中毒。按照化学结构，可分为香豆素类和茚满二酮类杀鼠剂。

香豆素类抗凝血类杀鼠剂是以 4-羟基香豆素为母体结构，在 3 位碳上连接不同基团构成的一类杀鼠剂。4-羟基香豆素化学结构如图 14-2 所示。第一代抗凝血类杀鼠剂主要包括华法林、杀鼠醚等，第二代包括溴敌隆、氟鼠灵和溴鼠灵等。茚满二酮类杀鼠剂(indandione rodenticide)以 1,3-茚满二酮为母体结构，区别在于 2 位碳上连接不同的基团。

茚满二酮化学结构如图 14-3 所示。常见的茚满二酮类杀鼠剂主要包括敌鼠、氯鼠酮、杀鼠酮和异杀鼠酮等，其中敌鼠最有代表性，国内常用其钠盐，称敌鼠钠。

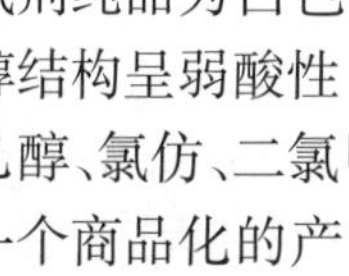

图 14-2 4-羟基香豆素类的化学结构式

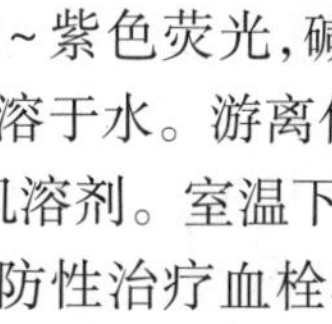

图 14-3 1,3-茚满二酮类的化学结构式

抗凝血类杀鼠剂纯品为白色或黄色的结晶性粉末，有蓝~紫色荧光，碱性条件下荧光加强。分子上的烯醇结构呈弱酸性，可与强碱成盐，小分子盐可溶于水。游离化合物难溶或不溶于水，溶于甲醇、乙醇、氯仿、二氯甲烷、丙酮和乙酸乙酯等有机溶剂。室温下放置比较稳定。

华法林为第一个商品化的产品，同时被用作杀鼠剂和预防性治疗血栓栓塞疾病的药物。华法林的大量使用导致一些啮齿动物产生耐药性，随后活性更强、更新的杀鼠剂问世。第一代抗凝血类杀鼠剂(华法林、杀鼠醚、氯灭鼠灵、敌鼠、氯鼠酮、杀鼠酮)在啮齿动物食用数天后起作用，但是第二代抗凝血类杀鼠剂(溴敌隆、溴鼠灵、氟鼠灵、鼠得克)单次服用后就起作用，同时药物对啮齿动物增强的功效也是与增加的毒性相关联。第一代抗凝血类杀鼠剂毒性较小，需多次投药。第二代抗凝血类杀鼠剂毒性强。随着毒鼠强、氟乙酰胺等急性杀鼠药被禁用，取而代之的是这些抗凝血类杀鼠剂。

虽然这些杀鼠剂有良好的灭鼠效果，但是由于使用不当，人和牲畜中毒的事件时常发生。抗凝血类杀鼠剂在体内潜伏期较长，一般接触后经过几天才出现中毒症状，同时，体内存留时间长，在摄入的数周或数月后仍保持抗凝血作用。由于无主动接触史，中毒途径隐匿，以不明原因出血就诊，容易误诊。人中毒后症状以出血为主，主要表现为广泛性多脏器出血，出现腹痛、恶心、呕吐、鼻出血、齿龈出血、皮下出血、关节周围出血、尿血、便血、精神不振、低热等症状，单纯血尿为首发症状。严重者自发性腹膜出血，严重失血导致休克、昏迷甚至死亡。

二、体内分布和代谢

抗凝血类杀鼠剂主要经口由胃肠道吸收，也可经呼吸道、破损的皮肤吸收进入机体。在体内潜伏期较长，一般口服 3~5 d 出现中毒症状。

抗凝血类杀鼠剂进入血浆后，可广泛分布于各组织器官中，迅速积聚在肝脏，在摄入的第一天，便可检测出肝脏中的高浓度抗凝血杀鼠剂。同时，肝脏中抗凝血类杀鼠剂代谢速率较慢，即便服用 30 d 后也可以检出。抗凝血类杀鼠剂具有高亲脂性、肝脏蓄积、肠肝循环等特点，造成代谢、消除时间延长。第二代抗凝血类杀鼠剂的消除半衰期与第一代相比，更是明显延长。

抗凝血类杀鼠剂进入体内后分为两个消除过程，口服后，首先经胃肠道迅速吸收，约在 90 min 可达血峰浓度，第一个消除半衰期在几十小时，然后进入第二个慢消除，甚至超慢消除半衰期，几十天，甚至上百天。不同结构的抗凝血类杀鼠剂代谢速率也不尽相同，华法林、溴敌隆、氯敌鼠、溴鼠灵的半衰期分别为 15~70 h、10~24 d、6~23 d 和 20~62 d[6]。

抗凝血类杀鼠剂的药动学研究较少，不同结构的抗凝血类杀鼠剂亦不相同。华法林进入体内后可代谢生成羟基代谢物，仅有剂量的 1%以原形排泄入尿液。大鼠单次给药溴敌隆，48 h 后，剂量的 53%进入粪便，尿液中仅有 0.9%。

肝脏、肾脏、骨骼肌等组织器官中抗凝血类杀鼠剂相对稳定，在死亡后较长时间内仍能检出。在部分死后腐烂的检材中，可选取肝脏、肾脏、骨骼肌等组织器官作为检测对象。

三、分析方法

用于抗凝血类杀鼠剂定性定量检测的检材多种多样，这其中包括血液、尿液，在中毒死亡案件中，还会涉及肝脏、肾脏、骨骼肌等组织器官。同时，体外检材，如毒饵、吃剩的食物、不明的白色粉末也可作为鉴定的对象。在鉴定过程中，不同检材存在的形式及其待测物含量不尽相同，在鉴定实践中具有不同的应用价值，应根据实际需要，选择合适的检材进行检测。

生物检材中的抗凝血类杀鼠剂可通过液液萃取法、固相萃取法以及 QuEChERS 方法进行前处理[4]。萃取溶剂可选用乙酸乙酯、二氯甲烷、氯仿、丙酮等有机溶剂或氯仿-丙酮（1∶1）、氯仿-异丙酮（9∶1）、丙酮-甲醇（1∶2）等混合溶剂。尿液检材可直接用盐酸调至 pH5~6，用有机溶剂提取；肝、肾等脏器或其他固体检材需先制成匀浆或剪碎后加无水硫酸钠研成干砂状，再用有机溶剂进行萃取。固相萃取法在处理生物样品杀鼠剂过程中也有较多应用，常见的固相萃取柱有硅胶柱、C_{18}柱、HLB 柱等，其中尤以 HLB 柱应用最为广泛。

近年来，基于基质固相分散萃取原理发展起来的 QuEChERS 方法越来越广泛应用于色谱质谱联用分析。QuEChERS 方法在检测生物类样本中杀鼠剂时也有应用，该方法将吸附剂加入样品提取溶液中振荡混合，离心或过滤收集上清液用于杀鼠剂的分析，具有处理速度快、净化效果好等优点。

抗凝血类杀鼠剂为较大分子化合物，常压下难以气化，高于 200℃ 会分解，不宜用 GC 直接分析。采用高效液相色谱法，能够准确快速地对检材中的抗凝血类杀鼠剂进行定性和定量分析，因此高效液相色谱法是测定抗凝血类杀鼠剂最常用的方法。因抗凝血类杀鼠剂为弱酸性化合物，可采用离子抑制反相高效液相色谱，即在流动相中添加一定量的乙酸或甲酸，抑制被测物的电离，以达到更好的分离效果。若需同时检测几种极性差异较大的杀鼠剂，可通过改变流动相比例进行梯度洗脱。目前常用的检测方法为液相色谱-质谱联用法（LC－MS）等，见《血液中溴敌隆等13种抗凝血类杀鼠药的液相色谱-质谱定性定量检验方法》SF/T 0178－2024，采用LC－MS样品前处理简便快速，检测灵敏度高。常见抗凝血类杀鼠剂的质谱信息见表14－1。

表14－1 溴敌隆等13种抗凝血类杀鼠剂的质谱信息

中文名称	英文名称	CAS号	离子对（*m/z*）	碰撞能量/eV
克灭鼠	Coumafuryl	117－52－2	297.1/161.1* 297.1/210.7	-25 -42
异杀鼠酮	Valone	83－28－3	229.0/144.7* 229.0/116.0	-32 -49
杀鼠酮	Pindone	83－26－1	229.1/116.0* 229.1/172.0	-46 -28
华法林	Warfarin	81－81－2	307.2/160.8* 307.2/250.0	-29 -31
杀鼠醚	Coumatetralyl	5836－29－3	291.1/140.9* 291.1/247.0	-37 -30
氯杀鼠灵	Coumachlor	81－82－3	341.0/161.0* 341.0/283.8	-30 -34
敌　鼠	Diphacinone	82－66－6	339.1/167.1* 339.1/145.2	-34 -32
敌害鼠	Dicumarol	66－76－2	335.1/160.8 335.1/335.1	-18 -10
氯鼠酮	Chlorophacinone	3691－35－8	373.0/200.9* 373.0/145.2	-31 -33
溴敌隆	Bromadiolone	28772－56－7	525.1/250.1* 525.1/272.9	-52 -50
鼠得克	Difenacoum	56073－07－5	443.3/135.0* 443.3/293.2	-46 -44
氟鼠灵	flocoumafen	90035－08－8	541.3/382.3* 541.3/161.1	-36 -48
溴鼠灵	Brodifacoum	56073－10－0	521.1/134.9* 521.1/187.0	-54 -52

*为定量离子对。

四、鉴定要点

（1）分析方法　随着抗凝血杀鼠剂的广泛应用，近年来，人或动物抗凝血杀鼠剂中毒现象逐渐增加。抗凝血类杀鼠剂难以包含在常见毒药物的系统筛查方法中。在受理鉴定委托时，还应尽量全面、详尽地收集死者生前病史资料，如有不明原因出血等信息，应增加抗凝血类杀鼠剂的筛查。体内抗凝血类杀鼠剂含量低，对检测方法和前处理方法都有很高的要求。

（2）生物检材的应用特点　涉及杀鼠剂中毒的案件中，当一次服入大剂量鼠药引起急性中毒者，可取血液、胃内容物等进行检测。抗凝血类杀鼠剂进入人体后可广泛分布于各组织、器官，中毒一段时间后，组织（如肝脏）中杀鼠剂含量显著高于血液，同时个体死亡后也会发生杀鼠剂在体内的死后再分布，杀鼠剂可逐渐扩散至肝、肾、肌肉等组织器官中。

第一代抗凝血类杀鼠剂大部分剂量经尿液消除，但是，到第二代杀鼠剂，主要经粪便消除，在选取检材时应引起注意。

（3）检材保存　大多数杀鼠剂在溶液和生物检材中相对稳定，且在体内代谢速率较慢。因此和其他毒药物分析一样，样品收集后应尽快冷藏保存，如果是许多天后才分析，则需要冷冻保存。

（4）结果评价　抗凝血类杀鼠剂中毒死亡的案例相对较少。华法林的治疗浓度在0.3~3 μg/mL，血液中溴敌隆浓度高于20 ng/mL即有明显中毒症状。与实际中毒案例数据相比，许多实验中动物体内抗凝血类杀鼠剂浓度明显偏高。

五、案例评析

案例一

佘某，女，19岁，因"持续全头部胀痛、恶心1天"入院，入院前9 d开始出现牙龈出血并持续加重，月经量增加。入院后意识障碍进行性加重，迅速深昏迷并出现脑疝，经抢救无效于入院后42 h宣布临床死亡。经调查，佘某于入院前16 d喝了含有溴敌隆、溴鼠灵的饮料[7]。

【尸体解剖】 死后31 h进行尸体检验，发现死者有严重颅内出血、脑软化及脑疝形成等病变，组织病理学检验见大量神经元变性、坏死，脑出血新旧程度不一，另外脑白质的病变也较为显著，可见轴索脱髓鞘，部分轴索Waller变性。

【毒物分析及评析】 提取的心血以及在佘某住处窗外抛弃的饮料瓶内液体，经LC－MS分析，均检出溴敌隆和溴鼠灵成分。最终，法医鉴定佘某系溴敌隆、溴鼠灵中毒致死。抗凝血类杀鼠剂在中毒后存在一段潜伏期，本例死者潜伏期为7 d。

案例二

一名34岁妇女，农场工人，没有特殊的既往病史，因出现大量血尿而进急诊室[8]。3 d前右侧软骨下区腹痛。入院后，最初使用镇痛药和静脉注射非甾体抗炎药治疗，持续疼痛和血尿，第4 d突然出现惊厥性意识丧失，采集血液样品。患者在昏迷状态下被转移到重症监护室，又经过4 d抢救后死亡。

【尸体解剖】 死者脑区出现出血性梗死病变，采集血液和组织检材进行毒物分析。

【毒物分析及评析】 经系统毒物筛选，血液中检出西酞普兰，在治疗浓度水平。经LC－MS/MS分析，生前和死后生物检材中均检出氯鼠酮成分，含量见表14－2。氯鼠酮的抗凝血作用比华法林强约 100 倍，而半衰期延长至 6~23 d。无论是临床医生还是法医，任何出现长时间和/或不明原因的凝血功能障碍者，均应进行抗凝血类杀鼠剂筛查。

表 14-2　生物检材中氯鼠酮的含量

	血液/(μg/mL)	尿液/(μg/mL)	胃内容物/(μg/mL)	胃内容物总量/mg
生前样品	25.9	—	—	—
尸检样品	9.4	6.8	4.8	0.192

第四节　无机磷化物杀鼠剂

一、概述

无机磷化物杀鼠剂具有高毒力、低残留、无植物毒性、使用方便等特点，故一直被广泛应用于粮食及药材安全储存，是全球普遍使用的杀鼠剂、杀虫剂，也是磷化氢故意或意外中毒的主要来源。无机磷化物杀鼠剂主要包括磷化锌、磷化铝和磷化氢等。

1. 磷化锌(Zn_3P_2)

为黑色或灰黑色粉末，有光泽，分子量为 258.6，比重 4.55，不溶于水及乙醇，微溶于二硫化碳和油类。磷化锌在干燥避光的条件下比较稳定，在潮湿环境中能缓慢分解，遇酸则快速分解，产生剧毒的磷化氢气体。大鼠经口磷化锌 LD_{50} 为 40 mg/kg。

2. 磷化铝(AlP)

纯品为白色结晶，工业品为灰绿色或灰褐色粉末。相对分子质量为 58.0，磷化铝遇水或酸，易分解成剧毒的磷化氢气体，速度比磷化锌更快。常加赋形剂制成重约 3 g、含量约 52%的灰绿色圆凸形片，用于仓库熏蒸灭鼠，是常见的粮食熏蒸剂。可通过吸入、皮肤接触磷化氢气体或口服等方式导致磷化氢中毒。使用磷化铝熏蒸粮仓、货仓灭鼠时，若密闭措施不好，则可因吸入磷化氢而发生人畜意外中毒或者死亡事件。

3. 磷化氢(PH_3)

常温下为无色气体，具有特殊的烂鱼样气味，分子量为 34.0，比重 1.1，沸点-87.4℃，微溶于水，溶于乙醇、乙醚。在空气中可燃烧；浓度达 26 g/m^3时，可引起爆炸；浓度达 409~846 mg/m^3时，人体接触 30~60 min 便可中毒致死。

磷化氢在肺和胃肠道中都会被迅速吸收，对人、畜、昆虫均能产生较大毒性。进入体内的磷化氢通过抑制细胞色素 C 氧化酶和过氧化氢酶活性，引起体内过氧化物堆积、自由基损伤以及三磷酸腺苷生成减少，导致细胞膜功能障碍，对心脏有直接毒性，最终引起心血管等多器官衰竭造成死亡。

磷化氢中毒的体征和症状往往取决于暴露途径、暴露时间和毒物剂量。无论是何种途径所致，中毒症状皆不典型。磷化氢中毒潜伏期一般在 24 h 内。在轻度磷化氢中毒的情况下，中毒症状通常在中毒后 1~2 h 内即可出现。主要表现为头晕、头痛、乏力、恶心、呕吐、食欲减退、咳嗽、胸闷等症状，并伴有咽干、腹痛及腹泻等情况。在中度到重度中毒病例中，几乎所有患者在中毒后会立即出现急性症状，如恶心呕吐、出汗、低血压、胸骨后灼热、心动过速和休克。口服金属磷化物中毒较吸入性中毒具有潜伏期短，损害严重，死亡率高的特性。儿童对磷化氢中毒更为敏感，多名受害人暴露于相同的磷化氢环境中，年龄较小的人往往中毒后果更为严重，在有些案例中儿童已造成死亡后果，而同住的成年人仅为轻微的呕吐症状，甚至无临床症状。

二、体内过程

口服磷化锌或磷化铝等磷化物后，在胃酸作用下可产生磷化氢气体。另一主要中毒途径为直接经呼吸道吸入。磷化氢气体进入体内后，可以在体内迅速逐级氧化成次磷酸（H_3PO_2）、亚磷酸（H_3PO_3）、磷酸（H_3PO_4）等各种代谢物，经肾脏排泄。

三、分析方法

体内磷化氢检测难度较大，吸收的磷化氢很快代谢为次磷酸盐和亚磷酸盐。目前的检测方法主要是检测磷化氢。如果怀疑胃肠道途径摄入，或者呕吐物等现场样品，可以加入酸后直接分析磷化氢。如果是生物检材，以代谢物为主，则需要加入锌粉和硫酸将其中磷化氢代谢物还原为磷化氢，然后检测其总磷化氢。

目前生物检材中磷化氢及其代谢物的检验主要采用顶空气相色谱/火焰离子化检测器、顶空气相色谱/氮磷检测器，由于气相色谱法仅有保留时间对化合物定性，因此，可采用顶空气相色谱-质谱法检测生物检材中磷化氢及其代谢物。

参考方法

顶空气相色谱-质谱法（《血液中磷化氢及其代谢物的顶空气相色谱-质谱检验方法》SF/Z JD0107020－2018）：

样品前处理：

（1）检材样品　将 40 mg 锌粉均匀铺放在 10 mL 顶空进样瓶底部，依次加入血液 1 mL、水 2 mL、20%硫酸 0.5 mL，然后立即密封。室温下放置 30 min 后，40℃水浴中加热 60 min，然后吸取 0.5 mL 液上气体，进样分析。

（2）质控样品　取空白血液 1 mL 两份，一份作为空白样品，一份添加对照品配制成含磷化氢 0.5 μg/mL 的添加样品，与案件样品平行操作。

胃内容物可直接或加酸后待检。

1. GC－MS 法

色谱条件：色谱柱：GS－GASPRO 石英毛细管柱（30 m×0.32 mm）；柱温：初温 30℃（2 min），以 20℃/min 程序升温至 110℃，保持 0.5 min；载气：氦气，纯度≥99.999%；流速：3.5 mL/min。

质谱条件：离子源温度：230℃；四极杆温度：150℃；进样口温度：180℃；传输线温度：230℃；检测方式：选择离子监测扫描（SIM），定性离子，*m/z* 31、33、34，定量离子，*m/z* 34。

2. GC/NPD 或 FPD 法

色谱条件：色谱柱：HP－PLOT－Q 柱（30 m×0.32 mm，0.25 μm）；柱温：初温 50℃（5 min），以 40℃/min 升温至 260℃，保持 5 min；进样口温度：250℃；检测器温度：270℃；载气：氮气；分流进样；分流比：5∶1～10∶1；流速：1～2 mL/min；检测器：火焰光度-磷型检测器（FPD－P）或氮磷检测器（NPD）。

四、鉴定要点

1）磷化氢中毒的临床症状无特征，磷化氢检测的难度大，不包括在常规的毒药物系统筛选分析中，因此，相关案件中确认检测方向非常重要。国家粮食局（现国家粮食和物资储备局）发布的《粮库安全生产守则》中规定，使用磷化氢空仓杀虫、粮食熏蒸及散气期间，应在距离粮仓至少 20 m 处设置安全警示标识和警戒线。因此，距粮仓 20 m 是最起码的安全距离，更不应在住宅区进行粮食熏蒸操作。有些人对磷化铝的危害认识不够，直接在卧室熏蒸磷化铝，也有些磷化氢透过有洞、孔的墙壁、天花板泄露到隔壁房间、相邻楼层的房间，甚至有的案件中磷化氢通过下水道管传输到了相隔较远的房屋。磷化氢毒源可能距离毒物暴露点较远，较为隐蔽，如果未能及时察觉毒源，受害人很可能在相对封闭的磷化氢环境（夜间卧室）中反复暴露，如受害人有腹痛、呕吐症状，误疑为食物中毒，白天外出活动后，临床症状有所缓解甚至消失，第 2 天晚上在卧室再次暴露，尤其是夜间有雨时，空气湿度较大，促进磷化物与水反应产生大量磷化氢，后果更为严重。

2）体内的磷化氢气体的检测是磷化物中毒鉴定的关键。磷化氢检测易受硫化氢的干扰而产生假阳性结果，需用顶空气相色谱-质谱法进行确证。多数磷化物急性中毒者，常有磷化氢或磷化物残留于胃、肺等脏器中，可直接或加入酸后检测磷化氢含量，用于推断中毒途径。多数磷化氢吸入中毒后采集的生物检材中，难以直接检出磷化氢原形。磷化物中毒者特别是磷化氢气体中毒，体内磷化氢易转化为次磷酸、亚磷酸，含量极微，需要将检材中的次磷酸和亚磷酸还原成磷化氢后，再选用灵敏度高的分析方法对总磷化氢进行检测。

3）检材的采取和处理尤为重要。对于疑为口服磷化物中毒者，一般取其呕吐物、洗胃液等进行检测。对于中毒死亡者可取其胃及胃内容物、血、尿、肺及肝等组织进行检测。获取检材后，应立即将其密闭冷藏送检，以防止磷化物分解或磷化氢逸失。对于疑为磷化氢吸入中毒者，一般取其血液、尿液等进行检测。对于中毒死亡者可取其血、尿、肺及肝等组织进行检测。磷化氢代谢物次磷酸和亚磷酸最终从尿中排出，尿液中代谢物浓度高，是磷化氢代谢物检测的首选检材，但磷化氢中毒很可能引起少尿甚至无尿。

4）获取检材后，应立即将其密闭冷藏送检，以防止磷化物分解或磷化氢逸失。

5）在处理杀鼠剂样本的案件中，实验人员应该加强自身的防护，实验室应安装通风装置，实验人员全程避免直接接触检材。同时，实验结束后检材应妥善保存、处理，避免对周围环境和个体健康造成影响。

五、案例评析

案例一

某日 20:00 许，某 26 岁母亲与其 5 岁儿子出现上吐下泻症状，女儿（6 月龄，仍在母乳喂养阶段）也出现不适症状，约 20:40 三人同在房间睡觉。第 2 日凌晨 03:00 两名儿童发烧、呕吐，母亲恶心、呕吐。09:00 时 3 人自行服用中药（具体不详）；12:00 许 2 名儿童嘴唇发青；14:00 时救护车到达确认女儿已无生命体征，对儿子进行救治；21:00 左右，儿子抢救无效死亡[9]。

【毒物分析及评析】 采集母亲的血液以及 2 名死者的血液、肝组织、胃内容物，运用顶空气相色谱-质谱法进行磷化氢及代谢物的检测。2 名死者的血液和肝组织中均检出磷化氢代谢物成分，胃内容物中均未检出磷化物成分，死者母亲血液中未检出磷化氢及代谢物成分（表 14－3）。

表 14－3 3 名磷化氢中毒者体内总磷化氢浓度

编 号	性 别	年 龄	血液/（μg/mL）	肝组织/（μg/g）
1	女	26 岁	未检出	—
2	女	6 月	1.1	3.1
3	男	5 岁	1.0	1.1

经过调查发现第 1 日早晨，该名女性及其家人给今年新收小麦拌了粮虫净（马拉硫磷）和磷化铝片剂 8 包，拌好的粮食装袋后堆放在卧室，从麦粒上方空气中检出磷化氢。死者居住房间门窗关闭，封闭性强，空气不易流通，并且当日白天及夜晚都下过大雨，空气潮湿，磷化铝与空气中水分反应产生大量磷化氢，导致两名死者中毒死亡。母亲体内未检出磷化氢，可能由于检材的采集时间距离暴露时间较久，磷化氢已经消除出体外。

案例二

某日 07:00 许，某女性（42 岁）被其丈夫发现在租住房卧室内呕吐，自述服用磷化铝 2 颗，08:50 送至医院洗胃，10:35 抢救无效死亡[9]。

【毒物分析及评析】 采集死者血液、肺组织及肝组织采用顶空气相色谱－质谱进行分析，均检出总磷化氢代谢物成分，血液、肺组织、肝组织中总磷化氢浓度分别为 34.0 μg/mL、22.4 μg/g、71.0 μg/g。现场提取的药瓶内残余物和呕吐物中均检出磷化物成分。

口服磷化铝至死亡时间的间隔平均为 3 h（1～48 h），95%的病人在 24 h 内死亡，且死亡原因主要是心律失常。口服急性中毒者与吸入式气体中毒者的血液中磷化氢浓度相差很大，并且可以通过直接检测胃内容物中磷化氢加以鉴别。

· 本章思考题 ·

1. 毒鼠强常见的检材处理方法有哪些？并说明各种方法的优缺点。
2. 常用的香豆素类杀鼠剂有哪些？应选用什么样的色谱－质谱条件？
3. 对磷化物中毒死亡者检材的采取上需要注意些什么？可以用什么方法来分析？

参考文献

[1] 丁露平，陈赟. 毒鼠强中毒 26 天后死亡 1 例. 法医学杂志，2005，21(4)：100－101.
[2] 范兴恳，陈尊将，项廷选，等. 一起毒鼠强中毒事件的调查分析. 中华劳动卫生职业病杂志，2020，38(7)：542－544.
[3] 张春水，刘克林，郑珲，等. 柱前衍生 GC－MS 法测定氟乙酰胺鼠药. 化学分析计量，2004，13

(2)：37－38.

[4] 黄恩泽，张能陪，张荆. 氟乙酸钠中毒致死1例. 广东公安科技，2017，25(1)：74－77.

[5] Lelong J S M F, Brunet B. When a toast becomes fatal, the story of two children and sodium fluoroacetate. Toxicologie Analytique et Clinique, 2022, 34(3): S81－S82.

[6] Baselt R C. Disposition of Toxic Drugs and Chemicals in Man. 10th ed. Seal Beath: Biomedical Publications, 2015.

[7] 黄芳，马祥涛，童昉，等. 溴敌隆、溴鼠灵亚急性中毒死亡1例. 法医学杂志，2018，34(5)：556－558.

[8] Papin F, Clarot F, Vicomte C, et al. Lethal paradoxical cerebral vein thrombosis due to suspicious anticoagulant rodenticide intoxication with chlorophacinone. Forensic Sci Int, 2007, 166(2－3): 85－90.

[9] 沈敏，刘伟，向平. 传承与创新视角下法医毒物学发展的实践与思考——以司法鉴定科学研究院法医毒物化学专业为例. 中国司法鉴定，2020，21(3)：10.

第十五章　金属毒物鉴定

・本章重点内容与学习要求・

金属毒物是法医毒物司法鉴定经常涉及的对象。本章重点介绍几种常见金属毒物的体内代谢、检材处理、鉴定方法等，并通过典型案例评析提高分析和解决实际问题的能力。通过本章学习，应掌握各类金属毒物鉴定的主要对象方法和判断要点，正确评价和运用金属毒物鉴定结果。

金属毒物指含有毒金属元素的化合物及有毒金属单质，能够引起急慢性中毒。迄今为止，自然界存在及人工合成的金属元素已达 90 多种，其中钠、钾、钙、镁、铁、铜、锰、锌及钴等为生命营养所必需，对维持正常的新陈代谢起着积极作用。但一些元素在常量甚至微量的条件下即可对人和动物产生明显的毒性作用，为金属毒物，常见的有毒金属元素包括如砷（As）、汞（Hg）、铅（Pb）、钡（Ba）、铬（Cr）、镉（Cd）、镍（Ni）、锑（Ti）、硒（Se）、铍（Be）、铊（Ta）等。随着工业的发展和化学品的广泛应用，金属毒物中毒案件时有发生。

金属及金属化合物的毒性与很多因素有关，其中包括其本身的理化性质、溶解度、化学价态、环境中 pH 等因素。金属毒物的毒性首先取决于所含金属元素的毒性，金属元素的毒性越大，其化合物的毒性也越大。当化合物含有同种金属元素时，毒性的大小则与其化学状态、溶解度等有关。通常无机物的毒性大于有机物，如三氧化二砷、亚砷酸钠>甲基硫砷、福美胂，氯化汞、氯化亚汞>甲基汞、雷汞。一般在水或酸性条件下溶解度越大，毒性越大；一些溶解度很小的金属化合物一般可视为无毒或低毒，如雄黄（As_2S_2）、雌黄（As_2S_3）、朱砂（HgS）、硫酸钡（$BaSO_4$）等。气态金属毒物较液态金属毒物毒性大，而液态金属毒物比固态金属毒物的毒性大，如砷化氢气体和三氧化二砷的毒性大于其他含砷化合物；汞蒸气、汞盐的毒性大于金属汞。

金属毒物的毒性作用以及体内分布对于法医毒物鉴定检材的选择和结果判定尤为重要。由于不同金属毒物的检材处理、分析方法和结果评价具有共性，故第一节概述了金属元素分析的检材处理方法和结果评价等共性内容，后续分节阐述砷、汞、铅、铊等金属毒物的毒性、体内过程及典型案例。

第一节　概　　述

一、检材处理

金属毒物的分析，通常采用测定金属元素的含量来实现。对于体外检材或者基质比较简单的生物体液，如血液、尿液等，可以使用水溶液、稀酸溶液或表面活性剂溶液等进行均匀稀释的方法来处理。而对于基质比较复杂的生物检材,这类检材中的毒物大部分与蛋白质形成牢固的结合物,用普通方法难以分离和检测。所以需要通过分解法使金属毒物解离出来,以便进行检测。分解法又被称为有机质破坏。分解法分为全部分解法和部分分解法。全部分解法是将样品中所有的有机物分解破坏成无机成分,适用于测定样品中的无机成分,如金属元素总量。全部分解法主要有干灰化法、湿消化法和微波消解法[1]。

1. 干灰化法

干灰化法优点是试剂加入少、引入杂质少、产物易处理,适用于少量毛发、指甲、骨骼等生物检材。干灰化法主要包括高温灰化法和低温灰化法。高温灰化法就是通过热能来分解样品,使样品中有机物分解成气体逸出。具体方法是称取适量的样品放置在适宜的器皿中,然后置于电炉进行低温碳化直至冒烟近尽,再放入高温炉(马弗炉)中升至400~600℃左右使样品完全灰化,然后将无机残留物用合适的酸或水溶解定容后分析。该方法能处理较多的样品,检出率比较高,不用添加试剂,空白值较低。同时此方法的适用范围广,操作简单。但该方法的灰化时间长、敞口高温导致被测成分挥发,易造成Hg、As等元素的流失,故该方法不适用于挥发性元素的分析。同时坩埚对被测成分的吸留致使某些成分的回收率低。低温灰化法利用高频等离子体技术,以纯氧气为氧化剂,在灰化过程中不断产生氧等离子体(由激发态氧分子、氧离子、氧原子、电子等混合组成),可以大大降低待测组分的挥发损失且有机物分解速度快,样品处理效率高。

碱性熔融法是在灰化的同时加入碱性物质,使挥发性较大的金属毒物由低价共价键形式转化为挥发性较低的高价离子键化合物。主要适用金属有砷、锑等。该方法常用试剂有碳酸钠、硝酸钠等。适用于量比较小的各种检材。

2. 湿消化法

湿消化法就是加入氧化性的强酸或氧化剂,然后在一定温度条件下反应,破坏样品中的有机物,使待测的无机成分释放出来,形成不挥发的无机化合物的方法。如,在硝酸-硫酸法中加热,使检材在高压、高热的环境中分解得到无机物。其中硝酸作为氧化剂使有机物氧化分解,得到金属毒物的强酸溶液。该法的特点是分解速度快,时间短,因加热温度低可减少金属的挥发逸散损失。适用于量比较小的各种生物检材。缺点是消化时易产生大量有害气体,需在通风橱中操作,另外消化初期会产生大量泡沫外溢,需随时照看,因试剂用量较大,空白值偏高。氧化剂类型很多,如硝酸、高氯酸、过氧化氢等,又称为辅助消解剂。

湿法破坏根据所用氧化剂不同分为如下几类:

(1) *硫酸-硝酸法操作流程*　将粉碎好的样品放入250~500 mL凯氏瓶中(样品量可称10~20 g),加入浓硝酸20 mL,小心混匀后,先用小火使样品溶化,再加浓硫酸10 mL,渐渐加强火,保持微沸状态并不断滴加浓硝酸,至溶液透明不再转黑为止。每当溶液变深时,立即添加硝酸,否则会消化不完全。待溶液不再转黑后,继续加热数分钟至冒出浓白烟,此时消化液应澄清透明。消化液放冷后,小心用水稀释,转入容量瓶,同时用水洗涤凯氏瓶,洗液并入容量瓶,调至刻度后混匀供待测用。

本法适用于大多数有机物的破坏,如中间体、药物、染料等。经本法破坏有机物所得无机金属离子均为高价态。

(2) *高氯酸-硝酸-硫酸法操作流程*　称取粉碎好的样品5~10 g放入250~500 mL凯氏烧瓶中,用少许水湿润,加数粒玻璃珠,加硝酸-高氯酸(3∶1)混合液10~15 mL,放置片刻,小火缓缓加热,反应稳定后放冷,沿瓶壁加入5~10 mL浓硫酸,继续加热至瓶中液体开始变成棕色时，不断滴加硝酸-高氯酸混合液（3∶1）至有机物分解完全。加大火力至产生白烟，溶液应澄清、无色或微黄色。操作中注意防爆。冷却后，转入容量瓶中定容。

（3）高氯酸（过氧化氢）-硫酸法操作流程　取适量样品于凯氏瓶中，加适量浓硫酸，加热消化至呈淡棕色，放冷，加数毫升高氯酸（或过氧化氢），再加热消化，再重复操作至破坏完全，冷却后以适量水稀释，小心转入容量瓶中定容。

（4）硝酸-高氯酸法操作流程　取适量样品于凯氏烧瓶中，加数毫升浓硝酸，小心加热至剧烈反应停止后，再加热煮沸至近干，加入 20 mL 硝酸-高氯酸（1∶1）混合液。缓缓加热，反复添加硝酸-高氯酸混合液至破坏完全，小心蒸发至近干，加入适量稀盐酸溶解残渣。若有不溶物过滤，滤液于容量瓶中定容。

本法破坏能力强，反应比较激烈。故进行破坏时，必须严密注意切勿将容器中的内容物蒸干，以免发生爆炸。本法适用于血液、尿液、组织等生物样品的破坏。消化过程中注意维持一定量的硝酸或其他氧化剂，破坏样品时作空白，校正消化试剂引入的误差。

3. 微波消解法

微波消解法是一种新的样品分解技术，是将样品放置在微波炉内特制的溶样罐中，利用微波辐射加热分解样品，按照严格的程序控制溶样的过程。微波位于红外辐射与无线电波之间，能穿透一些介质，将能量直接辐射到反应物上。物质分子在微波电磁场作用下发生瞬时极化。样品与消解液混合物吸收微波能量之后，由于离子传导与偶极子转动，产生内部热效应，从而迅速提高反应体系的温度，使消解液分解试样，被测组分释放出来。微波消解试剂用量少、空白值低；与传统的传导加热方式相比，大大提高了反应速率，缩短了样品制备的时间；反应条件可控使制样精度更高；利用密闭容器高压消解样品，使溶样更完全。微波消解也避免了挥发元素的损失、有毒危险气体对环境的污染和对操作人员的伤害。适用范围广泛，可用于地质、冶金、生物、环境、食品等各种样品。但是，微波消解样品同样存在溶样量小、微波溶样装置价格较贵的缺点。

湿消化法和微波消解法在金属毒物鉴定中应用广泛，生物检材中大部分金属毒物检测都可用这两种方法。

二、分析方法

检测有毒金属的含量是金属毒物鉴定的主要手段。凡涉及元素总量分析的方法均可应用于金属毒物的鉴定。金属毒物检测特点有：检出可能性较大，毒物在体内留存时间长；金属毒物的性质比较稳定，经过代谢、腐败，提取过的检材仍可继续检测；当金属毒物主要毒性来自于金属元素时，可只检测毒物中的金属元素。需要注意的是，在做金属毒物检测实验时要做好对照实验。常用的金属分析方法有分光光度法、原子吸收光谱法、原子发射光谱法（包括电感耦合等离子体发射光谱法）、电感耦合等离子体质谱法等。不同的分析方法具有不同的检测能力。

1. 原子吸收光谱法

原子吸收光谱法（atomic absorption spectroscopy，AAS）又称原子吸收分光光度法或原子吸收法。气态基态原子可以吸收同种原子发射出来的特征光谱辐射，这一特性即原子吸收。在 20 世纪，由于微电子技术的发展使原子吸收技术的应用不断进步。在正常情况下，原子处于基态。但当有辐射通过原子蒸气时，若辐射频率等于原子中的电子从基态跃迁到激发态所需要的能量频率时，原子会从辐射场吸收能量，产生共振吸收，电子在这时会由基态跃迁为激发态，同时辐射减弱由此产生原子吸收光谱。各种元素原子结构不同，所以不同元素原子从基态跃迁到第一激发态时吸收能量不同，所以使它们的共振线都不相同，而具有不同的特性。这一方法根据蒸气相中被测元素的基态原子对其原子共振辐射的吸收强度来测定试样中被测元素的含量。

该方法具有测定灵敏度高、选择性好、抗干扰性能强、稳定性好、适用范围广等特点，能用该法直接测定的元素已达 70 多种，已广泛应用于矿物、金属、陶瓷、水泥、化工产品、土壤、食品、血液、生物体、环境污染物等试样中的金属元素的测定。但由于在测定不同元素时需用不同的光源（空心阴极灯或无极放电灯），因此，目前商用仪器仅能一次测定一个元素，不能实现多元素同时分析。因此该方法具有一定的局限性。

目前，由于计算机技术、化学计量学的发展和多种新型元器件的出现，使原子吸收光谱仪的精密度、准确度和自动化程度大大提高。用微处理机控制的原子吸收光谱仪，简化了操作程序，节约了分析时间。现在已研制出气相色谱-原子吸收光谱（GC - AAS）的联用仪器，进一步拓展了原子吸收光谱法的应用领域。

2. 原子荧光光谱法

原子荧光光谱法（atomic fluorescence spectroscopy，AFS）是通过待测元素的原子蒸气在特定频率辐射能激发下所产生的荧光发射强度来测定待测元素含量的一种分析方法。对于原子荧光而言，其主要是指气态自由原子对光源的特征加以吸收辐射之后，原子外层电子会跃迁至较高能级，并且在 10^{-8} s 的时间内又跃迁到较低能级或返回基态，发射出与原激发辐射波长不同或相同的辐射。

一定实验条件下，分析物浓度与荧光强度成正比，故原子荧光光谱法可对金属毒物进行定性分析；同时各种元素的原子荧光光谱具有特定性，故可以采用原子荧光光谱法对金属毒物进行定量测定。而目前这种方法主要用于痕量元素的定量分析。

原子荧光光谱法具有较快的分析速度、较宽的线性范围、良好的重现性与较高的分析灵敏度等特点，同时原子荧光光谱法具有谱线简单、检出限低、能进行多元素同时测定等优点。故原子荧光光谱仪可用于分析汞、砷、锑、铋、硒、碲、铅、锡、锗、镉、锌等 11 种元素，现已广泛应用于冶金、地质、石油、农业、生物医学、地球化学材料科学、环境科学等领域。

当然，该方法也有缺点，如在测定复杂基质的样品及高含量样品时，由于存在荧光淬灭及散射光等干扰而给分析测定带来一定困难。因此，原子荧光光谱法不及原子吸收光谱分析法和原子发射光谱分析法应用广泛。不过，现已研制出可对多元素同时测定的原子荧光光谱仪，它以多个高强度空心阴极灯为光源，以具有很高温度的电感耦合等离子体（ICP）作为原子化器，可使多种元素同时实现原子化。多元素分析系统以 ICP 原子化器为中心，在周围安装多个检测单元，与空心阴极灯一一呈直角对应，产生的荧光用光电倍增管检测。光电转换后的电信号经放大后，由计算机处理就获得各元素分析结果。

3. 电感耦合等离子体原子发射光谱法

电感耦合等离子体原子发射光谱法（inductively coupled plasma atomic emission spectrometry，ICP - AES）是以电感耦合等离子体作为激发光源进行发射光谱分析，依据各元素的离子或原子在电感耦合等离子炬激发源的作用下变成激发态，利用激发态的原子或离子返回基态时所发射的特征光谱来测定物质中元素的组成和含量。其中等离子体就是电离度大于 0.1%的被电离气体，这种气体含有大量的电子和离子，整体呈现电中性。该物质是电的一种良导体。

（1）基本原理

ICP－AES是以等离子体为激发光源的原子发射光谱分析方法，可进行多元素的同时测定。原子发射光谱法是根据待测物质的气态原子或离子受激发后所发射的特征光谱的波长及其强度来测定物质中元素组成和含量的分析方法。在ICP－AES中，样品由载气（氩气）引入雾化系统进行雾化后，以气溶胶形式进入等离子体的轴向通道，在高温和惰性气体中被充分蒸发原子化电离和激发，发射出所含元素的特征谱线。根据特征谱线的存在与否，鉴别样品中是否含有某种元素（定性分析），根据特征谱线强度确定样品中相应元素的含量（定量分析）。

（2）条件优化

1）分析线的选择　同一元素具有不同的原子发射线，分析谱线的选择原则一般是选择干扰少，灵敏度高的谱线；同时应考虑分析对象，对于低含量元素的分析，采用较强的谱线，而对于高含量元素的分析，可采用较弱的谱线。

2）高频功率的设定　分析线与背景线强度均随功率的增大而增强。增大功率有利于降低化学干扰的影响，但当功率增大到某一数值后，背景增强的速度超过谱线增强的速度。因此要选择合适的高频功率，使分析线强度最大、背景低、干扰少。

3）内标元素及参比线的选择　内标元素的选择：一是外加内标元素在分析试样中应不存在或含量极微可忽略，如样品基体元素的含量较稳时亦可用该基体元素作内标；二是内标元素与待测元素应有相近的特性；三是应为同族元素，具有相近的电离能；四是背景应尽量小。

4）载气流量优化　在一定范围内增大载气流量可以使进入等离子体的样品量增大，谱线强度随之增强。但载气流量增大，会造成炬管内温度降低以及待测元素在等离子体内停留时间缩短，使谱线强度减弱。故载气流量应通过实验进行选择，以寻找最佳值。

5）观测高度的优化（仅对侧向观测而非轴向观测的等离子体）　等离子体的温度在轴向上呈梯度变化，即等离子体炬尖端处温度低，越靠近等离子体炬根部温度越高。不同元素测定时要考虑加热时间与一个恰当的区域（或称最佳测定高度）。当同时分析多元素时，应选取适中的测定高度，具体位置需要分析者根据实际情况调节。

（3）参考方法

尿液中多种金属毒物的测定[2]

样品处理：使用MARS6系统进行微波消解：将5.0 mL尿液放入高压釜中，然后加入5 mL浓硝酸和2 mL过氧化氢，并密封。样品消解程序包括10 min内逐渐加热至200℃，并在200℃下保持10 min，以实现样品彻底消解。为避免分析物的损失，高压釜在低于40℃的温度下打开。将消解溶液转移到25 mL容量瓶中，并用双蒸馏水定容至刻度，待分析。

ICP－AES分析条件：雾化气流量，0.5 L/min；等离子体气流量，0.5 L/min；冷却气流量，12 L/min；RF功率，1 150 W。

（4）方法特点

1）分析精度高　ICP－AES对大多数元素具有较好的检测限，可准确分析含量达到10^{-9}级的元素，且很多常见元素的检出限达到μg/L级。当要求同时测定高低含量的元素时，尤其对低含量元素要求精度高的项目，ICP－AES的检测限要比原子吸收法低上几个数量级。

2）可检测样品范围广　ICP－AES的进样方式是将溶液雾化后进样。可对固态、液态及气态样品直接进行分析，且可以对多种元素同时进行测定。因固态样品存在不稳定、需要特殊的附件且有局限性，气态样品一般与质谱、氢化物发生装置联用效果较好，因此应用最广泛也优先采用的是溶液雾化法(即液态进样)。

3）动态线性范围宽　ICP－AES 的动态线性范围大于 10^6，即在一次测定中，既可测定百分含量级的元素浓度，也可同时测定 10^{-9} 级浓度的元素，既不需要稀释也不需要浓缩就可以同时测定高、低浓度的元素。在提高检测速度的同时，也免去了样品的前处理过程产生的误差。

4）多种元素同时测定或连续测定　多种元素同时测定是 ICP－AES 最显著的特点。因为基体干扰较低，使元素和元素之间互相干扰少，采用混合标准溶液便可进行多元素同时测定。

5）定性及半定量分析　对于未知的样品，ICP－AES 可利用丰富的标准谱线库进行元素的谱线比对，形成样品中所有谱线的"指纹照片"，通过计算机自动检索快速得到定性分析结果，再进一步可得到半定量的分析结果。此优势特点对于事故的快速初步判断、金属毒物中毒的初步判断等无需准确的定量结果的情形比较适用。

6）精密度好　当检测器积分时间为 10～30 s，分析浓度为检测限的 5～100 倍时，净谱线信号的相对标准偏差可达 1%以下。

ICP－AES 方法也存在一些局限性。雾化效率较低，且雾化器容易堵塞，造成工作的不稳定；同时必须使用大量氩气来保护石英炬管，用分子气体，如氮气来取代氩气的方法尚未推广，导致氩气消耗比较大。

4. 电感耦合等离子体质谱法

电感耦合等离子体质谱法(inductively coupled plasma mass spectrometry，ICP－MS)将电感耦合等离子体与质谱联用，以独特的接口技术将 ICP 的高温电离特性与四极杆质谱仪灵敏快速扫描的优点相结合而形成的一种新型的元素和同位素分析技术。这是 20 世纪 80 年代发展起来的一种新的分析检测技术。它可以分析地球上几乎所有的元素。与传统无机分析技术相比，ICP－MS 技术具有最低的检测限、最宽的动态线性范围、干扰最少、分析精密度高、分析速度快、可进行多元素同时测定以及可提供精确的同位素信息等分析特性。

(1) 基本原理　ICP－MS 是以电感耦合等离子体作为离子源的质谱分析方法。试样溶液经过雾化由载气送入 ICP 炬焰中，经过蒸发、解离、原子化、电离等过程，转化为带正电荷的正离子，经离子采集系统进入质量分析器，根据质荷比进行分离、检测。通过控制离子化条件，可以使大部分待测元素带一个正电荷，故其不同元素的质荷比只与其同位素相关，这是电感耦合等离子体定性的基础；而对于一定的质荷比的离子，其质谱峰高或积分面积与进入质量分析器中的离子数成正比。即样品的浓度与质谱的峰高或积分面积成正比，通过测量质谱的峰高或峰面积来测定样品中元素的浓度，这是 ICP－MS 的定量基础。

(2) 条件优化

1）仪器校准　仪器配有自动校准程序，包括质量校准。通常在整个质量范围内进行，一般选择几个有代表性的轻、中、重质量范围的元素(比如 Li、In、U 元素，浓度范围一般为 10～50 ng/mL)作为校准点进行自动检测器校准。

2）仪器调谐　多元素分析一般选择折中条件。调谐的主要指标是灵敏度、稳定性、氧化物等干扰水平。通常采用含有轻、中、重质量范围的元素的混合溶液(比如 Li、Be、Co、In、Rh、Ge、Y、Bi、U 等元素，浓度范围一般为 1～10 ng/mL)进行最佳化调谐实验。调谐的仪器参数包括透镜组电压、等离子体采样位置、等离子体发生器的入射功率和反射功率、载气流速和检测器电压(必要时)等。

3）数据采集　通常采用两种信号测量方式：一种是扫描方式。对每个峰在数个通道（通常为20个通道）内的整个质量连续扫描。多点扫描的优点是可以获得完整的谱图形状，信息量多，有利于了解相邻背景以及干扰情况，对质量校准、检查分辨率以及定性分析等研究工作很有价值，尤其适用于金属毒物的定性。但扫描较为费时，对于快速定量分析并不是最佳选择。另一种是跳峰方式。此操作方式中峰的中心位置的定位十分重要，因其被用来确定每个峰的测量起点。若每峰采用三点，则测量时除了取中心点外，还需在其两侧各取一点。而对每个单点测量的是峰高。跳峰方式的优点是数据采集效率高，没有把时间花在不需要的同位素上，而且在每个同位素上的停留时间是可改变的。即可以通过延长采集时间来改善那些强度较低的同位素的计数统计误差。跳峰方式的缺点是若事后需要其他同位素信息时，该种方式无法提供这些信息。更重要的是，由于无法记录和检查整个谱图因而也就无法观察和校正存在的干扰和基体影响程度。

（3）参考方法（《生物检材中锂等32种元素的电感耦合等离子体质谱检验方法》SF/Z JD0107017－2015）

样品处理：

血液　准确吸取两份250 μL血液于样品管中，分别加入65%的浓硝酸800 μL和30%的过氧化氢200 μL，密闭静置10 min后，将样品管置于干式恒温器升温至90℃加热消解3 h。消解完成后将消解溶液降至室温，在通风橱内旋开瓶盖，转移消解溶液于容量瓶中，用少许水连续冲洗样品管三次，合并倒入10 mL容量瓶中，继续加入水定容至刻度。

尿液　准确吸取两份250 μL尿液于10 mL容量瓶中，加入5%的硝酸定容至刻度。

头发　头发样品经清洗、晾干后剪成约1 mm每段。称取20 mg头发两份于样品管中，分别加入65%的浓硝酸800 μL和30%的过氧化氢200 μL，密闭静置10 min后，将样品管置于干式恒温器升温至90℃加热消解3 h。后续处理同血液。

ICP－MS分析条件：载气流速，0.86 L/min；辅助气流速，0.22 L/min；等离子气流速，15 L/min；射频功率，1 500 W；采样深度，8 mm；蠕动泵流速，0.1 r/s；采样模式，Peaking hopping；积分时间，0.1 s；重复测定次数，3次。

（4）方法特点

1）多元素快速分析能力　可在数十秒内定量分析几乎所有金属元素及一些非金属元素。

2）灵敏度高即检测限低　ICP－MS被公认为目前检出限最低的多元素分析技术。ICP－MS对大多数元素具有非常低的检测限。具有很强的痕量分析能力。

3）极宽的线性动态范围　线性动态范围可达$10^8 \sim 10^9$。即可在一份溶液中实现ppt（ng/L）至数百ppm含量元素的同时测定。在稀释倍数为1 000时，对应原固体样品中ng/g至百分之几十的含量。

4）干扰较少　等离子体质谱的谱图比较简单，每个元素只产生一个或几个同位素的单电荷离子峰，总数为210条单电荷离子谱线，还有少量双电荷离子和简单的多原子组合离子峰。

5）样品引入方式多样　样品的引入和更换方便，且便于与其他进样或在线分离技术联用，如流动注射（FI）、超声雾化（USN）、激光烧蚀（LA）、电热蒸发（ETV）、气相色谱（GC）、液相色谱（LC）等。

6）分析精密度高　四极杆ICP－MS的日内精密度RSD为1%～2%，日间精密度RSD

小于5%,同位素测定精密度可达0.1%。

7) 迅速获取同位素信息　　既可进行同位素比值测定又可进行同位素稀释分析。

8) 灵活的测定方式　　可提供扫描、跳峰、扫描跳峰结合和单离子测定等方式。

现代分析仪器提供了相对丰富的信息,在运用这些分析手段的时候,应综合多种信息进行定性定量分析。ICP - AES 和 ICP - MS 可满足毒物鉴定需求和结果可靠性要求,同时也是金属毒物鉴定实践中应用最为广泛的技术方法。在采用 ICP - AES 测定金属含量的时候,可以选择多条谱线进行检测,当多条谱线所获结果一致时,可进一步确证定性定量的结果。在采用 ICP - MS 分析时,可以选择同一元素不受干扰的多个同位素进行定性定量分析,同时选择相应的内标元素以确保分析的准确度。

三、鉴定要点

对于金属毒物鉴定,应关注以下方面:

(1) 检材的选择　　主动或被动接触金属元素均可造成急性或慢性中毒,如环境污染、职业性、自杀、误服等。血液、尿液、组织器官、头发、指甲等都是金属毒物分析的适用检材,选择合适的生物检材对金属毒物分析结果评价有重要意义,如血液、肝组织、肾组织等是急性中毒检测的适宜检材,可判断中毒程度;头发则可用于慢性中毒监测,头发中浓度变化可以反映某一时间段内受检对象接触金属元素的状况。

(2) 金属中毒与正常水平的区分　　涉及毒物的金属元素普遍存在于周围环境中。正常人体含有20余种金属元素,其中被认为是对人体有害的元素也痕量存在于人体。因此,在金属毒物分析和结果评判中必须注意人体正常水平与中毒的区别。由于金属元素的普遍存在,当检验工作涉及泥土、棺木、衣物、食物等各种物品时,常须考虑采取与案件有关的对比物用作参比。同时,在检材的采取、保存、运送及检验过程中所使用的器皿和化学药品中都可能分布各种金属元素,应注意器皿的洁净和试剂的纯度,还应进行空白试验对照。

(3) 金属元素毒性的大小主要取决于价态、化合形式和剂量　　金属毒物分析通常须将检材中的有机物质经过氧化分解等方法去除,使其中所含金属元素形成无机化合物状态,这是检验金属总量所必需的过程。但是,由于金属毒物经历体内过程和检验中的有机质破坏,最后检测的对象是毒物中所含的金属元素,不能鉴别中毒源原有的价态。应该注意到一些本不属于剧毒物的如雄黄、朱砂等,也可在有机质破坏过程中被氧化成水溶性物质而在检验中得到阳性结果。这时应结合案情来综合评价检测结果,不能简单以总金属元素量来推测中毒,如砷元素,无机 As^{3+} 毒性最强,而海产品中以有机砷为主,若近期食用较多海产品,则可能使体内检材中 As^{5+} 浓度升高,此时若仅测定总砷浓度,则会导致结论偏差。因此,必要时,应进一步区分金属元素的价态。

(4) 汞及其化合物易挥发,因此在检材处理时应注意控制消解条件,避免汞的损失　　如消解温度不能过高、消解时采取回流装置、采用密闭罐消解或微波消解方式等,其中微波消解法具有速度快、消解完全、避免挥发损失的优点,是汞等具有挥发性的元素的首选方法。ICP - MS 是进行痕量元素分析的重要手段,具有灵敏度高、抗干扰能力强、线性范围广、可同时检测多种元素的优点,在汞元素含量检测中有很大优势。由于汞元素对进样系统有很强的吸附性,为避免残留,进样前须稀释至合适浓度,或添加浓度为 1.0×10^{-2} μg/mL 的金,以消除检测中汞的记忆效应。

第二节 砷及其化合物

一、概述

砷(arsenic,As)是自然界中广泛存在的元素,是一种类金属元素。它的化学性质不活泼,得以在自然界中以单质形式存在。砷为灰色斜方形菱晶,外观为银灰色发亮的块状固体,质硬而脆。单质砷以灰砷、黑砷和黄砷这三种同素异形体的形式存在。单质砷化学活性不高,不溶于水、酸或醇类。砷在化学元素周期表的位置正好位于磷的下方,两者化学习性相近,所以,砷很容易被细胞吸收导致中毒。单质砷无毒性,气体状态砷剧毒。

砷能与大多数金属生成合金或者化合物,还能同氧、硫、卤素等非金属元素形成化合物。砷可区分为有机砷及无机砷,有机砷化合物绝大多数有毒,有些还有剧毒。另外有机砷及无机砷中又分别分为三价砷和五价砷,在生物体内砷价数可互相转变。由于砷的价态变化复杂,砷的化合物种类繁多,其毒性差异也很大。元素砷由于溶解度甚低,基本无毒,但其氧化物及砷酸盐毒性较大。一般而言,无机砷毒性大于有机砷,三价砷毒性大于五价砷。毒性顺序为:砷化氢(AsH_3)>As(三价)>As(五价)>甲基砷酸>二甲基砷酸>砷胆碱>砷甜菜碱。砷化物中毒性较大、发生中毒较多的是三氧化二砷(As_2O_3,俗称砒霜),其较易获得,且无臭、无味,易被用于投毒。

砷与砷化合物被广泛用于农业、医药和工业的各个方面,如砷的许多化合物都含有致命的毒性,常被用作除草剂、杀鼠药等,也使用在半导体、涂料、壁纸和陶器上。在自然环境和日常生活中几乎到处都有微量砷的存在,因地质环境不同和生物习性差异,不同地区的生物和不同种类的生物,其体内含砷量有较大差别。几乎所有的生物体内均含有砷,自然环境中的动植物可以通过食物链或以直接吸收的方式从环境中摄取砷。譬如,在稻米的生长过程中,砷可以经水、土壤吸收并且累积。如果灌溉水和土壤有砷污染,砷的累积则会更加严重。正常人体内也含有微量砷,含量也因地区和生活习性而有差别。砷化物进入体内后排泄较慢,有蓄积作用。慢性中毒者的某些组织中可有砷积聚,以毛发较为显著。

砷化合物的毒性是由于砷对体内酶蛋白的巯基具有特殊的亲和力,可和许多含巯基酶,尤其是丙酮酸氧化酶结合,使其失去活力而影响细胞的正常代谢,导致细胞的死亡。进入血液循环后,还能直接损害毛细血管,同时麻痹血管运动中枢,使毛细血管扩张,管壁滑肌麻痹造成渗透性变化,可使腹腔脏器严重充血,血液滞留于腹腔毛细血管中,且管壁透性增加,因而体液渗出进入肠内,引起剧烈腹泻。砷化物对胃黏膜有直接刺激作用,口服引起剧烈呕吐。砷化氢为溶血毒。经呼吸道吸入后,95%~99%与血红蛋白结合,使红细胞内的还原谷胱甘肽氧化成氧化型谷胱甘肽,继之红细胞膜破裂引起溶血。

主要砷化物的LD_{50}(mg/kg)分别为:As(三价) 14,As(五价) 20,As_2O_3 34.5,甲基砷酸700~1 800,二甲基砷酸 700~2 600,砷胆碱 6 500,砷甜菜碱>10 000,因而砷胆碱和砷甜菜碱常被认为是无毒的,在海产品中砷主要以砷胆碱和砷甜菜碱形式存在。砷化合物的毒性取决于两个方面:一是砷的化学形态,As(三价)毒性很强,缘于 As(三价)能与含巯基化合物如辅酶A、半胱氨酸及各种带有巯基的蛋白质、酶等结合成稳定的螯合物,抑制其活性而出现中毒。二是砷的毒性也与其化合物的溶解度有关。砒霜毒性大于雌黄,因其在水中溶解度较大,易被血液吸收而积蓄于人体组织中且排泄也较慢。人口服 As_2O_3 中毒量为 0.001 5~0.05 g,致死量为 0.1~0.2 g。人吸入含砷化氢 30~50 mg/m^3 空气 1 h,可引起严重中毒或致死。血液砷治疗浓度: 0.002~0.07 μg/mL。

急性中毒者出现重度胃肠道损伤和心脏功能失常,如口及咽喉部有干、痛、烧灼、紧缩感、声嘶、恶心、呕吐、咽下困难、腹痛和腹泻等。重症极似霍乱,开始排大量水样粪便,以后变为血性,或为米泔水样混有血丝,很快发生脱水、酸中毒以至休克。并伴有神经系统症状,同时可有头痛、眩晕、烦躁、谵妄、中毒性心肌炎、多发性神经炎等,且砷元素蓄积量与神经症状呈正相关。严重者会昏迷、紫绀、休克,甚至死亡,少数有鼻衄及皮肤出血。亚急性中毒作用主要累及呼吸系统、消化系统、心血管系统、神经系统、免疫系统和造血系统。慢性砷中毒累及全身各器官及系统。砷具有神经毒性,长期暴露会产生一系列神经系统症状,如头痛、嗜睡、烦躁、记忆力减退、惊厥甚至昏迷、外周神经炎伴随的肌无力、疼痛等。

吸入砷化氢急性中毒一般经数小时至 2 日的潜伏期,即开始出现溶血等症状和体征,患者头痛、头晕、无力、呕吐、低热、黄疸,尿呈深褐色至酱油色,尿少、贫血。重度中毒者,迅速出现冷战、高热、昏迷,有急性肾功能衰竭的各种症状,最后可因急性心衰竭和尿毒症而死亡。

砷中毒死者的尸体特征因临床表现不同而各异。① 急性麻痹型: 由于中毒时间短促,常不能见特殊病变。镜下可见神经细胞变性,全身各脏器淤血。② 急性胃肠型: 主要为消化系统的病变。口腔及食管黏膜充血,胃黏膜充血水肿,皱襞嵴部由于毒物腐蚀作用可出现暗褐色条纹状糜烂或坏死。③ 亚急性和慢性型: 消化管黏膜呈炎症改变,皮肤可见色素沉着,可见周围神经炎,心血管系统可见心肌肥大或梗死。

二、体内过程

生物体内几乎都含有砷,人也不例外。砷及其化合物可以通过皮肤、呼吸道、消化道进入人体内。正常人体内砷平均浓度为 0.2~0.3 ppm,超过此剂量时砷会分布在人体的肝、肾、肺、脾、子宫、胎盘、骨骼、肌肉等位置。吸收进入血液后,95%的砷与红细胞内血红蛋白中的球蛋白结合,迅速分布到全身各组织器官。

无机砷化合物三氧化二砷或亚砷酸盐在体内主要是通过氧化甲基化反应而代谢。在此代谢过程中,无机砷在甲基转移酶的催化下,利用 S-腺苷甲硫氨酸作为甲基供体进行甲基化,转换为单甲基化砷酸化合物、二甲基化砷酸化合物,最终以五价砷的二甲基砷酸的形式排出体外。但是,最近也有学者提出新的砷甲基化反应。他们认为砷是以三价的形态和蛋白质或还原形谷胱甘肽结合,在甲基转移酶和 SAM 的存在下,以还原甲基化反应模式反应而代谢。这些砷-还原形谷胱甘肽的结合体还可以被细胞膜转运蛋白排泄到胆汁来降低肝脏或器官中的砷浓度[3]。

人体排泄砷的主要途径有粪便、尿液、皮肤(主要以汗液、毛发、指甲、污垢、乳汁的形式排出)、呼吸道(主要以挥发性三价砷的形态排出)等。

三、案例评析

案例一

某男,35 岁,患牛皮癣 6 年余,多方求治,疗效不明显,于某年 6 月 20 日起连续 4 d 使用无证行医者配制的药膏(雄黄、水杨酸、间苯二酚、硼酸等中药成分及数种软膏)涂抹患处,次日即出现皮肤疼痛、呕吐、腹泻等症状[4]。22 日腹泻加重，呈黄色稀水样便，皮肤破溃、红肿，其妻电话联系非法行医者，被告知“疼是正常的，这是‘以毒攻毒’”。23 日上午，继续用药后呕吐、腹泻加重，下午送至医院救治，因医治无效于 6 月 27 日死亡。死亡诊断：急性砷中毒，中毒性休克，急性肾功能不全。提取药膏、死者心血及背部患处皮肤。

【毒物分析及评析】药膏、血液和皮肤经 ICP－MS 分析，均检出砷元素，质量浓度分别为 6.01×10^4 μg/mL、1.76 μg/mL、4.71 μg/g。雄黄的主要成分为 As_2S_2，难溶于水，仅极少部分被人体吸收，无毒或有轻微毒性。此外，雄黄还含有少量的 As_2O_3 和 As_2O_5，可溶于水，易被机体吸收而产生毒性。一般认为砷在体内的简要代谢过程为亚砷酸盐→砷酸盐→甲基砷酸→二甲基砷酸→尿排出。本例中是因药膏腐蚀而致皮肤屏障破坏，使得雄黄中可溶性成分易于进入体内引起中毒。本例外敷药膏后出现呕吐、腹泻（水样便）等临床症状，符合砷中毒（急性胃肠型）的中毒表现；肝、肾实质细胞变性、坏死，符合砷中毒（急性胃肠型）的组织病理学改变；血液生化提示肝肾功能损害、代谢性酸中毒，结合毒物检验，分析某男符合急性砷中毒致多器官功能衰竭而死亡。

案例二

患者，男童，因患急性早幼粒细胞白血病送医救治，停止服用砷剂治疗 2 d 后采集其血液和尿液[5]。

【毒物分析及评析】经 ICP－MS 方法检测总砷：血液中总砷质量浓度为 10.53 ng/mL，尿液中总砷质量浓度为 75.07 ng/mL。进一步采用 HPLC－ICP－MS 进行砷形态分析，血液中仅有砷酸盐[As(五价)]，但低于定量限；尿液中检出砷甜菜碱、二甲基砷酸、一甲基砷酸、As(五价)，其中砷甜菜碱、一甲基砷酸、As(五价)低于定量限，二甲基砷酸的质量浓度为 53.21 ng/mL。本案例的检测结果符合文献报道中研究成果：砷化合物在血液中代谢较为快速，在几小时后即可消除，而尿液中砷化合物半衰期较长，约为 4 d。As(三价)在人体内进行甲基化反应，代谢产物主要为二甲基砷酸，该患者停止砷治疗后 2 d，血液和尿液中均未检出 As(三价)，尿液中存在 As(三价)的代谢物二甲基砷酸，符合 As(三价)代谢过程。砷形态分析可实时监测相关急性早幼粒细胞白血病患者治疗过程中砷剂体内代谢，为制定或调整砷剂治疗方案提供依据。

第三节　汞及其化合物

一、概述

汞(mercury，Hg)，又名水银，是唯一在常温下呈液态的金属，呈银白色，平均原子量为 200.59，比重 13.6。其熔点为-38.9℃，沸点 356.9℃。汞易挥发，其蒸气压虽很低，20℃时仅 0.16 Pa，50℃时约 1.7 Pa，但蒸气有毒。若有露置汞存在，空气中将含有汞蒸气；汞蒸气达饱和时，20℃的空气含汞量约 13 μg/L，50℃时达 126 μg/L。汞及其化合物均有剧毒，所以汞中毒事件时常发生，主要表现为意外中毒和投毒。长期处于含汞环境可引起慢性中毒。

汞在天然矿物中，主要以硫化物存在。汞的硫化物、氧化物、碘化物等都有颜色。天然产的硫化汞多为红色，即辰砂，也称朱砂、银朱等；在溶液中与硫化物生成的硫化汞则多为黑色。硫化汞极难溶于水和酸碱，通常认为无毒；高温可使之分解，热硝酸或王水等可使之溶解成可溶性盐。氧化汞呈红色或黄色，水中溶解度小，但因可溶于酸而有强毒性。汞的硫酸盐、硝酸盐、卤化物等所有可溶性化合物皆具高毒性，其中毒性最强的是氰化汞。汞有一价态和二价态的化合物，一价汞化物在某些条件下能生成金属汞与二价汞化物。一些汞化物因溶解度小而毒性较低，如氯化汞即升汞，有剧毒；而氯化亚汞则可用作止咳药的甘汞，毒性较小。汞的有机化合物也有毒性，含汞有机药物使用不当也可发生中毒。此外，雷汞[$Hg(OCN)_2$]是制造雷管的主要原料之一，不仅本身有毒，其发生爆炸时的气体也因有汞尘而有剧毒。

金属汞能与除铁以外的金属形成合金称为汞齐。金属汞不溶于盐酸，能溶于硝酸或热硫酸，也能溶于氢碘酸。汞因具高导电性且膨胀系数稳定，常用于灯管、电子、电池、温度计和血压计等。汞的用途广泛，在工业上可用于电镀印刷、造纸、油漆和火药雷管等。在医疗上曾用作伤口消毒、除菌，如红药水；或治疗梅毒、肠阻塞和驱虫。现牙科之汞齐填充物即汞和银、锡、铜、锌之合金，皮肤药膏和眼药仍在使用。在农业上，因汞的化合物含有强烈的毒性，常用作杀虫剂、除霉剂。也可用于防止纸浆发霉，或制成油漆（氧化汞），涂于船体外壳，以防止海中生物附着破坏船体。汞在实验室中还可作为催化剂。常见汞化合物见表 15－1。

表 15－1 常见汞化合物

汞 化 合 物	性状及用途等
氯化汞（$HgCl_2$，升汞）	白色结晶性粉末，可升华；中药白降丹的主要成分，消毒
氯化亚汞（Hg_2Cl_2，甘汞）	白色粉末，小儿宝塔糖的主要成分
黄降汞（HgO）	黄色粉末，杀菌
醋酸苯汞（赛力散，$C_6H_5-Hg-O-CO-CH_3$）	外用避孕药
氯乙基汞（西力生，$CH_3CH_2-Hg-Cl$）	硫汞白癜风药水
其他含汞药物	氰化汞，硝酸汞，碘化汞，氯化氨基汞（$HgNH_2Cl$）
雷汞[$Hg(OCN)_2$]	炸药
甲基汞（CH_3Hg）	汞污染水中的鱼体中含量很高

目前不认为汞是人体必需的微量元素，但正常人体内一般都含有微量汞。WHO 1990 年出版的《环境卫生标准 101：甲基汞》介绍了有关人体汞的正常值。正常人全血总汞平均质量浓度为 5~10 μg/L，发汞为 1~2 μg/g，尿汞平均质量浓度为 4 μg/L，胎盘（湿重）大约含汞 10 mg/kg。各国对人体汞正常值的规定不一。日本规定，一般人体血液汞的总浓度在 50 μg/L 以下，尿汞为 25 μg/L 以下。我国规定，尿汞不超过 10 μg/L（蛋白沉淀法）或 50 μg/L（双硫腙法）；发汞则小于 4.0 μg/g。

有汞接触史的人，体液或内脏的含量可高达 1 ppm 以上。甲基汞致死量为 0.1 g；无机汞（如氯化汞）致死量为 1.5 g。血液汞治疗浓度：0~0.01 μg/mL（有机汞），0~0.08 μg/mL（无机汞）；中毒浓度：0.1~0.3 μg/mL（有机汞），0.2 μg/mL（无机汞）；致死浓度：0.4~22 μg/mL（有机汞），>0.6 μg/mL（无机汞）。

可溶性汞化合物具有强烈毒性，使组织细胞产生蛋白质变性和坏死，对肾的伤害尤其突出。汞化物进入体内后排泄慢,在体内可长期积蓄。汞化物的防腐作用强,急性汞中毒死亡的体内检材常不易腐败。汞及汞化合物对人体的损害与进入体内的汞的种类及汞含量有关。各种形态的汞化合物毒性由大到小分别为:有机汞>金属汞>无机汞。汞对人体的危害主要累及中枢神经系统、消化系统及肾脏,此外对呼吸系统、皮肤、血液及眼睛也有一定的影响。汞中毒的机制主要有以下三个方面。① 金属汞进入人体后,很快被氧化成汞离子,汞离子可与体内酶或蛋白质中许多带负电的基团如巯基等结合,使细胞内许多代谢途径,如能量的生成、蛋白质和核酸的合成受到影响,从而影响了细胞的功能和生长。② 汞通过核酸、核苷酸和核苷的作用,阻碍了细胞的分裂过程。③ 汞能与细胞膜上的巯基结合,引起细胞膜通透性的改变,导致细胞膜功能的严重障碍。

金属汞及汞蒸气急性中毒多为短期内吸入大量汞蒸气所致,主要表现为发热、咳嗽、呼吸困难、恶心、呕吐、嗜睡、胸闷、流涎或流泪等,进一步可出现腹泻及精神神经症状,精神障碍、语无伦次、清醒和昏迷交替等。重者可发生休克、晕厥、抽搐以至昏迷死亡。慢性中毒主要症状为嗜睡乏力、头晕、头痛,记忆力减退、烦躁易怒;口中有金属味,在齿龈边缘能形成暗蓝色汞线;流涎,具有意向性的震颤等。急性汞蒸气中毒尸检可见肺表面有散在出血点,肺切面呈暗紫色,有大量液体流出,气管及支气管黏膜高度充血。如经数天以后死亡的,除有呼吸系统病变外,尚可见口腔炎、皮疹、肝坏死、中毒性肾病及中毒性脑水肿等。

无机汞化合物急性中毒在吞服汞盐后数分钟即可发生,慢的则在半小时至数小时后发生恶心、呕吐、流涎、口腔黏膜肿胀、糜烂,吐出物含有血液剧烈腹痛、腹泻,大便带血或血黏液样便;少尿或尿闭、蛋白尿、血尿,呈急性肾功能衰竭;同时伴有呼吸困难、心力衰竭,严重的可发生惊厥、昏迷、休克而死亡。少量多次吞服低于中毒量汞盐可造成慢性中毒,中毒症状同金属汞及汞蒸气慢性中毒症状。急性中毒尸检可见口腔、咽喉、食道、胃皆有程度不同的炎症,黏膜发红、肿胀或灰白色坏死。死亡迅速者,肾改变不明显,如经数天以后死亡的,肾脏呈现典型汞毒性肾病,体积增大、皮质增厚。结肠有急性炎症,心肌、肝脏可见有浊肿,也可有急性肝中心坏死,脑出血、水肿。

有机汞化合物中毒除了一般胃肠症状外,主要表现为神经系统、心、肝、肾等脏器的损害,同时对皮肤有较强的刺激性。氯化乙基汞中毒,可引起中毒性脑病及心肌损害,主要表现为头晕、失眠、乏力不安、言语困难、肢体麻木、震断、心悸、胸闷、心律不齐等。

二、体内过程

汞的吸收因汞的形态、接触途径以及年龄不同而不同,可通过消化道、呼吸道以及皮肤进入人体。人体对甲基汞的吸收,主要通过食用污染的鱼及贝类经消化道吸收,吸收率 95%~100%。甲基汞进入人体后,一方面与血液和组织中的巯基蛋白如血浆蛋白、血红蛋白等结合形成结合型甲基汞,另一方面与含巯基的低分子化合物如半胱氨酸还原形谷胱甘肽、辅酶 A 等结合形成可扩散甲基汞。两种形式的甲基汞通过血液循环分布于全身各脏器和组织。金属汞主要通过呼吸道吸收,吸收率大约为 25%~50%,其中 80%被氧化为汞离子后进入血液,在血液中与红细胞和血清蛋白结合。

汞的吸收受汞存在形态的影响,不同汞的化合物吸收不同。各种汞化合物的口服吸收率大小为:氯化甲基汞>醋酸苯汞>碘化甲基汞>醋酸高汞。汞的吸收与年龄有关。实验表明氯化汞在胃肠道中的吸收随年龄增加而减少,幼年大鼠的吸收是成年大鼠吸收的 40 倍。故可推测婴幼儿对汞的毒性更敏感。目前认为造成这种差异的原因与乳汁中的甘油三酯、乳食蛋白,以及幼年动物胃、肠道上皮细胞的胞液作用有关。甘油三酯在胃中可分解产生直链脂肪酸，后者可与汞结合促进汞的吸收，乳食蛋白也可与汞结合促进汞的吸收。

种类不同的汞及汞化合物进入人体后会蓄积在不同的部位。有机汞是亲脂性的，极易通过血脑屏障和胎盘屏障，进入中枢神经系统和胚胎。甲基汞在人体肠道内极易被吸收并分布到全身，大部分蓄积到肝组织和肾组织中，分布于脑组织中的甲基汞约占15%。金属汞中毒常以汞蒸气的形式引起，由于汞蒸气具有高度的扩散性和较大的脂溶性，通过呼吸道进入肺泡，经血液循环运至全身。汞在不同器官的滞留时间不同，消除半衰期从几天到几个月不等，其中以脑、肾、睾丸最长。不同汞的化合物，其消除半衰期也有很大差异。金属汞的消除半衰期为58天左右，甲基汞为70~74天，在脑中的消除半衰期则高达8个月。

汞蒸气与汞盐通过不同途径进入血液循环后，在血浆内迅速弥散至红细胞内氧化为一价汞离子，进而氧化为二价汞离子再产生毒作用。汞主要经过肾脏随尿排出和经肝脏由胆汁排出，也可通过呼吸、汗液、乳汁排出。其中部分以甲基汞形式排泄，另一部分则以无机汞形式排出。甲基汞比无机汞排泄要快很多。

三、案例评析

案 例

两个中毒死亡案例。① 某男性被发现疑似中毒，经送往医院救治无效于3天后死亡。其家属在其住处床下等多处发现大量水银，怀疑被人投毒。尸检后提取死者心血、尿液、肝脏、肾脏等检材送毒物鉴定。② 某女孩在接受乡村医生偏方“熏蒸法”治疗鼻炎一周后死亡，经尸检发现咽喉部、肝脏、肺部肿大，怀疑为汞中毒。尸检后提取死者心血、肺组织、肝脏、肾脏、脑组织等检材送毒物鉴定。同时采集两案发地健康人群血液。

【毒物分析与评析】该男性和女性死者的生物检材经ICP－MS法检验，汞元素定量结果见表15－2[6]。

表15－2 死者体内汞元素定量结果

检 材	男性死者	女性死者
心血/(μg/mL)	7.05	0.26
尿液/(μg/mL)	6.86	
肺组织/(μg/g)		5.40
肝脏/(μg/g)	21.93	6.49
肾脏/(μg/g)	136.55	108.15
脑组织/(μg/g)		1.71
案发地空白血/(μg/mL)	9.5×10^{-3}	6.2×10^{-3}

根据美国环境保护署（United States Environmental Protection Agency，USEPA，1996）推荐的血液总汞安全限值为5.8 ng/mL，联合国工业发展组织（United Nations Industrial Development Organization，UNIDO，2003）推荐正常人群的尿汞质量浓度应低于5.0 ng/mL。该两起案件死者心血中汞质量浓度分别为7.05 μg/mL、0.26 μg/mL，两案发地健康人群血液中汞质量浓度

分别为 9.5 ng/mL、6.2 ng/mL，两死者心血中汞含量分别是当地健康人群约 750 倍和 40 倍，该检验结果也高于 USEPA、UNIDO 推荐的血液、尿液汞含量值数十倍。死者各脏器中也均检出较高含量汞元素，该结果为法医确定死亡原因提供了重要的数据支撑。同时检验结果发现，案发地的数份健康人空白血液中汞元素含量差异较大，表明在同一地区不同个体中，汞元素含量仍有较大差异。两起案例均系吸入汞蒸气引起中毒并在较短时间内致人死亡，其中案例① 为亚急性中毒，案例② 为急性中毒。案例② 中受害者肺组织中汞元素含量较低，且肾脏含量最高，说明即使单次大量吸入汞蒸气，汞元素仍然可以通过呼吸系统快速分布于全身，最终积蓄于肾脏，这与文献报道的肾脏是汞离子最主要的靶器官一致。

第四节 铅及其化合物

一、概述

铅（Lead，Pb），位于第六周期ⅣA 族，为银灰色有光泽的重金属，在空气中易氧化而失去光泽，变灰暗，质柔软，延性弱，展性强。密度 11.34 g/cm^3，熔点 327.5℃，沸点 1 740℃，温度超过 400℃时即有大量铅蒸气逸出，在空气中迅速氧化成氧化铅烟。有较强的抗放射穿透的性能。铅有四种稳定的同位素：Pb－204（丰度为 1.4%）、Pb－206（丰度 24.1%）、Pb－207（丰度 22.1%）和 Pb－208（丰度 52.4%）。后三种是铀-238、铀-235 和钍-232 经过一系列裂变后的最终产物，只有 Pb－204 是自然存在的、非衰变产物。Pb－208 在稳定的同位素中质量最大。

在常温下的空气中，铅表面易生成一层氧化铅或碱式碳酸铅，使铅失去光泽且防止进一步氧化。易和卤素、硫化合，生成 $PbCl_4$、PbI_2、PbS 等。熔融的铅空气反应生成一氧化铅，将铅在纯氧中加热可得二氧化铅。与盐酸反应放出氢气并生成微溶性的 $PbCl_2$，覆盖在铅表面，使反应中止。与热浓盐酸反应生成 $HPbCl_3$ 和 H_2。与稀硫酸反应放出氢并生成难溶的 $PbSO_4$ 覆盖层，使反应中止。但易溶于热的浓硫酸生成 $Pb(HSO_4)_2$ 并放出 SO_2。跟稀硝酸或浓硝酸反应都可生成硝酸铅 $Pb(NO_3)_2$。在有氧生存条件下可溶于醋酸等有机酸，生成可溶性的铅盐。跟强碱溶液缓慢地反应放出氢气生成亚铅酸盐。在有氧气条件下跟水反应生成难溶的 $Pb(OH)_2$。铅在加热熔化时最初氧化为 PbO_2，继续升温分解为 PbO，升温到 603～723 K 时生成 Pb_3O_4（即铅丹）。Pb_2O_3 或 Pb_3O_4 在高温下易离解生成稳定的 PbO。

铅是人类较早提炼出来的金属之一，早在公元前三千年左右就被人类发现并应用。铅及其化合物广泛存在于人们的生活环境中，应用于蓄电池、油漆、塑料、合金、弹药和燃料抗爆剂等。由于工业污染控制措施及职业卫生标准执行不力，整个生物圈中铅的浓度已远远超出自然界应有的水平，对人类健康造成了严重威胁。铅对人体的影响是全身性的、多系统的，即使长期接触低浓度的铅亦会导致免疫、生殖、神经等系统的损害。铅的毒性及其危害已引起医学界的高度重视。

铅及其无机化合物可通过呼吸道与胃肠道吸收，一般不经皮肤吸收。有机铅如醋酸铅可有少量经皮肤吸收，四乙基铅易经皮肤吸收。无机铅在呼吸道内吸收率与铅烟或铅尘颗粒的大小及换气速度有密切关系。颗粒细小（0.1～1 μm）、换气速度减慢可增加粒子与肺泡壁碰撞的机会，增大铅的沉淀吸收率；颗粒增大时，沉淀吸收率降低。一般来说，铅在肺内沉淀吸收率为 30%～50%。据估计，成人每天由空气中所吸收的铅量为总吸收量的 31%～39%。职业性铅中毒多由呼吸道吸收所致。

铅中毒的诊断应依据确切的接触史，以神经、消化、血液系统损害为主的临床表现，有关的实验室检查，参考接触环境或接触材料的调查检测进行综合分析，作出诊断。现行国家标准《职业性慢性铅中毒诊断标准及处理原则》(GB11504－1989)诊断分级为：

（1）铅吸收　有密切铅接触史，尚无铅中毒临床表现，尿铅≥0.39 μmol/L(0.08 mg/L)或0.48 μmol/24 h(0.1 mg/24 h)；或血铅≥2.41 μmol/L(500 μg/L)；或诊断性驱铅试验后尿铅≥1.45 μmol/L(0.3 mg/L)而<3.86 μmol/L(0.8 mg/L)者。

（2）轻度中毒　常有轻度神经衰弱综合征，可伴有腹胀、便秘等症状，尿铅或血铅量增高。经诊断性驱铅试验，尿铅≥3.86 μmol/L(0.8 mg/L)或4.82 μmol/24 h(1 mg/24 h)者。

（3）中度中毒　在轻度中毒的基础上，具有下列一项表现者，可诊断为中度中毒：腹绞痛、贫血、中毒性周围神经病。

（4）重度中毒　具有下列表现之一者，可诊断为重度中毒：铅麻痹、铅脑病。

除有机化合物四乙基铅外，铅及其化合物的毒性大致相似。其毒性的强弱与铅化合物在体液中的溶解度(溶解度大者毒性大)、铅烟尘颗粒的大小(颗粒小容易吸收)、中毒途径及铅化合物的形态(干燥或潮湿，铅烟或铅尘)等有关。铅使人引起急性中毒的量，因铅化合物不同而有差别。一般口服中毒量为2~3 g，致死量为50 g。但口服铬酸铅1 g即可致死亡。亦有人报告一般铅化合物引起急性中毒的最小口服剂量为5 mg/kg。血液铅治疗浓度：<0.3 μg/mL；中毒浓度：急性为0.45~0.6 μg/mL，慢性为0.4 pg/mL；致死浓度：3 μg/mL。

血液系统是铅毒性作用的靶系统，铅主要通过影响血红素合成及红细胞功能、形态的改变而引起贫血。铅吸收后进入血循环，约有95%的铅以不溶性磷酸铅稳定地沉积于骨骼系统。骨铅可直接抑制成骨细胞的功能，影响骨的发育。肾脏也是铅的重要靶器官，急慢性铅中毒都可引起肾脏损害。急性铅中毒的临床表现为恶心、呕吐、口中金属味、腹绞痛、大便带血、剧烈头痛、极度疲乏、失眠、周围神经麻痹，严重者脑水肿而出现惊厥、昏迷、肝肿大，黄疸指数及转氨酶明显升高，慢性铅中毒的主要特征是神经肌肉综合征。急性铅中毒死亡者可见口腔黏膜因铅的局部作用呈灰白色或黑灰色糜烂“铅线”。镜检见牙龈黏膜乳头中沉积有不规则或无定形的棕黑色颗粒。膜出血，黏膜表面覆以灰黑色假膜。肝肾等器官可见水变性、脂肪变性且较特殊的是肝细胞或肾小管上皮细胞内有嗜酸性包涵体形成，呈卵圆形。

铅中毒绝大多数为意外中毒，尤其是职业中毒，鉴定时应了解铅接触史，根据中毒症状及毒物分析结果进行判定。服用含铅药物或误食铅化合物污染的食品引起的急性或亚急性中毒，常易被误诊为其他疾病或食物中毒，应详细追询案情，及时对可疑药物或食品、血液、尿液等加以鉴定。

二、体内过程

铅进入人体有三种途径：呼吸道、消化道和皮肤。① 呼吸道吸收：铅经呼吸道吸入肺内，再通过肺泡毛细血管单位吸收入血。② 肠道吸收：肠道是非职业性铅暴露时铅吸收的主要途径。铅通过主动转运和被动扩散两种方式由小肠吸收入血。铅和钙、铁、锌等在肠道吸收过程中享用同一部位的转运蛋白，提高膳食中钙、铁和锌的含量可有效降低铅在肠道的吸收。③ 经皮肤吸收：铅经皮肤吸收的量极少。

吸收入体内的铅约50%在半衰期内排出体外，另外的25%在以后排出，25%将潴留在体内。铅通过以下途径排出体外：约2/3经肾脏随尿液排出；约1/3通过胆汁分泌排入肠腔，然后随粪便排出;少量可通过口腔液、奶汁、汗液、月经血等排出;有极少量的铅通过头发及指甲脱落排出体外。另一部分在血液中以磷酸氢铅、甘油磷酸化合物、蛋白质化合物或Pb^{2+}态循环至全身,约有95%的铅以不溶性的磷酸三铅形式存在于骨骼中,仅少量储存于肝、脾、脑等器官和细胞内。储存在骨骼中的铅不引起临床症状,储存于肌肉、肝、肾、脑等组织中的铅,随时与血液维持动态交换,也可被依地酸二钠钙整合经尿排出。

血液中铅的半衰期约25~35天,软组织中铅的半衰期为30~40天左右,骨骼内的铅半衰期约为十年。因此,血铅水平仅能反映近1个月内的铅暴露状况,而头发和骨铅水平可反映较长时间的慢性中毒史。

三、案例评析

案例

患者男,55岁,个体经营者。于入院前5天误服"密陀僧"半匙。次日凌晨出现头昏、眩晕、心悸、腹胀、乏力、全身酸痛,随即解酱油色尿液3次,伴食欲明显减退、便秘,无明显腹部隐痛、绞痛,无恶心、呕吐,无口腔金属异味,无发热、震颤。就诊于当地医院,给予通便及对症支持治疗4天病情逐渐加重。转院后送血进行元素分析[7]。

【毒物分析及评析】经分析,全血铅944 ng/mL,尿铅377.5 ng/mL。确诊为"急性铅中毒"。偏方引起铅中毒反复出现,给患者带来健康损害及经济负担。据文献报道,八宝散、保婴丹、金不换、海蛤粉、"一扫光"药膏、黑锡丹、红丹粉、密陀僧等制剂均含铅。该病例的铅接触史较为隐匿,症状不典型,无明显的腹绞痛,增加了诊治难度。提示部分铅中毒可能没有腹绞痛症状。在有明确的铅接触史的情况下,即使没有腹绞痛也应考虑到铅中毒的可能。

第五节　铊及其化合物

一、概述

铊(Thallium),化学符号Tl,原子序数为81,是元素周期表中第6周期ⅢA族元素,在自然环境中含量很低,是一种伴生元素。铊是一种稍带蓝色的银白色稀有金属,为四角形结晶。相对原子质量为204.4,比重为11.85,熔点303.5℃,沸点1 457℃。其溶于硝酸、硫酸,微溶于盐酸,不溶于水。铊与铅类似,质软、熔点和抗拉强度均低。新切开的铊表面有金属光泽,常温下于空气中很快变暗呈蓝灰色,长时间接触空气会形成很厚的非保护性氧化物表层。其主要的化合物有氧化物、硫化物、卤化物、硫酸盐等,铊盐一般为无色、无味的结晶,溶于水后形成亚铊化物。其174℃开始挥发,保存在水中或煤油中较空气中稳定。

铊单质基本无毒,但是铊盐有很大的毒性,一般所说铊中毒指铊盐中毒。铊盐溶液无色无味,毒性剧烈,所以铊中毒案例时有发生。大多研究认为一价铊盐的毒性大于三价铊盐。常见的铊化合物有醋酸铊、硫酸亚铊、硝酸亚铊、氧化铊、碳酸亚铊、溴化亚铊和碘化铊等。

铊是用途广泛的工业原料,含铊合金多具有特殊性质,是生产耐蚀容器、低温温度计、超导材料原料,一些铊化合物对红外线敏感,是光电子工业重要原料。铊化合物,如硫酸亚铊可以用来制备杀虫剂、脱发剂(醋酸铊)等。铊盐曾经作为杀鼠剂和治疗多汗症的药物被广泛使用,但不久就发现其具有蓄积性剧毒,随着使用量的增加,蓄积的铊无法排出体外,因此使人的中枢神经系统、胃肠道消化系统及皮肤毛发等部位发生不可逆病变,因而停用。1979 年,铊及铊化合物就被联合国规划署的潜在有毒化学品国际登记处列为有毒化学品。1987 年,我国将职业性铊中毒列为法定职业病之一。虽然许多国家对铊盐的使用采取了控制措施,但中毒案例仍时有报道。我国是铊盐生产国,劳动生产中铊中毒和铊隐匿性投毒案件时有发生,已引起职业病研究和法医毒物鉴定的高度重视。

铊化合物可以经由皮肤吸收,或通过遍布体表的毛囊、呼吸道黏膜等部位吸收。有病例显示,暴露于含铊粉尘中 2 h,便可能导致急性铊中毒。此外,由于矿山开采等原因造成的土壤和饮用水污染,也有可能导致居民通过饮食摄入含铊化合物,产生急性或慢性铊中毒。大多数铊盐无色无味、溶解性良好,因此误食以及投毒也是铊中毒者接触铊化合物的途径之一。

铊对哺乳动物的毒性高于铅、汞等金属元素,与砷相当。其对成人的最小致死剂量为 12 mg/kg 体重,对儿童为 8.8~15 mg/kg 体重。铊血液治疗浓度: <0.005 μg/mL;中毒浓度: 0.1~0.5 μg/mL;致死浓度: 0.5 μg/mL。

铊的毒理作用表现为: 通过干扰依赖钾的关键生理过程,影响 Na^+/K^+-ATP 酶的活性;特异性地与巯基结合而发挥其毒性作用。铊离子和钾离子在电荷量、离子半径两方面都很相似,因而大多数生物膜都不能区别铊离子和钾离子。在生物体内与钾离子发生竞争,影响有钾离子参与的生理活性,如神经冲动的传导等。铊可透过血脑屏障在脑内蓄积而产生明显的神经毒作用。

铊中毒症状主要表现为胃肠道刺激和神经系统症状。脱发是铊中毒的特异体征,严重者胡须、腋毛、阴毛等均脱落,常会出现双脚疼痛、双手发麻等症状。同时会出现恶心、呕吐、腹泻、腹痛、口内金属味等。铊中毒者的手甲上通常都留有米氏线。铊具有强蓄积性毒性,可以对患者造成永久性损害,包括肌肉萎缩、肝肾的永久性损伤等。根据接触史和病程发展,铊中毒可以分为急性铊中毒和慢性铊中毒。急性铊中毒是短时间内大量摄入铊所引起的中毒反应,接触途径多为口服,主要表现为神经系统和消化系统症状;慢性铊中毒一般由长期职业性接触导致,症状与急性铊中毒类似,但病程较长,临床表现较为缓和。铊盐口服者由于局部刺激作用发生炎症。硫化铊口服者可见口腔黏膜呈红黑色,胃及小肠黏膜充血、水肿等。有神经症状者大脑淤血水肿、点状出血。

二、体内过程

铊可经消化道、呼吸道及皮肤黏膜等途径进入体内。可溶性的铊被胃肠道吸收后,以离子形式进入血液,存在于红细胞中并随血液到达全身的器官和组织。摄入铊后 2 h 血铊达峰值,24~48 h 血铊浓度明显降低。静脉注射铊化合物后,铊离子能迅速从血清中清除。有研究表明,静脉注射放射性铊离子,5 min 内其放射活性即消失 91.5%。这可能与铊离子较强的离子特性及铊离子早期药代动力学与钾离子相似等特点有关。通过细胞膜的钠-钾-ATP 酶的主动运转,铊离子可被机体各组织迅速吸收。组织对铊的吸收类似于钾离子,肾脏中铊含量最高,其次是睾丸,其他依次为肌肉、淋巴结、胃肠、心脏、脾脏、肝脏。口服可溶性铊盐,其生物利用度超过 90%。

铊排泄的多少与人体接触铊的剂量、接触持续时间、代谢器官和组织功能状况、钾离子摄入量等因素均密切相关。在给患者应用放射性铊诊疗过程中发现,静脉给予放射性同位素铊后,72 h 内尿铊的排泄浓度为给予剂量的 11%,同期消化道排泄量仅占 0.5%。由此推断,在人体日常排泄水平下，铊经肾脏排泄约73%，而经消化道排泄约3.7%，故尿铊浓度是对疑似铊中毒者的重点检测指标。

吸收入血的铊离子可快速扩散到全身各器官，并迅速通过胎盘和血脑屏障。但不同组织器官对铊的亲和力不同。因此，摄入铊后各组织器官中的铊浓度具有明显差异。研究已证实，铊主要蓄积部位有肾脏、肝脏和骨骼，肠及肌肉组织也有一定量的蓄积。铊经肾脏排泄约73%，故尿液铊浓度是对疑似铊中毒者的重点检测指标。尿铊>0.3 μg/mL(0.015 μmol/L)有诊断意义。

铊盐投毒中毒隐匿性较强，需根据中毒者与铊的接触史，典型的临床表现，如恶心、呕吐、失明、肢体麻木、震颤等中枢及周围神经系统症状及秃发等，结合毒物鉴定结果进行综合分析判定。铊中毒应采集现场可疑物、患者的尿液和血液。中毒死者可取头发、指甲、血液、尿液、肾脏、肝组织、下肢肌肉、骨骼等检材。铊在头发、骨骼等检材中稳定存在，故开棺提取生物检材用于毒物分析仍有必要和价值。

三、案例评析

案例一

张某，男，29岁[8]。2011年12月20日与女友喝茶后出现恶心、呕吐、腹痛、腹泻等症状，怀疑食物中毒，随即到医院就诊。经对症治疗，消化道症状减轻。2012年1月19日，感觉视力下降、四肢乏力、疼痛，并出现脱发等症状，再次到医院就诊。取尿液进行元素分析。

【毒物分析及评析】尿铊为1 483.1 ng/mL，怀疑急性铊中毒。张某遂报案，经查其女友为某化工厂主管，因双方感情纠纷报复对方。铊具有强烈的神经毒性，人体摄入含铊物质后首先出现恶心、呕吐、腹痛等消化道症状，后可引起强烈的肝、肾损害，也可损害内分泌系统，干扰毛发的生长而脱发。脱发是铊中毒的独特表现。对血液、尿液等生物样本的铊含量检测是确诊铊中毒的依据。一般认为成人的最小致死量为12 mg/kg体重，亦有报道铊对人的致死量约0.2～1.0 g之间。本例张某与人喝茶后出现恶心、呕吐、腹痛、腹泻等症状，1个月后出现四肢乏力伴疼痛、视力下降和脱发等神经内分泌系统受损症状。血液、尿液中铊含量明显升高，确诊为急性铊中毒。

案例二

患者，女，21岁，某大学化学系学生[9]。1994年12月因食欲不振、腹痛、便秘等不适症状就诊中医，服药后不见好转，并日益加重而入北京某医院。入院后头发脱落，检查尿砷、尿汞，结果均正常。因求学心切，于次年1月好转出院。1995年3月8日又开始出现强烈的脚痛、小腿痛，痛得不敢触及任何物品。此次比上次更为严重，病情发展很快，并累及腰部。去某医院神经科检查，入院时两手指甲有明显的米化纹，怀疑有铊中毒的可能，被收进病房。入院后病情继续发展，很快波及胸部，面肌歪斜，语音不清，饮水呛咳，出现呼吸困难，采取气管插管进行人工呼吸。3月下旬病人陷入昏迷状态。于1995年4月28日取患者的血、尿、脑脊液、皮肤和指甲样品进行元素分析。

【毒物分析及评析】经Zeeman无火焰原子吸收分光光谱分析，测定结果显示：在所有样品中均有很高的含铊量(表15－3)，高于健康人，证实为铊中毒。患者昏迷5个月后苏醒，但铊对身体造成不可逆的损害，患者丧失生活自理能力，双目几近失明，智力衰退，体重激增，全身瘫痪。

表 15-3 患者历次测定各样品中的含铊量

日 期	尿液 /(μg/L)	血液 /(μg/L)	血透液 /(μg/L)	毛发 /(μg/kg)	指甲 /(μg/kg)	粪便 /(μg/kg)
4月28日	275	31		531	22 824	
4月29日	96	33	42			
5月1日	93		7			
5月3日	93	33				
5月4日	72		18		4 350	
5月8日	20	1	12			
5月10日	15	21	11	1 966	13 091	
5月12日	62	1				
5月16日	31	11	3			
5月18日	6		1			
5月25日	0.5	9				
5月31日	1	1.5				1 600
6月9日						582
6月20日	1	3		50	1 367	…
8月4日	2	0.3		30	165	10

· 本章思考题 ·

1. 结合本章内容,谈谈金属毒物鉴定的检材处理方法有哪些?
2. 金属毒物鉴定的分析方法有哪些? 谈谈各种分析方法的特点。
3. 对于金属毒物分析以及定性定量结果的评价,应注意哪几方面?
4. 中毒者何种检材最能反映中毒程度? 可以用什么方法来分析?

参考文献

[1] 沈敏. 法医毒物鉴定实务. 北京: 法律出版社,2011.

[2] Galay E P, Dorogin R V, Temerdashev A Z. Quantification of cobalt and nickel in urine using inductively coupled plasma atomic emission spectroscopy. Heliyon, 2021, 7(1): e06046.

[3] 陈保卫,那仁满都拉,吕美玲,等. 砷的代谢机制、毒性和生物监测. 化学进展,2009, 21(2): 474-482.

[4] 张开乔,李学仲,马祥涛,等. 外用雄黄致砷中毒死亡1例. 法医学杂志,2017, 33(4): 435-436.

[5] 林琳,张素静,徐渭聪,等. 血液和尿液中砷形态化合物的HPLC-ICP-MS分析. 法医学杂

志,2018, 34(1): 37-43.
[6] 黄健,王爱华,任昕昕,等. 电感耦合等离子体质谱在吸入性汞中毒死亡案件中的应用. 刑事技术,2020, 45(1): 93-96.
[7] 任薇如,周家青,彭莉君. 1 例误服含铅偏方致急性铅中毒病例报道. 职业卫生与病伤,2019, 34(4): 248-249.
[8] 陈霞,曹正军. 铊中毒致轻伤法医学鉴定 1 例. 中国法医学杂志,2014(29): 2.
[9] 陈震阳,王顺珍,杜立华. 罕见的 1 例严重铊中毒情况介绍. 中华劳动卫生职业病杂志,1997(1): 38-39.

第十六章 水溶性无机毒物鉴定

· 本章重点内容与学习要求 ·

水溶性无机毒物主要包括亚硝酸盐和强酸、强碱，其中以亚硝酸盐较为常见，强酸、强碱等其他腐蚀性毒物则多见于职业意外或蓄意伤害案件。本章重点学习和掌握亚硝酸盐的样品处理和检验方法，区别强酸、强碱的各种不同性质，鉴别三种强酸。

水溶性无机毒物为能被水浸出，易与酸性、碱性、氧化性、还原性等物质起作用而改变其本身化学性质的毒物，主要包括可溶于水的亚硝酸盐和强酸、强碱等。随着工业化规模的扩大，这些水溶性无机毒物出现在食品、日用品、化工业车间、土壤等处，由此引起的意外、投毒、自杀等案件时有发生。这些毒物腐蚀性、毒性较强，如果不及时治疗，则可产生严重后果，甚至危及生命。水溶性无机毒物不同于其他类别的有机毒物，无论是在样品前处理还是检测方法上都有其特殊性。所以，在对未知的中毒案件进行分析时，了解案情、中毒症状、病理特征等非常重要，在此基础上才能对毒物进行较为准确的分类、合理地采集检材。

第一节 亚 硝 酸 盐

一、概述

亚硝酸盐(nitrites)是亚硝酸钠和亚硝酸钾等一类无机化合物的总称。生活中常见的有钠盐和钾盐，纯品为白色或淡黄色颗粒状结晶或粉末，无臭，味微咸，外观似食盐，易潮解，极易溶于水，其水溶液为中性或弱碱性。

亚硝酸盐在工业、建筑业中广为使用，由于亚硝酸盐的外观及味道都与食盐相似，误作食盐使用或食用亚硝酸盐含量较高的腌制品是引起中毒的常见原因，也有蔬菜存放不当或者变质腐烂而引起亚硝酸盐含量升高导致中毒。食入 0.3~0.5 g 的亚硝酸盐即可引起中毒，一次性食用 3 g 便可能导致中毒死亡。亚硝酸盐也见于投毒或自杀案件。

亚硝酸钠为白色或微带淡黄色斜方晶系结晶或粉末，易潮解，易溶于水和液氨，其水溶液呈碱性，其 pH 约为 9，微溶于乙醇、甲醇、乙醚等有机溶剂。亚硝酸钠暴露于空气中会与氧气反应生成硝酸钠。若加热到 320℃以上则分解，生成氧气、氧化氮和氧化钠。接触有机物易燃烧爆炸。亚硝酸钠与肉制品中肌红蛋白、血红蛋白生成鲜艳、亮红色的亚硝基肌红蛋白或亚硝基血红蛋白，使肉制品肉色鲜红和防腐，是一种食品添加剂。

亚硝酸钾为白色至微黄色棱柱状或棒状物，易潮解结晶。易溶于水和液氨，微溶于乙醇，不溶于丙酮。水溶液呈碱性。常温下性质稳定，加热至 350℃以上时分解生成氧化钾并放出氧化氮气体。亚硝酸钾为还原剂，与有机物或其他可燃物接触可引起燃烧和爆炸，与铵盐或氰化物相混合时可能发生爆炸。遇酸放出剧毒的氧化氮气体。

亚硝酸盐是一种血液毒素，其中亚硝酸根离子（NO^{2-}）能迅速使血红蛋白氧化成高铁血红蛋白从而失去携氧功能，引起肌体严重缺氧产生内窒息，所以其中毒被称为肠源性紫绀症。人体在短时间内摄入较多的亚硝酸盐后，使血红蛋白丧失运输氧气的功能，使人体神经缺氧中毒，中毒者皮肤黏膜出现青紫斑块，时间较长可导致呼吸困难，中枢神经受损等严重中毒状态，甚至导致死亡。主要症状为口唇、指甲、全身皮肤紫绀，头晕，头痛，心跳加快、烦躁不安等。重症者可出现昏迷、痉挛和惊厥，常死于呼吸衰竭。大量服用亚硝酸盐时，胃内可产生棕色二氧化氮气体，黏膜被染为棕红色；血液多呈酱红色。亚硝酸盐能够透过胎盘进入胎儿体内，六个月以内的婴儿对亚硝酸盐特别敏感。亚硝酸盐还可通过乳汁进入婴儿体内造成婴儿机体组织缺氧形成青紫斑皮肤。

二、体内过程

人体内存在内源性的亚硝酸盐和硝酸盐，亚硝酸盐在血液和组织内有维持一氧化氮（NO）生理平衡的作用，血浆中亚硝酸盐和硝酸盐的生理水平分别在 0.01～0.78 μg/mL 和 0.6～5.7 μg/mL。

亚硝酸盐在血液中的半衰期很短，在 1 h 内，亚硝酸盐全部转化为硝酸盐。健康成人单次口服 290～380 mg 亚硝酸盐，0.3 h 时血浆中亚硝酸盐浓度均值为 2.7 μg/mL，1.5 h 时硝酸盐浓度均值为 14 μg/mL[1]。

大约摄入量的 60%～70%在 24 h 内排泄入尿，尿液中以硝酸盐为主。健康成人尿液中亚硝酸盐和硝酸盐的生理水平分别在 0.2 μg/mL 和 61 μg/mL[2]。

亚硝酸盐中毒死亡案例的体内分布资料极少，一般认为血液中亚硝酸盐浓度>0.55 μg/mL 时即可致死。1 例服用亚硝酸盐自杀死亡案件中，血液、肝脏、肾脏、尿液和胃内容物中亚硝酸盐浓度分别为 0.5 μg/mL、0、0.3 μg/g、8.7 μg/mL 和 3.9 μg/mL[2]。

三、分析方法

亚硝酸盐中毒宜采取中毒者吃剩的可疑食物、饮料、呕吐物、血液等作毒物分析检材，应低温保存并及时送检。

根据水溶性无机物易溶于水的特点，利用水浸法或透析法处理相关检材。

亚硝酸盐的检测方法分为化学法和色谱法。最常用、最简便快速的方法仍是格利斯（Griess）试剂反应化学显色法，主要针对残余食物、胃内容物、呕吐物等检材，必要时进一步采用分光光度法定量分析。随着分析仪器发展，目前已可以测定生物检材中痕量亚硝酸盐，主要采用离子色谱等方法。

1. 格利斯试剂反应

样品前处理

（1）*水浸法*　将检材剪碎捣碎，加入蒸馏水浸泡。离心，取上清液检验，或过滤后取水溶液检验。

（2）*透析法*　将捣碎的检材或组织匀浆液置于半透膜内，膜外用纯水浸泡，待渗透平衡后，可将膜外水溶液换成纯水，继续透析，以此实现对水溶性毒物的分离提取。常用的半透膜有火棉胶膜、动物半透膜、蛋白质（明胶）膜。

格利斯试剂反应的原理：亚硝酸盐在酸性溶液中和对氨基苯磺酸作用生成重氮盐，再与α-萘胺作用生成紫红色偶氮染料，根据显色情况判断阳性或阴性结果。

格利斯试剂配制：甲液，0.5 g对氨基苯磺酸溶于150 mL30%的醋酸中；乙液，0.1 g α-萘胺溶于20 mL水中，过滤，滤液与150 mL30%的醋酸混合。临用时甲液、乙液等量混合。

取样品提取液1滴，置白瓷反应板上，加格利斯试剂1～2滴，如有亚硝酸盐存在，溶液即显紫红色。颜色深浅与亚硝酸盐的含量成正比。此反应极为灵敏，空气和饮水中微量的亚硝酸盐也能检出。因此，必须进行空白对照。

2. 离子色谱法(《法庭科学 亚硝酸根离子检验化学和离子色谱法》GA/T 1918－2021)

样品前处理：取检材样品2.0 g(mL)于具塞离心管中，加入水4.0 mL，振荡3 min，以不低于3 000 r/min离心5 min，分离上清液，上清液过微孔滤膜后进样。

离子色谱条件：AS17C阴离子分析柱(4 mm×250 mm)；IonPac Ag11－HC保护柱(4 mm×50 mm)；抑制器电流80 mA，柱温30℃，流速1.0 mL/min，进样量25 μL。流动相KOH淋洗液；梯度淋洗程序：0～5 min，5 mmol/L；5～10 min，50 mmol/L；10～10.1 min，5 mmol/L；10.1～15 min，5 mmol/L。

四、鉴定要点

（1）中毒症状　亚硝酸盐中毒症状较具特征，表现为组织缺氧引起的紫绀现象，如口唇、舌尖、指尖青紫，严重者眼结膜、面部及全身皮肤青紫。了解其中毒症状有助于及时治疗，明确检测方向。

（2）检材采集　亚硝酸盐中毒案件中，现场发现的剩余食物、呕吐物及怀疑有毒的粮食、蔬菜、调料、饮水等都是非常好的检材。因为这些检材中亚硝酸盐浓度高、生物基质少，可以采用格利斯试剂反应快速筛查分析。血液中亚硝酸盐代谢迅速，几乎可在1 h内全部转变为硝酸盐[2]，尽早采集血液、胃内容物、洗胃液、尿液和唾液等生物检材。

（3）分析方法　格利斯试剂反应和色谱法分析检材中的亚硝酸盐成分各有其特点。格利斯试剂反应简便、快速、价廉，可以用于现场、体外检材的筛查，但对于吃剩的食物、呕吐物、血液等检材，容易受其他离子影响而出现假阳性结果。色谱分析方法灵敏度高、特异性强，但设备要求高、分析时间长，有的还需要衍生化。所以，可采用格利斯试剂反应筛查，结果阳性者再采用色谱法进一步确认。

（4）检材的稳定性　亚硝酸盐和硝酸盐在一定条件下会氧化还原互相转变，通常血液样品在室温下放置4 h，其中的亚硝酸盐即可部分氧化成硝酸盐。亚硝酸盐在血浆中要比全血中稳定性更高一些。相关案件检材应低温保存并及时送检，尽早测定。

五、案例分析

案例一

某女及其儿子被发现死于某出租屋内[3]。现场勘查见中心现场房间门窗完好，未见撬门及翻窗痕迹，室内物品整齐且无翻动迹象、无人员打斗迹象及可疑物品。两死者均仰卧于床上，衣着整齐，床单及床边地面上可见青黄色呕吐物。床边桌上的玻璃水杯内有透明液体，约80 mL；另有一不锈钢盆，内有大量变质蔬菜及少量调料汤汁。

【尸体解剖】 尸检发现死者口唇、指甲显著呈蓝灰色，心外膜及肺浆膜下散在点状出血，呈淡红色流动性；胃黏膜充血水肿，散在点状出血。提取现场厨房内食盐、食用碱、杯中液体及盆内蔬菜、汤汁以及死者胃内容物进行检验。

【毒物分析及评析】 采用离子色谱法进行检验，其中不锈钢盆内蔬菜及汤汁中亚硝酸盐含量为 102 g/kg；两死者胃内容物亚硝酸盐含量为女 56 g/kg、男 31 g/kg，余检材未检出。现场不锈钢盆中蔬菜及汤汁亚硝酸盐含量远高于变质蔬菜中一般产生的亚硝酸盐浓度，且死者胃内容物检出亚硝酸盐，提示两死者可能系服用大量亚硝酸盐中毒死亡。毒物检验结果可排除亚硝酸盐来自房内食用盐、碱、饮用水。

案 例 二

某女，29 岁，某日 2 时被发现死于自己经营的商店内[4]。在中心现场对面的其自家仓库发现一袋 1 公斤装食品添加剂亚硝酸钠。现场阁楼床铺上发现有一矿泉水瓶，瓶内有透明液体约 20 mL，现场阁楼下方塑料箱上的白色瓷碗内有透明液体，约 5 mL。提取死者胃内容物、心血、现场阁楼床铺上提取的矿泉水瓶内透明液体、现场阁楼下方塑料箱上提取的白色瓷碗内液体、现场店铺卷闸门口桌面上提取的瓷杯内液体进行毒物检验。

【毒物分析及评析】 将检材处理后采用分光光度计、离子色谱仪进行检验。检验结果显示胃内容物、心血中均检出亚硝酸根离子，其含量分别为 15.16 mg/g、1.76 μg/mL。现场阁楼下方塑料箱上提取的白色瓷碗内液体中检出亚硝酸根离子。现场阁楼床铺上提取的矿泉水瓶内透明液体、现场店铺卷闸门口桌面上提取的瓷杯内液体中均未检出亚硝酸根离子。死者胃内容物、心血中均检出亚硝酸根离子，且摄入总量约 3.4 g，超过了致死量，现场阁楼下方塑料箱上提取的白色瓷碗内液体中检出亚硝酸根离子，其自家仓库发现存有食品添加剂亚硝酸钠，说明毒物可能来源于自己工作需要的食品添加剂亚硝酸盐。综合分析认为死者系兑水服用大量亚硝酸盐急性中毒死亡，倾向于自杀服毒。

第二节 强 酸

一、概述

常见的水溶性无机强酸主要包括硫酸、硝酸、盐酸及王水（硝酸与盐酸的混合物）等，广泛用于化工、纺织、化肥、制药、冶金、染料、食品、日常家居、卫生清洁等众多领域。强酸具有强烈的刺激性和腐蚀性，其腐蚀作用的强度与酸的解离度、水溶性、蒸气压及对黏膜、皮肤的穿透力等因素有关。

强酸中毒可见于蓄意伤害、职业性或日常生活中意外事故如工业生产、贮存或运输过程中发生的泄漏、溢出、喷溅或吸入强酸酸雾等。也可见于自杀或误服现象，偶见于碎尸后毁尸灭迹。硫酸的口服中毒致死量成人为 2~5 mL，吸入硫酸雾 6~8 mg/m^{3}即可造成窒息，突然吸入 3 mg/m^{3}就会有窒息感[5]。硫酸对皮肤有很强的腐蚀性、氧化性和吸水性。硫酸和水混合能释放大量的热，能使机体碳水化合物中的氢和氧形成水结构而被吸收，使组织脱水、炭化。故对接触部位具有强烈的刺激、腐蚀、炭化作用，能使有机物脱水，接触部位充血、水肿、灼伤和坏死，痂皮为黑色。

硝酸的口服中毒致死量成人为8~10 mL，而硝酸形成的气体对呼吸道造成的刺激相对于其他强酸较小，50~150 ppm的体积浓度时只产生轻微到中度的刺激症状[6]。高浓度硝酸酸雾则会造成急性刺激性气体中毒。硝酸对接触部位具有强烈的刺激和腐蚀作用，因能与蛋白质产生硝化反应而使接触部位变成黄色，此为硝酸中毒的特征反应。

盐酸的口服中毒致死量成人为10~20 mL。盐酸对接触部位具有强烈的刺激和腐蚀作用，使局部的组织和器官形成烧伤和坏死。盐酸接触皮肤会出现红斑或水疱，痂皮为棕灰色。

二、体内过程

强酸可以使有机物脱水，蛋白质凝固，造成凝固性坏死，其接触部位充血、水肿、坏死、溃疡。严重时，可引起受损器官穿孔、呼吸中枢受到抑制。强酸的毒性主要取决于酸的浓度、剂量及接触时间，游离的H^+浓度越大，毒性作用越强。

吸入性中毒主要表现为呼吸道刺激症状，严重者发生喉痉挛窒息死亡。

口服强酸后，咽喉、胃立即有强烈的烧灼感，并发生强烈呕吐。以胃损伤为主，特别是远端的胃部，如幽门和胃窦，可产生幽门痉挛。尸体可见口腔、食管黏膜周围凝固性坏死，胃内容物为褐色液体，胃壁严重腐蚀，有的可造成胃穿孔。硫酸所致的皮肤溃疡界限清楚，周围微红，且溃疡较深，溃疡面上盖以灰白色或棕黑色痂，受害部位疼痛剧烈。硝酸因能与蛋白质产生硝化反应，中毒者的呕吐物为黄色，其中混有血液及黏膜碎片，可使口唇腐蚀变黄；口服盐酸后，呕吐物中有大量褐色物及食道、胃黏膜的碎片。强酸中毒严重者可发生消化道穿孔，死亡多发生在24 h内。

三、分析方法

通常情况下，受损伤的局部体表在一定时间内可保留较大量的相关离子，可作为辨认类别的依据。体表被酸损伤处可用水清洗，取洗液作检材。衣物等受腐蚀部位，残余饮食物、胃内容物、呕吐物等检材可用水浸法或透析法处理。一般从受损伤部位取得的检验材料，已不能鉴定原酸的浓度，但可鉴别酸的种类。

无机强酸的检验可依据其酸碱性以及酸根离子采用化学试验鉴别，进一步确认可采用离子色谱、毛细管电泳等技术。

1. 酸碱性检测

检材液体可直接进行酸碱性检测。最简便的方法是用pH试纸测试，必要时可加水适当稀释后，用酸度计测试其pH。也可取检液适量，滴加紫色石蕊试液几滴，如检液变为红色，则提示氢离子存在。

2. 化学鉴别试验

根据强酸的不同酸根离子，选用适当的阳离子沉淀反应进行鉴别。检验过程中注意空白对照，区别自来水中的氯离子、硫酸根离子等离子的干扰。

(1) 硫酸根离子　硫酸钡沉淀反应：检液加10%氯化钡溶液，即产生白色的硫酸钡沉淀，沉淀既不能溶于硝酸，也不能溶于盐酸。

硫酸铅沉淀反应：检液加10%醋酸铅（乙酸铅）溶液，即产生白色的硫酸铅沉淀，沉淀既能溶于30%醋酸铵（乙酸铵）溶液，也能溶于2 mol/L氢氧化钠溶液。

(2) 硝酸根离子　棕色环反应：取少量检液置于试管中，加入适量固体氯化铵并加热（除去亚硝酸根的干扰），冷却后加10%稀硫酸溶液使其呈酸性，加入数粒硫酸亚铁并溶解，沿管壁小心加入浓硫酸使之沉积于底部，若两液界面间出现棕色环，提示硝酸根存在。

蓝色环反应：硝酸能将二苯胺氧化成醌式化合物而呈蓝色。取少量检液，加入硫酸二苯胺并溶解，沿管壁小心加入浓硫酸使之沉积于底部。若两液界面间出现蓝色环，提示硝酸根的存在。

（3）氯离子检验　氯化银沉淀反应：检液加稀硝酸成酸性，加硝酸银溶液，即产生白色凝胶状沉淀；离心分离，沉淀加氨水即溶解，再加硝酸又析出沉淀。

氯离子的存在很普遍，定性检出常不足以作鉴定依据。必要时需作定量测定。可于中性或接近中性的溶液中，用硝酸银进行微量或半微量滴定，用 0.1 mol/L 硝酸银作滴定剂，用 5% 铬酸钾作指示剂，用沉淀滴定法确定氯离子含量。

3. 离子色谱法

离子色谱法测定无机阴离子是利用离子交换原理进行分离，由抑制柱扣除淋洗液背景，然后利用电导检测器进行测定，是一种高效、快速的新型分离、检测离子的技术。

样品前处理同亚硝酸盐。

色谱条件：IonpacAS19 分离柱和 IonpacAG19 保护柱。流动相，KOH 淋洗液 8.0～50.0 mmol/L 梯度洗脱，梯度速率 1.5 mmol/min，流速 1.0 ml/min，进样量 500 μL，抑制器电流 110 mA。11 种阴离子色谱图如图 16－1 所示[7]。

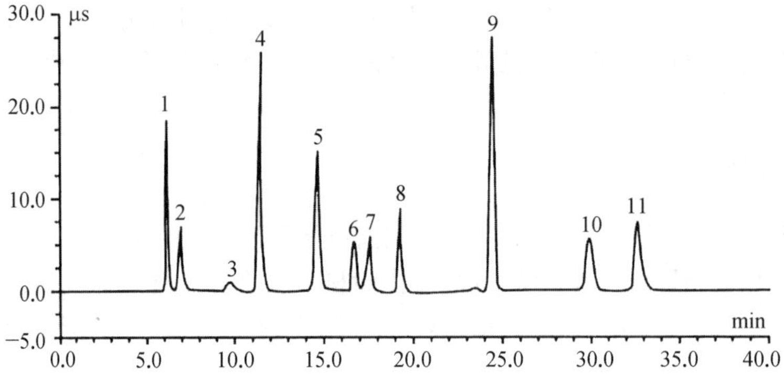

图 16－1　11 种阴离子标准物质色谱图

（1. －F^-；2. S^{2-}；3. －BrO_3^-；4. －Cl^-；5. －NO_2^-；6. －ClO_3^-；7. －Br^-；8. －NO_3^-；9. －SO_4^{2-}；10. －I^-；11. －PO_4^{3-}）

四、鉴定要点

（1）临床、尸体检查特征　强酸的腐蚀性非常强，接触强酸部位立刻被强烈腐蚀、溃烂，甚至穿孔。尸体解剖中注意观察消化道、呼吸道的腐蚀部位、程度、范围、有无穿孔，周围器官组织是否被腐蚀及程度等。但三种强酸接触部位的颜色变化有所区别。硫酸接触皮肤后以脱水炭化变黑色、黑褐色为特征；硝酸接触皮肤后使皮肤变黄，形成特征性的蛋白黄色；盐酸是氯化氢气体的水溶液，浓盐酸伴有氯化氢烟雾。

（2）离子干扰　强酸检测以 pH 试纸和相关离子检测为主。由于很多离子如硫酸根离子、硝酸根离子及氯离子是普遍存在的，应注意去除干扰及注意区分。进行法医毒物分析检测取材时，应加取正常部位组织作为空白对照，以明确死者自身各检测对象的基础含量[8]。

（3）检材条件　强酸应在受腐蚀损伤后尽快检测，时间过久则不易检出，皮肤等受损部位多次清洗后亦无法检测。

五、案例评析

案例一

2010 年 7 月某日，王某（17 岁）身着校服（衬衫、裙子）下课回家途中，突然有人从楼上窗户扔下一只 250 mL 滴流瓶，落在王某身后约 1 m 远的水泥台阶上，瓶子破碎后，瓶内的液体反溅到王某的后侧脚踝、小腿及大腿皮肤上，王某疼痛难忍，被送往医院救治。

【毒物分析及评析】 通过 pH 试纸快速判定液体为极强酸性，根据受伤皮肤略显黄色，判断硝酸的可能性较大，后经现场液体采样，离子分析检测显强硝酸阴离子反应。

毒物检测常伴有突发现场的急救。特别是在强酸强碱检验的场合，常常需要用最简单实用的方法快速给出指向性意见。本案通过 pH 试纸判定液体为极强酸性，医生及时采用清水稀释的简单治疗方法；特别是通过观察受伤皮肤显黄色，判断为硝酸所致后，通过射线照射治疗促进硝酸快速分解。如果不是硝酸，这一治疗方法就不会有效果。由于抢救及时，只伤及了王某的皮肤表面，没有留下疤痕。

案例二

周某，女，48 岁[8]。某年 1 月 1 日 20 时许，被他人以不明液体泼洒于面部。送当地医院时，“全身多处化学液灼伤伴皮肤破溃半小时余”，经抢救无效于次日 14 时死亡。

【尸体解剖】 尸检可见典型的特异性损伤形态。皮肤烧伤的损伤形态主要以头面部、颈部、胸腹部等躯体前侧为主，皮肤呈黄褐色烧伤改变，局部表皮脱失。眼部烧伤主要表现为双侧眉毛、睫毛烧灼样改变，左侧角膜呈淡黄色改变。呼吸系统的呼吸性损伤主要表现为以呼吸功能衰竭为主的临床表现，尸检见鼻毛脱落，喉头黏膜下层炎细胞浸润，气管黏膜下层出血，肺水肿，肺出血，肺淤血，肺泡腔内见大量纤维素样渗出物，肺间质见灶状、片状以中性粒细胞为主的炎细胞渗出等。

【毒物分析及评析】 常规毒物分析结果为阴性。周某食管、气管、颈部烧伤组织、腹部未被烧伤组织中均检出硝酸根和硫酸根离子，其含量见表 16－1。

表 16－1 周某毒物分析定量结果

检材名称	硝酸根离子/（μg/g）	硫酸根离子/（μg/g）
周某食管	29.07	80.83
周某气管	174.58	129.23
周某颈部烧伤组织	2 330.00	2 750.00
周某腹部未烧伤组织	35.92	97.87

结果显示，灼伤部位与正常皮肤中硝酸根离子含量比为 64.87，硫酸根离子含量比为 28.10，气管与正常皮肤中硝酸根离子含量比为 4.86，硫酸根离子含量比为 1.32。而食管中硝酸根离子与硫酸根离子含量均低于正常皮肤，且未见特异性的消化系统损伤形态，说明硝酸根离子与硫酸根离子经呼吸道而非消化道进入体内导致以呼吸系统损害为主的中毒反应。综合分析认为死者系因硝酸与硫酸联合中毒致以呼吸系统吸入性损伤为主的全身多发性损伤，最终死于呼吸循环功能衰竭。

第三节 强 碱

一、概述

强碱主要指碱金属的氢氧化物或氧化物,最常见的是氢氧化钠和氢氧化钾。强碱类化合物用途甚广,在日常所用的去污剂、沟渠清洁剂、擦亮剂、去除油漆剂及染发剂中均有存在,在农业生产、化工、制药等行业和实验室内应用也很广泛。

氢氧化钠和氢氧化钾又分别称为苛性钠和苛性钾,均为白色块状或小粒状,可潮解,腐蚀性强,易溶于水,能吸收空气中的二氧化碳生成碳酸盐。

强碱具有强腐蚀性,能溶解蛋白质,皂化脂肪,受腐蚀的部位呈糜烂状,损坏细胞膜结构,形成坏死性、深而不易愈合的溃疡,严重损伤可致死亡。强碱的接触性损伤表现为红、肿、热、痛等一般炎症反应,严重则出现局部水肿、充血、糜烂等。强碱类中毒多为直接溅洒于皮肤、黏膜、眼所致的刺激、强腐蚀与灼伤。

强碱中毒主要见于职业性伤害的意外事故,如生产运输过程中的意外中毒,意外掉入液碱池等,偶见于自杀和误服,如小儿误服。

二、体内过程

强碱性物质在接触部位迅速吸收水分并穿透细胞膜与细胞质蛋白质结合,形成胶冻样可溶于水的碱性蛋白化合物,使组织发生液化性坏死。由于强碱性物质渗透力强,可向深部及邻近组织渗透,故强碱性物质引起比强酸性物质更严重而广泛的损伤。它不仅可溶化皮肤、肌肉等软组织和神经组织,还可溶化毛发、指(趾)甲及软骨等坚实组织。强碱与血红蛋白作用可形成淡绿色的碱性血红素。与组织中脂肪酸发生皂化反应,故坏死组织触之有滑腻感。血液中氢氧根离子浓度增高可使血液和体液的碱性增加,从而引起体内代谢严重紊乱和心、肾功能障碍。碱性物质还能吸收组织中的水分,使组织细胞脱水坏死,并因此放热而使组织遭受热损害[1]。

强碱溅洒于眼周时,轻则有红、肿、热、痛等一般炎症反应,重则可以有局部充血、水肿、糜烂、视物不清、严重结膜及角膜损伤,甚至失明。浓碱液溅入眼内者可致角膜及结膜广泛坏死。

强碱经呼吸道吸入性中毒,可有呼吸道黏膜刺激症状,并发感染肺炎、肺水肿、纵隔炎、支气管炎等,严重者可因喉头水肿、呼吸困难而窒息。

口服中毒死亡者,尸检可见唇、口腔、咽喉和食管呈灰白色肿胀状,触之柔软,有肥皂样滑腻感;胃也变软,黏膜肿胀脱落,呈红褐色或淡绿褐色。

三、分析方法

通常情况下受损伤的局部体表在一定时间内可保留较大量的相关离子,可作为鉴别的依据。强碱损伤处可用不含二氧化碳的水清洗,取洗液检测。衣物等接触部位、可疑粉末或固体可用适量水溶解或浸提后检测。

由于体内存在很高的钠、钾水平,而且强碱进入体内后持续地与身体组织发生反应,因此鉴定以体外检材为主。酸碱性可用 pH 试纸或酸度计;对 K^+、Na^+和 NH_3的检验可以确定碱的种类，主要采用反映金属或金属离子性质的焰色反应或沉淀反应。然而由于 K^+、Na^+ 来源广泛，故检出游离碱是涉及强碱伤害、中毒案事件定性处理的必要依据，目前可采用离子色谱法测定。

1. 酸碱性检验

可用 pH 试纸直接测试，简便、快速。必要时可加水适当稀释后，用酸度计测试其 pH。

2. 焰色反应法

钠离子：铂丝用盐酸湿润，蘸取检液，在无色火焰中燃烧，火焰呈鲜黄色。

钾离子：铂丝用盐酸湿润，蘸取检液，在无色火焰中燃烧，火焰呈紫色，透过蓝色滤光片观察更易鉴别（此时火焰呈粉红色）。

3. 沉淀反应

钠离子：在中性或稀醋酸溶液中，钠离子与醋酸氧铀锌试剂作用，产生黄色结晶性沉淀。取检液，加入 10%醋酸氧铀锌的稀醋酸溶液，用玻璃棒摩擦试管壁，产生沉淀。可在显微镜下观察到四面体或八面体黄色结晶。

钾离子：在稀酸或中性条件下与亚硝酸钴反应生成黄色结晶。或者，检液经处理后，加入 0.1% 四苯硼钠溶液和醋酸，产生白色沉淀。

4. 离子色谱法

分析参考条件：色谱柱：IonPac CG12A 保护柱（4 mm×50 mm），IonPac CS12A 阳离子交换色谱柱（4 mm×250 mm）；淋洗液：20 mmol/L 甲磺酸，等度淋洗，流速为 1.0 mL/min。电导检测器，抑制电流为 60 mA，温度为 40℃，进样量为 25 μL[9]。

四、鉴定要点

（1）离子干扰　强碱的检测以 pH 试纸和相关金属离子检测为主。由于钠、钾等金属离子普遍存在，应注意去除干扰。案情调查时注意强碱的种类、浓度及来源，中毒原因及可能进入机体的途径。在检测前结合案情谨慎分析后确定分析目标物。

（2）强碱与强酸中毒的鉴别　强碱能溶解蛋白质，使组织液化坏死，受侵害的部位呈糜烂状腐蚀，与强酸的脱水炭化腐蚀现象有区别。如呕吐物及胃内容物呈碱性、坏死组织触之柔软有皂样滑腻感、尿液混浊呈碱性、腐蚀组织呈液化性坏死则为强碱中毒。而强酸中毒的呕吐物、胃内容物呈强酸性，腐蚀组织呈凝固性坏死可予以鉴别。

五、案例评析

案例一

某女性，因怀疑自己患子宫肿瘤而疑虑重重，产生自杀念头[10]。某日其夫因事外出，0.5 h 后女儿发现其仰卧于床上，口、鼻腔流出污黄色液体，急送医院时已死亡。采取呕吐物、胃内容物、衣服沾染及被腐蚀的组织作为检材进行检验。

【毒物分析及评析】　检样用适量水溶解，用 pH 试纸测试，大于 7，呈碱性；检液加 10%醋酸氧铀锌的稀醋酸溶液，产生黄色沉淀，说明存在钠离子。

通过酸碱性检验和钠离子检验可初步确定中毒物质为氢氧化钠。

案例二

某 45 岁男性，因运输车倾覆而受压于车底，皮肤大面积浸泡在运输车内的溶液中达

45 min。4 h 后用水清洗后送医院抢救,4 天后死亡。

【尸体解剖】 尸检见头、背、臀部及双上臂烧伤创面约 30%总体表面积,呈黑褐色,黏滑,部分皮肤溶解,广泛渗血,头部毛发脱落;其余 15%总体表面积创面呈散在分布,见树枝状血管栓塞网。采集运输车内无色液体 10 mL 送检。

【毒物分析及评析】 送检的无色液体经 pH 试纸测定,显示强碱性。采用酸碱滴定法分析,无色液体中氢氧化钠的质量分数为 30%。

死者由于事故被强碱氢氧化钠溶液浸泡达 45 min,以致局部组织脂肪皂化,蛋白质变性,受伤处皮肤组织呈黑褐色,黏滑,是典型的强碱腐蚀性中毒表现。

· 本章思考题 ·

1. 亚硝酸盐中毒有何特点? 检材采取以及处理应注意的问题?
2. 简述强酸类、强碱类中毒特点的鉴别。
3. 离子色谱法在水溶性无机毒物中的应用范围和价值?
4. 若在检材中检出 SO_4^{2-}、Cl^-、Na^+、K^+,是否能判断为相应的酸、碱中毒?

参考文献

[1] Hunault C C, Van Velzen A G, Sips A J, et al. Bioavailability of sodium nitrite from an aqueous solution in healthy adults. Toxicol Lett, 2009, 190(1): 48-53.

[2] Baselt R C. Disposition of Toxic Drugs and Chemicals in Man. 10th. Seal Beath: Biomedical Publications, 2015.

[3] 孔维刚,张志国,杨旭. 亚硝酸盐中毒法医学分析 1 例. 中国法医学杂志,2012, 27(05): 417.

[4] 叶可,李凤英,樊宇枫,等. 亚硝酸盐中毒死亡的法医学鉴定及分析//中国法医学会法医临床专业委员会. 法医临床学专业理论与实践——中国法医学会·全国第二十一届法医临床学学术研讨会论文集. 哈尔滨: 黑龙江科学技术出版社,2018: 2.

[5] 刘良,张国华,李利华,等. 法医毒理学. 北京: 人民卫生出版社,2016.

[6] Lee L T, Ho C H, Putti T C. Bronchiolitis obliterans organizing pneumonia following nitric acid fume exposure. Occup Med (Lond), 2014, 64(2): 136-138.

[7] 成霈,顾慧莹,刘温喜. 离子色谱法同时测定饮用水中 11 种阴离子含量. 分析试验室,2009, 28(S2): 127-129.

[8] 刘尊忠,陈轶群,郭兵兵,等. 腐蚀性酸混合物中毒死亡法医学鉴定 1 例. 中国法医学杂志,2018, 33(3): 314-315.

[9] 郭新苗,郭庆梅,周凤琴. 直接进样离子色谱法测定金银花中的 4 种阳离子含量. 山东中医杂志,2014, 33(9): 765-767.

[10] 张秦初,唐承汉,尚明琪. 一例氢氧化钠中毒尸检报告. 中国法医学杂志,1987, 2(3): 170-171, 197.